U0136257

哲學系列 1

協和論

柯美淮　著

蘭臺出版社

《 協和論 》 內容提要

　　《協和論》的基本內容是：從對我個人的遭遇（自我）的認識出發，擴展到對社會、國家、人類的認識，上升到對自然界乃至「萬物之母」的造物主「太和大道」和「萬物之始」的本體「初和恒道」的認識。這樣，《協和論》就有五卷。第一卷 認識論：人的理智活動；第二卷 形而上學：本體論（初和恒道論）、造物論（太和大道論）、宇宙論（天和天道論）、靈魂論和生命論（中和地道論）、自我論（人和人道論）；第三卷 形而上學原理的實用理論部分之一：倫理學、政治學、法學、經濟學、科學；第四卷 形而上學原理的實用理論部分之二：個人、自然社會、家庭、政治社會、國家：第五卷 協和論的幾種重要實用理論：「情與理」論、「男女平等」與「男尊女卑」、協和與革命、和平與戰爭、人權與主權、愛國和賣國、「文學藝術」論、協和論與矛盾論。

關鍵字：天生善心、自然智慧、自我、頓悟、協和

醒世恒言

人若賺得全世界，賠上自己的生命，有什麼益處？人還能拿什麼換生命呢？
——耶穌

何謂貴大患若身？吾所以有大患者，為吾有身也；及吾無身，有何患？
——老子

哲學的目的在於使人永享天上的幸福。
——斯賓諾莎

奇哉，奇哉！一切眾生皆具如來智慧德相，但因妄想執著，不能證得；若離妄想，無漏智，自然智，一切智，即現眼前。
——釋迦牟尼

我從不懷疑，我們的靈魂是「普通神心」所分出來的。
——西塞羅

那些正確地作出判斷和辨別真假的能力，實際上也是我們稱之為良知或理性的東西，是人人天然地均等的。
——笛卡兒

常識和良知可以彌補理論學識的不足，但理論學識無法填補常識和良知的空白。
——但丁

我們是生而自由的，因為我們是生而具有理性的。
——洛克

每一個孩子都是天生的藝術家，問題是長大後如何保持童心。

——畢卡索

推翻一切教條，重返靈魂深處。

——笛卡兒

適用於科學幼年時代的以歸納為主的方法，正在讓位給探索的演繹方法。

——愛因斯坦

1.不出戶，以知天下；不窺牖，以知天道。其出也彌遠，其知彌少。2.為學者日益；聞道日者損，損之又損，以至於無為，無為而無不為。3.信言不美，美言不信；知者不博，博者不知。

——老子

1.善的理念是最大的知識問題，關於正義等等知識只有從它演繹出來的才是有用和有益的。2.正義就是只做自己的事而不兼做別人的事；每一個人都不拿別人的東西，也不讓別人佔有自己的東西。3.經過深思熟慮，唯有理智最為可貴。

——蘇格拉底

善使得被思想的東西和思想的目標是同一的。

——巴門尼德

在很多情況下，善和美是認識和運動的本原。

——亞里斯多德

「《六經》以抑引為主，人性以從欲為歡。抑引則違其意，從欲則得其自然。然則自然之得，不由抑引之《六經》。全性之本，不須犯情之禮律。故仁義務於理偽，非養真之要求；廉讓生於爭奪，非自然之所出也！」

——嵇康

「天生一人，自有一人之用，不待取給於孔子而後是也。若必待取是於孔子，則千古以前無孔子終不得為人乎？」「天下之致，未有不出於童心者也。苟童心長存，則道理不行，故吾因此而有感於童心之自文，更說甚麼《六經》，更說甚麼《論》、《孟》乎？」

—— 李贄

「中國人承認的基本原則是理性——叫做道。道為天地之本，萬物之源。老子的著作，尤其是他的《道德經》，最受世人崇敬。」「《論語》這篇著作，通篇不過是一些沒有證明的雜亂的道德教條，這些教條，任何文明的民族都有；這些教條還不如西塞羅的《義務論》道德教條說得深刻。」

—— 黑格爾

我中國四萬萬之人民，由遠祖初以來，素為專制君主之奴隸，奴性已深，從來多有不識為主人，不敢為主人，不能為主人，而今皆為主人矣。

—— 孫中山

看來中國人缺乏心智的偉大之光，對證明的藝術一無所知，

—— 萊布尼茨

中國人中的大多數只不過是一群僅僅通曉考試卻從不關心真理和道德的食客，他們的思想還停留在專注於動物本能對性和食物那點貪婪可憐的欲望上。

—— 尼克森

中國人並不可怕，他們只會製造冰箱，而不會製造思想。

—— 柴契爾夫人

假如真有一個叫獨特的美利堅意識的話，它的發源之處在哪裡呢？塑造美國人性格的最基本的力量是：對宇宙的含義以及我們和宇宙的關係的最終領悟，一言以蔽之，就是對宇宙含義的領悟。

—— 裴基·史密斯

目錄

第二部分　形而上學原理

第三部分　實用理論

序言

　　「協和原理」，是我憑藉自己「天生的善心和自然智慧」獨立悟道的成果，沒有受到任何人的啟示和教導，與其它任何哲學派別的理論毫無關係。如果「協和原理」與別的哲學理論有相同之處，那純粹是一種偶然巧合，只不過證明了：「人人都具有天生的善心和自然智慧」而「心有靈犀一點通」。

　　《協和論》的提綱構思，是我憑藉自己「天生的善心和自然智慧」，運用現代漢語，把我天生的邏輯思維潛能實現為形式邏輯規則，從而把我所悟出的協和原理有條有理地表達出來，獨立創作出一個哲學理論體系；沒有受到任何人的啟示和教導，與其它任何哲學理論書籍毫無關聯。如果《協和論》的構思與別的哲學著作的表達方式和文章結構有相似之處，那純粹是一種偶然巧合，只不過證明了：「人人具有天生的善心和自然智慧」而「心有靈犀一點通」。

　　所以，我悟道和寫道的基本原則是：不為功名所誘，不為知識所累。
　　本來，陽光下的天地、人間道理是十分簡單明瞭的，就只有那麼明明白白的天下人共識的不證自明的幾條公理（大道理）。人們去解說那些純粹理性原理，也寫不出什麼長篇大論來；只有在原理應用需聯繫實際情況時，才能夠說出通過論證的通俗易懂的一大篇實用主義理論（小道理）。但是，陰暗裡的人為道理，就非常複雜隱晦，有各種各樣的心地陰暗的政治家和思想家製造出五花八門的思想理論。他們為了掩飾自己的陰謀去曲解一條簡明原理，就說上千萬文字，形成百家千派，著作浩瀚如海，道理繽紛龐雜，像烏雲滾滾，掩蓋了陽光下的那簡單明瞭的幾條原理，使人暈頭轉向，莫衷一是。《協和論》的創作目的就是：大海撈針，撥雲見日，使陽光下的那簡單明瞭的幾條公理凸顯出來。為了達到這個寫作目的，就不得不去一一跟蹤、揭露、批判陰謀論：啟天

門，開天窗，使人們的心房和藏書屋亮堂起來，把權術、智術暴露在光天化日之下。這樣，《協和論》就需要長篇大論了。為了不讓陽光下的那簡單明瞭的幾條原理被淹沒在長篇大論裡，所以在每一卷的開頭章節給提示出來。

《協和論》的基本內容是：從對我個人的遭遇（自我）的認識出發，擴展到對社會、國家、人類的認識，上升到對自然界乃至「萬物之母」的造物主「太和大道」和「萬物之始」的本體「初和恒道」的認識。這樣，《協和論》就有三大部分、共五卷，每一個部分可以獨立成書，但是由於內容的內在邏輯聯繫嚴密，所以就合為一本書。

《協和論》中的認識論的頓悟部分、形而上學的本體論部分和人的天性部分，對於中國文人來說是比較難以理解的，因為中國文人的傳統思維方式是儒家「中庸之道」和辯證法的思維方式，那兩種思維方式都是線段思維方式，難以理解「頓悟」的方法論、形而上學的本體論和人性論的天性，並且貶斥、甚至拋棄「頓悟」的方法論、形而上學的本體論和人性論的天性。

這樣，《協和論》所運用的思維方式和所堅持的基本原理，必然與儒家和黑格爾辯證法、費爾巴哈唯物無神論的傳統思想發生衝突。正因為如此，《協和論》才具有轉變中國文人的傳統思維方式和移風易俗、促進社會「善回向」運動的理論價值、實用價值和現實意義。

作者歡迎獨立思考的讀者挑剔本書的基本原理和邏輯推理（論證過程）的毛病，哪怕是天真的看法也會與之一起討論。但是，對於靈魂上蒙詬結固的思想文化奴才，引用沒有經過論證的傳統經典教條或者訴諸力量來批判和抨擊本書基本原理和邏輯推理，作者只有冷笑而已，因為思想文化奴才是不可理喻的。

柯美淮

2010.12.25

第一部分　認識論原理

第一卷　認識論——人的理智活動

說明：

　　本書首先介紹我的悟道原因、方法和寫道方法、過程，以及所獲得的知識等等方面，這就是哲學裡通常所說的認識論。因此，本書中的認識論的基本內容有：悟道和寫道的理論分析、理論綜合等三大部分。

　　本書中的認識論，在無意之中，與老子的頓悟和蘇格拉底的理性思辨相巧合，而與儒家的認識論和西方的懷疑論、不可知論、經驗論、先驗論、進化論、辯證法、理性主義、邏輯實證主義、解構主義等等不相融合。所以，本書的認識論，對於人類已有的傳統的認識論有繼承、也有批判，對於現當代的中國文人的傳統認識論只有批判。這樣，本書的認識論，就必然不會被現、當代的中國文人所理解和接受，必然會遭到所謂「傳統思想」的思維方式的攻擊；這恰恰是《協和論》的認識論所具有的批判價值、理論價值和實用價值。

第一章　苦思冥想——我悟出了善道：「協和」原理

　　人在面對困惑時，就會在好奇心的驅動下去探索奧秘；人在痛苦時，就會情不自禁地去呼天叫地；人在受到外力壓迫時，就會縮回內心去，陷入到苦思冥想之中⋯⋯

　　所以，羅伯特・所羅門說：「哲學發端於令人困惑的個人問題。」【1】貝加也夫說：「哲學是對智慧的愛，是人心中智慧的展現，是要突破重圍，進抵生存意義的創造性的努力。」【2】司馬遷云：「昔西伯拘羑裡，演《周易》；孔子厄陳蔡，作《春秋》；屈原放逐，著《離騷》；左丘失明，厥有《國語》；孫子臏腳，而論《兵法》；不韋遷蜀，世傳《呂覽》；韓非囚秦，《說難》《孤憤》；《詩》三百篇，大抵聖賢發憤之所作也。此人皆意有所鬱結，不得通其道也，故述往事，思來者。」【3】我要接著司馬遷說下去：老子出關，疾著《道德經》；蘇格拉底被判死刑，《理想國》永傳人間；洛克流亡，《兩論》革新英國；盧梭顛沛，《社會契約論》震醒人類……

　　這些事實說明：「人人都具有天生的善心和自然智慧」的潛能，也都有使「潛能」【4】實現的可能；差別在於「潛能」是否得到保持和受到惡習、惡理的蒙蔽程度不同，在不同的條件下，也就有實現的方式、目的的不同和程度的有高有低。比如，同樣受到刺激：怯懦者只有呻吟，剛烈者只有復仇，功名利祿之徒則忍氣吞聲以求一逞，權貴者則忍辱負重以謀東山再起，大惡者產生打天下的野心，奴才走狗甘受懲罰，詩人悲鳴，小說家描述，藝術家描繪……那些人都讓理智向下，只停留在情感層面。只有哲學家才能較好地保持了「天生的善心和自然智慧」，痛定思痛，讓理智向上，「突破重圍，進抵生存意義」；衝開「鬱結」，而「通其道」，使經驗上升到理性，形成哲學理論。

　　我的哲學思維反思，就是開始於內心困惑和痛苦之時，憑著我「天生的善心和自然智慧」，去探秘自我內心靈魂和宇宙靈魂，獨自悟出了善道——「協和」原理，又獨立創作出《協和論》。

　　由此，可以歸納推理出這樣的結論：只有保持了「天生善心」（天良）而又經歷過苦難磨煉的文人，才能發揮「自然智慧」（良知）去獨立思考，悟出善道和創造出善性理論；那些沒有保持住、甚至喪失了「天生善心」（天良）的功名利祿之徒和權貴們，即使有艱難的磨煉經歷，也就喪失了「自然智慧」（良

【1】《大問題》頁12。

【2】《大問題・附錄一》。

【3】《史記・七十列傳太史公自序》。

【4】「潛能」，亞里斯多德《形而上學》裡的概念。

知）的獨立思考能力，無法悟出善道和創造出善性理論。

➡ 第一節　我保持了天生的善心和自然智慧

人人具有「天生的善心和自然智慧」，同時又會受到偽智慧的污染，以致在後天的使用中有正確與錯誤的不同。所以，一個人能不能保持「天生的善心和自然智慧」的潛能是最大最基本的認識論課題：「認識你自己。」

我比較完整地保持了自己「天生的善心和自然智慧」，就是說，我所受到的偽智慧蒙垢比較淺薄，容易清除，所以我就能夠悟出善道本身。在這裡，就敘述一下我能夠保持「天生善心和自然智慧」的情況。

我與別人相同的是「那個」天生的善心和自然智慧，我與別人不同的是自己「這個」獨特的天資、體貌、性格，我既是「那個」，又是「這個」。

我一生下來就撅著嘴巴要吃奶。求生存是嬰兒的本能，保命是嬰兒的真理。

我出生後第一個親近的人是母親，再是父親，再次是家裡人。我生活在一個家庭裡，感到父母之愛，親人之情。我的親情在向外擴展，親到外祖母家，親到鄉鄰。我生活在一個小社會裡，感到親友之愛、家鄉之愛。我只是向人笑，天真的笑。我有時也與同伴發生口角，父母親教導說：「一起玩，不打架。」「不要拿別人的東西。」純樸、友愛是小孩子的天性。

我能說話時，大人們教一些詞和句子，也教一些常理。我雖然不懂其中的意義，卻能按母親說的去做，養成善言善行的習慣。我三歲喪父，四五歲聽到大人爭吵聲、罵人聲、口號聲，看到種種時代現象。在大人們那裡，公說公有理，婆說婆有理。我沒有判斷能力，就認為母親說的才是理。我有了母親一樣的喜怒哀樂。我六歲開始放牛。我喜愛耕牛，同情耕牛，看到屠宰耕牛就哭，終生不吃牛肉──牧童最能保持善心。

我九歲，一邊放牛，一邊上學讀書。老師一邊教我文化知識，一邊向我灌輸馬列主義、毛澤東思想，教我愛黨、愛國、忠於毛主席，教我仇恨美帝、蘇修、蔣匪幫和五類分子，教我堅持階級鬥爭和無產階級專政，教我批判「封建主義、資本主義、修正主義」，教我學習和成為無產階級戰鬥英雄……

初中時，我就有一個革命理想：成為一名無產階級革命戰鬥英雄。我在夢中夢見自己：在一千年前是關雲長，在八百年前是岳飛，在三十年前是夏明翰，

在十年前是李向陽，在五年前是黃繼光……我怨恨自己沒有提前出生在戰火紛飛的年代，不能去做「紅孩子」或「小兵張嘎」，沒有高聲歌唱：「準備好了嘛，時刻準備著，我們都是共產主義兒童團……」可是，我的母親和我的四位老師（小學王興熾、周光華，中學張松柏、李宜權），卻私下教我說：「鬥爭人是做惡事，要與人為善。」「一個好學生，要心善愛人，學習成績優秀。」反右派鬥爭時，我是學生幹部，母親要我去給一個老師通風報信，使那個老師漏劃成「右派」。後來「少年先鋒隊大隊部」追查，嚇得我心神不安。母親說：「那是做善事，應該心安理得，不要害怕他們追查。」在一次階級鬥爭大會上，我看到被鬥爭的五類分子都可憐兮兮的，感到那些積極分子也並非是什麼戰鬥英雄，反而為那被鬥爭的人流了淚。這事後來被積極分子向「團委會」揭發了，我的升學就成了問題。我的班主任伍光中和校長李全元卻保護了我，使我看到了善心和善行。可見，家教、小學、初中的教育，對於一個人能不能保持「天生的善心和自然智慧」來說是至關重要的階段。

還有兩件小事值得說一下。

我依稀記得，我母親也經常說起，我在小時候喜歡發一些怪問，還一問到底。我上學了，是因為對心中感到好奇的事和對書本知識的廣泛興趣而認真讀書的，並沒有為所謂的「共產主義遠大理想」和去「做人上人」的動機才去努力學習。

現在回憶起來，有一個人和一件事一直留在我的心靈裡四十多年。

我五歲時，母親帶著我去參加一次鬥爭地主分子大會。那次被鬥爭的人是我族中同房的一個醫生，叫柯向明。按輩分，我叫他「向明哥」；按年齡，他的大兒子大我十三歲。那時，我家裡缺吃少穿，我每次到他家大門前玩時，他總要給我一些食物。聽母親說，他給我父親治病，經常不收錢。我覺得他是個好人，我母親也說他是個好人。鬥爭他時，打他的人很多。他被繩子捆著，吊在屋樑上，脖子上吊著一扇石磨，手腳吊著土磚，全身是血，發出「哎喲哎喲」的聲音。我當時問母親：「向明哥是歹人嗎？」母親沒做聲，只搖搖頭。我又問：「那為什麼要鬥他呢？」母親又搖搖頭，還用手捂我的嘴巴。回到家後，我又繼續問母親，母親哭了，說她也說不清楚，只是教導我不要去鬥人打人。後來，柯向明被當作不法地主分子驅趕到離我村八十多里遠的荒蕪的寶塔湖的湖汊裡。我心裡一直擱著柯向明這個人和那件鬥爭他的事，想搞清楚「這是為什麼」。後來我才知道那是階級鬥爭，柯向明是階級敵人。於是，我對這個階級鬥爭學說感到

好奇，想弄個明白。在「文革」中，神使鬼差，我還特意去看望柯向明。他那時六十多歲了，被關在「群眾專政」的黑房裡。我以外區專案組人員的名義見到了他，沒多說話，暗暗地給了他二元錢和三斤糧票。過後，我才想到我的行為對自己很危險。

對於有神和無神，我一直很好奇，想弄個明白，結果使自己的思想走了一個圈。小時候，我是個有神論者。母親經常帶著我偷偷地去族中一個伯母家的樓上，祭拜一個名叫「太王」的神像。我好奇地問：「『太王』老爺是個什麼樣的人？」那個伯母說：「『太王』老爺是個大善人，大好人。」她給我講了「太王」老爺的故事。「太王」老爺是個草藥叫化子，給人治病，不要錢，只要給點吃的。他活到八十多歲死了。村裡人就給他雕塑了神像，取名「太王」，還做了個「太王廟」。「太王廟」是我小時候經常去玩的地方，後來被「社會主義教育工作隊」搗毀了。母親還教導我要像「太王」老爺一樣做善事。母親還經常對我說一句俗語：「為人不做虧心事，半夜不怕鬼敲門。」鬼神是善人，是好人，我當然就信了鬼神。但我不像其它孩子那樣怕鬼神，因為我知道自己沒有做虧心事，盡做善事好事。我為了向鬼神證明我是個善人，在打雷的時候，就伸手伸腳地站在大門檻上，向雷公、雷母表白：「你們看見我的心嗎？那是善心呀！」現在想起來是多麼危險呀！要是被雷打死了，村裡人就會罵我是惡人，是妖精。

上中學了，學校教育的是唯物無神論，我就漸漸地轉變為唯物無神論者，認為母親那些老人信神信鬼是愚昧無知。但我不是「無所畏懼的徹底的唯物主義者」，因為我在好奇地想：「為什麼會有『人』這樣有智慧的動物？我是父母生的，我父母是我祖父母生的，而最初的『人』又是誰生的呢？」學校教育說人是猿猴進化來的。但我對這個解釋有存疑：單憑對生物化石殘骸的考古和對生物軀體的結構形式組成因素的研究，就將生物排出一個進化順序，得出人是從猿猴進化來的結論，還得出人類社會也是進化的結論，這些只停留在物質層面上的意見（信念），是難以令人置信的。譬如：為什麼神經的作用只在活體上而不在屍體上？生物進化論的創始人達爾文就是個有神論者。精神分析學在接近人的神性——靈魂的研究。所以，我悟出了自己的「道」後，就不相信進化論，也不相信唯物無神論，認為人是「神」生的。當然，我心目中的「神」，不是母親所信奉的偶像神，也不是孔子所崇拜的祖宗神，而是至高無上的「天神」。我又成了有神論者。

就這樣，我的兒童、少年時代使我能夠比較完全地保持了「天生的善心和自然智慧」，使我所受的偽智慧的蒙垢比較淺薄，便於清除。這是進行哲學思維反思的基本因素，是能悟出善道的基本條件。

➡ 第二節　我的悟道經歷

如前所述，像我這樣保持了「天生善心和自然智慧」的人，一生以讀書為快樂，以教育工作為光榮，與人為善，與世無爭，應該能夠與人和睦相處，被社會所容忍；應該是好人一生平安，自然而生，自然而死；應該沒有人禍，沒有個人劫難。可是，我卻偏偏不能與人和睦相處，不被社會所容忍，連連遭受厄運，劫難接踵而來。這就不能不使我去獨立思考，去進行哲學思維反思，去悟道。正如亞里斯多德所說：「一切才智過人的人總是厄運重重。」【5】

我的悟道經歷就是：從善心開始到立志和求學，到為功名所誘和為知識所累，到拋開功名和知識，最後回到善心上來。這是一個「善始且善成」（老子語）的悟道過程。

一、我的遭遇：四次劫難

在小學、中學階段，我一直處在老師的善心的愛護下，獲得了許多榮譽，崇拜馬列主義和毛澤東思想，也立下了成名成家的理想，生活、學習一帆風順。可是，到了文化大革命期間，我遭遇到四次劫難。

第一次發生在1966年7月。1966年5月，文化大革命擴大到普通大中院校，工作組進了學校。7月，我被內定為「走白專道路」的「黑五類學生」，被逼得自殺未遂。

第二次發生在1967年3月。1967年3月，人民解放軍「支左」部隊進駐學校，逮捕造反派頭目，我被劃為「思想反動學生」。到了武漢軍區發生「7，20」事件後，才恢復正常。

第三次發生在1971年2月。1968年7月，我參加了畢業分配，成為一名教師。在「一打三反」、「清理階級隊伍」運動中，我進了「毛澤東思想學習班」，被強迫參加勞動改造，71年9月13日，發生了震驚中外的「林彪事件」。

【5】《形而上學·第一卷》頁6。

12月15日，我因為是學生紅衛兵，被釋放出「毛澤東思想學習班」，恢復教育工作。

第四次發生在1977年2月，全國開展了「深入揭批『四人幫』運動」，說我是「利用小說反黨」的現行反革命分子。後來在我的同事趙克明（專案組材料員）和表兄李相才（公安局預審股股長）的包庇下，以證據不足為理由，沒有戴上現行反革命分子的帽子，恢復了工作。

二、我的反省

我為什麼接二連三地遭受劫難呢？我是個壞人嗎？我有罪過嗎？我天生就是個命運多桀、任人欺壓和玩弄的下賤胚子嗎？我反省自己。

我的家庭是貧農成分，母親、哥哥都是老實農民，家庭主要成員沒有「反動」問題。我六歲放牛，九歲入學，一直成績優異，是三好學生，是共青團員，我的個人歷史沒有問題。我的母親、哥哥、老師都是善良人，善良的品質薰陶著我，我與人無爭，沒有私仇，我的個人品質沒有問題。我在學校所受的是共產黨的教育，熱愛共產黨，忠於毛主席，信仰馬列主義、毛澤東思想，我的政治思想沒有問題。那麼，我的問題出在哪裡呢？記得在初中時，李相旺同學批評我是個書呆子，不靈活，不懂世事。在師範時，王銀元同學批評我不圓滑，不懂權術，不關心政治鬥爭，可能要做政治鬥爭的犧牲品。這就是說，我沒有樹立政治野心，沒有學會政治權術，不去崇拜權力，不會阿諛逢迎，沒有惡性，沒有鬥爭性，沒有害人之心，卻有善心，有對惡習、惡行的反抗精神，這就必然要在政治運動中挨打挨鬥，做政治鬥爭的犧牲品。那麼，是我錯了，還是這個社會錯了呢？錯在哪裡呢？萬事萬物都是「對立、矛盾、鬥爭的統一」的理論正確嗎？

我查閱族譜，我的父系和母系的族人和祖人也有獲得高官利祿的人，我不是天生的下賤胚子。我調查那些欺壓和玩弄我的人的家史，他們的父輩祖輩絕大多數都是下賤胚子。那麼，天尊地卑、男尊女卑、富貴在天、「三綱五常」的而不可違背的「天命論」正確嗎？

三、我的反思

正如司馬遷所云：「此皆意有所鬱結，不得不通其道也。」我沒有錯誤，那麼他們為什麼會這樣對待我呢？錯在哪裡？我想不通，「意有所鬱結」，要反思，以「通其道也」。

在反思中，我先悟出一個理：在政治運動中，要整死我，並不是我有過錯，也不是一兩個運動的執行領導人和積極分子能所為的，而是崇拜「叢林法則」理論在作怪，所以，錯在那個「階級鬥爭為綱」的政治理論上。

那麼，那個「階級鬥爭為綱」的政治理論又源於何種倫理學原理呢？我繼續反思。原來是「戰爭是萬物之父」【6】的理論。那種理論認為，人類社會是依次進化的，階級鬥爭是歷史前進的槓杆，歷史的必然是領袖專政社會。這是歷史的必然規律，誰也休想逃脫這個歷史規律的懲罰，像我這種人是應該遭受厄運的。那種理論是古希臘赫拉克利特發明的。我的「天生善心和自然智慧」不會認可「戰爭是萬物之父」那種倫理學原理是正確的。

那麼，那種倫理學原理又源於何種哲學原理呢？我繼續反思。原來又是赫拉克利特的「對立面相互轉化的作用」【7】的哲學原理。那種哲學原理認為：宇宙是物質的，物質是充滿對立、矛盾、鬥爭的，宇宙和任何一物都是對立統一體，是一分為二的，都向對立面轉化。精神是物質的附屬物，是第二性的。當然，人類社會也就是充滿對立、矛盾、鬥爭的，是對立統一體；每一個人也是一個對立統一體，人與人充滿對立、矛盾、鬥爭，所以，「共產黨的哲學是鬥爭的哲學」，「死人的事是經常發生的」，用不著大驚小怪。像我這樣的人是應該成為政治鬥爭的犧牲品的，這是自然規律，是宇宙法則，誰也休想逃脫這個自然規律的懲罰。後來，黑格爾繼承了那種哲學理論，並且進行了詳細論述，成為黑格爾唯心辯證法。費爾巴哈又把黑格爾唯心辯證法顛倒過來，成為唯物辯證法，恢復了赫拉克利特的哲學理論。

我的「天生善心和自然智慧」不會贊同「對立面相互轉化的作用」這個哲學原理。相反，我認為，每個人都天生渴望：夫婦和合、家庭和睦、鄉鄰和好、社會和諧、人類和平。蘇格拉底、柏拉圖體系的哲學原理就與「對立統一規律」相反，所建設的社會並不是專政社會，而是人們都相互友愛、生活得很好的公民福利社會。

【6】《西方哲學史》頁10~11。
【7】《西方哲學史》頁10~11。

在反思中，我又悟出一個理：「成功是歷史的假象。」蒙古人並不比南宋人的血統和人種高貴，滿清人並不比漢人的血統和人種高貴；劉邦是個流氓，朱元璋是個下賤胚子；武則天當過女皇帝，慈禧太后玩得全國男人團團轉；那些鬥爭我的人都比我愚蠢兇惡；……野蠻邪惡的人成為了歷史的成功者。我的「天生善心和自然智慧」不會贊同那個「天尊地卑、男尊女卑、富貴在天、三綱五常」的不可違的「天命論」。相反，我認為，每個人都天生渴望自由、平等、博愛，每個人的出生都是平等、自由的。蘇格拉底、柏拉圖體系和老子體系的哲學原理就與「三綱五常」相反，所建設的社會是平等、自由的民主法治社會。

我的反省和反思把我引進了哲學的殿堂，增強了我的好奇心和求知欲：既然人天生不是爭強好勝的惡物，宇宙不是對立統一體；既然人天生不是有尊卑等級的，那麼人的天性是什麼？宇宙是怎樣的？什麼是創造人、萬物和宇宙的本體？能提出這些問題，說明是在探索宇宙奧秘，也就是說在「悟道」──在進行哲學的理性思辨。

➡ 第三節　我頓悟出善道時的瞬間情景

我進入了悟道階段。我悟道時具有良好的天性基礎，比那些還在喊「打倒」的人的「嬰兒」成分多些：良心（善心）雖受蒙垢，卻還在躁動；「良知」（自然智慧）雖受遮蔽，卻還在閃爍。

1978年暑假的一個夜晚，等到家人入睡後，我獨自來到兒時玩耍的太荒草坪，坐在兒時經常坐的一塊方形橫石墓碑上，回憶著兒時的情景。

那時，在草坪上，在樹林裡，在墳地旁，在水氹邊，我和同村的小孩子們一起打滾、翻筋斗、跳繩、踢毽子、捉迷藏、走五子棋；跳呀，跑呀，追呀……無尊無卑，自由平等；無親無疏，純樸善良；無知無欲，無愚無智，無功無名，不爭不鬥，無憂無慮，互助互愛，偶有打鬧，轉眼即好；天真活潑，自由自在……與那草坪、樹林、墳地、水氹、蟲蟻、小鳥，協和一體，自然而然。我回憶著，也就不知不覺回到孩童時代。

眼前，天上月明星稀，遠處水霧朦朧，四周混沌一片，一切界限模糊起來，真是一個充滿神奇的童話世界。我的心境也成了一個充滿神奇的童話世界：人間的打打殺殺，爭權奪利，豪言壯語，火紅場景，都煙消雲散了；我努力學來的這「論」、那「論」的知識，奮鬥得來的榮譽、地位，都蕩然無存了。我如同

一隻螞蟻，在大地上自由爬行，不知親疏尊卑；我如同一隻兔子，在草坪上自由蹦跳，不知親疏尊卑；我如同一隻小鳥，在樹林裡自由穿梭，不知親疏尊卑；我如一片白雲，在天空上自由飄蕩，不知親疏尊卑；我如同一個精靈，在宇宙裡自由逍遙，不知親疏尊卑……我上升到了永恆的本體境界，我成了一個「道」：我是小草，小草是我；我是螞蟻，螞蟻是我；我是白雲，白雲是我；我是大地，大地是我；我是天空，天空是我；我是宇宙，宇宙是我；我是道，道是我；我與道同在，我與道同行。突然，我悟到了「我是誰」。我是大道在德化萬物中的一個必然的「我」，大道造物，也必然造我，必然給我一個「營魄抱一」的生命體，是那個無窮大的「一」。是，又不是。我又是那個「一」中的一個無窮小的分子，我就是我，我是特定的父精母血在特定的時辰、環境中生下的我，換了一個時辰就不是我。我又不是小草、螞蟻、白雲，我是具有我的特徵的我。我的出生是偶然的，是幸運的，我要十分珍惜這個特殊的我的生命體。「必然的我」是不生不滅的，是靈魂，是道的別名；「偶然的我」是有生有滅的，由父母而生，隨父母而死。這情景，不可言說，難以感知清楚，但又是那樣真實，能朦朧領悟到。

從那一夜起，我的心情坦蕩了，能平靜地待人處事，能冷靜地辨析知識的真偽。

我就是這樣，憑著我的善心、好奇心、求知欲去「悟道」。直到四十五、六歲，才確定下自己悟的「道」是合天道、順人性的，是真理。由此，我的悟道心得有三：

第一，悟道必須心地善良，有好奇心，有求知欲。只有心存善良，才能與善道相合；只有自然智慧，才有自然靈光去照見出善道。如果良心泯滅，就無法與善道相遇；如果良知喪失，只有人為智慧（偽智慧），心地就「無明」，看不見善道；就會見怪不怪，熟視無睹，麻木不仁，或者為邪門外道所迷惑。我的這個心得，後來才知道與亞里斯多德的觀點一致。

第二，悟道時，必須或處世而出世，或遁世而出世。這就是說，身在世俗而思維活動超出世俗，要掙脫一切知識的牽累，拋棄一切功利的誘惑，只是那樣天真地純樸地去探索、去領悟，獨立思考那自己悟出的「道」是不是善性的，是不是合天道人性的。否則，如果悟道時投到一個學術門派裡去，以一個所謂的大師理論為標準，那就成了知識的奴隸，成了某學派的奴僕，終究無獨見。如果悟道時想到去取得個人的功名和利益，那就會去投機權力，攀附政治陰謀家，雖然

名操一時，終究成不了理論發明家。我的這個心得，後來才知道與老子的「絕聖棄智」，與釋迦牟尼的「破除『我、法二執』」，與蘇格拉底的「偵察偽智慧」，相互暗合；才知道還有一字不識的惠能大師；才知道宗教的創始人大多並無多大知識。

第三，悟道是最自由的，其境界是最寂靜的，其智慧是最自然的。悟道時必須動機單純，單純到復歸於「無知無欲」的嬰兒狀態——一方面不為知識所累，拋開自己所學的一切人為知識，回到知識的零點，不讓知識干擾自己；另一方面不為功名利所誘，拋開自己原有的雄心壯志和一切謀劃，復原嬰兒的純樸心境，不讓功名干擾自己單純天真的「天生善心和自然智慧」，讓自我與能感知的萬物、天地和不能感知的造物主融為混沌一片，那至高無上的本體善道就顯現到眼前。我的這個心得，後來才知道，與蘇格拉底的「真智」、「理智」，與亞里斯多德的「哲學是最自由的」【8】，與老子的「無知無欲」，與釋迦牟尼的「一切智，自然智，即現眼前」，都相符合。

我的這個悟道經歷是一個循環圓周運動，終點和始點銜接在一處。終點與始點相同的都是善；不同的是：始點是善心，終點是善道；始點單純，終點包含了一個過程，內容比始點豐富。

第二章　輾轉反覆——準備創作《協和論》

我苦思冥想，獨自悟出了善道——「協和」原理，我自我解脫了。但是，當我面對中國傳統的思維方式和傳統的思想文化以及幾千年帝王專制製造的社會黑暗的時候，我的善心又使我產生了一種社會責任感：不能只追求自我解脫，應該去解脫他人。於是，我又陷入到沉思之中，輾轉反覆起來。

➡ 第一節　我要寫「道」的內心動機

中國古代有許多悟出了善道的高人，超凡脫俗，隱匿山林，不言「道」，

【8】《形而上學》頁5，原文是：「在各種各樣科學中唯有這種科學（哲學）才是自由的，只有它才僅是為了自身而存在。」

不寫「道」，只讓「道」存於心中。在別人追問不得已的情況下，最多也只教給別人悟道方法，用譬喻詞啟示人。世俗人就把那種高人叫獨善其身的仙人、真人，把高人的啟示叫做指點迷津。

還有一種高人，有一種使命感，不願停留在獨善其身中，要把自己悟出的善道說出來，讓天下人都覺悟起來，共用其道。世俗人就把這種高人叫做兼善天下的哲學家，把高人說出來的善道叫哲學理論。譬如，老子「強字之曰」「道」，蘇格拉底用「太陽喻」演說善道理念，釋迦牟尼「說法」。

我不願去做仙人，願學老子、蘇格拉底、釋迦牟尼，去說那「不可說不可說」（釋迦牟尼）、「難以說清楚」（蘇格拉底）、「道不可言」（莊子）的「道」，就決定寫《協和論》。

寫「道」雖然與「悟道」有內在的密切關係，卻是有很大區別的。其一，「悟道」是出世，或處世而出世，或遁世而出世，不受世俗的羅羈，是純粹個人的「獨善其身」。而寫「道」、說「道」是入世，要「兼善他人」，就不能不受世俗條件的限制，譬如語言、習俗、社會狀況、文化傳統等等。其二，本來「道」是「不可言說」（莊子語）的，甚至是「不可思議」（釋迦牟尼）的。悟「道」時，只是意會，不可言傳，悟「道」人與「道」渾然而成一體。寫「道」卻不同了，不可言也得言，天不言而人代言。這就出現了主體與對象的關係，說「道」人與「道」分離開了，說「道」人以「道」為對象，還把渾然一體的不可分說的「道」分析成許多部分來述說，有「詞不達意」或「言難盡意」的現象，連蘇格拉底也感到力不從心，只能用比喻法。其三，悟「道」時，不管他人怎麼說，我只悟出合天意、人性的善道來。寫「道」卻要管他人怎麼說，還要與他人辯駁，特別是要「偵察偽智慧」，辨析概念、判斷、推理是否明確、正確，這就要為知識所累。可見寫「道」比悟「道」更難。所以西塞羅說：「陳說比沉思更可取。」【9】這裡所說的「悟道」與寫「道」的區別，僅僅是說真哲學、真智慧的事，還沒說到假哲學、偽智慧方面的事。

有四種不同的寫道的動機和態度。世人寫「道」、說「道」，還存在著自身各不相同的動機、效果、方法。

【9】《有節制的生活》頁15。

　　第一種人，地位高，名聲大，權威大，本是胸無點墨，為了獵取哲學家的名譽而流芳千古，冒充寫「道」，隨意亂說，信口開河。他們說一句話，功利立竿見影，捧場的人趨之若鶩。譬如皇帝的「金口禦言」和領袖的「最高指示」之類。

　　第二種人，為了一個政治陰謀的得逞，將某個政治信念宣傳成絕對精神真理，就把哲學當成政治宣傳工具，或者肆意歪曲和篡改傳統的概念和命題，或者憑個人的想像任意臆造概念和命題。譬如，康德就對前人的哲學理論斷章取義而臆造出許多不明確的概念──「先驗」、「自在物」、「道德形而上學」、「自然形而上學」；黑格爾就篡改蘇格拉底「辯證討論法」的核心內容；新儒們就曲解孔子的「仁」為形而上學的本體而企圖取代老子的「道」；現今中國大學教科書把哲學定義為「世界觀」或「總看法」而便於述說階級世界觀，還臆造哲學的基本命題是：「物質與精神，存在與意識的關係」等。這些句子只是一些政治口號，稱不上哲學理論。當然，這些篡改和歪曲只能取得製造思想混亂而達到政治上愚民的效果，卻沒有認識價值。

　　第三種人，寫「道」是為了發洩情緒，把寫哲學論文當著寫抒情散文、詩歌，遣詞造句隨意，全然不顧及哲學的概念、判斷、推理、證明等有關的邏輯規則。雖然有發洩情緒之快的效果，但製造了思想和概念混亂。譬如，尼采和他的門徒，現代的海德格爾和解構主義者，哲學自由人，等等。

　　第四種人，寫「道」是為了「兼善天下」，救人救世，覺悟他人，讓人共用共享其「道」。他們把寫「道」當作一件善事來做，因而十分老實認真。他們寫「道」時，不敢有絲毫的懈怠之心，認真地尋找適當的表達方式，嚴肅地掛字酌句，嚴格地定義概念，嚴密地劃分類別，嚴謹地判斷、推理、證明。他們所顧及的是所寫出的「道」，要有益於人，而不能有害於人；要語句通俗，讓人能懂，而不能故弄玄虛讓人不懂；要使「道」具有善的傳統和長期效果。他們並不顧及寫出的「道」被不被當時的權威人士認可的眼前效果，甚至不顧及自己的聲譽遭到詆謗和身體遭到刑罰。他們寫出的「道」雖然在當時不被當權者和學界所認可，但是時間越長久（或百年或千年後），越是顯露出其「道」的知識的穩定性和理論的真理性，越是有益於全人類。譬如，蘇格拉底說「善」，老子論「道」，釋迦牟尼說「法」，都是如此。當然，我在寫「道」時，必須做第四種人。

➡ 第二節　我要寫道的外力驅動

一、當下對哲學思維（理性思維）缺失的中國弱智文人

關於什麼是哲學，在後文有論述。這裡只說一說哲學思維對於個人和民族的作用。

先摘錄古聖哲的一些經典話語作為佐證。

老子曰：「天下有始，以為天下母。既得其母，以知其子；復守其母，沒身不殆。塞其閟，閉其門，終身不堇。啟其閟，濟其事，終身不棘。見小曰明，守柔曰強。用其光，復歸其明，毋遺身央，是謂襲常。」（《道德經‧五十二章》）

「以正之邦，以奇用兵，以無事取天下。吾可以智其然也。夫天多忌諱，而民彌貧；民多利器，而邦茲昏；人多智，天奇勿茲起；法勿茲章，盜賊多有。是以聖人之言曰：我無事，而民自富；我無為而民自化；我好靜，而民自正；我欲不欲，而民自樸。」（《道德經‧五十七章》）【10】

蘇格拉底說：「我們必須考慮此事該做不該做。我不但現在，並且經常，只是服從理智，此外其它一切都不能牽制我。經過深思熟慮，唯有理智最為可貴。」【11】

巴門尼德說：「善使得被思想的東西和思想的目標是同一的。」【12】

斯賓諾莎說：「哲學的目的在於使人永享天上的幸福。」【13】

亞里斯多德說：「在很多情況下，善和美是認識和運動的本原。」【14】

西塞羅說：「我從不懷疑，我們的靈魂是『普通神心』所分出來的。」【15】

【10】《仰望老子‧第二卷》頁93，頁97。

【11】《理想國》頁141。

【12】《柏拉圖全集‧巴門尼德篇》頁754。

【13】斯賓諾莎的《神，人及其幸福簡論》頁12。

【14】《形而上學》第一卷頁6。

【15】《有節制的生活》頁65。

笛卡兒說：「那些正確地作出判斷和辨別真假的能力，實際上也是我們稱之為良知或理性的東西，是人人天然地均等的。」【16】

釋迦牟尼說：「奇哉，奇哉！一切眾生皆具如來智慧德相，但因妄想執著，不能證得；若離妄想，一切智，無漏智，自然智，即現眼前。」【17】

把上面古聖哲說的一些話歸納起來，大概意思是：

人是神造的，是天地之子。每個人一生下來，就具有與生俱來的均等的善心和自然智慧（神心、靈魂、良知和理性、理智）。每個人一生所追求的目標是「永享天上的幸福」。這種善心與人生目標是同一的。

可是，到了政治社會，就出現了偽智慧，「牽制我」了，使人「妄想執著」起來，喪失了善心和自然智慧，不理智了，「被思想的東西和思想的目標」不同一了，只「知其子」而不「知其母」。於是，就有「民四多」而無「民四自」。這樣，出現了「禍，福之所倚；福，禍之所伏」的「天下無道」社會，人們也就無法「永享天上的幸福」了。

那麼，「天下無道」的社會是不是會「萬歲，萬萬歲」呢？人們會作出怎樣的努力使之回歸「天下有道」呢？最根本的、最深層次的思考是：人必須悟道，「離妄想」，恢復人的「天生善心和自然智慧」，並且知道「善和美是認識和運動的本原」、「善使得被思想的東西和思想的目標是同一的」的那些原理。「我們必須考慮此事該做不該做。我不但現在，並且經常，只是服從理智，此外其它一切都不能牽制我。經過深思熟慮，唯有理智最為可貴」。那樣，「無為而治」的「民四自」的「看不見的和諧比看得見的和諧更好」的理想國就出現了。

以上所述，就是「既得其母，以知其子；復守其母，沒身不殆」的哲學思維和哲學原理。可見，就理論而言，哲學是百科之主腦，哲學理論是最基本的原理，其它學科的原理都是從哲學的基本原理演繹出來的；就實踐而言，哲學原理是人的靈魂的外在展現，是指導人的行為的最基本的道德準則。作為個人，如果愛好哲學，就是愛好智慧，就不會讓「理智被情感折服為奴（蘇格拉底語）」，就會成為一個有理智的人，就不會憑感情衝動去行動；否則，就會終日處在情緒

【16】笛卡兒《談談方法》頁23。

【17】《心聲錄》頁6。

波動、情感激烈、不冷靜的狀態中，成為一個失去理智的人，比如尼采。作為一個民族，如果盛行哲學研究，就是一個追求智慧的民族，一個具有理智的民族，一個具有「看不見的和諧比看得見的和諧更好」的民族，一個社會穩定和對外開放的民族，一個百科興旺的民主富強的民族；如果一個民族沒有哲學，或者哲學研究遭到鄙視，民族情緒高漲，終日處在民族優越感中，崇拜權力，崇拜英雄，崇拜智謀，崇拜大一統，那麼就是一個失去理智的民族，是一個偽智慧盛行的民族，是一個爭權奪利、動盪不安的民族，是一個自我封閉、見識短淺的民族，是一個愚昧野蠻、貧富兩極分化的民族。

那麼，我們中華民族文明裡有沒有哲學思維呢？

王國維說：「凡哲學家，無不欲兼為政治家，故我國無純粹之哲學家，其最完備者，唯道德哲學與政治哲學。」【18】

蔡元培說：「我國未有純粹之倫理學，因而無純粹之倫理學史。」【19】

萊布尼茲說：「看來中國人缺乏心智的偉大之光，對證明的藝術一無所知，……」【20】

如果國人同意王、蔡和萊布尼茲的觀點，那麼，中國思想文化就是沒有哲學、甚至沒有倫理學的「國學」，中華民族就是一個既缺乏哲學理智、又缺乏倫理學指導的亂哄哄的弱智民族。

1.如果從中華文明的整體和全過程來考察，中國不僅有純粹的倫理學，而且有純粹的哲學，再上一層，還有與西方哲學淵源蘇格拉底、柏拉圖體系相提並論的哲學體系——老子哲學體系。王、蔡和萊布尼茲的觀點就是片面的，不正確的。如果只從儒學為主流來考察，那就只考察了宋儒以來的思想文化現象，《四書五經》在倫理學上沒有體系，更少有哲學成分，老子的哲學智慧和釋迦牟尼的哲學智慧就會被忽視和甚至排斥在外，那當然「我國未有純粹之倫理學」，亦「無純粹之哲學家」，王、蔡和萊布尼茲的觀點就是正確的。

2.那麼，我們從德國人、俄羅斯人那裡拿來的「主義」是不是哲學呢？我的回答：那不是哲學，連倫理學也不是，而是政治學，冠上「哲學」名字卻不是真

【18】王國維《人間詞話・哲學辨惑》頁23。

【19】《中國倫理學史》頁3。

【20】《萊布尼茲自然哲學著作選》頁23。

正的哲學。這在後文有詳述。

　　哲學能使人成為理智的人，能使民族成為理智的民族。可是近代、現代的中國文人不認識哲學，連本土的古老的哲學淵源老子哲學體系也不認得，所以說中國沒有純粹哲學。可見，中國大多數文人是弱智文人，因此，我必須寫道——寫哲學論文。

二、現當代的中國文人大多無正確信仰

　　信仰是人的天性所需，能使人保持「天生的善心和自然智慧」，有正確的人生觀。（關於信仰的界定和權利的論述詳見第二十章‧信仰權利）

　　可是，絕大多數中國文人缺乏真正的信仰，並且無視信仰，只有盲目的個人崇拜和迷信。現當代的中國文人所迷信的都是邪門歪道，所排斥的是善性教理和哲理，致使中國文人失去理性思維。如果我要為使中國人恢復理智作出點貢獻，就必須寫我所悟出的善道——創作《協和論》。

　　在中國思想文化中，稱得上宗教的有道教和外來的佛教、基督教、伊斯蘭教，儒家和外來的德國人的唯心辯證法、唯物辯證法、進化論等等都稱不上宗教，也稱不上完整的哲學體系。「易」學既稱不上宗教，又稱不上哲學，是一種沒有邏輯關聯的雜亂無章的一大堆經驗的和神秘的混雜知識。在人類思想文化中，唯一稱得上完整哲學體系的只有古中國的老子哲學體系和古希臘的蘇格拉底、柏拉圖哲學體系（下文簡稱「蘇柏體系」）。

　　現今的中國普通民眾信仰什麼宗教或什麼哲學原理呢？一部分人信仰道教，一部分人信仰佛教（主要是信仰儒術化的淨土宗），還有人信仰「易」學，西藏人信仰佛教的喇嘛教，回族人和維吾爾人信仰伊斯蘭教，極少數人信仰基督教，中國絕大多數文人迷信唯物辯證法和宋儒學說，幾乎沒有人信仰老子學說和蘇格拉底、柏拉圖學說。

　　現在就來簡介中國人所信仰和迷信的那些思想理論。

　　1.道教

　　一種中國本土的多神論宗教。由東漢末張道陵創建的民間「五斗米教」和張角創建的「太平道」演變而來。到于吉，合二而一，成為道教。道教開始時以《太平清領書》為經典，以傳統的「易」的巫術和鄒衍的方術為神仙法術，以眾多神話人物為迷信偶像，純屬是一種迷信宗教，稱得上是邪教，所以孫策怒殺于吉。道教到了南北朝時，玄學家道士寇謙之、葛洪、陶宏景，「清整道教，除去

三張偽法」【21】，以老子《道德經》為真經，加上《莊子》、《列子》為「三玄」，以煉丹、畫符為主要神仙法術，以「三清」為崇拜偶像。從此，道教有了較為完整的理論，在傳播老子學說和物理、化學發明上起了作用，並且入王朝干政，與儒家爭君寵，又和儒家聯手與佛教爭正統。但是，道教拋棄了老子學說的哲學基本原理，單取養生長壽觀點，變質為遁隱山林去修煉成仙的長生不老之術。在道術上，迷信成分多，也沒有統一的組織和教規，五花八門，畫符念咒，降魔捉妖，算命看相，風水預測，種種胡作非為，邪門歪道，無所不有，道教的門徒成了帝王統治的幫兇，危害個人和社會，成了邪教。從道教的教義，演繹不出善性的倫理學和政治學理論來，不能給信仰者帶來「永享天上的幸福」。隨著社會的「善回向」運動，道教如果不自身改革，就會必然衰敗，成為歷史陳跡，道教理論就只有古文化的研究價值，道觀只具有文物研究和旅遊觀賞價值。

　　2.佛教

　　一種外來的宗教。佛教，在僧團組織、入教儀式、信仰經典和偶像上稱得上是宗教，而在佛經教理上稱不上是宗教，卻是一種哲學體系。佛教傳到中國，演變為中國化的兩種佛教：佛老融合的佛教和儒學附庸的佛教。從東漢末到北宋是釋老融合的佛教，是一個比較完善的哲學體系，形而上學部分的佛法是涅盤、一真法界；倫理學的觀點是「一切眾生皆具如來智慧德相」，平等，自由；政治學的觀點是「慈悲為本，方便為門」，普度欲界苦難眾生，「入地獄」，把「五濁惡世」轉輪為「極樂世界」。這就必然與儒家的「三綱五常」相抵觸，所以，佛教和道家聯手抵制儒家，儒家和道教聯手謗佛排佛。從北宋開始到明末，佛教的儒生和尚把佛教演變為儒家附庸的佛教，即現在成為佛教主流門派的淨土宗。從此，佛教原教理和正義行為盡失，成為儒家的家奴，成為帝王專制的幫兇，和尚成為惡比丘。明朝儒生大和尚蓮池、憨山就創造了名為佛家實為宋儒的淨土宗，把慧遠、善導作為招牌，「怒斥狂禪」，挑起佛教內宗派爭鬥，愚弄信眾，擴大淨土宗勢力。到了印光和尚，淨土宗滿山遍野，入進皇朝。在野的淨土宗儒生和尚與在朝的宋儒儒生勾結為一體，服務於帝王專制。淨土宗儒生和尚為了討好儒家和帝王，不把釋迦牟尼放在眼裡，膽大妄為，篡改和重寫佛經，如憨山的韻文《金剛經》，夏蓮居士修纂的《無量壽經》。儒生和尚以「講義」形

【21】《中國哲學史稿‧下冊》頁53。

式，用「三綱五常」取代佛學核心內容。例如今日淨土宗寺庵裡盛傳的淨空和尚的《認識佛教》，全篇大肆宣揚「三綱五常」就是佛法，頌揚乾隆皇帝是佛的化身，沒有釋迦牟尼佛法的蹤影，也沒有慧遠的《沙門不禮王者論》的絲毫痕跡。商業有句諺語：「掛羊頭，賣狗肉。」淨土宗儒生和尚就是這種商人，掛的是釋迦牟尼家裡（佛家）的羊頭，兜售的是宋儒家裡（儒家）的狗肉。今日的淨土宗寺庵，官佛勾結，爾虞我詐，邪門外道，迷惑信眾，詐騙錢財，男盜女娼，種種罪孽，都是淨土宗儒生和尚製造的。《地藏經》云：「若有眾生，出佛身血，毀謗三寶，不敬尊經，亦當墮於無間地獄，千萬億劫，求出無期。」【22】蓮池、印光、淨空這些假和尚、真宋儒，拋棄了「慈悲為本」，把「方便為門」當作權術、方術、詐騙術，把「名聞利養」當作人生奮鬥目標。他們犯了「出佛身血，毀謗三寶，不敬尊經」的十惡不赦的罪行，屬於釋迦牟尼在遺囑裡所說的應該「默擯」的「惡比丘」，是惠能所說的「逢佛殺佛，逢祖殺祖」的假佛、假祖，「亦當墮於無間地獄，千萬億劫，求出無期」。他們是去不了「西方極樂世界」的，被他們愚弄的信眾都去不了「西方極樂世界」。

3.伊斯蘭教

創教較晚——七世紀初，有遜尼和什葉兩大教派。七世紀中葉傳入中國，成為西部回族、維吾爾族等少數民族所信仰的宗教。伊斯蘭教對大多數中國人影響不大，但是加大了民族問題。

4.基督教，包括天主教、正教、新教、東正教以及一些較小的宗教派別。唐朝僧侶阿羅本傳入，稱為「景教」。元朝傳入中國的基督教稱為「也裡可溫教」。天主教在明朝晚期傳入。清朝中葉從俄羅斯傳入東正教。清末，基督教各個派別都來中國傳教。但是，由於基督教宣傳在上帝之下人人平等、自由、博愛，與儒家的「三綱五常」水火不相容，遭到儒家激烈的謗毀和排斥，遭到王朝的鎮壓，遭到道教的打擊，所以基督教在獨裁專制的中國難以獨自傳教。

5.儒家

中國春秋時期由孔子創立的諸子百家的一家學術派別。由孟子繼承發展，漢儒進行改革，宋儒再次改革，成為現在的新儒學。儒家在宋朝時，門派眾多，主要有八個門派。各門派相互攻擊詆毀，甚至進行人身攻擊和陷害，表現出爭權

【22】《地藏經》頁5。

奪利和窩裡鬥的性質。蜀派頭目蘇軾攻擊洛派程頤等五人是：「交結紈絝子弟，號為五鬼。」「臣素疾程某之奸，未嘗假以辭色。」【23】蜀派另一頭目孔文仲奏程頤：「汙下險巧，素無鄉行，經筵陳說，僭橫忘分。遍謁貴臣，曆造台諫。騰口間亂，以償恩報，致市井目為五鬼之魁。請放歸田裡，以示典型。」洛派猛烈反擊蜀派，進行你死我活的殘酷鬥爭。在洛派道學內，同樣進行你死我活的爭權奪利的鬥爭。韓侂冑和朱熹同是洛派的道學家，韓侂冑當了宰相，就把朱熹的理學打成偽道學，迫害朱熹。韓侂冑先死，朱熹起水復職，就把韓侂冑打成奸相。可見宋儒儒生的那副德行，可推知具有那種德行的人是不會弄出什麼好學問來的。

　　孔孟儒學只有形而上學的幾個模糊概念，沒有形而上學理論，但是有較為完備的倫理學和政治學理論。孔孟之道有些民本思想，但是絕對沒有分權的民權的民主思想，也沒有巫術、方術內容。漢儒的儒學，消解了民本思想，成了絕對君主專制思想，並且雜糅進「天人感應」的巫術、方術內容。宋儒的儒學，一方面繼承漢儒的儒學，另一方面吸收道教的太極八卦和佛教心學的形而上學的內容，創立了道學、理學、心學，使儒學好像有了形而上學部分，貌似較為完整的哲學體系。但是，形而上學部分與倫理學、政治學之間缺乏邏輯聯繫，沒有演繹推理和歸納推理關係，只是高高在上地虛懸著一個神秘的「易」。所以，儒學不是哲學，而是道德學和政治學。儒學的形而上學與倫理學和政治學缺乏有理有據的邏輯聯繫，無法進行論證。它條理不清，雜糅一團，是一個可以隨心所欲地斷章取義的理論體系。大概可以這樣來概括：倫理學的核心內容是「仁義」論，政治學的核心內容是「三綱五常」，而「仁義」論和「三綱五常」又相互雜糅重迭，拉扯不清。宋儒新儒學的道學和理學，在倫理上完全是違反天道人性的；在政治上，是絕對君主獨裁專制；在儒生個人生活上，一方面培養對師門、主子、上司、皇帝絕對忠誠的奴才，另一方面培養一心一意追求功名利祿、爭權奪利的窩裡鬥的陰謀家、貪官污吏和對外來危險貪生怕死、明哲保身的儒夫；對個人的「天生善心和自然智慧」，只起窒息作用而毫無啟發作用；對社會的進步，只起阻礙作用而毫無促進作用。道學和理學是徹頭徹尾的冷酷無情的冷冰冰的理性主義，使儒學走進了死胡同。可是，就是這種理學，卻在朱洪武時期被獨尊起來，

【23】《中國哲學史稿‧下冊》頁53。

朱洪武剝人皮示眾和恢復活人陪葬制都符合「理學」的天理、人性。

後來，清初黃宗羲和清末康有為去改造宋儒儒學，塞進君主立憲思想。但是很快被慈禧太后的御用的頑固不化的守舊派儒生徐桐、剛毅等用真正宋儒學擊毀，保持了宋儒學的正統地位。現在中國人所崇拜和宣揚的儒學就是宋儒學。

6.「易」學

指所有與「易」有關的知識，比如，傳說中的伏羲易、周文王易、孔子的「易經」、陰陽五行家的方術、道教的仙術、漢儒的「天人感應」、宋儒的道學和理學的形而上學部分、神話，以及揉進解說「易」的人的個人經驗知識內容，等等，龐大雜亂的所有經驗的和神秘的知識。

關於「易」，請看「五四運動」前後時期有識之士的論述。

胡適說：「至於《易經》，更不能作上古哲學史料。《易經》除去《十翼》，只剩得六十四卦，六十四條卦辭，三百八十四條爻辭，乃是一部卜筮之書，全無哲學史料可說。故我認為現在作哲學史，只可從老子、孔子說起。」【24】

再看梁啟超的考證。梁啟超說：「《易經》是一部最帶神秘性的書。孔子自稱『假年以學』，相傳還有『韋編三絕』的故事，可見得這書自古已稱難懂了。漢代今文博士有施、孟、梁三家。自《王弼注》出，盛行江左，唐人據之以作《正義》，自是漢《易》具廢。而五代北宋期間，道士陳摶始以道教中丹鼎之術附會《易》文，輾轉傳之邵雍、周敦頤，於是有《先天》、《太極》諸圖，《易》亦紛亂不可理。程頤作《易傳》，少淡天道，多言人事，稍稱潔清。朱熹又綜合周、邵、程之說作《易本義》，為明清兩朝功令所宗。蓋自王、韓以後，易學與老莊之道家言混合；自周、邵以後，易學與後世矯誣之道教混合。清朝易學第一期工作，專在革周邵派的命，……把所有一切怪誕的圖——什麼無極太極，什麼先天後天，什麼太陽少陽，太陰少陰，什麼六十四卦的圓圈方位，一概打掃得乾乾淨淨。……漢儒講的什麼互體，什麼卦變，什麼半象兩象，什麼納甲納音爻辰，什麼掛氣六日七分，依我們看來，都是當時燕、齊方士矯誣之說，和陳、邵太極先天等圖沒有什麼分別；王輔嗣把他們廓清辭辟，一點

【24】《中國哲學史大綱》頁21。

都不冤枉。……此外說《易》之書，雖然還有許多，依我看，沒有什麼價值。」【25】

「五四」以來的治學嚴謹的學者雖然在其它理論方面有爭論，但是對於「易」學都持批判態度，其中最著名的有章太炎、梁啟超、胡適、魯迅、夏曾佑、李樹菁，等等。

人天生具有好奇心，大概凡是荒誕無稽的神秘的天方夜譚最能吸引人，也最容易被不良之徒拿去變為騙術，謀取私利。時至今日，「易」學在廣泛地深刻地毒害著中國人和中國社會。中國知識界仍然沉迷於「易」學，說「易」學是中國思想文化的淵源，還把「易」學拉扯到哲學、科學層面上去作解說。本來，解說「易」學的宋儒邵雍、周敦頤、二程、朱熹等大儒都是迂腐的功名利祿之徒，對邏輯推理和數學論證一竅不通，只會玩低級的偶數遊戲：「無極生太極，太極生兩儀，兩儀生四相，四相生八卦，八八六十四卦，……」

今日的所謂「易學」大師，就個人品質而言，都是心術不正的功名利祿之徒，不怕危害別人和社會，引誘青年學者入夥，網羅黨徒。就知識而言，他們對哲學、科學、倫理學、政治學以及邏輯學一竅不通，連偶數遊戲也不會玩，違背數學常識，玩起巫術，胡說「0+1=2」，好像他們發明了新的哥特巴赫猜想，卻是數學家們無法論證的「猜想」，其神秘性經不住司馬南的膚淺科普知識的反駁。例如，在齊魯電視臺公開辯論中，「國際《易經》協會執行主任」巨天中當場被不懂「易」的司馬南用科普知識駁倒。他們是愚昧無知的一群社會蚊蠅。

我的同事和學生有許多人是崇拜《易經》的，給人點卦、算命、做年月、看風水。街道到處掛著「易經研究協會」、「預測諮詢」等等招牌。有人曾經嘲笑我不懂《易經》，沒有真正智慧。所以我決定去讀《易經》。

我弄來了古今不同的《易經》版本和一些易經大師的講義，對照著看。我總想看清《易經》的立體輪廓：（1）論述的對象和範疇有那些，它們的定位，它們之間的內在聯繫；（2）對形而上和形而下有沒有系統論述，本體論是什麼，所描述的世界藍圖怎樣；（3）對人性、社會、國家是不是論述得有條有理；（4）有沒有層次分明的知識體系；（5）基本認識方法是什麼；等等。

結果，我發現，人類共同的思維方式和認識成果，在《易經》裡一點也找

【25】《中國近三百年學術史》頁192。

不到，一個問題也沒有論述出來。《易經》裡有什麼？雜亂無章的符號、圖騰，六十四卦之間沒有內在次序和內容聯繫。如果說「乾」與「坤」有方位次序，到了「屯」卻是「雲雷」，到了「蒙」又是「山下出泉」，到了「需」是「雲上於天」，到了「訟」是「天與水違行」，等等，東搭葫蘆西扯蛋，就像一個癡人說夢。那「爻」、「彖」、「象」、「文言」，更是毫無根據，不著邊際，隨意猜測，誰都可以依據自己的想像力和觀點胡說八道出一種解說。說得客氣一點，《易經》不是人學，是神仙學。說得不客氣一點，《易經》裡沒有任何哲學層面上的真智慧和偽智慧，只有十分低級庸俗的江湖騙術，與村落市井裡的半仙、巫婆的胡言亂語同等，所不同的是用了一些華麗神秘的辭藻去進行了包裝。這就怪不得易學大師們在演講之前要說出一個理論前提：用邏輯思維和科學論證無法解說《易經》，因為《易經》的智慧高於西方人的哲學智慧。那樣，就堵塞了聽眾的天生的正常的思維方式，就便於他們行騙了。

對於《易經》，我想用不著花費力氣去批判，隨著科學技術的發展和公民福利社會的興起，自然而然會煙消雲散。因為，《易經》知識所根植的社會土壤是農耕禮制社會。農耕禮制社會的主要特徵有：（1）生產力和生產方式，是「以農為本，壓抑商賈」，憑天吃飯，不需要先進的科學技術，所以對自然災害感到神秘，「天有不測風雲」，產生迷信多神宗教，巫術占卜因此而生而興。如果科學技術和工商業發達了，「天有可測風雲」，占卜巫術失去依據，也就自然消失了。（2）社會結構的最基本單位是以血緣為紐帶的家庭、宗族，居住在自然村落裡，每個成員都希望和為了家族爭取權力而光宗耀祖，地理風水術因此而生而興。如果農民絕大多數成了市民，自然村落不存在了，屍體火化了，公墓建立了，地理風水的羅盤就用不上了。（3）人的地位等級森嚴，個體失去生命權，把握不了命運，禍福不定，隨時有官家或強人製造的人禍，個體每日處在膽戰心驚之中，「人有旦夕禍福」，因此點卦預測而生而興。如果公民福利社會健全，個體生活有保障；民主法治興起，人人權利平等，政治透明，天龍鳳凰、達官貴人都不見了，當權者無法行使黑箱操作，個體能夠把握自己的命運，分析到和主動地避禍趨福，點卦預測就失靈了。（4）隨著漢字的簡化和拼音化，拆字知識不起作用了。（5）當局者製造的迷信神學。重視《易經》知識的主要是帝王，可以用來愚弄民眾相信「皇權神授」。一旦禮制消失，《易經》知識就用不上了。

如果說現在版本的《易經》是什麼淵源，那倒是巫術、方術、相術、陰陽

術、神仙術、算命術、風水術、拆字術，以及毫無數學概率論知識的預測術的淵源，中國民間盛行一切迷信活動，其根源都出自「易經」，中國思想文化傳統缺乏邏輯推理和科學論證思維其根源於《易經》，中國人缺少哲學理智亦根源於《易經》，一切思想文化垃圾都產生於《易經》。

也許有人會說：「《道德經》裡也說陰陽，也有《易經》知識。」這是誤解。《道德經》第四十二章的「萬物負陰而抱陽，中氣而為和」的陰與陽，是區分造物質料有不同，這些不同的造物質料在道性的作用下，相抱為「一」的協和體，不是可分開來為「一陰一陽」的，不是一體兩面或一分為二、合二而一的「二」，不是《易經》裡的「一陰一陽謂之道」的「陰陽」。《道德經》裡根本就沒有「陰陽五行」的「易」的知識。

對於「易」學，可以作出這樣的結論：就哲學理論而言，龐大雜亂的所有神秘的知識與牽強附會的經驗知識之間沒有任何的邏輯聯繫，無法概括論述出一個哲學體系來，不是哲學理論。從「易」學獲得的知識，都是危害個人和社會生活、毒害個人靈魂和社會思想的迷信知識，窒息人的「天生善心和自然智慧」，沒有任何的真智慧，沒有任何有益的實用價值。「易經」是什麼？屬於柏拉圖和他的繼承者概括為三種神說中的「第二種，著眼於社會效用的當局者製造的民間神說」，屬於三種邪說中的「第三種，用禮物作貢品賄賂神的學說」【26】。

以上考證史料證明，「周易」、《易經》都稱不上哲學，「故我認為現在作哲學史，只可從老子、孔子說起。」（胡適）。

7.唯心辯證法論和唯物辯證法論，是德國人和俄國人輸送到中國的外來思想理論。

（1）唯心辯證法論。以黑格爾學說最為典型，是一種殘酷的冷冰冰的專制理性主義。黑格爾把康德的殘酷的冷冰冰的理性主義推向高峰，絕對化了，體系化了。詳述見第五章第二節。

（2）唯物辯證法論。a.唯物辯證法。唯物辯證法是赫拉克利特發明的，黑格爾顛倒為唯心辯證法，費爾巴哈又把黑格爾的唯心辯證法顛倒過來，其餘的哲學理論觀點與黑格爾的完全雷同。唯物辯證法論是一種斬首理論，斬去了哲學的首腦形而上學，停留在物質實體層面上，是與所有傳統實行「兩個決裂」的理

【26】《西方哲學史》頁182。

論，被崇拜者吹噓為唯一的終極的「放之四海而皆準」的真理。「物質第一，精神第二」和「對立統一規律」兩個原理是唯物辯證法論的理論基石。在這裡，神、理念、道、靈魂、人性都被拋棄了，成了附著在物質上的附屬「精神」，「精神」實際上也是一種特殊的物質。人只是一大堆物質原子組成的肉體，至於造物主（神）、人的靈魂、「人天生的善心和自然智慧」、人性之類的哲學基本命題都可以置之不理。用唯物辯證法論去解釋人類社會歷史，就是唯物進化論。用唯物辯證法論去解釋自然，就是自然辯證法：自然是物質運動，其運動規律有三個：對立統一規律，質與量轉換規律，否定之否定規律。所以列寧說：「赫拉克利特是唯物辯證法的老祖宗。」【27】b.辯證唯物論與宋儒的道學、理學相互融合。（詳見下文第十五章第五節懲惡）

8.蘇格拉底、柏拉圖學說是西方哲學淵源。

可以說，西方所有哲學流派都是只是對這個淵源作解說。蘇格拉底、柏拉圖學說是最圓滿的最善的最高智慧的哲學體系。它的形而上學的本體是「至善理念」，它的造物神是理念（靈魂），它有一個完整的世界藍圖，它的倫理學基本原理是善以及從善本身演繹出來的正義、節制、勇敢、智慧等美德，它的政治學原理是民主法治，它的理想國是「哲學家應該為王」，它的認識論很完備，……世俗社會的問題都可以從蘇格拉底、柏拉圖哲學體系裡找到答案。在中世紀，神學家和哲學家 古斯丁、湯瑪斯・阿奎那，就把蘇格拉底、柏拉圖學說（亞里斯多德）與基督教教理融合起來作解說。現在的所謂民主價值或曰普世價值，並非是美國人的價值，也並非是笛卡兒、洛克、盧梭、孟德斯鳩發明的，追根究底是屬於蘇格拉底、柏拉圖和基督教的價值。笛卡兒、洛克、盧梭、孟德斯鳩只不過是根據自己所處的社會狀況找到了並且重新作出解說，使之實用起來。美國人是實用主義者，把民主價值實用得較好些。現在的一些中國文人，由於對基督教和美國人反感，一說到民主價值，就認為是美國人的，是基督教的，就拒絕民主價值。這是沒有對民主價值追根溯源的原因。蘇格拉底、柏拉圖學說的倫理學和政治學的基本原理與宋儒的道學、理學相互抵觸而形同冰炭，致使民主普世價值難以孤軍突入到中國。

9.老子哲學體系。

【27】《列寧選集・第二卷》頁89。

老子哲學體系，指的是老子的《道德經》，是中國哲學淵源，是與蘇格拉底、柏拉圖哲學體系能夠相提並論的哲學體系。老子體系是最圓滿的最高智慧的最善的哲學體系，諸子百家、九流三教，都可以在《道德經》裡找到淵源。老子學說，形而上學的本體論是恒道，造物者是大道（谷神、上善、一）。對世界的劃分與蘇格拉底相一致。倫理學的基本原理是：人人都具有天生的善心和自然智慧，人人都具有平等、自由的自然權利。政治學的基本原理是：「民四自」，既無為又有為，無為節制有為，從有為達到無為而治。理想國是，通過聖人之治到達走出政治社會的無為而治的「小邦寡民」社會。老子學說的認識論很全面，認識方法有頓悟和漸悟，特別重視頓悟，蘇格拉底沒有重視頓悟。知識論劃分的層次很清晰，與蘇格拉底相一致。這樣好的一種哲學體系，卻被中國帝王拋棄，遭到各個學派的曲解，特別是遭到宋儒的誹謗和排斥，甚至懷疑有沒有老子那個人，懷疑《道德經》不是老子寫的。於是就有人得出這樣的結論：中國沒有哲學家，也沒有哲學體系。那是什麼原因呢？嚴復一語道破天機：「*夫黃老之道，民主之國之所用也，故能『長而不宰』，『無為而無不為』。君主之國，未有能用黃老者也。漢之黃老，貌襲而取之耳。君主之利器，其唯儒術乎，而申韓有救敗之用（《老子道德經評點》）。*」【28】關於老子學說，詳見我已經出版的《仰望老子》。

三、中國人應該選擇什麼樣的宗教和哲學理論來信仰呢？

對於宗教或神學，柏拉圖和新柏拉圖主義者做了簡明的概括：有三種神學和三種邪說。三種神學是：第一種，詩人創造的神話；第二種，著眼於社會效用的當局者製造的民間神學；第三種，自然的或富於哲理性的神學。三種邪說是：無神論，伊壁鳩魯學說，用禮物作貢品賄賂神的學說。

以上簡介了主要的九種宗教和哲學理論，值得我們信仰的有哪些呢？

先來簡述從春秋到宋朝的信仰概況。春秋戰國時期是中國學術空前繁榮時期，但是沒有宗教，各派別只是以老子為尊。秦始皇「焚書坑儒」是漢儒的說辭，那其實是一場政治鬥爭，被坑的有儒生也有方士，在朝做官的仍然有儒生。漢武帝「獨尊儒術，廢黜百家」也是漢儒班固的說辭，黃老之術和法家刑名學仍然盛行。一直到宋朝，學術辯論比較自由，沒有形成一家獨尊的局面。一直妄

【28】《仰望老子·第二卷》頁24。

想獨尊的儒術在學術辯論比較自由時期反而被邊緣化。在東漢末期，出現了宗教——本土的道教和外來的佛教。信仰道教和佛教的主要是下層民眾，王朝主要是把宗教當著政治統治工具來使用，知識界的文人儒生和道家人物並不真正信仰宗教，也是把宗教當著謀生工具和避難場所使用。一個民族的信仰狀況怎麼樣，主要要看知識界的文人信仰狀況。從以上簡述可以做出這樣的判斷：從春秋到宋朝，中國文人的絕大多數只有學術辯論，沒有信仰。

再來簡述明朝到現在的信仰概況。明朝皇帝朱元璋獨尊宋儒朱熹的理學儒術，廢黜百家，窒息學術辯論自由。統治者要達到剝奪人的思想言論自由的目標，就必然要動用國家機器，使用暴力，大興文字獄。首先屠殺敢於堅持思想言論自由的文人，然後對文人進行強制洗腦，對青少年實行獨尊儒術的教育。經過一、兩代人的洗腦教育，宋儒理學就成了傳統思想文化，深入到民間成為風俗習慣。儒學的一些關鍵字，就成為俗語、成語、口頭禪。宋儒儒學經過明朝、清朝五百餘年的獨尊，當然成了傳統思想文化和風俗習慣，深入中國人心，使中國人靈魂上的儒學蒙垢堅如鋼盔鐵甲，成為頑固不化的保守勢力，支援和維護著帝王獨裁專制社會。即使到了「五四運動」，也難以敲碎和清除中國人心靈上那堅如鋼盔鐵甲的儒學蒙垢。即使經過馬列主義的五十多年的衝擊和「批林批孔」運動的敲打，那深埋在中國人心靈深處的儒學灰塵在21世紀又死灰復燃，有可能使帝王專制統治得以復辟而苟且喘延。

世事常常無獨有偶，德國人的辯證法在中國也遇上了如同宋儒理學同樣的獨尊好運，用同樣的方法，使之成為中國的傳統思想文化，成為中國人的風俗習慣，關鍵字同樣成為俗語、成語、口頭禪，洗腦術使思想統治大功告成。

在這段歷史時期，道教和釋老融合的佛教衰敗，而成為儒學附庸的淨土宗佛教興盛。這段歷史時期，只有迷信和崇拜，沒有信仰。

從上面簡述中，可以得出這樣的結論：中國文人絕大多數是輕視信仰的，是沒有信仰的，也就難以找到值得信仰的宗教和哲學理論，只是崇拜「著眼於社會效用的當局者製造的民間神學」和「唯物無神論」。這就證明了中華民族是一個理智衰弱的民族，是一個需要用哲學來拯救的民族，首先需要拯救的是中國文人。這是中國哲學家一個極其艱巨的思想文化方面的歷史使命。

中華民族，急需拋棄迷信和崇拜，急需拋棄獨尊一家之言的思維方式，急需個人自願自由的信仰，急需善性的宗教和哲學理論。那麼我們到底選擇什麼樣的宗教和哲學理論來信仰呢？我必須寫道給予啟示。

依據上文「二」中所給出的原理和經驗，我們應該信仰老子學說，信仰與老子學說能夠相互融合的宗教或其它哲學理論，比如，釋老融合的佛教、基督教、蘇格拉底學說。或者用老子學說去重新解說和改造已被信仰的宗教或哲學理論，比如道教、儒家學說、伊斯蘭教等。

《道德經》，文字古老，又被誤解和曲解得一塌糊塗，難得讀懂，需要悟道人去重新地正確地給予解說。所以，我就寫了《仰望老子》。我的《協和論》，是繼承老子學說傳統的，又是根據現在社會狀況而創建的一種全新的哲學理論，通俗易懂，是值得相信的。這不是我在自我炫耀、自我吹噓而去欺騙眾人崇拜我，使我流芳千古。我可沒有那份功名利祿之心，我只有一顆天生的善心。我是在向眾人說誠實話，說自信話：要識別真智慧和偽智慧，全憑每個人的「天生善心和自然智慧」，凡是與之相互對抗的教理或哲理，就是偽智慧；凡是與之相互融合的教理或哲理，就是真智慧。說難得識別也困難，說容易識別也容易，完全在於「天生的善心和自然智慧」恢復的程度。眾人可以嘗試著運用自己的「天生善心和自然智慧」（天良和良知）來衡量我的《協和論》裡的哲學理論觀點，就會發現我說的全部是真實的話。

➡ 第三節　我準備寫「道」——我的讀書經歷

我悟出了「善道」，也很想寫出來與人共享，但一直不敢寫。因為：1.我還不很熟悉哲學、宗教學、自然科學、倫理學、政治上的許多術語，也不能自如地運用邏輯規則，弄不好誤用了假哲學、偽智慧的概念和表達方式，不但使自己的「道」不能清晰地表達出來，而且還會製造思想混亂，害人害己。2.我擔心世上已經有人悟出了和寫出了與我相同的「道」。如果真是那樣，我寫出的「道」就沒有什麼意義，一方面浪費了自己的時間和心血，還遭人嘲笑為抄襲和剽竊；另一方面，也浪費了別人的時間和心血，那就是一件害人害己的惡事。3.我人微言輕，寫出的文章肯定沒多少人看閱和理解，我必須要熟悉古哲，追溯哲學淵源，一方面使自己的哲學論文具有傳統性，另一方面托古哲之口，以為佐證。同時，在我獨自悟「道」後，我的求知欲使我產生了一個問題：古今中外，難道就沒有人與我悟出了相同的「道」嗎？這個問題驅使我去尋找同道人，去追溯哲學淵源。

這些不敢寫的原因說明，我在寫「道」之前，還有一個學習和讀書的任

務。

　　說到書本知識，我在「悟道」之前，已有一些底墊。這些知識底墊是：1.有些語言功底。寫個什麼散文、詩歌和小說之類的東西，還自信不比中國二十世紀以來的著名作家差勁。2.有些自然科學的基礎知識。我讀書時，本來愛好自然科學，數學、物理、化學等學科成績一直很好，多次獲得競賽獎。但由於家庭貧困原因只能去讀師範，不能上進取自然科學。而我出於興趣，自學了大學的自然學科教材：數學、物理學、生物學、遺傳學、西醫學、中醫學、心理學、精神分析學、科學哲學等，算是涉獵了大學理科的一些基礎知識。3.對馬列主義、毛澤東思想的基本理論很熟悉，還瞭解了一些與馬列主義相反的觀點。這要感謝「文革」。「文革」逼著我去探索其原因，又給了我許多讀書時間。我讀了如下的書：《資本論》第一、二卷、《共產黨宣言》、《哥達綱領批判》、《反杜林論》、《自然辨證法》、《法蘭西內戰》、《國家與革命》、《無產階級革命與叛徒考茨基》、《辨證唯物主義與歷史唯物主義》、《家庭、私有制的起源》，《沒有地址的信——普列漢諾夫論藝術》、《毛澤東選集》（1-5卷，其中精讀了《矛盾論》、《實踐論》和李達的詮釋），艾思奇等理論家的文章。還寫了許多心得體會。我還特別對與馬列主義相反的觀點感興趣，弄不到原著，就從馬、恩、列、斯、毛和其它無產階級理論家的批判語和注釋中去搜集，抄錄了五大本，在本子扉頁上注上「批判毒草」字樣，以應付查抄。果然，發生了我家被查抄的事，那「批判毒草」幾個字起了作用，查抄者沒有帶走那五大本子，後來成了我尋找資料的索引，省去了許多時間和精力。4.瞭解了黑格爾的基本觀點。在「文革」中，我從《湖北日報》報社得到了黑格爾的《小邏輯》、《精神現象學》兩本書。雖然兩本書的語言晦澀難讀，但我有一股越難越進的書呆子勁，讀完了，還能把其觀點列出了一個表。5.熟悉儒家、法家的基本觀點。在「文革」中，有「批陳批孔」、「批林批孔」、「評法批儒」的運動，我趁機找到了「四書五經」和《韓非子》、《封建論》等原著，讀通了。不僅使我瞭解了儒家、法家的創始人觀點，還增長了我的古文知識，給後來讀老子、莊子、釋迦牟尼增強了閱讀能力。6.掌握了一些邏輯知識。1986年，我已40歲，還參加了中文本科函授和自修學習，學了《普通邏輯》。7.有些歷史知識。通讀了中外歷史教科書，還讀了一些專業史書。在中國歷史，使我收益最大的是夏曾佑的《中國古代史》。8.有一些宗教知識。偷讀了《聖經》、《道教辭典》、《向知識份子介紹佛教》。9.掌握了一些哲學、倫理學、政治學的術語。在讀書時，我喜歡做摘抄

和收集感到生疏的和很不瞭解的詞句，特別是概念。我發現對於同一個對象卻有許多種定義，我知道那是由不同的觀點造成的，而我不能辨析其正確與錯誤。

我所聽到的大師、教授們所講的，都與我不同「道」；我所讀過的書中所說的道理也與我不同「道」，我就把那些「道」視為流或門派之見。我要去讀沒有讀過的書。

二十世紀中、後期的成年人都知道，中國社會是個禁書社會，要找到新華書店裡沒有的書是很困難的。我只能從當時流行的書中摘錄下一些被批判的片言隻語，想從中尋到「同道人」，但沒有成功。整整十年，我無哲學書可讀了，又不敢動筆寫我的「道」，就那樣百無聊賴地去讀一些文學作品和雜書。

感謝「改革開放」帶來了書籍的相對開放，有了私人小書攤偷偷地販賣盜版禁書；感謝經濟政策放寬和教師發不出工資，教師能被迫「下海」去搞勤工儉學謀生。一九八九年九月，我申請「下海」搞勤工儉學，就能到全國各地以做生意之名亂跑，去搜集書本。我把書一袋一袋的背回家，將書分門別類，由於做不起書櫃，就裝了個盆滿鉢鼓。

弄來了書，不是為了擺著裝潢出個書香之家的樣子，而是要逐本去讀。開始時，我是弄一本讀一本。但弄書速度快，讀書速度慢。書多了，那內容觀點就五花八門，也重複哆嗦。譬如一本厚厚的《現代思潮辭典》（英國人Ａ・布洛克主編）所收集的概念多得令人一輩子也記不下來，而且相近的概念也意義重複和自相矛盾。我必須找出一個讀書方法來。

我就制訂了一個讀書計畫。先讀西方的哲學書。中國現今的主流思想、基本概念、學術流派都是從西方特別是德國拿來的，同時，我也略知那些觀點。讀兩本以上的西方哲學史書，瞭解著名哲人和門派，掌握理論脈絡。按由近及遠的順序，讀著名哲人和主要門派的一兩本原著，掌握基本觀點。我讀了德里達、海德格爾、福柯、薩特、韋伯、尼采、叔本華、費爾巴哈、黑格爾、康德、詹姆斯、杜威、休謨、斯賓塞、柏格森、羅梭、孔德、穆勒、盧梭、孟德斯鳩、洛克、霍布斯、馬丁・路德、馬雅基維斯、笛卡兒、培根、托瑪斯・阿奎那、奧古斯丁、西塞羅、伊壁鳩魯、亞里斯多德、直到《柏拉圖全集》。還讀了一些科學哲學專著，如薛定鶚、萊布尼茲、庫恩、波普爾等。

我感到，德國哲學家和休謨、斯賓塞、馬雅基維斯、馬丁・路德、霍布斯、伊壁鳩魯、赫拉克利特等人的基本觀點與我的「善道」相反。有一些人的基本觀點與我的「道」有小部分相合，笛卡兒、洛克、盧梭的實用理論觀點與我的

實用理論觀點基本相合。唯有蘇格拉底、柏拉圖的基本觀點與我的「善道」相一致，並且使我的「道」條理化了，令我驚歎、敬服。我相信了法國人蒙田的一句話是真理：「蘇格拉底是眾師之師。」我得出了這樣的結論：蘇格拉底、柏拉圖是古希臘哲學的偉大集成者，蘇格拉底、柏拉圖體系是西方最早、最善、最圓滿的哲學體系，是西方哲學的淵源，而西方思想的百家千派只是蘇、柏體系這個淵源的一條條支流，德國哲學是這個淵源的一支濁流。

再讀中國的哲學書。還是先讀哲學史書。楊榮國的《中國古代思想》、《簡明古代哲學史》和範文瀾的《中國通史》，省去了許多思想文化內容，既無思想理論價值，又無思想文化史料價值，白白浪費了我兩個月的時間。幸好有夏曾佑的《中國古代史》和孫叔平的《中國哲學史稿》，兩書思想理論價值不高，但思想文化史料豐富，給我提供了讀原著的線索和一些史料佐證。對於儒家、法家的基本觀點，在文化大革命的「批陳批孔」、「批林批孔」、「評法批儒」中已有瞭解，重讀起原著來就比較容易把握其核心思想。讀中國哲學書，我是按從古至今的次序來讀。從孔子《論語》，到墨子、名家、陰陽家，到孟子、荀子，到韓非子、李斯，到漢儒，到諸葛亮，到竹林七賢，到葛洪，到魏徵，到韓愈，李翱，到宋儒，到明儒，清儒，到黃遵憲、康有為、梁啟超、譚嗣同，到孫中山，蔡元培、胡適、張勵君，到陳獨秀、李大釗、瞿秋白、李達、熊十力、艾思奇、陳伯達、馮友蘭、張松如，任繼愈，等等。

重讀這些人的書與初讀當然不同，我心中已有自己的「善道」這根準繩，又有了蘇、柏體系的模式，就具有批判能力。墨家、道家、道教、康有為、梁啟超、譚嗣同的基本觀點與我的「道」有部分相合，孫中山、蔡元培、陳獨秀、胡適、張勵君、熊十力的基本觀點與我的「道」大部分相合，儒家、法家以及陳伯達、馮友蘭、張松如、任繼愈的基本觀點與我的「善道」不相符合。我對法家韓非等人的看法是：性格直爽，光明磊落，不隱瞞觀點，語句簡明通俗，讓人一目了然，很容易對法家思想作出定論：法家思想是性惡論，絕對君權論，是帝王治國的鋼鞭子。我對儒家孔子、孟子以及後來的大儒們的看法是：性格若直若曲，心跡若明若暗，說話遮遮掩掩，好像心裡有什麼見不得人和見不得天的秘密動機需要掩飾，使人有「巧言令色」之嫌，有「曲徑通幽」之感。但是，「曲徑」是能「通幽」的，「幽」是能「明」的，大儒們欺騙得了自己的學生門徒，愚弄得了不能讀書識字的民眾，卻欺騙和愚弄不了心中有善道的悟道人，悟道人一眼就能看出儒書字裡行間裡沒有明言的權術陰謀，側耳一聽就能聽出儒生們言談舉止

裡隱藏著的偽善之音，能判斷出儒家思想的本質：帝王治國的麻醉藥。

　　讀了以上那些中國哲學書，我失望了，幾乎相信了八十年前王國維的論斷是真理了。王國維用十分肯定的語氣斷言：「凡哲學家，無不欲兼為政治家，故我國無純粹之哲學家，其最完備者，唯道德哲學與政治哲學。」

　　我最後才去讀老子的《道德經》、楊子和《莊子》。在相當長的一段時間，我受了梁啟超和錢穆的誤導。梁啟超在《老子哲學》裡說沒有老子這個人，《道德經》是晚孔子幾百後的西漢人的偽作。錢穆在《莊老通辯》說：「老子是個陰謀家。」【29】對於錢穆，我是不大恭維的，弄到了他的一本書，認真讀了兩頁就瀏覽過去了。對於梁啟超，我是很敬佩的，認為他不會弄錯，不會隨便胡說，就信了他，沒有去讀《道德經》和《莊子》。蘇格拉底一句話警醒了我：「我們不能把對個人的尊敬看得高於真理。」【30】我就決定去重新認識梁啟超。原來，梁啟超是個政治改良家，對中國的政治改良功不可沒。他情緒過激，愛說極端話，比如，說到小說就把小說的作用抬上了天。現今中國人愛說「重中之重」、「中心的中心」，大概源於梁啟超。在學術上，梁啟超是個新儒生，也是個雜學家，並不是哲學家。他的許多意見不穩定，不可信。於是，我就朝反方向思考：為什麼宋儒以後的儒生那樣惡狠狠地攻擊老子、莊子呢？是不是儒家畏懼老莊呢？為什麼現代的馮友蘭、任繼愈等一時貶斥老子卻又有時把老子思想曲解為樸素的辯證唯物主義呢？是不是他們對老子學說這樣解說能獲得功名利祿呢？這樣一反思，我決心去認真讀《道德經》。不讀則已，一讀令我興奮不已，著迷了。我反覆揣摩、連貫，花了一年多時間。我認識到：短短的五千餘字的《道德經》，卻是一個最善最圓滿的哲學體系。我與老子「同道」「同法」了。我又花了一年時間去讀楊子和《莊子》。楊子和《莊子》是對《道德經》最好的注解本。我信了嚴復在《老子道德經評點》裡說的話：「夫黃老之道，民主之國之所用也，故能『長而不宰』，『無為而無不為』。君主之國，未有能用黃老者也。漢之黃老，貌襲而取之耳。君主之利器，其唯儒術乎，而申韓有救敗之用。」我對儒家和錢穆、馮友蘭等人詆毀老子有了答案了。我可以斷言：《道德經》不僅是中國純粹之哲學，而且是中國哲學之淵源。

【29】《仰望老子》第三卷頁23。

【30】《理想國》頁173。

後來，我又在我的一個做了法悟和尚的學生邱龍海的引導下，去讀了佛經。我驚奇地發現，釋迦牟尼不僅是佛教的創始人，而且是偉大的哲學家，佛學是地球中部的哲學淵源，釋迦牟尼與我「同道」「同法」。我寫了《釋迦牟尼的哲學智慧和中國化的兩種佛教》。

至此，我追溯到了三個與我「同道」「同法」的哲學淵源，就對自己寫「善道」有了底氣。

第三章　條分縷析——獨立創作《協和論》

如上文所述，我所悟出的「道」，是混沌一團，渾然一體，是一種不可分割的而又不可言說清楚的境界，而不是一個可以拆開又可以組裝的機械整體。如果要強行分析開來述說，就破壞了「道本身」，如同殺死了生命體再加以剖析那樣。可是，寫「道」，要用語言文字表達出來，就不能不進行分析，把渾然一體的「道」切割成一部分、一部分的。

我對自己寫「善道」有了充分的知識準備後，在五十二歲時就開始獨立創作《協和論》。《協和論》，就是遵照我天生的邏輯思維潛能——形式邏輯規則，運用現代漢語文字，把我悟出的協和原理表達出來。

寫「道」，是寫哲學論文，可不是寫文學藝術作品，不能只憑感情去宣洩，要思維慎密，劃分清晰，概念明確，判斷正確，推理有據，論證嚴密，用詞精確，造句通順，依據被表達的對象，選擇相適應的表達方式。這就有難度了，不是什麼激情主義者、解構主義者和「經由詩藝」的海德格爾等輩所能做到的，只有老子、蘇格拉底、釋迦牟尼、洛克、盧梭等人才能做到。我當然要努力做到。

➡ 第一節　尋找說辭——咬文嚼字說「協和」

我是用現代漢語寫「道」的，就要注意到兩個方面：一方面，符合哲學論文的基本規範，使用現在流行的哲學術語；另一方面，到東方哲學淵源《道德經》裡去尋找說詞，使自己的哲學理論和表達藝術具有傳統性。在這兩個方面是不能標新立異的。正如維特斯坦所說：「一切可說的都可以說清楚」，「因為，

你理解我所說的話，你就必須賦予我的詞，以我所賦予的意義」。【31】

一個人悟出了道，要把它說出來，就要找到一個恰當的詞語。老子的說辭是「道」，蘇格拉底的說辭是「善」，釋迦牟尼的說辭是「佛」。我是現代人，是用現代漢語在說「道」，必須為我獨自悟出的「善道」找到一個現代漢語和古漢語通用的說詞，既使我的「善道」具有傳統性，又使它具有現代哲學意義。

我考查了現有的哲學術語，比如，均衡論、平衡論、恒穩論、協同論、協調論，等等，都不大精確，而且在《道德經》和先秦文獻裡找不到出處。在篩選中，我選取了「協和」一詞，就把我所悟的「善道」稱之為「協和原理」。「道」是一個最大的哲學範疇，所以在論述中仍然用「道」來界定「協和」。

現在就來咬文嚼字說「協和」。

「協和」一詞，在古漢語和現代漢語中，都是雙音詞，詞義沒有變化。如，《商書·堯典》：「協和萬邦。」今文「協和關係」等。意思都是「使之協調融洽」。

一、「和」字

1．出處。《道德經》：「六親不和」（十八章），「中氣以為和」（四十一章），「終日號而不嗄，和之至也。和曰常，知和曰明」（五十五章），「和大怨，必有餘怨」（八十一章）。《詩小雅》：「和鸞離離。」《商書·堯典》：「乃命羲和。」

2．意義。（1）本義。《說文》：「和，相應也。從口，禾聲。」《爾雅釋樂》：「大笙謂之巢，小笙謂之和。」《注》：「和，十三簧。」（2）引申義。《廣韻》《集韻》《正韻》《韻會》：「順也，諧也，調也，不堅不柔也。」

3．組詞功能。「和」字是漢字中組詞功能最強的字之一，有一百多個帶「和」字的詞語。最常用的有：初和，太和，天和，地和，人和，中和，和善，和美，和氣，和親，和清，和洽，和晴，和風，和合，和緩，和會，和恒，和婚，和宏，和解，和價，和靜，和局，和集，和節，和上，和聲，和數，和順，和適，和式，和碩，和舒，和理，和樂，喝令，和禮，和老，和易，和約，和雨，和音，和雅，和議，和悅和愉，和韻，和眾，和衷，和值，和談，和婉，和

【31】《大問題·附錄一》。

民，和門，和鳴，和敏，和難，和暖，和人，和潤，和柔，和融，和容，和盤，和番，和愛，和調，和甘，和歌，和歸，和掛，和寡，和各，和煦，和絃，和信，和旋，和春，和暢，和表，和恩，和豐，和合，和好，和睦，和諧，和平，溫和，柔和，協和，調和，融和，緩和，混和，飽和，拌和，議和，怡和，儀和，頤和，等等，難以全部收集。

4·辨析。

《論語》：「禮之用，和為貴；先王之道斯為美，小大由之，有所不行，知和而和，不以禮節之，亦不可行也。」「君子和而不同，小人同而不和。」【32】《中庸》：「發而皆中節謂之和。」可見，儒家的「和」，是以「禮」為體，「和」為用，「和」是履行禮制的一種行為方式。故曰：「禮之用，和為貴。」使用「和」這種方式時，時刻受到「禮」的節制，故曰：「知和而和，不以禮節之，亦不可行也。」「和」，是「中庸之道」，鄭玄云：「名曰中庸者，以其記中和之為用也。庸，用也。」朱熹引程頤語云：「不偏之謂中，不易之謂庸。中者，天下之正道；庸者，天下之定理。」故曰：「發而皆中節謂之和。」【33】孔子、鄭玄、程頤、朱熹那些大儒們，思想不清晰，詞語含混，沒有說清楚一個概念：何為「和」，何為「中」，何為「庸」，怎麼樣才能「發而皆中節」，如何能做到「不偏」「不易」。但是，他們的大概意思是：「和」是儒家君子們特有的神秘兮兮的「中庸之道」，不是「小人」或「民」的「不仁不義」、「非禮」的光明正大的行為之道。故曰：「中庸之為德也，其至矣乎！民鮮久矣！」（蔣伯潛注：「言中庸為至德，而一般人少此至德久矣。」）【34】

這就是說，儒家的「和」與老子的「和」意義完全相反。老子云：「禮者，忠信之泊也，而亂之首也。」「禮」這個「體」被否定了，儒家的「和為貴」當然就失去了作用。老子的「和」，是指自然而然的「和」，是「人人都具有天生平等的善心和自然智慧」的「和」，不是後天人為強加給的「和」。

所以，「協和論」，不取儒家的「和」義，而取老子的「和」義。

【32】《四書讀本·〈論語〉新解下》頁167。

【33】《四書讀本·〈中庸〉新解》頁1。

【34】《四書讀本·〈中庸〉新解》頁1。

二、「協」字

1‧古義。協，《說文》：「同心之和。從劦從心。」「劦，同力也。從三力。山海經曰：「唯號之山，其風若劦。」《爾雅釋詁》：「服也。」《疏》：「協者，和合而服也。」《正字通》：「　同惿。此字從心，與協字從十者不同。」《博雅》：「惿，怯也。」《廣韻》：「以威力相恐也。」

2‧今義。《現代漢語詞典》：「協，（1）調和，和諧；（2）共同；（3）協助。」

3‧辨析。（1）「協」與「和」，有意義相互重迭之處：「同心之和」，「和合而服也」。又有意義不同：「協」，側重於「外力」；「和」，側重於「內心」。（2）就對象造物者「道」而言，有使萬物「尊道而貴德」而「服從」的意義。（3）就對象自然物而言，有「孔德之容，唯道是從」的被動「服從」意義。（4）就對象人而言，有人為主動去「使之服從」意義。

「協和論」，取「『道』使萬物『尊道而貴德（《道德經》五十一章）』而『服從』的意義」和「『孔德之容，唯道是從（《道德經》二十一章）』的被動『服從』意義」，不取「人為主動去『使之服從』意義」。【35】

三、「協和」一詞

「協和」的意義是：（1）就主體「道」而言，是「使之協調融洽（《現代漢語詞典》）」，就是把物象的本性協和到「和之至」的融洽狀態。協和是使動詞。（2）就被造物而言，必然要「『尊道而貴德』而『服從』」，保持自身的自然的「和之至」的狀態，「協和」是被動詞。有了這兩層意義，「協和」就是自然物的本原性質，即具有哲學的本體意義，「協和」一詞就可以當作一個哲學概念來使用。

➡ 第二節　「協和論」的基本原理

尋找到了「協和」的說辭，就應該有條有理地進行論述。這個「有條有理」，就是實現「人天生的善心和自然智慧」裡的邏輯潛能，就是在寫「道」

【35】《仰望老子‧第一卷》頁147。

時要遵循形式邏輯規則，把「協和原理」條分縷析地表達出來，那就是「協和論」。《協和論》的寫作提綱就是一種條分縷析的論述。本節論述「協和的基本原理」，就是按照演繹推理的規則來論述的。

形而上學的原理有涯，悟道有始有終；經驗知識無涯，學習無止境。

「協和論」所要論述的問題很多，所含有的知識量很豐富，但是，她的哲學的基本原理不多，只有那麼十幾條。

第一條原理：協和論的本體論原理──「本體」是至善至美的最初的協和體：「初和恒道」。萬事萬物都有一個形而上的本體，一切運動都有一個始點，一切原因都有一個最初因。那個本體，老子叫做「恒道」，蘇格拉底叫做「至善理念」，我把她叫做「初和恒道」。「初和恒道」是我悟道時上升到永恆的本體境界的「善道」，是渾然一體的一個「至善至美的協和體」。

第二條原理：協和論的造物論原理──造物主是永遠開展創造運動的協和體：「太和大道」之一。萬事萬物都根源於一個共同的形而上的造物者──母體。那個造物者，老子叫做「大道」，蘇格拉底叫做「唯一形式」，我把她叫做「太和大道」。大道是「智慧本身」，是「善本身」、「美本身」，是起始數字「一」。「太和大道」是我悟道時與之同在、同行的「智慧本身」、「善本身」、「一」的「有無相生」的協和體。

第三條原理：協和論的運動論原理──「太和大道」造物運動的基本運動形式是圓周循環的協和運動形式：「太和大道」之二。「太和大道」是運動本身，是第一推動力。由此決定天地、萬物、人和人類社會的基本運動形式都是圓周循環運動。大道造物的循環圓周運動的協和形式，是從我悟道的始於善又終於善的圓周運動的協和形式推理出來的。

第四條原理：協和論的造物論原理──宇宙是天地相和合的有序有數的協和體：「天和之道」（天道）。人與萬物共有一個形而上的造物者──母體，那個造物者，老子叫做「天道」，蘇格拉底叫做「共相」，我把她叫做「天和之道」。天道是「天和」，是天地相和合的協和體。天地不自生而生物，長久，有動有靜，有一有多，善而無惡，利而不害，無尊無卑，無親無疏，待物不仁，平等自由。物象與造物者、物與物之間處在一種「親和力」的作用下相互依存的有序的和諧狀態中。一切都是有序的，有數的，有比例的，有規律的，協和的。「天和之道」是我悟道時與之同在、同行的「善道」。

第五條原理：協和論的生命論原理──生命體是「靈魂與肉體中和為一」的

協和體：「中和」之道。老子叫做「營魄抱一」論，蘇格拉底叫做「靈魂論」，我把她叫做「中和之道（地道）」。造物主無所不能，在創造千千萬萬的奇蹟中，最大的奇蹟是生命體。她把靈魂與質料「中和」為「精之至」的肉體生命體。生命體是「靈魂與肉體『中和』為一」的協和體。對於一個具體的生命體來說，靈魂與肉體是不能分離的；如果分離了，就是死亡了，這個個體生命就永遠消失而不能復生了。「中和之道」是我悟道時所悟出的生命協和論。

第六條原理：協和論的「自我論」原理——「我」是「靈魂與肉體中和為一」的協和體：「人和」之道。老子叫做「人道」，亞里斯多德叫做「人性論」，西方哲學叫做「自我論」。我把她叫做「人和之道」。「我」是一個生命體，即靈魂與肉體不可分離的協和體。靈魂是人人共同具有的平等的天性（「天生的善心和自然智慧」），肉體是每個人天生具有的不同的天資特徵。我是天地必然所生，也是父母偶然所生。我既要保持靈魂純潔（人性本善而無惡），又要愛惜肉體生命（「貴為身」、「愛以身」），人只有今世而無前世和來世，保命哲學就是真理。「自我論」是我悟道時所悟出的「我是誰」的理論。

第七條原理：協和論的美德論原理——美德是「人天生善心和自然智慧」在處理人與人的關係時所表現出的和睦相處的協和品質。人心向善，和睦相處。有五種基本美德：正義、節制、柔弱處下、勇敢、智慧。

第八條原理：協和論的人性論原理——人的天性，是「天和、地和之道」賦予人的最高級的全部的「中和之道」，是善性的「人道」，是人生追求、奮鬥的動力源泉。人的自然本能的求生欲望是符合「天和、地和之道」、「中和之道」的「有欲」或「必要欲望」，佔有和剝奪的欲望是違背「中和之道」與「人和之道」的「貪欲」或「不必要欲望」。每個人要保持和維護「有欲」，節制和反對「貪欲」。

第九條原理：協和論關於「惡」的論述——習性有善有惡。「惡」是人類社會處在政治社會階段時，強人所產生的「不必要欲望」而造成的與「中和之道」、「人和之道」不能協調的社會現象。善不生惡，惡是人為所致，惡是人的天資的誤用和後天傳統惡習的薰染。天地無惡物，人間無惡人，人間有惡理、惡習，社會有惡事，天生的善總會戰勝人為的惡。

第十條原理：協和論的人類社會論原理——人類社會是人們的共同平等的善心和自然智慧發出的「自願」生活在一起的一種相互協和的群居現象。國家是公民的善心所「同意」建立的一種協和社會關係的政治機構。公民是國家的主體，

是天是地，是國家主權的擁有者。國家政治社會是人類社會的一個短暫的歷史時期，國家專制社會是人類社會發展到離道背德極遠時的歷史階段現象，表明社會發展要返回善道。

第十一條原理：藝術模仿知識是幻想和情感抒發的幻覺知識，不是哲學理論知識。凡是藝術作品，都是人在情感層面上，借助景物，模仿和虛構景物，去抒發感情，發洩情緒。如果把藝術模仿稱之為知識的話，充其量只能是幻覺知識，稱不上理論知識。

第十二條原理：協和論的美學論原理——美是善所呈現出來的協和狀態。善是美本身，美本身是一切美現象的美原因。內在美比外在美更美。凡自然的就是美的，人為的有美有醜。圓形美是最基本的外在美。天下人認為美的就是美的，認為醜的就是醜的。

第十三條原理：協和論的認識論原理——人人具有的天生善心和自然智慧與萬物、天地、宇宙、大道、恒道相互協和。人與社會、萬物、宇宙、大道、恒道是相通或相和合的，人人天生都具有悟道和獲得經驗知識的認識潛能。悟道之容易，容易在不需要書本知識而單憑「天生的善心和自然智慧」就能做到；悟道之困難，困難在「天生的善心和自然智慧」被經驗知識所蒙蔽而不能悟道。悟道知識是真理，經驗知識有真有假；悟道知識（理性知識）應該指導和節制經驗知識。

以上所述是協和論的十三條基本原理。這十三條基本原理是我在悟道時從真實的存在中所得到的道理，又用老子體系和蘇、柏體系的哲學術語給予劃分和定義出來，用現代漢語給予陳述出來。她們都是真實的哲學理論。至於陳述得準確不準確，那又是一回事，是語言分析學的問題，不是原理本身的問題。從這十三條基本原理可以演繹出許多原理，比如，從第八條基本原理就可以演繹出或者定義出「正義」的原理。可見，基本原理是理論前提。

第四章　分析和綜合「協和論」裡的認識論

第三章第二節所述的「第十三條原理：協和論的認識論原理」，我把它放到其它原理的前面來論述，是因為首先說清楚認識論，然後就便於去說清楚其它原理。

　　第一章到第三章的陳述是：我憑著自己「天生的善心和自然智慧」獨立悟出了「協和」這個善道，又憑著「天生的善心和自然智慧」獨立創作了《協和論》。這些陳述說的就是我的悟道和寫道的經驗，即我的認識經驗。本章就要把我的這些認識經驗知識，用《道德經》裡的概念和現代人所約定俗成的哲學術語來分析和綜合，提升為哲學層面上的理性認識論知識。

➡ 第一節　哲學的定義及「協和論」的界定

一、現當代哲學術語和《道德經》的概念的使用

　　鄭開說：「現當的中國哲學研究註定是一種『面向西方哲學術語的轉譯』（陳來語）」。【36】

　　關於哲學術語：本體論、宇宙論、知識論等等概念，自從亞里斯多德後，特別是文藝復興運動和啟蒙運動，已成為約定俗成的哲學概念，也在中國現代哲學界成了約定俗成的概念，不使用它們，恐怕很難創造出或漢譯出一套為現代人、當代人所接受的新概念。所以，我寫哲學論文時，不得不使用它們來「分割」我所悟出的「善道」。但是，對這些哲學術語（概念）必須恢復蘇、柏體系中的原義，清除漢譯中的儒家思想，改用道家哲學概念。譬如，對蘇格拉底的「必要欲望」不可譯為「中道（中庸之道）」，只可譯為「有欲」或「正道」或「善道」，以保持「必要欲望」的天性，清除人為性。特別是不要用含糊不清的「仁」、「義」之類的詞語，而要用「道」、「德」。本書在「不得已」的情況下使用約定俗成的一些哲學術語（概念），目的是為了讓現代人感到通俗易懂，本書絕不正面使用德國哲學家所生造出來的和他們的中國門徒所使用的含糊不清的所謂「概念」，比如，「先驗論」、「辯證法」之類。

　　在中國傳統思想文化裡，儒家的《四書五經》和法家的文章裡，都沒有明確的概念，更沒有邏輯思維的哲學體系理論；只有《道德經》裡有一整套界定明確的哲學術語（哲學概念），有嚴密的邏輯思維體系，但是至今沒有被人發現和使用。所以，《協和論》必須吸收《道德經》裡的基本概念來使用，發掘和學習《道德經》裡的嚴密的邏輯思維推理方式。比如：道、恒道、大道、天道、人

道、德、上德、玄德、善、上善、神、谷神、無、有、無欲、有欲、無有同出、無有相生、營魄抱一、貴為身、善行無轍跡、聖人、善人，等等。

二、哲學是什麼——哲學的定義

1.蘇格拉底的定義

「哲學家是智慧的愛好者，他不是僅愛智慧的一部分，而是愛它的全部。」【37】換一句話說，哲學是愛全部智慧的學問。

亞里斯多德說：「智慧是關於某些本原和原因的科學。」【38】

這個定義，簡潔明瞭，問題就在於辨析漢字的「哲」和「智」的字義。

2.漢譯「哲學」的來源

「哲學」一詞譯自希臘文「PHILO-SOPHIA」。PHILO譯為「愛」，SOPHIA譯為「智」，兩字合起來就是「愛智」，哲學就是愛智學。漢字「智」是從「知」引申出來的，有歧義。在《道德經》裡，「知」或「智」有幾義，其中有「智慧」一義，屬貶義，是智巧、智術、智謀、陰謀等人為聰明，不是天生的自然智。譬如，「知（智）快出，案有大偽」，「絕聖棄知」，「民之難治，以其多知（智）」，等等。到了孟子有了雙音詞「智慧」：「雖有智慧，不如乘勢《孟子》」。到了兩漢，「智」成了褒義詞，如「眾智所為，無所不成」，「吾寧鬥智，不鬥力」。到了後來諸葛亮成了智慧的化身，「智慧」成了一個美德了。可見把「PHILO-SOPHIA」譯為「愛智學」，在古漢語淵源上不準確。

漢字「哲」字，《說文》：「嚞，識詞也，從知從白從 。」《正韻》：「知 作智」。《書舜典》：「濬哲文明。」《洪範》：「明作哲」。《揚子方言》：「哲，知也。」《說命》：「知之曰明哲。」《小雅釋字》：「哲，智也。」《道德經》和《莊子》裡沒有「哲」字，只有「明」：「自知，明也」，「莫若明」。可見，「哲」字的本義是：智術虧損了，心裡就有「知」了，「明」了，是「知、明」的意思。「PHILO-SOPHIA」譯為「愛明」或「知明」才正確，「知明學」就是哲學。最早用「哲學」一詞的是日本學者，後來黃遵憲、康有為等人使用到中國來。

現代漢語中，「智慧」已經是一個褒義詞了，同時，「智慧」已經成為了

【37】《理想國》頁125。

【38】《形而上學》頁4。

哲學中倫理學的一個基本概念，將錯就錯，難得清除掉了，只好「不得已」而使用。但是，必須分別出自然智慧（真智慧）和人為智慧（偽智慧、聰明）來，清除哲學上「智慧」這個概念的智巧、智術、智謀等人為的偽智慧含義，才能保證「智慧」這個概念的純潔性和原義。釋迦牟尼造出「自然智」、「無漏智」是正確的，本書使用「自然智慧」也是正確的。「愛智慧」就是喜愛人的天生自然智慧，愛至善理念。

3.《協和論》對哲學的定義

依據蘇格拉底的定義和「智」、「哲」的本義，哲學就是：人以與生俱來的善心、好奇心、求知欲來熱愛全部自然智慧，並用人自身靈魂中的理智（自然智慧）去探秘和領悟最初最高的自然智慧本身的學問總匯。換一句話說，哲學是人的理智去思辨或領悟自身和生化天地萬物的最初因和本體的學問總匯。

4.哲學的基本成分

上述哲學的定義，就包含了哲學的基本成分：形而上學，倫理學和物理學，認識論。

亞里斯多德依據哲學基本成分劃分幾種哲學類型：形而上學為第一哲學，倫理學和物理學為第二哲學，政治學、文學藝術不屬於哲學，邏輯學屬於工具學。

5.哲學的性質

哲學本來是人的天生善心和自然智慧的結晶，是善性的。但是，在後天，人的善心和自然智慧受到物欲膨脹的蒙蔽，就出現了人追求財富、權力、功名等人為的偽智慧，有人就把這種偽智慧胡編成一整套理論，也冒充哲學。這種偽哲學就是離道背德的惡性哲學。於是，就有了不同性質的兩種對立哲學：善性哲學和惡性哲學。

善性哲學在淵源上有：老子體系，蘇柏體系，釋迦牟尼體系；在西方其繼承者有：西塞羅體系、奧古斯丁神學哲學、托瑪斯·阿奎那神學哲學，文藝復興運動後的洛克體系，啟蒙運動後的盧梭體系等等；在東方其繼承者有：莊子體系、呂不韋體系、玄學體系、李卓吾體系；在佛學，有惠能的禪宗哲學和唐玄奘的唯識論。

惡性哲學自身沒有淵源，只有從善性哲學淵源上截取一義一端而加以曲解出來的極端理論。在西方有：伊壁鳩魯體系，休謨經驗論，斯賓塞進化論以及除了萊布尼茲之外的所有德國哲學體系；俄國沒有哲學，只有惡性政治學。在東方

有：宋儒的儒學，韓非的法家學說；在現、當代的中國，沒有哲學，只有政治學。在中國化的佛教，從明末蓮池到現代印光、淨空等和尚曲解釋迦牟尼佛學為儒學附庸的淨土宗。

6.錯誤的哲學定義

（1）Ａ・布洛克的定義：「哲學。一個不可能以一個單一的公式作無異議的定義的詞，用作為各種理智活動的統稱，全部這些活動把一種高度的概括性同幾乎完全依賴於推理而不是觀察和經驗去證明的斷定結合起來。……如果，非要以一個單一的簡短公式來定義哲學，那麼最少受到反對的公式是：哲學是關於思維的思維。這個定義使哲學區別於各種各樣的第一級思維，即關於其觀念、方法以及發現構成的實用之物（即科學、歷史學等）的特定部分或方面的思維。」「哲學的一致公認的主要成分是認識論，形而上學和倫理學。每一種主要形式的不完全具有普遍範圍的理智活動都有其一種哲學：科學、歷史、宗教、藝術以及其它。（見《現代思潮辭典》）」【39】

這個定義是自文藝復興運動以來，西方哲學最優秀的最權威的定義。但是，這個定義與蘇格拉底的定義相比較，不僅語句不夠簡明，而且內容上有不少誤區。第一，這個定義沒有追溯到淵源上的蘇、柏體系的觀點，僅停留在西方眾多哲學流派上，是眾多哲學流派觀點的集合。第二，承認以「不完全具有普遍範圍的理智活動都有其一種哲學」，沒有像亞里斯多德那樣區分出「第一」「第二」來，這就「定義過寬」，造成了哲學定義的含混不清，只要是「思維」或理智活動就都是哲學，阿貓阿狗也是哲學家。蘇格拉底早就批評說：「如果好奇能算是愛智的話，那麼你就會發現許多荒謬的人物都可以叫做哲學家了。」【40】第三，僅用「思維」來定義是不夠的。「思維」只是哲學的一個成分，是認識論裡的一個概念，哲學還有其它主要成分。這就又「定義過窄」。第四，「思維的思維」就是最高思維，是第一級思維。又說「哲學區別於各種各樣的第一級思維」，這是「同義反覆」、「循環論證」的錯誤。第五，這個定義捨棄了「愛智」（PHILO-SOPHIA）的本義，離開了「根本」就不正確。

（2）胡適的定義：「哲學的定義從來沒有一定的。我如今也暫下一個定

【39】《現代思潮辭典》頁434。

【40】《理想國》頁125。

義，『凡研究人生切要的問題，從根本上著想，要尋求一個根本的解決，這種學問，叫做哲學。』」【41】

胡適的定義，只觸及到哲學的毛皮，沒有抓住哲學的核心內容。即只說到哲學的「用」和「末」，忽略了「體」和「本」，是實用主義的觀點。這個定義最高也只涉及到倫理學的人生觀的範疇，捨棄了形而上學成分。所使用的概念沒有「智慧」、「思維」、「理念」等。

（3）臺灣哲學家鄔昆如的定義：「『什麼是哲學』的問題，也可以濃縮成：字義是『愛智』，愛慕智慧就是哲學。」「會用知識，才是智慧。」「哲學的具體功能：安排人生。」「哲學是人的哲學，上帝不需要哲學，物質世界不懂哲學。」（見《哲學概論》）【42】

鄔昆如的定義，雖然從淵源上「愛智」出發，但又受到西方哲學流派和胡適的觀點的牽累，使定義複雜不清。其一，「愛慕智慧」不等於蘇氏的「愛智慧的全部」。如果愛智慧的部分，那就不是哲學了。其二，「會用知識，才是智慧」。這個「智慧」就不是蘇氏定義上的「智慧」了，不是自然智慧了。因為「知識」有經驗知識，帝王會用殺人盜國知識，謀臣會耍權術、陰謀知識，這算不算是哲學智慧？如果算，那麼「寧鬥智」的劉邦就是哲學家了，這個定義就十分荒謬了。其三，「安排人生」、「會用知識」都是胡適的實用主義觀點，是哲學之用之末。

以上三種是較為經典的哲學定義，此外還有許多錯誤的哲學定義，譬如：德國哲學家的定義，經驗主義者的定義，唯物主義者的定義，進化論者的定義，等等，就不一一批評了。

也許中國大學哲學系裡的大學生會發問：「我們哲學教科書裡定義的哲學怎麼樣呢？」我的回答是：「中國現代、當代沒有哲學，只有政治學。哲學系裡的大學生所學的哲學，不是本書所定義的哲學，所以本書不作評論。」

7.不圓滿的哲學體系

A・布洛克說：「不完全具有普遍範圍的理智活動都有其一種哲學；科學、

【41】《中國哲學史大綱》頁25。

【42】《哲學概論》頁23。

歷史、宗教、藝術以及其它。」【43】

　　如果我們同意A・布洛克的觀點，也把這種「不完全」的理論稱為哲學，那頂多也只能稱得上是不圓滿的哲學體系。換一句話說，所有不能涵蓋哲學基本成分的哲學理論都是不圓滿的哲學。這種不圓滿的哲學體系不是最高的哲學智慧，卻是文藝復興運動後出現的眾多哲學流派，多得令人眼花撩亂，現今世界仍在層出不窮，特別是德國人最好標新立異出這種不圓滿的哲學體系並以此盜取哲學家桂冠。影響最大的又危害最大的不圓滿的哲學體系有：休謨的經驗論，康德的先驗論，斯賓塞的社會進化論，黑格爾的辯證論，費爾巴哈的唯物無神論，柏格森的生命進化論，叔本華、尼采的唯意志論，韋柏的社會論，薩特的存在主義和自我中心論，海德格爾的「社會的自我」論，德里達、福柯和羅蒂的解構主義，還有享樂主義和懷疑論，等等。在中國，有儒家的帝王唯物實用主義，法家思想，等等。

三、「協和論」的界定

　　「協和」加上「論」，所表明的是一種思想理論；「協和」是一個哲學概念，那麼「協和論」就是一種哲學理論。依據第一節《協和論》對哲學的定義，就能夠把《協和論》定義為哲學理論體系。

　　定義「協和論」：

　　表述一：協和論就是論述個人、社會、國家、萬物、天地、造物者大道、本體恒道，各各都是一個實體，以及人與社會、萬物、天地、造物者大道、本體恒道相互融合為一個共相實體的善性的哲學理論體系。

　　表述二：協和論就是批判那種把人、社會、國家、萬物、天地、造物者大道、本體恒道以及他們之間的關係都表述為是對立、矛盾、鬥爭的統一體的惡性理論的具有反駁性的哲學理論。

➡ 第二節　認識的主體：認識的動機和認識的潛能

一、認識的主體──個人

【43】《現代思潮辭典》頁434。

　　所謂認識，是認識的主體（個人）的感官和理智活動，所以首先要「認識你自己」，即認識個人本身。

　　為什麼人是認識的主體呢？老子認為，人是「四大」之一：「道大，天大，地大，王亦大。國中有四大，而王居一焉。人法地，地法天，天法道，道法自然。」【44】這說明，人所得到的善心和自然智慧比其它生物多些、高些，人具有認識世界的欲望和理性思維潛能；人需要認識世界，人能夠認識世界。所以，只有人才能成為認識的主體，只有人才能創造出知識。

二、認識的動機（目的）——求知欲、解脫欲

1.人天生具有求知探秘的欲望和好奇心——求知欲。

　　我的悟道原因之一就是我天生具有求知欲。在第一章第一節裡就論述了這種求知欲。「人人都具有天生的善心和自然智慧」，「善心」裡就具有「求知欲」，「自然智慧」裡就具有求知探秘的好奇心。求知欲，是人天生的「必要欲望」（蘇格拉底語）之一，也是人生存欲望所必需的。求知欲是人的一種先天的自然而然的欲望，並非是人的後天所為而產生的欲望。正是這種求知欲，才使人產生認識的動機或目的，才驅使人有意或無意地去悟道、去追求真理。

　　所以老子、蘇格拉底、亞里斯多德都論述了求知欲。

　　老子的觀點是：大道賦予人「有欲」，「有欲」中就有求知探秘的欲望和好奇心。恒道「玄之有玄，眾妙之門」，對大道「吾不知誰之子，象帝之先」。人就偏偏要去探索那玄妙，回答那「誰之子」，並且還想解說它們：「吾未知其名，字之曰道，強為之名曰大……」。

　　　　蘇格拉底說：「每一個靈魂都追求善，都把它作為自己全部行動的目標。」「哲學家是智慧的愛好者。」【45】

　　　　亞里斯多德說：「求知是所有人的本性。」「智慧總是伴隨著認識」。【46】

2.人的生存困境的解脫需要認識事物——解脫欲。

　　《協和論》第一章的開頭文字說的是一種「解脫欲」。第一章第二節敘述

【44】《仰望老子》第一卷第二十五章。

【45】《理想國》頁144。

【46】《形而上學‧第一卷》頁1。

我的「悟道經歷」，是在陳述我自己實現解脫欲的過程。

　　人的天生「必要欲望」裡，具有追求生存的本能欲望，生存欲望有兩個基本內容：一是追求平安、幸福，一是回避危險；用一句話說，就是「趨吉避凶」。在政治社會裡，這兩個基本內容就是一個內容：平安、幸福就沒有危險，有危險就不平安、不幸福。「趨吉避凶」，對於一個文人來說，不僅是物質方面的，更重要的是精神（思想言論）方面的。如果一個文人處在思想言論不自由的精神痛苦之中，就要尋求解脫，產生出強烈的解脫欲。解脫欲，是衝破思想牢籠、追求自由和真理、消除內心痛苦的一種欲望。解脫欲具有強大的認識動力和明確的認識目的；也就是說，具有批判傳統思想文化的巨大勇氣和創造新型思想文化的明確目標。

　　對於「解脫欲」，老子和蘇格拉底都有論述。老子要「絕聖棄智」、「絕仁棄義」、「絕巧棄利」，求得「我自然」。蘇格拉底「一生都在偵察偽智慧」，面臨死刑，寧可犧牲肉體生命，也要求得精神解脫。

三、認識的潛能──感官論、理智論

　　天地生人，賦予人以認識的潛能：感官和理智。凡是生物都具有感官，植物的感官簡單，動物的感官複雜，人的感官最齊備。植物和動物都不具有理智，唯獨人具有理智。齊備的感官和理智是人與其它生物最根本的區別。

　　老子論述說：1.人不僅具有「萬物將自偽」的本能智慧，而且具有「知常」的認識智慧。在生存中，要選擇適宜的環境（「居善地」），要辨別行動的時機（「踵善時」），要識別事物，逃避危險（「事善能」）。這就能認識事物。2.人要模仿自然物製造出人造物，使人過上物質豐富的美好生活──「甘其食，美其服，樂其俗，安其居。」就能夠認識事物的性質和功能，積累經驗知識。3.人還具有「自知」「知常」「闡之以樸」的理智，使人類活動具有理智性，免遭天條懲罰，延長個體壽命和人類末日的到來，就能夠認識「道」和「德」，從而「遵道而貴德」地生活。

　　亞里斯多德說：「那些靠表示和記憶生活的動物，很少分有經驗，唯有人類才憑技術和推理生活。」【47】

　　1.感官論。

───────────────

【47】《形而上學‧第一卷》頁2。

　　《協和論》第一章開頭的前部分和第二節的「四次劫難」，所說的都是感官上發生的認知活動。正是這種感知活動，才引起我的理智上的「反省」和「反思」的認識活動。

　　人的感官最齊備，有眼睛、耳朵、鼻孔、舌頭和皮膚等五官。感官具有感知事物的色、聲、氣、味和輕重、冷熱等表象的潛能。感官受到刺激，感官的潛能就被實現了，就是感知活動開始了，即有了感覺。感覺「印象」形成了經驗，經驗是理性思辨的資料依據。所以，庫恩說：「刺激形成感覺。」洛克說：「知識來源於經驗。」【48】

　　2.「理智」論──「人人具有天生的善心和自然智慧」。

　　《協和論》第一章第一節詳述了「我保持了天生的善心和自然智慧」，在後文還要對「天生的善心和自然智慧」進行論述。為了方便論述，這裡先從理論方面簡述一下。

　　（1）「人人具有天生的善心和自然智慧」。

　　善心。造物神是善的，天地萬物充滿了善道，人心自然而然是善的：人性本善，人心向善。善道就是人道，是每個人心中所具有的天生善心。

　　自然智慧。造物神是智慧的，天地萬物都具有自然智慧，人人自然而然具有智慧。人的自然智慧主要有兩方面：感覺潛能和理智潛能（邏輯思維潛能）。這種潛能一旦實現，就表現出智慧。感覺智慧是初級的，是被動的；理智潛能（邏輯思維潛能）智慧是高級的，是主動的。

　　（2）「天生善心和自然智慧」與悟道的關係。

　　只有天生的善心，才能與善道相互融匯；只有天生的自然智慧之光，才能照見真理（善道）。換一句話說，要使自己悟出善道，必須保持和使用「天生的善心和自然智慧」，或者說，必須清除「天生善心和自然智慧」上的偽智慧蒙垢：先「認識你自己」（蘇格拉底語）。「人人都具有天生的善心和自然智慧」，生活在政治社會裡的人都程度不同地受到偽智慧的蒙垢；人人都能悟出善道，人人悟出的「道」也就有程度不同的差別。

　　所以，蘇格拉底說：「每個人都追求著善。」老子說：「人法地，地法天，天法道，道法自然。」貝加也夫說：「哲學是對智慧的愛，是人心中智慧的

────────────

【48】《大問題‧第五章真理的追求‧知識的預設》。

展現，是要突破重圍，進抵生存意義的創造性的努力。」

➡ 第三節　認識的對象——自我、萬物、宇宙、本體

從《協和論》第一章的記述裡，可以分析出認識的對象有三類：其一，認識自己；其二，認識天地萬物；其三，認識形而上的「協和原理——「善道」。

1.認識自己：「人和之道」。

第一章第一節的開頭部分就是陳述「我是誰」，第一章第三節陳述的是從「小我」上升到「大我」、「無我」的認識過程。這就是認識自己。對「我是誰」的詳述見下文第二十一章。

對於認識自己，老子的表述是「自知」，蘇格拉底的表述是「認識你自己」，釋迦牟尼的表述是「破除我執」，現今流行的表述是「認識自我」。凡哲學體系都有「認識自己」的內容。所不同的是：1.唯物論認為：我沒有靈魂，只有肉體生命，精神是肉體產生的附屬物；2.進化論認為：我是從猿猴進化來的一個高級靈長動物，沒有靈魂，只有肉體生命，高級神經；3.整體論認為：我是由靈魂和肉體兩部分組合的，靈魂是我，肉體是我的形體——靈魂的影子；4.老子認為：我是「營魄抱一」的生命體。

2.認識他人和社會、國家：「中和之道」（「知人」，「知天下」）。

《協和論》第一章第三節陳述的是認識他人、社會、國家。上文有關我遭遇的記敘，就是我在感知他人、社會和國家。「反省」和「反思」，就是我在認識他人、社會、國家。這裡再從理論上進行分析論述。

我與他人、社會、國家是自願結合在一起的協和體。

他人和社會、國家，是每個人認識的第二層對象。認識他人和社會、國家是每個人的生活所需，求知所需。老子給予認識他人和社會、國家的方法和順序是：「以身觀身，以家觀家，以鄉觀鄉，以邦觀邦，以天下觀天下。」【49】這意思是說，首先我認識了我自己，於是以我自身的狀況去認識他人，以我自家的情況去認識他家，以我家鄉的情況去認識他鄉，以我社會的情況去認他社會，以我國家的情況去認識他國，認識的順序是由親及疏，由近及遠，所以，「不出戶，以知天下」。我認識了他人，就便於與他人交往；認識了鄉邦和國家，就便

【49】《仰望老子》第二卷第五十四章。

於適應和改造鄉邦和國家。認識他人，既要認識他的「小我」的具體特徵，父母兄弟姐妹以及生活環境，受教育情況；又要認識到他與「我」的共同性質「大我」。俗話說：「人上一百，五花六色」。只要「我」能接觸到的他人，「我」必須認識他，力爭完全瞭解他。認識社會與國家，既要認識各種社會和國家的具體特徵、習俗、體制等，又要認識到社會和國家是不是具有「大我」的共同美德。對「我」所生活的社會、國家和人類世界，必須認識它，力爭完全瞭解。

蘇格拉底的認識順序有變動：先認識國家的品質，再認識個人的品質，「因為國家的品質容易觀察到」。【50】

3.認識天地萬物：「天和、地和之道」（天道、地道）。

天地萬物是認識的第三層對象，是人類生存的自然環境，與每個人的生活息息相關，必須認識。

我與萬物、天地是共同形成自然界的協和體。

萬物是人的衣、食、住、行的生活必需品的來源，人只有認識萬物，才有所選用。萬物是人造物的樣本和原料，人只有認識萬物，才有所發明創造。萬物形成的自然環境是人生存的環境，人只有認識萬物，才能輔萬物之自然，不暴殄天物，不破壞自然環境。「天地相合」是生化萬物和人的父母，人必須認識天地，瞭解天地，才能遵守天地規則，「法地，法天」，終生不犯天條，免遭天災。故老子曰：「既得其母，以知其子；復守其母，沒身不殆。」【51】

4‧認識創造天地萬物和人的造物主：「太和大道」（「萬物之母」）。

大道是認識的第四層的對象。我與大道是融合為「一」的協和體。

人的認識不能只停留在能感覺到的形而下的物質世界，還要憑著「自然智慧」（理智向上）去探索形而上的大道世界（理念世界）。「萬物之母」是什麼？即創造天地萬物和人的母體是什麼？這令人感到玄妙神秘，人的好奇心和求知欲驅動著人去認識她。只有認識「萬物之母」，才能使人「復守其母」，使人的行為「尊道而貴德」。只有認識「萬物之母」，才能「以知其子」，做到「自知」、「知人」、「知天下」、「知天道」。只有認識「萬物之母」，人的認識才達到了一個高度，獲得真知。

【50】《理想國》頁64。

【51】《仰望老子》第二卷第五十二章。

5.認識大道源起的始初本體：「初和恒道」（「萬物之始」）。

我與「恒道」是融合為「一」的協和體。

「大道健行」，是「有」，是「動」；還沒有追索到開始。人的認識不能只停留在「有」和「動」，還要追索到「無」和「靜」；不能只停留在「一」，還要追索到「一」之「始」。無靜無動的本體恒道是大道的源起之處，是「萬物之始」。故曰：「道，可道也，非恒道也。」「無名，萬物之始也。」【52】本體恒道，既無又有；既一無所有，又無所不有。這就是「玄之有玄，眾眇之門」。人的認識要從大道世界（理念世界）上升到本體恒道（至善理念）。人憑「天生善心和自然智慧」能與本體恒道融為一體，從而領悟到本體的存在。只有認識恒道，才能找到一切現象和運動的本體，才能獲得一切真知的最大理論前提，才能破解一切玄妙神秘，悟出不證自明的公理來。認識了本體恒道就是認識到達了最高境界，人的認識才能算圓滿了，否則，認識是不圓滿的。故老子曰：「言有君，事有宗。」【53】

以上所論述的後三者的認識對象，是運用《道德經》的術語對《協和論》第一章第三節所描述的「悟道情景」的理論分析。

➡ 第四節　認識的工具——語言學和邏輯學

就認識論而言，《協和論》第一章陳述的是：我借助語言來實現「天生的善心和自然智慧」的認識潛能，使認識的對象被認識。《協和論》第二章、第三章陳述我寫「道」時如何去獲取和運用語言學和邏輯學知識。本節就來分析《協和論》裡的語言和邏輯知識，並上升為認識論的理論知識。

一、語言是實現認識潛能的思維工具

語言，是人類發明的。人類的語言不同於動物發出的聲音，具有實現理性思維潛能和交流思想的功能。人類的語言與人的思維潛能是相輔相成的，只有具有天生的思維潛能才能發明語言，有了語言才能實現思維潛能。

【52】《仰望老子》第一卷第一章。

【53】《仰望老子》第二卷第七十二章。

　　我之所以能夠悟道，就是因為我從小就學會了口語，自己能夠說話，也能夠聽懂別人講話。說話和講話的那些具有固定意思的詞兒表現出了人的思想觀點，我就借助那些詞兒去思考問題，去悟道。不識字的慧能的悟道情形也是如此。如果我沒有那些詞兒或者根本不懂那些詞兒的意思，我就不會說話，也聽不懂別人講話，更不可能去思考問題和悟道。

　　但是，悟道不需要書本知識，更不需要淵博的理論知識；淵博的理論知識反而影響悟道，悟道不為知識所累。老子說：「博者不知，知者不博。」這個「博」是指書本知識，不是指拋棄口頭語言——口語的詞兒。

　　所以，語言是實現認識潛能的思維工具。只要能說話的人就能悟道，文盲能夠悟道，人人都能悟道。

二、語言學是實現認識理論的寫作工具

　　悟道不需要理論知識，不為知識所累。可是，寫「道」需要書本知識，並且需要有淵博的理論知識：寫「道」應該為知識所累。那是為什麼呢？因為，寫「道」人要與邪門外道辯駁，就需要有淵博的知識，心中的真道知識越多越好。寫「道」至少需要如下的六方面的知識：一是熟悉聽道人的知識情況，以便有針對性寫「道」；二是要有邏輯知識，使說話有條有理；三是找到與自己的「道」相同的古人之「道」，使自己所說的「道」具有傳統性；四是熟悉與自己不相同的邪門外道，以便辯駁，同時使自己所說的「道」具有反駁性；五是具有深厚的語言功底，使自己所說的「道」表達得通俗易懂；六是要有好的表達藝術，使自己所說的「道」生動有樂趣。這六個方面的知識都不是天生具有的，不是「不出戶」、「不窺牖」、「不行而知」、「不見而名」所能夠獲得的，而是需要出戶、窺牖、遠行去多見和為學，方法是去入學從師或自學書本知識。

　　（一）文字

　　人類發明了語言後，感到聲音語言的交流思想只能授之於聽覺，聲音瞬間即逝，不留痕跡，傳播的空間太小、時間太短，就又發明了文字。文字能夠把思想情感形之於物體上，授之於視覺，傳之於外人和後人。

　　開始的文字都是表意的象形文字，後來有的發展為表音的拼音文字。

　　漢字是表意的象形文字。漢字的演變過程是：圖騰——甲骨文（鐘鼎文、銘文）——大篆—小篆—隸書—楷書—繁體字—簡體字。到了最後的簡體字，仍然是表意的象形字，沒有發展到表音的拼音文字。表意的象形文字，具有形、聲、

義三個因素，並且一個字具有多音、多義，形似字特別多。要認識和使用一個字，必須記住那個字的形、聲、義，還要辨別字形、字音、字義，不能按照口語聲音直接書寫。

表音的拼音文字與口語直接結合起來，可以按照聲音語言直接書寫出來，無需去辨別字形、字音、字義。

表意的象形文字與表音的拼音文字相比較。很顯然，表意的象形文字劣於表音的拼音文字。就個人而言，表意的象形字難於記憶和掌握，把一個人思維活動最強盛時期浪費在死記硬背裡，延長了思想成熟期；同時，象形文字很難找到準確表達思想的字詞，不利於思維活動的開展。就文化本身而言，象形文字識字難、書寫難、書寫工具又貴，不便於文化教育的普及和發展；同時，象形文字的表數文字，不利於數學計算，妨礙數學的發展。就社會發展而言，象形文字本身存在的缺點，使掌握了文字的文人，都沉醉於玩弄字形的美術、字音的音韻、字義的引申，甚至大搞拆字術的迷信活動，並且以此炫耀自己知識高和品質清高，文人成為所謂的高雅、閒散的怡然自得的士大夫貴族群體；其實是散發出一股股陳腐氣息的寄生蟲群體，不思考民事國事，更不去思考科學問題。象形文字本身具有保守性，容易被權貴們所專有，便於統治者壟斷文化而行使愚民政策；又便於保留血緣家族關係，便於獨裁者大興文字獄，例如，臣民要避諱帝王姓名的字，寫了「清風不識字」的那位清朝文人遭到殺頭。象形文字就成為維護和保守專制制度的一種工具，阻礙社會的發展運動。可是，表音的拼音文字就沒有那些缺陷，並且能夠消除那些缺陷。

所以，文字的發展趨向是：表意的象形文字必然被表音的拼音文字所取代。我們不能因為愛好象形文字和保護民族文化，而留戀、強行保存、使用象形文字，從而去阻礙文字發展運動；我們應該為社會發展進步考慮，為子孫後代的幸福考慮，毫不猶豫地拋棄自己個人的嗜好，不要惋惜象形文字成為歷史古董，要做文字改革的促進派。

當然，文字改革不是一蹴而就的，當我們還在使用象形文字的時候，我們就應該努力學好象形文字，嫻熟地運用象形文字。

（二）語言學：語法修辭

為了更好地使用文字語言，就要對書面語言作出規範，這就是語言學。語言學的基本內容是語法與修辭。

漢語分為古漢語和現代漢語。古漢語裡稱得上語言學論文的最早是三國時

曹丕的《典論文》，南北朝時劉協的《文心雕龍》。但是都規範不嚴格、不系統。古漢語革新為現代漢語後，民國初期才有馬建忠的《馬氏文通》，「五四新文化運動」時又有陳望道的《修辭學發凡》。後來經過胡適、周作人、葉聖陶、呂叔湘等等語言大師的努力，現代漢語語法修辭規則體系終於被固定下來，中國文人讀書、教書和寫作終於有法可依了。

　　就詞法而言，古漢語主要是單音詞，字與詞基本不分，通假字、借音詞特別多，與口語脫節，很難普及，也造成翻譯困難。比如：嚴復是第一個大量翻譯西歐思想理論作品的人，使用的是古漢語單音詞，追求高雅；而日本文人也翻譯西歐思想理論作品，使用的是漢語的雙音詞或者多音詞，追求普及；結果中國文人拋棄了嚴復的翻譯詞，引進日本人的翻譯詞，使日本人的翻譯詞成為中文思想理論方面的基本詞彙，現代漢語的詞彙70%是從日語引進的。可見語言文字並非是一成不變的，而是不斷發展和變化的。所以現在有人反對保持所謂的漢語詞彙的「貞潔」。現代漢語的詞彙是十分豐富多彩的，能夠描繪出各種各樣的形象景物，抒發出各種各樣的細膩情感，討論出各種各樣的複雜問題，探索出各種各樣的玄妙道理。

　　所謂語言功底，指的是：掌握豐富詞彙，遵守語法修辭規則，遵循形式邏輯法則，熟練地自如地去準確地貼切地遣詞造句，有條有理地陳述。如果一個運用現代漢語去寫作的人，沒有深厚的語言功底，不能遵照現代漢語語法修辭規則，違背形式邏輯法則，儘管他描繪的情景如何形象生動或論述的是真理，但是那種「情景」是朦朧模糊的，那個「真理」就會黯然失色。央視《講述》欄目報導過兩位被炒作起來的女孩子作家，說她們要學習魯迅造字，說她們不喜歡「娓娓動聽」的「娓娓」就改為「偉偉動聽」。這也非怪那兩個女孩子作家無視現代漢語語法修辭規則，從80年代後，用現代漢語創作出的名作名著，大都無視現代漢語語法修辭規則和違背形式邏輯法則。

　　這使我想起西方有個「語義分析哲學」。且不說那「語義分析哲學」是對是錯，僅僅就其重視語義分析，就能夠斷定他們有嚴謹治學的態度，值得我們學習。最值得我們學習的是老子的《道德經》，帛書和楚簡裡的《道德經》的選詞精當和用詞精確，達到一字不易的高度。如果對《道德經》從語法和修辭方面進行分析和綜合，補進標點符號，就能夠獲得一種完整的古漢語語法修辭規則體系。

　　我是學習現代漢語和運用現代漢語寫作的中國文人，我當然要努力學習運

用現代漢語的語言，做到語言功底深厚。《協和論》第二章第一節說的就是我如何努力學習現代漢語的情況，第三章第二節說的是我如何嚴格地遣詞造句去創作《協和論》。

（三）語言風格

語言風格是與傳統制度和思想習俗息息相關的。古漢語的語言風格主要有兩種：道家的，儒家的。道家的語言不缺失幽默和風趣，從《道德經》、《莊子》到嵇康、李贄都是如此；特別是嵇康，在彈著《廣陵散》的愉悅裡引頸就刎，其幽默風趣前無古人後無來者。儒家的語言就缺失了幽默和風趣，儒家的經典和儒生的「之乎者也」的口語，盡是板著面孔去諄諄教導的晦澀僵死的「大人言」的教條；儒生們都指責：老師與學生開玩笑是失去了「師道尊嚴」，晚輩對長輩說話隨便是「沒大沒小」，下人向上級信口開河是「不識尊卑」，小人與大人說說笑笑是「不知輕重」，等等，都是等級森嚴的語言。可惜的是：從明清以來，道家語言風格盡失，儒家語言風格卻成為漢語的傳統風格。現在，有一些中國文人也學習西方卓別林來搞笑，這是一種可喜的語言現象，但是在內容上卻又流於庸俗化，有侮辱人格的現象，有粗話、髒語，甚至下流話眾多。

我是在儒家語言風格裡學習語言的，雖然我想極力使自己的語言裡具有幽默和風趣，但是很難做到，所以《協和論》裡的語言風格也就少有幽默和風趣。

三、邏輯學

上文「二」中所述的是：悟道要借助語言來實現，寫道要借助語言學來實現。但是，我們不能忘記，悟道的過程是在實現「天生的善心和自然智慧」的邏輯思維潛能，寫「道」的有條有理是靠遵照邏輯學規則來實現的。《協和論》第一章寫的就是憑藉邏輯思維潛能完成悟道的，第三章第二節是運用邏輯學的演繹推理規則寫成的，第四章第四節是在解說邏輯思維潛能。

這裡就來分析《協和論》裡的形式邏輯學的理論知識，重點論述「定義」和「劃分」知識，「三律」、判斷、推理、證明等邏輯知識就不論述了。

（一）邏輯是什麼？

邏輯一詞是嚴復的音譯詞，起源於希臘文「邏各斯」，原意為思考、思維，是指稱人人天生所具有的有規則的思維活動能力。就道性或靈魂而言，邏輯是人的靈魂裡的一種思維潛能，是一種存在、一種實體，思維潛能的實現，就表現出思維規則，就是邏輯性。在老子那裡叫「名」：「無名，以觀萬物之始，有

名，以觀萬物之母。」【54】「名」既是概念，又是思維規則，是思考萬物起始和被生化的原因，再給以定義為概念。這個思維過程的規則就是邏輯。

（二）邏輯學是什麼？

邏輯學就是把人天生的有規則的思維能力和思維過程用語言說出來，形成一門學問。用孫中山的話說：「凡稍涉獵於邏輯者，莫不知此為諸學諸理之規則，思想行為之門徑也。……吾以為當譯之為理則也。」【55】

「邏輯學」是亞里斯多德發明的，也是亞里斯多德對人類知識的一大貢獻。「形式邏輯學」在亞里斯多德那裡已具完備。中世紀「邏輯」是「七藝」之一，是一種技巧。十六世紀英國人培根強調了「歸納法」是科學思維方法，反對「知即德」，主張「知識就是力量」，害人不淺。其實歸納法並非培根發明，蘇格拉底早就嫻熟地運用它。以後的邏輯學家都沒有什麼貢獻，只是在添亂。「邏輯」這一概念被弄得很混亂，出現了許多種類的「邏輯」，譬如「辨證邏輯」（由康德發明，費希特發展，黑格爾定型）。「邏輯」的作用也被抬到至高無上的地位，譬如「邏輯實證主義」。「邏輯」就蛻變成了晦澀難懂的神秘的東西了，只屬於最高「偽智慧」的邏輯學家的神聖物和武器，對於常人就成了禁區或枷鎖，「邏輯學家」就可以動不動用「不合邏輯」來嚇唬你。如果「邏輯學」成了思維活動的枷鎖，我們悟「道」和寫「道」戴上了這個枷鎖，是悟不出什麼、也寫不出什麼正道來的，最好的方法是不理睬「邏輯學」。其實，蘇格拉底、柏拉圖、老子、釋迦牟尼悟「道」和說「道」都沒有理睬「邏輯學」，他們的思維活動卻都「合乎邏輯」。

邏輯學知識對悟「道」不起作用。康德和黑格爾所定的辯證邏輯公式是「正題──反題──合題」，對康德、黑格爾及其門徒起作用，而對悟出「正道」的人不起作用。邏輯學知識對寫「道」、說「道」是起作用的，特別對寫「道」之後在審稿中起作用，審出稿子中的不合思維規則的錯誤而進行改正。有邏輯學知識就會寫出「合乎邏輯」的論文。所以，現今的寫「道」人，應該學點邏輯學知識，最好是學柏拉圖和參考亞里斯多德的，不要學別的邏輯學家的，更不要被「邏輯學」所枷鎖。我勸中國學人，不要去研究邏輯學，那是最沒有出息

【54】《仰望老子》第一卷第一章。

【55】《孫中山選集・建國方略》頁130。

的一門學問，弄不好就鑽進牛角尖裡出不來。

可見，邏輯不是什麼神秘的東西，人人天生具有，並且每日都在使用。邏輯學也不是什麼神秘的東西，是人人都能懂能說的學問。只要「言有君，事有宗」和「吾言甚易知也，甚易行也」，那所言就自然合乎邏輯。那至高無上的本體賦予了每個人的思維規則，即每個人都具有本能的邏輯思維能力，只要不受邏輯學家的迷惑，那天生的邏輯思維潛能「即現眼前」（釋迦牟尼）。

（三）定義，劃分（分類）

定義和劃分（分類），是寫「道」、說「道」最基本的方法。一個思想清晰而又有語言表達能力的哲學家，可以不懂得或者不理睬邏輯學知識，但是必須對所要述說的對象有明確的「定義」和「劃分」，才能用詞貼切，說理連貫。如果對所述說的對象定義不明確和劃分不清楚，就不能找到適當的概念和範疇，那就最好不要說「道」、寫「道」，只把「道」留在心裡，因為悟道不需定義和劃分，只要讓「道」在心中渾然一體就行了。在寫「道」、說「道」中最能明確地定義和清楚地劃分的人，蘇格拉底、老子、釋迦牟尼都是楷模。他們都能明確定義出自己的「道」，也能清楚劃分自己所要論述的「道」的組成部分以及與「外道」的不同。特別是蘇格拉底，十分重視定義和劃分。譬如對「正義」的定義，就有條理地推論了很長的文字。亞里斯多德高度讚頌蘇格拉底在定義和劃分上的貢獻：「蘇格拉底致力於倫理學，對整個自然則莫然不知；並且在這些問題中尋求普遍，他第一個集中注意於定義。」【56】「定義」和「劃分」在思維活動中是同時進行的一個整體思維：在定義中有劃分，在劃分中有定義；定義不明就劃分不清，劃分不清就定義不明。但為了便於理解，又不得不分開來說。

1．定義。

對於定義的解說，蘇格拉底、柏拉圖和亞里斯多德的觀點基本一致而又有所不同，柏拉圖的被定義的對象必須囊括所有種的共性和屬差，直到他們最大類。例如對「正義」和「智者」的定義。亞里斯多德只取「鄰近的屬」。但是亞里斯多德對「定義」有專論，這裡就引用亞里斯多德的話來述說。

其一，「定義」的定義。「定義就是『所以是的是』的原理」，「原理只有是與不是、存在與不存在、真實與不真實，而沒有生成和消滅」。「只有形式

【56】《形而上學》第一卷頁17。

的部分才是原理的部分，原理是普通的」。【57】

其二，能被定義的對象和不能被定義的對象。A.能被定義的對象。「『所以是的是』，要麼只屬於實體，要麼最初地、原始地、單純地屬於實體」，「原始而單純的定義和『所以是的是』只屬於實體。在定義中，除最初的種和屬外，別無所有」。【58】B.不能被定義的對象：a.「人們忽略了在永恆事物中不可能下定義，特別對那些獨有的東西」。【59】b.「可感實體既沒有定義，也無證明。……儘管一個人可以去給某一個別事物下定義，但不應不知這種定義經常要被推翻，因為這是不允許下定義的。」「可感覺的、對如此這般的東西都無定義，而是憑思想、憑感覺來認識它們」，「對於這些東西人們怎樣說都沒有關係，……不過不是原始意義罷了」。【60】

亞里斯多德的話對具有一些哲學基礎知識的人來說，應該是通俗易懂的。所難懂的只有兩處：一是這裡的「種」與「屬」被現今人顛倒了，「屬差」成了「種差」；還有幾個概念在文中混雜，這裡稍加說明就可以了。「所以是的是」、「存在之存在」、「實體」、「原理」、「形式」，指的是形而上的本體或本原、最初因。稍有不同的是，「存在之存在」、「實體」、「形式」是從認識對象即客體方面來說的；「所以是的是」、「原理」是從認識主體方面說的。在蘇格拉底、柏拉圖那裡就簡明得多，只有「理念」、「形式」，「理念」是指世界的本體，「形式」是指生化成天地萬物和人的本原、最初因、第一推動力。在「理念」和「形式」中主客體為一體。因為「理念」遇到了「分有」的理論困難，亞里斯多德就不用了，選用了那麼多概念，反而混雜了。

亞里斯多德的話告訴我們，哲學意義上的「定義」不是平常說話、不是文學創作那樣隨意用詞，要嚴肅慎重。一個定義就是一個「理念」（「原理」），並且是形而上的本體意義上的「理念」（「原理」）。能被定義的「理念」或「形式」是為數不多的，不是所有的東西都能被定義的。有兩類東西不能下定義：其一是永恆的、單個而無對應的「理念」和「形式」不能被定義。就是說，

【57】《形而上學》第七卷頁135，157。

【58】《形而上學》第七卷頁135。

【59】《形而上學》第七卷頁158。

【60】《形而上學》第七卷頁133，157。

最高的、最初的、唯一的那個本體的「至善理念」和「唯一形式」不能被定義，只能被比喻描述。譬如蘇格拉底的「至善理念」、老子的「道」、釋迦牟尼的「佛」，因為「這個」是唯一的最大類，沒有「屬差」（「種差」）。其二，可感的具體的物象不能被定義，因為可感物是有生有滅的，不穩定的，如果被定義了，那「定義」也是有生有滅的，不是不生不滅的「理念」（「原理」）。由此可以說亞里斯多德為「定義」立下了三個原則：1.定義是具有本體性質的「理念」（「原理」）。2.永恆的唯一的最高的「理念」（「原理」）是不能被定義的。3.可感物不允許下定義。例如：「馬」可以被定義，而能看見白色和能聽見聲音的個體「白馬」不能被定義，在這個定義範疇內可以說「白馬非馬」——「白馬」不是「馬」概念本身，不是所有的名詞都是概念。

　　但是，從文藝復興運動後，特別是德國哲學興起後，「定義」就被踐蹋得一塌糊塗。經驗論、先驗論、實用論、實證論、唯物論、進化論、功利論、自由意志論、激情主義，一時猖獗，完全拋棄了亞里斯多德的「定義三原則」，形而下的東西都能被定義，唯獨形而上的「理念」（原理）不能被定義。對「定義」的奇談怪論層出不窮，連嚴肅的哲學家和邏輯學家也跟著去適應所謂的「學界新情況」，去修改「定義」的定義，弄出些所謂的「字義」、「實義」和「本質定義」、「非本質定義」、「描述性定義」、「偶有性定義」、「發生性定義」，等五花八門來。譬如，有人發怪問：上帝是誰？至善理念是什麼？道是什麼？佛是什麼？企圖用這些不能下定義的東西來難倒真哲學家。真哲學家只能回答：這是偽命題。莊子云：「道為天下裂。」這種胡亂定義，你不服我，我不服你，能不爭吵不休麼？能不胡鬧不已麼？愛因斯坦說：「世界是由幾條最簡單的原理構成的。」這話與亞里斯多德的觀點是一致的。如果這話是真理，那麼那些鋪天蓋地的「定義」就不是原理。

　　2.劃分。

　　劃分（分類）是最基本的最重要的寫「道」、說「道」方法，不管是真哲學家還是假哲學家都必須將自己的認識成果進行劃分（分類）才能寫出來、說出來。劃分正確則表現了思想清晰，也只有思想清晰才能正確劃分；相反，劃分錯誤則表現了思想混亂，思想混亂必然劃分錯誤。蘇格拉底、柏拉圖、老子、莊子、釋迦牟尼都是悟出正道而思想清晰、重視劃分又能正確劃分的聖哲。

　　亞里斯多德說：「人們所尋求的是原因。這對某些東西來說，就是何所為，……對另一些東西來說，就是最初運動者，這也是原因。不過一種是

生成和消滅的原因，另一種則是存在的原因。當一個詞項不為其它詞項所述說時，我們的研究就無所適從，……而尋求首先要有明確的劃分，如果沒有，尋求有無結果就混同了。所以，必須把握事實的存在。」【61】

這就是說，悟「道」必須尋求出「最初因」——本體，劃分就要從本體開始，才能「述說」其它「詞項」。否則，「尋求有無結果就混同了」，「研究就無所適從」。圓滿的正確的劃分是對整個世界的最簡單的最原始的劃分，並不遺漏最基本的部分。如果缺了「頭顱」，劃分就不全。且看蘇格拉底、柏拉圖、老子、莊子、釋迦牟尼對世界的最圓滿最簡明的劃分。

蘇格拉底、柏拉圖將世界劃分為二：可知世界、可見世界；又進一步劃分為四：理念世界、理念世界的影像世界、實物世界、實物世界的影像世界。與之相對應，將知識層次劃分為：理性知識、技術結論、意見（信念）、情感想像。真理在理性知識裡。與之相對應，又將學問劃分為四：哲學、自然科學、倫理學、藝術作品。最高本體只有一個：至善理念。「善」又被比喻成產生兩個兒子：一是太陽，一是靈魂。對於認識主體來源，太陽是外在現象的原因，靈魂是內在理智的原因。雖然為了寫「道」把世界劃分為「多」，但是就存在而言，世界只是「一」。主體和客體在寫「道」時劃分為「二」，而在悟「道」時則通融為「一」。這個簡明的圓滿的劃分是蘇格拉底、柏拉圖哲學體系的基石。不明白「這個」劃分是在寫「道」時出現的，就會對蘇格拉底、柏拉圖體系提一些偽命題進行質疑和責難，譬如對「分有」和「一與多」的責難。

首先對「這個」劃分進行質疑和責難的是亞里斯多德。亞里斯多德的質疑和責難有三：第一，從認識論的角度責難「這個」劃分排斥了「經驗」，而認為一切知識從經驗中來，再上升到理性知識。第二，從本體論角度上責難說「這個」劃分是「二元論」：可知世界和可見世界、太陽和靈魂。他認為世界是一元的，在客體上是「存在之存在」，即「單純」的「實體」是本體；在主體上是「所以是的是」即「最初因」是本體。第三，從本體論角度責難「理念」的「分有」，認為「理念」是「一」，被「分有」了就是「多」，「一」也就不是「一」了，就去尋找用「自身分離」的「實體」取代「理念」。

【61】《形而上學》第七卷頁161。

　　亞里斯多德的質疑和責難其實是多餘的，不必要的。第一蘇格拉底、柏拉圖並沒有排斥「經驗」，只是將「經驗」放到了它應該放的地位上。亞里斯多德的觀點成了後來唯物主義、經驗主義的淵源。第二，蘇格拉底、柏拉圖並不是二元論者，「至善理念」是唯一的本體。亞里斯多德沒有理會到「至善理念」，而只是停留在「善」和「理念」的「多」上。這就被後來的培根否定「知即德」和主張「（經驗）知識就是力量」開了一條路子。第三，蘇格拉底、柏拉圖「理念」的「分有」只在寫「道」上，不在悟「道」上，也就說只在認識論上，不在本體論上，並不存在「分有」的理論困難。亞里斯多德的質疑成了多元論、懷疑論、不可知論的根據。可見，亞里斯多德的智慧低於其師、其祖師，退了一步。

　　老子、莊子雖然沒有像蘇格拉底、柏拉圖那樣有專文劃分，但是從《道德經》和《莊子》中可以比較出對世界的劃分同蘇格拉底、柏拉圖的「這個」劃分一一對應：「形而上」世界是「可知世界」，「形而下」世界是「可見世界」，「道」的世界是「理念世界」，「惚恍」世界是「理念的影像世界」，「器」世界是實物世界，「五色」世界是實物影像世界。與之對應的知識層次是：道、德、仁、禮、情；或者是「聖人得道」、「下士聞道」、「中士聞道」、「上士聞道」。後來的孔子不言老子所劃分出的那個「道」、「德」、「情」，專言「器」世界的「仁義禮」，孔子的劃分除掉「頭顱」和「四肢」，只留「胸」和「腹」。

　　釋迦牟尼對世界有專文劃分，與蘇格拉底、柏拉圖的大體相同。先把世界劃分為「一真法界」、「無色界」、「色界」、「欲界」。與之相對應的悟道過程和認識過程有：人乘、天乘、聲聞乘、僻支佛乘、菩薩乘，最後獲得的是「善知識」。

　　所以蘇格拉底、老子、釋迦牟尼有圓滿、明確的劃分，也就有明確的概念組成的圓滿的哲學體系。

　　從亞里斯多德後，也有不少從不同角度的著名的劃分。譬如，古斯丁的「天上城」和「地上城」，托瑪斯的「知識」、「形而上」、「倫理」，波拿文都拉的「知」、「情」、「意」，笛卡兒的「心」、「物」、「神」，洛克的三類實體和三類觀念，培根的「四偶像」，黑格爾的「正、反、合」。這些劃分都沒有蘇格拉底、柏拉圖的劃分圓滿和明確，給哲學劃分添了許多麻煩。還有許多哲學家根本就沒有把握整體進行劃分，而只是捉住一個方面或一個角度不放，給哲學製造混亂。以上事實證明了一個相對真理：要想思想清晰、劃分正確，必須

尋求到一個有本體性、普遍性的原理作為標準。蘇格拉底、老子、釋迦牟尼之所以在不能互相通資訊和討論的情況下，能有相同或相近的劃分，是因為他們都尋求到一個共同的劃分標準：善。蘇格拉底稱為「至善理念」，老子稱為「上善」的「道」，釋迦牟尼稱為「慈悲」的「佛」；對知識，他們都稱為「善知識」——「善即知」、「知即德」。其它的哲學家之所以思想混亂、劃分不明，都是因為沒有尋求到那個劃分標準，都從一個側面或一個角度去劃分，引起劃分的混亂。

（四）《協和論》定義概念和澄清概念的原則

如上節所述，能被定義的對象為數不多，被描述的對象有許許多多，對世界和知識的劃分越基本越簡明越好，只有幾條簡單的原理最好。這就是說，在說「道」、寫「道」時能被運用的概念即原理並不多，不證自明的公理更少。一個概念就是一個原理，即一個理念，所以，下定義是很嚴肅的寫作，並不是隨便用一個詞、說一句話就是一個概念。由此，我對定義概念和使用概念作出這樣八條原則：1.最基本的概念必須具有形而上的本體性質，這就能定義出最原始的最大普遍性的最大類的概念，為下屬的種概念找到類和屬差。2.最基本的概念必須具有傳統性。這就是說從哲學淵源上流出的基本概念是不能被隨意修改和偷換的，要作修改就要說明充分理由和定義明確。這就能保持原始概念的內涵的連貫性，不至於發生歧義引起概念不明確和混亂。這既是尊重聖哲，更是尊重真理。3.概念必須具有普遍性，而不具有具體性。一個種概念要囊括該種的所有事物，而不是只有其中的一個或一部分。4.概念必須具有抽象性質而不是形象的。概念只抽取共同的性質加以界定，排除特性和表象。形象思維裡只有描寫性的語句，沒有概念，因此不是哲學思維。5.概念必須具有穩定性，對可感事物的描述語句不是概念。6.概念必須有屬差，對永恆的單純的最大類的描述語句不是概念，因為最大類沒有屬差。7.概念的語句必須是肯定的。因為只有肯定句子才明確回答「是什麼」。8.定義概念的用語必須是簡明通俗的，而不是晦澀難懂的，這既是尊重語種習俗，又是尊重民眾。

為什麼要做「概念的澄清」工作呢？

「現當代的中國哲學研究註定是一種『面向西方哲學術語的轉譯』（陳來）和闡釋活動。」（鄭開《道家形而上學研究》）

問題就出在「面向西方哲學術語的轉譯」，主要是對基本概念的轉譯。

其一，西方哲學術語產生於希臘語，然後有英語、法語、德語，等等。各

個語種對基本概念的同一概念使用不同的詞語去表述，比如：理念與觀念，靈魂與精神，本體與本原，欲望與意志，等等。中文翻譯家，如何協調一致，使用同義詞中的同一個詞語去轉譯，這「同一個」漢語詞語應該具有單一詞義，歧義最少，這就是問題的關鍵之所在。不然的話，各人使用不同的詞語去轉譯，就必然造成概念混亂，使讀者如在五里霧中，對原文感到晦澀難懂。

其次，中國哲學理論和概念，不在《四書五經》裡，而在《道德經》裡，《道德經》裡有系統的哲學理論和概念；而中國文人（翻譯家）只懂得《四書五經》，不懂《道德經》，這就在轉譯時，不能使用準確的哲學詞語去翻譯，就使概念含糊不清。我所閱讀過的漢語翻譯的哲學著作，就存在上述兩個問題，被概念弄得暈頭轉向。這不是原文造成的，而是譯文造成的。

其三，有許多自稱為或被門徒吹捧為著名哲學家違反上述的「概念原則」，臆造出千條萬條的所謂「概念」，製造了概念混亂，也就製造出千奇百怪的虛假的哲學原理和哲學體系。表現在概念上的主要不正常現象有：1.對同一認識對象定義出許多不同的概念；2.在同一語種中對同一概念使用不同的詞語；3.搞所謂的反傳統或與傳統決裂，標新立異出另一套晦澀難懂、意思不明的概念；4.降低哲學的地位，把哲學降低為研究實物世界的學問，甚至降低為研究實物的影像世界的學問，對可感事物和變幻的影像去定義概念，混淆了概念與意見（信念）、想像的界限，也就把唯物論、經驗論、實用論上升為哲學；5.寬泛哲學的定義，把具有一些哲理的詩歌、散文、小說等藝術作品也上升為哲學；6.同一語種使用不同的語句去翻譯同一概念。造成概念中這些不正常現象的原因是哲學家的動機不純和智慧低下、政治家的介入、文學家的不良企圖。

由此，我們明白了「概念的澄清」工作中的一些事情了：做這個工作的依據是概念的原則；其工作對象是那些不合乎概念原則的所謂概念；其工作任務和方法是，清除根本不是概念的「概念」，修正不明確的概念，選擇同一概念所使用的不同語句中最簡明通俗的語句；其工作目的是，消除概念混亂，約簡概念數目，破除哲學迷信，清明哲學本性，使大眾都能看懂哲學論文、懂哲學、講哲學、用哲學，成為哲學家，最大限度地發揮哲學對其他學科和人們生活的指導作用，進而改良社會，協和人類社會與萬物、自然、宇宙的關係。

「概念的澄清」工作，洛克曾經努力做過，但不徹底；同時在洛克之後，以德國哲學家為領頭羊的一大批哲學家又製造了更多的違反概念原則的「概念」。可見，「概念的澄清」工作不是一兩個真哲學家所能做得完的，是真哲學

與假哲學長期交量的一個十分艱巨的工作。這項工作在現今中國尤為重要，需要中國哲學家和翻譯家同時協調一致，才能取得一些效果。

（五）《協和論》嚴格遵照邏輯學規則去定義和劃分

「協和論」是我悟出的協和原理的系統化，是我天生的邏輯思維潛能在悟道時的實現，是一種圓滿的自然智慧的善性的哲學體系。所以，「協和論」本身就具有嚴密的邏輯性。

《協和論》的創作是把「協和論」形之於書面語言。換一句話說，《協和論》是用書面語言去實現「協和論」自身所具有的嚴密的邏輯性。所以，《協和論》是嚴格遵照邏輯學規則去創作的，去定義和劃分的，避免了所有他人哲學著作表達方式的干擾和影響，是我獨立創作的一部哲學作品。

從第一章到第三章的目錄就是一種邏輯順序的體現。

第一章的論述順序是：悟道的條件（「天生的善心和自然智慧」）、原因（求知欲、「四次劫難」）、過程（刺激—反省—反思—頓悟）、成果（協和原理）。第三章第二節論述協和原理體系，是從最大原理演繹推理到最小的原理：本體論──造物論──生命論──倫理學原理──政治學原理。

這是一種自然而然的邏輯序列的實現，並無人工斧正之痕跡。《協和論》全文都是遵照這種自然而然的邏輯序列寫作的。

➡ 第五節　認識的方法──方法論：頓悟和漸悟

《協和論》第一章第二節和第三節論述順序是：刺激──反省──反思──頓悟。就方法論而言，這是一個從漸悟達到頓悟的認識過程，漸悟和頓悟是兩種相互關聯又有區別的認識方法。

頓悟和漸悟，是佛教語，現今流行為俗語了。老子的「聞道」恰好講的是悟道的頓悟、慚悟兩個方法，重點論述了頓悟。所以本書使用這兩個概念。

本節先運用《道德經》裡的認識方法和概念來分述頓悟和漸悟與向外求學求道的關係，再來分析《協和論》的漸悟和頓悟。

一、頓悟法：最直接、最簡易的認識方法

頓悟，不從經驗知識開始，不需要科學知識，不是科學認識方法。頓悟法，不識字的、博學的都能運用和實現。頓悟法，就是認識主體使自己「天生

的善心和自然智慧」直接與萬物、天地、大道、恒道融為一體，認識主體和認識對象分不開、分不清：「我」融入到那「混沌」之中，也成為那「混沌」中的一分子。「我」與「道」為一體，「我」不知「我」，也不知「道」，「我」是「道」，「道」是「我」；「道」不可言，「道」不可證明，「道」不證自明；「我」亦不可言，「我」亦不可證明，「我」亦不證自明地存在著。可是，「我」又是悟道主體，不可不言；「言」只是我的說詞，不是道之本身。我要說「道」，「道」在「我」心中，「我」心中有「道」；知「我」即知「道」，知「道」即知「我」：「自知者，明也」，「知常，明也」，「自」與「常」是一體的。「我」「自明」了就「明常」了，還需要什麼向外求學求道呢？如果「我」不「自知」，就不會「知常」，外出求學求道越遠，也就離「我」離「道」越遠，真知越少。故老子曰：「不出戶，以知天下；不窺牖，以知天道。其出也彌遠，其知也彌少。是以，聖人不行而知，不見而名，弗為而成。」【62】

頓悟法，只求悟道，不圖說「道」寫「道」，無知無識的人都能使用頓悟法悟出道來。而向外求知求道的博學者，反而會被學來的邪門外道所迷惑，拋棄了「自我」的「天生善心和自然智慧」，也就拋棄了「道」。故老子曰：「博者不知，知者不博；善者不多，多者不善。」【63】

如此說來，這頓悟法就是最直接、最簡易的認識方法了，它不需要什麼哲學、邏輯學、倫理學、科學、政治學、文學等一切知識，也不需要去向什麼祖師、大師、理論家之類的有學問的人求教，更不需要什麼功名利祿、權力地位、金錢財富之類的身外之物的遠大理想作動力。難道還有比頓悟法更簡易的認識方法嗎？老子和惠能的回答是：沒有。故老子曰：「吾言甚知也，甚易行也。」故惠能曰：「直指本心，佛在心中。」

（一）頓悟要求「不為功名所誘」

老子云：「含德之厚，比於赤子。」「摶氣致柔能嬰兒乎？」「復歸於嬰兒」，「復歸於樸」。【64】

【62】《仰望老子》第二卷第四十七章。

【63】《仰望老子》第二卷第六十八章。

【64】《仰望老子》第二卷五十五章，第一卷第十、二十八章。

　　這些話的意思是：嬰兒（赤子）是一個人的最初狀態，是自然人，「天生的善心和自然智慧」與「德」與「道」渾然一體。嬰兒的求生欲望是「有欲」（「必要欲望」），動作行為是自然的善行。嬰兒不知道世俗社會的功名利祿、權力財富之類的東西。「復歸」是「返回」的意思。為什麼要復歸呢？因為一個人在世俗裡長大成人了，不僅體態上脫離了嬰兒狀態，更重要的是為功名利祿、權力財富所誘而失去了「天生的善心和自然智慧」，失去了「本我」。失去了「本我」的人要悟道是不可能的。如果要悟道就要回到「本我」，也就是說要返回到人的最初的「我」——嬰兒狀態。這不是說要成年人的體態復歸於嬰兒，而是說要那「天生的善心和自然智慧」返回到嬰兒狀態。所以明人李卓吾（李贄）就有「童心」說。

　　下面列舉人的四種情況來例證。

　　（1）如果一個人，從嬰兒時有良好的家教，有良好的鄉俗影響，又有良好的師教，一直保持著嬰兒時天生的善心和自然智慧，他求生存「唯道是從」，在世俗中，他無意地獲得了功名利祿、權力財富，又「尊道而貴德」地處理所得。即便他與惡勢力周旋時，使用了機智和爭鬥，也是合「道」合「德」的。他沒有為功名所誘，一生與「道」與「德」在一起，一生是個嬰兒，一生是個聖人。他就用不著「復歸」。

　　（2）如果一個人，從嬰兒時代起，家教不善，鄉俗惡劣，師教不良；從小樹立起「做人上人」、「成龍成鳳不成人」的雄心壯志，一生為追求功名利祿、權力財富而奮鬥，與人鬥智鬥勇；成功了就做富貴人，甚至做皇帝，不成功就成為賊寇。這就為功名利祿所誘，失去了嬰兒時的善心和自然智慧。如果他有在一日幡然醒悟，想悟道，那麼就要首先修身到「摶氣至柔能嬰兒」狀態，才會頓悟出「道」來。譬如，有些高官大富，看破紅塵而解甲歸田，或散盡財物濟人，成為了普通人。故老子曰：「復歸於嬰兒」，「復歸於樸」。

　　（3）如果一個人，一生都用智謀或勇力，與人殘酷鬥爭，獲得功名利祿、權力財富，至死也不反悔，不知道寬恕人，他就一生不會「復歸於嬰兒」，不會恢復善心和自然智慧，一輩子也不可能悟出「道」來，也就一輩子不能理解老子，只會貶斥老子。譬如，中國多數具有漢武帝式雄才大略的皇帝和具有諸葛亮式智謀的軍師以及沉迷於功名利祿的鴻儒們：「談笑有鴻儒，往來無白丁」，都是終身不能、也無法悟道的人。故老子曰：「夫禮者，忠信之薄也，而亂之首

也。前識者，道之華也，而愚之首也。」「夫唯知乎大迷」。【65】

（4）如果一個人居住在鄉俗樸實的窮鄉僻壤之中，家貧不能讀「四書五經」，無知無識，很少受到惡習和功名利祿、權力財富思想的污染。他聽到有人正確地講老子、蘇格拉底、釋迦牟尼，天生的善心和自然智慧就與老子、蘇格拉底、釋迦牟尼融為一體了，頓悟出了「本我」和「道」，譬如惠能。故老子曰：「天門啟闔能為雌乎？」「為天下谷，恒德乃足；恒德乃足，復歸於樸。」

所以，頓悟法，最適用於（1）（4）兩種人，能被（2）種人理解，不能被（3）種人理解。

二、頓悟要求「不為知識所累」，要處在「無知無欲」的「純樸」境界中

文明社會創造的知識，第一類是人為了生存向自然開展生產勞動和科學研究的成果，稱為科學知識。第二類，是人為了自身生存和富足，開展與人作鬥爭而取得的智謀和武功的經驗成果，是社會倫理知識。這兩類知識，都是實踐經驗知識，有善有惡，是「道之華」，稱不上是「道」本身。悟道就要悟到「道」本身。如果悟道時受到這些「道之華」的干擾，甚至把「道之華」當著「道」本身，那麼人「天生的善心和自然智慧」就被堵塞了，就亂了方寸，所以「道之華，而愚之首也」。一個人拋棄了內在的「天生善心和自然智慧」，去向外求學求道，求來的就是實踐經驗知識，那不是「道」。「道」在我心中，向外是學不來、求不來的。所以，「多聞數窮，不若守於中」【66】（太多知聞會計畫到極端去，不如留守在內心「不仁」的天性之中。）如果一個人已有「多聞」了，要想悟道就必須不為知識所累，要拋開實踐經驗知識，特別是要絕棄聖、知、仁、義、巧、利之類的「多聞」，絕過經驗知識的江河（絕學），到達「無憂」的彼岸（「無知無欲」），才會使內心「純樸」起來，才會領悟到不能感知的形而上的「道」（「知不知」），覺悟到不能學來的「道」（「學不學」）。故老子曰：「知者不博，博者不知；善者不多，多者不善。」「知不知，尚矣，不知不知，病矣。」【67】

【65】《仰望老子》第二卷第三十八、二十七章。

【66】《仰望老子》第一卷第五章。

【67】《仰望老子》第二卷第六十八、七十三章。

下面列舉三種情況來證明：

（1）如果一個人出生於一個貧賤家庭，心地善良，為人老實忠厚，做事認真吃苦，不能讀書，一字不識。他有緣第一次聽人講老子，聽懂字義句章，即使講者把老子原義講錯了，他就能領悟到老子的「道」和「法」，糾正錯解，因為他的心中自有一根準繩：天生的善心和自然智慧，這根準繩沒有受到知識的污染，與老子的「道」自然相合，融為一體。這就是頓悟。譬如，惠能頓悟佛性，故曰：「多聞數窮，不若守於中。」

（2）如果一個人出生於儒學世家或黑格爾門徒辯證論世家，從小受著儒學或辯證論的薰陶，入學了，讀的是「四書五經」或辯證論，那麼這個人所學的就是聖、智、仁、義、巧、利和對立、矛盾、鬥爭之類爭權奪利的知識，並且把這些知識當著真理珍藏於內心。他也修身反省：「吾日三省吾身：為人謀而不忠乎？與朋友交而不信乎？傳而不習乎？」他所反省的是忠、義、信的理論教條學好了沒有，又去做到了沒有。這樣，他嬰兒時的善心和自然智慧就被包裹上了厚厚的惡知識污垢。他學得越多，習得越自如，那污垢就越深厚頑固。儘管這種人被他的同仁和門徒稱頌為知識淵博的大師，他一生與悟道無緣。這種大師在遇到老子學說、蘇格拉底學說時，就會立即予以貶斥。如果有人勸他們放棄所學，返回純樸心境去悟道，那是不可能的。譬如，漢儒、宋儒、明儒、新儒和辯證論的中國大門徒。故老子曰：「博者不知」，「多者不善」，「不知不知，病矣」。

（3）如果一個人在小時候，他的父母無知無欲，心地善良，在他記憶力強的入學前保護了天生的善心和自然智慧。他入學後，接受儒學和辯證論教育，熟悉了儒學和辯證論，並且在年輕時成為了狂熱的儒生和黑格爾信徒。他對老子、蘇格拉底、釋迦牟尼不屑一顧，把父母的教導置之腦後。他出了校門進入社會，卻命運多桀，官運不亨，受到官場排斥，專制社會的事實經常與他天生的善心和自然智慧發生衝突。他迷惑了，懷疑起所學的知識，決定反省所學的知識。在一個寂靜的夜裡，他仰望天空，遠望茫茫夜景，內心中所學知識一下子全部消失了，回憶起兒童時的父母教導，恢復了嬰兒時無知無欲的狀態。頓然，他的「本我」呈現出來了，到達了「無我」境界，與萬物、天地、大道、恒道融為一體了。他不知那個始初狀態叫什麼，卻感悟到了它的真實存在。他悟到了「道」了。後來，他再去讀老子和蘇格拉底，感到了萬分親切，老子和蘇格拉底說出了自己的說不清楚的內心話。他反戈一擊了，批判所學的儒學和辯證論。譬如，阮籍、嵇康、陶淵明、李卓吾。

所以，頓悟法，只運用於（1）（3）兩種人，不適用於（2）那種人。

三、漸悟法是具有認識過程的悟道方法

我們應該重視頓悟法，但也不拋棄漸悟法。漸悟法的對象是知識淵博的人。漸悟法是從經驗知識開始，使用科學和邏輯方法，最後達到頓悟。

（一）「為學」與「聞道」

老子云：「為學者日益，聞道者日損。損之又損，以至於無為，無為而無不為。將欲取天下，恒無事；及其有事，不足以取天下（48章）【68】

「為學日益」，是「為學（所知）日益。」譯文是：求學所獲得的知識一天比一天多起來，知識淵博起來。

「聞道日損」，是「聞道（所知）日損」。譯文是：知聞道體就使原來所學到的淵博知識一天比一天減少。

這樣，對於知識來說，「為學」與「聞道」是相反的：「為學」，就知識增多，卻妨礙「聞道」；「聞道」，就知識減少，甚至要拋棄所學的知識。這種觀點當然是儒生和辯證論者以及「知識就是力量」的培根所不能理解和接受的。

「聞道」要把「為學」到的淵博知識減少到什麼程度呢？曰：「損之又損，以至無為，無為而無不為。」譯文是：減少又減少，一直減少到「無」的知識指導人的行為，「無」知的行為才是「道法自然」的行為（沒有人為的行為）。這就是說，要知識淵博的人返回到知識的「零」點去，即返回到「無知無欲」的嬰兒狀態中去。換一句話說：悟道不為知識所累，不為功名所誘。在政治上，不能以知識治國，只能以「不知」（「無為」）治國：「以知知邦，邦之賊也；以不知知邦，邦之德也。」「將欲取天下，恒無事；及其有事，不足以取天下。」【69】

（二）漸悟有一個「善始且善成」的過程

知識淵博本身就有一個「學」的過程，再加上人的無知無欲的嬰兒階段和聞道所要求的「日損」階段，返回到「無知無欲」的「善成」結局，就形成了一個完整過程：嬰兒起始的「善始」→「為學日益」→「聞道日損」→頓悟善道。

【68】《仰望老子》第二卷第四十八章。

【69】《仰望老子》第二卷第六十五、四十八章。

　　一個人帶著「善心和自然智慧」出生了，這善心就是他所具有的善種子，這自然智慧就是他生存、生長、學習、創造、悟道、復歸的潛能。一個人的出生就是「善始」：從善心起始。出生後就開始接受母親的教育和培訓：逗笑、做動作、等等。開始說話和學走路時，受著全家人的教育和培訓。嬰兒的頭腦對他後天的人類社會是「一塊白板」（洛克），沒有任何文明觀念，並不懂得康德的「先驗論」所說的有先天的觀念。在家教中，他根據所處居的語種，開始有了媽媽、爸爸、奶奶、爺爺、哥哥、姐姐、吃、睡、走、跑之類的觀念。他的基本品質開始形成了。例如，在大人的教育下，他與同齡兒童發生吵架時，或者被教成要吵贏打贏，要進攻；或者被教成要忍讓，又要反抗。在玩耍小動物時，或者被教成以虐待小動物為快樂，或者被教成以愛護小動物為快樂。在對待吃飯和勞動上，或者被溺愛為好吃懶做，或者被教化成吃苦耐勞，等等。父母是兒童心中的偶像──真理的化身。兒童上幼稚園了，接受了師教。兒童的基本品質的形成是家教，基本品質的固定是師教。從幼稚園到小學，兒童的基本品質被固定下來了。或者固定了父母教給的爭強好勝的品質，或者固定了父母教給的忍讓又反抗的品質。如果兒童在幼稚園和小學遇上了善良的教師，可以糾正父母教給的不好品質；如果遇上了不善良的教師，又可以變壞父母教給的好品質。到了中學，兒童變成了少年或青年，他從基本品質出發，開始了獨立、發展和壯大。憑著他的基本品質，獨立在教科書中或在社會裡尋找新的偶像代替父母和教師。但中學生的判斷力是不健全的。如果教科書裡所給的偶像都是善的，即使是品質不好的中學生也找不到與他不好品質相一致的偶像，他就會改變自己不好品質。如果教科書裡所給的偶像是惡的，那便是基本品質好的中學生也會變壞。如果社會習俗良好，即使基本品質不好的中學生也會變好；如果社會習俗惡劣，即使基本品質好的中學生也會變壞。如果教科書裡所給的是諸葛亮、劉伯溫、關雲長、岳飛和保爾·柯察金這些偶像，中學生們就會去學諸葛亮、劉伯溫做狗頭軍師去計謀殺人，去學關雲長講忠義去為結拜兄弟打殺另一些學生，去學岳武穆精忠報國，去學保爾·柯察金為主義和組織去「砍頭只當風吹帽」。如果社會給的是地痞流氓、惡官惡吏、貪官污吏的偶像，中學生們就會崇拜拐子大哥和掌握權力的官吏。如果中學生遇上了幾個心地善良又具有很強判斷力的教師，給中學生正確剖析不良的偶像，中學生們就遇上了良師益友。如果教師們極力歌頌權力地位和諸葛亮、關雲長、保爾·柯察金這些不良的偶像，中學生們就遇上了惡師惡友。教師對於判斷力不強的中學生禁止看武打暴力、淫穢色情、人為智慧的書和不准

與地痞流氓來往是正確的，譬如禁止中學生看金庸的小說，這不是禁止思想和人身自由，而恰好是禁止惡劣影響。如果禁止宣揚人道主義的書和與良性政治人物接觸，這就是禁止思想和人身自由，禁止良好影響。所以，中學教育是極其重要的，人的基本品質被固定下來了，到了大學或社會就很難動搖了。

大學生和社會青年，所學的間接經驗知識（書本知識）和直接經驗知識（實踐知識）不斷豐富起來。他們的優點是：身體健壯、活力充沛、記性健強、創造力大、新知識多、冒進性強。他們的缺點是：理智力不強、自以為是，以為自己所學所積的知識就是真理；容易被激情俘虜，被不良的政治家和權力所引誘和鼓動。他們瞧不起父母和中小學教師。他們的口頭禪是：「世界是青年人的」、「時代不同了，父母和老師跟不上時代需求」；他們常使用的詞是「代溝」、「與時俱進」。他們不知道時代不同了只是物質生活有變化，而人的「天生善心和自然智慧」是沒有「代溝」的和不變的。他們在社會生活中出現了分化。分化的原因是多種的，主要是：1.家教和中小學所培養的基本品質不一樣，2.個人天資的發揮不一樣，3.家庭背景不一樣，4.社會關係不一樣，5.人生選擇不一樣，6.知識傾向不一樣，等等。由這些「不一樣」，使他們的社會機遇和遭遇也就不一樣了。更深一層說，他們同樣的「天生的善心和自然智慧」上的蒙垢深淺也就不一樣了。這就決定著他們的「聞道」不一樣，有先和後之分，甚至有「悟」和「不悟」之分。

一個人進入到中、老年時，激情開始冷靜下來，情緒開始趨向沉靜，所思所行開始要問一個「為什麼」，理智開始向上，去尋找現象的背後原因，反省前半生的思想和行為，這就是獨立思考的哲學思維活動，在行動上叫「修身」活動。在修身中，「天生的善心和自然智慧」上的蒙垢太深厚而且頑固的帝王們，難以剝落，「修身」後仍然認為自己所學所求的知識是真理，自己的選擇是正確的，去行「道之華」。「天生的善心和自然智慧」上的蒙垢不深厚的正直之士，「修身」後，認為自己所學所求的知識值得懷疑，自己的選擇也值得懷疑，就進行艱難的「聞道日損」過程。這個過程一旦達到頓悟時，則茅塞頓開，豁然開朗，悟出道來。「天生的善心和自然智慧」上的蒙垢稀薄的人，一旦「修身」或受到已悟出道的善人啟示，就能頓悟出真道來。所以，青年人能悟出道來，是「先覺」；中年人悟道艱難在後，是「後覺」；為功名所誘的人，一般不能悟道，是「不知不覺」（孫中山）。但是，「不知不覺」的人，在面臨巨大危機或臨死時，有的會被天下人所挾持而悟出道來，有的被死亡驚駭，突然良心發現，

至危至死不覺的人只是極少數。

這裡要說明一下，老子的「上士」、「中士」、「下士」與孟子、孫中山的「先覺」「後覺」「不覺」所指的人群是不同的。老子的「下士」，是「先覺」，是「百姓之心」；「中士」是「後覺」，是「為知識所累」的知識份子；「上士」是「不覺」，是極少數專制權貴者。而孟子、孫中山的「先覺」是少數君子——政治精英，「後覺」是廣大知識份子，「不覺」是廣大無知無識的民眾。所以，老子寄希望於基本品質良好的知識份子和廣大百姓，孟子寄希望於君子，孫中山搞的是精英起義，不依靠廣大市民，靠民族主義推翻清政府。

所以，中年人悟道要經歷一個艱難的漸悟過程，要在「修身」中逐漸減損淵博的知識到「無」，恢復到嬰兒的無知無欲階段，才能頓悟出「道」來。

四、比較頓悟和漸悟的優與劣

（一）頓悟過程簡單，漸悟過程複雜

頓悟是直接簡易的悟道方法，漸悟是間接複雜的悟道方法。

漸悟最後也要達到頓悟，才能聞道。就「悟道」而言，頓悟優於漸悟。

（二）頓悟說「道」寫「道」難，漸悟說「道」寫「道」易。

單就「聞道」而言，頓悟優於漸悟，但就說「道」、寫「道」而言，漸悟又優於頓悟。頓悟之人一般是文盲、半文盲，極少有知識淵博的。如果只「獨善其身」也就罷了，如果要「兼善天下」，就要說「道」寫「道」，那就難了，那就要重新「為學」，學習許多哲學知識、邏輯知識、倫理政治知識、科學基本知識，甚至要知道邪門外道知識，便於辯論、批判。惠能說《壇經》，是在不斷聽有知識的人念經給他聽後，掌握了真經和假經的內容，才去說經的。漸悟的人，都是有知識甚至知識淵博的人，老子、蘇格拉底、釋迦牟尼都是漸悟的人，只不過漸悟最後達到了頓悟。漸悟的人具有了正、反兩方面的知識，並且語言功底深厚和表達藝術高強，所以說「道」、寫「道」就容易了。所以，佛教徒不應該褒惠能而貶神秀，惠能頓悟和神秀漸悟都悟出了佛法，各有所長，各有所短。

下面圖示出頓悟和漸悟的過程

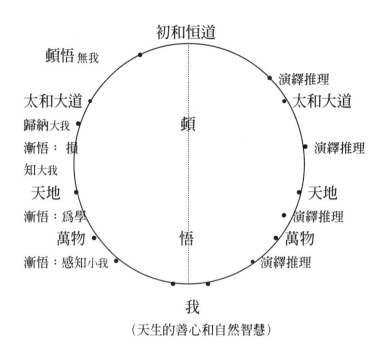

（天生的善心和自然智慧）

五、分析《協和論》的方法論

《協和論》第一章第二節的陳述內容是：刺激——反省——反思，是漸悟；整個悟道過程是從漸悟達到頓悟。第三節的陳述內容是頓悟。

用現代的哲學術語來論述就是：理智從感覺經驗開始，上升到理性思辨，達到理性認識。條件是要保持天生的理智：「保持天生的善心和自然智慧」，即不能喪失理智（第一章第一節的陳述內容）。遭到「四次劫難」，就是感覺受到刺激而產生經驗。接著，理智來審視感覺經驗，就是「反省」。再次，理智來判斷和推理「反省」的問題，就是「反思」。最後，理智上升到最高境界——達到本體，就是「頓悟」。「反省」、「反思」和「頓悟」都是理性思辨：「反省」是理性思辨的初級階段，「反思」是理性思辨的高級階段，「頓悟」是理性思辨的最高、最後階段。

這種用現代哲學術語論述的我的方法論，恰巧與蘇格拉底的認識的方法論相互一致，同時也與老子的方法論一致。所以，我可以作出這樣的結論：我與老子、蘇格拉底「同法」。

➡ 第六節　認識的成果——知識論：知識層次

《協和論》裡第三章第二節所論述的是知識論。知識的層次是與認識的對象和認識的過程相互一致的。頓悟認識是跳躍直達的，所悟出是不證自明的真知，然後以真知為理論大前提，向下演繹出各個層次的知識。漸悟認識是逐漸從低層次階段知識進行剝離，攀緣向上，達到頓悟出「道」來，過程本身就有層次知識。

為了論證《協和論》的知識論，本節先簡介老子和蘇格拉底的知識論。

一、關於「知」

《說文》：「知，詞也，從口從矢。」矢，是箭，疾速。從口中吐射出的快速的箭當然不是箭本身，是像箭一樣的東西，這東西當然不是嘔吐的飲料或食物，而是話語——詞。詞必表義，話必表理。這義和理是心中所思的結果，也就是人認識的成果——知識、道理。老子的「知」作名詞時，使用的是「知」的本義「詞也」。

二、老子的知識論

老子的「知」，分為三大類和四個層次。

老子的「知」的三大類。

第一類是「絕聖棄知」的「知」。如：「不以知知邦」的第一個「知」，「夫唯知乎大迷」的「知」，「不以知乎」的「知」。這類「知」，是「偽」知，人為的「知」，人憑主觀意志或錯覺生造出的假知，是偽智慧，「道之華」的「知」，只是反應了事物的現象或假象的「知」，運用起來就是智巧、智謀、智術。這類「知」最能愚弄人，迷惑人不去探索真知。故曰：「前識者，道之華也，而愚之首也。」後人「為學」而來的「博」「知」就是這類「知」。

第二類是「為學日益」的知識，是經驗知識，是物理和倫理知識，是不穩定的意見或信念，必須昇華到理念知識，在實用時要受到悟道知識的節控。

　　第三類是「博者不知」的「不知」知識。如：「知不知」的「不知」，「以不知知邦」的「不知」。之所以用「不知」，是為了與第一類「知」區別開來。「不知」，有兩種解釋都正確。第一種解為：知識淵博的人所不知道的知識：道本身。第二種解為：不能感知的知識：道本身。

　　對於這三類知識，老子認為第一類知識不是從道本身演繹出來的知識，是「道之華」的知識，是「美言不信」的知識，是荒謬的知識，應該「絕棄」：「絕聖棄知」。老子認為第二類知識是由感覺經驗所獲得的，還不是真知。第三類知識是從道本身演繹出來的知識，是「善言者無瑕謫」、「信言不美」的善知識，可信知識，應該保存。人如果學得了不可信的華麗的現象知識，並把它們當作真理，那就是被愚弄了，有知識「病」了。人如果獨立悟出了可信的善良的本質知識，並把它們當作真理，那就是善知識，「不病」的知識。第二類知識必須受到第三類知識的節控。故曰：「知不知，尚矣。不知不知，病矣。是以，聖人不病，以其病病，是以不病。」（七十三章）【70】

　　（二）老子的「知」的層次結構。

　　第一層次（最高層次）：聖人得道：「天下皆知」，「百姓之心」：「見素抱樸」，「明白四達」，「知不知」——「玄德」，「玄同」，「道」。在蘇格拉底、柏拉圖體系裡叫絕對真理和理念知識。這是頓悟到「無我」境界的知識，是不可言說的不證自明的真知，是一切知識的理論大前提。

　　第二層次：「下士聞道」：「以百姓之心為心」，「侯王得一」，無為之道，天道，人道，是頓悟出來的「大我」境界的知識，是可以言說的真知，是從第一層次演繹出來的知識。

　　第三層次：「中士聞道」：有為之道，人道，仁與義，是「若存若亡」的存亡之道，是內容變化不定的知識，是間於「大我」與「小我」之間的知識。

　　第四層次：「上士聞道」：「道之華」，「美而不信」，禮智、巧利，是「損不足以奉餘」的「人之道（霸道）知識」，是「愚之首」「亂之首」的知識，是君王個人「可欲」知識，是不可信的知識，是「小我」表達激情或唯個人意志的知識。

【70】《仰望老子》第二卷第七十三章。

三、蘇格拉底的知識論

在《理想國》裡有個「線段喻」，就是知識論【71】。

蘇格拉底把一條線段分為四段，表示知識的四個層次：

至善理念知識（善即知）　理念知識（知即德）　意見和信念知識（經驗）　藝術知識（情感）
l_____l_____l_____l_____l

「線段喻」說明：

1.最高層次的知識：「至善理念知識」，就是「善即知」。只要是「善知識」，就是真正知識，是絕對真理，是獨一無二的本體論原理，是最高的最大的原理，是一切其它原理的最大理論前提。

2.第二層次的知識：「理念知識」，就是「知即德」。「德知識」是從「善知識」得（德）來的——演繹推理出來的，是理念世界（造物主的「形式」）知識，是相對真理知識，是物理學和倫理學原理的理論前提知識。

3.第三層次的知識：「意見和信念知識」，是「實物世界」的知識，即物理學知識和倫理學知識（政治學），是依時空變化而變化的不穩定的原理，即經驗知識。

4.第四層次的知識：「藝術知識」，是「影像世界」的知識，是一種情緒的發洩情景，是從情感層面抒發出來的瞬息萬變的幻覺象形，是模仿藝術知識，稱不上哲學理論知識。蘇格拉底把古希臘的偉大詩人荷馬和劇作家們都放在知識的最底層裡，認為詩人缺乏理智，生活在喜怒無常的情感世界裡，藝術作品具有強烈的時代背景的情感色彩，只能釋放時代的某些人的情感，極容易成為歌頌帝王英雄的工具，極容易情緒過激，或因悲傷過度而殉情，或因興奮過度而瘋狂。詩人不能傳播真理。詩人成為哲學家是艱難的，哲學家成為詩人是容易的。所以，蘇格拉底希望像荷馬一類歌頌戰爭英雄的詩人能理智些，讓理智控制情緒，成為民眾情感的抒發者，為卑賤者呼籲，為憤世嫉俗而鳴放。

四、《協和論》的知識論

《協和論》上部第三章第二節論述的「協和論的基本原理」就是知識論。

【71】《理想國・九、線段喻》頁155。

現在按照從高到低的層次來分析論述。

（一）最高層次（「初和恒道」本體論）的知識：第一條原理。這是最高、最大的原理，是一切其它原理的理論大前提。

（二）第二層次（「太和大道」造物論）的知識：第二條原理，第三條原理，第十三條原理。

（三）第三層次（天道、地道、人道：科學、倫理學、政治學）的知識：第四條原理，第五條原理，第六條原理，第七條原理，第八條原理，第十條原理，第十一條原理。

（四）第四層次（情感幻覺）的知識：第九條原理，第十二條原理。

圖示如下：

「無有同存」協和知識　「無有相生」協和知識　宇宙萬物協和知識（營魄抱一）　藝術情感知識（幻覺）
l_____l_____l_____l_____l

說明：1.把認識論原理劃歸到第二層次的知識，因為，人既是被造物，又是認識論的創造者。但是在論述的順序裡，認識論不能劃歸到「造物論」裡去，只能列為另一論題。2.把「惡論」劃歸到「幻覺」裡去，因為「惡」不是真實的實體，是人的一種情感的幻覺。但是，在論述中，「惡」又是屬於與「善」相互對立的倫理學範疇。

《協和論》的知識論，恰巧與蘇格拉底和老子的知識論相一致，因此，可以運用蘇格拉底的「線段喻」加以說明。

➡ 第七節　綜合《協和論》的認識論：認識過程與認識對象與知識層次是一種協和體

一、關於睡覺的狗與死亡的狗的問題的問答論述

在這裡，記錄下甲、乙、丙三個人關於一隻睡覺的狗與一隻剛剛死亡的狗的問答論述。

在同一個狗窩裡，躺著兩隻狗：一隻睡著了，一隻剛剛死去。甲、乙、丙三個人對著那兩隻狗議論起來。

乙：狗，為主人看護家園，消除危險，真是人類的好朋友！那隻狗死得好可惜，我要寫一首同情和歌頌狗的美好精神的詩：「啊，狗呀！……」

丙：你可不要亂發感慨。狗畢竟是從狼和野狗馴過來的，所謂狼心狗肺是也。多少人受到它的狂吠的驚嚇，多少人被它咬傷得了狂犬病而死亡。那隻狗的死是罪有應得，我要寫一首厭惡和抨擊狗的惡劣品質的詩：「啊，狗呀！」

甲：且慢！你們這是在對著狗抒情，抒發的是兩種截然不同的情緒。這兩種不同的情緒來自不同的感受。就認識層面而言，是一種錯覺或幻覺；就思維方式而言，是形象思維；就認識的成果而言，是想像的情感的藝術成果，稱不上理論。所以，你們對狗的議論是缺乏理智的片面的情緒發洩，稱不上理性認識，是錯誤的。你們同意這樣分析嗎？

乙：即便如此，你對狗的理性認識又是什麼呢？

甲：不錯，狗確實是從狼和野狗馴過來的，「狼心狗肺」，就是指狼和野狗與家狗的天性仍然是一樣的。它們的天性是：群居性，服從首領的奴才性，維護自己群體利益的戰鬥性，食肉動物的兇殘性。這些天性無所謂善與惡、愛與憎、恩與仇。同樣一隻狗，當你是它的陌生人時，它就吠你咬你；如果你去馴它，它就服從你。這些是它的天性，並沒有增加進去人性或所謂人的社會性。所以人不能憑自己的情緒去評價狗。

丙：你所說的狗的天性，是不是指狗的神經活動？狗的言（吠）和行（咬）都受到其神經的支配。

甲：你把天性和神經混為一談了。那只睡覺的「狗」（活體）與那只剛剛死去的「狗」（屍體）相互比較，身體的物質（質料）成分和肢體、神經等體形（結構形式）此時應該是相同的。差別在於：活體的肢體、神經等都在活動，而屍體的肢體、神經等則停止了活動。您同意這樣分析嗎？

乙：剛剛死去的狗，肉體還沒有腐爛，其神經當然與睡著的狗一樣完好。

甲：說得完全正確。有一種解釋，說活體在活動（生命的存在），是附著在肉體裡的神經在自主活動，並且由此而產生意識，指揮整個生命活動。按這種解釋來推理，那隻剛剛變成屍體的狗的神經與它睡覺時相同，還沒有被破壞，應該具有自主活動能力，或者經過休息後能夠恢復自主活動，屍體應該復原為活體。由此繼續推理，具有自主活動的神經能力，應該是永恆的，狗具有了那種自主活動能力的神經，是不會死亡的。您同意這種解釋嗎？

丙：我當然不會同意那種解釋。那種解釋是歸謬法，得出的結論是謬論：

「具有自主活動的神經能力，應該是永恆的，狗具有了那種自主活動能力的神經，是不會死亡的。」

甲：在第一層次中我們取得了共識，在第二層次中我們取得了基本共識。現在我們把第二層次歸納整理一下。那種解釋的邏輯推理形式是：凡是不依靠其它原因而自主活動的東西是永恆的，神經是不依靠其它原因而自主活動的東西，所以神經活動是永恆的。狗具有神經活動，所以狗是永恆不死的。正如您所說的，這種推理是荒謬的，是不真實的。它的推理形式沒有錯誤，錯誤在小前提的預設不真實，小前提不是大前提的部分，這就不符合三段式的公理原則，所以結論必然是荒謬的。解剖學證明：神經是有生有滅的質料（物質）形態，神經的活動不是自主的，而是被動的。神經的活動或者停止活動，只能表現生命的存在還是死亡；而神經的存在不能表明生命的存在還是死亡。這說明，還有另一個東西在支配著神經的活動或者停止活動；也就是說生命的存在或者死亡在神經之外另有一個原因。神經還只是物質層面上的，屬於感覺活動的內在部分。認識到神經，還只是感覺層面的認知活動，是感覺印象的、記憶的、經驗的，還不是理性認識。那麼，能使狗的肢體、神經活動而又能使之停止活動就另有一個原因了。您對這樣的分析還有什麼補充呢？

丙：沒有什麼補充的。請問：「那麼，能使狗的肢體、神經活動而又能使之停止活動就另有一個原因了」的那個「另有一個原因」是什麼呢？

甲：要尋找那個「另有一個原因」，憑感覺是無為能力的，必須憑理智去認識，即就是說，要運用人天生的邏輯思維潛能了，只有邏輯推理才能思辨出那個「另有一個原因」。

乙：請你進行邏輯推理。

甲：從上文論述中可知，使狗的肢體、神經活動有「另一個原因」。追索到那「另一個原因」，是我們沿著悟性（理智思辨）思路向上必然要達到的境地，那是悟來的，不是學來的。如果前人早就論述了那「另一個原因」，那就說明我們悟出的「道」與前人巧合，而不是從前人那裡學來的。

那「另一個原因」是什麼呢？我們就應該給她取一個名字。那個名字不能是臨時性的，而應該具有約定俗成的傳統性和穩定性，那就要到哲學淵源裡去尋找相應的概念。到了哲學淵源，就發現了幾個名字。蘇格拉底把她叫做「靈魂」，老子把她叫做「營魄抱一」的「魄」（魂魄）、道性、神靈、善、德善，釋迦牟尼把她叫做「佛性」、「如來智慧德相」。我們選擇哪一個為好呢？鄭開

說：「現、當代中國哲學研究註定是一種『面向西方哲學術語的轉譯』（陳來語）和闡釋活動。」那就只好選擇現、當代中國哲學研究所約定俗成的「靈魂」了，或者選擇老子的「道性」。靈魂（道性）才是使狗的肢體、神經活動的真正原因。生命體是靈魂與肉體為「一」的協和體，即老子所說的「營魄抱一」體，也就是「無有之相生也」。如果靈魂離開了肉體，那肉體的一切活動就停止了，該生命體死亡了。那只死去的狗就是靈魂離開了肉體，神經停止了活動；那隻睡著的狗就是靈魂與肉體仍然為「一體」，神經仍然在活動。

對於「靈魂」，宗教家和哲學淵源的創始人都認為是一個真實的實體，只有無神論者不承認有「靈魂」存在。如果不承認「靈魂」的存在，物象的有生有滅就無法解釋了，人的認識也就到此為止了，也就用不著去解說老子的「道」了。如果承認「靈魂」的存在，物象的有生有滅就有了原因了，人的認識就上升到第三個層次了，從形而下上升到形而上了，就能夠繼續上升到老子的「道世界」去。

乙：如此解說，那「靈魂」就是看不見、摸不著的形而上的東西了。我們的認識已經達到了形而上。還有什麼形而上呢？如果還有更高一層的境界，我們的認識當然應該上升。

甲：「靈魂」並不是形而上的全部，「靈魂」只不過是與物象結合為一體的形而上的一個說詞：一個概念。形而上的「理念世界」——「道世界」還有其它的說辭——概念。狗的「靈魂」是從哪裡來的呢？我們的討論可以上升到第四層次：大道造物。

狗這個個體的「靈魂」來自何處？很顯然，不是來自其父母的遺傳，而是來自另一種東西。那「另一種東西」應該是造物者「大道」。老子的「大道」有三個名字：「一」，「谷神」，「上善」。蘇格拉底稱為「唯一形式」、「一相」。釋迦牟尼稱為「一真法界」、「法身」。大道造物，就讓「靈魂」（道性）去創造了一個個物象，換一句話說，每個物象從大道那裡「得一」。從這個意義來說，「靈魂」也是「一」，但是我們不能忽視個體物象，每個物象也是「一」：「營魄抱一」。宇宙是大道所創造的，因此是「靈魂」——宇宙靈魂；宇宙是由一個個物象組成的，因此又是物質。這就是「無有之相生也」的造物運動。這樣，我們又追索到了造物主那裡。哲學上的造物主不是宗教的「上帝」，而是造物運動的「大道」。「大道」造物運動是永恆的，循環運動的。

丙：請問：產生運動的原因在何處？換一個問法：第一推動力是什麼？

　　甲：你提出的這個問題是最終問題，是最高境界的問題，是認識論的最高層次。換一句話說，我們的認識上升的形而上學的本體論了。當我們的悟性（理智思辨）思路上升到最高層次的時候，就無法進行科學論證了，完全需要悟性了；其語言表述，也主要依靠比喻性的描述了。

　　下面就用老子的《道德經》第一章的觀點來解說。

　　在大道造物那裡，我們看到了一個概念（原理）：「無有之相生。」就是說，萬物是「無」與「有」「抱一」而生成的。在大道造物這個範疇裡，「無」與「有」不是「異名同謂」，表示同一個實體存在了，而是各有名分，表示不同的實體。「無」表示道性（靈魂），「有」表示質料（物質、營身）。那麼，這「無」與「有」又是從何處來的呢？我們的悟性就上升到「恒道」裡去了。

　　原來在「大道」之上還有一個「恒道」，「無」與「有」就幽隱在「恒道」裡，是「恒道」的兩個名字或兩個性質，所指稱的是同一個實體「恒道」：「異名同謂」。只是從不同角度來指稱：「無名，萬物之始也；有名，萬物之母也。」在「恒道」裡的「無」與「有」是渾然一體的，不像「無有之相生」那樣各有所指稱的實體的名分。「恒道」裡的「無」「有」不僅是渾然一體的，而且是以恒道為出發點和歸宿處的：「兩者同出，異名同謂」。恒道有一個「眾眇之門」（「玄牝之門」），「無」「有」就從那個門「出」，去造物；又從那個門「反「（返回），使萬物歸根覆命：「以至大順」，「復歸於無極」。原來，「恒道」是不造物的，不是造物者「母」，而是造物者的前身「始」（少女）。「恒道」是永恆的，唯一無對的，不生不滅的，無動無靜的，既「無」又「有」的，是一切原因的最初因，是一切運動的第一推動力，是宇宙萬物的本體，是充滿「玄之有玄，眾眇之門」，是充滿悖論的、難以用語言表述清楚的「存在之存在」。所有關於本體論的說辭，都具有反駁性，具有很大的空間。信之者則信之（可知），不信者則不信之（不可知）。老子、蘇格拉底、釋迦牟尼都認為「本體」是可知的。老子給「本體」的名字是「恒道」，蘇格拉底稱為「至善理念」，釋迦牟尼稱為「佛」。他們三人的哲學體系都有本體論。

　　乙：請問：「無」是如何生「有」的？或者說「靜」是如何生「動」的？

　　甲：這個問題，在蘇格拉底那裡是：「一」是如何「生」「二」的？蘇格拉底的回答是：有一個「居間物」叫做「唯一形式」或「一相」（共相）。那個「居間物」就把「一」「分有」為「二」、「多」。那種解說就遇上了「芝諾悖論」。

在老子那裡，避免了「芝諾悖論」。老子在本體恒道裡預設了兩個屬性：「無」和「有」，說「（無有）兩者同出，異名同謂」。「同出」去做什麼？去「無有之相生也」：去造物。所以「萬物生於有，生於無」。這是「道法自然」。「無」與「有」，在時間上沒有先後，而在邏輯上有先後。可是，後來解說老子的人沒有達到那個至高境界，隨心所欲地去篡改第四十一章經文，把「萬物生於有，生於無」改為「萬物生於有，有生於無」，就與「（無有）兩者同出」和「無有之相生」意思完全相反了。那就出現了問題：「無」是如何生「有」的？或者說「靜」是如何生「動」的？這個問題是偽命題，是無法解答的。

至此，我們走完了悟性（理智思辨）思路的全過程。

二、認識過程與認識對象與知識層次是一種協和體

從「一」的論述中，我們可以把思路過程歸納綜合一下，就能夠獲得三方面相互對應的認識論體系：認識過程與認識對象與知識層次是一種密不可分的協和體。

圖表如下：

認識過程	認識對象	知識層次
悟道 ———————>	萬物本體 ———————>	本體論：絕對真理
理性思辨 ———————>	大道世界 ———————>	造物論：真知識
感覺印象思維 ———————>	物象世界 ———————>	宇宙論、靈與肉論：經驗知識
幻覺形象思維 ———————>	想像世界 ———————>	藝術論：情感和模仿知識

說明：

1.從認識主體（主觀）而言，沒有人的認識，認識對象就無法顯現出來，知識就無法獲得。2.從認識對象（客觀）而言，缺失認識對象，認識主體無法開展認識活動，知識也就無法獲得。3.從知識層次而言，沒有語言知識，認識主體不能展開認識活動，認識對象就不能被認識，更不能被言說出來。所以，在認識活

動中，認識主體與認識對象與知識層次是一個協和體：渾然一體，相伴始終。

➡ 第八節　界定「協和論」的認識論

「認識論」一詞，來源於希臘文的「episteme」與「logos」兩個詞的合併：「Epistemlogy」。「Episteme」的意思是「認識」，指人的一切閱歷、見聞、學習、思考、論述等等思維活動。「logos」的意思是「理論」，包括言辭、理性、定義、原理等等知識成果。所以，認識論是認知理論。

認識論是哲學的三大基本成分之一，每一種哲學或號稱為哲學的理論體系，可以不談形而上學，但是必談認識論。有人甚至說：「認識論是哲學的入門理論。」在現有的五花八門的哲學理論體系裡，認識論也是五花八門的，莫衷一是。《協和論》是圓滿的哲學體系，當然有自己的認識論。

依據第八節所述，就可以界定《協和論》的認識論：認識論，是認識的主體（人）憑著天生的善心和自然智慧，借助語言，把主體本身（主）與認識的對象（客）融合為「營魄抱一」體，從而解密世界而獲得真知的哲學理論。

這個認識論的定義，回答了認識論自身的一些基本問題：認識的主體——認識的動機和認識的潛能，認識的對象，認識的工具，認識的過程——認識的方法，認識的成果——知識的層次和真假。

《協和論》的認識論定義，破除了「主、客分離」的認識論，譬如唯心論、唯物反應論、經驗論、實證論、先驗論、辯證論和懷疑、不可知論等等認識論。

第五章　對傳統認識論的繼承和批判

說到認識論，到目前為止，有千百種觀點，千百本書，眾說紛紜。

影響現今中國人的認識論主要有幾種：1.儒家的認識論；2.培根的歸納法——科學方法；3.笛卡兒的唯我理性論；4.休謨、費爾巴哈的唯物經驗論；5康德的先驗論。6黑格爾的唯心辯證論；7.孔德、羅素的邏輯實證論；8.杜威、詹姆斯的實用論；9唯物反應論。現今中國人最推崇的和習慣了的是德國人發明的唯物反應論或唯物辯證法等雜糅在一起的認識論，揉合表述為：實踐論，一

分為二，透過現象看本質，從感性認識上升到理性認識。這種認識論，含義混亂，概念不明，表述含糊，很難實用。其結果是：「公說公有理，婆說婆有理，最後是權力最高者有理。」10.叔本華、尼采、海德格爾的情感意志論。其中，1.2.4.5.6.9.10的影響大，1.9的影響最大。

可是，對蘇格拉底和老子的正確認識論，中國文人不認得，不理解，而貶斥和拋棄。《協和論》卻「反其道而行之」，繼承和復興蘇格拉底和老子的正確認識論，批判1.2.4.5.6.9的荒謬認識論。

➡ 第一節　繼承和復興蘇格拉底和老子的正確認識論

《協和論》的認識論，是在中國當代思想文化背景中所創立的認識論，對於中國現代、當代思想文化來說是一種理論創新。但是，《協和論》的認識論，卻與兩千多年前的蘇格拉底和老子的認識論恰巧一致，因此她又不是創新，而是繼承和復興蘇格拉底和老子的正確認識論。

對這個論題的具體論述，在第三章第七節以及各節有關蘇格拉底和老子的認識論中有論述，本節只作個概括。

老子、蘇格拉底的思維方式，就是個人獨立思考與「天下人共識」相互一致的思維方式。

這種思維方式基於人的天性：「每個人都具有天生的善心和自然智慧」。每個人的「善心」驅使個體去追求善知識，每個人的「自然智慧」驅使個體去實現自己的邏輯思維潛能，於是一種「天下人的共識」就出現了：善知識以及邏輯推理和科學論證。善知識就是普遍意志或共識的真理，邏輯推理和科學論證就是共同的思維方式。這種認識論和認識成果，是每個人獨立思考的結果，不是外部力量強加給的；這種「共識」是每個人共同天性（「天生善心和自然智慧」）在認識上所產生的共性的表現，不是外部力量的強行統一給的。這種思維方式把「玄學」（形而上學）與「科學論證」融為一體了，即是「邏輯推理和科學論證」的思維方式；這種思維方式所獲得的認識成果是善知識，善知識是十分簡單明瞭的真理知識。如果每個人都能意識到和保持了自己的「天生善心和自然智慧」，就會「不為功名所誘，不為知識所累」地去獨立思考，獲得的認識成果就會與別人乃至與天下人相互一致（共識）。老子和蘇格拉底一生研究和運用的就是這種思維方式。所以，凡是想救國救民的革新的中國文人，如果去求學，就應

該是這樣的：向中國古人求教，必須研究老子的《道德經》；向西方求教，必須研究蘇格拉底；拋開老子和蘇格拉底是不會求學到什麼善知識和正確的思維方式的。

➡ 第二節　批判幾種荒謬的認識論

《協和論》認識論對於中國現代當代的思想文化是一種創新。換一句話說，《協和論》認識論對於中國現代、當代的思想文化是一種批判。為什麼呢？因為，中國現代、當代的思想文化裡的認識論都是荒謬的認識論，是窒息人的「天生善心和自然智慧」的思維方式。

一、從感性認識到理性認識——唯物反映論

這種認識論，是現代中國學界從德國人拿來又普遍採用的認識方法，是休謨模式和費爾巴哈模式的雜交模式，稱之為「唯物辯證法」，是中國現今最權威的認識論。

這種認識方法說，人沒有靈魂，只有物質（神經）。在認識中，人的神經先是被動接受外界的反應，有實踐經驗的感性認識；然後又具有能動反應能力，再上升到理性認識；通過「飛躍」而獲得理論，理論又反過來指導實踐。說這就回答了「人的正確思想從哪裡來」。

果真如此嗎？

1.感性認識。

感性認識，被定義為：在階級鬥爭、生產鬥爭和科學實踐三大實踐中，人憑感官和神經去能動地認識事物。很顯然，這種感性認識的對象是自然物和社會物的表象，是形象思維，沒有深入到事物的內部結構，更沒有感知到形而上學的「道」，獲得的只有表面「印象」（休謨），稱不上物理知識，更稱不上「道」。況且感覺有角度的不同和片面的差錯，神經有偏激和錯亂，「印象」已不是表象的原貌，有錯覺，甚至有幻覺。即使獲得到某一角度的真實的感覺印象，也會隨著其它印象的輸入或記憶的淡忘，也就使原來的印象模糊起來，依據印象所獲取的知識肯定是不可靠的。在感性認識階段，人是無法「能動」的，只有被動接受外物的表象。

2.「理性」認識。

那種「理性」認識論，是偽商標的「理性」認識論，並非是運用理智去思辨形而上學的「理念世界」的認識論，而是停留在物質層面上的感性的唯物認識論。

那種「理性」認識的別名有：抽象思維。理性認識，是通過對儲存在「記憶」裡的各種感覺「印象」進行加工，抽象和綜合出「同類印象」的「共同印象」而獲得理論知識，即所謂「透過現象看本質」。很顯然，這種理性認識的對象是「記憶印象」，是有「忘記」性的，「記憶印象」比不上感覺印象的真實性。對「記憶印象」進行抽象思維所獲得的「共同印象」，已經不是真實事物表象，更不是事物的內在本質，獲取不到物理知識，只獲得一些不成熟的意見或不真實的信念。在理性認識階段，人具有主觀能動性，憑著自己學來的經驗知識去進行抽象，對於沒有悟道的人來說，就缺乏哲學理論的指導，是無法獲得真知識的。

可見，唯物反映論的根本錯誤是：其一，否認人有靈魂（理念，道性），也就是否認「人具有天生的善心和自然智慧」，也就是否認了人能認識事物的潛能——理智，理智是屬於靈魂的。因此在認識中，不能運用理智向上去思辨理念世界，即拋棄了悟道，那就沒有理性認識，是虛假的理性認識。其二，依靠物質神經去思維，只停留在事物表象層面上，不運用理智向上思辨到理念層面上的所謂從感性認識到理性認識本身不合邏輯思維規則，是休謨、費爾巴哈喪失了「天生善心和自然智慧」後，因妄想而虛構出來的認識方法，不是真實的思維方式，不是科學方法，根本不能認識事物的本質，更不能獲取真知識。

可是，現在中國學界卻把這種認識方法說成是科學歸納法，認為是唯一可靠的認識方法，那是對人這個「營魄抱一」（靈肉合一）的生命體的無知，從而對人天生具有邏輯思維思維潛能這個「客觀存在」的無知。

二、辯證邏輯認識方法—— 一分為二

辯證邏輯認識方法—— 一分為二，是德國人的發明：康德剽竊，費希特發展，黑格爾定型。

「辯證法」，是古希臘哲學家赫拉克利特發明的，蘇格拉底把辯證法當著一種「討論」、「辯論」的方法，亞里斯多德就斥之為詭辯法，進行了剖析和批判。可是，兩千二百年後的德國人康德剽竊來了，說成是辯證邏輯認識方法。黑格爾為了投機和維護普魯士王國，就把辯證法拿來給他的「主人哲學和奴隸哲

學」進行包裝，成了思維和存在的對立統一形式法則。「邏輯學」在蘇、柏體系裡只是思維工具，而在黑格爾那裡成了哲學的最高層次的學問。於是，一種非人的神秘的辯證邏輯出現了，並且在德國和俄羅斯、中國盛行起來，使黑格爾名聲大噪。可見，黑格爾與宋儒做學問的目的一樣，不是為了做學問，而是為了投機權力去個人揚名獲利。

　　辯證邏輯認識方法，又稱為對立統一的「一分為二」法，認為人的思維活動和客觀事物都是自身對立、矛盾、鬥爭的一分為二的統一；認識對象是概念，「存在是潛在的要概念，」（黑格爾語）認識概念就認識了存在（客體）。思維公式是：正題──反題──合題。思維規則有三個：對立統一的規律，量變到質變規律，否定之否定的規律。「哲學」的開端的困難『在於』哲學的開端就是一個假定」（黑格爾語），即為「正題」預設一個「一分為二」的對立統一的概念。這個概念自身內的兩方面「是彼此互相對立的。從它們進一步的規定（或辯證法的形式）來看，它們是互相過渡到對方。」「正題」出現了，就來「反思」。反思是從概念自身的對立兩面入手，「揚棄」舊概念本來的一面，保存次要的一面，這樣，矛盾的次要方面就轉化為主要方面，這就是「反題」。反題被綜合後，發生從量到質的變化，一個自身具有新的對立的概念就被異化出現了。新的概念自身的對立又成為正題，再進行辯證思維活動，如此螺旋上升，經過「肯定─否定─否定之否定」的規律，一個存在於自身的絕對精神被思維出來了。這個「絕對精神」是最高的，在認識論上是「絕對真理」或「終極真理」；在認識對象上是本體，本體自身也是一個對立統一體。這個最高概念「絕對精神」就自身「一分為二」產生許多「精神現象」──存在。「存在是潛在概念」，存在的各個規定或範疇都可以用「是」去稱謂。把存在的這些規定分開來看，它們是彼此互相對立的。從它們進一步的規定（或辯證法的形式）來看，它們是互相過渡到對方。可見「精神現象」的存在也像它的本體「概念」一樣，是一個對立統一體，分為互相矛盾、對立、鬥爭的兩方面，又互相異化為另一新存在，世界就處於永遠對立、矛盾、鬥爭的動態之中。【72】

　　黑格爾從辯證的形而上學推理出了主人哲學與奴隸哲學的辯證倫理學：當兩個人面對時，就產生一種「緊張」，每個人都想被對方承認為主人。最終占上

【72】黑格爾《小邏輯（節選本）》的內容概括。

風的成為主人，占下風的成為奴隸。主人迫使奴隸為他工作，人類歷史就發展起來。從這個「主人和奴隸」的倫理學觀點，【73】就導致了專制獨裁制度的合理性：「勝者為王，敗者寇」，「率海之濱莫非王土，率土之民莫非王臣」，「君要臣死不得不死」，普魯王國就是理想之國。

　　以上兩小段文字，概括了黑格爾千萬言巨著的主要內容。我認為黑格爾的辯證邏輯是荒謬的。其一，他繼承了康德荒謬的「先驗論」。第一個「概念」是「我」先天的觀念。「我」先天沒有「觀念」或概念，「我」一生下來只有自然聲音的「哇」，沒有後天的人造語言。「天生的善心和自然智慧」只是後天能說話的潛能，不是「觀念」。第一個概念是無法預設的，整個「正題──反題──合題」無法進行，辯證邏輯就落空了。如果說是從語言以後的後天概念作為第一個概念，如蘇格拉底在與人辯論中從對方說出的概念起始，那僅僅是一個思維對象，辯證法是思維工具，「概念」就不是產生一切事物的那個「絕對精神」的本體，整個思維過程和整個世界被顛倒過來了，「辯證邏輯」就沒有根基了。其二，概念是「我」對能被定義的事物的本質的認識，是一個自身不能存在對立、矛盾的原理。如果概念是一個自身對立的統一體，這個概念就違背「同一律」「矛盾律」，就是含混不清的、不明確的概念，就不能成其為概念。所以黑格爾的概念不是哲學上的概念，辯證邏輯思維不是哲學思維，是什麼思維呢？鬼知道。其三，如果產生萬物的本體是自身「一分為二」的，那麼就沒有本體，因為誰是那能動、能異化的「一分為二」的本體呢？最初因還沒有找到。其四，人的思維過程並非「正─反─合」（肯定─否定─否定之否定）的過程。嬰兒的思維只是「同意」，惠能的悟道只是頓悟，「相對論」並沒有揚棄「力學」，「量子論」沒有否定「相對論」。其五，事物自身並非是一個對立統一體，而是一個「營魄抱一」體。人生了兩隻手是為了協調動作，不為了兩手自相對立、鬥爭。如果靈與肉作鬥爭，還有生命嗎？其六，量變不能導致質變。一個嬰兒長大成人，只是體重身高數量加大了，還是那個人，並非是質變成了另一個人。化學反應中，氧和鐵化合為氧化鐵，是兩種元素的作用，並非是一種氧分子的量增多質變為氧化鐵。自然界中並沒有發現一個物種進化為另一個物種的實物現象，進化論是人的一種幻覺或錯覺。其七，思維或事物並非是「一分為二」的，而是一與

【73】黑格爾《小邏輯（節選本）》的內容概括。

多的關係。對偶是人從美學觀出發對事物的一種片面認識，並非事物的全部。譬如，人按性別分，並非只是男人和女人，還有隱性人、陰陽人。

在黑格爾體系裡，我們見不到「善」，也見不到自然智慧之光，看見的是充滿惡性的殘酷無情的鬥爭、兇殺，處在不見天日的黑漆漆的煤炭籠裡，真是冷冰冰的理性主義鐵網。

可見，辯證邏輯是康德、費希特、黑格爾等人的一種幻覺虛構，是一種巫術，不是什麼知識學問，用辯證邏輯去認識「我」和世界是得不到什麼真知識的。這就難怪有人批評說：「黑格爾的辯證法是胡說八道。」「個人在黑格爾體系裡沒有一席之地。」「黑格爾的倫理學是專制理論。」【74】

可是，對那種血腥的邪惡的辯證法，中國學者卻當著寶貝或靈丹妙藥捧回家來，時時處處地去使用，開口「辯證法」，閉口「一分為二」，不斷地製造謬論，危害著中華文明，腐蝕著中國人的心靈。中國人被黑格爾和他的中國門徒們愚弄得太慘了。

三、儒家的認識方法

從朱洪武「獨尊儒術理學」至今五百餘年，儒家的認識方法成了傳統的認識方法，其餘諸子百家的認識智慧被窒息了。

（一）「易經」

「易經」裡只有一些凌亂的迷信巫術的胡說八道，根本沒有什麼認識論，怎麼會有「智慧」呢？那些把「易經」當做最高智慧的當今中國文人，可見其愚昧無知到神經錯亂的瘋狂程度了。

對「易經」的批判見第二章第二節「二（三）」。

（二）儒家對人的認識潛能的解說

孔子把認識的主體分為四種人：「生而知之者，上也；學而知之者，次之；困而學之，又次之；困而不學，民斯為下矣！」【75】

「生而知之」的是天才，一生下來就具有知識，不需通過學習獲得知識。這與康德的「先驗論」一樣，人一生下來，就有先天觀念。這個觀點與人一生下來就具有善心和自然智慧不同。後者是說人天生具有認識或悟道的潛能，但還沒

【74】《西方哲學史》頁426。

【75】《〈論語〉新解》頁196。

有實現，要在後天實現。很顯然，自古及今，沒有發現一個一生下就能說話的人，《封神演義》裡的哪吒一生下來能說話，那是一個神話。假設孔子和康德一生下來就能說話，孔子說的是古漢語，康德說的是德國語，那麼那一種語言是神造的先天語言呢？難道語言不是人後天所創造的東西嗎？所以「生而知之」和「先驗論」是孔子和康德為「天子」、「天才」虛構的神話，不是事實，是謬論。

「困而不知」是「下愚」。有的人一生下來就天生愚蠢，學不到知識。這是對受不起教育的多數人的人格的侮辱，是君子士大夫為欺壓多數人虛構出來的人性論，不是事實，是謬論。人人天生的善心和智慧是平等的，只是所繼承的遺傳基因的天資有差別，智慧的使用和機遇方面有不同。

「學而知之」是天生智力處於中等的人，能在後天生活中去發奮向外求學求道而獲得知識。孔子自稱是「學而知之」的人。「學而知之」是儒家的向外求學求道的認識世界的方法，後來成了中國人認識世界的傳統的認識方法。

（三）儒家的向外求學求道的認識方法。

《論語》曰：「學而時習之，不亦樂乎？」【76】就是主張和稱讚向外求學求道的讀書識理。讀書識理的最主要方法是從師讀書。

1.師是什麼人？

有兩個人對教師的定義被現今中國教育界尊為真理：一個是韓愈，一個是史達林。韓愈說：「師者，傳道授業解惑也。」【77】史達林說：「教師是塑造人類靈魂的工程師。」【78】

這兩個定義都是荒謬的。其一，韓愈和史達林不懂得「道」和「靈魂」是什麼，把「道」和「靈魂」說成是人製造出來的，又是人能傳授的經驗知識。道和靈魂是什麼？道是造物者，靈魂是道賦予人的道性。人領悟出的道和靈魂的知識是最高層次的知識，是只可領悟和啟示的知識，不能像經驗知識那樣原原本本地傳授。人是道的被生物，人不能製造生命，更不能製造道和靈魂。兩個定義顛倒了創造者和被造者的關係。其二，兩個定義都沒有把教師和學生當作一個有

【76】《〈論語〉新解》頁199。

【77】《師說》頁1。

【78】中國大陸學校懸掛的史達林語錄。

生命的人來看待：A.把教師當作君主或領袖的御用工具，傳君主之道，把領袖思想塑造為學生的靈魂。B.把學生不當作活人，當著一塊陶土原料任由教師拿捏塑造，塑造成為君主和領袖服務的馴服工具和螺絲釘。其三，兩個定義的教育惡果。韓愈的定義製造了師道尊嚴和師承門派之見，史達林的定義製造了政治是靈魂和教師、學生成為領袖政治的犧牲品。

那麼，「師」到底是什麼人？回答是：教師是呵護學生生命、順著學生天性、引導學生進入知識殿堂、傳授書本經驗知識和啟發學生悟道方法的先生或過來人。學生應該尊重教師，但不是「一日為師，終生為父」的師承關係，學生有權利選擇教師和學校。所以老子說：「不貴其師，不愛其資，唯知乎大迷也。」【79】

2.書本知識是什麼樣的知識？

書本知識是別人根據實踐經驗總結出來的經驗知識，對於讀者來說是間接經驗知識。書本知識有感性知識、理性知識、錯覺知識，其中也有「道」，有真有偽。對於讀者來說，都是不穩定的意見或信念知識。即使其中有善道，也不是讀者獨自悟出的，難以理解。所以，讀者在悟道之前，對於書本知識不可信以為真，更不能把某一種理論當著是「放之四海而准的真理」。學習書本知識是必要的，也是重要的，能快速掌握自己來不及實踐的知識，能增自己的勞動能力和提高勞動技能水準。

3.儒家要求學習的書本知識和儒生的學習目的。

a.儒家要求學習的書本知識。

孔子時，還主張學習「六藝」。在漢儒時，不管是古文經學家還是今文經學家，都主張學習「六經」，用「六經注我」。在明朝時，只主張死讀「四書」，用「四書注我」。「六經」裡，還有神秘的《易經》，令人嚮往探秘。《禮記》中還有其它內容，比如：「天下者，非一人之天下，乃天下人之天下也。」而《四書》則是絕門活，只有「三綱五常」。儒生們學習的就是那樣的書本裡的「三綱五常」知識。「三綱五常」是什麼樣的知識？那是窒息人的天生善心和自然智慧的知識，是教育人作惡的知識。在「三綱五常」裡，沒有哲學的主要成分形而上學（「純粹哲學」王國維語），沒有「純粹的倫理學」（蔡元培

【79】《仰望老子》第一卷第二十七章。

語），只有君主禮制的和儒生追求「功名利祿」的政治學。

　　b.儒生的學習目的。

　　學習《四書五經》「注」出的「我」是什麼樣的「我」呢？

　　　《論語》曰：「君子疾沒世而名不稱焉，吾何以自見於後世哉！」「不仕
　　無義。長幼之節不可廢也，君臣之義如之何廢之？欲潔其身而亂大倫。」
　　「事君，敬其事而後其食」。「君子謀道不謀食。耕也，餒在其中矣！學
　　也，祿在其中矣！君子憂道不憂貧。」「志士仁人，無求生以害仁，有殺
　　身以成仁。」【80】

　　這就明確了儒生學習的目的：入仕做官，事君謀食；為忠君的仁義而死，
獲取英名。這個學習目的，不是教人做人，而是教人做寄生蟲；不是培養為自己
生存和為社會服務的人才，而是培養為君主服務的奴才和欺壓老百姓的主人。這
是典型的黑格爾的「主人哲學和奴隸哲學」。我稱之為「寄生蟲之道」

　　要說「學而時習之，不亦樂乎？」在學中，就只有苦：「十年寒窗苦。」
在「習」中才有「樂」：「一舉成名天下知。」「書中自有黃金屋，書中自有顏
如玉。」那「習」，就是「入仕之途」，就是實現「飛黃騰達」的「成龍成鳳」
「做人上人」的「凌雲之志」，就是實現「衣錦還鄉」「光宗耀祖」「庇妻蔭
子」的「千秋偉業」。多麼誘人的「四書五經」知識！

　　且不說在科考中絕大多數落榜的儒生，都成了魯迅筆下的孔乙己那樣的腐
屍、社會累贅，就說那入仕獲祿的儒生官吏又是怎樣一群呢？請看阮籍在《大人
傳》中的評述：「且汝獨不見夫虱之處褌襠之中乎？深逢匿乎壞絮，自以為吉宅
也；行不敢離縫際，動不敢出褌襠，嗅以為得繩墨也；饑則齧人，自以為無窮食
也。然炎邱火流，焦邑滅都，群虱死於褌襠中而不能出。汝君子之處區之內，亦
何異虱之處褌襠中乎！悲夫！」【81】所以，用「三綱五常」知識培養出來的儒
生，要麼是魯迅筆下的孔乙己那樣的腐屍、社會累贅，要麼是阮籍筆下的「褌襠
之中」的「虱」，對社會只起破壞作用，不起建設作用。

【80】《〈論語〉新解》頁202，頁210。

【81】《中國哲學史稿·上冊》頁408。

（四）」中庸之道」的思維方式。

　　《中庸》開篇就說：「天命之謂性，率性之謂道，修道之謂教。道也者，不可須臾離也。是故君子戒慎乎？……」「喜怒哀樂之未發謂之中，發而皆中節謂之和。中也者，天下之大本也。和也者，天下之達道也。致中和，天地位焉，萬物育焉。」【82】

　　這兩段文字，羅列了：天命、性、道、教、中、中節、和、大本、達道、和、中和，等等概念，一個也沒有明確地定義出來。羅列了九條原理，沒有論證它們之間的因果關係。只是一個勁地把「中」、「和」抬高到「大本」、「達道」的地位。一邊說「喜怒哀樂之未發謂之中，發而皆中節謂之和」，「中」與「和」是果。另一邊接著說「中也者，天下之大本也。和也者，天下之達道也。致中和，天地位焉，萬物育焉」，「中」、「和」、「中和」又成了最初最大的原因，「喜怒哀樂」「發而皆中節」又成了結果。開篇就思維混亂，沒有絲毫的邏輯思維，更說不上有什麼推理和論證了，只是一大堆假、大、空的口號。難怪現在的中國人喜愛喊假、大、空的革命口號的。

　　1.「中庸之道」到底是什麼東西？

　　子曰：「中庸之為德也，其至也矣乎！民鮮能久矣！」「君子中庸，小人反中庸。」【83】

　　原來「中庸」是民很少知道的，是小人所反對的，是君子的專利。

　　那麼君子又是怎樣定義「中庸」的呢？在《四書五經》找不到明確的定義和論證。

　　鄭玄注：「名曰中庸者，以其記中和之為用也。庸，用也。」「庸，常也。用中為常，道也。」程子、朱子說：「『不偏之謂中，不易之謂庸。中者，天下之正道；庸者，天下之定理。』中庸之德，謂不偏不倚，無過不及，而可以常用之德。鮮，上聲，少也。言中庸為至德，而一般人少此至德久矣。」【84】

　　這幾段話仍然沒有定義「中庸」，並且意思混亂，自相矛盾。「中」是

【82】《〈中庸〉新解》頁1。

【83】《〈中庸〉新解》頁3。

【84】《〈中庸〉新解》頁11。

「不偏不倚」，與「中節」還一致。「庸」的意思就雜亂了：「和」，「不易」，「用」，「常」。「中庸」的意思更雜亂：道，德，大本，達道，正道，至德，定理。「不偏」「不易」與「不偏不倚」不是一個意思。如此，毫無邏輯思維，用詞隨意，信口雌黃，正是中國鴻儒們的思維方式，實在是「民鮮能久矣」「而一般人少此至德久矣。」具有天生邏輯思維潛能的「小人」和「民」的確是無法運用那種非常人的「中庸之道」來思維的，只能「反中庸」。只有非常人的「上智」鴻儒君子們才能使用「中庸之道」。

現在來分析一下「中庸之道」在認識論上屬於那種思維方式。根據上文的分析，大概可以這樣來猜測：取「中」，避免到「兩極」。那就是線段式思維：把認識對象假設為一條線段，然後找出中點，兩個端點就是兩極。取中點而避免到兩極就是儒家的思維方式。這種思維方式在黑格爾那裡是「一分為二」和「合二而一」的辯證法。這種思維方式在古希臘遭到芝諾「悖論」的致命摧毀。首先，一條直線如果被點化了，點與點之間是有間隙的，就不是真實的直線了。其次，任何真實的事物都是立體，不是一條直線，是無法找到中點和兩極的；也不只是一體兩面，而是「一」與「多」，「一分為二」是不全面的。對於能感覺的有形象的物體，是無法取「中」而避免到兩極。對於情感上的喜怒哀樂，更是不可能「不偏不倚」地「發而中節」。所以，「中庸之道」或「一分為二」的認識方式，只能認識事物的某一個方面，不可能正確認識事物的全部。所以，把「中庸之道」或「一分為二」的辯證法吹噓為是：大本、達道、正道、至德、定理，就如同把「一分為二」的辯證法吹噓成「終極真理」、「自然辯證法」同樣的荒謬。

「中庸之道」的思維方式，沒有絲毫的邏輯思維，更沒有科學論證。

2.「中庸之道」的認識對象和實用範圍。

《中庸》曰：「君子素其位，而行不願乎其外；素富貴，行乎富貴；素貧賤，行乎貧賤；素夷狄，行乎夷狄；索患難，行乎患難。君子無入而不自得焉。」【85】

《中庸》裡論述的「中庸之道」僅限在君子為人處事的倫理學方面，沒有上升的形而上學的層面上去。「中庸之道」的認識對象和實用範圍，就是君子如

【85】《〈中庸〉新解》頁11。

何「學」和「習」「三綱五常」。上段引文，就是要求君子「取中」而安於現狀，不要有分外之想。在處事時，君子要用「中庸之道」，處在對自己有利的中道位置上，去和解不利的事件。那樣就顯現出君子「溫良恭儉讓」的風度。可是《論語》又要求君子「入仕」得「君食」和求功名，要有為所「立志」去奮鬥甚至去「殺身成仁」，卻又拋棄了「中庸之道」。同樣，《大學》要求君子實現「修身，齊家，治國，平天下」的遠大政治抱負，「中庸之道」又不見了。所以，可以說「中庸之道」是極其狹隘的倫理學理論，是君子權衡利弊的一種政治權術。用《中庸》培養出來的是狡猾的奴才，用《論語》培養出來的是功名利祿之徒，用《大學》培養出來的是專制君主（主人）。

3.從「中庸之道」所獲得的知識。

由於「中庸之道」是個極其狹隘而又膚淺的思維方式，因此所獲得知識也是極其狹隘而又膚淺的，並且是偽智慧知識。「民」、「小人」無法實用那種「君子之道」的知識，民主法治社會也無法實用那種「君子之道」的知識。

四、培根的認識論和叔本華、尼采、海德格爾的情感意志論

（一）培根的「歸納方法」和「科學萬能」的偏激的認識論

對於中國文人來說，傳統的思維方式就是萊布尼茲所說的「缺乏心智的偉大之光，對證明的藝術一無所知」，實在需要邏輯推理和科學論證的衝擊，來轉變思維方式。這種衝擊從「五四運動「時期就開始了，出現過「玄學與科學」和「科學與唯物辯證法」的兩次論戰，今日又再次出現了。為什麼在中國學界「邏輯推理和科學論證的思維方式」總是輸給了儒家的傳統思維方式和唯物辯證法呢？除了政治原因外，主張「邏輯推理和科學論證」者自身的學術觀點有問題，偏激了，把「邏輯推理和科學論證」解說為「科學萬能」。

「科學萬能」也並非是中國文人發明的，仍然是舶來品。「科學萬能」的發明者是培根。培根第一次把邏輯推理中的歸納法解說為科學論證，認為只有經過科學驗證和歸納推理的知識才是可靠的知識或真理，形而上學的演繹推理知識是虛玄的，不可靠的。培根的名言是：「知識就是力量。」【86】那樣就否定了形而上學和演繹推理，也否定了「善即知」、「知即德」的知識論。後來，羅素、孔德弄出個「邏輯實證主義」，走向極端：「科學萬能」。

【86】《培根箴言集》頁74

　　培根的偏激的認識論，雖然掀起了西方科學技術的突飛猛進的高潮，但是破壞和犧牲了自然環境，更為嚴重的是使科學失去形而上學善理念的指導和節制。結果是：在理論上，後世認為「科學萬能」，科學實驗和實踐是檢驗真理的唯一標準，科學知識就是真理；在實踐上，科學不理睬「善知識」，一個勁地索取自然資源，製造產品，製造毀滅人類生命的武器。「邏輯實證主義」行時一陣子，很快被西方哲學界拋棄。時至今日，在中國才有少數人警覺起來。

　　所謂「科學萬能」並非是完善的、而是片面的認識方法。就認識對象而言，只停留在物質表象層面，拋棄了形而上的部分，即使是感官不能感覺到的原子、中子、誇克、磁場之類，也是能夠借助儀器觀察到的，仍然是物質。就認識範圍而言，每一項科學實驗的成果，都是具有領域性的，不能以偏概全。就認識方法而言，只是運用了邏輯歸納推理，缺失了邏輯演繹推理。就知識而言，所獲得的只是不穩定的經驗知識或相對真理，不是穩定的善知識或絕對真理。「科學萬能」論其實是一種實用主義。

　　在西方，本來就有完善的認識論，即蘇格拉底、柏拉圖和亞里斯多德的形式邏輯的「邏輯推理和科學論證」。形式邏輯的推理包括演繹推理和歸納推理，在論證上輔之科學研究成果加以證明，這就具有完善性，能夠獲得完善的真理知識。這種認識論在西方被西塞羅、奧古斯丁、阿奎那、笛卡兒、斯賓諾莎、洛克、盧梭、孟德斯鳩等等著名思想理論家所繼承和運用，成為西方哲學界的主流，致使「蘇格拉底之道」在西方仍然光芒萬丈。

　　可是，中國學者由於一直受著儒家思想和思維方式以及唯物辯證法的洗腦，從來就不識得自己的老子思想和思維方式，卻到西方去尋求救國救民的真理。而西方的思想和思維方式也是五花八門的，在固有的儒家傳統思想和思維方式的不能徹底清除的情況下和急功近利的心情下，也就不識得蘇格拉底的認識論，去「拿來」「科學萬能」論和唯物辯證法，用來批判「孔孟之道」和所謂的「玄學」。不錯，「孔孟之道」確實缺失「科學論證」，「玄學」確實缺失實用性。但是，「孔孟之道」也缺失了形而上學，是帝王統治的實用主義思維方式；「玄學」卻堅持了形而上學，「孔孟之道」與「玄學」並非是一種相互融洽的思想理論，而是相互對立的思想理論和思維方式。如果把「科學論證」與「玄學」結合起來，就會獲得形式邏輯的完善的認識論。可是，中國思想革新的學者卻沒有那樣做，而是把「科學論證」與「玄學」對立起來，把「玄學」也當著「孔孟之道」去批判，那就把「玄學」（形而上學）拱手送給梁啟超等儒生們，讓儒生

們拿起「玄學」（形而上學）和形式邏輯的思想武器去批判「科學萬能」論，給唯物辯證法的輸入留下了乘虛而入的巨大空間，致使中國學界仍然處在思想理論混亂和思維方式錯誤的探索階段。

（二）叔本華、尼采、海德格爾的情感意志論稱不上認識論

情感意志論，根本稱不上認識論。它是一種失去理智的情感幻覺的描繪和發洩；認識的對象是幻影，不是實體；所獲得的知識只是藝術模仿知識，稱不上哲學理論。從哲學理論層面上講，對叔本華、尼采、海德格爾的情感意志論，無法去進行批判，也沒有批判價值。

可悲的是，現今的中國學者卻去崇拜叔本華、尼采、海德格爾等，實在值得反省、反思呀！

五、其它認識論

其它認識論，如：「3」笛卡兒的唯我理性論，「7」孔德、羅素的邏輯實證論，「8」杜威、詹姆斯的實用論，以及「唯心論」、「唯識論」、「懷疑論」、「不可知論」，等等，對中國現代、當代文人的影響不大，分別只有一些人在各自宣傳，這裡就不去評判了。

第二部分　形而上學原理

第二卷　形而上學

本體論（初和恒道論）、造物論（太和大道論）、宇宙論
（天和天道論）、靈魂論和生命論（中和地道論）、自我
論（人和人道論）

說明：

　　本書所使用的有關「道」、「德」之類的概念是老子《道德經》裡的，引用文的某某章的數字都是《道德經》裡的。

　　一種哲學體系理論，應該具有形而上學、科學和倫理學（政治學）、認識論這三個基本成分，才稱得上是比較圓滿的理論體系。形而上學的原理，是跨越時空的天下人共識的不證自明的公理，是最高的原理，是科學、倫理學（政治學）等等學科的原理的理論大前提，而科學、倫理學（政治學）都是形而上學的原理在人類實踐活動中所產生的實用知識。形而上學中的本體論，是人們感到最為神秘的、玄妙的部分，因為，本體是無法去感知的、去證明的，只能去領悟。人天生的善心和自然智慧，是與萬物的本體相通而融為一體的，使人能夠去領悟到本體的存在，並且能夠意會到本體論的原理是不證自明的公理。所以，本書把形而上學列為一部。「第二卷」也是本書最難理解的部分，但是又是能夠被理解的。

　　形而上學的思維對象是不能感覺到的「理念（道）」，不是能夠感覺到的物象。「理念（道）」又有許多層次，在本體論裡稱為「至善理念」（恒道或初和恒道），在造物論裡稱為「靈魂「太和大道）」，在宇宙論裡也稱為「靈魂（天和天道）」，在生命論又稱為「靈魂（中和地道）」，在自我論裡仍然稱為「靈魂（人和人道）」。因此，《協和論》的第一部分「形而上學」就有這樣

幾個部分：本體論（初和恒道論）、造物論（太和大道論）、宇宙論（天和天道論）、生命論（中和地道論）、自我論（人和人道論）。由於「自我論」跨越在形而上學和倫理學兩個範疇之中，而且所具有的倫理學的內容多於形而上學的內容，所以「自我論」放到倫理學範疇去論述。

第六章　解說「形而上學」

➡ 第一節　為「形而上學」正本清源

為什麼要為形而上學正本清源呢？

自從亞里斯多德寫出了一本漢譯近二十萬字的《形而上學》書後，後世凡是寫哲學書和哲學史的人，都要對形而上學說上萬言、十萬言、百萬言，或以後世的觀點去牽強，或以荒唐的比喻去附會，或以各種觀點去比喻，或以想像去虛構等等，紛紛擾擾，繁衍雜糅，使人得不著形而上學的要領。另外一種情形是，認為形而上學是神秘虛玄的，是「不可知」的，乾脆拋棄形而上學，去主張唯物論。在現在的崇拜辯證唯物主義的中國哲學界，形而上學成了一個貶義詞，說是「孤立地、靜止地看問題」的方法，而應該唯物辯證地、「一分為二」地看問題。這就把形而上學貶低到工具學的方法論範疇裡去了，把形而上學弄得面目全非。所以，首先必須為形而上學正本清源，澄清概念，恢復本來面目，使之簡明起來。

哲學中最難論述的是形而上學部分，是感覺不到的，是邏輯無法證明的，歸納法——科學方法不能涉及的領域。有人採用「歸謬法」去論證，但歸謬法難免漏「謬」而經不住「證偽」。哲學淵源的創始人都聲明「說不清楚」，在「不得已」不能不說時，就採用比喻描述法。蘇格拉底說：「要把我現在心裡揣摩到的解釋清楚，我覺得眼下還是太難，是我怎麼努力也辦不到的。但是關於善的兒子我倒樂意談一談」。「善在可見世界中所產生的兒子——那個很像它的東西——所指的就是太陽。」【87】蘇氏就用能感覺到的形而下的太陽為比喻來描

【87】《理想國（節選本）》頁146。

述「心裡揣摩到的」不能感覺到的形而上的本體「至善理念」。釋迦牟尼對自己悟出的佛和法也是感到「不可說不可說」，也是借助一些能感覺的東西作比喻來描述的，《大方廣佛華嚴經》對佛法的描述很形象生動。莊子說：「道之不可言，言而非也。」【88】但老子、莊子又不能不言，莊子借助寓言故事來描述，老子避開論證，從各方面設比喻去描述本體「恒道」，啟發人一起去領悟。

為什麼「說不清楚」呢？因為，在「人法地，地法天，天法道，道法自然」中，人的智慧最低，單憑人的智慧創造出來的語言和文字，就很難說清楚形而上的理念世界，甚至對人自身和人所生活的地球也很難說清楚。但是，「不可說」不等於「不可知」。因為「道大，天大，地大，王亦大，國中又四大，而王居一焉」，說明人與地、天、道是合一的，人的智慧高於其它萬物，人能與地、天、道渾然一體而悟到形而上的世界和本體。結論是人能悟道，卻不可言道。這個原理告訴人們：人不能太自大了，認為人是「萬物之靈」或「人是萬物的尺度」；人又不能太自卑了，認為形而上的世界「不可知」。既然「道不可言」，為什麼人偏偏要去「言」呢？俗語說：「天不言而人代言。」這是人天生好奇心、求知欲、善心、自然智慧驅動著人的行為，悟出了道而不告訴別人，是人的善心所不允許的。所以，人要言道，至於言對言錯、對多少又錯多少，那又是一回事。

➡ 第二節　關於「形而上學」

形而上學，在蘇格拉底那裡叫做「理念世界」論，在老子體系中叫「道經」，《協和論》稱之為「道論」。

古希臘哲學中有一個詞：Meta-physi-ca。亞里斯多德用這個詞作為一本書的名字：《形而上學》，稱為第一哲學，是哲學之體。《莊子》裡有「形而上」和「形而下」兩個概念。明治維新時的日本哲學家去翻譯亞里斯多德的那本書，就選用「形而上」，概括為「形而上學」，亞里斯多德的書名的日文和漢語就成了《形而上學》。從此，在漢語中就有了哲學的主要成分「形而上學」這個概念。

莊子以「形」為界限，把世界分為形而上世界和形而下世界，即沒有有形物的世界和有有形物的世界。這種區分是有理論困難的。如果說有形物以上是形

【88】《莊子·知北遊》頁43。

上的道世界，那麼有形物自身內就沒有「道」嗎？或者形而上的道世界就空無一物嗎？所以用「形而上學」去翻譯古希臘的那個詞是不大準確的，應該用「道學」去翻譯。但是「道學」被宋儒剽竊去解說儒學去了，用「道學」就有歧義。在漢語中，再也找不到更確切的詞去翻譯古希臘的那詞了，就只好用「形而上學」。可見日本哲學家治學之嚴謹了。在《道德經》中沒有「形而上」和「形而下」這兩個詞，只有「道」與「德」，本書就不按「形而上」和「形而下」去解說，而按老子的「道」和「德」去解說，把「形而上學」解說為道經或道論。

按照蘇、柏體系和老子體系來理解，形而上學就是：探索人的感覺所不能達到的那個世界的哲學理論，本體論是形而上學的主要成分。形而上學的認識對象是理念或道。如果以認識的主體（人）為界限，把道世界分為兩部分，那麼理念或道就存在於兩個世界：一個是認識的主體人的外在道世界，另一個是認識的主體人的內在道世界——靈魂。如果片面強調外在的道世界或內在的道世界，那麼主體與客體就分離了，就是二元論。如果把主體之內的靈魂理解為是理念或道的產兒，或靈魂是理念或道在特殊的主體之內的一個別名，那麼主體和客體就圓融為一了，就是一元論。蘇、柏體系和老子系都是一元論。

但是，為述說的方便，又不得不把主體與客體分開來談。那個述說客體的道世界就叫本體論和宇宙論，那個述說主體的道世界就叫靈魂論。

形而上學是哲學的三大成分中最基本的成分。形而上學也是協和論的基本成分。協和論堅持形而上學的一元論，並且具足了形而上學的三論：本體論、造物論、靈魂論。

可見，形而上學在哲學體系中是頭腦部分，是第一哲學。就哲學理論而言，形而上學所研究的是最大最高的理論大前提。缺少了形而上學的哲學體系，是不圓滿的哲學體系，甚至稱不上哲學體系。所以，唯物論稱不上哲學體系，主張唯物論是一種無知，是只要經驗知識，而不要悟道知識。

第七章　協和論的本體論原理

萬事萬物都有一個形而上的本體，那個本體，老子叫做「恒道」，蘇格拉底叫做「至善理念」，我把她叫做「初和恒道」。「初和恒道」是我悟道時上升到永恆的本體境界的「善道」，是渾然一體的一個「至善至美的協和體」。

　　本體論是形而上學的最高的最基本的最主要的理論,本體論所研究的是:
萬事萬物都有同一個形而上的本體,一切運動都有同一個始點,一切原因都有同
一個最初因。所以,從本體論領悟到的都是不證自明的最大、最普遍、最基本的
原理,可以稱為第一原理或絕對真理。

　　「協和」是一種實體,是本體「至善理念」或「恒道」的屬性。《莊子》
　　曰:「無聲之中,獨聞和焉。」【89】

　　協和論的本體論,是論述這個「初和恒道」的協和體的形而上學的哲學理
論。

➡ 第一節　關於「本體論」

　　本體論譯自古希臘文「Ontologia」。這個概念由兩個希臘文單詞組成,
「onta」表示「存在之存在(亞氏語)」,「logos」表示對「onta」的認識或解
說,合起來就稱為本體論。

　　什麼是存在呢?什麼是本體呢?按亞里斯多德的觀點,理念世界和實物世
界都是「存在」。實物世界是有形物的存在,是一個個各有特徵的有生有滅的存
在。存在即實體。但是,有形物是如何來又為何來呢?這就必然有一個「存在之
存在」的本體(本原)。本體就是一切「存在之存在」,是一切原因的最初因。
本體的基本性質就是:不生不滅,不靜不動,唯一無對,永恆。在蘇、柏體系那
裡,理念世界才是真實的存在,是實在;而實物世界是理念世界的投影,是影像
世界,不是實在。本體是「至善理念」,一切「理念」都從「至善理念」「流
注」出來,一切實物都是「理念」的投影,一切實物都自生自滅而歸於理念,一
切理念都歸於至善理念。「至善理念」是不自生,也不造物的,從靜到動就有一
個「居間物」,叫「唯一的形式」或「共相」。老子的觀點與蘇格拉底一致,只
是所給的漢語的名稱不同。

　　如果按蘇、柏體系的本體論觀點,凡造物者就都稱不上本體,如果造物者
是本體,那就存在一個問題:造物者又來自何處?蘇、柏體系就排除了所有能自
動、能造物的東西是本體。譬如,「上帝」和造物主就稱不上本體。

　　「本體論」一詞在古希臘哲學中出現,但並不流行。本體論的流行是在

【89】《莊子・天地》頁123。

十七世紀西方哲學。德國哲學家沃爾夫還把本體論當作一門獨立學科來研究。於是，德國哲學家就爭相宣稱自己發現了「本體」，創造了許多本體論。譬如，康德把他臆造的概念「自在物」稱為本體，「自在物」是一個超驗的又可經驗的矛盾體。黑格爾把他臆造的「絕對精神」稱為「本體」，也是一個對立統一的矛盾體。費爾巴哈把他的「物質」稱為本體，「物質」是一個自生自滅的對立統一的矛盾體。等等。在辯論上，西方哲學界有一元論、二元論、多元論，很混亂。現今的中國哲學界拿來了德國哲學的「矛盾體」作為本體論。其實，德國哲學中的本體論，既不是亞里斯多德意義上的本體論，更不是蘇、柏體系意義上的本體論，它們根本稱不上本體論，是德國哲學家為急功近利去獲取哲學家桂冠的不良動機而標新立異出的不明確的概念，是謬論。

　　中國的儒家、法家沒有「本體論」這個詞，也沒有本體論的實質內容。那麼，中國有沒有蘇、柏體系意義上的本體論呢？有的，那就是老子的「恒道」論。老子的「恒道」論就是本體論，是老子「道經」中的基本成分。道，在《道德經》裡有三種層次不同的意義的「道」。其一，無所不能的生殖萬物之道，即道性，也可稱為德性，蘇、柏體系中稱為靈魂。其二，德化天地萬物和人的大道，有三個名字：谷神、上善、一，是「天地萬物之母」、「玄牝之門」；也可稱為玄德、玄同、大順。在蘇、柏體系中稱為「唯一形式」，「一相」、「共相」、「形式因」。其三，本體恒道，是天地萬物之始。人們必須辨別這三種「道」的細微差別，不可泛談「道」。

　　協和論當然具有本體論，稱之為「初和恒道」論，論述至善至美的最初的協和體。

➡ 第二節　「初和恒道」是「至善至美的最初的協和體」

　　每一個人在遭受冤枉或遇上厄運時，都會情不自禁地大呼：「老天有眼呀，你監察吧！」「老天不公呀！」「天理何在呀！」「雪地埋人，久日清明。」

　　這種呼喊表明了三個層次的意義：其一，相信在人和萬物、天地之上有一個最高的最公正的裁判者；其二，相信有一個創造人和萬物、天地的神存在；其三，人在探索一切原因的最初因，一切行為的發動者，一切事物的本體。

　　我是每一個人中的一個，如第一章所述，在遭受四次劫難時，每次都發出

這種呼喊，表明我要悟道，我在悟道，我的理智在向上去探索那個本體「道」，我的善心要與那個本體「道」相互交匯。

一、我的理智（自然智慧）向上與天地有序的智慧一起上升，去與本體「初和恒道」交匯

我的理智，是我與生俱來的自然智慧，是我嬰兒時的天真智慧，是我求生存的本能智慧；並不是我後天學來的那種聰明伶俐和詭詐智術。我的這種理智與天地有序和諧的智慧相互融洽。

我的理智與宇宙那個智慧協和體交匯後，繼續上升，就與本體「初和恒道」交匯在一起了。原來，我的理智是那個比我更高級的宇宙智慧協和體所生出的子女。子女是能夠與母體相通相容的。

二、我的善心向上與天地有序而和諧的善道一起上升，去與本體「初和恒道」交匯

我的善心與天道之善交匯後一起上升，就達到了本體上善。

老子云：「上善治水」。【90】上善是水善等一切善的流出處和歸宿處，上善是本體「初和恒道」的性質。原來，我的善心是天地母體之善所生，我的善心與天道之善是相通相容的。

三、本體「初和恒道」是至善至美的最初的協和體

綜合「一」和「二」的論述，這是一個歸納推理過程，也是一個悟道過程。我是一個具有善心和自然智慧的協和體，天地也是一個具有自然智慧和善道的協和體，我與天地能上升到智慧本身和善本身，與本體「初和恒道」相通相容，說明本體「初和恒道」也是一個協和體，是一切善和智慧的本體，是一切協和體的本體，是至善至美的協和體。故《道德經》云：「天下之始，以為天下之母。既得其母，以知其子；復守其母，沒身不殆。」【91】

對於本體「初和恒道」那個無形協和體，是不能感覺到的，是無法去論證的。但是，她又是那樣真實地存在著，能使人去感悟到她。

那麼，本體「初和恒道」又是一個什麼樣的協和體呢？

【90】《仰望老子》第一卷第八章。

【91】《仰望老子》第一卷第三十五章。

我只領悟到「她」是渾然一體，無法證明。這裡，我就試著用語言文字去形容和描述「她」。

（一）「她」，不是「道」，卻又是「道」，貯藏著「道性」的因子，是創造一切「道」（靈魂）的至高無上的「道本身」，我稱之為「初和恒道」

說「她」不是「道」，是因為「道」這個名字是人們在說「道」的時候強加給「她」的一個符號。「她」本來就沒有名字，只是那樣實實在在地存在著，人們叫「她」是「道」就是「道」，叫「她」是「理念」就是「理念」，叫「她」是「佛」就是「佛」。再說，「道」這個名字，也不是僅僅指的是「她」，可以指稱許許多多的思維的思想對象，比如「大道」、「天道」、「地道」、「人道」，等等，「她」與那許多叫做「道」的思維的思想對象不是同一對象。

說「她」又是「道」，是因為「她」確實是供給造物主創造一切「道」的「因子」的「道本身」，是一個至高無上的至善至美的最初的「道」，是「道」的協和體。所以，蘇格拉底稱之為「至善理念」，老子稱之為「恒道」，我叫「她」是「初和恒道」。這樣，就把「她」區別於其它的「道」。

（二）「她」，不是「存在」，卻又是「存在」，貯藏著創造一切「存在」的因子，是「存在之存在」。

說「她」不是「存在」，是說「她」不是人們平常所說的能夠感知到的物象之類的存在；是形而上的「理念存在」。「理念存在」有許許多多，比如「形式」、「共相」之類，「她」不是那一般的「理念存在」。

說「她」又是「存在」，是說「她」確確實實是一個唯一無對的「存在」，是高高在上的「存在」，是供給造物主創造一切「存在」的「因子」的「存在本身」。所以，亞里斯多德稱之為「存在之存在」。

（三）「她」，不是「無」，也不是「有」；卻既是「無」，又是「有」；貯藏著「無」和「有」的因子，使「無有同謂」、「無有同出」

說「她」不是「無」，是說「她」不是人們平常所說的一無所有或空無一物，而是無所不有，是獨立的最高的存在著的理念實體。說「她」不是「有」，是說「她」不是人們平常所說的物象或物體，而是不能感覺到的東西，是一無所有，或空無一物。說「她」既是「無」，又是「有」，所說的「無」和「有」，不是物象上的「無」和「有」，而是理念上的「無」和「有」，「她」含有「無」和「有」這兩種理念存在，或者說「無」和「有」同時都指稱「她」：

「異名同謂」（老子），「無」和「有」同時出於「她」身上：「無有同出」。在時間和空間上，「無」和「有」不能分出先後，在人們的認識推理上「無」和「有」就分出先後，所以不能說「有生於無」或者「無中生有」。

（四）「她」，不是「靜」，也不是「動」，卻貯藏著「靜」和「動」的因子，具有「靜」和「動」的性質

說「她」不是「靜」，是說「她」不是人們能夠感覺到的物體的停止不動的平靜或者無聲無息的寂靜，「她」並不平靜和寂靜，「她」含有不可估量的「動」的因子，是第一推動力的最初因。說「她」不是「動」，是說「她」不是人們平常能夠感覺到的物體運動狀態或者運動形式，「她」並不運動，「她」含有不可估量的「靜」的因子，能夠使一切「動」回歸於「靜」：「歸根曰靜（老子）」，是「動」善回向到「靜」的第一推動力的最初因，。所以，「她」無動無靜，又是「靜」和「動」的最初因，是「無有同出」的「玄牝之門」，又是「無有同歸」的「玄牝之門」。

（五）「她」，不是「善」，也不是「美」，卻貯藏著和供給著創造一切「善」和「美」的因子，是「善本身」和「美本身」的前身

說「她」不是「善」和「美」，是說「她」不是社會人所說的「善惡」的「善」和「美醜」的「美」，不是「善」和「美」的現象和行為。「她」不是「善」和「美」的一般原因，而是「善」和「美」的最初因。「她」貯藏著和供給著創造一切「善」和「美」的因子，是「善本身」和「美本身」的前身。

（六）「她」，不是智慧，卻又貯藏著賦予天地萬物的智慧的因子，是智慧本身的前身

說「她」不是智慧，是說不是社會人所說的那種智慧。「她」的智慧遠遠高於人的智慧，是人智慧的原因，是天地智慧的最初因，是供給創造一切智慧的因子的智慧本身的前身。

（七）「她」，沒有時間和空間，卻貯藏著和供給著創造時間和空間的因子。

說「她」沒有時間和空間，是說「她」處在時間和空間出現之前，是貯藏著和供給著創造時間和空間的因子的本體。在時間上，「她」無前無後；在空間上，「她」無大無小。

（八）「她」，沒有數量和質量，卻貯藏著和供給著創造一切數量和質量的因子。

　　說「她」沒有數字和質量，是說「她」是無法計算和不可估量的。「她」是「無」，沒有「0」，沒有「1」，沒有「千」，沒有「萬」；沒有「輕」，沒有「重」。「她」又是「有」，貯藏著和供給著創造數字和品質的因子，是一切數字和品質的來源的本體。

　　（九）「她」，不是靈魂，也不是質料，卻貯藏著和供給著創造靈魂和質料「和至之」的生命體的因子

　　說「她」不是靈魂，因為靈魂是具體物象的創造者，靈魂是具體生命體的主宰者；「她」不是創造者，也不是主宰者；「她」高於創造者和主宰者，是創造者和主宰者的前身或本體。「她」只為創造者和主宰者供給靈魂的因子。說「她」不是質料，因為質料是構造物象或物體的因子，是能夠感知的東西。「她」不是能夠感知到的東西，「她」只為創造物體供給質料因子。「她」不僅供給創造生命體的靈魂和質料的因子，還能夠在生命體滅亡後，使靈魂和質料的因子回歸到「她」本身。

　　（十）「她」，是人不可理喻的，卻又是可以意會的

　　說「她」是人不可理喻的，是說人不能運用科學方法去推理和證明「她」是什麼。「道是什麼」與「上帝是什麼」一樣都是偽命題，是無法去論證的。「她」是人不可理喻的，不等於「她」是不可知的。「她」是能夠被人所領悟的。「她」既然是「善本身」和「智慧本身」的前身，又賦予人具有天生的善心和自然智慧，人的天生善心和自然智慧就能夠與「善本身」和「智慧本身」的前身溝通和相容。

　　（十一）「她」，是不可言喻的，卻又能夠被人用比喻法去描繪

　　說「她」是不可言喻的，是說人的智慧遠遠低於智慧本身，人憑藉自己的智慧所創造的語言文字不可能說清楚「她」，只能領悟到「她」是渾然一體，也只能說出個朦朦朧朧。但是，儘管如此，人的好奇心和求知欲，強迫人要去說「道」和寫「道」。人是能夠憑藉自己的智慧和創造的語言文字去言說「道」的，雖然說不清楚，但是能夠描述出個所以然來。「說」總比「不說」好，所以西塞羅說：「陳述比沉思更困難，更有意義。」

　　我說了那麼多，可能還沒有說清楚。我只有在寫「道」時，才體會到「道不可言（莊子）」、「很難說清楚（蘇格拉底語）」、「不可說不可說（釋迦牟尼）」那些話語的真實意思。

　　為了把本體「恒道」說得更清楚一些，這裡就引用聖哲的描述文字如下。

1.蘇格拉底對本體「至善理念」的描述

「一方面，我們說有多種美的東西、善的東西存在，並且說每一種美的、善的東西又都有多個，我們在給它們下定義時也是用複數形式的詞語表達的。另一方面，我們又曾說過，有一個美本身、善本身，以及諸如此類者本身；相應於上述每一組多個的東西，我們都又假定了一個單一的理念，假定它是一個統一者，而稱它為每一個體的實在。我們說，作為多個的東西，看得見的對象，理念則是思想的對象，不是看得見的對象。」「雖然眼睛裡面有視覺能力，具有眼睛的人也企圖利用這一視覺能力，雖然有顏色存在，但是，如果沒有一種自然而特別適合這一目的的第三種東西存在，那麼你知道，人的視覺就會什麼也看不見，顏色也不能被看見。我所說的就是你叫做光的那種東西。」【92】

「因此，我們說善在可見世界中所產生的兒子——那個很像它的東西就是太陽。太陽跟視覺和可見事物的關係，正好像可理智世界裡面善本身跟理智和可理智事物的關係一樣。當事物的顏色不再被白天的陽光所照耀而只被夜晚的微光所照耀的時候，你用眼睛去看它們，你的眼睛就會很模糊，差不多像瞎的一樣，就好像你的眼睛裡根本沒有清楚的視覺一樣。但是，我想，當你的眼睛朝太陽所照耀的東西看的時候，你的眼睛就會看得很清楚，同是這雙眼睛，卻顯得有了視覺。人的靈魂就好像眼睛一樣。當他注視被真理與實在所照耀的對象時，他便能知道它們瞭解它們，顯然是有了理智。但是，當他轉而去看那暗淡的生滅世界時，他便只有意見了，模糊起來了，只有變動不定的意見了，又顯得好像沒有理智了。這個給予知識的以真理和給予知識對象的主體以認識能力的東西，就是善的理念。他乃是知識和認識中的真理的原因。真理和知識都是美的，但是善的理念比這兩者更美——你承認這一點是不會錯的。正如我們前面的比喻可以把光和視覺看成好像太陽而不就是太陽一樣，在這裡我們也可以把真理和知識看成好像善，但是卻不能把它們看成就是善。善是更可敬得多的。」

「太陽不僅使看見的對象能被看見，並且還使它們產生、成長和得到營養，雖然太陽本身不是產生。同樣。你也會說，知識的對象不僅從善得到它們的可知性，而且從善得到它們自己的存在和實在，雖然善本身不是實在，而且在地位和能力上都高於實在的東西。」「那麼請你設想，正如我所說的，有兩個王，一個

【92】《理想國‧太陽喻》頁147~153。

統治著可知世界，另一個統治著可見世界——我不說『天界』，免得你以為我在玩弄術語——你是一定懂得兩種東西的：可見世界和可知世界。」【93】

蘇格拉底的描述應該是很好懂的，用太陽來比喻本體至善理念，眼睛比喻靈魂，視覺比喻理智，可見世界是形而下世界，可知世界是形而上世界，本體至善理念是一切實在的本體，是一切原因的最初因，是一切知識的源泉，是人的認識能力的源泉——人的善心和自然智慧的源泉。明確指出：本體只給予營養而不自身「產生」。這樣的本體，就是一個「道法自然」的協和體，而不是「自我分裂的絕對精神」。

2.老子對本體「恒道」的描述

《道德經》第一章：「道，可道也，非恒道也。名，可名也，非恒名也。無，名萬物之始也；有，名萬物之母也。故，恒無欲也，以觀其眇；恒有欲也，以觀其所噭。兩者同出，異名同胃。玄之有玄，眾眇之門。」【94】

譯文： 生殖萬物的道性，是由造物神大道德化出來的，根源於居下幽隱的不生不滅的本體恒道。天地萬物的名字（概念），是從能被定義的大名（「有名」）演繹出來的，大名背後幽隱著不可言說的永恆的「無名」。「無」這個名字，指稱天地萬物出生的本體是像母體前身的靜而不育的處女。「有」這個名字，指稱天地萬物出生的本原大道像動而生育的母體。所以，本體恒道的靜而不生育的「無」的欲望，能表明本體像處女蘊藏著的無窮無盡的能愛能育的潛能情態；本體恒道動而生育的「有」的欲望，能表明那大道像母親生育時噭噭呼叫的情狀。「無」和「有」合在一起而進出於本體恒道，不同的名字表達相同的存在和性質。「無」和「有」互相覆蓋揉合就顯現出幽遠的境界，幽遠之中有幽遠，那幽遠的最高境界就是萬物生命生殖和歸入的「玄牝之門」。

第四章：「道盅而用之，有弗盈也。潚呵，始！萬物之宗。銼其兌，解其紛，和其光，同其塵。湛呵，始！或存。吾不知誰之子也，象帝之先。」【95】

【93】《理想國‧太陽喻》頁147~153。

【94】《仰望老子》第一卷第一章。

【95】《仰望老子》第一卷第四章。

譯文：本體恒道，（既像是動而生育的母體的前身靜而不生的處女身，）又像是極高極大的儲藏能量的容器。造物神——母體用那儲藏的能量來德化天地萬物，無所不有，卻又不能充滿那體積巨大無量的容器。幽深聖潔呀，像處女之身那樣純潔而難以估量！她是德化天地萬物的祖先，她消磨了萬物的棱角界限，消解了萬物的紛亂現象，揉合了萬物的繽紛光彩，玄同了萬物的空間差異。高遠渺茫呀，那處女身的始初情態，是宇宙之前的存在。我不知道在她之前還有何人能生下她這個女兒，只能領悟到她在那德化萬象的母體造物神之前、之上。

老子的描述接連用了四個比喻：始（少女），母，玄牝之門，盅，始（少女），是比喻本體恒道的，是「無」的屬性。母，是比喻恒道之下的大道，是「有」的屬性。「玄牝之門」，是比喻「無」和「有」相生萬物的起始處和回歸處。盅，是比喻恒道並不自身造物，只是一個貯藏大道造物所需的所有道性和質料的巨大無量的器皿。這四個比喻回答了本體論的兩個基本問題：本體恒道是什麼，具有哪些基本性質。

本體恒道是什麼？她是造物者大道這個「母」的前身「始（少女）」，是「無有同出」的協和體，是「有無相生」萬物的起始處和萬物歸根的回歸處，是一個貯藏大道造物所需的所有道性和質料的巨大無量的器皿。用西方哲學術語來說，是「存在之存在」，是一切原因的最初因，是一切運動的開始處。

本體恒道具有哪些基本性質呢？（1）无。解釋「无」與「無」——《說文》：「无，亡也，從亡，無聲。无，奇字，无通於元者。王育說：『元屈於西北為无。』元，始也，從一從兀。徐皆曰：『元者，善之長也。』柯注：无、無是兩字。无，逃亡義，是「沒有」和「缺失」義，「屈，無尾也。」」「元」出頭了為「无」，「无」在「元」之先，「元，始也」，「无」是「始之初」。本章取「无」之「始之初」義，不取「無」的「逃亡」或「缺失」義，故作「无」不作「無」。「无為」，是最始初的行為的潛能或前身，不是沒有作為；「有為」，是最始初的行為。「无知无欲」，是最始初的智慧和最始初的欲望的潛能，不是沒有智慧沒有欲望。今人把「无」與「無」當著一個字，不作區分，必然誤解《道德經》。

她對於人的感覺來說，是形而上的、無形、無色、無聲、無味，等等，她一無所有。同時，她又具有「有」的性質，是無形、無色、無聲、無味的一個存在，是「存在之存在」，是萬物的本體。（2）無欲。她是母體前身的「始」

（少女）所具有的情欲的潛能欲望，對於人的情感來說，無親疏、無尊卑、無喜怒哀樂，等等，她一無所有。同時，她又是「有欲」，是無親疏、無尊卑、無喜怒哀樂的最大、最初的情欲，是一切情欲的根源。（3）有。她具有「無」的性質，是一個無形的存在，是「存在之存在」，是最真實的存在，是永恆不變的存在。同時，她又表明是一個最高的最初的唯一的有形存在，是產生「萬有」（有形萬物）的母體。她無所不有。（4）有欲。她是母體所具有的和實現了的所有母愛之類的情感，是一切情感的根源，一切善和美的本身，等等，她無所不有。（5）永恆。她不生不滅，無動無靜，永恆不變。（6）唯一。她是最高的存在，沒有與她相互對稱的、對等的存在。（7）「無」與「有」的關係。在空間和時間上沒有先後，「無不生有」，不能說「有生於無」。但是，在邏輯上，就演繹推理而言，「無」在前，「有」在後；就歸納推理而言，「有」在前，「無」在後。故曰：「兩者同出，異名同謂。」

比較蘇格拉底和老子對本體「至善理念」或「恒道」的描述，大同小異，都是在說：形而下的物象，儘管有千差萬別，但是都有一個共同的形而上的本體，那個本體是一個一無所有而又無所不有的渾然一體的不生不滅的協和體，是在造物者之前、之上的本體。簡言之，是「無有同出」的協和體。本體是一個「無有同出」的協和體，就決定了一切運動、整個宇宙和每一個物象都是協和體。在哲學理論上就是最高的最大的第一的善性原理，是演繹出一切其它善性原理的最大理論前提，也是批判一切有關世界是對立、矛盾、鬥爭和人天生具有親疏、尊卑等級的惡性哲學理論的最大的最高層次的思想理論武器。

➡ 第三節　用協和論的本體「初和恒道」論批判幾種錯誤的本體論

本體「初和恒道」論是一個善性原理，是批判一切有關世界是對立、矛盾、鬥爭和人天生具有親疏、尊卑等級的惡性哲學理論的最大的最高層次的思想理論武器。與本體「初和恒道」論的善性原理相反的惡性哲學理論，在西方和中國都有，比如，在西方有：「戰爭是萬物之父」，君主論，社會進化論，辯證法論，主人哲學和奴隸哲學，等等，其中以黑格爾的辯證法論最為系統；在中國有：儒家的「天」論，法家的君主專制論，等等，其中以宋儒的「天」論比較有系統。

一、黑格爾辯證法的「絕對精神」論

黑格爾的辯證法論是一個有形而上學本體論的惡性哲學理論，具有很大的迷惑性和危害性。辯證法論的形而上學本體論是「絕對精神」論。這個「絕對精神」是什麼樣的本體呢？它是怎樣被思考出來的呢？它演繹出什麼樣的倫理學和政治學呢？詳述見《協和論》「第一卷第五章第二節」，這裡就不重複了。

二、儒家的本體論：「天」論

中國的儒家、法家沒有「本體論」這個詞，也沒有本體論的實質內容。先儒孔子、孟子、荀子的「天」是儒學的本體。孔、孟的「天」是人格神，是祭祀中最高的神，是「皇權神授」的「神」。在最高天神之下，有眾多鬼神和祖宗神，只能「敬畏」（「畏天命（孔子語）」，不可親近：「敬鬼神而遠之」（孔子語）。但「天降大任於斯人」（孟子），天神主宰一切。荀子的「天」是一個自然物，可以「勘天」和「人定勝天」。在先儒那裡，「天」是一個矛盾的本體，是言說不清楚的。漢儒董仲舒說：「天不變，道亦不變。」「道」成了「天」的附著精神或被造物，這個「天」就是造物者「天帝（上帝）」了。同時又「天人感應」，天能降禍降福給人，人能通過占卦、觀星術感覺到天兆。董仲舒的「天」也是一個說不清楚的十分混亂的矛盾的本體。

唐朝末期大儒李翱，深感到儒學缺失形而上學的本體論，是在「教競君擇，適者生存」（梁啟超語）中難以生存下去的。他就寫了《復性論》，把道家的「道德」偷換為形而上的「性」。此後，宋儒邵雍、周敦頤接過道士陳摶的「太極圖」，加以改造，使儒學有了形而上學的本體論。宋儒繼續改造「天」，出現了張載的「氣」論、二程的道學、朱熹的理學、陸九淵的心學。「天」成了物理的「天」，減少了「天」的鬼神成分，增多了「天」的物理成分。在「本體論」的「論」——認識論上，理學與心學有分歧，理學是從實體的「天」開始的，心學是從主體我的「心」開始的——「格物致知」。

宋儒學後來被稱為新儒學，貌似有了本體論：「天理」、「天道」、「心」，但是是用來包裝「仁義」論的服飾，其身體卻是仁義論，其核心是「三綱五常」。那「天道」是天尊地卑，那「天理」是男尊女卑，「三綱五常」是「大本」。從那個「大本」演繹出來的倫理學是不平等的等級理論，演繹出來的政治學理論是帝王獨裁的禮制，人天生平等自由的善心和自然智慧不見了。這正好與對立統一的辯證法相互融合。宋儒的「天」成了物理的天，是自然主義、唯

物主義，為中國現、當代哲學引進德國的唯物論、進化論、辯證論打了思想文化傳統基礎。明儒、清儒、近現代新儒都信奉朱熹的「天理」這個本體論。其實，儒家的「天」，既不是亞里斯多德的本體論，也不是蘇、柏體系的本體論，根本沒有本體論。但是，現代的新儒們在說到本體論時，卻大談儒家的「天」是本體論。臺灣哲學家鄔昆如主編的《哲學概論》就用儒家的「天學」取代本體論，用「地學」取代「宇宙論」，大謬也。還不如王維國說的「中國沒有純粹的哲學」正確性大。

　　所以，儒家的「天論」，不是一個協和體，而是一個矛盾體，稱不上本體論。

第八章　協和論的造物論原理——「太和大道論」之一

　　我悟到，在那不生不滅的無靜無動的「初和恒道」之下，有一個造物主，「她」永遠運動著。那個造物者，老子叫做「大道」，蘇格拉底叫做「唯一形式」，釋迦牟尼叫做「一真法界」，我把「她」叫做「太和大道」。如果說「初和恒道」是貯藏著生育生命體因子的「少女」，那麼「太和大道」就是生殖了天地萬物的「母親」；如果說「初和恒道」是貯藏著和供給創造萬物的因子的大容器，那麼「初和恒道」就是吸取那些因子去創造萬物的造物主。

➡ 第一節　「太和大道」是永遠開展創造運動的最高、最大的協和體：「太和大道」原理之一

　　萬事萬物都根源於一個共同的形而上的造物者——母體。那個造物者，老子叫做「大道」，蘇格拉底叫做「唯一形式」，我把她叫做「太和大道」。大道是智慧本身，是「善本身」、「美本身」，是起始數字「一」。「太和大道」是我悟道時與之同在、同行的「智慧本身」、「善本身」、起始數字「一」的「無有相生」的協和體。

　　對於「太和大道」，人是可以、又難以用科學方法去論證清楚的，是可以、又難以用語言文字去說清楚的。在這裡，我試著去描述「她」。

　　（一）「她」，是「道」，是「大道」，是「道法自然」，是造物主

　　「太和大道」，從自然邏輯方面而言，在「初和恒道」之下、之後。「初和恒道」是「少女」，「太和大道」是「母親」。從「初和恒道」到「太和大道」，是「自然邏輯」（道法自然）順序，是無法證明而又不證自明的公理，是必然的。天地萬物必然有一個共同的創造者——造物主。所以，「太和大道」是人們能夠感知到的「道」，是造物主（大道）。不管哪個哲學門派，都承認有一個造物者。

　　（二）「她」，是「存在」，是最高「存在」

　　既然「太和大道」是造物主，那就是一個「存在」。既然是造物主，那就不是被創造的「存在」，而是創造者的「存在」，就是最高「存在」。因為，在「她」之前還有一個「初和恒道」，「她」就稱不上是「存在之存在」，只是根源於「初和恒道」的「存在」，對於被創造的「存在」而言，「她」就是最高「存在」。

　　（三）「她」，是「無有相生」的造物主

　　「無有同出」了「初和恒道」的「玄牝之門」之後，就開展了「無有相生」的造物運動，創造出許許多多的「無」和「有」的協和體來。有的表現出人們感覺不到的「無」的特徵，例如「靈魂」、「智慧」、「時間」之類；有的表現出人們能夠感覺到的「有」的特徵，例如「物象」、「物體」、「空間」之類。所以，「太和大道」是「無有相生」的造物主。

　　（四）「她」，是「靜動相生」的造物主

　　「無有相生」了，「靜」和「動」也就出現了。「靜動相生」運動創造了「有生有滅」和靜態動態的現象。「靜」，是死亡、是靜止；「動」，是生存、是運動。「太和大道」創造了生存和運動，又使生存回歸於死亡、運動回歸於靜止。所以，「太和大道」是「靜動相生」的造物主。

　　（五）「她」，是「善美相生」的造物主

　　「無有同出」了，「善」和「美」的因子也就同出了，「善」和「美」的因子成為「善本身」和「美本身」，「善美相生」的創造運動開展起來。「善美相生」創造了一切「善」和「美」，賦予一切現象以「善」和「美」：自然界善而無害，凡是自然的就是美的。所以，「太和大道」是「善美相生」的造物主。

　　（六）「她」，是「自然智慧」的造物主

　　「無有同出」了，「智慧」的因子也就同出了，「智慧」的因子成為「智慧本身」。「智慧本身」開展了創造「自然智慧」的運動，賦予一切現象以智

慧：萬物有靈。在萬物之中，人獲得的智慧最高：既具有感覺智慧，又具有理性智慧。所以「太和大道」是「自然智慧」的造物主。

（七）「她」，是「時間和空間相生」的造物主

「靜動相生」了，「時間」和「空間」就出現了。「靜」和「動」需要創造出和表現出「時間」和「空間」。「時間和空間相生」，創造出了或表現出了物體和物體的有生有滅。所以，「太和大道」是「時間和空間相生」的造物主。

（八）「她」，是「數量和質量相生」的造物主

「太和大道」本身就是「一」，「一」是一切數字的起始。「一」出現了，依據「道法自然」，「二」也就隨著出現了，「三」以至「萬」就連續出現了，以至無窮數字。數字充滿宇宙，數字充滿每個自然現象，彷彿宇宙和萬物是數字創造的。「數字」出現了，隨著就出現了「數量」和「質量」。「數量」和「質量」的出現，使宇宙和萬物具有一定的「量」：定數、定量、比例，等等。「數量和質量相生」出許多相互協調的小系統和大系統：每個物體是定數、定量、定質的協和體，整個自然界是定數、定量、定質的協和體，宇宙也是定數、定量、定質的協和體。所以，「太和大道」是「數量和質量相生」的造物主。

（九）「她」，是「靈魂和質料相生」的造物主

「太和大道」創造了天地萬物，其中最大的創造奇蹟是「靈魂和質料相生」出的生命體。「靈魂和質料相生」的創造運動，集合了「無有相生」、「靜動相生」、「善美相生」、「時間和空間相生」、「智慧創造」、「數量和質量相生」的所有創造因子，集中了所有創造的方法和形式，是最偉大的最神聖的創造。生命的出現，使一切創造具有了生機。生命體是「靈魂和質料相生」的，又使「靈魂和質料」有機地「中和」起來，成為不可分離的協和體。在所有生命體中，人體是最高級的，是「和之至」、「精之至」的協和體。「人」的出現，使創造達到了最高價值，使一切創造和被創造物具有了意義，具有了價值，具有了被認識和解說的可能性；甚至使自然界發生改變，在人類生存時期增加了創造力量。所以，「太和大道」是「靈魂和質料相生」的造物主。

（十）「她」，不僅可以領悟，而且可以理喻

「太和大道」，既然是「道」、是「存在」，有「無」有「有」，有「善」有「美」，有「靜」有「動」，有「數」有「量」，有「時間」有「空間」，有「靈魂」有「質料」；那麼，對於「她」的「無」的部分就可以領悟，對於「有」的部分就可以理喻。也就是說，人憑藉天生的善心和自然智慧去悟出

「她」，還能夠運用邏輯推理去探索出「她」來，運用科學論證去證明「她」的存在。不管是那個哲學門派和科學門派，都試圖去探索和證明「她」。

（十一）「她」，可以言喻，又可以被描述

「太和大道」，既然能夠被人領悟和理喻，那麼就能夠被人運用語言文字去解說和描述。掌握有不同語種的哲學家和科學家，都試圖使用自己的語言文字去解說「她」。

➡ 第二節　老子和柏拉圖對造物主的解說

一、老子對造物主「大道」的描述

大道論與恒道論又有怎樣的邏輯關係呢？

在恒道論裡，老子預設了五個屬性：恒、無、有、無欲、有欲。由「恒」就演繹出大道「谷神」，由「無」和「有」就演繹出大道「一」，由「無欲」和「有欲」就演繹出大道「上善」。所以，大道就有三個名字：谷神、上善、一。也就有三方面的理論：神造物論、善化物論、「一」造萬有論。這樣，從恒道到大道中間就是「道法自然」的順承關係，無需「居間物」，沒有「分有」關係。

這三個名字或三大理論，是「異名同謂」，都是指一個實體大道。「谷神是」「一」，是唯一的最高的造物神，「神得一而靈」。「谷神」是「上善」，是善神，在所有神中谷神最善。「上善」是「谷神」，有最大神通，使天地、萬物和人皆善。「上善」是「一」，在一切善中，「上善」是唯一的最高的善，是一切善的善本身，是一切美的美本身。「一」是「谷神」，有最大神通，能德化出二、三、萬的天地、萬物和人來，又使萬、三、二返回於「一」。「一」是「上善」，使「營魄抱一」，「天得一以清，地得一以寧，神得一以靈，穀得一以盈，侯王得一而為天下正」【96】。

大道有許多屬性，其基本屬性（概念）有：有大象、大順、玄德、無為之道、天道、人道、長久之道，樸、微、小、大、柔、弱、不仁、善、信、情、反（返）、復，等等。

【96】《仰望老子》第二卷第三十九章。

　　這三個名字或三大論，貫串《道德經》始終，演繹出一個最圓滿、最善、最高智慧的老子體系來，使老子體系擺脫了蘇、柏體系中「居間物」和「分有」的兩大理論困難，不存在芝諾的「悖論」。

二、蘇格拉底、柏拉圖對造物主「唯一形式」的解說

　　（一）《理想國》裡「太陽喻」、「工匠喻」的觀點

　　蘇格拉底並不重視物理自然學，是從定義倫理學和政治學中的基本概念出發，以理念（概念）為思想對象，探索倫理學和政治學的基本概念的最高、最初的理論大前提，從而用理智思辨出「善」是普通的理念，領悟到最高、最初的唯一的「至善理念」。又從本體「至善理念」向下思辨，領悟到有兩個世界：可知的理念世界和可見的實物世界。理念世界是形而上的，是產生實物世界的實在世界。實物世界是理念世界的投影或模仿出來的，是有生有滅的不穩定的影子世界。這就回答了宇宙的起源——宇宙來源於理念世界。那麼從不生不滅的本體至善理念到有生有動的理念世界，又是怎樣的呢？這之間有一個「居間物」，叫「唯一形式」，又叫「一相」。神造了唯一的形式。這唯一的形式就能生能動，「分有」出許多具體的形式——多相。同時，每個一個具體的形式都具有一個理念，這時的「這個」理念就叫靈魂。靈魂與質料就構成了一個個具體的實物，眾多實物就組成了宇宙的實物世界。這就回答了天地萬物和人是怎樣產生的。實物是有生有滅的，對於每個個體的實物，靈魂才是實在，形體是影像，靈魂是不朽的，形體是有生有滅的。靈魂的歸宿是理念世界，直達至善理念本體。靈魂是善理念的別名，本身是善的。靈魂就產生了「愛力」，「愛力」溝通了物與物、人與人、人與神的關係，這是一種善的愛的關係，所以人性本善，宇宙充滿善。

　　把上述論述綜合起來就有這樣幾個原理：1.宇宙起源於善理念，實物世界是理念世界的影像世界。2.在不生不動的本體至善理念與能生能動的理念世界之間中有一個「居間物」，叫神造的唯一形式。3.唯一形式被「分有」了，產生了多個有物象的形式。4.每一個具體的事物是由靈魂和質料構成的，由質料構成的形體是有生有滅的，而靈魂是不朽的。5.每一個具體實物毀滅後，它的靈魂就回歸到理念世界，直至回歸本體至善理念。

　　（二）《蒂邁歐篇》中的觀點

　　由蒂邁歐所講述的「創世論」和《聖經》的「創世論」如出一轍，只是表述方法不同。《聖經》以敘述真實事件方式記敘上帝創世；《蒂邁歐篇》以科學

論證方式演繹「宇宙生成」。

　　《蒂邁歐篇》說：「創造主用他的目光注視那永恆自持者，並用它作為模型，構造出事物的外形和性質，」「就把這個宇宙構成為一個包含所有本性上同種的生物於其自身之內的可見的生物。既然如此，我們說只有一個宇宙。」「他現在是唯一的，將來也是惟一的。」「他把宇宙造成圓形的」，「自給自足的」，「唯一旋轉的球體」。「創造主按照自己的意願造就靈魂後，就在靈魂之中構造有形體的宇宙。」「創造主自己創造出神聖事物，但把創造可朽事物的使命交給了他的兒子（注：宇宙裡的星辰神），他的兒子們模仿他的做法，從他那裡受了靈魂的不朽本質，以此為中心塑造有生有滅的形體。」【97】在宇宙被仿造出之前，創造主就已有了四種元素：火、冰、氣、土，也有了「三角形」的形式。蒂邁歐就詳述物理學、天文學、生物學、神經學、食物學、等科學知識，來論證和推理創世過程。

　　《蒂邁歐篇》在本體「至善理念」下預設了「創造主」這個唯一的神，用「模仿」把本體「至善理念」與「宇宙」聯繫起來。又預設「宇宙眾神」來創造萬物。仍然沒有避開「居間物」和「分有」的理論困難。並且還增加了幾個理論困難：1.創造主利用「火、水、氣、土」四個元素來創造宇宙，這可感覺到的四個元素在宇宙之前源於何處？2.兩次創造論間隔了本體和宇宙與宇宙和萬物的內在的必然的聯繫。3.「創造主」之神造宇宙和眾神造物，類似於《聖經》的上帝創世論，是不謀而合還是抄襲《聖經》？至少宗教氣息太濃，降低了哲學智慧。4.用第二哲學物理學的科學方法去驗證和論證第一哲學形而上學的理念，顯然是不正確的，至少是不準確的，所得出的結論——原理是不穩定的，不是不變的原理。所以可以說：蒂邁歐的哲學智慧顯然低於蘇格拉底。當時在場的蘇格拉底為什麼不給予糾正呢？大概是有嫌於猥褻神靈。柏拉圖為什麼要寫出《蒂邁歐篇》呢？大概是出於兩個原因：忠實記錄；以為蒂邁歐的「陳述」只表示一種可能性，或許對哲學與神學相關聯有利。

【97】《柏拉圖全集·蒂邁歐篇》頁265。

三、比較老子體系和蘇、柏體系的造物論

（一）兩個體系的基本原理是一致的：A、世界藍圖和世界劃分基本對應。B、造物運動變化過程和階段基本對應。C、對有形物，先造「三」（三角形）。D、運動基本形式都是圓周循環。

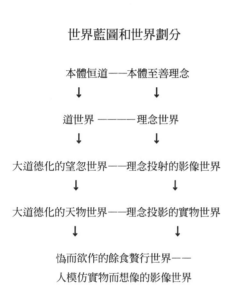

世界藍圖和世界劃分	造物運動變化過程和階段	
本體恒道——本體至善理念	恒道：不動，永恆	至善理念：不動，永恆
↓ ↓	玄德↓ 動生靜 無生有 道生一	創造主↓模仿本體造宇宙
道世界———理念世界		
↓ ↓	大道造天地	一相：宇宙
大道德化的望忽世界——理念投射的影像世界	上德↓ 無有相生 一生二	宇宙神↓模仿一相造眾星辰
↓ ↓		
大道德化的天物世界——理念投影的實物世界	天地造萬物 二生三 道生物	多相：眾星辰
↓ ↓	下德↓	眾星辰↓造人和萬物
偽而欲作的餘食贅行世界——人模仿實物而想像的影像世界	人和萬物：有生有滅	實物世界：有生有滅

　　（二）兩個體系也有幾個不同：A、悟道的出發點不同。蘇格拉底從定義已有的概念出發，這必然受困於理性思辨論證而出現理論困難。老子從自我的天性出發，直達形而上的境界中，擺脫了論證的束縛。B、對本體論的預設不同。蘇、柏體系沒有在至善理念裡為理念（形式）造物預設出內在的理論前提，而在「至善理念」之下或之外預設「唯一形式（蘇氏）或「創世主」（蒂邁歐），使本體論與宇宙論缺乏了自然的順承關係，出了「居間物」的理論困難：創世主是高於至善理念還是處於或低於至善理念呢？老子體系則在本體恒道裡預設了兩個屬性「無」和「有」，「兩者同出，異名同謂」，「無有之相生」，有了一個自

然過渡的順承關係，沒有從無到有、從靜到動的先後，沒有人工斧斫痕跡，本體論與宇宙論之間不需要「居間物」。C、對宇宙生成的論述不同。蘇、柏體系因「居間物」的影響，「唯一形式」被「分有」為「二」和「多」個形式，避免不了「分有」理論困難，遭遇「芝諾悖論」。《巴門尼德篇》對「一」與「二」與「多」的關係使「一」自身晦暗起來，形而上學的「一」是無法用數學論證來說明清楚的。老子體系沒有「居間物」，按「道法自然」的原理，在第十四章對「一」不作論證只作形象描述，在第二十一章對「道之物」不作數學論證和邏輯推理，只作「其中有象」等生動描述，不存在「分有」理論困難。D、對理念世界（大道世界）與實物世界之間的關係論述不同。蘇、柏體系把理念世界當作是可知的實在世界，而把實物世界當作是理念世界投影的可見的影像世界，是不真實的虛幻世界。這與釋迦牟尼的理論一致。這種理論，必然在下文的靈魂論製造只重視靈魂而輕視形體的結論，必然在倫理學上出現只重視人的靈魂而輕視人的肉體生命的理論。老子體系持不同觀點，既認為大道世界是真實的，又認為天地、萬物和人也是真實的，是「負陰而抱陽」的「和之至」的「營魄抱一」體。這就在德論中和倫理學中推理出「谷神不死」和「貴為身」的原理。

確實的，在形而上學範疇中，有三個理論困難區：其一，從本體的「無」、「靜」到宇宙的「有」、「動」之間；其二，從「一」到「二」到「多」之間；其三，理念與實物之間。這三個領域本來是「不可言說」的，但又「不得已」（老子語）不能不說，說時稍有思維不縝密，就不能自圓其說，出現理論困難。

➡ 第三節　牛頓和愛因斯坦對「神」的認識

世上到底有沒有神？站在現代科學頂峰的愛因斯坦曾接受記者訪問，請他談對神是否存在的看法。

愛因斯坦剛送走一位朋友，看著桌上的糖果、餅乾、咖啡杯，對記者發問：「記者先生，您知道是誰將咖啡等物安放在此處的？」記者回答：「當然是，閣下。」

愛因斯坦接著便說：「小到咖啡杯等物，尚且需要一種力量來安排；那麼請想想：宇宙擁有多少星球，而每一星球按照某一軌道運行無間，此種安排運行的力量就是神！

「也許閣下會說：『我沒有看見過，也沒有聽到過神，那麼我如何相信神的存在呢？』是的，您具備了五官：視覺、聽覺、嗅覺、味覺、觸覺，但這五種感官是有限度的，例如聲音，只有在20赫茲到20000赫茲範圍內的波長，人才能聽到……

「視覺也是一樣，人只能看到能發出可見光的物體，而可見光僅僅是電磁波大家族的一個小小波段。現代宇宙學用動力學方法研究星系得到的星系總品質總是遠遠大於所有可見的星系品質之和，而現在的科學研究認為宇宙中暗物質比看得見的物質高出至少是數十倍、上百倍，幾乎主宰了宇宙中的運動和演化。科學家發現我們周圍的世界，一切是那麼精確而有序。一切自然常數如電子電量、質子的品質、相互作用力的耦合常數等等，若稍有一點不同，原子就不會聚在一起，恒星就不能燃燒，行星、地球、生命都無法存在。所以劍橋大學著名物理學家John.polkinghorne說：『當你認識到自然界的規律都是不可思議地精密地協調在一起，從而製造出我們看到的這個宇宙，你就會有如此的想法：這個宇宙不是碰巧存在的，而是有意創造的。』」

無獨有偶，200多年前經典力學大師、大科學家牛頓就曾接待一位固執的無神論者，請他觀賞自製的太陽系星體運行儀，客人驚歎於其運行之精確。自然問道：「誰製造，怎麼製造的？」牛頓幽默地說：「自發地隨機產生的。」無神論者以為這不可能，以為大謬不然。牛頓然後反問道：「既然你認為小小星運儀都不可能自發地、隨機地、偶然產生，那閣下為什麼堅持認為這龐大的宇宙及一切是隨機、偶然地產生的呢？」

這本來是淺顯明白的道理，實證科學碰到實證，無神論者在星運儀面前無法不折服。這與愛因斯坦接受記者採訪同樣成為科學發展史上一則有趣的佳話。

在天文學圖書中標度為109光年的天文照片上，銀河系已渺小得看不見，只有黑暗背景上分佈的數以百計大小不一的渺小亮點，如同白天陽光下飄浮在空氣中的微細塵埃，然而它們都是星系團、超星系團的龐大天體群。若將其一放大千倍，其中又有上萬的微細塵埃，那才是星系的世界，銀河系僅僅是其中之一。若直接觀察銀河系漩渦，會看到千億顆恒星沿著既定軌道旋轉，太陽要經2.5億年才轉一圈，太陽也不過是小小銀河系中一絲微細塵埃，銀河外星系也如銀河系，瀰漫在我們能看到的這個小小宇宙整個空間。人類科學的腳步遠未超出小小的太陽系，對深層的宇宙更是望塵莫及，難以想像。

第九章　協和論的運動論原理——「太和大道」原理之二

「太和大道」是運動本身，是第一推動力。「太和大道」造物運動的基本運動形式是圓周循環的協和運動形式。由此決定，天地、萬物、人和人類社會的基本運動形式都是圓周循環運動。大道造物的圓周循環運動的協和形式，是從我悟道時始於善又終於善的圓周運動的協和形式推理出來的。

「太和」，是本體之下的「神造形式」的造物運動或大道造物的德化運動的基本形式。造物運動的這種「太和」形式可以分為三個階段：生化的最初時呈現出的一種和諧狀態；成長、成形時呈現的和諧狀態；回歸於「理念」或「道」時的和諧狀態。三個階段連接起來就是一個循環的圓周運動，即太和運動。

> 亞里斯多德說：「變化的最初形式是位移，而位移的最初形式是圓形運動，不被運動的東西作圓周運動。它由於是必然的，是美好的，是本原或始點。」「一個作圓周運動的物體是永恆的，不停止的。」【98】

> 《莊子》云：「夫德，和也。」「至陰肅肅，至陽赫赫，肅肅出乎天，赫赫出乎地，兩者交通成和而物生焉。」【99】

老子的「玄德論」——運動論

玄德論是對大道德化運動的論述。德化運動必須依據道性和遵循道法。德化運動不僅是造物運動，而且是萬物歸一的一個循環運動。這個大循環運動是人感覺不到的玄妙的深遠的運動，所以叫玄德。這個大循環運動是「道法自然」的運動，它「生而弗有，長而弗宰」，是大道呈現出來的一種高尚的美德，所以叫玄德。

> 第五十一章云：「道生之，德畜之，物刑之，而器成之，是以萬物尊道而貴德。道之尊，德之貴也，夫莫之爵，而恒自然也。道生之，畜之，長之，遂之，亭之，毒之，養之，復之，生而弗有也，為而弗寺也，長而弗宰也，此胃玄德。」第六十五章云：「恒知稽式，此謂玄德。玄德深矣，遠矣，與物反覆，以至大順。」【100】

【98】《形而上學》第十二卷頁252。

【99】《莊子·田方子》頁19。

【100】《仰望老子》第二卷第五十一章、第六十五章。

　　玄德是最高最善最美的德，玄德運動是高大的德化運動。在玄德運動之下，被生的天、地、萬物和人都「唯道是從」地作有生有滅的循環運動，都具有「尊道而貴德」的善德（美德）。但是，萬物和人一旦被生出來，就具有「萬物將自偽偽而欲作」的能動的欲望和智慧。如果「不知常，妄；妄作，凶」，就背道離德了，就「炊者不立」了。《道德經》從第二十一章到第三十七章，都是論述「谷神」、「上善」、「一」呈現在德化運動的玄德以及玄德之下天地、萬物和人「尊道而貴地」的善德和離道背德的「妄作，凶」的不善現象。

　　由此可見，大道造物運動是永恆的，其最基本的形式是最圓滿的圓周循環運動，是開始於「一」又要返回於「一」的循環運動，是生生滅滅的永不停息的運動。多種多樣的不能感覺到和能感覺到的東西相互協調的協和運動，而不是相互對立、矛盾、鬥爭的亂哄哄的運動。這個原理是無需證明的公理，人們所見到的天體都是球體，所見到的各種各樣的圖形都是圓形的一部分的弧線或曲線，所發現的氣體、液體的運動軌跡形式都是圓周循環運動。這個原理又被科學證明，圓周循環運動和運動的永恆性在自然科學裡時時處處都有。科學家想做一個封閉型的靜觀實驗，必須設置許多人為條件，稍不注意，被封閉的物質就會與周圍環境發生運動。

　　「太和大道」論是論述造物運動的基本形式（協和運動的形而上學的運動論）的哲學理論。

第十章　協和論的宇宙論原理

➡ 第一節　關於「宇宙論」

　　宇宙論，又稱宇宙學、宇宙觀、世界觀。宇宙論——Cosmology，本是第二哲學物理學的一個詞。

　　A・布洛克說：「（宇宙論）研究整個宇宙自然界，在這項研究中援引物理學來解釋觀察到的星座和星系的分佈和運行。」[101]

---

[101]《現代思潮辭典》頁131。

　　布洛克這個定義與亞里斯多德關於哲學的劃分是一致的：第一哲學是形而上學，第二哲學是物理學。物理學就是探索物質世界的科學理論，不涉及到形而上學。十八世紀西方哲學家把宇宙論引進到第一哲學。當物理學涉及到宇宙的起源和生成變化的原因和規律時，物理學就升入到第一哲學形而上學中去了，要回答的哲學問題是：宇宙如何形成，宇宙狀態怎樣。這樣，宇宙論就跨越了形而上學和物理學兩個範疇，宇宙論就無法被定義了。在蘇格拉底、柏拉圖體系和老子體系那裡，都沒有宇宙論的理論體系，關於世界的論述都與造物論融合在一起，見第九章。在現今的科學領域裡，也探索宇宙的起源和形成，例如現今的「大爆炸論」。所以，「宇宙論」無法成為獨立的一門學問，反而成為邊緣學科。

　　因此，本書的論述就不採用「宇宙論」這個詞兒，不單獨討論「宇宙論」；而是把有關「宇宙論」的內容劃分為兩部分：第一部分，宇宙是如何形成的（宇宙的起源），在第九章「太和大道」造物論裡；第二部分，宇宙是「天地相和合」的第二次造物運動的創造者，是「天地相和合」的有序有數的協和體，在本章第二節和第三節。

➡ 第二節　「天地相和合」是第二次造物運動：「天和」與　　　　　「地和」之天道

　　「太和大道」是造物主，首先創造了天地。這是第一次的創造運動，創造了天體和地球。被創造物叫做「天地」或「宇宙」。

　　「天」和「地」是「太和大道」的女兒。「天地」具有這些性質：1.長久而有生有滅，有動有靜，有「一」有「多」，善而無惡，利而不害，無尊無卑，無親無疏，待物不仁，平等自由；2.創造性（生殖功能）——不自生而生物：進行第二次創造運動。

　　「天地相和合」的第二次創造運動，創造了萬物和人，被創造物的整體叫做自然界。第二次創造運動實現了最大的創造奇蹟：生命體，生機環境，最高級的生命體——人。

　　「天地相和合」的第二次創造運動是怎樣進行的呢？生命是如何被創造出來的呢？這既是哲學的命題，又是物理學（自然科學）的論題。對於這些論題，自然科學至今沒有解密。對於這些命題，哲學沒有明確的答案，只有一些邏輯推理。

哲學的邏輯推理是：

1.既然「太和大道」創造了「天地」這個女兒，就必然賦予「她」的生殖功能，也能夠進行創造；

2.既然「太和大道」能夠進行「靈魂和質料相生」、「無有相生」、「靜動相生」、「善美相生」、「時間和空間相生」、「智慧創造」、「數量和質量相生」，「天地」也就能夠進行這些「相生」運動；

3.「太和大道」的創造運動是創造大型天體、地球，「天地」的創造運動就會更加具體、細緻，創造物體、生命體；

4.「太和大道」創造了「天地」，也就要使「天地」回歸到「初和恒道」那裡去，「天地」是有生有滅的；所以「天地」的創造運動，必然隨著「太和大道」的創造運動的變化而變化，使自然界環境發生變化，個體（物種、個體生命體）都處在有生有滅的必然和偶然之中，例如恐龍的有生有滅。對於個體的生滅，是「道法自然」（自然規律）的現象，人無需去加速或輔助。

「天地」是一個日常用語，哲學家就要給「她」一個哲學概念。老子叫做「天道」，蘇格拉底叫做「共相」，後來的大多數哲學家和科學家叫做「宇宙」。我把「天地」分別叫做「天和天道」和「地和地道」。把「她」叫做兩個名字，是依據人們的感覺經驗「有天有地」，是為了便於論述。其實，「天地」並不是兩個東西，更沒有什麼「天公」和「地母」或天尊地卑之分別。「天地」本是一個東西：宇宙，是人和萬物共有一個形而上的造物者——母體；天道是「天和」，地道是「地和」，是天地相和合的協和體。

「天和、地和之道」是我悟道時與之同在、同行的「善道」。

➡ 第三節　自然界是「營魄抱一」的協和體

如第二節所論述，「天和與地和之道」，有動有靜，有「一」有「多」，善而無惡，利而不害，無尊無卑，無親無疏，待物不仁，平等自由，所以，「天地」所創造的自然界，物象與造物者、物與物之間處在一種「親和力」的作用下相互依存的有序的和諧狀態中。一切都是有序的、有數的、有比例的、有規律的、協和的。自然界是一個具有神性的、善性的、「營魄抱一」的、多種多樣的、色彩繽紛的、有序的協和世界。「天和、地和之道」，是表示物象「得一」後的「營魄抱一」的「和之至」的協和體，即「靈魂與肉體」不可分離的協和

體。自然科學原理有千有萬，但是最大的第一的原理就是：自然界是「營魄抱一」的協和體。

「道性」（靈魂）是造物運動的內在原因，也是每個物象個體的主宰。「道性」（靈魂）的凝聚和消散，使物象個體的形體不斷地發生生成與死亡，發生物種的不斷變化。許許多多的物象個體形體，形成了一個整體，人們把那個整體稱為「自然界」。自然界是由「道性」（靈魂）主宰的，稱為「天和、地和之道」（宇宙靈魂）。「天和、地和之道」（宇宙靈魂）創造物象，也維繫著物象之間的聯繫，使每個物象成為環境的一部分，也使環境適應於每個物象的存在。

我看那日出日落，思考著自動還是他動；看那四季循環，思考著有序還是無序；看那芸芸眾生，思考著生命的起源和生物鏈；望著那銀河高拱，星星坐落有致，思考著「有」和「無」、生和死，等等。有誰不對宇宙讚歎不已？有誰不對宇宙感到奧妙無窮？唯心主義者用「上帝」、用「神」來形容，唯物主義者用「自然規律」來形容，有人寫宇宙恒穩論、均衡論，有人驚歎：「凡自然的，就是和諧的，美的！」這說明什麼？說明宇宙是有智慧的，是一個邏輯體系，有著嚴密的定量定數，其結構有著層次順序，有著一定的精確比例。宇宙本身就是一個十分精緻的協和體。斯賓諾莎說：「一切自然物都以永恆的必然性和最高的完滿性而產生。」【102】

（一）「一」與「多」的協和原理

「道性」（靈魂）是「一」，天地、神靈、萬物和人都得到了「一」而存在。在被創造的物象那裡，則是「多」，是「有」——「萬有」，是多種多樣的、色彩繽紛的物象。那些「多」，既具有自生自滅的主動性，又受到「一」的節制，只能「萬物尊道而貴德」。所以，「一」與「多」的關係，不是「一分為二」或「合二而一」的對立統一的關係，而是「營魄抱一」的協和體。

（二）時間和空間的無限性與有限性的協和原理

在「天和、地和之道」的創造運動中出現的時間和空間，既具有「無」的道性，即無限性；又具有「有」的物體性，即有限性。「太和大道」的創造運動中被創造的時空是無限的，而在「天和地和之道」被創造的萬物和人的時空都是有限的。無限包容有限，有限充實無限，生滅運動循環不止。所以，無限性與有

【102】斯賓諾莎《倫理學》頁36。

限性是相互依賴而存在的，是一個協和體，而不是相互對立的統一體。

（三）物與物之間形成相對的相互依賴的生存環境的協和原理

物象之多，多到人的智慧難以窮盡；物象之奇，奇到無奇不有。無數的奇異的物象構成物象相互依賴生存的大環境。在那個大環境裡，物象各有優勢和劣勢，無所謂強與弱、大與小，一切都是相對而言的，物象世界裡沒有絕對的東西。凡是大環境所需要的物象，造物者都會創造出來。但是環境不是不變的，物象世界沒有不變的東西。隨著大環境的變化，物象也在變化。造物者對自己所造之物，是平等對待的無所謂愛與不愛、選擇與不選擇。人類從古到今，只發現了物象世界的一些較小範圍的物象之間的內在聯繫，比如物種與物種之間的密切關係，食物鏈，等等，還無法認識大環境。人們只從哲學的高度上給以抽象概括。

> 如老子云：「無有之相生也，難易之相成也，長短之相形也，高下之相盈也，意音之相和也，先後之相隨，恒也。」【103】所以，物與物之間是相互依賴生存的協和關係，不是什麼對立統一的關係，更不是什麼「物競天擇，適者生存」的進化關係。

所以，自然界是一個「營魄抱一」的協和體。

➡ 第四節　有序的世界

「天和、地和之道」，表示物象與造物者、物與物之間處在一種「親和力（引力和斥力）」的作用下相互依存的有序的和諧狀態中。物象是造物者的兒女，物與物是兄弟姐妹，達爾文的《物種的起源》證明了物種之間相互依存的內在密切關係。一切都是有序的，有數的，有比例的，有規律的，協和的。《道德經》第二十五章：「人法地，地法天，天法道，道法自然。」第五十二章：「天下有始，以為天下母。既得其母，以知其子，復守其母，沒身不殆。」第六十五章：「此謂之玄德。玄德深矣，遠矣，與物反矣，乃至大順。」《莊子》：「和之以天倪。」蘇格拉底說：「節制很像一種和諧。」「善在可見世界中產生的兒子——那個很像她的東西——所指的就是太陽。太陽跟視覺和可見事物的關係，正好像可理智世界裡面善本身跟理智和可理智事物的關係一樣。」

協和論的「天和、地和之道」就是論述物象與造物者、物與物之間處在一

【103】《仰望老子》第一卷第二章。

種「親和力」的作用下相互依存的有序的和諧狀態中的哲學理論。

力學，證明了宏觀世界的宇宙體以及它們的運動都是有定律的，有定量定數的，有一定比例的，能夠表示出定理來。

化學、電磁學、光學、相對論、量子力學，都證明了微觀世界的有序規律。比如化學元素週期表之類。概率論和測不准論，只能說明人的認識智慧有限，不能說明自然物無序和沒有定量定數。

生物學、環境學，證明了生物圈、食物環境是有序的，有定量定數的，有比例的。

解剖學，證明生命體的結構無比的精巧、精確、神奇。

最為神奇的是，在沒有人為的干擾下，生活在自然災害頻繁的人類男女比例是適中的而不是失調的均衡狀態。

這一切科學定理、定律證明，自然界是一個有序的協和體，而不是一個無序的矛盾體。

➡ 第五節　萬物皆善論

「天和、地和之道」，表明物象在造物運動中都能得到「善本身」（「上善」）的自然協和狀態的純樸的善性和自然智慧。即同類物象具有天生平等的善性和自然智慧，即純潔的靈魂。第八章：「上善治水。水善，利萬物而有靜。」第十九章：「見素抱樸，少私寡欲。」《莊子》云：「道無處不在」，「道在屎溺中」。《蒂邁歐篇》說：（1）相對於形體而言，「靈魂在起源和優越性上都先於和優於物體，靈魂是統治者和主宰，而物體是它的下屬。」（2）靈魂無處不有。「靈魂從宇宙中心擴散到各處，直抵宇宙的邊緣，無處不在，又從宇宙的外緣包裹宇宙，而靈魂自身則不斷運轉，一個神聖的開端就從這裡開始，這種有理性的生命永不停止，永世長存。」（3）生物「分有」的靈魂有四種等次類型：「一種是天上的諸神的族類，第二種是飛翔在天上的鳥類，第三種是水族，第四種是在陸地上行走的生物。」

亞里斯多德解釋說：「善是生成和全部這類運動的目的。」【104】西塞羅

【104】《形而上學・第一卷》頁6。

說：「我從不懷疑我們的靈魂是『普通神心』所分出來的。」【105】

協和論的「天和地和之道」就是論述物象在造物運動中都能得到「善本身」（「上善」）的自然協和狀態的純樸的善性和自然智慧的哲學理論。這就是說，本體是「至善理念」，大道造物是善化運動，被造物「得一」就是得到了善性，因此萬物皆善。

例如，整個食物鏈就是一個善循環運動，鏈條中的每一節、每一環都不可缺少，節節相依，環環相扣。草吸收陽光、空氣、水、肥、土，是善；食草動物使草木不能過度旺盛，是善；食肉動物使食草動物不能氾濫成災，是善；大型食肉動物數量稀少，生命力脆弱，是善；人的繁殖力和生命力最脆弱，是善；……總之，自然節制就是善，節制是從善演繹出來的自然美德。所以，獅子吃角馬是行善，不是作惡；角馬的數量多於獅子，是善而不是惡。所以食物鏈是一個物物相互依賴、相互協調的協和體。

以此類推，萬物皆善，自然界無惡。

➡ 第六節　自然界無災害論

下面用科學成果的事實來論證。

例證一。自然的沙塵暴不是天災。科學研究成果是：沙塵暴從發源地刮起，攜帶的是二價鐵，經過萬里遠行後變成三價鐵，落到了海洋。三價鐵是產生和維持海洋微生物的原料，微生物是整個生物圈的基礎生物，維持著整個生物圈的存在。如果沒有沙塵暴，就沒有微生物；沒有微生物，也就沒有其它生物；沒有其它生物的，也就沒有人類。人類與生物、與微生物、與沙塵暴是自然和諧的關係，所以，沙塵暴對生物和人類不是天災，而是天利：「天之道，利而不害。」但是，人為的沙塵暴卻是災害。人類為了目前的物質生活奢求，去大量墾殖草原，擴大沙漠面積，破壞自然的沙塵暴秩序，增加沙塵暴的次數，落到海洋的三價鐵過量，而有「餘食贅行」，就成了微生物的災害，就反過來破壞了整個生物圈的和諧平衡關係，人類不僅直接受到沙塵暴的災害，而且間接受害。這不是自然天災，而是人為禍害：「人之道，損不足以奉有餘。」

【105】《有節制的生活》頁56。

　　例證二。火山爆發不是天災。科學成果證明：火山爆發是創造山河的原因之一。有了高山、大河、高原、平原、海洋，才有藍天白雲，陽光明媚，才有綠水青山，才有森林草原，才有微生物動物，才有人類。火山爆發，說明地球是活的，地面上的一切生命能繼續存在。如果沒有火山爆發，地球就死了，地面上的一切生命不復存在了，人類也就不存在了。人與生物與火山自然和諧。但是，人為的火焰是災害。人類為了求得眼前利益，放火燒山和燃燒排放，一方面毀滅了植物動物，另一面增加了空氣的二氧化碳含量，破壞了大氣層各種物質的比例含量，使人類處在一個惡劣的自然環境中，加速了人類末日的到來，這才是人為的禍害。

　　還有許多科學成果證明：就整體而言，自然界有善無惡。所以老子說：「天之道，利而不害」，「天之道，損有餘而補不足。人之道，則不然，損不足以奉有餘。」【106】

　　為什麼人們有「天災」說呢？這有三方面原因：一是沒有領悟到靈魂（善理念、道性）是自然界的主宰，也是人類的主宰；反而認為「人是萬物尺度」，從「人本主義」、「自我中心論」出發，認為人應該主宰自然萬物，自然萬物應該為人服務，凡是不利於人的自然現象，就是自然災害。這是一種「不知常，妄；妄作，凶」的人類錯誤認識和行為。二是人追求眼前的「物欲」，「不知常，妄；妄作；凶」，而天道不允許，要「闐之以無名之樸」，所以人認為有妨礙自己實現「可欲」的「天災」。三是人們的錯覺，不能從整體的自然和諧去認識自然現象，只從局部利益去看到自然現象給人造成的局部損害。

第十一章　協和論的生命論原理——中和之道

　　「天和、地和之道」，在創造千千萬萬的奇蹟中，最大的奇蹟是生命體。「天和、地和之道」把靈魂與質料「中和」為「精之至」的肉體生命體。生命體是「靈魂與肉體『中和』為『一』」的協和體。對於一個具體的生命體來說，靈魂與肉體是不能分離的；如果分離了，就是死亡了，這個個體生命就永遠消失而不能復生了。

【106】《仰望老子》第二卷第七十九章。

對生命體的原理，老子叫做「營魄抱一」論，蘇格拉底叫做「靈魂論」，西方大多數哲學家叫做「生命論」，我把她叫做「中和之道」。「中和之道」是我悟道時所悟出的生命論。

➡ 第一節　個體生命是「營魄抱一」的協和體

大道創造宇宙天地，天地模仿大道造物，創造無數個物象個體。每個個體都是靈魂與質料和合而成的「營魄抱一」的協和體。老子云：「萬物負陰而抱陽，中氣而為和」【107】，「和之至」而「營魄抱一」：「中和之道」。「營」是質料，「魄」是靈魂，一旦個體形成，「營」與「魄」就不能分離，是一個「抱一」體。即使是一粒土或一塊石頭，都是如此，更不用說生命體了，即所謂「萬物有靈」。質料，是物質，是人能感覺到的，是科學實驗和證明能涉及到的，許多哲學家、科學家都作了論證。但是，靈魂卻不同，是人不能感覺到的，是科學實驗和證明無法涉及到的，有人不承認有靈魂存在，有人認為靈魂「不可知」。所以本章「生命論」側重論述生命體裡的「靈魂」，可稱為是「靈魂論」。為了論述的方便，本章只使用「靈魂」這個概念。

界定「中和之道」。「中和之道」只對生命體而言。

表述一：能夠把靈魂與質料創造為生命體的「天和、地和之道」。

表述二：「萬物負陰而抱陽，中氣而為和」的「和之至」、「精之至」的「天和、地和之道」。

➡ 第二節　靈魂論：萬物有靈論

靈魂論比宇宙論來說，更是一個古老論題，更是源遠流長，是自古以來的哲學、宗教學和文學、藝術都在探索和表達的一個形而上學的主題。靈魂論，又稱為神性論，靈性論。

靈魂論屬於形而上學的範疇，這就區別於心理學、精神分析學；區別於十七世紀後西方哲學所談的「精神」論，「精神」是個歧義多而很不明確的概念。

【107】《仰望老子》第二卷第四十二章。

一、簡述蘇、柏體系的靈魂論

蘇、柏體系中的靈魂論比他的本體論、宇宙論論述的詳細明確，其主要理論是「靈魂主宰」、「靈魂不朽」。這裡以《理想國》的有關靈魂論述為基礎，在吸取《蒂邁歐篇》的靈魂論觀點時，省略它的物理學、生物學、心理學、神經學、解剖學的論證觀點。因為科學結論不可能論證形而上學原理，並且《蒂邁歐篇》的科學結論早已被後來的科學結論所推翻，譬如地心說和心血管說。

（一）《蒂邁歐篇》的觀點

1.靈魂是什麼？靈魂是創造主以本體至善理念為模型，從理念世界拿來的創造宇宙萬物的形式的理念。相對於形體而言，「靈魂在起源和優越性上都先於和優於物體，靈魂是統治者和主宰，而物體是它的下屬。」「靈魂乃出於相同、相異和存在三者的結合」，「天的形體是可見的，但靈魂是不可見的」。【108】

2.靈魂無處不有。「靈魂從宇宙中心擴散到各處，直抵宇宙的邊緣，無處不在，又從宇宙的外緣包裹宇宙，而靈魂自身則不斷運轉，一個神聖的開端就從這裡開始，這種有理性的生命永不停止，永世長存。」【109】

3.生物「分有」的靈魂有四種等次類型：「一種是天上的諸神的族類，第二種是飛翔在天上的鳥類，第三種是水族，第四種是在陸地上行走的生物。」

諸神是創造主塑造的，只有靈魂沒有形體。人是諸神按照自己的本性共同塑造的。創物主對眾神說：「眾神啊，眾神的後裔啊，你們是我創造出來的……還有三個有生滅的族類不曾創造出來，……所以我吩咐你們按照你們的本性，仿效我在創造你們時所顯示的那種能耐，由你們創造這些生物（注：「這些生物」是人）。……把它們造出來並供給它們食物，使它們成長，到它們死的時候，再由你們把它們收回去。」「神把神性賦予每個人的靈魂中那最高的部分，我們說這個部分位於人體的頂部（注：頭顱），因此我們不是從土中生長出來的植物，而是來自天上的生物，這是部分靈魂使我們從天上上升，超向我們天上的同類。我們說的這些話是真的，因為神力使我們的頭和根從我們的靈魂最初生成之處懸掛下來，把我們整個身軀造成直立的。」「人的性質有兩種，……較為優秀性質的稱作男人」。「諸神再按人的需求塑造供養人的食物之類。創造者非常清楚，

【108】《柏拉圖全集第三卷蒂邁歐篇》頁265。

【109】《柏拉圖全集第三卷蒂邁歐篇》頁265。

將來有一天會從男人身上生出女人和其它生物。第一種是植物，擁有第三種靈魂，它確實是活的，⋯⋯但它又是固定的，紮根於某個地方，沒有自動能力。第二種是鳥類，確是那些善變而輕率的男人變形而成的，聽從胸腔兩部分靈魂的使喚。」「第三是爬行類動物，頭腦中的靈魂已經崩潰」。「第四是水中居民，是從最愚蠢、最無知的人變形而來的。⋯⋯它們擁有犯下種種過失的污濁的靈魂，因此就把污濁的海中的水作為呼吸的元素」。【110】

4.人的靈魂種類。「不朽的靈魂」和「可朽性質的靈魂」。關於這些「可朽性質的靈魂」的論證，就是現今的精神分析學和心理學，與具有理念性質的不朽的靈魂是完全不同的兩個概念（原理）。此處不摘錄引文了。

5.靈魂與肉體。靈魂是肉體的主宰，身軀是靈魂的載體或影像。

6.靈魂轉世輪迴論。「如果它不能做到這一點（注：「壽內善良地生活」），那麼在他第二次降生時就會變成女人。如果在做女人期間，他們仍舊怙惡不悛，那麼就會在轉世時不斷地變成惡性相近的野獸，他的勞苦和轉化不會停止，直到他服從體內相同和相似的旋轉運動，⋯⋯乃至用理性克服非理性，回復原初較好的狀態。」

（二）《理想國》和《法篇》的觀點與《蒂邁歐篇》有很大不同

1.靈魂是善理念被「分有」後的善心的又一個名字，即，靈魂是善理念。

2.靈魂是智慧本身被「分有」後的智慧的又一個名字，即靈魂是自然智慧。「有四種靈魂狀態：相當於最高的一部分的是理性，相當於第二部分的是理智，相當於第三部分的是信念，相當於最後一部分的是想像。」【111】這四種狀態說明人的所有智慧——認識能力都是靈魂（善理念）的不同狀態的呈現。

3.靈魂會受到外來不良習俗和教育的污染。「眼睛有性質不同的兩種迷盲，它們是由兩種相應的原因引起的：一是由亮處到了暗處，另一種是由暗處到了亮處。凡有頭腦的人也都會相信，靈魂也能出現同樣的情況。他在看到某個靈魂發生迷盲不能看清事物性，不會不加思索地就予以嘲笑的。他會考察一下，靈魂的視覺是因為離開了無知黑暗進入了比較光明的生活被不習慣的黑暗迷誤了呢？還是由於離開了無知黑暗進入了比較光明的世界、較大的光明使他失去了視覺

【110】《柏拉圖全集第三卷蒂邁歐篇》頁265。

【111】《柏拉圖全集第三卷法篇》頁364。

呢？」「教育實際上並不像某些人在自己的職業中所宣稱的那樣。他們宣稱他們能把靈魂裡原來沒有的知識灌輸到靈魂裡去，好像他們能把視力放進瞎子的眼睛裡去似的。」「靈魂的其它所謂美德似乎近於身體的優點，身體的優點確實不是身體裡本來就有用的，是後天的教育和實踐培養起來的。但是心靈的優點似乎確實有比較神聖的性質，是一種永遠不會喪失能力的東西；因所取的方向不同，它可以變得有用而有益，也可以變得無用而有害。有一種通常被說成是機靈的壞人。你有沒有注意過，他們的目光是多麼敏銳，他們的靈魂是『小』的。……他們的『小』不在於視力貧弱，而在於視力被迫服務於惡，結果是他們的視力愈敏銳，惡事就也做得愈多。」【112】

4、靈魂上的蒙垢是應該和能夠被清除的。「在我們的靈魂中有兩種品質養成：極度自信，其對立的——極度恐懼（《法篇》）。」【113】「假設這種靈魂的這一部分從小就已得到錘煉，已經因此同釋去了重負。——這種重負是這個變化世界裡所固有的，是拖住人們靈魂的視力，使它只能看見下面事物的那些感官的縱欲如貪食之類所累纏在人們身上的。——假設重負已釋，這同一些人的靈魂的同一部分被扭向了真理，它們看真理就會有同樣敏銳的視力，像現在看它們面向的事物那樣。」「於是這方面或許有一種靈魂轉向的技巧，那一種靈魂盡可能容易盡可能有效地轉向技巧，它不是要在靈魂中創造視力，而是肯定靈魂本身有視力，但認為不能正確地把握方向，或不是在看該看的方向，因而想方設法努力促使它轉向。」「我們現在的論證說明，知識是每個人靈魂裡都有的一種能力，而每個人用以學習的器官就是眼睛。——整個身體不改變方向，眼睛是無法離開黑暗轉向光明的。同樣，作為整體的靈魂必正面轉離變化世界，直至它的『眼睛』得以正面觀看實在，觀看所有實在中最明亮者，即我們所說的善者。」【114】

5.男女平等。「我們也沒有忘記那些婦女。我們宣稱要通過訓練來使她們的本性和諧地發展，像對男人一樣給所有婦女規定共同的追求，無論是在戰時還是

【112】《柏拉圖全集第三卷法篇》頁364。

【113】《柏拉圖全集第三卷法篇》頁364。

【114】《柏拉圖全集第一卷國家篇》。

在平時」【115】。（《國家篇》）

（三）蘇、柏體系靈魂論的示意圖

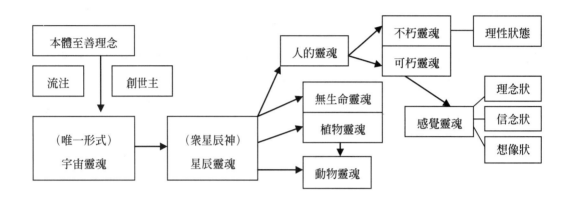

二、老子體系的德論──靈魂論

老子體系中，沒有靈魂、靈、肉等概念，只有道、谷神、上善、一、神明、營魄、德、樸等概念，與蘇柏體系的「靈魂」最為相近的意義是「德」：德性（魄，道性），有《德經》為證。所以，德論與靈魂論基本觀點一致。

（一）「德」的第一義：德化運動──「大道之行」

概括起來說，道不動而靜，則為道體；道由靜而動，則為德化協和運動。換一句話說：道生物和物歸道的整體運動變化過程可稱為德化的協和運動過程。

第一義的「德」，是向下運行造物和物向上回歸的德化協和運動，以道性來造天地萬物和人，又把道性或德性賦予給天地、萬物和人，凡物都有道性：「道無所不在。」（莊子語）「這些道性」分殊為：「谷神」性──神性，即智慧；「上善」性──善心；「一」性──「營魄抱一」一體性。人就具有了天生的善心和自然智。德化了萬物，又使萬物有生有滅，回收萬物到道中來：歸根，覆命。這些道性與「靈魂」是「異名同謂」，又可叫做「靈魂」；「靈魂不朽」與「谷神不死」是同義。

【115】《柏拉圖全集第一卷國家篇》。

（二）「德」的第二義：萬物向上獲得道性和失去道性而返回道

老子云：「昔之得一者，天得一以清，地得一，以寧，神得一以靈，浴得一以盈，侯王得一而以為天下正。」「得善」「得信」（四十九章）。

「得一」，也就得神、得善，因為「一」、「谷神」、「上善」是「異名同謂」，同是實體大道。天地、眾神、萬物和人只有在德化運動中得到大道賦予的道性才能生成和生存。但是，有得必有失，天地、萬物和人都是有生有滅的，有失道的時候到來。

（三）「德」的第三義：作名詞道性、德性

不管是向下賦予的和向上獲得的那個東西的名字都叫道性或德性。所以「德」又作名詞。「德」作名詞時有許多異名：道、善、神、明、正、樸、素、一、大、小、知、柔、弱，等等。「德」作名詞時，也與「靈魂」同義。

（四）「德」的協和運動過程呈階段性：玄德——（生化）上德——下德——（返回）上德——玄德

圖示如下：

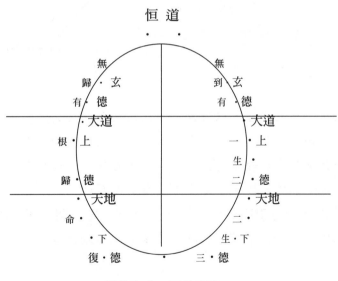

萬物和人・三生萬物

（五）大道賦予和萬物獲得的「德」——道性呈現狀態有層次。

（六）道性的同一性：道性都善，都不朽；道性沒有惡，沒有可朽

老子云：「天道無親，恒與善人。」（八十一章）「天地不仁，以萬物為

芻狗。」（五章）「上善治水。」（八章）「見素抱樸，少私寡欲。」（十九章）「樸散則為器（28章）。」「道者，萬物之注也。善人之葆，不善人之所葆。」（六十二章）【116】

（七）人天生的道性平等：人人所具有的善心和自然智慧平等，沒有男尊女卑，上智下愚之分。

圖示如下：

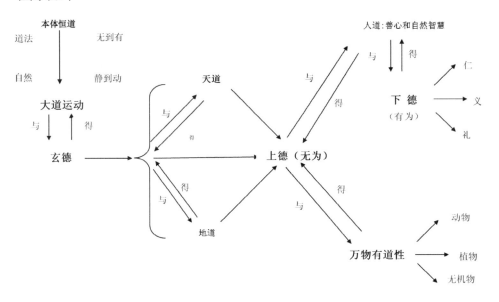

老子云：「天地相谷，以俞甘洛，民莫之令而自均。」（三十二章）「人無無人，物無棄財。」（二十七章）「聖人恒無心，以百姓之心為心。」（四十九章）「百姓謂我自然。」（十七章）「民自正⋯⋯民自化，⋯⋯民自富，⋯⋯民自樸。」（五十七章）【117】

老子對「母」的尊重高於「父」，是女尊男卑，對「民」的尊重，高於聖人，是民尊君卑，至少是平等。故曰：「有名，萬物之母也」【118】

【116】《仰望老子》第一卷第五、八、十二、十九章，第二卷第六十二、八十一章。

【117】《仰望老子》第一卷第十七、二十七、三十二章，第二卷第四十九、五十七章。

【118】《仰望老子》第一卷第一章。

（八）「營魄抱一」，對於一個生命體，靈與肉處於同等重要，沒有身軀是靈魂的影子的思想。

　　老子云：「負陰而抱陽，中氣以為和。」「和之至也」。「貴為身於為天下，若可以迊天下矣；愛以身為天下，女可以寄天下。」（十三章）「名與身孰親？身與貨孰多？。」（四十章）【119】

（九）人的道性是能被污染的，蒙垢又是能被清除的。

　　老子云：「五色使人自明，馳騁田獵使人心發狂，難得之貨使人之行方，五味使人哺，五音使人之耳聾。是以聖人之治也，為腹不為目，故去罷取此。」（十二章）【120】

老子體系裡沒有個體生命的轉世輪迴觀點，只有覆命論：個體生命遵循德化循環運動規則的一次性循環生滅運動。

三、比較老子體系和蘇、柏體系的靈魂論

（一）兩個體系靈魂論基本觀點一致

1.靈魂是「分有」後的理念，德性是德化後的道性。

2.靈魂來源於本體至善理念，德性來源於本體恒道。

3.靈魂是神創造的，呈現從上到下的階段過程；道性是借助神力的德化自然過程，呈現從上到下的階段過程。

4.靈魂無所不在，道無所不在。

5.物體由靈魂和形體組成，天物都是「營魄抱一」體。

6.靈魂有高下類型層次，德性呈現出的自然狀態有高下層次。

7.靈魂不朽，谷神不死。

8.靈魂是善的，道性是樸素的，善的，靈魂和道性自身沒有惡。

9.人的靈魂能被後天的惡習和不良教育所污染，人的道性能被「前識者，道之華」所愚弄而大迷。

10.人的靈魂或道性都能在理性思辨或悟道中清除蒙垢。

11.兩個體系對「我是誰」、「我從哪裡來」、「我向何處去」的回答的觀點基本一致。

【119】《仰望老子》第一卷第十三章，第二卷第四十章。

【120】《仰望老子》第一卷第十二章。

（二）兩個體系靈魂論也有不同的觀點。

1.論述方法不同。蘇、柏體系被局限在科學論證，當那些科學理論被推翻後，科學論證失去了證明性。老子體系按邏輯演繹推理進行自然描述，不受限於科學論證，原理永存。

2.蘇、柏體系的神學氣息太濃厚，完全依賴於「創世紀」和星辰神的理論，減弱了哲學性質，降低了哲學智慧，使靈魂與本體至善理念內在聯繫性不強，被隔開成孤立的兩部分。老子體系顯然也借助於神力，但是「谷神」只是本體恒道下的一個屬性——大道，使「道分殊」的德性與道體密切融為一體，具有很高的哲學智慧，是純哲學。

3.蘇、柏體系分為不朽靈魂和可朽靈魂，不朽靈魂是生命靈魂，可朽靈魂是感覺靈魂和理性靈魂。這就把靈魂與心理學、精神分析學的神經活動混為一談了，也與靈魂的純善與不朽不能自圓其說。老子體系避免這個理論困難，道性有高下層次，但是這種層次的不同是道性在形體中的不同狀態的幾種呈現，不是道性本身存在不同性質，道性是同一的，是純善的。

4.蘇、柏體系中《蒂邁歐篇》認為靈魂「分有」給不同類物體有多有少，在同類的人中也有多有少，就產生了男尊女卑思想，雖然蘇格拉底講男女平等。老子體系承認道性賦予給萬物有多有少，但是同類所得道性平等，人所得的道性是平等的，人人皆善，聖俗不二，只有後天保持和受蒙垢程度不同，在修身和悟道中都能恢復人的天性。老子特別尊重母親——女人。這在後文倫理學中還有詳述。

5.蘇、柏體系的《蒂邁歐篇》宣揚靈魂輪迴論。這就把個體生命靈魂理解為一個固定不變的形體了。輪迴論會使人輕視人生今世。老子體系沒有輪迴論，認為個體生命的出現既有必然性又有偶然性，個體生命死亡了，道性也就散了，回歸到大道裡去了，不可能以一個固態形體又去投生輪迴，這就重視了今世。

6.蘇、柏體系認為靈魂是實在，是主宰；肉體是靈魂的影子，是虛幻現象。這就會輕視肉體生命。老子體系認為個體生命的形成是「營魄抱一」體，道性和肉體對個體生命來說同等重要，既要保持或恢復道性的善，又要珍惜肉體生命體，要「貴為身」、「愛以身」。重視生命是老子哲學的最重要的基本觀點。

四、綜合靈魂論可以得出這樣幾個原理：

（一）靈魂是天地在大道造物中賦予每個個體的善理念（道性、善性）；

或者說，靈魂是每個個體在形成時從大道那裡所獲得的善理念（道性、善性）。

（二）萬物所獲得的靈魂的自然智慧有多少、高低的差別，人的自然智慧最高，每個人獲得的自然智慧平等。

（三）在「營魄抱一」體裡，靈魂是主宰，質料是形式。

（四）靈魂不朽，或輪迴，或覆命。

（五）靈魂在人的後天裡能受到風俗習慣的污染，而使天生的善心和自然智慧被蒙垢後而迷茫或「無明」。但是，蒙垢不能使靈魂本身蛻化變質，通過修身和善教育，蒙垢能夠被清除，靈魂重新呈現純潔。

➡ 第三節　老子的「營魄抱一」論

「營魄抱一」論是論述個體存在時或者生命體活著時靈魂與質料（肉體）的協和關係。

人對於物象個體，所能感覺到的是質料形式──外形表象；所不能感覺到的是主宰物象存在的內在靈魂。對於靈魂，人們並不能得到經驗知識，也不能憑經驗知識去論證她；只能感悟到她的存在，或者用歸謬法來論證她的存在。

先看老子的論述。

第十章：「載營魄抱一能毋離乎？搏氣致柔能嬰兒乎？」第四十二章：「道生一，一生二，二生三，三生萬物，萬物負陰而抱陽，中氣以為和。」第五十五章：「含德之厚，比於赤子。……骨弱筋柔而握固，未知牝牡之會，而朘怒，精之至也。終日號而不憂，和之至。」第二十八章：「……恒德不貸，復歸於無極。朴散則為器，聖人用之則為官長，夫大制無割。」第十四章：「視之而弗見，名之曰微，聽之而弗聞，名之曰希；捪之而弗得，名之曰夷。三者不可至計，故混而為一。一者，其上不攸，其下不忽。尋尋呵，不可名也，復歸於無物，是胃無狀之狀，無物之象，是胃忽望；隨而不見其後，迎而不見其首。執今之道，以禦今之有，以知古始，是胃道紀。」【121】

以上引文，全是描述性文字，沒有經驗的科學的論證，是非科學的。在老

【121】《仰望老子》第一卷第十、十四、二十八章，第二卷第四十二、五十五章。

子看來，「我是一個小宇宙」，認識自我──個人體生命，就與認識道體一樣，憑感覺經驗和科學實驗是不行的，只能憑悟性；說道時，只能採用描述方式，不能採用論證方式。這就是老子智慧高人一籌的表現。

1.「營魄」是什麼？營魄就是「營身」與「魂魄」，即肉體與靈魂，靈魂與肉體「抱一」了，就是生命體。

2.「營魄」體來自何處？營魄來自大道造物者：「負陰而抱陽，中氣而為和」的陰陽二氣和合。這「陰陽」二氣，既是「一生二」的陰陽二氣，又是父精母血的陰陽二氣。這裡的陰陽二氣，在「一生二」中，並非是「1+1=2」的「陰+陽=陰陽」的陰陽二氣，而是無法分離的「圇而為一」的一團和氣。在「父精母血」中，也並非是「父陽+母陰」的陰陽二氣，而是父精中有陰陽，母血中也有陰陽，合在一處也是陰陽，不可分開言說，又不得不分開言說。老子的「陰陽」，不是後來儒家、道教、方術的一分為二或「合二而一」的陰陽，如天陽地陰、男陽女陰、「一陰一陽謂之道」之類。這種陰陽二氣「中和」後就成了「營魄抱一」的生命體，「精之至」和「和之至」了，就是人的生命體。

3.何謂「抱」？《說文》：「抱，引取也。」《正韻》：「抱，懷也。」《詩大雅》「亦既抱子。」「抱子」是懷孕上了子女。「抱一」，是懷一。「營魄抱一」的「抱一」，就是「抱樸」，抱一個純樸的「一」，「營魄」和合後本身就是「一」，或說融匯為一，並非一物去擁抱另一物。

4.何謂「一」？這個「一」是大道「一」，是「微」、「希」、「夷」三種玄妙的不可感覺到三種性質「圇而為一」，是一個不可分解為二、三、多的生命體中的「一」。這個「一」，不是由部分組成的整體，也不是「對立的統一」的「統一」體。這個「一」，不是感覺經驗和科學實驗中的「一」，是不能用感覺經驗和科學實驗去論證的，只能感悟到它的存在，要言說它，只能描述，它就是那樣自然而然地渾然一體的真實存在。

5.何謂「離」？《說文解字》：「離，黃倉庚也，鳴則蠶生。」黃倉庚，即布穀鳥。布穀鳥鳴叫的不就是「營」與「魂」抱一的生命現象嗎？一個生命體的肉與靈，你不能說一個手指只是骨肉，而沒有靈魂；你不能相信蒂邁歐說的在人體中的靈魂被分割成許多部分，「頭顱靈魂」是最高的，其它部分只有次等的感覺靈魂，指甲和毛髮沒有靈魂。靈魂和肉體是「和之至」的有機體，不可分開來。靈魂雖然不可見到，但身體是靈魂的呈現狀態，神經最能呈現靈魂的存在。你不能說靈魂是主宰，身體是影子。在一個「營魄抱一」體中，靈魂和肉體同等

重要，不可分出主次。如果失去靈魂，那個人的身體就是死屍，會腐化不見了。如果失去身體，那人不用說失去靈魂，已經根本不存在了。「這個」「營魄抱一」體的人，是具有許多特殊條件的生命體，一旦失去了這些「特殊」，也就不成為「這個」人了。所以，對於一個具體的人來說，他的「營魄抱一」體是一個生命體，不是一個機械整體，是不可分割的。因此，這個具體的人只有今世，而無前世和後世，不能輪迴。但是，人的生命體是有生有滅的，當人死後，靈魂與肉體就分離了。靈魂復歸於樸，復歸於無極；肉體也消散了，「物質不滅」，去和合成另一種形體去了。

　　由上述可見，老子的「營魄抱一」論，根本不存在「靈與肉的關係」這個課題，「營魄抱一」論，不是在論證「靈與肉的關係」，而是在描述一個玄妙精巧摶氣致柔，混沌為一的生命體的狀態。「靈與肉的關係」是一個偽命題，無法用科學和邏輯來論證。厭煩了西方哲學有關「靈與肉的關係」的無休止的論證和爭論，來談老子「營魄抱一」論，實在令人耳目一新，茅塞頓開，來到了一片陽光明媚、空氣新鮮、自然的理論新天地。

➡ 第四節　靈魂不朽論——覆命論與輪迴論

　　「營魄抱一」論是論述個體存在時或者生命體活著時靈魂與質料（肉體）的關係。靈魂不朽論（覆命論，輪迴論）是論述個體死亡後的靈魂和身體狀態。

　　就以人為例子。人是被生物，是有生有滅的，沒有什麼「長生不老」、「萬歲、萬萬歲」、「萬壽無疆」。秦始皇妄想「長生不老」、「萬期無疆」，不是只活到中年就死了嗎？「老佛爺」慈禧妄想「萬壽無疆」，不也是只活到老年就死了嗎？那麼，什麼是死亡呢？死到哪裡去了呢？

　　蘇格拉底、柏拉圖體系和老子體系的共同回答是：死亡的是個體的形體而不是靈魂，靈魂不朽，「谷神不死」。

一、靈魂不朽，形體有生有滅

　　在「靈魂論——德論」中，論述了靈魂的性質。靈魂是善理念（道性、神性），是大道賦予（德化給）物象個體的善理念的別名，理念是永恆的，所以靈魂是不朽的。靈魂本身就是一個永恆的存在，在造物運動中，只有凝聚與消散，沒有被生成與死亡，靈魂是物象個體存在與死亡的主宰，靈魂凝聚在一起，物象

個體就存在；靈魂消散了，物象個體就死亡了。例如第一卷第四章第七節所論證的「狗」的「活體」與「屍體」的例證。所以，靈魂不朽，個體形體有生有滅。

二、覆命論與輪迴論

靈魂凝聚在一起，就創造了一個物象形體，靈魂消散了，物象形體就不存在了，那麼靈魂又到哪裡去了呢？老子體系說「覆命」去了，蘇、柏體系說「輪迴」去了。現在來比較「覆命」論與「輪迴」論。

（一）「輪迴」論

「輪迴」論，說一個人的生命體一旦形成，就具有了永世不變的靈魂形態。今世的「我」，就是前世的「我」，還會有後世的「我」，永世的「我」。不管「我」前世是牛是馬、今世是人和來世是豬是狗，甚至是一塊石頭，一根小草，那仍然是「我」的那個固定不變的靈魂形態，只是「我」的物質組成的形態在變。我今世受苦是前世作了惡；我今世行善，來世就富貴，說不一定還當皇帝，甚至能成為神人、神官、星宿。我要麼不求今世去求來世，要麼今世享受快樂一輩子，來世去贖罪；要麼今世苦不下去了，去自殺投胎來到一個富貴人家；要麼今世年輕力壯時去殺人做英雄，「二十年後又是一條好漢」。我的命是天定的，就等著死吧。

這個「輪迴」論存在著許多令人難以置信之處和理論困難：1.人不是被生的，是自生的，是一個「我」的固定靈魂形態在輪迴，所有的新生命都是以前那一個生命靈魂的復生。2.生物和一切物體的數量是固定不變的，不增不減，增或減都沒有來處。3.今世的肉體生命不值得珍惜，因為「我」的生命是一個永世存在輪迴的靈魂，而身體只是一個影子，一個幻覺，「砍頭只當風吹帽」，「二十年後又是一條好漢」，在烈火中永生。4.如果靈魂是一個固定形態，那麼靈魂就被囚禁了，禁固了，回不到大道、恒道那裡去了，什麼形而上的大道、恒道不復存在了，存在了也對「我」毫無作用。5.「我」的靈魂是被「天命」一次性固定成形態的，此後任何外在力量對「我」的靈魂都不起作用；唯我獨尊。6.靈魂不朽，就是「我」固定的靈魂形態不死。等等，都是違犯天道、人道的謬說。

（二）「覆命」論

「覆命」論對「輪迴」論一一作了破除。

先看老子的論述。

老子云：「希言自然。飄風不終朝，暴雨不冬日，孰為此？天地。而弗能

久有兄乎人乎？故從事而道者，同於道，德者同於德，失者同於失。同於德者，道亦德之。同於失者，道亦失之（第二十四章）。」「萬物旁作，吾觀其復也。天物云云，各復歸於其根。歸根曰靜，靜是胃覆命。覆命，常也。知常，明。不知常，妄。妄作，凶。」（第十六章）「恒德不雜，復歸嬰兒。……恒德乃足，復歸於樸。……恒德不貪，復歸於無極（第二十八章）。」「玄德深美，遠矣，與物反矣，乃至大順。」（第六十五章）【122】

老子的這些話是在告訴人們一些死亡的道理。

其一，作為一個人是被生的生命體，有生有滅，死亡是自然現象，不可抗拒，也不可畏懼。一個人的生命相比起天地來更是短暫，即是人類也有末日，那末日在天地滅亡之前。

其二，人要「知常」而「覆命」：自然而生，自然而死。不可「不知常」，去妄想「長生不老」，妄想「長生不老」，反而「凶」，自然生命期更短暫。

其三，一個人的一生是遵循著大道德化循環運動規則的，是一個從嬰兒到童年到青年到中年到老年的小循環生命運動。「復歸於嬰兒」，是指雖然身體不能「返老還童」，但是靈魂卻「返老還童」了。嬰兒是「恒德乃足」的，是樸素純善的。人到了老年，就成了「老囝」。不僅身體像嬰兒那樣要人服侍，而且精神也逐漸恢復到嬰兒時期。回首人生，一切淡漠了，有後悔，有內疚，有自責，有無悔，有無愧，有值得。越是接近死亡，那善心越是在復原。即便是大惡人，在臨死前的一刻也感到人生如夢，一切皆空。

其四，什麼是死？死就是一個人的「營魄抱一」的靈魂和肉體都消散了，再也永遠不能復原了，妄想來世再有這個特殊的「營魄抱一」的生命體，那是不可能的，那是「不知常，妄」。

其五，死到哪裡去了？死後，那個特殊的個體的靈魂和肉體都消散到大道德化運動中去了。靈魂並沒有死，靈魂是不朽的；組成原來形體的物質也並沒有死，物質是不滅的。靈魂和肉體都「覆命」去了。靈魂的「覆命」是「復歸於樸」，「乃至大順」，「復歸於無極」。肉體也消逝到物質世界去了，再由大道

【122】《仰望老子》第一卷第十六、二十四、二十八章，第二卷第六十五章。

德化成其它的物體。

其六，特殊的個體生命中的靈魂能輪迴嗎？老子的觀點是肯定的：不能輪迴，只能循環運動：循回。所謂「輪迴」，是指個體生命的靈魂有一個固定的形態，從前世到今世到後世，以至萬世都不變，在不同的物體輪迴轉世。這是不可能的，靈魂是沒有固定形態的，只有凝聚和消散。凝聚在一個物體上就是這個物體的靈魂了。一旦這個物體不存在了，靈魂也就消散了，失去了這個物體的靈魂形態，融入宇宙靈魂乃至大道、恒道之中，這就是靈魂不朽。靈魂不朽，不是指個體靈魂永遠保持固定形態不變。同理，個體的物質形態也不能輪迴，只有凝聚和消散。凝聚在一處成了一個物體，就這個物體的物質，一旦這個物體形態不存在了，物質就消散到物質世界裡去了，不能復原為這個物體的原有形態，這就是物質不滅。物質不滅，不是指一個物體形態不滅而能長生不死。

三、「覆命」論具有重大的理論價值

（一）破除了個體靈魂「輪迴」論

在上文已經論述。

（二）破除了儒家的祖宗神說和巫術、方術、道教的鬼神仙人、妖精說和佛教淨土宗的升入西天成佛說

儒家的祖宗神說，是說一個人死後，他的陰魂還存在，在保佑子孫後代。所以，人死後要入祖宗堂，不能成為孤魂野鬼；要舉行隆重喪禮，表示孝順，使亡祖靈魂安寧；要選擇風水寶地，使孫子繁衍興旺、發達富貴；要經常祭祖，特別是春秋二祭要隆重，使祖人陰魂在陰間做富貴鬼，保佑後人平安富貴。等等。「覆命」論就破除這種謬說，以為人的自然死亡是正常現象，死後靈魂消散到大道那裡去了，肉體成了「一把土」或者「一把灰」，不會對活人的生活有什麼影響。人死了，雖然有喪親的感情痛苦，但不值得過度悲傷，「老人死了是福」。莊子就為亡妻擊缶而歌，為自己的死交代學生，不需掩埋，任憑鳥兒蟲兒吃掉屍體，用不著花費活人的財物去舉行喪禮，不能連累活人生活，更不用去守孝三年和「三年不改父之道」。

巫術、方術、道教的成鬼神、成仙、成精之說，是說人死後成鬼成神，活人修煉功成可以成為長生不老的仙人，動物修煉成功可以成為妖精或仙人。「覆命」論就破了這種謬說。人死後靈魂和肉體都消散了，不可能成鬼成神。一個生物的生命有生有死，「長生不老」、成仙成精是不可能的。

（三）破除了生物或生命或社會的進化論

達爾文並不是進化論的發明者，達爾文是一個基督教徒。他的《物種的起源》的學術價值在於：把物種之間的關係連成一個鏈，證明物種之間不是相互孤立的，而是相互為共生環境的，例如食物鏈。

進化論是不學無術、膽大妄為的斯賓塞的異想天開的一種幻覺。他就寫了《生物學原理》、《社會學原理》等書，公開提出「強者生存」論。這種癡人說夢的荒唐原理，得到柏格森、夏爾日等人的肯定和宣揚。一時間，社會進化論在德國、奧地利等地方紅火起來，後來殃及中國。連奧地利物理學家薛定諤也寫《生命是什麼》，用「熵的原理」來牽強附會地論證進化論。赫胥爾也寫了《天演論》，陷入到本體「不可知」論」裡。

概括進化論的觀點是：特殊的個體生命體在不斷地適應環境變化中，不斷地改變自己的身形體態和神經系統，進化成了另一種高一級的生物，形成一個生物由低級到高級的不斷進化的螺旋式上升進化運動。推動這種進化運動的力量是生物自身的生命衝力。進化論得出許多進化原理：1.物競天擇，適者生存；2.弱肉強食，強者生存；3.高級物種不斷的替代低級物種；4.生命衝力取代了本體和上帝的神造力。

很顯然進化論比輪迴論、鬼神論的謬誤更明顯，更荒唐。其一，否定了形而上的本體、大道造物和神造物，那麼天地從何而來？生物從何而來？生物的生命衝力源於何處？進化論是回答不了這些質疑的。其二，一個具體的生命體是有生有死的，生的時間十分短暫，在這短暫的幾月、幾年、幾十年內怎能進化為另一個物種？就壽命而言，烏龜和蛇最長，它們就應該進化為最高級的動物，反過來說，最高級的人的壽命應該高於烏龜和蛇。或說，進化是一個物種的連續不斷的漸進過程。那麼每個個體只能生存幾年、幾十年，看不出進化由個體連續起來的漸進怎能發生突變成另一個物種。就拿魚和青蛙來說，由水生物進化為兩棲物，那是多麼大的體形變化呀，一代生活幾年的魚進化了什麼呢？千代萬代的魚也是由一代一代的魚的壽命加起來的，怎會發生變成青蛙呢？再說，青蛙的神經系統並不比有些魚發達，還成了有些魚的食物。其三，「物競天擇，適者生存。」照此理論，競爭勝利的是天選擇的，適應性最強，也就越高級。事實正好相反，越低級的生物適應性最強，最高級的人生命最脆弱，適應性最差，要求生存環境更苛刻。人能到低級生物的水裡去生活嗎？陽光下的生物能到沒有陽光的岩洞深海裡生活嗎？誰勝誰負、誰低級誰高級，誰是「適者生存」，說得清楚

嗎？其四，「弱肉強食，強者生存。」獅子比角馬強，獅子和角馬相比誰的生存數量最多？人和細菌相比，不是人消滅了細菌，而是細菌消滅了人，是細菌強還是人強？如果社會也是人竟天擇，弱肉強食，那麼剩下來的都是強者，強者又相互爭食，還有人類嗎？如果人類社會是從低級不斷向高級進化，而不知道返回運動，那麼天下不就成為超人希特勒、尼采、海德格爾等納粹分子的天下了嗎？

　　所以，「隨著希特勒和納粹的上臺，社會達爾文主義在德國成為官方教義。同時，帝國議會頒佈了《預防有疾病後代法》。」「馬克思和恩格斯就著手研究它，稱它為『歷史階段的階級鬥爭之自然科學基礎』」。「戰爭狂熱份子和勝利種族分子」「用進化論來證明他們的政治目標」。還有一些無聊的社會心理學家，如加拿大心理學家盧希桐用智力測試證明「美國黑人比白人差，說：『黑人就是特別的惷，好鬥，易於犯法，而且對性的興趣比其它民族的人都要大。』」

（以上引文是德國人莫尼卡的《關於鸚鵡螺和智人進化論的由來》裡的語句）【123】

　　那麼，這種兇惡血腥的社會進化論能被占人口絕大多數的善弱者容忍和接受嗎？當然不能。

　　「覆命論」擊破進化論的依據的是「覆命」論的大原理：「谷神不死，是謂玄牝。玄牝之門，是謂天地之根。」「天地不仁，以萬物為芻狗。」「天道無親，恒與善人。」「天物芸芸，各歸於其根。」大道造物，沒有什麼優劣與強弱的「物竟天擇，適者生存」。一個生物或一個物種或整個生物圈都是大道所生，又由大道毀滅而歸於大道。大道造物，使其有道性生存的環境，或說大道依據環境造物種。大道收去物種，使該物種生存的環境發生變化而不適宜生存，再造出適宜生存的新物種。大道造物，無所不有：「天物云云」，使各類物種適其環境，形成密切相關的生物圈。大道毀物，是毀去一些物種，再造新物種。火山爆發，毀滅物種，是大道「覆命」所致，並非有在火山爆發前生物已進化成了適度火山而毀滅不了的物種。同理，社會運動是在大道循環運動的節制下作循環運動的。在造物者面前，萬物只能「唯道是從」，不能「不知常，妄」。在老子大道論和「覆命」論那裡，進化論是胡說八道。

【123】《關於鸚鵡螺和智人——進化論的由來》頁23。

➡ 第五節　靈魂與夢：解夢

如果我們贊同老子的「覆命論」，那麼就還有一個問題：個體死亡後的靈魂離開肉體後就消散到宇宙靈魂裡去了，甚至覆命到大道或者恒道裡去了，然後再授命去與另外的一些質料「營魄抱一」為另一個生命體；那麼個體靈魂的消散和集聚就應該有一個過程，或者說在組成新生命時有一個快慢之分過程。這是一個非常神秘的領域，無法用科學實驗和邏輯推理去證明，只能在科學實驗中提出科學假設和邏輯推測去說明。

一、靈魂離開肉體有一個漸進過程

現在有一些科學實驗出現了有關靈魂覆命的現象。這裡就先引用兩篇科學實驗文章。

第一篇：人臨死前一秒鐘究竟會看到什麼？

（博訊北京時間2014年2月23日 轉載）

美國著名心理學家雷蒙德・A・穆迪博士在研究過150個瀕死體驗者經歷過「臨床死亡」後復生的人的案例之後，試圖為人們揭開死亡真相。在這些人「瀕死體驗」的陳述中，存在著不可忽視的相似性——我把它們大體歸納為10條，他們是按照感受出現的先後次序排的。

1.明知死訊——他們親耳聽到醫生或是在場的其他人明確宣告自己的死亡。他會感覺到生理的衰竭到達極限。

2.體驗愉悅——「瀕死體驗」的初期有一種平和安詳、令人愉悅的感受。首先會感到疼痛，但是這種疼痛感一閃而過，隨後會發覺自己懸浮在一個黑暗的維度中。一種從未體驗過的最舒服的感覺將他包圍。

3.奇怪聲音——在「瀕死」或者「死亡」的時候，有奇怪的聲音飄然而至。一位年輕女子說，她聽到一種類似樂曲的調子，那是一種美妙的曲調。

4.進入黑洞——有人反映他們感到被突然拉入一個黑暗的空間。你會開始有所知覺，那就像一個沒有空氣的圓柱體，感覺上是一個過渡地帶，一邊是現世，一邊是異域。

5.靈魂脫體——發現自己站在了體外的某一處觀察自己的軀殼。一個落水的男人回憶說，他自己脫離了身體，獨自處在一個空間中，彷彿自己是一片羽毛。

6.語言受限——他們竭力想告訴他人自身所處的困境，但沒有人聽到他們的話。有一名女子說，我試著跟他們說話，但是沒人能聽到。

7.時間消失——脫體狀態下，對時間的感受消失了。有人回憶說，那段時間裡，他曾不停地出入自己的肉體。

8.感官靈敏——視覺、聽覺比之前更加靈敏。一個男子說，他從未看得如此清楚過，視力水準得到了不可思議的增強。

9.他「人」陪伴——這時，周圍出現了別的「人」。這個「人」，要麼是來協助他們安然過渡到亡者之國，要麼是來告訴他們喪鐘尚未敲響，得先回去再待一段時間。

10.回望人生——這個時候，當事人會對一生做一次全景式的回顧。當親歷者用時間短語來描述它時，都是「一幕接著一幕，按事情發生的時間順序移動的，甚至伴隨著畫面，當時的一些感覺和情感都得以重新體驗」。

第二篇：人死前靈魂離體，俄科學家專用相機拍到

【新唐人2014年3月15日訊】真的有靈魂嗎？

靈魂離開身體時神秘的能量逐步脫離的過程被俄羅斯科學家康斯坦丁克羅特科夫（konstantin korotkov）拍攝了下來，他使用了專用的生物電成像相機（bioelectrography）在人死亡的那一刻記錄下了照片。

照片採用了氣體放電顯像法（即克裡安照相法的新技術），藍色代表逐漸脫離人體的生命力。克羅特科夫解釋，肚臍和頭部是生命力（即靈魂）最先流失的地方，腹股溝和心臟則是靈魂前往無限的宇宙之前最後停留的地方。

克羅特科夫在案例中注意到，那些死前遭受暴力對待或是突然死亡的人的「靈魂」，通常會在能量上顯示出一種混亂的狀態，並且會在死後的幾天內返回身體。這些特殊的人，因為某種未知的原因，死亡之後能量沒有立刻消散。

聖彼德堡體育研究院主任克羅特科夫發展的這項技術，作為一種醫療技術通過了俄國衛生部的認可，全世界超過300名醫生將其用於例如癌症等疾病患者的應激監測過程。該能量成像技術被用來即時觀測並診斷所有類型的生理失衡，還可以顯示一個人是真的擁有特異功能還是在騙人。

克羅特科夫的觀測證實了克裡安提出的理論：「在人類的手指尖端周圍的光電模擬光線包含了人的身體上和心理上綜合狀態的耦合。」

令克羅特科夫團隊欣慰的是，科學界和教育界支持了他們的論點。不少bioelectrography的拍攝者們稱：「一些令人驚訝的照片和視頻能夠證實，相機上拍到鬼魂或是其它實體，真是不可思議！」俄羅斯等國家的一些學校正在教導孩子們認識並使用能量，將其當做可以實際測量的事實。

在以上兩篇科學實驗文章裡，我們獲得了有關個體生命死亡和靈魂的如下知識：

第一篇《人臨死前一秒鐘究竟會看到什麼?》告訴人們:個體的人死亡有一個暫短而又完整的靈魂離開肉體的過程;如果靈魂完全離開肉體覆命去了,那就標誌著必死無疑了;如果靈魂在肉體一進一出地游離不定,那就還有復生的可能。

第二篇《人死前靈魂離體,俄科學家專用相機拍到》告訴人們:個體的肉體物質裡的能量失去生命活力是有一個漸進過程的,不是一下子的,有時還能夠返回復活;這就可以邏輯推測出靈魂離開肉體而消散也是有一個漸進過程的,有時還能夠返回。注意:這裡所說的「能量」是肉體物質的生命活力,還不是靈魂,而靈魂是決定肉體生命「能量」的有無的那個形而上的「實體」。

對於人臨死前的一　那間的狀態和情景,我也有過幾十例的仔細觀察,這裡僅舉兩例。

例一:我的母親在臨死前,身體都冰涼了,心臟停止了跳動,沒有呼吸了,可是淚珠一顆顆地流出來。我知道她心裡有一個擔憂放不下:成了孤兒的我三哥的兩個未滿十歲的兒子。我兩個侄兒跟我一起生活,我愛人有一些苛刻,引起我母親的擔憂。我就對母親說:「我會盡心盡力地養育和保護文波、文瀾的,您老人家放心地走吧!」母親立刻就收住了眼淚,放心地走了。

例二:我的三十一歲的三內弟臨死前,睜著眼睛,嘴唇顫動,我貼耳去聽,聽不清楚。我知道在他病危時曾經叫喊過:「姐夫救我!」我趕到時,叫醫生搶救,但是來不及了。我後悔沒有早一點帶他去醫院檢查身體,以致造成他臨死前心有不甘。我連忙對他說:「尾壯,我知道您心有不甘,但是人人都是遲早要走這一條路的,您走早了一些,這是天意。我會永遠懷念您的!」他停止了嘴唇顫動,我用手撫抹他的眼皮,他終於閉上眼睛,平靜地走了。

我所見到的臨死前的人的狀態,沒有一個人不懼怕死亡的。我很想見到基督教徒和佛教徒臨死前的狀態,但是沒有見到一例。我也沒有見到死而復生的例子和突然死亡的例子。

這裡還要說一說活人「現身」和預感準確的神秘現象。

我親自見到過兩次活人「現身」的情景。所謂「現身」,傳統的說法是:一個人的身影在離開本人不遠的地方提前出現,就像演員在電影中出現的影像。第一次:我六歲時,跟母親在一個場地上舂米,看到所熟悉的六十多歲的房伯柯丹餘,背著鋤頭,在戴著草帽,穿著打補丁的藍夾襖和灰色太布褲子,低著頭,不與我母親打招呼地走過牆角去了。大約過了兩分鐘時間,又一個一模一樣的

「柯丹餘」走過來了，抬著頭，滿臉笑容地跟我母親說話。我十分好奇，就問母親，母親立即摀住我的嘴巴不讓說話。等到大伯走遠了，母親告訴我那是大伯「現身」，大伯可能活不長了。果然半年後，大伯就死了。第二次：1969年5月中旬的一個月亮很圓的晚上，我與老師們在等著二十多歲的年輕教師柯善教來開會。我面朝學校大門坐著。我說：「柯善教老師來了。」大家扭頭去看，卻沒有柯善教，都說我扯謊。我辯解說出看見的柯善教穿的衣服和手提一把二胡。沒有過兩分鐘，我又說：「柯善教來了。」大家再看，如我所說的模樣完全一致。女教師邱永英說是「現身」，不能說破的，說破了「現身」人就會立即死亡。大家就默不作聲了。果然一年後，柯善教老師就去世了。這種活人「現身」現象，用科學知識很難去解說，只能用靈魂論去解說：個體人接近死亡前，有靈魂進出肉體的時候；只能被靈魂與之有關的人在一些特殊條件具備時才能看到。

我親身體驗過幾次預感準確的事情。這裡就說兩次。第一次：我出差在一百里遠的龍港中學，晚上睡了，心裡卻很煩躁，彷彿母親在叫我。我被神使鬼差地不去跟領導請假，連夜攔住一輛貨車回家，果然母親得了急病，我連夜送母親到醫院搶救。第二次：我本來要趕上10點半的公汽去咸寧的，上車還有20多分鐘，我就去買一本書，與售貨員爭執起來，誤了點，只好改坐11點20分鐘的車子。當我的車子走了六十多里時，堵車了，原來是那趟10點半的公汽出了車禍，死了兩人，傷了十幾人。這種預感準確是僥倖巧合、是祖宗神保佑呢、還是靈魂在起作用呢？科學知識無法回答這個問題，只有靈魂論能夠解答：預感準確，是自己的靈魂與有關的靈魂發生了對接，使人產生了說不清楚的真實感覺而出現無意識的舉動。

從上面的兩篇科學實驗論文和我之所見可以得出結論：**個體死亡之前的靈魂有逐漸離開肉體的過程。**

二、個體靈魂的消散和集聚也理應有一個漸進過程——靈魂與夢：解夢

「一」中所述是關於個體死亡時的靈魂離開肉體的狀態，這裡試圖陳述靈魂離開個體肉體後的消散和集聚的狀態。所謂「靈魂集聚」，是指靈魂覆命而消散在大道（宇宙靈魂）運行一段時間後，又如何授命去吸收質料「營魄抱一」為一個新的生命體，即個體生命如何形成。這是一個十分神秘的領域，也是一個給迷信者和邪教者說神說鬼以很大空間的領域。如何科學地和邏輯推理地去探索這個神秘領域，至今沒有科學實驗和邏輯推測成果，只有宗教說辭。難道造物者是

專門把這個神秘領域留給宗教的嗎？是科學實驗和邏輯推測所無法到達的禁區的嗎？現在，我想打破禁區，在哲學領域裡來試著進行陳述。

我的陳述從靈魂與夢境開始。不過，至今還沒有看到關於嬰兒記憶力和人的夢境的科學實驗和邏輯推測的理論成果文章，那些關於解夢如「周公解夢」之類的說辭是一種迷信說教，沒有科學實驗和邏輯推測依據，不可信。這裡只能憑藉我個人的觀察經驗來進行邏輯推測。

人人都做夢，只是人們沒有把夢進行分類而上升到理性認識而已。

（一）嬰兒的夢

嬰兒也做夢，只不過嬰兒還沒有學好語言敘述自己的夢境。我觀察過嬰兒熟睡時的情態：有微笑，有安然平靜，有憤怒，有愁眉苦臉，……這說明嬰兒處在各種夢境之中，而嬰兒是沒有今世的生活經歷的，那是一種什麼時期的夢境呢？是娘胎裡的呢、還是前世的生活遺跡陰影呢？

（二）兒童的夢

兒童能夠不連貫地敘述自己的夢境，但是大人們只是一笑而已，當著天方夜譚，並不去理會。兒童有了一些今世的生活經歷，但是所說的夢境卻大多數不是今世的生活經驗，而是奇談怪論。兒童的那些奇談怪論的夢境應該是前世的生活遺跡陰影。

（三）成年人的夢

成年人能夠敘述自己的夢境，大多數是「日有所思，夜有所夢」的夢境。但是也有雜糅，有時紊亂無序，有時出現的並非是今世的生活經驗，有時今世的生活經驗與今世從來沒有經歷過的地方交叉在一起。至於熟睡時淡淡的夢境則沒有在剛剛醒時去追憶，忽視了。那些並非是今世的生活經驗和今世沒有經歷過的地方是不是前世的遺跡陰影呢？

（四）老年人的夢

俗話說：「老年夢多。」又說：「老人是老囝。」意思是說：老年的精神狀態反童了。老年人的夢大多數是類似如嬰兒和童年的夢。老年人是能夠敘述自己的夢境的。我所調查的十二例老年人的夢境中，排除今世的經驗夢境，發現：有五個人都說今世沒有經歷過的同一地方反覆出現在夢境裡；有四個人說出現過今世沒有經歷過的地方，但是沒有反覆出現，記不清；有三個人說沒有那種夢境現象，只是有一些今世經歷過的地方雜交在一處，面目全非。這就是說：有明顯的前世遺跡陰影，有隱隱約約的前世遺跡陰影，完全沒有前世遺跡陰影。

　　歸納上面的例證，可以得出這樣的結論：**人的今世夢境是有前世遺跡陰影的，不同的個體靈魂的消散和集聚有快慢之分的漸進過程而造成今世夢境所具有的前世遺跡陰影有多少、深淺的差別。**

三、演繹靈魂與夢境

　　「一」中的結論是：「**個體死亡時的靈魂有逐漸離開肉體的過程。**」

　　「二」中的結論是：「**人今世的夢境是有前世遺跡陰影的，不同的個體靈魂的消散和集聚有快慢之分的漸進過程而造成今世夢境的前世遺跡陰影有多少、深淺的差別。**」假設這兩個結論成立，那麼就可以演繹出如下文字：

　　個體的死亡，是個體靈魂逐漸離開肉體而覆命到大道運行中去了。游離出個體肉體的個體靈魂在大道運行中自由翱翔而逐漸消散到宇宙靈魂裡，不再保持原有的個體形態，所攜帶的原有個體的跡象也逐漸消失。一旦靈魂接受到大道的重組生命體的命令時，靈魂就重新集聚去重組質料而「營魄抱一」為一個新的生命體。如果原有個體的靈魂消散的時間較暫短，所攜帶的原有個體的跡象就在新生命體裡較多，今世的個體的夢境就反覆出現陌生的地方和事件——前世遺跡陰影；如果個體靈魂消散的時間較長久，所攜帶的原有個體的跡象就在新生命體裡較少，今世的個體夢境就有時出現陌生的隱隱約約的地方和事件——前世遺跡陰影；如果靈魂消散的時間非常長久，原有的個體靈魂跡象就在新生命體裡蕩然無存，今世的個體夢境就不會出現陌生的地方和事件——前世遺跡陰影。

　　我這種陳述只是一種邏輯推測，當然存在許多令人質疑的地方和紕漏，譬如「靈魂是如何授命的？」等等。但是，比較那些迷信者和邪教者的胡說八道還是有些科學性和邏輯性的；並且可以啟迪科學家和哲學家去探索個體人的死亡和新生的理路。

➡ 第六節 批判幾種關於「靈與肉」的觀點

西方哲學關於「靈與肉」的幾種典型論述。

靈與肉的關係這個命題如同「上帝是誰」一樣，是一個偽命題，根本無法論證，無法回答，一論證就荒謬，一回答就錯，只能用人的自然智慧去領悟。可是，西方哲學自從蘇柏體系起直到現今，卻熱衷於論證「靈與肉的關係」，至今沒有一種解說是正確的。這裡舉出幾種典型論述。

1.蘇、柏體系的靈與肉的論述。《蒂邁歐篇》認為，在人體中，靈魂是主宰，身軀是影子，一個人的靈魂可以輪迴，寄託在不同的肉體上。

評點：這種觀點顯然不重視肉體，必然導致輕視生命和宿命論、禁欲主義。從這種觀點演繹出來的斯多亞主義、犬儒學派，就是宿命論、禁欲主義。塞涅卡有禁欲道德，第歐根尼折磨肉體，把自己關在一個大木桶，過厭世生活。

2.笛卡兒的「靈與肉」觀點：心靈和身體是兩個不同的實體，不能發生相互作用。心靈在沒有一個身體的情況下存在，身體可以在沒有心靈的情況下存在，比如屍體。【124】

評點：「兩者是什麼關係，笛卡兒從來沒有說清楚。」【125】（羅伯特·所羅門評語）

3.萊布尼茲的「靈與肉」觀點：心靈與身體是同一盒磁帶上的兩個分立的「聲道」，像是因果相關一樣完美地相互協調。（《單子論》）【126】

評點：這就把「靈與肉」分開為兩種東西了。

4.斯賓諾莎的「靈與肉」觀點：心靈和身體是同一實體的不同的兩方面——兩個不同屬性——「兩面論」，並非是兩個不同的實體。精神事件和物理事件實際上是相同的。【127】

【124】《大問題·第四章實在的本性》。

【125】《大問題·第四章實在的本性》。

【126】《大問題·第四章實在的本性》。

【127】《大問題·第四章實在的本性》。

評點：這就把「靈與肉」區分為同一實體的兩個方面，而「靈與肉」是融合在一處而無法區分為兩個方面的。

5.經驗論者的「靈與肉」的觀點。

休謨說：「任何時候，我總不能抓住一個沒有知覺的我自己，而且除了知覺之外，我也不能觀察到任何事物。」（《人性論》）【128】

評點：這就完全否定靈魂甚至意識的存在，只有肉體感官的存在。

6.唯物無神論者的「靈與肉」觀點：物質第一，精神第二，自我只有肉體是真實的，意識只是肉體的反映作用，是附屬物。所謂精神，只不過是肉體中的神經活動，無所謂靈魂的存在。

以上關於「靈與肉」的問題，有一種是正確的嗎？顯然沒有，用不著一一去評判。1、2、3、4種承認有「靈與肉」，卻分開來了，但「靈與肉」是不能「分離」的。4、5兩種，根本不承認有靈魂存在。相比之下，老子的「營魄抱一」是唯一的正確認識。

【128】《人性論》頁65。

第三部分　實用理論

第三卷　形而上學原理的實用理論部分之一

倫理學、政治學、法學、經濟學、科學

說 明：

　　這一部分論述的是形而上學原理在人類社會的實用，從而形成倫理學、法學、經濟學、科學以及個人權利、社會組織、社會制度等等實用理論。

　　形而上學原理的實用理論，是最難論述清楚的，需要通過嚴密的邏輯推理進行科學論證；卻又是能夠論述清楚的，因為人人都具有邏輯思維潛能的自然智慧。

　　說最難論述清楚，是因為：其一，紛繁的人類歷史事實現象掩蓋了人類社會發展運動的正道軌跡和根本原因，就像一棵大樹的茂密的枝葉遮蔽了它的主幹和根本那樣，人們只看到枝葉而忽視了主幹和根本；其二，人類文明的記憶只從君主制度開始，忘記了以前百萬年的自然社會史實，難以展望和推測未來社會，不能全面考察人類社會；其三，人們生活在君主制度和帝王專制社會五千多年的時間，而公民福利社會在西方部分地方的出現時間短暫到不足兩百年，至今大多數人仍然生活在專制社會裡，從未體驗過公民福利社會的生活；因此，論述維護君主制度和專制社會的偽智慧思想理論眾多，並且形成了強大的頑固的傳統思想和惡劣的習慣風俗；論述自然社會和公民福利社會的真智慧思想理論較少，還沒有形成善良的傳統思想和良好的習慣風俗。以至現有的倫理學、政治學、經濟學、法學等等傳統思想理論，就十分龐雜混亂，劃分不清，概念不明。本書要論

述清楚實用理論的內容，不得不去澄清龐雜混亂的傳統思想理論，不能不跟著傳統思想理論走進它的迷宮，一部分地一部分地去摧毀它，才能建立起簡明的新的思想理論體系；這就像要去拆毀和清除一大片破舊的昏暗的危險的建築群，從而建設起明亮的牢固的嶄新的建築群那樣困難。所以實用理論最難論述清楚。

說能夠論述清楚，是因為：只要運用自然智慧，把握住人類社會發展運動的主導方向和根本原因，其正道軌跡是清晰的，階段輪廓是明朗的；論述起來，能夠做到劃分清晰，定義明確，語句通順，語意明白，邏輯推理有條不紊。所以實用理論是能夠論述清楚的。

形而上學原理的實用理論由於篇幅長，就分為兩個部分。第二部分：本書的第三卷主要論述的是關於倫理學、政治學、法學、經濟學、科學等方面的實用理論。第四卷主要論述個人的地位和權利以及個人、社會、國家之間的關係。第三部分：第五卷補充論述一些重大的實用理論條目。

第三卷的思想理論的基本原理都是從形而上學的原理演繹出來的，是人類社會實踐活動所運用的原理，或者說是人們從社會活動實踐中總結出來的經驗理論，是形而上學原理的實用理論。這些基本的實用原理，不像形而上學原理那樣是跨越時空的，而是具有時空局限性的，具有不穩定性和可變性，有正確和錯誤之分，即使是正確的原理，也是相對真理。這些基本原理，具有很強的實用性，是人們能夠理解的，也是人們爭論最為激烈的思想觀點。

關於倫理學、政治學、法學、經濟學、科學等方面的思想理論，有許許多多的思想理論體系，就像汪洋大海那樣浩浩蕩蕩，淹沒了那幾條最簡單的原理，使人把握不住要領。這樣，就給專制統治者及其御用文人留下了非常大的空間，便於他們去胡說八道，愚弄人民。在中國，皇帝及其御用文人，就從「諸子百家」中選取儒家的「六經」和「四書五經」作為倫理學、政治學、法學、經濟學、科學的教條，洗腦讀書人，培養出中國讀書人一種惡劣的讀書習慣：只追求急功近利的書本上現成的實用主義教條——結論，「畏聖人言」，不去理會、甚至嫌棄詳細的邏輯推理和論證過程。這樣，中國的讀書人就缺乏獨立思考的能力，喪失理性思辨的智力，成為了懶惰的弱智文人。

第四卷論述的是倫理學、法學、經濟學、科學理論在個人生活和人類社會運動中的具體實用。實用，就有各種各樣的實用，各種各樣的實踐運動；也就出現了各種各樣的歷史現象和歷史人物，出現了人類社會運動史。

　　於是，針對中國的讀書人來說，形而上學原理的實用理論的內容是一種龐大的思想理論體系，我就不能不思考寫作方法和論述順序不能按照常規來構思，必須找到一個適合的表達方式。

　　第三卷的開頭第十二章和第四卷的開頭第十九章，就把散落在各個章節論述倫理學、政治學、經濟學和法學等思想理論的基本原理和個人權利集合到前面來論述，凸顯出來，讓讀者首先獲得一個簡明扼要的綱領，把握住和不忘記基本原理；然後按照人類歷史發展的順序來論述。這種表達方式和順序，並不是在標新立異，而是無可奈何而為之。

　　很顯然，《協和論》的倫理學、政治學、法學、經濟學、科學等學科的基本原理，與創建和維護君王制、帝王專制的不平等的親疏尊卑論、不友愛的對立鬥爭論，無法兼容並包，只能相互批判；也就必然會遭到專制者及其御用文人的反對、謗毀。

第十二章　倫理學、法學和經濟學等實用理論的最基本的幾條原理或原則

　　形而上學原理在人類社會的實用就產生了龐大而複雜的倫理學、法學和經濟學等實用理論。儘管倫理學、法學和經濟學等思想理論體系龐大而複雜，但是最基本的原理或原則也就只有那麼幾條，列舉如下：

　　一、保命（食欲）和延續生命（性欲）是每個人的最基本的自然本能欲望，也是推動人類社會發展運動的一切力量的根本源泉；「必要欲望」是永遠平等而又正確的，是消滅不了的。

　　二、人人具有天生的善心和自然智慧，也就具有自由、平等的自然權利。

　　三、人心向善，追求協和：夫婦和合，家庭和睦，相鄰和好，社會和諧，人類和平。

　　四、每個公民組成全體公民，全體公民是國家的主權體，每個公民所形成的共識就是普遍意志，主權體的普遍意志是永遠正確的，是摧毀不了的。

　　五、主權體沒有上級，任何個人、家族、政治組織和政治機構都不能凌駕於主權體之上。

　　六、主權體的普遍意志和立法權不能轉讓，每個公民轉讓的是個體的自衛

和懲罰的自然權利。立法機構、司法機構、政府機構只是主權體所委託的臨時的又隨時可以撤銷的代理機構，是主權體普遍意志的宣傳者和宣佈者，而不是代表者和裁判者。

七、主權體就是立法體，公民的普遍意志就是自然法，一切人為法都源於自然法。

八、憲法是公民普遍意志所表現出的條文形式，具體法是所有涉及到利益的群體中大多數人所同意的民法，公民具有不服從大多數人沒有同意的任何個人的命令和少數人制定的法律條文的權利。

九、在法律面前人人平等，不容許任何個人和政治組織成為超越法律之上的自由者。

十、國家的唯一目的是保障每個公民的人身安全和福利。

十一、就實力而言，普遍意志有時難以形成或者弱於某些強人的個人意志，強人的個人意志有時會得逞而出現竊國大盜。公民擁有撤換和推翻任何形式的暴政的權利，議會要隨時為了每個公民的安全和福利而犧牲政府。

十二、戰爭是在沒有上訴機構的情況下發生的。對外戰爭是國家與國家的事情，不是個人與個人的事情；在戰爭中，個人是士兵而不是公民，個人成為敵人是偶然的、臨時的，戰俘不是敵人而是公民。內戰是政治團體與政治團體的事情，不是個人與個人的事情，個人不是敵人，戰俘不是敵人而是公民。為維護專制統治使用武裝鎮壓平民集會和遊行示威而引發戰爭者，是戰犯，是人民公敵，暴政也是公敵，每個公民都有對之討伐的權利。每個公民具有自願參戰和反戰的權利。每個公民具有持槍而向剝奪他的個人權利的專制暴政進行戰爭的權利，令政治野心家感到恐懼而熄滅竊國的貪欲。

十三、公共資源加上個人勞動所產生的勞動成果屬於個人所有的私人財產，任何他人和社會組織都沒有剝奪私人財產的權利。

十四、一切生產和貿易活動都是為了滿足每個人的生活必需品，每個人都沒有浪費、糜爛和貯藏過剩生活必需品的權利，卻有貯存貨幣的權利。

十五、勞動和貿易是每個公民的自由權利，任何個人、組織和國家都沒有剝奪個體勞動和貿易自由的權利，只有依法保護個體勞動和貿易自由權利的義務。

第十三章　界定倫理學和政治學

　　倫理學可以成為一門獨立的學科，但是，政治學無法成為一門獨立的學科。政治學的原理總是與倫理學原理交織在一起，很難獨立出來；政治行為總是要找出一個理由——倫理學原理，哪怕是一種藉口，也是一個理由。政治學的內容是非常複雜的，現在出現的有：政治經濟學、政治社會學、政治哲學，等等，都難以界定清楚。有人去界定過，但是都不明確，不能令人滿意。

　　　　關於政治學，A‧布洛克說：「政治科學，對於政府的組織與行為的研究。這至少從亞里斯多德時代就已經存在了。但是，只要關於政治的思考實際上仍與對一般社會的『道德哲學』的推想分不開。那就可以斷言，單憑它自己是不能持久地成為一門學科的。」【129】

　　　　莊子說得很透徹、清晰：「道之真，以治身，其緒餘以為國家，其土苴以治天下。由此觀雲，帝王之功，聖人之余事也，非所以完身養生也。今世俗之君子，多危身棄生而殉物，豈不悲哉！凡聖人之動作也，必察其所之與其所以為。」【130】

　　莊子的意思是：政治學源於「道」，卻是「道」之「緒餘」，是「完身養生」的倫理學之下的「餘事」：「道」→「治身」（「完身養生」）→「治天下」（「帝王之功」）。這是一個自然次序，不能人為地顛倒。如果人為地顛倒了這個自然次序，就是不懂政治學或不是真正的政治學，而是「危身棄生而殉物。」所以，要談政治，必須擺正政治學的理論地位。

　　蘇格拉底把「習慣」（倫理學）看著是產生國家的原因，把執政者的個人品質看得高於國家的品質。

　　可是，許多政治學家把政治看得高於一切，強迫一切理論都為現存的政治制度服務。儒學就是持這種觀點：「仁義」論為「禮制服務」，子曰：「克己復禮，天下歸仁也。」「非禮勿視，非禮勿聽，非禮勿行。」按老子的政治學觀點來衡量，儒家的政治觀點沒有形而上學的淵源和倫理學的本體，連真正意義上的政治學也稱不上，是「危身棄生而殉物」的「視人」的「邦之利器」，是「為者敗之，執者失之」的失道失德的「亂之首」的「道之華」，應該「絕棄」。現今

【129】《現代思潮辭典》頁444。

【130】《莊子‧天運》頁166。

社會，仍然有人在鼓吹「政治是統帥」、「政治第一」，「一切為政治服務」，是多麼荒唐啊！「今世之君子，多危身棄生而殉物，豈不悲哉（莊子）。」

以上所述，都表明無法把政治學從倫理學分離出來。

所以，《協和論》在論述中，並不把政治學作為一門獨立學科來論述，只按照倫理學、法學、經濟科學的層次順序來論述。

➡ 第一節　界定倫理學

「倫理學」這個概念，已被弄出許多名字，其性質和內容也被弄得面目全非。就中國現今思想界而言，常用的是倫理學和道德學這兩個名字。而道德學，一是被德國思想家康德、謝林、黑格爾等人弄得泛泛無邊，含義晦澀；二是容易與老子的「道德」相混淆。老子的「道德」是兩個詞：「道」與「德」，不是現今意義上的雙音詞「道德」；所以本書不使用「道德學」這個名稱。還有「人生觀」、「人學」這兩個名字，人生觀只是倫理學一個內容，人學太空泛，所以只從俗使用「倫理學」這個名稱。

依據老子的觀點，倫理學是論述「天道」與「人道」是不是協和關係的哲學理論。不變的「天道」只有一個，是自然的，不是人為的；可變的「人道」卻有兩個，是人為的風俗習慣，卻有符合還是不符合「天道」的區別。老子云：「天之道，利而不害；人之道，為而不爭。」【131】「天之道，損有餘而補不足；人之道，損不足以奉有餘。」【132】

一、倫理的詞義

希臘文ethios和英文ethics，原義都是符合風俗習慣的行為。在古漢語中，沒有「倫理」這個雙音詞，也沒有「倫理」這個詞組。「倫」與「理」是兩個詞。倫：《說文》：「倫，輩也。從人，侖聲，一曰，道也。」《正韻》：「倫，常也。」

倫，還有多義。《現代漢語詞典》：「倫理，指人與人相處的各種道德準則。」倫理：應取「倫」的古義「輩」「常」，倫理，就是輩分之理，常久常用

【131】《仰望老子》第二卷第六十八章。

【132】《仰望老子》第二卷第七十九章。

的有次序的風俗習慣的行為準則。

二、倫理學定義

中國古代思想，有倫理學之實，而無倫理學之名。自從蔡元培先生寫了《中國倫理學史》後，才有了倫理學之名，用來翻譯希臘文「Ethios」和英文「Ethics」，原義是合符風俗習慣的行為。

1.A・布洛克定義：「Ethics-倫理學，哲學的一個分類，研究道德，尤其是那些指導人們的行為並可對之評價的各種思想。它所特殊關心的是行為的正確與否，促進這些行為的動機的好壞，完成這些行為的人值得讚揚還是應該受譴責，這些行為所產生的後果的好壞，所有這一切意義及其證明，這些說法的理由。根本的一個問題在於道德的表達法，從語法上看來是否確實論述了真正的事實或虛偽的事實。如果像堅持自然主義謬誤學說的人，尤其情緒派所認為的那樣，它們並非論述了事實，那麼道德的種種表述法又該如何被作為呼籲或命令來理解呢？如果它們確實論述了事實，那麼它們是否像倫理學的自然主義派所主張的那樣，是增進普遍幸福這類可以看得見的特徵的經驗性論述，抑或它們是先驗的、倫理學理性主義的觀點呢？還有一系列問題涉及道德概念彼此之間的關係。行為的正確是從好的效果當中推斷出來的嗎？動機的善良是人行為的正確中推斷出來的嗎？其次，還存在著道德準則與別種準則加以區分的問題。這類區分是標誌著涉及辨別諸如一般人類幸福這類道德訓練目標的實際性質呢？還是說它是這些訓誡本身的形式特徵？最後有著條件問題，在怎樣的條件下，道德判斷才被正確應用於行為。要在道義上負責，要對過失有懲罰制裁的義務，行為者是否必須在某種意義上是自由的，即行為是無前因的，還是說他所做的不完全是制裁無法影響的因素所促成的這一點就足夠了。」（《現代思潮辭典》）【133】

> 布洛克在批判「終極價值」說時說：「哲學是一個終極價值的集合或體系。這種終極價值體系與其說與倫理學是同一的，倒不如說是倫理學的課題。理性地追求這樣一種價值體系，必定要依賴於一種關於尋求價值的世界之本性的一般概念，即形而上學的目的。」【134】

評：A・布洛克的定義，符合希臘文的原義，與蘇格拉底有關倫理學的觀點

【133】《現代思潮辭典》頁201，頁607。

【134】《現代思潮辭典》頁201，頁607。

一致。這個定義，界定了倫理學的學術地位，界定了倫理學的內涵和外延，批判了自然主義、情緒主義和終極價值的謬誤。這個定義的表達方法和術語對漢語讀者來說不習慣，難以明白其含義。

2‧蔡元培的界定。「倫理學與修身書之別。修身書，示人以實行道德之規範者也。民族之道德，本於其特具之性質，因有之條教，而成為習慣。雖有時亦為新學殊俗所轉移，而非得主持風化者之承認，或多數人之信用，則不能驟入於修身書之中。此修身書之範圍也。倫理學則不然，以研究學理為目的。各民族之特性及條教，皆為研究之資料，參伍而貫通之，以歸納於最高之觀念，乃復由是而演繹之，以為種種之科條。其於一時之利害，多數人之背向，皆不必顧。蓋倫理學者，知識之徑途，而修身書者，則行為之標準也。持修身書之見解以治倫理學，常是為學識進步之障礙。故不可不區別之。」【135】

評：蔡元培把倫理學與修身學（道德學）區分為兩個不同範疇，把倫理學限於理論研究的範圍，把修身學限於個人修身的行為範圍。說倫理學不受民族習慣和人心向背的限制，修身必須具有民族性質和得到統治者和民俗的承認。這顯然是不正確的。其一，不符合希臘文的原義。其二，理論與實踐相分離而隔絕，倫理學原理不能指導人的修身行為，則成為玄談；修身行為不受倫理學原理的指導，則人無革新的行為。其三，如果修身行為只求得到「主持風化者」（統治者）和原世俗多數人的承認，那麼一切移風易俗就無從談起，「修身書」實在成為學識進步之障礙。

區分倫理學與修身學的理論並非蔡元培先生的發明，而是繼承了德國人康德、黑格爾的理論。蔡元培先生的人格和智慧本在康德、黑格爾之上，卻去拾人牙慧，實在是留學德國之誤，令人歎息。

3‧鄔昆如的《哲學概念》有關倫理學的觀點。巨著《哲學概論》裡居然沒有專列出「倫理學」，卻別出心裁地列出「第二部形而上學第四章人學（人性論）」和「第三部分價值哲學第二章倫理價值——善。」【136】從書目可見，完整的倫理學不見了，被分割為兩個從屬部分，一部分從屬於形而上學，另一部分從屬於價值哲學。從該書論述人學（人性學）的內容來看，是：「一，人的結

【135】《中國倫理學史》頁4，頁111。

【136】《哲學概論》頁332。

構；二，天人之際；三，萬物之靈長。」屬於創世論（造物論），並非是倫理學。在論述「倫理價值——善」時，只論述倫理的價值作用，把倫理學置於價值的範疇之內的從屬部分。這顯然是錯誤的：其一，不符合希臘文原義，叫做詞不達意。既然要使用「倫理」這個詞，就不能不用它的詞頭。其二，違背了哲學定義中的三大成分原則。在成份上，倫理學與形而上學、認識論是並列的三大獨立成分，《概論》捨棄了倫理學，就是缺失，就要重新定義哲學，推翻哲學淵源上的理論觀點，面臨極大的理論挑戰。其三，如上文布洛克所說，這是一種「終極價值」的「謬誤學說」，顛倒了倫理學與價值學的主屬關係。

4・《協和論》對倫理學的界定。這種界定依據是蘇、柏體系倫理學理論。

第一種表述方法：倫理學，是從定義習慣風俗的常理為概念（理念），從理念到理念去思辨出形而上學的至善理念，從而建立指導每個人以及社會、國家行善的哲學理論。

第二種表述方法：倫理學，是以形而上學的至善理念為標準來衡量已有的指導每個人以及社會、國家的習慣風俗的常理是否是善的，從而建立善道德的哲學理論。

第三種表述方法：倫理學，是以形而上學的不變的善理念為理論前提，批判不善的習慣風俗的傳統道德理論，從而演繹出善道德的哲學理論。

第四種表述方法：倫理學，是以不變的天道為善性的理論前提，批判不善的風俗習慣的傳統的人道理論，從而演繹出與天道相互協和的良好的風俗習慣的人道理論。

這四種表述所使用的詞語有不同，但所表述的內容是相同的，界定了倫理學的對象、範疇、地位、性質、實用價值。

三、倫理學的對象、範疇、地位、性質、實用價值

（一）倫理學的對象

倫理學的對象，是指倫理學所討論的內容。既然定義為倫理學，那就要符合倫理一詞的原義——習慣風俗。如果論述倫理學內容，丟棄了習慣風俗這個原義，那就是名不副實或文不對題，就不叫做倫理學。倫理學研究內容就是習慣風俗和傳統道德理論是善的還是惡的，從而繼承善的習慣風俗和清除惡的習慣風俗。習慣風俗的內容有：個人習慣、社會風尚、國家傳統制度。蘇格拉底說：「你不要以為政治制度是從木頭裡或石頭裡產生出來的。不是的，政治制度是從

城邦公民的習慣生產出來的；習慣的取向決定其它一切的方向。」【137】（《理想國》）可見習慣風俗和傳統道德理論的重要性和頑強力量。在形而上學中，只有善，沒有惡；在倫理學中，則有善有惡，因為習慣風俗是人為的，人為的東西，有符合自然的，也有不符合自然的。從形而上學的善演繹出來的就是善的，違背形而上學的善就是不善的──惡。習慣風俗中有許多惡的，可是有的倫理學家把這種惡說成是善的，所以，在倫理學範疇中出現了不同的善惡標準，即蘇格拉底所說的有真智慧和偽智慧。蘇格拉底的一生就是偵察偽智慧，偵察偽智慧是哲學家的歷史使命。「善惡論」就成了倫理學的主要內容。

（二）倫理學的範疇、地位

倫理學的研究對象決定了倫理學的哲學範疇和地位：在形而上學之下和在政治學之上。相對形而上學而言，形而上學是本、是體，倫理學是末、是用；相對政治學而言，倫理學是本、是體，政治學是末、是用。倫理學的道德理論是從形而上學的原理演繹出來的，倫理學的道德理論又演繹出政治學理論。

（三）倫理學的性質

形而上學的善本身的原理具有穩定性、永久性、絕對性，作為形而上學原理之末之用的倫理學的道德理論──習慣風俗，隨著個人景況、社會狀況的變化而變化，所以習慣風俗和道德理論就具有不穩定性、歷史性、民族性、相對性。蘇格拉底把倫理學觀點稱為「意見」或「信念」，不稱為「原理」或「理念」。所以，沒有什麼「道德律令」、「道德譜系」之類的東西，也不是帶強制性的義務權利。

（四）倫理學的實用

倫理學的道德理論或習慣風俗是指導人的行為的，具有直接的實用價值。它是個人修身和做事的指導思想，是社會共同行動的指導思想，是建立或廢除政治制度的指導思想。所以，實用價值是倫理學的重要課題。倫理學理論不是玄學，不是冷冰冰的理性主義。

➡ 第二節　簡介蘇、柏體系的倫理學理論

弗蘭克納在《倫理學》中說：「倫理學是哲學的一個分支；它是道德哲

【137】《理想國‧國家政治學說》頁72。

學，或者關於道德、道德問題和道德判斷的哲學思考，這種哲學思考包含什麼，這已經在《克力同篇》和《申辯篇》中，由蘇格拉底所進行的那種思考活動加以說明，並由我們對它的假設所補充了。」【138】

蘇、柏體系是十分重視倫理學的。蘇格拉底就是從定義善品質去探索形而上學的善本身。在《柏拉圖全集》中，倫理學內容占去了三分之一。亞里斯多德寫了三本《倫理學》。蘇格拉底在《理想國》裡說：「制度是由習慣產生的，不能是由別的產生的。」「如果有五種政治制度就應有五種個人心靈。」「我們先來考查國家制度中的道德品質，然後再來考查個人的道德品質，因為國家的品質比個人的品質容易看得清楚。」【139】亞里斯多德說：「道德的基本問題，不是我應當做什麼，而是我應當是什麼樣的人。」【140】（《倫理學》）

一、蘇柏體系倫理學研究對象或主要內容

1.國家的道德品質（社會風俗）；2.個人道德品質（個人心靈和習慣）；3.產生那些道德品質的原因和理念；4.用善理念定義四種基本的道德品質：正義、智慧、勇敢、節制。

二、蘇柏體系倫理學的範疇和地位

在善理念之下和在政治學之上，是善理念之用，是政治制度之體。

三、蘇柏體系倫理學的性質

1.凡是能被定義的四種基本品質，都是善理念範疇內的，是不變的、永久的。

2.凡是習慣風俗和日常實用的道德規則，都是靈活多樣的，多變的，是信念或意見。

四、蘇柏體系倫理學的實用

1.制定道德規範，有利於保持善心和善行。

2.適應社會變化，移風易俗。

【138】弗蘭克納《倫理學》頁5。

【139】《理想國・國家政治學說》頁73。

【140】亞里斯多德《倫理學》頁6。

3.指導個人修善德，指導建設和維護正義的國家。

4.達到善行發自善心，具有善的真情的境界。

5.追求善品質，不追求成功效果，因為成功效果是受多種條件制約的。

6.堅持感化使人「信服」的道德原則，不實行強制的「說服」和「洗腦」的法律、律令方式。

關於蘇、柏體系具體論述內容，此處不集中摘錄，在後文論述倫理學的原理中分別引用。

➡ 第三節　簡介老子體系倫理學理論：人性本善，習性有惡

老子的倫理學根源於形而上學，即從形而上學的原理演繹出倫理學原理。也就是說，老子沒有把倫理學當做一門獨立的學科，而是把倫理學緊密地融合到形而上學裡面去論述。每每論述一條形而上學的原理時，就緊接著演繹出一條或幾條倫理學原理。例如：論述「善」，由「上善」演繹出「水善」，又演繹出「五善」。

一、概括老子倫理學的基本原理

1.人性自然而然的美而善，無需聖人教化：「天下皆知美之為美，惡已；皆知善，訾不善」，「五善」（見《道德經・第二十七章》），「聖人行不言之教」。

2.保持天生的善心和自然智慧，節制貪欲：「有欲」（必要欲望），「無知無欲」（恒道性質「無」的最高智慧和「無」的道法自然的欲望），「見素抱樸，少私寡欲」，「不見可欲」（大欲望，貪欲，不必要欲望）。

3.平等，博愛：「天地不仁」，「聖人亦不仁」，「天道無親」，（「不仁」，「無親」不分親疏尊卑的愛），「不上賢」（不把地位上等的人看著聖賢），「聖人恒無心，以百姓之心為心」。

4.安身立命第一，不追求功名利祿：「貴為身」，「愛以身」，「賢貴生」，」功成身芮「，「不貴難得之貨」，「金玉滿堂，莫能守也」，「五色使人目明，田獵使人心發狂，五音使人耳聾，……」。

5.五個美德：正義──「天下已正」，「民自正」；智慧──「知不知」，「不出戶，以知天下」；節制──「治人事天，莫若嗇」；勇敢──「慈而

勇」；柔弱居下──「柔弱勝剛強」，「後其身」。

　　6.建設「民四自」的「聖人之治」社會，實現「小國寡民」的「無為之治」的理想社會。

二、老子的人性本善與蘇、柏體系等善性倫理學的「善」的觀點是基本相同的

　　蘇格拉底說：「善理念是最大的知識問題，關於正義等等知識只有從它演繹出來，才是有用和有益的。」「沒有一個人在知道善之前能足夠知道正義和美。」「每一個靈魂都在追求善，都把它作為自己全部行動的目標。」【141】

　　亞里斯多德說：「一件事物之美善，可以從三方面而言之：第一，本身為善，第二，其所具有之某種性質為善，第三，與其它事物之某種關係為善。」【142】

　　巴門尼德說：「善使得被思想的東西和思想的目標是同一的。」

　　芝諾說：「善就是認定去按自然而生活，就是按照德性而生活，因為自然引著我們到這裡。」【143】

　　亞里斯多德說：「在很多情況下，善和美是認識和運動的本原。」

　　笛卡兒說：「那種正確地作判斷和辨別真假的能力，實際也就是我們稱之為良知或理性的那種東西，是人人天然地均等的。」

　　斯賓諾莎說：「至善卻是一經獲得，一切具有這種品格其它個人就都可以共同享受的東西。簡言之，就是認識人的心靈與整個自然相一致。」【144】

三、老子的「人性本善」與儒家的「性本善」劃清了界限

　　儒家的人性善：其一，是指一部分聖人、君子的人性善，而小人、女人的

【141】《理想國・理念論》頁141。

【142】《形而上學》第五卷。

【143】《西方哲學史》頁13。

【144】《西方哲學史》頁256。

人性不善。孔子曰：「惟上智與下愚不移」，人有「生而知之，學而知之，困而不知，」「小人不仁」。其二，儒家人性善的內容是仁義。孟子說：「生，亦我所欲也。義，亦我所欲也。二者不可得兼，捨身而取義者也。所欲有甚於生者，故不為苟得也。死亦我所惡，所惡有甚於死者，故患有所不避也。……是故所欲有甚於生者，所惡有甚於死者，非獨賢者有是心也，人皆有之，賢者能勿喪耳。」「人皆有惻隱之心也。」【145】

可見，儒家創始人對人性之「善」的論述是混亂的，這是孔子、孟子沒有悟道的原因。概括起來說，儒學的人性之「善」是：其一，不是人天生的自然本性之「善」，而是人為的「仁義」之善。「仁義」並非人天生具有的，是孔子、孟子人為地植入的。其二，所謂「生而知之」、「上智」、「人皆有惻隱之心」，都是聖賢天生知「仁義之心」。在此處，雖然孟子比孔子智慧高些，說「人皆有之」，也只是人有「仁義之心」，「惻隱之心」就是「仁義之心」的「四端」之一，最多也只是一種憐憫之心、同情之心，並非老子的「人性本善」的「善心」。其三，輕視生命，把「仁義」看得比生命更重要。

四、老子的人性本善，還與一些關於「善」的中西方倫理觀點劃清了界限，如：人性本惡、人性有善有惡、人性無善無惡，等等，這裡不一一評述了。

第十四章　協和論的「人性論」（人欲論）原理──「中和之道」

「人性論」，是倫理學的核心的主要的內容，是所有倫理學都要論述的內容。一般的關於「人性論」的論述包括兩方面：人的自然性和社會性。因此就出現了：人性本善，人性本惡，人性有善有惡，人性無善無惡，等等莫衷一是的倫理學理論，造成「人性論」的理論混亂和爭論不休。其原因是：把人的自然性與社會性混為一談了。人的社會性，是人後天的習染性，是習性；人的「習性」是有善有惡的，不穩定的，可變的，稱不上「人性」。人性是人先天所與生俱來的

【145】《孟子‧告子上》頁252，《孟子‧公孫醜上》頁69。

自然性，是「天性」，只有「善」，沒有「惡」，是穩定的，不可變的，相伴終身的。所以，《協和論》的「人性論」，只論述人的自然性——天性，把人的社會性——「習性」放到「關於『惡』的論述」的章節去。

人的天性（天生欲望）是人一生追求、奮鬥的動力源泉。人的自然本能的求生欲望是符合「天和天道」、「人和人道」的「有欲」或「必要欲望」，佔有和剝奪的欲望是違背「天和天道」與「人和人道」的「貪欲」或「不必要欲望」。每個人要保持和維護「有欲」（「必要欲望」），節制和反對「貪欲」（「不必要欲望」）。

➡ 第一節　天道與人道是母與子關係的「道法自然」的協和體

「天和、地和之道」簡稱「天道」，「人和之道」簡稱「人道」。天道、人道，是中國人所熟悉的老子的概念。用西方哲學的概念來對比，「天道」則是理念世界、自然法、自然規律、自然人的自然性，「人道」則是人類社會道德準則、人間法、社會人的社會性。所以，「天道與人道是母與子的『道法自然』的協和體」這個原理，又可以表述為：自然人的自然性與社會人的社會性是母親與兒女的自然關係的協和體；或者表述為：自然法與人間法是母親與兒女的自然關係的協和體。

本書使用的概念，盡可能是中國人所熟悉的老子的概念，如果不是老子的和中國人不熟悉的沒有經過論證和界定的傳統概念，就不使用，就用中國學界所約定俗成的西方哲學概念。

一、界定「天道」與「人道」

（一）天道

A.天道的性質。

天道，又名天倫。天道的性質有：1.長久性。「天長地久」，是相對於萬物和人而言的，但是不是像本體恒道那樣永恆的。2.「不自生」性。「不自生」性是長久性的原因。「不自生」，是說天地不是自己生出自己，一方面是指天地由大道產生，另一方面是指天地只生產萬物和人，不生產自身。生產自身的東西是不長久的。3.善性。「天道無親，恒與善人」，「天之道，利而不害」。4.自由、平等性。「天地不仁，以萬物為芻狗」。這句的意思是：天地沒有尊卑的等

級差別的仁愛，把萬物都當著野草和家狗一樣平等看待。「夫天道無親，恒與善人。」這句的意思是：天道不講親疏，把恒道的善性賦予所有人。5.節制性和均衡性。「天之道，損有餘而補不足」。這句的意思是：天道發現有不均衡的現象，就去減少多餘部分，去補充不足的地方，使之平等、均衡。

B.天道的地位。

天道，在人道之上，在大道之下。「人法地，地法天，天法道，道法自然。」這是一個自然的邏輯序列，說明天道是大道賦予的一種自然的「道法」，又是產生人道的自然的「道法」。

C.定義「天道」。

表述一：「天道」，是大道賦予的又產生人道的一種具有長久性的、自由平等性的、節制性和均衡性的、善性的自然「道法」。

表述二：「天道」是自然「道法」。

表述三：「天道」是自然法則，是自然法。

（二）人道

人道，又名人倫。人道與天道不同，天道是自然「道法」，是唯一的，善的，長久的；人道是人為的，有兩種——善的和惡的，不穩定，可變。

A.第一種人道，從天道裡演繹出來，具有天道的基本性質。正如老子所說：「天之道，利而不害；人之道，為而弗爭。」這句話的意思是：天道對萬物和人，只是有利益，並不有危害；從天道產生的人道，對自己和別人和社會只是作出好的貢獻，並不用不善的言行去牽引和損害別人和社會。這種人道是善性的人道，就具有穩定的道德準則，形成良好的風俗習慣。

B.第二種人道，不從天道產生，而是從政治強人的貪欲產生，違背天道的基本性質。正如老子所說：「天之道，損有餘而補不足；人之道則不然，損不足以奉有餘。」這句話的意思是：天道，減少多餘的那方面去彌補沒有滿足的這方面；人道卻不是這樣，繼續減少未滿足的這方面去供奉有多餘的那方面。這種人道是惡性的人道，不具有穩定的道德準則，隨著政治強人的意志的變化而變化，形成惡劣的風俗習慣。

C.定義人道。第一種人道有母概念為依據，能夠被定義；第二種人道缺乏母概念的依據，就無法被定義。這裡只能給第一種人道定義。

表述一：人道，是從天道演繹出來的指導人的言行的良好的道德準則。

表述二：人道，是從天道演繹出來而形成的影響人的言行的良好的風俗習

慣。

　　表述三：人道，是從自然法演繹出來的人人都應該遵守的良好的人間法或人間規矩。

　　D.人道與人道主義（人文主義）。

　　人道主義，又名人文主義或人性論。人道主義，源於拉丁文humanus，「是一個意義廣泛變化的詞，一般被用來表示一種理論或學術更注重於人而不是除人之外的某種事物。有時與人形成對比的是上帝……如當代的不信上帝者所宣稱的人文主義。人的另一個對比是自然……即人是萬物的尺度……」（布洛克語）【146】《現代漢語詞典》：「人道主義，起源於歐洲文藝復興時期的一種思想體系，提倡關懷人、尊重人、以人為中心的世界觀。法國資產階級革命時期，把它具體化為自由、平等、博愛等口號。」【147】

　　可見「人道主義」「是一個意義廣泛變化的詞」，是無法定義的；而本書所說的「人道」是「第一種人道」，與「人道主義」的意思有所不同。所以本書一般不使用「人道主義」，只使用能被定義的「第一種人道」。

二、天道與人道的關係：天道與人道是母與子的「道法自然」的協和體

　　界定了天道和人道，就知道天道與人道的關係了：天道與人道是母與子的「道法自然」的協和體。天道是母，人道是子。

　　「既得其母，以知其子；復守其母，沒身不殆。」這句話的意思是：既然懂得人道的母親天道，那就能知道天道的兒子人道；又守住了人道的母親天道，那兒子人道自始至終就不會有危害性。

　　同樣，蘇格拉底也是用母與子的關係去描述善理念與太陽的關係的。他說：「我們說善在可見世界中所產生的兒子——那個很像它的東西就是太陽。太陽跟視覺和可見事物的關係，正好像可理智世界裡面善本身跟理智和可理智事物的關係一樣。」【148】

　　老子還把人、地、天、道的關係列出一個邏輯序列：「人法地，地法天，

【146】《現代思潮辭典》「人道主義」條目。

【147】《現代漢語詞典》「人道主義」條目。

【148】《理想國》頁425。

天法道，道法自然。」

　　所以，人是天地所生，人道必然從天道演繹出來。在這個層面上來看，中國古代的「天人合一」的觀點是正確的。

　　以上是正面證明。如果從反面來看，人道不是從天道演繹出來的，是政治強人所為，那麼人就不是天地所生，是政治強人所生，人的生命是政治強人賜予的。那當然是荒謬絕倫的。這種「人道」，就不是天道的兒子，而是政治強人的貪欲的兒子。所以「第二種人道」不是「人道」，而是「君主之道」，是「人之道則不然，損不足以奉有餘」之道。

➡ 第二節　人的天性是「中和之道」

　　本節所論述的是每個人所具有的同樣的天生的自然性和自然欲望，即每個人天生的共性——人性本善。人的個性——天資，放到「自我論」去論述。人的「惡習」，放到「『惡』的原理」中去論述。

一、「天性」的名稱

　　人的天性，是人的天生本性，即人的自然本性，就是人的自然而然的原初性，不含有後天感染的社會性。也就是老子說的「嬰兒心」，莊子說的「真性」，李卓吾說的「童心」，蘇格拉底說的「善性」和「理性」，釋迦牟尼說的「如來智慧」，我說的「天生的善心和自然智慧」。

二、「天性」的來源

　　人，是「太和大道」最偉大的創造奇蹟，是「天道」第二次創造中的生命體，是「中和之道」中最高級的生命體，所以，人的自然性是天賦性——天道賦予之性，即，人的天性來源於「天道」。

三、「天性」的內容

　　既然人是最高級的生命體，人的天性來源於「天道」，那麼人所獲得的「道性」也就是最高級的，人的生命體的結構是靈魂與質料「中和」得最精巧的，人的天性內容是最豐富的——其它生命體所具有的自然性，人都具有；其它生命體所沒有的，人亦具有。人的天性內容主要有：善心和自然智慧。「善心」的內容有——追求生存（保命）和延續生命（繁殖生命）的自然欲望（「必要欲

望），正義的美德（節制、勇敢、自由、平等、博愛）；「自然智慧」的內容有——感覺，記憶，模仿創造能力，理性（悟性和思辨能力）。人的身體結構就適應於保持和運用人的天生善心和自然智慧：直立，手腳分工，五官分佈，複雜而精緻的神經系統，等等。

四、定義「天性」

表述一：人的天性，是「天道」賦予給人的最高級的全部的「中和之道」。

表述二：人的天性，是人從「造物主」那裡獲得的與其它生命體相比較中最多的善心和自然智慧。

表述三：人的天性是最為完美的「中和之道」。

第十五章　協和論關於「惡」的論述——習性有善有惡

「惡」，一直是倫理學上爭論不休的命題，也是至今無確定答案的命題，具有理論上的特殊地位所在，所以，另列一章，以示重視。

「善」是人的天性在社會活動中所呈現出的一種合天道人性的無為的上德的自然現象，所以，「善」是跨越範疇的，在本體論、大道論（宇宙論）、德論（靈魂論）、倫理學中都有「善」，善是不能被定義的。「惡」是人的天資在社會活動中所表現出來的，一種不合天道人性的過度或缺失的社會現象，所以，「惡」是屬於倫理學中的人為的下德範疇。「惡」是能被定義的。

在自然界和人的天性裡，只有「善」而沒有「惡」；只有在政治社會裡人的社會性才有「善」與「惡」。即使在有「善惡」的政治社會裡，「善」是天下人都認為是「好」的，都要追求的；而「惡」是天下人都認為是「不好」的，都厭惡和拋棄的，所以，不善人最喜歡把自己的惡念、惡行、惡習、惡理都有意或無意地說成是善的，而把與自己相反或厭惡的東西說成是惡的，善惡就被混淆了，被顛倒了，使人難以辨別。所以我就立了一條辨別和衡量善惡的標準：「我的與生俱來的善心和自然智慧。」詳見第四章第二節所述。這條標準比較抽象，難以感覺到，我就又把老子的「『貴為身』論」和「善行無轍跡『論』」作為輔助標準，使人能具體感覺到「善」和「惡」，容易區別出「善」和「惡」來。凡是珍惜生命和默默無聞地做利己利人的事，就是善人、善念、善事、善行、善理、

善良習慣；凡是蔑視生命、傷害身體、做損人利己的事和宣傳自己是行善的，就是不善人、惡念、惡行、惡事、惡理、惡劣的習慣。由此我們就不會善惡混淆或善惡顛倒了，就可以辨別和歸納出「惡」產生的原因和「惡」的基本內容。

➡ 第一節　「惡」的產生原因和「惡」的界定

一、惡的產生原因

人性本善而無惡的原理具有兩個屬性：一是不變的「天生的善心和自然智慧」，這是「本」、是「體」；二是可變的情欲和生存本能的智慧運用，這是「末」、是「用」。如果「末」依「本」，「用」依「體」，則就本末相適，體用相宜，就是「尊道而貴德」的「善」。如果「末」離「本」、「用」離「體」，就是本末不適，體用不宜，就是「失道失德」的「不善」。「不善」到一定的程度，就會受到「善」的節制，使「不善」回向到「善」。

俗云：「天靈靈，地靈靈。」大道德化出天地（宇宙），天地德化出萬物和人，那萬物和人都是「營魄抱一」體，靈魂組合了質料形成千種萬形的物體，隨著物體種類的不同，靈魂所發揮出的功能方式也就不同。所以，物物都有共同的靈魂，又有不同的靈魂功能，靈魂不朽，靈魂功能可朽。所謂既「營魄抱一」，又「萬物將自化」。在生物體中，有千姿百態的植物的形狀和靈魂功能，有千種萬種的動物的形狀和靈魂功能。唯有人具有較全面的靈魂功能：生命靈魂，感覺靈魂，理智靈魂。生命靈魂具有求生本能的功能，感覺靈魂具有經驗認識的功能，理智靈魂具有理性思辨（悟性）的功能。生命靈魂主動性弱，被動性強，最純潔，最善，所發出的需求和功能都是為了生存下去，是「少私寡欲」――「必要欲望」。感覺靈魂被動性和主動性相平衡，被動性所發出的需求和功能是「必要欲望」，是善的，主動性所發出的需求和功能是「不必要欲望」，是侵犯，容易犯經驗錯誤，但由於兩者相平衡，在「必要欲望」得到滿足後，「不必要欲望」就停止了。理智靈魂被動性弱，主動性強，所發出的需求和功能最為自由。如果理智向下，為感覺靈魂所控制，就增強了感覺靈魂的主動性，增加了「不必要欲望」，使感覺靈魂中的兩個欲望失去平衡，使人產生「可欲」――貪欲和不受節制的自由意志，這就產生了「不善」――惡。如果理智靈魂向上，去進行理性思辨和悟道，就會體悟到形而上的本體，認識到善，自覺地

自由地發揮靈魂的各種功能，追求善的欲望，把感覺靈魂提升到理性上來，節制感覺靈魂的兩種欲望和功能，就是「善」，並且比生命靈魂的「善」在人的認識層面上高了一層，是主動性的「善」。

從上述可知，「惡」產生的原因是：感覺靈魂功能所呈現的「不必要欲望」，受到理智靈魂的鼓勵而不可節制。換一句話說，「惡」就是主動的理智靈魂向下被感覺靈魂的主動性所控制、所奴役、使「不必要欲望」不停地增長，使自由意志不受節制——「理智為情欲折服為奴（蘇氏語）」【149】。簡言之，惡就是感覺靈魂的「不必要欲望」不受理智節制而無限膨脹，從而產生的不善的念頭、理論、行為。惡，不是靈魂本身，而是感覺靈魂的功能發生了偏差。所以，靈魂——天生的善心和自然智慧是純潔的，是不變的，是不朽的，不能說：「靈魂是醜惡的」、「靈魂是可朽的」。但是，靈魂的功能在人的運用上會發生偏差，能污染靈魂。可以說：靈魂——天生的善心和自然智慧受到蒙垢，靈魂的功能是可變的，可朽的。所以，惡不是先天的，而是後天的。

二、惡是社會現象，惡的習染功能

上文「一」中述說了產生惡的深層次原因，惡不是人性先天具有的，是感覺靈魂和理智靈魂的功能在後天運用時的一種偏差現象，是人後天在社會活動中的一種「不知常」的社會現象，是人類歷史一個階段性的社會現象，這種惡的社會現象在大道（善道）德化運動中會自然消失，使人類社會回到善道上來。

人的天生善心和自然智慧，就其本性而言是平等的、自由的，而人的天資具有先天的差異，天資是天性之用。如果人在社會活動中能找到適合天資的工作，那麼人的天性就會發揮得較好；如果人在社會活動中不能找到適合天資的工作，那麼人的天性就發揮得較差。如果社會所提供的條件和環境適應於每個人都能充分發揮天資，就無所謂強者和弱者，只有各種各業的專門人才。如果社會所提供的條件和環境不能使每個人都發揮天資優勢，那麼就出現天資發揮得較好的強者和發揮得較差的弱者。所謂社會強人，就是一種不合天道的社會現象。例如，有人體格健壯，如果把體力運用到體育訓練和比賽上取得較好成績，就是運動場上的強人；如果把體力運用訓練武功在搏鬥、廝殺上取得勝利，就是武功高強的人。如果有人善於冷靜思考，把智慧運用到學術研究上，取得成績，就是思

【149】《理想國》頁245。

想家、科學家、哲學家；如果把智慧運用到如何害人、殺人而取得勝利，就是陰謀家、軍事家。

　　人類原始的社會活動是單純的，所有天資都運用在求生存和求性交而繁衍後代方面。當社會出現生活必需品有剩餘時，就出現了強人多占的現象。這時的強人都是體力健壯的男人，父親社會的出現標誌著體力強人的出現，社會就以武功高強的人來統治了。武功高強的人統治的社會，是一種野蠻暴力社會，主要表現在爭奪必需品的多藏和對女性的多占，從而出現了權力的爭取和領土的擴張鬥爭。這種強人做統治者，使「必要欲望」膨脹為「不必要欲望」，到「不知足」的「可欲」，這就是「惡」。「可欲」是惡念，用暴力實現「可欲」就是惡行。由於強人的影響力大，上行下效，那種惡念、惡行就被社會成員所羨慕和效法，得到宣傳和擴大，成為一種社會普遍現象；久而久之，成為一種社會習慣風俗——惡習。由這種不良的習慣風俗所建立的國家，是不善（非正義）的國家。這種不善的國家反過來肯定和加強了不良的社會習慣風俗，現出了歌頌這種不善的強人、非正義的國家和不良的習慣風俗的倫理學理論，又形成了惡的社會傳統思想。出生在這種不善的國家、不良的習慣風俗的社會和惡的傳統思想文化的社會裡的人，就很容易在後天受到習染，繼續產生惡念、惡行，一種王朝更迭的惡性循環出現了。故曰：「前識者，道之華也，而愚之首也」。「唯知乎大迷」，「人之不道早已」。

三、界定「惡」

　　「惡」是人類社會處在政治社會階段時，強人所產生的「不必要欲望」而造成的與「中和之道」、「人和之道」不能協調的社會現象。善不生惡，惡是人為所致，惡是人的天資的誤用和後天傳統惡習的薰染。天地無惡物，人間無惡人，人間有惡理，社會有惡事。天生的善總會戰勝人為的惡。

➡ 第二節　「惡」的基本內容

　　由上文所述的關於「惡」（「不善」）的觀點可以概括為這樣一條原理：人性本善而無惡，人無惡人；習性有善有惡。所以，「惡」有惡制度，惡念、惡行、惡事、惡理、惡習，等等內容。

一、「仁、義、忠、孝、節」的行為是惡行

老子云：「大道廢，案有仁義；知快出，案有大偽；六親不和，案有畜茲；邦家混亂，案有貞臣。」【150】莊子云：「諸侯之門，有仁義」，「狼虎，仁義也」。「仁義攖人心。」【151】嵇康、阮籍就對仁義作過徹底批判和否定。

依據老子的觀點，仁義是廢棄大道後才出現的大偽。仁，講親疏尊卑的等級愛，必然要蔑視大多數人的生命，傷害疏者卑者的身體。義，講志同道合的朋友，結黨營私的情義，分出君子與小人，這就必然要蔑視多數人的生命，傷害小人的身體。孝，要兒女成為父親的私人財產，可以任意處置，這就必然要按父親的意志任意處置兒女的生命：「父要子亡，不得不亡。」忠，要臣民成為皇帝的私人財產，要奴僕成為主人的私人財產，君主可以任意處置臣民生命，主人可以任意處置奴僕生命。節，要妻子成為丈夫的私人財產，丈夫可以任意處置妻子的生命。仁義，與老子的「貴為身」相違背，與我的「天生的善心和自然智慧」相悖。可是，諸侯、君王提倡「仁、義、忠、孝、節」，是為了犧牲別人的生命來實現自己的政治野心和滿足自己「不知足」的「可欲」。所以，「諸侯之門有仁義」，「仁義，狼虎也。」仁義，是兇惡的東西，「仁、義、忠、孝、節」的行為是惡行。諸侯、君主是不善人。可是，至今有人崇尚「仁、義、忠、孝、節」，可見「仁義，攖人心也。」

二、「禮」是惡行，禮制是惡制度

老子云：「失道而後德，失德而後仁，失仁而後義，失義而後禮。夫禮者，忠信之泊也，而亂之首也。前識者，道之華，而愚之首也。是以，大丈夫居其厚，不居其泊；居其實，不居其華。故去皮（彼）取此。」【152】

莊子云：「善性於俗學，以求復其初；滑欲於俗思，以求致其明；謂之蒙蔽之民。……夫德，和也；道，理也。德無不容，仁也。道無不理，義也。義明而物親，忠也。中純實而反乎情，樂也。信順容體而順乎文，禮

【150】《仰望老子》第一卷第十八章。

【151】《莊子·盜跖》頁161。

【152】《仰望老子》第二卷第三十八章。

也。禮樂遍行，則天下亂矣。彼正而蒙已德，德則不冒，冒則物必失其性
也。古之人在混芒之中，與一世而得淡漠焉。當是時也，陰陽和靜，鬼神
不憂，四時得節，萬物不傷，群生不夭，人雖有和，無所用之，此之謂至
一。當是時也，莫之為而常自然。逮德下衰，及燧人伏羲始為天下，是故
順而一。德又下衰，及神農黃帝始為天下，是安而不順。德又下衰，及唐
虞始為天下，興治化之流，消淳散樸，離道以善，險德而行；然後去性而
從於心，心與心識知，而不足以定天下；然後，附之以文，益之以博；文
滅質，博弱心；然後，民始惑亂，天以反其性情而復其初。由是觀之，世
喪道矣，道惡世矣，世與道交相喪也。故曰：「喪已於物，失性於俗者，
謂之倒置之民。」「道不可致，德不可至，仁可為也，義可虧也，禮相偽
也。」【153】

　　從老莊的觀點來看，禮在仁義之後，是仁義之用、之末，是失道失德之
用、之末，是「德下衰」則圓周運動的最下部分的社會現象。禮和禮制的出現，
是人類社會離道背德極遠的階段，是最混亂的階段，必然要返回到德與道上來：
「反者道之動，弱也者道之用。」「物極必反。」所以，禮不值得歌頌，禮制不
值得維護。

　　所謂禮，是指按親疏、尊卑所規定出的等級森嚴的繁禮縟節。其主要內容
有：其一，按親疏、尊卑、輩分、年齡劃出等級禮節，有家庭成員等級，家族輩
分、年齡等級，鄉里尊卑等級，學校師生等級，官民等級，官場級別，君臣之
禮，後宮等級……無孔不入，把社會上所有的人都劃分到禮儀等級中去，不漏網
一個人。每個人到了能走路說話時，都要學禮，不能越禮。其二，從日常生活到
社交往來，都制定出繁禮縟節細末。1.穿衣的等級禮節，衣、帽、鞋、襪和腰帶
都規定了布料、顏色等等級，不能隨便亂穿亂戴。2.吃飯等級禮節。吃飯時的坐
式、座序、先後都作了嚴格的禮節規定。特別是在筵席上，要排座次，經常在爭
座次上發生爭吵打鬥。3.住房方面。房屋的建築材料、規模、裝飾的顏色、圖案
都有禮節規定，越禮了，房屋就遭到拆毀，甚至房主遭殺頭。4.出行方面。走路
的路徑、見人讓路要有禮節；出門坐轎，轎的大小、樣式和抬轎的人數、拉車的
馬數都作禮節規定。5.男女禮節。對女人規定的禮節最為苛刻。小姐不能隨便出

【153】《莊子・天地》頁123。

閨房，嫂子不能隨便到堂屋和出門到公共場合，見了男人不能抬頭，不能交談，婦女沒有結婚和離婚的權利，丈夫單方面可以休妻，可以買賣。妻子要像奴僕一樣服侍丈夫、公婆。等等。6.男人佔有女人的禮節。皇帝可以三宮六院，官員可以三房四妾，小人只能一夫一妻或單身。7.娛樂禮節。規定什麼級別的人能聽什麼樣的音樂，能跳什麼樣的舞蹈，場面和人數都有規定。戲子是尤物，地位最下等。8.喪禮。兒女對父母的喪禮，穿衣、鞋、帽、手杖、腰帶、端靈牌都作出規定，為父親守孝三年，為母親守孝一年。死者的喪禮規格、墓穴規模，祭祀規模、主祭、從祭，等等，都有規定。關於禮節，遠不只這九項規定，還有許多規定內容。

所謂禮制，是禮儀的制度化，是指為實行、檢察、維護禮儀和懲罰越禮行為所建設的民間社會制度和國家政權制度。有民間家長制、家族制、地方官僚制、專制國家政權。執行人、裁判人只有一個或幾人，由強者擔任。並制訂鄉規民約和國家刑法，用暴力方式推行禮儀和嚴懲犯上作亂的越禮者，維護禮制秩序和社會穩定。

在禮儀和禮制的社會裡，表面上看，要人彬彬有禮，是一個有道有德、秩序穩定的文明的禮儀之邦，而實質上是帝王一人獨裁、惡官酷吏、貪官污吏橫行霸道的社會。禮制社會，沒有民意，是強人、惡徒用武力打下來的天下；沒有民法，帝王的金口禦言和「最高指示」就是最高最大的憲法，「父母官」的「一言堂」就是刑法，是「勞心者治人，勞力者治於人」的「君子治小人」的人治社會。百姓（民）沒有思想、言論、人身、行動的自由，只能接受「洗禮（洗腦）」和按禮制去執行繁禮縟節的禮儀，稍有「犯忌」，就要受到酷刑懲罰。人都被束縛在禮儀大網之中，把活生生的生命體變成了禮制這部大機器上的「螺絲釘」之類的零部件，由帝王和官吏組裝和修理。人的生命權被剝奪了，人的天生──靈魂中的善心、自然智慧和自然平等自由權利全被拋棄了和窒息了，只有「禮」的社會性。人與人之間還有什麼忠信可言呢？還有什麼善性、善行可言呢？只能互相欺騙和爭鬥。這就是「夫禮者，忠信之泊，而愚之首也」。既然等級森嚴，權力地位至上，還有那一個人不羨慕尊貴的地位和崇拜權力呢？於是在統治階級中的爭權奪利的鬥爭就盛行起來。韓非子的「性惡論」就由此而來，他所描述的君臣之間、皇族家裡、官吏之間沒有善性的協調關係，只有惡性的權術關係，也是由此而來。君子們就去讀《四書》、《五經》，學得智術、權術，去入仕，去向上爬，去鬥垮對手，直步青雲；武士就練武功，去廝殺，去立戰

功，搏得戰功顯赫，成為元帥、將軍。文的武的，都失去人性而殘殺。被壓在最下層的「民」，就為必需的生活資料而掙扎，在被逼到無法生存時，就暴動，就起義，就造反。正所謂「天下多忌諱，而民彌貧。」「民之輕死，以其求生之厚也」。對於民亂，統治者就進行暴力鎮壓。一部禮制歷史就是爭權奪利的血腥史。故曰：「夫禮者，忠信之泊，而亂之首也。」

所以，禮，是失道失德的反人性的惡行，禮制是失道失德的反人性的最兇惡的專制制度。

禮和禮制在中國盛行了五千餘年，至今還盛行著。可悲的是，現今的中國人並沒有覺悟到「禮者」是「愚之首」、「亂之首」，還在向外人炫耀中華是禮儀之邦；還認為中國沒有等級森嚴的獨裁專制的禮制，人民就不能治理，天下就大亂。以此來拒絕老子的平等自由、民主法治的社會。這正是「人之迷也，其日固久矣」、「吾言甚易知也，甚易行也，而人莫之能知也，而莫之能行也」【154】。

三、追逐權力地位、功名利祿和財貨是惡念、惡行

老子云：「名與身孰親？身與貨孰多？得與亡孰病？」「成功遂事而弗名有也，萬物歸焉而弗為主。則恒無欲也，可名於小。萬物歸焉而弗為也，可命於大。是以，聖人之能成大也，以其不為大，故能成大。」「罪莫大於可欲，禍大於不知足，咎莫憯於欲得。故知足之足，恒足矣。」「五色使人目明，馳騁田獵使人心發狂，難得之貨使人行方，五味使人之口㖦，五音使人之耳聾。是以，聖人之治，為腹不為目，故去彼取此。」【155】

莊子云：「德蕩乎名，知出乎爭。名也者，相軋者；知也者，相爭之器也。二者，兇器，非所以盡行。」「人不刻意而高，無仁義而修，無功名而治，無江海而閒，不道引而壽，無不忘也，無不有也。淡然無極而眾美從之，此天地之道，聖人之德也。」「愛利出乎仁義，捐仁義者寡，利仁義者眾。夫仁義之行，唯且無誠，且假乎禽貪者。是以，一人之斷制利天下，譬之猶一瞥也。夫堯知賢人之利天下也，而不知其賊天下也。夫外乎

【154】《仰望老子》第二卷第七十二章。
【155】《仰望老子》第一卷第十二、三十四章，第二卷第四十四、四十六章。

賢者知之矣。」【156】

從以上引文中，可以看到，老莊並不一概反對權力地位、功名利祿和財貨，問題在於人生觀中的動機（目的）、手段和處理方式。如果是不把權力地位、功名利祿和財貨當著人生的奮鬥目標（目的），而是在無意行善中由百姓（民）給予的——「不為大，故能其大」，是自然無為而得的，是合天道人性的。得了這些後，又「成功遂事而名弗有」，「萬物歸焉而弗為主」，「生而弗有，長而弗宰」，「勢為天子，而不以貴驕人；富有天下，而不以財戲人。計其患，慮其反，以為害於性，故辭而不受也，非以要名譽也（莊子話）。」那麼，那種權力地位、功名利祿和財貨，對民來說是「弗害」「弗重」的，對個人來說是「知止所不殆」的，「天地之道，聖人之德」，「眾美從之」而「天下莫能與靜」。如果把權力地位、功名利祿和財貨當著人生中的奮鬥目標（目的），刻意追求，以仁義為修，以功名為治，以權力為貴，以地位為尊，以利祿和財貨為富，於是，去讀《四書》《五經》，去拜訪有功名的高貴者為師，學得智謀、權術而有治人的滿腹經綸，就去策對、科考入仕，搞舞弊，拉門第，入門派。入了仕，處在爾虞我詐的官場中，就拜師門，阿諛權貴，跪拜皇帝，結黨營私，學習為官之道。凡是行為越卑鄙的，手段越惡劣的，就爬上高位，雄心勃勃，權力膨脹，垂涎皇位，不知滿足。凡是想爭得清官和忠臣名聲的迂腐者，都紛紛落馬，解甲歸田。所謂清官與貪官、忠臣與奸臣之爭，都是為了各自權力、地位、功名、利祿之爭，毫無正義和非正義可言。再說那些被拋棄在儒林仕途之外的儒生，都被《四書》《五經》洗腦了，成為毫無生氣的書呆子和社會植物人，一部《官場現形記》和《儒林外史》對入仕儒生和落泊儒生刻畫得淋漓盡致。入了仕的儒生對權力地位、功名利祿和財貨，不知足地追求，以權壓人，以貴驕人，以名欺人，以祿害人，以財危人。那麼，這種刻意的動機（目的）和卑鄙的手段，就是「假手禽貪者」，就是大罪、大禍、大咎，就是惡念、惡行。

四、儒學和辯證論就是維護禮和禮制的惡理

前文已述禮和禮制是最兇惡的社會現象，儒學和辯論唯物主義就是為建設和維護禮和禮制服務的。

【156】《莊子‧人世間》頁34。

（一）儒學是惡理

儒學的核心思想是「三綱五常」，「三綱五常」統攝著《四書》《五經》。以後的鄭注、董注、李注、張注、程注、朱注、陸注等等儒家觀點，千變萬變不離其宗：「三綱五常」。只有今日的中央電視臺的《百家講壇》中的教授們講儒學，離開「三綱五常」，抓住《四書》《五經》中的片言隻語，離開原書的語言環境，加進一些非儒家觀點的好思想，在宣揚儒學。還十分幼稚可笑地把道家人物陶淵明作為儒生的例子去講，改變儒學性質，轉移批儒學方向，以惑國人。

「三綱五常」是什麼貨色呢？前天已有所述。「三綱」：君為臣綱，父為子綱，夫為妻綱。一個獨裁君主掌握著全國臣民的生殺大權和財產大權，一個家長的父親掌握著一家人的生命財產大權，一個丈夫掌握著妻子的生命財產大權。儒家把這說成是天理人道。難道天地之間有這個兇惡的天理人道嗎？「五常」：君臣、父子、夫婦、兄弟、朋友的倫理關係，表述為：「忠、孝、節、義、信」。還有不準確的一個表述：仁、義、禮、智、信。忠是臣忠君，孝是子孝父，節是妻為夫守貞節，義是弟為兄講義，信是君子之間講誠信。這五種關係是從親到疏、從尊到卑、從重到輕的不可改變的天倫人倫秩序，其中最高最尊最大最重的是忠君。有道是：「君臣如父子」，卡紮菲是全國人民的父親。

關於忠、孝、義在前頁「仁義論」中已有述說，這裡重點說說「節」和「信」。

節，是妻子要為丈夫終身守貞節。子曰：「唯女子與小人難養。」女子比小人還下賤。程子曰：「餓死事小，失節事大。」【157】俗云：「嫁雞隨雞，嫁狗隨狗」，「從一而終」。男人去通姦、強姦、嫖娼，妻子不能管，因為「爬灰是好漢」。妻子是「堂客」，不能與別的男人眉來眼去。凡是男女的不正當關係，都錯在女人，那怕是被人強姦，也是女人失節。朝廷亡了，是妃子之罪；家庭敗了，是妻子之過。丈夫可以任意休妻、買賣妻子、殺妻。婦女稍有不慎；就傷風敗俗，要整家規族規，卷竹席，沉水。婦女連雞狗也不如。女教授于丹說孔子沒有輕視婦女，「女子」不是一個詞，是「女人和兒子」的意思，那麼「小人」也不是一個詞，是「小」與「人」的意思。虧於丹想像得出來。于丹是否能

【157】《中國哲學史稿》下冊頁93。

自圓其說孔子沒有輕視母親呢？「孔子不見母」，為父守孝三年，為母守孝只一年。

信，是朋友之間講誠信。儒家把「誠信」抬得很高，《大學》說「誠是萬物之本。」可是，儒家的朋友之交是君子之交，女子、小人、庶人、下愚不在朋友之列。「小人無信」，「未有小人有仁者」，「道不同不相為謀。」儒家的「信」並沒有違背「仁義」的「三綱」。《論語》：「與朋友交而不信乎？」「為人謀而不忠乎？」君子之間，誠信第一，可以「士為知己死。」是莫逆之交，生死之交、結義之交。結成一個患難死黨，為個人和小集團的利益：「共患難」、「不能同生，都要同死」。儒家的「誠信」不是建立在普遍的善性的平等自由原則上的，不是老子的「德信」，是極其狹隘的，胡弄別人為自己和自己的黨派犧牲生命的「信」，是一種兇惡的「信」。

如果今人解儒不抓住儒學的「三綱五常」這個核心思想，單從片言隻語的字面意思，用現今人所說的「愛」、「誠信」之類去解說，就會覺得儒學也說了不少真理。

（二）黑格爾的辯證法和費爾巴哈的唯物論是與儒學一脈相承的惡理論

可以說黑格爾的辯證法和費爾巴哈的唯物論是儒學在現今社會中的一個新的別名，兩者其實是一種理論。

現在我來把它們的一些基本觀點和關鍵詞進行比較。

儒家按照「親疏」「尊卑」的標準把人分成許多等級——辯證唯物論者按照經濟收入把人劃分為許多階級，「六經注我」——讀「六本書」，「獨尊儒術，廢黜百家」——「獨尊辯證法和批判封資修」，「皇權神授」——「社會主義是人類社會進化的必然」，「三綱五常」——「四項基本原則」、「三個代表」，秦始皇功蓋三皇五帝——列寧、史達林是幾千年以來出的最偉大的天才，「吾皇萬歲」——「領袖萬歲」，「老佛爺萬壽無疆」——「領袖萬壽無疆」，「新王朝」——「新中國」，「天下為公」——「共產主義」、「人民公社」，「家天下」——「黨國」，仁義論——階級論，君主專制——一元化領導，聖旨——最高指示，仁愛（愛君子）——熱愛黨，忠君——忠於領袖，專制——專政，人民與敵人——君子與小人、上智與下愚，「墨家反忠孝就是無君無父的禽獸」——「反黨、反社會主義、反無產階級專政就是反革命分子」，「民為貴」——「為人民服務」（這裡的「民」排除了小人、女人、下愚，「人民」排除了地富反壞右等一切階級敵

人），「學而優則仕」——「入黨做官」，「殺身成仁」——「為組織犧牲個人生命」，「君要臣死，不得不死」——「做組織的馴服工具」，等等。

再看一些名人對兩者的內在關係的比較論述。

中國友人、英國學者李約瑟的評述一語中的：「現今中國的知識份子之所以會共同接受共產主義的思想，其中一個很重要的原因，是因為新儒學家（二程、朱熹）與辯證唯物主義在思想上是有密切的關係的……它本是唯物主義的，一種有機的自然主義。辯證唯物主義淵源於中國，由耶穌會士介紹到西方。經過馬克思主義者們的科學化後，又回到了中國。」【158】

越南共產黨領袖武元甲元帥坦率地承認：「我之所以信仰馬克思主義，是因為早年所接受的儒家思想教育。」【159】

休謨也認識到：「孔子的信徒，是天地間最傳達自然主義的信徒。」【160】

年輕時的郭沫若有點靈感，寫了一篇小品文《馬克思進孔廟》，說馬克思是孔子的學生。

賀麟在《儒家思想的新開展》中說：「如果中華民族不能以儒家思想或民族精神為主體去儒化或中華化西洋文化，則中國將失掉文化上的自主權，而陷於文化上的殖民地。」「儒家思想的新發展，在於融匯吸收西洋文化的精華與長處。」「德國哲學在由康德到黑格爾這個燦爛時期中，最根本，最主要的哲學概念只有兩個。一為康德所謂先天，一為黑格爾所謂太極。中國哲學史自周程張邵到朱熹這個偉大的時期中，最根本，最主要的哲學概念也只有兩個，一為周子的太極，一為邵子的先天，而朱子寓先天概念於太極之中，實集大成。所以我們若是用先天二字以講康德，用太極二字以講黑格爾，我們不唯可以以中譯西，以西譯中，互相比較，而增瞭解，而且使西洋哲學中國化，以收融會貫通之效，亦不無小補。」【161】

他還寫了《朱熹與黑格爾太極說之比較》。賀麟先生言中了：宋儒學說與

【158】《仰望老子》第五卷頁193。

【159】《仰望老子》第五卷頁193。

【160】《仰望老子》第五卷頁193。

【161】《仰望老子》第五卷頁193。

康德、黑格爾理論是融會貫通的。

可見，儒學與辯證唯物論不管它們怎樣變幻無窮，有數不盡的名稱和面目，但是在本質上和主要表現形式上是一模一樣的，所謂「異名同謂」也。

五、爭強好勝和樂殺人的「社會進化論」是一種惡理論

斯賓塞把達爾文主義的自然物種進化論引用來解釋人類社會，創造了社會達爾文主義的社會進化論。社會進化論是一種極其兇惡的倫理社會學理論。社會進化論的主要內容有：1.在範疇上，比唯物無神論還窄隘，局限在人的生命本能的物欲需求方面，認為人的物欲需求的競爭殘殺是社會進化的原因和動力，認為人類的社會競爭、優勝劣淘的弱肉強食而互相殘殺是合理的，這是從性惡論和「戰爭之父」的理論演繹出來的惡理論，從根本否定了靈魂論和人性本善、平等自由的原理。2.社會進化論認為，社會在弱肉強食的競爭中從低級向高級進化，是為獨裁專制的暴力政權服務的，把獨裁專制看著是最高級的社會。這就肯定了「不知常，妄，妄作，凶」是真理，而否定了人類社會的發展的前個半圓是由善而惡的道德衰退的觀點。3.社會進化論認為人類發展的基本形式是由競爭推動著的螺旋上升形式，社會只有上升，沒有倒退。這就否定了圓周運動是最基本的運動形式。社會的發展本來是從本體善道開始，離始點向這處運動（倒退），遠到極點，又「善回向」運行，回到始點：「道—大—筮—逝—遠—反」。4.社會進化論把人性說成是社會性，是隨著社會進化而變的。這就否定了永恆不變的人性善和「靈魂不朽」論，使人失去了心中的天生善心和自然智慧的標準，而迷失人生方向。5.社會進化論為後來的唯物無神論、辯證論，物欲縱橫、享樂主、暴力戰爭和獨裁統治提供了理論依據。所以說，社會進化論是沒有形而上學基礎的性惡論，是一種危害人性和人類社會的極其兇惡的理論。

六、惡習

惡習，是一種兇惡的社會思想文化理論長期佔有主導地位從而形成傳統思想文化而造成的惡劣的人為習慣和社會風尚。譬如，在中國，從宋儒後，儒家思想文化占了主導地位，成了傳統思想文化，在人的行為和社會形成了習慣風俗。在現今中國，辯證論、進化論成了主導地位，半個多世紀，在人的行為和社會上逐漸由被迫到自覺而成為習慣風俗，人們開口是辨證法、一分為二，閉口是唯物、進化。惡習是獨裁專制得以建立和得以維護的原因。移風易俗是件難事，是思想文化傳統的改變，從而是國家政權性質的改變。

「惡」的內容是很豐富而多變的，這裡不一一枚舉了。

➡ 第三節　懲惡

從「人性本善而無惡，人無惡人；習性有善有惡」這條原理演繹出懲惡的原理：懲惡不是懲罰人的天性和肉體生命，而是批判惡理，清除惡習，剷除惡制度，制止惡事件和惡行。在這類「惡」中，惡理、惡習、惡制度是最大的惡，最具有欺騙性，沒有覺悟的一般人受蒙蔽而很難觀察和尋找到施惡的主體，只有覺悟了的人——聖人才能不受其蒙蔽，看透了它們，實行懲惡。所以，懲惡的目的是使人覺悟，使社會從惡社會中早日返回到善道上來：「聖人恒善㤹人，而無棄人，物無棄財，是謂悷明。」「不善人，何棄之有？」「善者善之，不善者亦善之，德善也。信者信之，不信者亦信之，德信也。」可見，懲惡時反對酷刑和死刑。

那麼，怎樣懲惡呢？或者說誰來懲惡和用什麼方法來懲惡呢？

一、「天道」用「天網」或「天條」來懲惡：大自然會懲惡

老子云：「勇於敢者則殺，勇於不敢者則栝。其兩者，或利或害，天之所惡，孰知其故？天之道，不彈而善勝，不言而善應，不召而自來，彈而善謀。天網恢恢，疏而不失（75章）。」【162】俗話說：「人惡人怕天不怕，人善人欺天不欺。」

「太和大道」和「天和大道」的運行規則和造物的規則就是「天網（天條）」，即自然法（自然規律）。這個「天網」就是「唯道是從」或「尊道而貴德。」如果萬物和人敢破「天網」或「犯天條」——離道背德，就是作惡，就要受到天網或天條的懲罰。

「天網（天條）」懲惡的對象有二：人類共同作惡，個人作惡。

1、懲罰人類共同作惡。

大道運行造物，創造了太陽系，使地球的自然環境適宜於創造出人類，又使人類適宜生存下來。人類是地球自然環境之一，必須「尊道而貴德」，保持這個自然環境。但是，人類自恃天道多賦予了理性靈魂，比其它萬物的自主能力

【162】《仰望老子》第二卷第七十五章。

大，就置「尊道而貴德」的天條而不顧，要去「勘天」「勝天」，無休止地過度地向大自然索取物質，破壞人類依賴生存的天然環境，這就是離道背德，是犯天條，是共同作惡。「天網恢恢，疏而不失」，天災就降給人類了。譬如，墾殖過度，就水土流失，甚至土地沙漠化；排除二氧化碳過多，就污染空氣，破壞臭氧層，使氣候變暖，冰山提前融化，海水上漲而淹沒陸地；為了奢華生活而殺害生物過多，破壞生物鏈，破壞生態平衡，使人類患疾病過多；這就是「天網」在抑制人類過度強大，控制人類的「不知常，妄」，使人類認識到「妄作，凶」，「堅強者死之徒」，從而回到善道上來：「知常，明也。」「復歸於樸」。今日的環境組織的出現，就是人類「不辱以情，天下將自正」的好兆頭。人類必須明白：人不能勝天，想勝天，必自斃。

2、懲罰個人作惡

個人作惡，是指個人在後天受到惡制度的強迫和惡習薰染、惡理誤導而產生的惡念和做的惡事。這惡念是超出了「必要欲望」去侵犯他人正當所得和追求不正當權力的欲望；惡事就是為惡制度服務，為虎作倀和做危害他人利益的事。譬如，為了獵取理論家和聖人的功名去繼承和發展惡理，為了獵取功名利祿甘做獨裁專制者的走狗奴才，為了個人獵取權力去陰謀和用武力殺人，為了個人聚斂財富去盤剝他人財產，為了自己生存或過過奢侈生活或單獨或加入黑社會去謀財害命，為了滿足自己的性欲去霸人妻女，為了復仇去殺人，為了知己去殺人，為了達到自己的所謂「大謀」而不惜把家人的生命作賭注和陷害他人，這些離道背德的念頭、行為都是個人作惡。這些個人作惡都是會受到天懲的。

「天網（天條）」對個人作惡是怎樣施行懲罰的呢？

天懲不是天地運用自然現象來直接施行的，如雷電打人之類，而是通過「營魄抱一」的人體自身遭到傷害來施行的，如心態失衡、身體遭凶等。老子云，「妄作，凶」，「堅強者死之徒也，柔弱微細生之徒」。用三句俗語來解說就是：「作惡多端必自斃」，「善有善報，惡有惡報，不是不報，時刻未到」，「近報自身，遠報子孫。」

「天道」造出「營魄抱一」的人的生命體是一個自然物體，自然是「萬物尊道而貴德」地自然而生，自然而長，自然而死；自然是靈魂安寧，身後得到人民好評和悼念。「自然而生」發生在人後天行善或作惡之前，無所謂善與惡。「自然而長」和「靈魂安寧」發生在人後天行善或作惡之中，就有善有惡。身後評價和子孫禍福發生在行善或作惡之後，也有善有惡。一個人作惡，必然處在一

種不自然的心理失衡狀態之中，心身都會遭到傷害。首先心靈受到傷害，產生了惡念。1.人一旦有了惡念，就心神不定，就要謀劃去害人，去與人鬥智鬥勇，就處在精神緊張和心理恐懼之中，被弄得心力交瘁，坐立不安，就失眠，甚至歇斯底里，瘋狂顛倒。2.富了要守財，貴了要保位和還想升位。老子云：「金玉盈室，莫之守也；貴富而驕，自遺咎也。」俗話說：「富人不甯，貴人不安。」無道而富，自有恐懼；富而守財，日夜不寧。貴而驕，大禍至；貴還想貴，生命不保。3.老年內疚、反悔，臨死靈魂不安。或者老年智呆體弱，遭到報復而「不得好死」。作惡者，心靈受到傷害還有許多種類。心靈受到傷害，就是心病，心病誘發各種生理器官病發。這就是作惡者受到的天懲之一。其次，身體受到傷害。作惡者要實現惡念，就產生惡行，去做惡事，把自己的肉體生命置於危險之中。在與人惡鬥之中，身體不受到傷害是困難的，或者受傷，或者致殘，或者死亡。人們經常聽到地痞流氓頭目剝去衣服，露出身上傷疤向人炫耀：「老子這些傷疤是功績，老子這拐子大哥名稱是真槍真刀殺來的。」作惡者，即使在賭狠惡鬥中不死，勝利了，發財了，但是處在受到刑罰制裁和時刻會遭仇家報復的恐懼之中。再次，惡有惡報，「近在自身，遠在子孫。」作惡者，好勝鬥狠，又得到惡習、惡理和惡制度的煽動和鼓舞，更是倡狂。或侵害他人而結仇，或橫行鄉里市井而激起公憤，或附炎惡勢力而陷入權力鬥爭。害人者必被人害，有公憤者必是眾矢之的，附炎權勢必遭滅族。即使作惡者勝利了，一生未遭到報應，死後會身敗名裂，子孫遭殃。即使惡理、惡制度瘋狂幾千年、萬年，大道循環運動規則會使人類運動返回到善道上來，惡理定會遭到批判，惡制度定會消亡，創造惡理和實行惡制度的人定會被釘死在歷史的恥辱柱上，正所謂：「不是不報，時候未到。」

　　以上所述的對個人作惡的懲罰，表面看是人為的懲罰，實質上是一種天懲，是「道法自然」，是人的天性使之然。

　　老子的「天網」論顯然與儒家的「天命論」、「天人感應論」和巫術、方術、陰陽術、算命術、輪迴論不同。儒家的「天命論」、「天人感應」論，是把個人、家庭、朝代的禍福依據天數來推算和預測，把一些奇異的自然現象作為預兆，這純粹是一種迷信鬼神說的無稽之談。巫術、方術、陰陽術、算命術、星術、風水術、輪迴論把個人、家庭、朝代的禍福和興衰，解說為鬼神、妖魔在起作用，也是一種鬼神說的迷信。這些無稽之談的迷信，對一些作惡的唯物無神論者不起作用，卻愚弄了善弱者。名為天懲，實是人為的造惡懲善。夏曾佑說：

「老子之書，大約以反覆申明鬼神、術數之誤為宗旨一切祈禱之術破矣，一切占驗之說廢矣。」【163】

　　老子的「天網論」，對人類共同作惡的天懲，現今人還能用科學知識來理解和接受，而對個人作惡的天懲，那就不能理解和接受了。因為生活在惡理、惡習和惡制度下的人們，認為，只有作惡的堅強者、勝利者、成功者才生活得好，才有功名成就；而行善的人和善弱者才生活不好，不被人理解，是遭人欺負的傻子。人們不知道也不相信，惡習、惡理、惡制度是會被「道法自然」所消滅的，惡最終是會受到天懲的。人們的這種「不知道也不相信」是一種「無知病」：「不知不知，病也。」這是一種社會思想文化傳統的「病」。這種「社會病」是能用善化和「天網」治好的。

　　二、聖人用善道和行善來懲惡。

　　聖人是悟出了恒道、大道（善道）、道性（靈魂）而覺悟了的人，換一句話說，是保持了天性善心和自然智慧的人。聖人都獨善其身了，有的還去兼善天下。獨善其身，就是自我批判了惡理，清除了惡習。在兼善天下中，聖人分為兩種，一種是對惡制度採取不合作主義，遠離惡制度去遁隱，如莊子、嵇康等，世人稱他們為隱士。其實他們也並非出世真隱，只是不願意為惡制度服務，不願與惡習同流合污，避免遭凶，他們還在說道寫道，是一種消極入世，莊子、嵇康都是如此。另一種是不僅獨善其身，還要積極投入世去兼善天下。他們不僅說道寫道，還要在人世間大行其道。他們不怕遭難遭凶，積極去與惡作鬥爭，去懲惡，去清除惡習，批判惡理，剗除惡制度，去救人救世。故曰：「聖人恒善怵人，而無棄人，物無棄財。」在中國，如老子、劉遺民、鮑敬言、魏征、狄仁傑、李卓吾、孫中山。在西方，如蘇格拉底、柏拉圖、西塞羅、湯瑪斯‧阿奎那、洛克、盧梭、孟德斯鳩。「蘇格拉底的一生使命就是偵察偽智慧」。老子寫《道德經》的目的之一，就是要「絕聖棄知」、「絕仁棄義」、「絕巧棄利」，批判惡理，消除惡習，推翻惡制度，即懲惡。世人把積極入世的聖人稱為哲學家。

　　《協和論》主張用善道和善行覺悟「不善人」，杜絕惡念，懲罰惡理、惡習和惡制度。

　　1、自懲惡念

【163】《中國古代史》頁146。

如上文「惡的產生原因」所述，惡念是「可欲」——「不必要欲望」，是「不知常，妄」——「妄想（釋迦牟尼）」，是「天生的善心和自然智慧」受到蒙垢，是離道背德的。一個人必須杜絕惡念。怎樣杜絕惡念呢？老子的方法是：「修身」。在「修身」中，清除惡念，節制「可欲」，「復歸於樸」，恢復「天生的善心和自然智慧」，使人「知常，明也」，保持在「有欲」——「必要欲望」中。「修身」論見後文第二十章中。這是一種「自知，明也」的自我批判、戰勝自我、「認識你自己」的方法，是自懲。如果一個人不能「修身」自懲，執著惡念不悔改，那自有善的道德力量和法律力量從外部懲罰了。

2、懲罰惡理。

惡理，如前文「惡的產生原因」所述，是一種建造和維護惡念、惡行、惡事、惡制度、惡習的邪惡理論。惡理是萬惡之首，「前識者，道之華也，而愚之首也。」它把「惡」理論化，把善的說成惡的，把惡的說成善的，把不善人說成是聖人，把陰謀說成是智慧，把「攪人心」的「仁義」說成是真理，把智巧說成是聰明，把「貴難得之貨」說成是「利」，美化惡，歌頌惡。所以聖人對惡理十分憤慨，毫不留情地予以揭露和批判，堅決地予以清除。老子云：「大道廢，案有仁義；知快出，案有大偽；六親不和，案有畜茲；邦家昏亂，案有貞臣（18章）。」「絕聖棄知，民利百倍；絕仁棄義，民復畜茲；絕巧棄利，盜賊無有。此三者以為文未足，故令有所屬：見素抱樸，少私寡欲（19章）。」「前識者，道之華也，而愚之首也（38章）。」「是以，聖人欲不欲，而不貴難得之貨；學不學，而復眾人之所過，能輔萬物之自然而弗敢為（64章）。」【164】

（1）「絕聖棄知」——揭露製造和運用惡理的人是假聖人、偽智慧者、不善人、孤寡者——獨裁者，人們應該識破他們，免受他們愚弄。

聖人透徹地看到了惡理論的破壞性：嚴重地腐蝕和危害民眾的天生善心和自然智慧的恢復，嚴重地阻礙人類歷史的循環運動。聖人透徹地看到那些假聖人和上智的人為善和險惡用心。所以，老子就憤怒發出「絕聖棄知」的理論革命口號。這個口號，要絕滅的不是得道的真聖人，而是假借善道來行惡的偽善聖人；要絕棄的不是人天生的自然智慧，而是偽聖人創造的偽智慧。「絕聖棄知」的目的是：「民利百信」。「民利百信」包括了人性的恢復、政治的民主自由、經濟

【164】《仰望老子》第一卷第十八、十九章，第二卷第三十八、六十四章。

的「民自富」等等於民有利的善事。對老子的「絕聖棄知」，儒家大肆歪曲，說什麼老子教人不尊重聖賢，不尊重知識。今人絕不可附和別有用心的儒生的解說，要知道「絕聖棄知」和「不上賢」對儒家的惡理論具有極大殺傷力和徹底的批判力，所以儒家才恐懼、仇恨、誹謗老子。

（2）「絕仁棄義」——批判最大最凶的惡理論：「仁義」論。

在所有惡理論中，「仁義」論是最大最凶的惡理論。其一，「仁義」論源遠流長，從黃帝時代就開始有了，造成的惡習最頑固。其二，「仁義」論具有最大的隱蔽性和欺騙性。其三，「仁義」論在禮制——帝王獨裁社會具有很強的實用性。其四：「仁義」論在理論上具有極大破壞性，它從根本上違道背德，拋棄人的天生善心和自然智慧，污染靈魂，扭曲人性，創傷心靈，製造心理疾病。對「仁義論」的批判見前文「三」。所以老子提出了理論上的第二個革命口號：「絕仁棄義」。「絕仁棄義」的目的和結果是：「民復畜茲。」畜，畜力，指農耕生產。茲，《說文》：黑也。《正韻》：蓐也。草木茂盛。畜茲，指農耕生產荒蕪。因為，仁者不農耕，只祿在其中。這是仁義論的最大的破壞性。絕棄仁義，國民就恢復了正常農耕生產。

（3）「絕巧棄利」——批判用不正當的人為智巧去竊取不正當的利益。

這裡的「巧」，是巧偽，是投機取巧，是巧計陰謀，是智巧；不是自然智慧，不是科學技術，不是技巧，不是巧匠能工的「巧」。這裡的「利」，是運用智巧而取得的暴利，是帝王打下天下的「率海之濱莫非王土，率土之民莫非王臣」的大利，是「入仕得祿」的「利祿」，是爭得功名而封妻蔭子、光宗耀祖的「利」，是巧取豪奪的「貴難得之貨」而「金玉盈室」的大利；不是「做適合自己的事，拿自己應得的東西（蘇氏語）」的應得的「利」，不是搞科技發明獲得的物質利益，一句話：不是正當謀生的利。

這種巧計智慧，是從「仁義」論演繹出來的偽智慧，是帝王「打天下、坐天下」的實踐經驗的總結，是偽聖人創造出來的聰明，是歷代帝王所提倡和渴望的，是偽聖人所歌頌（「美之」）的「大陰謀」。譬如，漢武帝的雄才大略，諸葛亮的神機妙算。運用這種「巧」所獲得的「利」的惡果是：天下貧富兩極分化，「貴難得之貨」，盜賊蜂起。帝王擁有全國江山和臣民為財產，貴富者分得封地和人口為私有財產，廣大民眾淪為奴隸而餓殍遍野，是「學也，祿在其中；耕也，餒在其中（孔子話）」。用詩人的描述是：「朱門酒肉臭，路有凍死骨」，「遍身羅綺者，不是養蠶人。」

「絕巧棄利」的目的和結果是：「盜賊無有。」用現今人的話來說是消除貧困。俗話說：「家窮起盜心，富貴有仁義。」這句俗語所說的「盜賊」是迫於生計的貧窮人的盜賊，是小盜小賊。之所以有貧窮人的小盜小賊，是因為有貴富者的大盜大賊，「盜誇」是坐天下的帝王——竊國大盜、獨夫民賊和沒有坐天下的盜頭匪首。所以莊子把假聖人和盜賊定格為一丘之貉。莊的結論是：「聖人不死，大盜不止。」所以，只有絕棄了文武之道和孔子那樣的巧偽智慧，才能使天下人「反其本」——恢復自然智慧，各人都去幹適合於自己的事和拿自己應拿的東西，天下也就沒有竊國大盜了；只有絕棄了「不耕而食，不織而衣」的獨夫民賊所獲得「難得之貨」的富貴之利，民間的小盜小賊才隨之「無有」了。

現今人很難理解老子的這三個「絕棄」，下面再舉例來論證。

例證一，孔子和墨子。

儒、墨之爭在春秋戰國時期的諸子百家中最為突出、激烈。晚孔子半個世紀的墨子本是學儒的，成熟後，卻反其道而行之，創造了與儒學針鋒相對的墨學。在墨子之前，雖有批判孔子的，但沒有像墨子那樣對孔子觀點痛加貶斥和徹底否定的。所以引起儒生們的猛烈反擊和詛咒，孟子謾罵墨子是無君無父的禽獸。

儒、墨之爭的主要論題有：1.儒家主張「天命」：「畏天命」，「生死有命，富貴在天」。墨子「非命」：「命者，暴王所作，窮人所述，非仁者言也」，「執命者不仁」。墨子主張「天志」和「天意」。「子墨子之有天意也。觀其行，順天之意，謂之善意行；反天之意，謂之不善意行。觀言說，順天之意，謂之善，善言淡；反天之意，謂之不善言談。觀其刑政，順天之意，謂之善政；反天之意，謂之不善刑政」。「天意」即「民意」。2.儒家主張親疏尊卑的有等級的「仁愛」。墨子反「仁愛」，主張「兼愛」；「以兼相愛，交相利之法易之」。「為彼，猶為王也」。」「先萬民之身，後為其身」，「要退睹其萬民，饑即食之，寒即衣之，疾病侍養之，死喪葬埋之（注：福利社會）」。3.儒家主張「三綱五常」的倫理秩序。墨子「非儒」，主張平等自由權利：「官無常生，民無終賤」，「視人之室若其室，誰竊？視人身若其身，誰賊？視人之家若其家，誰亂？視人之國若其國，誰攻？故天下兼相愛則治，交相惡則亂。」4.孔子主張忠心輔佐仁君發動義戰，統一天下。墨子主張「小邦寡民」而「非攻」：「天子三公既已立，以天下為博大，遠國異土之民，是非利害之身體，不可一一

而明知，故畫分萬國之諸候國君。」「殺一人，謂之不義，必有一死罪矣；今小為非知而非之，大為非攻國，則不知非，從而譽之，謂之義。此可謂知義與不義之辯乎？是以，知天下之君子辯義與不義之，亂也。」5.孔子主張：「皇權神授」和忠君孝父。墨子反對，卻主張「尚賢」「尚同」的民選後的「聖人以治」、賢人政治：「選天下之賢可立者，立以為天子。又選天下之賢可立者，置立之以為之公。正長既以具，天子發政於天下之百姓。言曰：聞善而不善，皆以其上。上之所是，必皆為之；所非，必皆非之。上有過，則諫之；下有善，則薦之」6.孔子主張「尊尊」、「親親「的家族和貴族世襲制的政治生活；「唯上智與下愚不移」，「民可使由之，不可使知之」。墨子反對之，主張庶民思想言論教育平等和政治權利平等的民權主義政治生活：「夫唯能使人之耳目，助己視聽；使人之吻，助己言說；使人之心。助己思慮；使人之股肱，助己之動作。尊尚賢而任使能。不黨父兄，不偏貴富，不嬖顏色。賢者舉而止之，富而貴之，以為官長。不肖者，抑而廢之，貧而賤之，以為徒役」。「強不執弱」，「詐不欺愚」、「故雖賤人也，上比之農，下比之藥，曾不若一草之本乎？」7.孔子正樂，墨子「非樂」。8.孔子繁禮縟節，墨子節用。9.孔子反對鬼神卻又主張祭祀天地和祖宗神，墨子「明鬼」，鬼神管人事善惡賞罰。10.孔子主張「學而優」後入仕求功名利祿，做人上人；墨子反對上人欺壓下人，主張「學而優」後「摩頂放踵，利天下而為之。」【165】

　　對比以上所列舉的十種觀點，誰是偽聖人、誰是真聖人呢？後世的評價各異。

　　莊子評價：孔子是巧偽人，「盜丘」；「墨子真天下之好也，將求之不得也，雖枯槁，不舍也，才士也夫！」【166】

　　韓非子評價：把儒、墨兩家都否定了，認為兩家都破壞了法治，列入「五蠹」之中。他說：「孔子、墨子俱道堯、舜而取捨不同，皆自謂真堯、舜。堯、舜不復生，將誰使定儒、墨之誠乎？今乃欲審堯、舜之道於三千歲之前，意者其不可必乎！無參驗而必之者，愚也；弗能必而據之者，誣也。故明據先王必定堯、舜者，非愚則誣也。愚誣之學，雜反之行，明主

【165】《墨子校注》卷四、卷五、卷六、卷九。
【166】《莊子・天下》頁203。

弗愛也」「儒以文亂法，俠以武犯禁，而人主兼禮之，此所以亂也。故行
仁義者非所譽，譽之則害功；工文學者非所用，用之則亂法。」【167】

孟子和後儒以及帝王將相者評價：譽孔子為文聖、至聖，斥墨子為禽獸。

嵇康、阮籍、李卓吾評價：此三人皆斥孔子為偽聖人、假仁義，「褌襠中
蝨子」（阮氏語），「儒者不可用之治天下國家」【168】。對墨子無評價。

胡適的評價：孔子是救世教育家，墨子是救世實用家。

依據老子所定的標準來評價：孔子是巧偽者，盜丘，偽聖人，在「絕棄」
之列；墨子觀點雖有極端之處，畢竟站在平民立場上，是救世的聖人。

例證二，漢文帝和漢武帝。

漢文帝和皇后竇氏，用黃老之術的無為之治，廢秦朝以及漢惠帝時的酷刑
二十多種，承繼蕭何的休養生息治國之策，出現了「文景之治」，人口從劉邦時
三千多萬增至五千多萬。漢武帝廢黃老之術而改用儒術有為治國，起用酷吏，連
年征戰，耗空了「文景之治」的糧財，使人口從五千多萬減至三千多萬。漢儒和
宋儒都歌頌漢武帝是有雄才大略的大有作為的英明君主，斥漢文帝是無所作為的
平庸君主。今人也只歌頌漢武帝，不提漢文帝，並且貶斥竇太后。

用老子所定的標準來評價，漢文帝是「利民」的聖人，漢武帝是殘民的暴
君。

例證三，諸葛亮和張衡。

諸葛亮和張衡在襄陽都有祠廟。諸葛亮的智慧是神機妙算，佈陣殺人，六
出祈山，他的道德品質表現在前後出師表，報劉備知遇之恩而忠於劉禪。張衡的
智慧是製造地震儀等科學技術發明和創造。今人到襄陽去，都要去諸葛亮的臥龍
崗，禮拜諸葛亮祠廟，而不去張衡祠廟。依據老子所定的標準來評價：諸葛亮的
智慧是陰謀、偽智慧，是「巧」，在「絕棄」之列；張衡的智慧是真智慧，是
「樸」，不在「絕棄」之列。

例證四，劉伯溫（劉基）和李卓吾（李贄）。

俗話說：「五百年前諸葛亮，五百年後劉伯溫。」劉伯溫和諸葛亮都是中

【167】《韓非子集解》頁457。

【168】《李卓吾傳》頁282。

國人所崇拜的智慧化身，具有同等同樣的智慧。劉伯溫輔佐朱洪武打下天下，又輔佐朱洪武坐天下，為朱洪武創造了「八股文」，是明清科考的文章仲裁固定格式，窒息了讀書人的自然智慧。所以，劉伯溫除了有諸葛亮的神機妙算、佈陣殺人和忠君的智慧外，還多了一個「八股文」的智慧。李卓吾憤怒地批判「八股文」，批判明朝皇帝獨尊了朱熹儒術和王陽明心學，說「儒者不可用之治天下國家」，主張老子的「童心」說。李卓吾遭到坐牢殺頭之災。依據老子所定的標準來評價：劉伯溫的智慧是陰謀、偽智慧，是「巧」；李卓吾的智慧是自然智慧，是「樸」。

從以上論述可知，近、現代儒生和辯證法論者對老子的三「絕棄」的注解是荒謬的，說什麼老子不要聖人，不要知識，不要科技（技巧），不要利益。

3、懲罰惡習。

如前文「三（六）」中所述，惡習是一種惡理被專制統治者強行「洗腦」和推廣而形成的惡劣的社會習慣風俗。生活在惡習中的人，把惡理視為真理，把惡行、惡事視為正義，按著惡習不自覺地去作惡。惡習使人喪失了天生善心和自然智慧，很頑固地抵制善心和自然智慧的恢復。如果有個保持了天生善心和自然智慧的人去提醒生活在惡習中的人們，去批判惡理，就會立即遭到人們的反對、打擊和殘害。李卓吾、戊戌六君子的遇害和孫中山的被通緝就是例證。又例如，愛國就是忠君和愛執政政府，也是一種民族主義的惡習。要是有人提醒人們，愛國不等於忠君和愛執政者，民族感情不等於排外的民族主義，就會立即被人們唾為賣國賊、漢奸、民族敗類。蘇格拉底的「地穴喻」生動描述了惡習的作用。惡習由專制政權所造成，反過來，惡習又製造和維護不善的專制政權。惡習不是天生的，是兇惡的強人製造的，因此是可以改變的。懲罰惡習有三法：1.教育，恢復人天生的善心和自然智慧。「聖人恒善怵人」，「善人，善人之師；不善人，善人之資也。不貴其師，不愛其資，唯知乎大眯，是謂眇要」【169】，一方面，啟發人修身「自知」；另一方面教化人覺悟「知常」。2.批判惡理。3.推翻惡制度，建設善制度，製造出善良的社會環境。聖人和善人要堅信「惡習」是「物或惡之，故有欲者弗居」，「古之所胃曲金者，幾語才，成金歸之。」

4、懲罰惡制度。

【169】《仰望老子》第一卷第二十七章。

惡制度的出現，是大道運行的一種「筮」而「遠」的自然現象，也是人類運動發展的一種離道遠德的歷史階段，隨著運動的向前是必然會消亡的。但是，這種消亡不是消極等待的，而是積極可為的；是人的天生善心和自然智慧受到蒙垢後又要靠人覺悟破迷去爭取的。覺悟得早，惡制度的消亡就快；覺悟得遲，惡制度消亡就慢。所以，惡制度又是人為的，可以用人為去懲罰它，消滅它。

惡制度是用漫長的時間確定下來的，也是付出了慘重代價建立起來的，懲罰和消亡惡制度也要有漫長的時間和付出慘痛代價。從現有的歷史資料來考察，懲罰和消滅惡制度有五個方法：1.和平演變過度。聖人和善人對執政者進行勸諫，由執政者改惡從善。例如，古希臘雅典城邦民主文明的成功，中國戊戌變法的失敗。2.官吏政變。宮延內的善人發動政變。如日本明治維新。3.首都市民起義。如英國革命、法國革命。4.自下而上的善人革命運動。如美國獨立戰爭，中國的辛亥革命。5.外來善良力量的介入。如阿富汗和伊拉克民主政權的建立。總之，聖人和善人要抓住最適宜的時機，選擇付出代價最小的方法和路子。

5、懲罰個人和團夥的惡行惡事。

個人和團夥的犯罪主體和受害主體是很具體的，一般人能感覺到、認識到。個人作惡，是指單個人的具體行為。團夥作惡，是指兩個人和兩個人以上的一群人共同行為。例如，貪污受賄，設計害人，雇兇殺人，製造冤案，家庭暴力，偷盜、毆鬥、劫財、謀財害命、詐騙、拐騙、滋釁鬧事、橫行霸道、強姦、奸殺、復仇、行俠仗義，等等。

但是，對個人和團夥的作惡，不同的習俗、制度的評判標準不同。例如，承認家奴制合法的社會，認為主人毆打、殺害家奴和強姦奴婢認為不是作惡，而家奴反抗主人是作惡。在家長制合法的社會，家長毆打、殺害兒女和家族處罰觸犯族規的人不是作惡，而兒女反抗家長和族人反抗族長就是作惡。在男尊女卑合法的社會，丈夫毆打和殺害妻子不是作惡，妻子反抗丈夫是作惡，殺害姦夫不是作惡，殺害主夫是作惡。在專制社會，互相鬥殺的政治集團，勝利者不是作惡，失敗者是作惡。等等。

對個人和團夥作惡的懲罰方法有二：1.輿論的譴責，使其身敗名裂，感到人言可畏。2.國家法律的懲罰。懲罰應重在「恒善怵人」，「不善人何棄之有？」而不應該「棄人」或傷害肉體和殺害生命。老子的觀點是：「貴為身」、「愛之身」，廢除死刑的。懲罰不應該由個人或團夥去實行所謂的「行俠仗義」，復仇，行俠仗義或復仇本身也是作惡。

第十六章　協和論的「人性論」的理論價值和實用價值

「人性論」是一個被弄得非常複雜的理論，有千百種思想觀點，眾說紛紜。《協和論》的「人性論」卻去偽存真，廓清了「人性論」的障礙，清明了「人性論」輪廓，使紛繁灰暗的「人性論」簡單明瞭起來。所以，《協和論》的「人性論」具有重大的理論價值和實用價值：能夠澄清關於「人性論」的認識誤區，辨別已經出現了的「人性論」是善理論還是惡理論；從而，指導人去行善，制止人去作惡；導向人們去劃除惡制度，創建善制度。

➡ 第一節　澄清「人性論」的認識誤區

任何自然科學和倫理學的認識對象，都是能夠被人認識的，也是能夠運用語言文字論述清楚的；之所以認識模糊不清，論述紛繁灰暗，是因為劃分不清晰，概念不明確，產生了誤區；對「人性論」的認識和論述也是如此。

《協和論》的「人性論」，把「人性」確定在人的「天性」範疇裡，把「社會性」確定在人的「習性」範疇裡，這就明確地區分了「天性」（自然性）與「習性」（社會性）。在論述中，分為兩大部分：「人性本善」和「習性有善有惡」。這樣，就劃分清晰，概念明確，論述有條不紊，語句通俗易懂。這樣，就堅持了「人性本善，習性有惡」的老子和蘇格拉底的倫理學「人性論」傳統原理，澄清了那些把「天性」與「習性」混為一談的「人性論」的認識誤區。

可是，那些把「天性」與「習性」混為一談的「人性論」就不是這個樣子。例如儒家的「人性論」。

孔子說：「性相近，習相遠。」【170】這個論斷，含糊不清，歧義眾多，等於什麼也沒有說。「性」和「習」是什麼，「性」是「善」還是「惡」，「習」是學習知識還是運用知識，「習」的過程和結果是「善」還是「惡」，沒有界定。「相近」或「相遠」的內容是什麼，是「性惡」還是「性善」的「相近」或「相遠」，不知所云。「相近」或「相遠」到何種程度，一片茫然。這不僅是劃分不清晰，概念不明確，認識有誤區；而且不是在論證，簡直是不懂裝懂、機智

【170】《三字經》頁1。

地說教。哲學的論述，是不能機智的，也就是說，是不能耍滑頭的，只能老老實實地認認真真地做學問。可見孔子不是一個治學嚴謹的學問家，而是一個機智的權術家。孔子的這種機智說教的惡習，被後來的鴻儒們繼承下來，只知道引用「聖人言」或自己機智地說斷語，而不懂得什麼是定義、什麼是論證。

由於孔子關於「性」的論斷含糊不清和歧義眾多，後來的孟子和荀子就得出截然相反的兩種「人性論」：「性本善」與「性本惡」。漢儒就弄出個「性無善無惡」，宋儒又弄出個「性有善有惡」。不管是孟子還是荀子，是漢儒還是宋儒，對「人性」都只是機智地說教，說假、大、空的話語，沒有、也無法和不懂得進行論證。至今，中國的新儒生，都是如此。

這種機智說教的信口雌黃的「人性論」，目的只有一個：為君主制度和帝王專制辯護，從而獲得和維穩個人的功名利祿。

儒生們為了這個目的，就有意或無意地顛倒黑白、混淆是非，把「善」的說成「惡」的，把「惡」的說成「善」的，弄出許多反天道、人性的自相矛盾的謬論來：「上智與下愚不移」，「生而知之，學而知之，困而不知」，「小人不仁」，「勞心者治人，勞力者治於人」，「存天理，去人欲」，等等。

➡ 第二節　辨別「人性論」的善理論與惡理論

協和論的「人性論」堅持了「天生善心和自然智慧」是辨別是非、善惡的標準，不僅能夠辨別倫理學裡的善理論與惡理論，而且能夠辨別形而上學裡的善理論與惡理論。

人們弄清了「人性本善」與「習性有惡」的界限，心裡就清明了：人人具有天生的善心和自然智慧，人人的「天性」是自由的、平等的、相互友愛的。人的有善有惡的差別，是在政治社會裡受到習染而形成的，是人的後天的社會性，不是人先天的本性——天性。這樣，人們就有了一個辨別是非、善惡的標準。凡是自由地追求生存和性愛、平等待人、相互和睦友愛的言論和行為，就是保持了人天生的善心和自然智慧——天性；凡是把個人命運寄託在別人手裡、待人有親疏尊卑之別、相互對立謀害的言論和行為，就是天生的善心和自然智慧受到社會的污染或者喪失了人的「天性」。

於是，我們就有如下一些正確的判斷：

1.凡是獨裁者所喜愛和利用的理論，絕對不是善理論。

例如：秦始皇所喜愛和利用的法術、方術，漢武帝、朱洪武、慈禧太后所喜愛和利用的儒術，乾隆所喜愛和利用的淨土宗，查理、威廉、沙皇所喜愛和利用的「戰爭是萬物之父」，希特勒、東條英機所喜愛和利用的種族優劣論，等等。

2.凡是主張人性是自由、平等、博愛者所喜愛和利用的理論，就是善理論。

例如：英國的民主革命派所喜愛和利用的洛克理論，法國的啟蒙運動者和大革命者所喜愛和利用的盧梭、孟德斯鳩理論，亞當斯、林肯所喜愛和利用的人權主義、民權主義，孫中山、宋教仁所喜愛和利用的民權主義，等等。

3.凡是主張人性具有親疏、尊卑差別的理論都是惡理論。

例如：儒家學說，淨土宗佛理，古代印度的種姓論，洛克所批判的羅伯特・費爾默的「先祖論」和「君權世襲論」，康德的歧視婦女的「先驗論」，等等。

4.凡是主張人性惡的理論都是惡理論。

例如：法家學說，赫拉克利特的「戰爭是萬物之父」論，普羅泰戈拉的「人是萬物的尺度」論，馬基雅維利的「君主論」，霍布斯的「一次契約論」，黑格爾的「對立統一」論，黑格爾和尼采的「主人哲學」和「奴隸哲學」，斯賓塞的「社會進化論」，費爾巴哈的唯物無神論，海德格爾的「社會無此人」論，黑格爾、馬克思、海德格爾、黑格的「社會自我論」，休謨的「感覺的自我論」，薩特的「唯我論」，本拉・登的「恐怖主義」，等等。

5.凡是主張人性自由、平等、博愛的理論都是善理論。

例如：老子哲學理論體系，蘇格拉底、柏拉圖體系，釋迦牟尼的哲學理論，楊子的「為我」論，墨子的「兼愛」論，洛克的理論，盧梭的理論，孟德斯鳩的「法的精神」，林肯的「三民」主義，孫中山的「三民主義」，等等。

➡ 第三節　指導人去行善，制止人去作惡

本節論述的對象範圍，是指生活在專制社會裡有的明白、有的不明白「人人具有天生的善心和自然智慧」──「人性本善」這個大道理的個人；而並不是指生活在公民福利社會裡都明白了「人人具有天生的善心和自然智慧」──「人性本善」這個大道理的個人。

《協和論》的「人性論」，能夠指導人去行善，制止人去作惡。

　　善良人明白了「人人具有天生的善心和自然智慧」——「人性本善」這個大道理，就會增強行善的信心，相信天下好人多，相信人作惡是一時間，相信世上無惡人和世上有惡習、惡俗、惡理、惡事、惡制度，相信人是能夠被教化而恢復「天性」的，相信善良會戰勝邪惡。

　　保持或恢復了「天生善心和自然智慧」的善良人，就會發自內心地去行善：「善行者無轍跡，善言者無瑕適（謫），善數者不用籌策，善閉者無關鍵而不可啟也，善結者無繩約而不可解也。是以，聖人恆善怵人而無棄人，物無棄財，是謂愊明。故，善人，善人之師；不善人，善人之齎也。」（《道德經・第二十七章》）【171】這種發自內心的行善，是無意地自覺地去行善，並不是為了修飾或表明自己是善人。

　　保持或恢復了「天生善心和自然智慧」的善良人，就會識別善人和不善人。在面對任何人的時候，她不會被情感和習俗蒙蔽，能夠站在最高的「初和恆道」的境界上面，俯視眼前的人，眼前的人的每一個表情、語音、動作的表演，都逃不過她的火眼金睛。她以善待人，態度和藹，語氣溫和。她會與善良人結合在一起去行善；也不會拋棄不善人，不會被不善人所利用，只會改造不善人的思想觀點和作法。

　　保持或恢復了「天生善心和自然智慧」的善良人，就會識別真智慧與偽智慧。她不會被知識和「美言」所蒙蔽，站在最高的「初和恆道」的境界上面，居高臨下，憑著「天良」識別出真智慧與偽智慧來。在她的心裡和眼裡，沒有天才、政治家、軍事家之類的「超人」，只有在某一個方面「自然智慧」發揮得較好的人；那些所謂的「英明天子」、「偉大天才」、「神機妙算的軍師」、「英雄人物」，都是政治陰謀家，殺人狂，都是喪失了「天性」的不是正常人的瘋子，都是應該教化的「不善人」。凡是宣揚那些人的「豐功偉績」的「天才論」，凡是鼓動人去「做人上人」、去「追求功名利祿」的學說，都是偽智慧。相反，那些只追求實現生存和繁衍後代的「必要欲望」的普通人，那些默默無聞地做好事的不求功名利祿的人，才是正常人，是善人；凡是宣傳普通人的生活方式的人生觀，鼓勵人去行善的知識，都是真智慧。

　　保持或恢復了「天生善心和自然智慧」的善良人，不會被惡習、惡理、惡

【171】《仰望老子》第一卷第二十七章。

事所動搖。她的靈魂沒有污垢或者污垢被洗滌乾淨，清澈如泉水，心明眼亮。她處在專制社會裡，耳聽著：世俗人歌頌專制社會的太平盛世，歌頌帝王將相的豐功偉績；斥責對專制不滿意和批評的有識之士是「不識時務」，是自不量力；眼看著：帝王將相的耀武揚威，富貴者的阿諛逢迎，儒生們追逐功名利祿，地痞流氓的橫行霸道，家奴懦夫的奴顏婢膝，下層民眾的饑寒交迫，正直之士受到的殘酷迫害；身受著：貧困、壓迫、鄙夷、誹謗，等等摧殘；作惡者享受著富裕舒服的生活，善良人過著清貧窘迫的生活。她不為富裕舒服的生活所動搖，為了保持「天生的善心和自然智慧」的純潔，心甘情願地去過著清貧窘迫的生活。

保持或恢復了「天生善心和自然智慧」的善良人，不會被惡勢力所誘惑和嚇倒。善良人是不善人和惡勢力作惡的障礙，為了掃除這種障礙，不善人和惡勢力對善良人常常採用的是三種手法：引誘、恐嚇、消滅。引誘和恐嚇，是妄想迫使善良人去與他們同流合污；消滅，是殺害善良人，消滅善良人的肉體。可是，善良人的理智清醒，理念正確，信念堅定，意志堅強，寧可肉體會被不善人和惡勢力所消滅，也不會被他們所誘惑和嚇倒而去與他們同流合污。善良人，不是坐而待斃的奴才和懦夫，在面對惡勢力猖獗的時候，認識到那種猖獗是外強中乾，不會長久，有信心和勇氣去消滅惡勢力；同時，認識到惡勢力經過歷史的積累，是頑固強大的，必須運用善心去啟蒙民眾，感化不善人；運用自然智慧去有計劃地有策略地剷除專制制度。

一個人，如果不明白「人人具有天生的善心和自然智慧」──「人性本善」這個大道理，就是一個思想混亂、善惡不分的糊塗人、愚蠢人。他就容易被作惡者所蒙蔽，認可惡俗、惡理，習慣於專制社會的生活狀態。他看到作惡者是強人，來勢洶洶，就被嚇倒了，要麼成為不敢反抗的怯懦者，要麼跟隨作惡強人去作惡，去與善良人作鬥爭。他看到作惡者總是發不義之財，享受富裕舒服的生活，就十分羨慕和嫉妒，也去發不義之財。他看到那些作惡者都是行不善的官吏之道成為權勢者，威武赫赫，雞犬升天，光宗耀祖，就十分羨慕和嫉妒，也去行不善的官吏之道，向權力的臺階上攀爬。他看到善良人清貧窘迫，就認為善良人是沒有能耐的自作自受的愚蠢人，瞧不起善良人。他認為，社會豺狼當道，弱肉強食，爭權奪利，是合情合理的森林法則，把野獸法則當做人間法。他不相信人類有善良人，所謂善良都是偽善者。他不相信人類社會有自由、平等、博愛的民主政治社會，所謂民主社會也是強人利益至上的偽善社會。當他攀爬不上權力臺階時，他就認為自己命運不好，就要麼去心甘情願地去做奴才，要麼去做橫行市

井的地痞流氓。當他攀爬上權力臺階時，他就張牙舞爪，貪婪地狂咬吞食，不知收斂。對於這種糊塗人、愚蠢人，只有在兩個時間段才能明白「人人具有天生的善心和自然智慧」──「人性本善」這個大道理：一個時間段是，在他成為作惡者之前，遇到了善良人的教化，就阻止了他成為作惡者；另一個時間段是，當他從權力的臺階上成為爭權奪利的失敗者，跌倒下來，在重刑面前，會有良心發現，加上善良人的開導，才會翻然醒悟，明白了「人人具有天生的善心和自然智慧」──「人性本善」這個大道理。

不善人明白了「人人具有天生的善心和自然智慧」──「人性本善」這個大道理，就知道自己侵犯別人的念頭和言行，是作惡，是違反天道人性的，就會拜善良人為老師，洗心革面，從而改惡從善，恢復自己「天生的善心和自然智慧」，再不去作惡了。

怯懦者明白了「人人具有天生的善心和自然智慧」──「人性本善」這個大道理，就會鼓起勇氣，站到善良人的一邊，不害怕作惡者。

➡ 第四節　導向人去剷除惡制度，創建善制度

蘇格拉底說：「你不要以為政治制度是從木頭裡或石頭裡產生出來的。不是的，政治制度是從城邦公民的習慣生產出來的；習慣的取向決定其它一切的方向。」（《理想國》）他還說，有什麼樣的個人心靈，就有什麼樣的政治制度。蘇格拉底說了習慣與政治制度關係的一個方面；還有另一個方面，什麼樣的政治制度會加強什麼樣的風俗習慣，政治制度性質的改變能夠移風易俗。

在人類自然群居社會裡，每個人都是不自覺地憑著天生的善心和自然智慧與別人與整個社會交往的，無所謂明白還是不明白「這個大道理」。在人類進入文明社會的政治社會階段，政治強人為了使自己的特權合理合法地維持下去，開始用語言文字宣傳「親疏」、「尊卑」的思想觀念，並且逐漸使那種「親疏」、「尊卑」的思想觀念成為習慣風俗，「親疏」、「尊卑」的習慣風俗就產生了君主制度和帝王專制。多數人也就逐漸不明白、甚至喪失了「人人具有天生的善心和自然智慧」──「人性本善」這個大道理。但是還是有少數人明白「人人具有天生的善心和自然智慧」──「人性本善」這個大道理。

在一個民族裡，如果大多數人不明白「人人具有天生的善心和自然智慧」──「人性本善」這個大道理，只相信「親疏」「尊卑」的習慣風俗，那麼

那個民族就會長期處在君主制度和帝王專制裡，就很難產生公民福利制度。要想大多數人明白「人人具有天生的善心和自然智慧」──「人性本善」這個大道理，從而產生公民福利制度，就需要很長時間的啟蒙運動、甚至激烈的民主革命運動。

例如中國，從「三皇五帝」開始就形成了「親疏」、「尊卑」的習慣風俗，直到今天，「親疏」、「尊卑」的習慣風俗仍然盛行。所以，中國的君主制度就有兩千多年，到秦朝出現的帝王專制至今也有兩千多年，合起來有五千多年。要想大多數中國人明白「人人具有天生的善心和自然智慧」──「人性本善」這個大道理，那明白了「這個大道理」的少數中國人的啟蒙運動的開展是多麼困難啊！但是，「這個大道理」是「自在人心」的，自從辛亥革命以來，明白「這個大道理」的中國人越來越多，「親疏」、「尊卑」的習慣風俗在被逐漸移風易俗，帝王專制制度搖搖欲墜，如果出現第二次啟蒙運動或辛亥革命，劃除了帝王專制，公民福利社會就會出現，那麼「親疏」、「尊卑」的習慣風俗就會被消除，新的習慣風俗就會產生和盛行起來，絕大多數中國人就會明白「人人具有天生的善心和自然智慧」──「人性本善」這個大道理。這一天的到來是屈指可數的。

所以，「人人具有天生的善心和自然智慧」──「人性本善」這個大道理，是「自在人心」的大道理，是能夠喚醒民眾的大道理，是「導向人去劃除惡制度，創建善制度」的大道理。善良人，努力吧！

第十七章　界定法學：契約與法律

➡ 第一節　法學的基本原理

洛克：「生命權不能委託給任何人。」【172】「法律的目的不是廢除或限制自由，而是保護和擴大自由。」【173】

【172】《政府論兩篇》頁161。

【173】《政府論兩篇》頁143。

盧梭：「人生來就是自由的，卻無邊處於枷鎖之中。自以為是他人主人的人，只不過比他人更是奴隸。」【174】「我們發現：這一結合的約定包含著一種全體和個人之間的相互約定。可以這樣說，每個人也是在與其自己訂約，他受到雙重關係的制約，即在個人面前，他是主權體的一份子；在主權體面前，他是國家的一份子。服從法律的人民，應該是法律的制定者。」「治人者不應該立法，那麼立法者也不應該治人。」【175】「卑鄙的奴隸聽到『自由』一詞抱以嘲弄的一笑」【176】「一旦有人在談到國事時這樣說：『與我何干？』我們應當以為國家完了。」【177】「主權體只是普遍意志的行使，它永遠不能被轉讓。如果人民只作出服從的承諾，那麼它就因為這一約定而解體，它就喪失了它之為人民的資格；從有了主人的那一刻起，主權體便不復存在，政治實體也就此垮臺。」【178】

孟德斯鳩：「專制沒有法律，只有恐怖，只求得平靜，而不是和平。」【179】

第一條：立法的唯一目的就是為了抑制社會強人的「不必要欲望」和消除破壞人類生存環境的人為活動，從而保護每個人的自然權利和社會權利不受到侵犯。任何保護某個人或某個政治團體的利益都不是立法目的。

第二條：立法的依據是自然法，自然法在人類的表現就是每個人「天生的善心和自然智慧」所產生的共識而形成的「普遍意志」。「普遍意志」就是真理，是永遠消滅不了的。任何個人或少數人的意志都不是立法依據。

第三條：立法人是每個公民所組成的主權體，由主權體委託立法機構將「普遍意志」形之於文字條款成為根本大法——憲法。具體法由利益所涉及者的大多數公民所「同意」而形成。解釋權在立法機構，任何某個人或群體都不能成為立法人和解釋人。

【174】《社會契約論》頁4。

【175】《社會契約論》頁35。

【176】《社會契約論》頁36。

【177】《社會契約論》頁81。

【178】《社會契約論》頁27。

【179】《論法的精神》頁128。

　　第四條：立法者不能執法，執法者不能立法。立法、司法、行政三權分立，不能混為一家，不能權力交叉而相互代替或推諉。

　　第五條：主權體享有隨時選舉和撤銷立法、司法、行政機構的至高無上的權利和權力（主權體沒有上級）。立法、司法機構是民意的宣傳者和宣告者，而不是民意的代表者和裁決者。行政機構是依法代理辦事者，不是憑個人意志的處理事情者（不是什麼「民」的「父母官」）。

　　第六條：在法律面前人人平等，任何個人和社會組織都不能超越法律之上。如果某個人或每個社會組織超越法律之上，那就是「非法」──沒有法律；「非法」的狀態就是解除了人的社會狀態而返回到無政府的愚昧野蠻的恐怖的自然狀態，比如專制社會狀態。在專制社會裡，國民沒有自己的政府，沒有法律，只有恐怖。

　　第七條：立法條文，必須綱舉目張，條分縷析，簡明扼要，通俗易懂；不能主次不分，劃分不明，含糊不清，晦澀難懂；儘量減少解釋空間。

➡ 第二節　自然法與人間法

一、契約的起源

　　在人類社會出現之前，自然人只受到自然法的約束，不受到任何別人的約束，自由自在地覓食、性交。當自然人的身體和自由活動時刻受到侵犯和限制時，自然人就具有兩種自然本能的權利：保護自身不受到侵犯與抵抗和懲罰侵犯他的對象，即自衛和懲罰的權利。這兩種權利都是自然人憑個人意志去行使的，因為他沒有上訴的地方。於是，自然人為了更好地有效地施行自衛和懲罰，就群居在一起，形成自然社會。

　　最早的自然社會是母系家庭社會，最早的契約出現在母系家庭社會裡。最早的契約是禁止同一母系血緣的男女發生性愛關係。這種禁止同血緣性愛的條款，由有識之士提出，經過全社會成員一致「同意」和共同遵守，並且把這種禁止條款用利器刻在器物上，就成了契約。最早的契約是十分簡明的。這種禁止同血緣性愛的契約，是人類經過幾萬年的體驗對自身生命的一種認識成果，認識到同血緣關係的男女性交後出生的兒女身體不健康，而且出現畸形，危及到人類生命自身和生命繁衍。所以這種禁止同血緣性愛的契約又是十分自然的，是自然法

表現出的契約形式，稱不上政治社會的法律。

因此可以得出結論：契約起源於每個人「天生的善心和自然智慧」的自然性而產生的共同的自然認識（普遍意志），是為全人類服務的。簡言之，契約起源於自然法，是全社會成員一致「同意」和共同遵守的平等法。

二、自然契約發展為社會法律：自然人變為社會人

隨著人類社會的發展，母系家庭社會被父系家庭取代後，出現了強人和強盛家庭。強人和強盛家庭就產生了多占利益的欲望，去侵犯弱者和弱小家庭的利益。弱者和弱小家庭就進行反抗。這樣，自然人之間也就經常發生殘酷的鬥殺。同時，在父系家庭內部，也出現了家庭成員之間的鬥爭。這種鬥殺現象都是每個自然人憑著個人的意志去自由地施行自衛和懲罰的自然權利造成的。人與人的鬥爭比人與自然物的鬥爭更加激烈和突出，每個人都希望有一個公正的裁判者和上訴機構，來協和人與人之間的關係，平息鬥殺。

於是，自然人憑著「天生善心和自然智慧」就形成一個共識（普遍意志）：需創建一個共同的裁判者——法律和法律的執行者；而不是某一個德高望重的人。法律就要求每一個人把他的自衛和懲罰兩種自然權利轉讓給法律機構，由法律機構去代理施行。法律就成為每一個人的上訴和裁決地方。每個社會人也就失去了憑個人意志去施行自衛和懲罰的權利，否則就是犯法。契約發展為法律，自然人就隨著成為社會人。社會人的權利受到侵犯，就上訴給法律，執法者依法進行裁決。「法律面前人人平等」。社會人在法律的保護下生活，就更加安全和自由了。但是，在喪失了上訴時間或自由的情況下，每個社會人可以憑個人意志去施行自衛和懲罰的權利，例如遇到搶劫。

契約變為法律最具有社會意義和法律價值：立法目的是為了保障每個人自由平等的自然權利；基本內容是抑制強人和強盛家庭的貪欲和侵犯他人利益的力量。由此，人類社會和平發展了幾十萬年。

隨著人類社會的發展，契約內容和條款也就繁多起來，並且出現了幾千年的「非法」社會。本來「法律面前人人平等」，如果某個人或某個社會組織超越法律，那就是「非法」——沒有法律，每個人就返回到無政府的恐怖的自然人狀態，各自施行保護和懲罰權利。帝王專制社會就是「非法」的人為的無政府的恐怖狀態社會，帝王可以憑個人意志任意懲罰人；每個國民沒有上訴的地方，也可以憑個人意志去懲罰侵犯他的人：「討個說法。」所以，中國人把「俠客」稱讚

為「抱打不平」的英雄，其實「俠客」行為是沒有法律上訴地方的自然人行為。

因此，司法獨立，就是有法律的「法治」社會；司法不能獨立，就是沒有法律的自然人狀態的社會，是愚昧野蠻的自然人社會，每個人都有冤無處申，沒有人身安全保障。

三、自然法與人間法

《道德經》云：「人法地，地法天，天法道，道法自然。」

這句話，說出了人、地、天、道之間的內在聯繫。「法」字，可以作出多種解說，這裡能夠解說為：在客觀上，自然法是人間法之母，人間法是自然法之子；在認識上，自然法是人間法的理論前提，人間法是從自然法演繹出來的結論。自然法是客觀存在，是人不可為的，是永恆的自然而然之「法」；人間法是人的主觀所想的，是人為法，是具有歷史性的能夠不斷修改之「法」。

《道德經》又云：「既得其母，以知其子；復守其母，沒身不殆。」

這句話告訴人們：在認識人與自然的關係時，或者在制定人間法時，必須首先獲得自然法這個「母」概念知識，才能知道人間法這個「子」概念的內容；只有遵守自然法這個「母」概念的知識原理，才能制定出對人類始終沒有危害性的人間法。自然法的原理，是跨越時空的、永恆不變的基本理論；人間法也必須具有永恆不變的原理內容，特別是人間法的根本大法——憲法裡必須有自然法原理的概述。

四、界定契約

漢語裡的「契約」。「契」是用刀子刻寫，「約」是用繩子測量出標準，兩者合起來就是約定俗成的、必須遵守的文字條款，叫做「契約」。口頭約定，稱不上契約，因為口說無憑，能夠隨時發生變化，可以單方不承認。所以口頭約定只是諾言，而不是契約。

由此可知，契約，是每個公民共同「同意」並共同遵守的協和個人與個人、個人與社會組織之間的關係的文字條款。

制定契約的目的，是為了節制強人的「不必要欲望」（蘇格拉底語）和約束人的過度言行，從而達到保障每個人的自然權利不受到侵犯的協和狀態。契約，除了這個目的，別無其它目的；如果有其它目的，那就違反了契約本身，稱不上契約。契約是由人人的天性共同產生的，是人間平等法，是神聖的，不能由

少數人制定去為少數人的利益服務。

➡ 第三節　契約的種類

契約的種類有許多，這裡就按照契約的性質和形式來分類。

（一）按照契約的性質來分類，

所謂契約的性質，就是「平等性」，就是說：不僅在法律面前人人平等，而且人人都具有平等的立法和被選舉為司法官員的自然權利。可是，契約的平等性往往被男強人專制統治者拋棄，變成不平等性了。這就是說，契約有善的平等性，也有惡的不平等性。善的平等性契約論，是指從人的自然性（天性）出發，認為人人都具有平等的司法自然權利；任何人間法，必須由各方參與的當事人的「同意」才是有效法律。惡的不平等性契約論，與善性契約論相反。所以，儘管人類有許多不同的契約觀點，按照性質來區分，最根本的不同只有這兩種。

第一種，惡的不平等性的君主專制契約論。這種觀點，從人的社會性的善惡論去推理自然界也有善有惡。說什麼普通人天生是自私的，是邪惡的，只有聖人才天生是公道的、善的。由此推及，天地之間有正氣和邪氣，正氣生聖人，邪氣生惡人，正氣與邪氣交合就生無善無惡的普通人。聖人按照天命來統治和教化普通人，來懲罰惡人。所以沒有什麼自然法，只有天命，人間法只能由聖人來制定，普通人和「惡人」沒有立法資格和權利。第一種理論稱為「君主專制論」，建立和維護君主制度。

這種觀點，其實是主張「天子」（皇帝）一人或權貴（寡頭政治）幾個人壟斷司法權利，所謂的「人間法」沒有自然法依據，只有皇帝的「金口玉言」，只有「王法」。這種「王法」，是統治者單方所為，稱不上契約，其理論稱不上契約論。

這種觀點，在中國，有儒家和法家的立法論；在西方，最為典型的有霍布斯的「一次性」君主契約論。

實際上，惡的不平等的專制契約（法律），並不是契約，因為它不是雙方自願簽訂的，而是強大的一方強加給另一方的。它不具有約束力，既不能約束強大的一方，也不能約束被迫接受的另一方，雙方都沒有轉讓自衛和懲罰的自然權利，都隨時能夠自由地施行反抗侵犯和懲罰對方。君王可以憑自己個人的意志去隨時侵犯和殺死每個臣民，每個臣民可以憑個人的意志去欺騙和行刺君王。所

以，專制社會是一個「非法」（缺失法治）的自然社會，每個人都是自然人，都各行其是：只有恐怖，沒有法律。

第二種，善的平等性的民主法治契約論。這種觀點，從人的自然性開始認識，認為人首先是自然人，然後才是社會人。自然界有善無惡，人性天生也是善的，人人天生自由、平等；人間法必須有自然法作為依據，人間法必須是全體公民共同「同意」而制定的，任何個人或任何某個社會組織，都無權代表全體國民的共同意願。第二種理論稱為「民主法治論」，建立和維護民主政治制度。

這種觀點認為，人人都轉讓了自衛和懲罰的自然權利，任何「人間法」都必須有自然法的立法依據，必須具有兩方或兩方以上的多數立法人的「同意」；國家大法──憲法，更要具有自然法原理的依據，要由全民公決產生。

這種觀點，在中國古代有老子的理論，可是老子之後至今沒有出現過保持這種觀點的中國理論家。孫中山的「三民主義」有自然法原理而又不完善，主張立法人是「先覺」的政治精英，如果國家大法並不是由全民公決產生的，就稱不上完善的憲法。在西方，古希臘有蘇格拉底、柏拉圖，在文藝復興時有洛克，在啟蒙運動時有盧梭、孟德斯鳩。

（二）按照契約的形式來分類

這裡所論述的是善的平等性契約，不平等性的契約是偽契約，稱不上契約。

第一種，個人與個人之間的契約。主要是婚約，後來出現了婚姻法。還有個人與個人之間的協議書、合同書之類。

第二種，個人與社會組織之間的契約。有許多種類：家法、族規、社會組織紀律和規章制度，等等。

第三種，全體公民參與的個人與個人之間的契約所簽訂的各種各樣的國家法律。

第四種，社會組織與社會組織之間的契約。就是今人所說的兩個或幾個社會組織之間產生的聯盟條約，如「世貿組織」條約。

第五種，國家與國家之間的契約。國家與國家之間的契約，就是國際法。國際法，有兩個或幾個國家的聯盟條約，如「歐盟」、「東盟」的條約；有絕大多數國家組成的國際聯盟所制訂的條約，如「聯合國憲章」。

➡ 第四節　有關「契約」的組織機構

這裡專門論述「契約」的國家組織機構，因為國家組織機構最具有全面性和典型性，也最為複雜和最為明顯。考察了國家組織機構，其它的契約性質和形式也就好理解了。國家組織機構分為：行政機構、立法機構、司法機構，並列為「三權分立」的國家組織機構。

這裡按照上文所述的兩種不同性質的契約論來論述國家組織機構。

（一）惡的不平等性契約的君主專制國家組織機構

在獨裁專制國家裡，皇帝一人或寡頭幾個人集中軍權、行政權、立法權、司法權於一身而統治，實行野蠻暴力和陰謀愚弄的「人治」，皇權或黨權是最高權力機關，凌駕於任何國家機構之上，大於一切。在司法方面，施行惡的不平等性契約，司法機構設立在行政機關裡，司法不能獨立。皇帝或寡頭壟斷立法權，隨心所欲地制定和修改法律條文。皇帝的「金口玉言」高於法律，執政黨的最高領袖的指示和黨的政策條文高於法律。司法機構的設立和轍銷由皇帝或寡頭決定，司法官員由皇帝或寡頭任命和罷免。國民的立法權利、司法權利完全被剝奪。所謂的「法律」是用來懲罰國民的恐怖說辭。所以，在獨裁專制國家裡，「法律」的制定和執行是統治者單方所為，稱不上雙方「同意」的契約。「刑不上大夫」，權貴們無法無天，而國民則每日生活在遭受「法律」制裁的恐懼之中：「禮不下庶人」。

（二）善的平等性契約的民主法治國家組織機構

在民主法治國家裡，公民是國家的主人，每個公民都平等具有第十九章第二節所述的全部自然權利。國家組織機構必須經過全體公民中的大多數人的「同意」才能設立，官員必須經過公民的投票選舉才能上任，公民同時具有罷免官員的權利。國家組織機構實行「三權分立」制度，司法機構從行政機關裡獨立出來。公民是立法和司法的主體，國家憲法的建立和重大修改都必須通過全民公決。公民通過選舉出自己的立法和司法機構官員來代表行使立法權和司法權。任何組織機構和任何個人，在法律面前一律平等；人人都生活在受到法律約束的自由平等的社會裡。只有民主法治社會才能稱得上是真正的公民契約社會。

第十八章　界定經濟學：生產、消費與貿易

孟德斯鳩：「貿易是一種平等的人民之間的職業。」「在民事契約引發的糾紛中，不允許法律使用人身拘禁，因為一個公民的自由要比另一個公民的權益重要得多。」【180】「在君主國家裡，貿易滿足少數人的奢侈；在共和國家裡，，貿易建立在經濟基礎上。貿易不適合君主制而適合共和制。」【181】

人類歷史發展到物欲橫流階段，一邊是花花世界，另一邊是饑寒交迫，於是研究財富的經濟學應運而生。經濟學的內容越來越豐富，分門別類也越來越多，比如：財會、統計、金融、市場、管理，還有什麼政治經濟學，等等，這家那家，這論那論，五顏六色，目不暇接。一句話：經濟學越來越成為生財之道，忘記了人的生存、生活之根本，脫離了「善知識」的指導和節制，不是養生之道。

「協和論」的經濟學就十分簡明扼要，運用「善道」，抓住「養生」這個根本，把經濟學那幾條簡單原理（原則）凸顯出來。

所以，經濟學是運用「善道」，研究人類社會經濟生活和經濟運行規律的基本原理的「養生學」。

➡ 第一節　經濟運行的基本原則

第一條原則：「養生」的「善原理」（善知識）必須節制經濟運行，必須成為經濟學研究的前提理論；生產、消費和貿易是一種協和體，緊縮和膨脹等等種種經濟現象是不協和的現象，是人為的不善現象，不是經濟法則，更不是自然規律，其根本原因是不善的知識和不善的政治體制、經濟體制造成的；有關這種不協和的經濟現象的經濟學研究的統計公式、數字和預測，都不可能精確，只能是概率。隨著人類社會的「善回向」運動的發展，經濟運行也要「善回向」，商品、貨幣等等經濟現象會自然而然地消失而返樸歸真到「養生」經濟學，經濟學

【180】《論法的精神》頁131。
【181】《論法的精神》頁142。

理論也就隨之簡明扼要起來。

　　第二條原則：一切生產、消費和貿易的經濟活動行為的最高的最大的最基本的目的只有一個：「養生」，即滿足和提升每一個人的生存必需品的數量和質量，發財致富等目的都在其次。

　　第三條原則：生產製造的東西應該是有益於每個人身心健康的生產、生活的必需品，每個人消費的東西應該是有益於身心健康的生活必需品，貿易買賣的東西應該是有益於每個人身心健康的生產、生活必需品。

　　第四條原則：生產、消費與貿易要回收廢品為再生原料，不能浪費資源和無限制地向自然索取資源；消費者不能揮霍浪費必需品和自毀廢品；嚴厲制裁破壞環境的生產。

　　第五條原則：生產和貿易的總量必須與需求總量保持平衡，不能被少數人故意的經濟行為造成過剩或者不足。

　　第六條原則：控制奢侈品的價值總量不能超過國民經濟價值總量的萬分之一。

　　第七條原則：嚴格控制軍火生意，嚴禁生產製造和貿易毒品和大規模殺傷性武器。

　　第八條原則：人才和勞動力是商品和財富，但是人的身體不能成為商品和財富，人的生命安全和身體健康高於任何商品價值和債務。

　　第九條原則：生產、消費和貿易是自由、平等競爭的，任何妨礙生產、消費和貿易自由平等競爭的傾斜法規都是不善的，任何有利於生產、消費和貿易自由平等競爭的公正法規都是善的；執法者只能依法干涉生產、消費和貿易，不能憑個人意志干涉生產、消費和貿易，比如不能強買強賣。

　　第十條原則：財富的擁有和積累只能以貨幣形式或者以奢侈品形式去表現，不能以浪費、糜爛和貯藏必需品的形式去表現。

　　第十一條原則：財富是公共資源加上個人勞動而形成的成果，每個人具有憑著「天生的善心和自然智慧」去盡心盡力地發財致富的權利；但是個人不具有完全地任意處理自己財富的權利，更不能把財富當做陪葬品；凡是浪費和破壞公共資源而獲得的個人財富是非法財富，應當被沒收或受到罰金之懲罰，因為財富含有「公共資源」的成分。

　　第十二條原則：「公共資源」是屬於每個人的，應該以自然人個體的私有財產的形式來表現，不能以集體、國家的公有財產的形式來表現。

第十三條原則：滿足每個人生存、生活必需品是財富分配的前提條件，拋棄這個前提條件的任何分配形式都是製造貧富兩極分化的不公平的、不善的分配形式。自由平等競爭的「民商」貿易和納稅是平衡這種財富分配的主要形式，而「官商」和「儒商」是專制社會的官吏集團對國民經濟的一種分贓形式，稱不上自由平等競爭的商業貿易。

➡ 第二節　界定經濟學

一、「協和論」的經濟學定義

依據第一節的經濟學原則就可以界定經濟學。

經濟學，是運用「善原理」去研究商品生產、消費和貿易相互平衡的協和運動，從而指導經濟活動協和發展的形而上學原理的實用理論。簡言之，經濟學就是研究「善原理」指導下的實用每個人的養生學。

二、簡介幾種經典的經濟學理論

1.A‧布洛克對古典經濟學理論的評述：

「包括在亞當‧斯密《國富論》（1776）中並在截至約1870年期間發展的經濟學理論體系。這一理論建立在這樣的假設基礎上，即認為個人通常是他自身利益最好判斷者。這一理論的結論認為在自由競爭的經濟制度下，個人尋求自身利益，其結果將在經濟上有益於社會。這一理論取決於價格結構在對貨物和勞務需求作出反應來分配資源方面的功能分析。當把這一結論和分工的作用以及資本的投資在促進經濟發展方面的作用的分析相結合時，就導致進一步得出需要關於國際貿易自由的結論。古典經濟學家一般還接受貨幣數量學說。

「但是，這個學派的學者之間存在著各種不同的觀點。特別是有關價值、工資、地租、人口、消費不足、銀行政策，以及政府職能等方面。最著名的以及在一個短暫時期內建立在古典經濟學理論基礎上最有影響的模式之一就是李嘉圖模式。這一模式把馬爾薩斯的人口理論、李嘉圖建立在土地報酬遞減法則繼承上的地租理論以及李嘉圖關於勞動價值學說不同提法結合起來。從這個模式中得出一個重要的結論認為，由於人口增長使獲得糧食越來越困難，因為經濟發展註定要

告終止。」【182】

　　2.A・布洛克對羅賓斯、凱恩斯和馬克思的經濟學理論的評述：

　　「『經濟學這個詞在英語國家中最流行的定義是羅賓斯下述說法的某種變體，經濟學，研究人們因達成既定目的的手段短缺而引起的行為方式。』從羅賓斯的話必然導致『經濟學在各種目的之間完全保持中立，就達成任何目的均視手段短缺的程度而定這一情況而言，這種態度是經濟學家最關切的，經濟學家並不在乎這些目的本身的是非。』這一定義還產生進一步的後果、它將經濟學與下列各學科截然分開：如心理學和倫理學（解釋這些目的是怎樣產生的）、史學（解釋目的的變化）和社會學說明個人行為與集體行為之間的關係。經濟學家在某種意義上和律師、牙科醫生或會計師一樣，是技術人員，因為他們都應該準備解釋現有手段與任何提出的目的之間的關係。

　　「傳統經濟學家研究兩大類問題。其一，屬於價格理論的範圍或稱微觀經濟學，它解釋供求市場條件任何導致一系列個別商品的價格、工資率、租金和利率的形成。微觀經濟學包括一種消費者選擇理論和另外一種企業營運理論。聯繫這兩種理論的是一種共同關於極大化行為的假設。它設想消費者要使一種精神上的分量達到極大化，即所謂滿足或效用；企業家得到一種財務上的極大化，即利潤。雖然這種理論更適用於以競爭方式組織起來的生產和勞動市場，然而許多經濟學家論證說，在具有寡頭壟斷特徵的更集中的市場上以及在更受廣告影響條件下，其實際市場行為與這種競爭的假設相差不大。

　　「現代收入理論又名宏觀經濟學是從凱恩斯寫了《就業利息和貨幣通論》（1935年）以後才問世的。在凱恩斯此書以前，經濟學原設想在不受企業、勞工或政府一方的壟斷性干預時，經濟趨向於在充分就業條件下達到均衡。凱恩斯證明在其它條件下也可能達到均衡。他對於經濟情況的解釋集中在商品與勞務的總需求上，亦即消費者和企業界的需求和政府支出的總和。由於失業的原因在於總需求不足，其糾正方法，如非鼓勵私人支出，即應由政府以赤字開支進行挽救。

　　「馬克思主義經濟學家對於微觀經濟學毫無興趣，並有意將經濟學和史學以及社會學聯繫起來。『經濟學應該研究支配物質資料的生產與分配以滿足人們需要的社會規律』。這些社會規律是歷史演進和階級衝突的產物，而這種衝突更是

【182】《現代思潮辭典》頁98。

改變歷史的動力。至於消費者的大量行為必須在歷史與階級關係的範圍內進行。解釋這種背景比研究極大化的機制更重要得多。

「現代財政政策是在對總需求不足或過剩條件下、管理需求原則的運用。大家普遍認為1964年美國那次減稅是美國總統首次公開承認有必要擴大公共赤字以便刺激總需求的增加。到1971年初，像尼克森總統那樣的保守派政治家都說在經濟政策方面他是凱恩斯主義者，這種自白被人廣泛認為凱恩斯派的學說已經陳腐過時了。」【183】

3.「經濟法則」。

斯塔列布拉斯說：「一種被人認為具有普遍正確性的經濟學論斷。例如格雷欣法則、薩伊定律、供給及需求定律以及收益遞減定律。今天這一名稱頗有過時的意味，而經濟學家們可能更加意識到在現實與他為之制定的模式之間有著差別，故傾向於將他們的研究成果稱為定理，而不願稱之為法則。」【184】

上所抄寫出來的幾種所謂經典的經濟學理論，都是流行或時髦一時的經濟學理論，就像流行歌曲那樣時髦了一陣子，瞬間即逝。為什麼呢？因為它們不是有益於每個人的善知識的「養生學」，而是有益於極少數人的生財之道。斯密之後的李嘉圖、羅賓斯、凱恩斯等等，都不是悟道人，不能居高臨下地觀察經濟現象，沒有善道作理論指導，拋棄了演繹推理方法，只是在觀察他們所處的時代的經濟現象，就事論事，去歸納出一些不成熟的意見。

我不厭其煩地抄寫了那麼多經濟學理論，無非是要證明：1.現有的經濟學理論都脫離了倫理學的善原理的指導，是少數人的生財之道，不是每個人的養生之道，必然研究不出善性的真正經濟學原理，沒有什麼脫離善知識指導的純粹經濟學；2.經濟學的研究對象是商品，商品是物質，並且是人造物，還是在流動中的人造物。從物質層面上得出的結論必然是不穩定的意見，從變幻莫測的流動中的人造物研究的結論也必然是短暫的臨時的就事論事的意見。那些意見（結論）絕不是什麼定理、定律，更不能成為法規。

可見，從亞當‧斯密的《國富論》的1776年之後，至今兩百多年以來，只

【183】《現代思潮辭典》頁177。

【184】《現代思潮辭典》頁178。

有所謂的脫離善知識指導的純粹的經濟學理論，沒有出現過真正的善性的經濟學理論，也沒有發現真正的經濟活動規律。

那麼真正的善性的經濟學理論是什麼樣的理論呢？真正的善性的經濟學理論理應是體現第十八章所說的那些基本原則，例如：其一，具體在統計學上，不能把有害的生產製造（破壞環境）和有害的商品貿易如毒品、先進武器以及大量的奢侈品等等數位計算在國民經濟總量之內，以抑制乃至消滅有害生產和有害貿易的經濟活動；其二，不能只顧及商人利潤和國民經濟總價值的提升，去鼓勵促進消費，製造鋪張浪費，揮霍公共資源，例如擴大牙膏口徑去促進牙膏消費從而提高牙膏商人的利潤，又例如促進消費高級住房、小車、化學顏色食品、精美包裝商品等等；其三，使用恰當的福利法律和稅務法律，平衡必需品的消費，避免貧富兩極分化，等等，不一一列舉了。

那麼人的經濟活動或經濟運行有沒有規律性呢？當然有，只不過至今還沒有被人發現。如果經濟學家首先是一個悟道人，研究經濟現象時就獲得了穩定的「善原理」為理論前提，就能研究出經濟運動的規律，演繹出較為穩定的經濟學原理，從而制定出較為正確的法規，指導經濟正確運行，消除不善的經濟現象。

我不是經濟學家，我只是在期待之中。

➡ 第三節　經濟學的三個基本成分：生產、消費、貿易

從經濟學的定義，可知經濟學有三個基本成分：生產、消費和貿易，即供應、需求和貿易。

生產，是製造產品的經濟行為，生產者在工商業社會裡被名為生產商。貿易，是把產品轉化為商品的經濟行為，貿易者被名為商人。消費，是使用或消化商品的經濟行為，有生活必需品的消費和生產資料的消費。生產、消費和貿易三者之間是協和關係。

一切生產、消費和貿易的經濟活動行為的最高的最大的最基本的目的只有一個：滿足和提升每一個人的生存必需品的質量，發財致富等目的都在其次。這樣，我們就有了一個衡量和平衡一切經濟活動行為的標準。

人的生活必需品是能夠量化的，不同年齡的個人每年消費多少必需品能夠計算出來，全國總人口可能消費多少必需品也能夠統計出來。這樣，總需求就出現了。然後，用這個標準去衡量和平衡，就可以測量出生產、消費和貿易是過剩

還是不足，從而尋找出原因和決定進口和出口的數量。

如果總需求量與生產總量相當，那就是平衡，國內生產和消費可以自給自足，既無過剩又無不足，那麼貿易活動進行困難。但是自由平等的貿易競爭能夠打破這種平衡，因為它能夠提高人的生活品質，增加總需求，要求增長生產總量，促進生產發展。

如果總需求量與生產總量相當，卻出現了一部分人必需品不足；假設生產總量沒有出現不合格的產品，那麼說明有人消費過剩或為了貿易而囤積居奇，問題出現在一些人的不正當的消費和貿易上。例如：1.有人為了炫耀自己富貴，大擺宴席，一餐花了十萬元、百萬元、甚至千萬元，剩下許多食物被倒掉了。他富貴，花了大量貨幣無可非議，也害處不大；但是他揮霍浪費食物，就消費過剩，佔有了別人的生活必需品，應該依法罰金，制止揮霍浪費的惡習，興起節儉的風俗。2.有人豢養寵物，一隻寵物一年消費的必需品超過了一個人的必需品。她富貴，花了大量貨幣，給寵物披金戴銀都無可非議，害處不大；但是一隻寵物奪走了一個人的必需品，應該依法罰金，使那些貴婦人們認識到寵物的生命不能比人的生命高貴。更為可笑的是，貴婦人們閒的無聊，居然去攔車救狗，說是救助動物生命的環保行為。她們竟然不懂得，狗是家畜，是私有財產，是買賣商品，不是瀕危野生動物，不屬於環保範圍。如果家畜屬於保護動物，那麼牛奶也不能喝，因為搶了乳牛的食物和斷了母牛的繁殖，人們只能食素了。可是偏偏就是那些貴婦人豢養的寵物都是與人爭食的食肉動物。古諺云：「高貴者愚蠢。」是也。3.有人為了發財致富，把必需品當做奇貨囤積居奇起來，然後哄抬價格。他想發財致富，貯藏貨幣無可非議，貯藏必需品為了度荒更無可非議；但是他囤積居奇必需品，在一段時間使現代人缺乏必需品，就應該依法罰金，糜爛了要賠償，使他恢復天生的善心。4.有人強行炒地皮，強行拆遷，哄抬房價，使許多人失去家園和無家可歸，應該依法罰金，嚴重者依刑法判決。5.有人大權在握，揮霍浪費必需品，官商勾結，作惡種種。對於貪官污吏，貯藏貨幣者罰金，揮霍浪費必需品者嚴懲。「4」、「5」兩條是政治制度問題，特別嚴重。還有許多不善良的經濟活動現象，不一一枚舉了。

如果總需求量大於生產總量，說明生產不足，需要進口貿易來補充，或促進國內生產。

如果總需求量小於生產總量，說明生產過剩，需要出口貿易去疏通。國民經濟只有在滿足每個人的生活必需品後，才有能力去搞軍工生產和少量的奢侈品

生產。

　　經濟活動在實現第一個目的的同時，其次目的的發財致富也會得到實現。因為每個人的天資在經濟活動中的發揮總是不平衡的，發揮得好的就發財致富了，發揮不好的就只能從社會福利中獲得生活必需品。這種發財致富是合情合理的，是符合經濟活動規律和有利於推動經濟發展的。

　　如果把發財致富當做第一個目的，拋棄了真正的第一個目的「養生」，那就是顛倒經濟活動的次序，甚至是顛倒是非，經濟活動就會亂套，經濟學理論也就亂彈琴。

　　在物欲橫流的時代，經濟學家不要被其弄得暈頭轉向，要保持頭腦冷靜，緊緊把握住第一個目的或唯一的標準，研究出善性的經濟學理論。

　　當然，要實現經濟活動的第一個目的，政治制度必須健全。

　　結論是：生產、消費和貿易是一個協和體。

➡ 第四節　論「貿易」

　　為什麼要專門論述「貿易」呢？因為我們中國的傳統思想文化和今天成為「主流思想」的文化都是害怕和歧視自由平等貿易競爭的思想文化，對「貿易」強加了許多不實之詞。「貿易」，在中國傳統思想理論裡被名為「商」或「經商」，歷來是個貶義詞，如「奸商」、「壓抑商賈」、「重農抑商」、「銅錢臭」；「主流思想」文化裡有「唯利是圖」、「資本家」、「資產階級」、「資本主義」、「壟斷資本主義」、「帝國主義」、「殖民主義」、「經濟侵略」，等等。但是「商」總是壓抑不下去，因為「官」總想發財致富，於是「官商」和「官商勾結」的「儒商」兩種模式的經濟活動成為中國專制社會經濟活動的主流，至今亦然。實在的，自由平等的貿易競爭打亂了農耕社會的秩序，威脅著專制統治的穩定；同時說明我們中國文人並不理解「民商」貿易的真實內容和真正精神。所以，專門論述一下「貿易」，為「貿易」──「經商」正名就具有現實意義。

一、「民商」、「官商」、「儒商」

　　在展開論述之前，先要區分三種「商」：自由平等競爭的「民商」、「官商」、「官商勾結」的「儒商」。

「民商」，是指民間自由平等競爭的貿易活動。「官商」，是國家政府直接經商的經濟財政部門，比如今日的政府用納稅人的錢去強行扶植和支撐著的「國有企業」、「公有制企業」，「集體企業」。「儒商」，依仗官方權勢的「官商勾結」的一種商業貿易活動，比如今日的官員暗中參與分紅的「貿易」（經商）。「官商」和「儒商」實際上稱不上「商」，是專制社會的官吏集團對國民經濟的一種分贓形式。

所以，這裡論述的「貿易」，排除了「官商」和「官商勾結」的「儒商」，只論述民間自由平等競爭貿易的「民商」。

二、「民商」貿易的真實精神和真正內容

（一）自由平等競爭貿易，是「民商」貿易的靈魂，是「民商」的真正精神。

（二）「民商」貿易的真正內容

1.打破落後的農耕生產方式，促進生產發展和世界生產平衡

2.提高消費質量和水準，使人類消費一體化

3.衝破專制社會「官商」的思想牢籠，追求「自由平等競爭貿易」精神

4.瓦解專制政體，創建公民福利社會

5.加速人類社會「善回向」的步伐而返樸歸真。

三、「民商」是戴著手銬腳鐐運行的：評述對「民商」的幾種不實之詞

強加給「民商」的那些不實之詞主要是中國儒生和辯證論者。下面列舉幾個典型的不實之詞。

（一）「唯利是圖」

儒生們鄙視「民商」說：「奸商，唯利是圖，只認錢，不認爹娘，不講仁義道德。」

就經濟而言。如果「唯利是圖」是追求利潤和積累財富的意思，那麼「唯利是圖」就是正道。不錯，商人是以不斷地追求利潤而積累財富為樂的，也必須在自由平等的競爭中不斷追求利潤和積累財富才能生存下去。追求利潤和積累財富，既富了個人，又富了社會。一個貿易公司追求的利潤和積累的財富越多，職工的工資就越高；投資就越大，業務就得到擴大；招工就越多，失業率就越低；向國家繳納的稅費越多，就為建立社會福利作出的貢獻越大。同時，也促進了社

會生產的擴大，提高社會消費的質量和水準。還能夠建立多邊公司和跨國公司，打破國界，促進世界一體化。

就精神文化而言。1.商人的追求利潤和積累財富「唯利是圖」，能夠充分實現「人的天生善心和自然智慧」。在自由平等的競爭中，某個商人追求利潤和積累財富越多，就說明他的信譽越高，公道之心越真，愛心越大，智慧發揮的越好，越得人心。2.商人追求利潤和積累財富越多，就能衝破貿易壁壘，把自由平等博愛的精神帶到世界各地，消除民族隔閡，促進文化交流，廢除文字獄，使專制思想文化成為歷史陳跡。

試問：這樣的「唯利是圖」有什麼不好呢？

我當然知道儒生們說的「唯利是圖」不是我所解說的那個意思，那麼儒生們說的「唯利是圖」是什麼意思呢？

1.「只認錢」。

如果一個人「只認錢」，恨不得把天下財富乃至山河、人民都歸自己所有，貪得無厭，那就是喪失了天良的大惡人、竊國大盜。儒家有句名言：「率海之濱莫非王土，率土之民莫非王臣。」歌頌的是使用暴力奪下最高權力、天下就屬於他一個人的私有財產的君王、帝王。這可不是商人的貿易利潤所能夠攀比的，是最大的暴利，是真正的「只認錢」不認人、並且還是殺人得來的「錢」，是最大的「唯利是圖」。可是儒生們偏偏歌頌那種殺人獲利的「唯利是圖」，並且自己還要依附上去「祿在其中」。再說「官商」和「儒商」，不僅「只認錢」，而且還要人命，所謂「敲骨吸髓」是也。現在社會上的真正大富翁都是「只認錢」的「唯利是圖」的「高官」和「官商」、「官商勾結」的「儒商」們。

「民商」是被「敲骨吸髓」的對象，是給「高官」、「官商」、「儒商」頂惡名的善弱者，是戴著手銬腳鐐走路的專制統治下的囚犯。不錯，「民商」認錢，但是更認慈善事業。

所以，「只認錢」這個惡名，強加給「民商」是名不副實的，還給儒生們的主人——君主、帝王和「儒商」就恰如其分了。

2.「不認爹娘」。

如果一個人「只認錢，不認爹娘」，那就會六親不認，疏遠一點的人更不認，那就違背了儒家的「親親」原則，就會受到儒生們異口同聲的攻擊。奇怪的是，偏偏是講「親親」原則的儒生和他們的主人在行為上為了「只認錢」最不要

「親親」原則，不僅「不認爹娘」，還要弒父妻母、滅兄殺弟。儒生們所歌頌的英明天子有哪一位不是如此呢？在儒生中，為了功名利祿而別父棄母者比比皆是。歷史上有幾個「守父之道」的帝王？「文景之治」的「黃老之術」，漢武帝就不守，而去「獨尊儒術」；朱洪武的「祖宗之法」朱棣就不守；慈禧口頭說「祖宗之法不能變」，而行為上就不守「女人不干政「的「祖宗之法」。現在的「官商」和「儒商」中有幾個「認爹娘」的孝子呢？有的為了發財致富把妨礙他去「官商勾結」的父母拋棄、甚至買賣父母。「只認錢，不認爹娘」的是君王、帝王和「官商」、「儒商」，而不是平民商人。

那麼，「民商」是不是「不認爹娘」呢？是，又不是。說「不是」，「民商」不僅認爹娘，還認普天下的人。在「民商」的眼裡，自己的爹娘是人，普天下的人不分親疏貴賤都是自由平等的人。「經商」不僅為了自己的爹娘能夠生存下去，而且也是為了普天下的人都能夠生存下去。說「是」，「民商」要破除血緣關係的親疏、尊卑有別的思想堡壘，恢復自然人的天賦的自由平等的自然權利。自己的爹娘是老人，別人的爹娘也是老人，除了在親情上有差別外，在贍養上所有的老人應該是平等的。所以「民商」主張通過納稅的方法去創建公民福利社會。「民商」的「情」是真情，「民商」的「孝」是大孝。試問：帝王和儒生們能夠做到嗎？

「民商」絕不會被儒家的「父母在，不遠遊」的思想囚禁在一塊小天地裡。

3.「不講仁義道德」。

「仁義道德」是儒家的核心思想。只要是儒生和帝王，就滿口仁義道德。可是，在行為上最不要仁義道德的人又是帝王和儒生。帝王使「伏屍千里」、「血流成河」是仁義道德嗎？帝王三宮六院是仁義道德嗎？帝王居天下為己有是仁義道德嗎？儒生「四體不勤，五穀不分」是仁義道德嗎？儒生投靠帝王去入仕獲祿、為虎作倀是仁義道德嗎？儒生一旦得勢就三房四妾是仁義道德嗎？儒生輕視母親、歧視女人是有仁義道德嗎？儒生去嫖娼淫女是仁義道德嗎？種種惡劣品質唯帝王和儒生俱全，「滿口仁義道德，滿腹男盜女娼」是帝王和儒生的全部言行特徵，原來儒生的仁義道德就是男盜女娼。

那麼，「民商」不講「道德」嗎？是，又不是。說「是」，「民商」的道德觀點是自由、平等、博愛和信譽。「民商」無權無勢，當然主張自由、平等、博愛和信譽。不自由，「民商」就無法開展貿易活動；不平等，「民商」就無法

與「官商」、「儒商」開展貿易競爭；不博愛，「民商」就無法獲得民意支持；無信譽，「民商」就寸步難行，甚至自取滅亡。說「不是」，「民商」的道德觀不是儒家的男盜女娼的「仁義道德」，「民商」要破壞的恰恰是儒家的「仁義道德」，儒家的「仁義道德」是「民商」的手銬腳鐐。

（二）「商場是戰場」

「商場是戰場」，這句血腥的話語，絕不是「民商」的思想觀點，而是嗜血成性的帝王和官商、儒商的思想觀點。

儒生們說的「商場是戰場」，就把市場描繪得血淋淋的，目的是用這句話去貶低、甚至取消「民商」的貿易活動，而為他們對「民商」敲骨吸髓的經濟活動尋找辯護理由。

誰把市場弄成戰場呢？當然是帝王和官商、儒商們。只有他們才有權有勢，去追殺民商，去破壞自由平等競爭的規則，去任意霸佔市場，去壟斷生意，去製造有毒食品和偽劣商品，去詐騙，去製造「三角債」，等等殘酷無情的貿易行為都是他們所為，是他們把商場蛻變為戰場。

「民商」沒有那副惡毒心腸和願望、也沒有那種勢力去把商場變成戰場。「民商」所希望的是：「商場是道場」：自由平等競爭，簽訂和履行合同，講信譽，「雙贏」繁榮。只有這種商場才對「民商」有利。而戰場是在摧毀「民商」，「民商」理所當然地不希望商場是戰場。

也許有人會舉例說明「民商」中也有製造有毒食品的人。我的回答是：有。但是其根源仍然在「官商」和官商勾結的「儒商」。你們官商和儒商就那麼容易腰纏萬貫嗎？憑什麼？不就是權錢交易發橫財嗎？真是「人無橫財不富，馬無夜草不肥」！「民商」卻是處處受到打擊，步履艱難，有的甚至破產而走投無路。對於「官商」和「儒商」的欺行霸市而發富，民眾和「民商」們能不妒官妒富嗎？你們放火，我們就不能點燈嗎？對不起，一些受到儒家傳統思想而形成的惡習影響嚴重的無知的「民商」，也就學習著幹起不講良心的生意來。那是一種「以其人之道還治其人之身」的模仿反抗行為，也是傷天害理的行為。但是，「民商」的那種行為很快得到官方的處罰。而專門幹傷天害理事情的官商和儒商卻逍遙法外，依然如故。如果官商和儒商不除，則「商場是戰場」的格局不會改變。

（三）「帝國主義」和「殖民主義」

「帝國主義」和「殖民主義」這兩個詞，是中國帝王和儒生們在對外貿活

動時，常常用來攻擊自由平等競爭的外商及其政府的說辭，目的是愚弄國人去排外，維穩帝王專制統治。

「帝國主義」是一個古老的詞，「殖民主義」是第一次世界大戰後的詞。

布洛克說：

> 「一般說，帝國主義，指一個國家勢力的擴張，通常是以征服的方式掠奪別國領土，征服別國領土的居民，使之處於強加給他們的外來統治之下，並受到帝國主義勢力經濟和財政上的剝削。從這種一般意義的『帝國』來說，帝國主義就像人類歷史一樣古老。殖民主義，是帝國主義的一種形式，它建立在統治國和附屬國（殖民地）人民之間保持明顯的和根本的區別的基礎之上的。納粹在東歐的殖民主義就是證明。今天，沒有人會懷疑經濟因素對現代帝國主義起著很大的作用。但是，馬列主義理論的批評家們毫不困難地表明，這種理論對一些經濟事實也只作了過分簡單化的描述，而且它忽視了整個非經濟目的的領域——民族主義、種族歧視、追求民族權力——這些非經濟的目的與追求經濟利益結合起來（但並不是簡縮為經濟利益），就像法西斯主義和納粹主義的情況一樣。但是，從經濟方面來解釋帝國主義，如同列寧所闡述的那樣仍然是當代馬克思主義理論中最重要的部分；特徵宣傳目的上的好處是，顧名思義，只有非共產黨國家才能被譴責為帝國主義，而共產黨則總是能夠宣稱自己站在反帝反殖運動一邊的。但是，反帝國主義就像反法西斯主義一樣，是一個為著宣傳目的而常常被歪曲和被有選擇地加以使用的詞。如果用這個詞的時候考慮到客觀現實或者邏輯的一致性，那麼，反對蘇聯對東歐的控制、或者反對奈及利亞對比夫拉的征服，就會被稱為反帝國主義。然而，在現在的習慣用法中，這個詞的運用通常局限在那些同美國或西歐國家相敵視的集團。」【185】

列寧借來這兩個詞，作出重新解說，用來攻擊美國和西歐強國。那是列寧主義者的一種宣傳方法，把自己打扮成反帝國主義和反殖民主義的領導者，其目的是掩飾真正的蘇聯帝國主義嘴臉。列寧是在玩弄「豬八戒倒打一耙」的政治權術。

【185】《現代思潮辭典》頁282。

　　如果如布洛克那樣來理解帝國主義和殖民主義，那麼我們就能夠正確地來審視中國的古代史和近代史了。從秦朝到清朝，古中國是一個古帝國，對外實行的是真正的帝國主義——大一統的帝國；還實行了殖民主義，例如高麗等小國都成為附屬國。在近代，中國這個古帝國衰弱下來，清朝政府受到外來強國的欺侮，英國、葡萄牙、日本分別使中國的香港、澳門、臺灣成為殖民地；而俄羅斯帝國和蘇聯帝國在中國實行的既是帝國主義、又是殖民主義，掠奪中國大片領土，使外蒙成為蘇聯帝國的殖民地。從近代史的史實看來，俄羅斯和蘇聯才是真正的帝國主義者和殖民主義者，才對中國領土有貪婪的欲望，連小小的珍寶島也不放過。對中國人來說，俄羅斯帝國是最大的威脅，是頭號帝國主義者和殖民主義者。而美國在中國沒有掠奪一寸領土，也沒有殖民地。美國從成立之日起就發表了一個《獨立宣言》，聲明美國是反帝國主義、反殖民主義的，是帝國主義、殖民主義和專制主義、恐怖主義的主要威脅力量，在第二次世界大戰中就顯示了美國的價值和力量，使納粹德國和軍國主義的日本受到懲罰。

　　可是，為什麼中國的統治者和御用文人要顛倒黑白、張冠李戴、把美國列為頭號帝國主義、而心甘情願地去與蘇聯帝國、與俄羅斯帝國結盟呢？其原因既有意識形態的，又有政治的，合起來就是一個原因和一個目的：維穩專制統治。中國的儒家思想理論與列寧主義是一脈相承的，與自由、平等、博愛思想理論是水火不容；中國的近代、現代史是儒家思想理論與自由、平等、博愛思想理論相互鬥爭的歷史，是專制政體與公民福利政體相互鬥爭的歷史。在第二次世界大戰後的美國成為了自由、平等、博愛思想理論和公民福利政體的主要代表，也就成為了專制統治者和恐怖主義者攻擊的主要目標，被列為頭號敵人。

　　中國從南宋以後，儒家思想理論成為了傳統思想文化，形成了習慣風俗，中國人就生活在惡劣的習慣風俗中，被愚弄著，被薰染著。在儒家思想文化裡，「民」是一個空洞無物的詞，沒有個體「民」。我們經常聽到這種說法：「你只是一個人，怎麼稱得上『民』？」一個個「個體人」都從「民」裡排除出去了，「民」被掏空了。「民」裡的「個體人」是沒有任何權利可言的，政治權利完全被剝奪。

　　在中國，作為個體「民」的「我」的狀況怎麼樣呢？每一個「民」都不關心政治，也不懂政治，對政治麻木不仁。誰坐龍庭都一樣，政治那是富貴人的事情，與「我」無關；「洋人」來了或者去了，那是朝廷的事情，與「我」無關。如果把「我」逼到死亡邊緣，「我」只好「置之死地而後生」，與許多的「我」

一起暴動。「我」不僅「妒官」「妒富」，還仇恨所有的人，殺人放火，玩命就玩個痛快，有道是：「殺盡不平方太平」。如果皇上招安「我」，給「我」生存或建功立業的機會，叫「我」去殺誰，「我」就去殺誰；叫「我」去打洋鬼子，「我」就去打洋鬼子，還殺「二毛子」；叫「我」去喊「打倒美帝國主義」，「我」就喊；叫「我」去當志願軍，「我」就去當。誰也不關心「我」，誰都可以利用「我」，「為民」那是空話。這就是「我」這個中國的個體「民」。不相信嗎？有歷史事實為證：「我」跟著拐子大哥宋江被招安了，後來被掃地出門，有的「我」遭到殺頭；「我」響應慈禧太后的號召參加了「義和團」，後來成為慈禧的「替罪羔羊」被趕盡殺絕。「我」的命運總是不好。聖人云：「國家興亡，匹夫有責。」「我」就是那個「匹夫」。如果有人云：「匹夫興亡，國家有責。」那才是為「我」這個「匹夫」之「民」，或許「我」的命運會有好轉。

> 列寧曾經預言：「資本進行積累這一自然趨勢導致利潤下降，而這又必然導致壟斷集團的發展，以便成為使利潤率保持上升的一種自我保護的方法。但這僅僅是一種掩飾，壟斷資本家被驅使去國外投資以尋求利潤，辦法是利用他們對政府的控制，指導外交政策去為帝國獲取市場、原料，而且首要地是得到各種機會把他們的資本用來投資。無論如何，這是資本主義的最後階段，因為帝國主義之間的對抗會導致戰爭，戰爭則會帶來革命，而革命最終將把資本主義和帝國主義統治打倒。」[186]

可是，以後的歷史事實顛倒了列寧的預言，恰恰是列寧締造的真正的蘇聯帝國主義被瓦解、被打倒了，而列寧所誣陷的「資本主義和帝國主義」的英國、美國等卻安然無恙，而且欣欣向榮。

這裡論述了那麼多有關「帝國主義」和「殖民主義」的文字，好像離題了。其實不然，因為，洋人的自由、平等、博愛的思想理論的傳播威脅著專制統治，主要是通過「貿易」來不知不覺地達到目的地；而專制統治者為了維穩也主要是靠自覺地抵制自由、平等競爭的貿易活動來實現的。所以，論述「帝國主義」和「殖民主義」，是與論述「貿易」密切相關的話題。

（四）「經濟侵略」和「經濟援助」

從「第一次鴉片戰爭」後，中國的專制統治者和儒生們，一邊使用洋人的

---

[186] 《現代思潮辭典》頁282。

科學技術去生產和使用洋貨去生活，生產和生活已經洋化了；另一邊謾罵洋人搞經濟侵略，甚至抵制洋貨。他們按照自己所習慣的政治陰謀論的思維方式去思考自由平等競爭的貿易，說洋人沒有好心腸，通過貿易搞陰謀詭計，對中國進行經濟侵略。他們把中、英貿易戰爭說成是「鴉片戰爭」，把「洋務運動」的領導人李鴻章說成是賣國賊，把買賣洋貨的「民商」謾罵成「二毛子」、假洋鬼子，把抵制外貿的林則徐說成是民族英雄，把搗毀鐵路等洋貨的「義和團之亂」說成是愛國主義運動，把關門鎖國說成是保護民族經濟和保持民族氣節，種種倒行逆施，顛倒是非，屢見不鮮。

　　為什麼自由平等的競爭貿易在中國的展開如此艱難呢？這是有歷史淵源原因的。從秦朝至今，中國的經濟活動從來就沒有出現過自由平等競爭的貿易活動，國民經濟命脈被帝王家族和特權階層緊緊地把握著，連全體臣民的人身也成為帝王的私有財產。《鹽鐵論》也好，《封建論》也好，「青苗法」也好，「一條鞭法」也好，等等經濟理論，都是鞏固和增強特權階層的經濟利益，維穩專制統治。在大一統的太平盛世時期，富人都是官吏，「貴富」、「富貴」兩個詞表達準確，例如乾隆盛世時的和珅。如前文所述，「民商」是抬不起頭的。不過，在國家四分五裂的戰亂時期，出現過富裕的「民商」，例如，春秋戰國時期的范蠡、呂不韋，南北朝的石崇，清末的盛宣懷，但是他們也有一些政治勢力背景，財富不完全是自由平等競爭的貿易活動所得。

　　時至今日的中國經濟貿易仍然不是自由平等競爭的貿易活動。現代貿易的中心是金融貿易，而中國的金融貿易不是「民商」經營，而是「官商」經營。不管你「中國製造」的產值每年增長率多麼高，利潤多大，而國有財政和銀行卻牢牢地被極少數貪官污吏所控制。財政可以胡亂撥款，能夠用救災款去建設政府大樓，能夠虛報民用項目使財政撥款中飽私囊，等等。銀行能夠信貸瘋狂，而產生壞賬、爛帳；能夠把銀行的錢轉為地下金融，獲得高額利息而私人發財；能夠與開發商勾結去獲得暗股份紅；對「民商」則增加納稅，去填補財政空缺和銀行壞賬、爛帳，而信貸則一毛不拔；等等。今日榜上有名的億萬富翁，一查他們的根底，「官商」也，「官商勾結」的「儒商」也。還有更大的「官人」億萬富翁不願意榜上有名。「中產階級」和小商小販處處挨打，進退維谷。「官人」能夠使一個玩弄「白手套」的窮光蛋一夜之間成為暴發戶，又能夠使不給「官人」好處的百萬富翁的「民商」負債累累而破產自殺。今日之中國貿易有何自由平等競爭可言呢？

　　在「官人」看來，這是多麼具有傳統性的誘人的「官商」貿易啊！那是多麼可怕的「洋人」的自由平等競爭貿易啊！放棄了「官商」貿易，去行你洋人自由平等競爭的貿易，那不是斷了「官人」的財路嗎？甚至還會動搖「官人」寶座哩。「官人」及其御用文人怎麼能不攻擊洋人的自由平等競爭的貿易是帝國主義的經濟侵略呢？

　　如果說清朝末年的儒生徐桐、剛毅保守頑固抵制「洋務運動」卻被慈禧斷送了自己的生命，還情有可原；可是一百年後的保守頑固的「官人」及其御用文人抵制「改革開放」卻依然如故、還彈冠相慶。

　　如果說自由平等競爭的貿易對「官方」來說是「經濟侵略」，而對「民商」和每一個「民」來說卻是經濟援助。因為：

　　其一，中國的「官商」和「官商勾結」的「儒商」，幾千年來固若金湯，積重難返，「民商」和每一個「民」對之奈何不得。而洋人的艦艇利炮卻打開了中華帝國的大門，打下了中國市場，帶來了自由平等競爭的貿易市場，使「民商」有了用武之地，使中國的每一個「民」有了勞動自由權利和遷徙自由權利，生機有了希望。這不是經濟援助嗎？

　　其二，小農經濟的生產方式和手工作坊，勞累，效率低，產品低劣，最多只能自給自足，很難出現過剩產品去做商品，是專制統治者的經濟基礎。洋人的大規模生產和機器操作，輕便，效率高，產品優良，有過剩產品去做商品，會衝毀專制統治。每一個「民」，不會去選擇做農民而會去做工人，不會去穿粗布衣服而會去穿洋布衣服，不會去點菜油燈而會去用電燈，解放生產力和提高生活水準，不是對每一個「民」的經濟援助嗎？「官人」及其御用文人在生活上不也是那樣的選擇嗎？為何要把洋人的貿易說成是「經濟侵略」呢？

　　其三，洋人的自由平等競爭貿易原則，一旦在中國社會真正實行起來，每一個「民」都獲得了平等的經商機會，都能夠使「天生的善心和自然智慧」大顯身手，有善心、信譽和遵守貿易原則智慧的「民」就會成為富起來的民商，而失去善心、信譽和違背貿易原則智慧的「官人」、「官商」、「儒商」就無法成為發家致富的商人。例如現今的中國房地產商，都是豬狗之類：說是「豬」，因為會睡覺享受，也就能夠服侍「官人」睡覺享受，「官人」需要這種家畜；說是「狗」，因為會搖尾搖尾乞憐和狂吠咬人，對主人搖尾巴乞求，對「民」汪汪地吠和撕咬、啃骨頭，「官人」需要這種家畜。如果他們是人，那也是地痞流氓。我這樣說，肯定有人不相信，那麼你就去調查十個房地產商人，從他們的

出生、讀書、成長到成為房地產商，你就會驚奇地發現：他們中絕大多數人沒有智商高、品質好的人。我已經作了這樣的調查。如果中國的房地產商人，離開權勢，離開「官商勾結」炒地皮，離開強制拆遷，就不僅寸步難行，而且會一敗塗地。在自由平等競爭的貿易原則面前，所有的「官人」、「官商」、「儒商」的權勢、生意陰謀、野蠻行為，都黔驢技窮；什麼「經濟特區」、「春運災難」之類的怪現象都不復存在，等等。這就難怪他們攻擊洋人的自由平等競爭的貿易是「帝國主義的經濟侵略」了，也就難怪中國的「民商」和每一個「民」都把洋人帶來的自由平等競爭的貿易活動和原則看著是「經濟援助」了。也就難怪有的網民無可奈何地激憤地說：「要給侵略者帶路。」

那麼，「洋商」裡有沒有不法商人呢？當然有。例如：毒販、人販、掠奪犯、搶劫犯，等等。這些經濟罪犯，在洋人對外貿易的初期特別多：大量販賣黑奴，掠奪美洲居民，向中國大量販賣鴉片，等等。但是，那些不是「洋商」的主流，而是「洋商」中的不法商人，屬於被打擊對象。洋人政府對人販、毒販和掠奪犯不斷進行打擊，特別是林肯領導的解放黑奴戰爭勝利後，這些經濟罪犯逐漸減少。在中國，這種不法商人也比比皆是，在「改革開放」後，這些經濟罪犯逐漸增多，並且都有「官人」背景，成了公害。可是，中國的「官人」和御用文人，故意混淆主次，把這些「洋商」裡的不法商人說成是全部「洋商」，宣傳為「帝國主義的經濟侵略」，愚弄國民去盲目排外，而自己卻與國內的經濟罪犯暗中勾結發財，其目的在於維穩自己的「官商」、「儒商」和專制統治。

從每一個「民」的經濟利益和整個國民經濟的利益來看，朱鎔基對中國經濟的主要貢獻，不是反貪，而是加入「世貿」。朱鎔基把中國經濟綁架在「世貿」車子上：你違反「世貿」原則就遭到制裁，你遵守「世貿」原則就要放棄「官商」、「儒商」，「世貿」車子拖著你強行向前走。朱鎔基乃中國大陸自由平等競爭貿易經濟之奠基人也，其功莫大焉！

➡ 第五節　國民享受社會福利和公民納稅義務

福利和納稅是最基本的兩項社會經濟活動：滿足國民社會福利的享受是社會經濟活動的目的；公民納稅是最基本的社會經濟活動義務，也是一種經濟活動手段或方法。每個國民享受的社會福利是平等的，而公民納稅的多少是區分為等級的。國家機構不創造、也不貯藏財富，只是代理國民通過納稅形式徵收財富，

又將財富通過發放社會福利的形式還給國民。徵收和發放都依照公民所「同意」法律進行。議會是依法批准機構，政府是依法執行機構。

一、社會福利

所謂社會福利，是指每個國民的生存條件和身體健康等等方面必須得到「養生」的社會保障，第一位的福利是生活必需品和疾病治療必須得到社會保障，其次是接受教育的社會保障，再次是保護每個國民生命和財產安全的開支。

一個人出生後就不是父母的私有財產，而是社會人，就有享受社會給予的生存、健康、教育的福利權利。一個人喪失了勞動能力或者衰老了，就有享受社會給予的生存、健康的福利權利。一個人失業了，也有享受失業期間社會給予的生存、健康的福利權利。每個國民所享受的社會福利是平等的，是沒有等級的。

看一個國家是善還是惡，就看國民享受社會福利的狀況：每個國民都能平等地享受社會福利，就是善良的正義的國家；只有少數官員享受社會福利，而大多數國民不能享受社會福利，就是邪惡的非正義的國家；極少數國民享受特許的社會福利，就是極其邪惡的國家。

在一個極其邪惡的國家裡，人們看到的是：極少數人心安理得地終身享受著特許的社會福利，並且盡情縱欲；而絕大多數人無法享受到社會福利，並且連救災也很難得到。這不是聳人聽聞，而是司空見慣的現象。例如：

1.一個貧窮人棄嬰、溺嬰，是因為養不活小孩子。那樣的父母就受到全社會人的指責和謾罵，還會被判處徒刑。社會把責任推得一乾二淨。如果每個國民一出生就都享受生存和健康的福利權利，有誰去棄嬰、溺嬰和重男輕女呢？

2.一個老農民，一生為社會耗乾了血肉和筋骨之身軀，不能勞動了，得不到最低的生活保障和疾病治療，而兒女連自己也生活不保，無法贍養老人。父母與兒女就發生了生存衝突，父母落得個起訴兒女的不虞之名聲，兒女落得個不孝順父母的名聲，雙方反目為仇。而社會和法律卻來充當公正，指責兒女沒有履行贍養老人的義務，政府的宣傳機構就以此為例，大肆奢談「孝順」之道。其實真正的原因是沒有建立國民平等享受福利社會，真正應該受到指責的是社會制度和法律本身。如果每個老人都平等享受社會贍養福利，父母與兒女之間就不存在感情破裂的現象了，而且會保持深厚的父母和兒女的感情。儒家的「孝道」就是為國民沒有福利的邪惡社會而辯護的惡理論。

3.一個失業的青年人、中年人，在失業期間得不到社會福利救助，無法生存

下去，就去做賊為盜，做地痞流氓，成為社會害蟲，當然要受到治安處罰和法律制裁。但是，真正應該受到治安處罰和法律制裁的是邪惡社會和不公正的法律本身。如果失業人員得到社會福利救助，有誰還去做賊為盜呢？如果還有，那只是極少數財迷心竅的傢伙，不會出現普遍現象。

4.最令人痛心疾首的是，邪惡社會從來不把絕大多數農民的失業當著失業，不計算到失業人數裡去，置廣大農民的生死於不顧。邪惡社會製造不平等的戶籍制度，把農民囚禁在農村裡，不准進城，進城了也被歧視為「盲流」而受到處罰和關押。當邪惡社會需要農民去做苦力建設城市的時候，就放農民進城，但是不被當做城市居民看待，不被當做工人看待，被叫做「農民工」。「農民工」不能享受任何社會福利待遇，甚至連最低的勞動報酬也不能保障；不准「農民工」自由成立工會自我保護權益，只能個人以自殺或拼命的方式去反抗，任人宰割。「農民工」是一個令人心酸的名詞，對「農民工」的歧視令人心痛，「農民工」的遭遇令人憤慨。「農民工」只能創造社會財富，卻被完全剝奪了享受社會福利的權利，難道那樣的社會不是極其邪惡的社會嗎？

二、納稅義務

既然每個國民都能夠享受平等的社會福利，那麼，進入社會的每個公民就都具有納稅的義務。每個公民，不分職業、宗教人員，都應該成為納稅人，官員、平民、和尚、尼姑、道士、方士、神父、牧師，等等。不納稅的公民，應該被視為逃稅人，受到處罰。納稅數額，視其情況而定。納稅種類多樣。納稅人的經濟收入和支出應該透明，隱瞞財富的，受到處罰。納稅應該是公平、公正的。

但是，在邪惡社會裡，享受特許社會福利的特權階層卻偏偏不納稅，而要被剝奪了享受社會福利權利的人去納稅，還要去納什麼戶頭稅、人頭稅。被剝奪了享受社會福利權利的人們理應拒絕納稅——抗稅。抗稅就是天經地義的維護個人權益的維權鬥爭。

還有一種社會，納稅不公平。不公平表現為兩種納稅情況：第一種納稅情況是，大多數收入低的人多納稅，少數不納稅的人享受納稅錢；第二種納稅情況是，把納稅數額定在公開透明的工資標準上，而官員不公示個人財產的隱形收入不計算在納稅數額裡。於是造成許多工資低的人不納稅，不能成為納稅人。貪官污吏和「官商勾結」的商人的巨大的隱形收入無法去計算為納稅數額；中等收入的人納稅就高。那兩種納稅情況是極其不合理的納稅制度。

第一種納稅情況的錯誤簡單明顯。在理論上認為：「勞心者治人，勞力者治於人」，「小人」理應供養「君子」，信眾理應供養和尚、尼姑；饑寒交迫的勞動人民理應繳納「皇糧國稅」去讓皇帝和官吏們享受幸福是天經地義的。在實踐上，中國五千多年的君主制和帝王專制社會都是那樣，不管是什麼「井田制」、「租庸制」，還是「青苗法」、「一條鞭法」，都是如此。如果說今日的人沒有親眼目睹，那麼可以從現存的古代宮廷的金碧輝煌和挖掘出來的豪華墓葬就可見一斑，那要耗費多少納稅人的錢財呀！而中國的學者們卻讚不絕口，感歎中國古代文明之輝煌，即認為那是合情合理、天經地義的，並無人去指責那種納稅和福利是不合理的，是慘無人道的行為。如果一定要列舉出親眼目睹的現象，「80後」的人應該記憶猶新：從90年到2000年期間，中國遍地是「徵收執法隊」，比現在的「城管」多幾百倍，遍地製造慘絕人寰的徵收現象。而中國文人卻熟視無睹，認為「大多數人受苦受難，少數人享受幸福，是天經地義的事情」。

第二種納稅情況的錯誤就複雜隱晦了。第二種納稅情況，看起來公平，其實最不公平。其一，工資低的人不能成為公開的納稅人，違背了權利平等的原則。如果一個公民不是納稅人，那麼他的社會福利權利就不能得到保證，被社會拋棄了。其二，如果一個中學教師的工資收入沒有達到納稅水準，不能成為納稅人，那既是人格受到侮辱，又是國恥。其三，廣大的農民和「農民工」不能成為納稅人，說明那個國家是少數人養活多數人，或者說大多數人被排除在納稅人之外，剝奪大多數人的社會福利權利也就順理成章了。其四，官員在工資表格上的收入不高，而隱形收入巨大，反而納稅少或不能成為納稅人，真是彌天大謊。其五，「官商勾結」的儒商沒有工資或者在自己的企業裡把自己的工資故意定低，就不能成為納稅人，真是滑天下之大稽。其六，嚴重地打擊了國民經濟的中流砥柱中產階級，必然使國民經濟衰退。其實，每個人都通過購買商品納了高稅。所以第二種情況是每個公民的財務狀況不透明的情況下所作出的納稅政策，是一種黑箱操作行為，不是公平的納稅。

➡ 第六節 「公私」論：儒家獨有的政治經濟學思想觀點

「公私」論題，是中國專制社會裡倫理、政治、經濟雜糅在一起的論題，在現在屬於政治經濟學範疇。「公私」論，是儒家獨有的政治經濟學思想觀點，

別家都不專門談「公」與「私」。中國的道家、墨家、法家沒有「公私」論，西學也不談「公私」論。老子只有「有欲」與「可欲」，蘇格拉底只有「必要欲望」與「不必要欲望」，釋迦牟尼只有「佛性」與「妄想」。

「公私」論，是一個很複雜的問題，「公」與「私」根本無法劃分界限，也就無法定義為概念。但是，從宋儒以來，儒家思想成為了中國的主流思想，又形成了傳統思想和風俗習慣，「公私」論也就成為中國傳統思想的一個十分重要的複雜的思想理論，與「忠奸」論互應而並列，至今中國人念念不忘「公私」問題。所以，凡是談論國家政治和經濟問題的中國學者，都不能不去啃「公私論」這個苦果，本書也不能不論述「公私」問題。

一、儒家的「公私論」

「公私論」，是儒家的理論發明。孔子曰：「天下為公。」「公私論」，在理論明確性方面是無法界定的「混帳」論，在理論性質方面是惡性的陰謀論，在實用方面是獨裁統治者愚弄國民的理論工具，在認識論方面是偽智慧理論。

（一）儒家的「公私論」是無法界定的「混帳」論

從孔子至今，儒家都要大談特談「公」與「私」問題。基本觀點是：「天下為公」，「大公」好，是善；「自私」不好，是惡。「自私自利」與「大公無私」是相互對立的。

試問：什麼是「公」？什麼是「私」？什麼是「自私」？什麼是「大公」？「公」與「私」的關係怎樣？儒家從來就沒有作出明確的界定，也沒有去論證，更不用說去定義了。孔子一邊反對「小人懷惠」，一邊主張「學也，祿在其中」。孟子一邊反對墨子的「損己利人」、「摩頂放踵」去為天下，罵墨子是「無父無母」的「禽獸」；一邊主張「大公無私」、「捨生取義」。宋儒一邊說「去人欲，存天理」，一邊又說「書中自有黃金屋，書中自有顏如玉」。所有的儒生都高喊「天下為公」，卻又去追求功名利祿、光宗耀祖、封妻蔭子。可見，孔子、孟子以及鴻儒們，在「公私」問題上，思想混亂，自相矛盾，不能自圓其說，只是一個勁地主張「大公無私」，反對「自私自利」。在儒家那裡，「公」與「私」無法界定，糾纏不清，是一本糊塗賬，是典型的「混帳」謬論。他們為什麼會處在這種若明若暗的心理狀態裡呢？只有兩種解釋：要麼是愚昧無知；要麼是心裡有不可告人的陰謀目的，揣著明白裝糊塗，故弄玄虛，混淆是非，顛倒善惡。有些人可能兩者都有。

正因為「公」與「私」無法界定，糾纏不清，是非混淆，才具有模糊性，也就具有神秘性，在認識和實用上，就具有欺騙性和伸縮性（彈性），便於統治者信口雌黃，便於御用文人胡說八道。說白一點是：「公說公有理，婆說婆有理」，父母官說的才是「公」是「理」；皇帝是最高的「公理」，是「金口玉言」。最終目的是愚弄民眾去成為統治者的「私產」——會說話的「馴服工具」。

（二）儒家的「公私論」實質上是陰謀論

儒家「公私論」的實質是惡性的陰謀論。帝王和鴻儒們為了達到自己「貪欲」的目的，那就要「自我」裝扮成是「公」的代表者，愚弄民眾要「大公無私」地去為「我」這個「公」作出犧牲。

現在就來剖析一下儒家的「天下為公」。

儒家高喊「天下為公」。那麼「天下」是誰的呢？在儒家那裡，誰打下天下，誰就理應得天下、坐天下，天下就是誰的。所以，天下就成了男強人的財物、寵物，成了「一人一姓之天下」，成了幾個「政治寡頭」的天下。那麼，「天下為公」就成了「君主為公」，「皇帝一人一姓為公」，「政治寡頭為公」，「官方為公」。「大公無私」的臣民「忠君」無私，國民為「官方」服務「無私」。儒學就是教育人去「忠君」，去「入仕獲祿」，「入」到君主的「大公」裡面去做「公人」（「公務員」，實際是做「寄生蟲」），從而「食俸祿」，「吃皇糧」（拿財政編制）。正所謂「學也，祿在其中。」亦所謂「君子愛財，取之有道」。在「入仕獲祿」後的鴻儒們眼裡，皇帝是代表最大的「公」，官員是代表一方一域的「公」；而那些「下愚」「小人」的勞動成果連同生命就都是「公」裡的財物，只能「大公無私」，不能「自私」。

這樣一分析，儒家的「天下為公」就暴露出內在實質了。原來，「天下為公」和「大公無私」，是「只准官家放火，不准百姓點燈」；只准皇帝、百官有貪欲的「大私」，不准平頭百姓有生存的「小私」；君子的「大私」，是「大公無私」，是凌雲壯志，是遠大理想；小人的「小私」，是「自私自利」，是卑鄙下賤，是碌碌無為。民眾天生的「小私」就是「自私」，就是惡；皇帝和百官膨脹起來的「大私」，就是「大公」，就是善。所謂「小人懷惠，君子懷德」。不僅如此，民眾的生命也不能「自私」，只能屬於「大公」，要去為皇帝和百官的「大公」而「無私」地去作出犧牲：「殺身成仁」，「捨生取義」，「國家興亡，匹夫有責」。

　　所以，儒家的「公私論」，在性質上是惡性的陰謀論，最終目的是愚弄民眾去做會說話的「馴服工具」。

　　這裡所述的內容，既是儒家的理論，又是專制社會的歷史事實。

　　（三）儒家的「公私論」是專制統治者的實用理論

　　儒家的「公私論」，是政治野心家用來建立專制統治制度的理論工具，也是獨裁者用來維護專制統治的理論工具。最終目的是愚弄民眾。

　　既然「大私」即「無私」，即「大公無私」。「大私」「大公」就是「大欲」、「奢欲」，即「官欲」、政治野心。在心裡隱藏著「大私大欲」，在嘴上喊著「大公無私」，好名聲隱藏著壞心眼，嘴上的善隱藏著心裡的惡。於是，政治野心家、官迷就由此而產生。

　　「大私」「大公」，實際上不是靠天命賜給的，而是靠文韜武略去爭奪來的；而一旦爭奪到手了，就說成是天命賜給的。政治野心家就去「打天下」，爭奪「天下」那個最高的「大私」「大公」；儒生君子就去爭取「入仕」到帝王的「天下為公」裡，就去「窩裡鬥」，爭奪那些「大私」「大公」的官位。而「下愚」「小人」是沒有智慧和力量去爭奪「大私」「大公」的，只能成為政治野心家和儒生君子們所使用的工具和犧牲品。那是多麼誘惑人的「大私」「大公」啊——權力的誘惑！

　　中國古代史，就是一部政治野心家「打天下，坐天下」的歷史，從漢武帝後就是一部儒生君子們爭奪官位的歷史。他們的政治口號從「天下為公」到「人民公社好」，都是「大公無私」的理論；他們的實踐內容卻都是「大私」「大欲」——貪得無厭。他們的嘴上說著的從「朕即國家」、「民為貴」到「為人民服務」，都是「大公無私」；而他們的實踐內容都是「愚民」、「牧民」——草菅人命。

　　所以，儒家的「公私論」，既是政治野心家和儒生君子們建立專制統治的理論工具，又是帝王將相維護專制統治的理論工具。而「下愚」「小人」「女人」是不需要「公私論」這種理論工具的，能夠避免遭受其害就是萬幸的了。

　　因此，老子說：「以知治邦，邦之賊；以不知治邦，邦之德。」

　　（四）儒家的「公私論」成了中國傳統思想理論

　　上文說了，「下愚」「小人」「女人」是不需要「公私論」這種理論工具的，能夠避免遭受其害就是萬幸的了。但是，儒家的「公私論」是帝王和鴻儒們用來愚弄和欺騙「下愚」「小人」「女人」的，以便於他們「牧民」。在帝王和

鴻儒們的連續不斷的宣傳和鼓吹下，連續不斷的灌輸和洗腦下，連續不斷的恐嚇和威迫下，「下愚」「小人」「女人」就難以避免遭受其害，就由抗拒到接受，由接受到被同化，使儒家的「公私論」成為中國的傳統思想和民間的風俗習慣。

且看「公」字在民間的稱呼運用，都用在尊者貴者身上。1.用在輩分和男人的尊者方面：太公（高祖），公公（曾祖），公（祖父，爺爺，「爺」即「公」，「爺」是方言），老公（丈夫），等等。2.用在貴者方面：相公，官人（官即公），公子，老爺，大老爺，公人（做公的，即做官的），太公（皇帝對老臣的尊稱），恩公，師公，公公（對太監的尊稱），公僕，公務員，公權，公堂，公產，等等。卑賤者是不能用「公」字的。

且看「公私論」在今日民間的影響。在倫理道德方面，主張：大公無私，損己利人，大義滅親；反對：自私自利，損人利己，損公肥私。在政治方面，主張：立黨為公，克己奉公；反對：結黨營私，偷稅漏稅。「文革」時開展觸及每個人的靈魂的「鬥私批修」運動和「三忠於」「四無限」運動。在經濟方面，主張：劫富濟貧，實行公有制，一切歸公，一大二公，大家窮，共同富裕；反對：貧富不均，私有制，資本主義，地主，資本家。在教育方面，主張：望子成龍，做人上人，讀書做官，考公務員，做忠臣；反對：做普通人，碌碌無為，不走仕途之路，做奸臣。在日常生活方面，怕官（「官」即「公」），恨官，尊重官，羨慕官，想做官，以與官有關係為榮；瞧不起普通人，看不起白身（沒有「公人」身份），欺負貧窮人，打壓卑賤人。那樣，就把「私」當著惡，把「公」當著善，除惡揚善就是除「私」揚「公」。歷來農民起義的口號是「均貧富」。

「公私論」的最終目的實現了——愚弄民眾成功了。

（五）儒家的「公私論」是違背天道、泯滅人性的謬論

上文從四個方面分析了儒家的「公私論」，可見，儒家的「公私論」是違背天道、泯滅人性的謬論。

1.違背天道。

老子說：「天地不仁，以萬物為芻狗。」「天道為親，恒與善人。」「天之道，損有餘以補不足。」「天之道，利而不害。」

這些話的意思是說，天道對天地所生的萬物和人，是用「善」來平等對待的，不是區分什麼親疏、等級去實行不平等的「仁愛」的，也不是分成什麼「公」與「私」去不平等對待的。「利」所有的人，「不害」每一個人。「損有餘以補不足」，是平等法，不是什麼「公私論」。儒家的「公私論」違背了天道

這個基本原則。

2.泯滅人性。

從人性而言，人的第一性是「自然人」的「自然性」，「社會人」的「社會性」是第二性。人的自然性具有維持生命生存和生命延續的基本欲望：食欲和性欲，這是「有欲」（老子語），這是「必要欲望」（蘇格拉底）。在食欲和性欲方面，無所謂「公」與「私」，也無法區分出「公」與「私」。如果硬要作出區分，具有食欲和性欲的「自私」就是天經地義的，是不能泯滅的，也是無法泯滅的。在「自私」的基礎上建立起來的所謂「大公」，是有利於「自私」的，是為「自私」服務的，是保護每個人的「自私」不受到侵犯而「無私」，是節制少數強人的「自私」不能膨脹為「貪欲」「奢欲」而「大私」。在這裡，「自私」與「大公」就是一個協和體，而不是矛盾、對立的統一體。

儒家的「公私論」，就是要「去人欲，存天理」，即除去平頭百姓的天生「自私」的「必要的欲望」而「無私」，去「存」少數強人的膨脹起來的「大私」「貪欲」而「大公」。這是「天理」嗎？這是猥褻天理，這是泯滅人性。

3.貪天下而為己有。

天下是「一人一姓之天下」嗎？絕對不是！商人高官呂不韋第一個喊出一個口號：「天下者，非一人之天下，乃天下人之天下也。」【187】「天下為公」，理應是「天下人為公」，即孫中山的「天下為公」。

人的第二性是社會性。人是社會動物，就要求自己組織成的社會來保護每個人的生存權利和延續生命的權利，就組織起社會組織、國家、天下（人類社會），所有的社會組織、國家、天下都是天下人的，而不是一個人或幾個人的。如果說社會組織、國家、天下是「公」，是「大公」，也是天下人的「公」和「大公」，這種「公」和「大公」，是為了保障天下每個人天生的「自私」欲望都能存在，而不是使絕大多數人「無私」使極少數人有「大私」。

儒家的「公私論」，把「公」解說為「普天之下，莫非王土；率土之民，莫非王臣」【188】，天下是打下天下的皇帝一人一姓的天下，官方就是「公」。這難道不是「貪天下而為己有」嗎？還有什麼「公」可言呢？

【187】《呂氏春秋》頁145。

【188】《中國哲學史稿》上冊頁7。

二、重新解說「公」與「私」

「公私論」是儒家為了建立和維護君主專制制度而創造的；並且，從宋朝以後，「公私論」成為中國的傳統思想和民間風俗習慣。今天的中國人，都開口必言「公」與「私」，還用「公」與「私」作為評判每個人的行為標準，實在難以從語言文字上清除出去，不得已不使用「公」與「私」這兩個詞。

自然界和人間，本來就沒有什麼「公」與「私」，既然不得不使用「公」與「私」這兩個詞，就必須重新解說「公」與「私」，重新正確認識「公」與「私」。

所謂「私」，是指人的自然性，是人性的第一性，是人天生的追求生命生存和生命延續的善良本性（本能）。這種「自私」的善良的自然本性，是人產生智慧和力量的根源，是人參加一切活動的動力源泉，也是人參加一切活動的最初、最根本的生存目的。老子把它稱為「有欲」，蘇格拉底稱之為「必要欲望」。人一旦「鬥私」了，「去人欲」了，就拋棄了積極向上的奮鬥精神，甚至會停止一切活動，就是行屍走肉。其實，號召人去「去人欲」和「鬥私批修」的人，就是自己在謀求「大私」，追求「大欲」「貪欲」。實際上，誰也不會、也不可能「去人欲」「鬥私批修」，那些高喊「去人欲」「鬥私批修」而去鬥爭別人的人，是「自私」膨脹了的人，是兇惡之徒。

所謂「公」，是指人的社會性，是人性的第二性，是人為了保護生存權利和延續生命權利而需要建立起的一定的公共福利事業。人們只能把這種「公共福利事業」稱之為「公」。這種「公」，是以保障每個人的「自私」為目的建立起來的，是每個人所「同意」而建立起來的；此外，它再無別的目的，也再無別的理由和願望去建立。任何一個人或幾個人都不能稱之為「公」的代表。如果「公」，是為了維護一個人或幾個人的利益而強制建立的，只能一個人或幾個人去享受「公」的利益，那就不是全社會人的「公」，稱不上「公共福利事業」，只能稱得上是「獨裁專制事業」。這種「獨裁專制事業」的所謂「公」，老子把它稱之為「可欲」（大欲、貪欲：「罪莫大於可欲」），蘇格拉底把它稱之為「不必要欲望」。

在「公」與「私」的相互比較中，「私」是人的自然性，「公」是人的社會性。「私」在「公」之前，「公」由「私」而產生。用比喻說，「私」是「公」的種子和根本，「公」是「私」的樹枝樹葉。或者又可比喻說，「私」是「公」的基石，「公」是建立在「私」的基礎之上的，是「私」的附屬建築物。

「公」是為「私」服務的。

對於「公」與「私」，正確的態度是：肯定「私」或「自私」是善性的，是正確的；反對把「自私」膨脹為「大私」「貪欲」；肯定「公」或「大公」是全社會人的「公共福利事業」，反對把「公」或「大公」為一個人或幾個人所獨佔，從而反對「大公無私」：用「公」或「大公」去消滅絕大多數人的「私」或「自私」。

第十九章　論「科學」

中國學界，在「戊戌變法」之前根本不知道「科學」為何物，康有為把「科學」一詞從日本「拿來」後，才有極少數中國學者知道。在「五四運動」之時，「科學」被當著一門新型知識熱烈地爭論起來，一直爭論到今天，仍然對「科學」界定不清，對科學的基本概念和分類糊裡糊塗。其原因就在於：其一，中國傳統思想文化缺失了科學理論體系知識，可以說沒有科學，只有技術；其二，中國統治者害怕「拿來」完整的西方科學理論體系知識，從而運用自己所獨裁的話語權，故弄玄虛，玩文字遊戲，插進自己的獨裁思想，把科學定義和科學理論雜糅混亂，愚弄國民，使科學為專制統治服務。所以，本書有必要把「科學」列出一章來論述。本書，先澄清科學的定義、梳理科學的基本概念和分類，再論述科學的幾個主要問題。

➡ 第一節　界定「科學」

一、「科學」一詞

（一）「科學」一詞的來源

「科學」一詞，英文為science，源於拉丁文的scio，後來又演變為scientin，最後成了今天的寫法，其本義是「知識」、「學問」。日本著名科學啟蒙大師福澤諭吉把「science」譯為「科學」。香港創業學院院長張世平解說為：即分類的「知識」、「學問」。到了1893年，康有為引進並使用「科學」二字。嚴復在翻譯《天演論》等科學著作時，也用「科學」二字。此後，「科學」二字便在中國廣泛運用。

（二）中文「科學」一詞

「科」：1.《說文》：「程也。從禾從鬥。鬥者，量也。」「程，品也。十發為程，十程為分，十分為寸。從禾，呈聲。」「品，眾庶也。從三口。」2.《廣韻》：「條也，本也，品也。」《戰國策》：「科條既備。」3.等也，斷也，科第也，木中空也，科頭也。

「科學」，宋朝陳亮第一次使用，《送叔祖主筠州高要簿序》：「自科學之興，世之為士者往往困於一日之程文，甚至於老死而或不遇。」

陳亮的「科學」是「程文」之學，非現今之「科學」。

由此可知，「科」一詞，是計算糧食和生活用品數量的意思，即算術學的內容；而數學恰恰是科學的基礎學科，把英文science、拉丁文scio、後來又演變為scientin等等意思，翻譯為「科學」，接近了原義。但是，仍然不大準確，只重視應用科學（科學技術），忽視了科學哲學（科學理論）。中國古代只有應用科學（科學技術），沒有科學哲學（科學理論）。所以，現今中國文人一說到「科學」，只重視科學技術（應用科學），而不理會科學理論和科學的哲學思維（科學哲學），把科學與哲學對立起來，或者用科學去否定哲學：批判玄學，把科學凌駕於哲學之上，宣傳「科學萬能」論。

二、科學的基本內容和分類

科學，就其自身的內容看，可分為科學理論（科學哲學或純科學）和科學技術（應用科學）；就其研究領域（研究對象）看，可分為數學、物理學、化學、生物學、醫學、生命學、天文學、地理學、環保學，等等許多學科。科學理論屬於哲學思維範疇，科學技術屬於經濟學生產力實踐範疇。純粹的科學理論有善無惡，惡性的科學理論是偽科學（不科學）；科學技術的運用（實踐）則有善有惡，具有倫理學性質。

三、科學的幾個基本概念

科學的基本概念有：科學理論（科學哲學），科學技術（應用科學），科學方法：演繹法（假說）和歸納法（實驗），科學規律。

（一）科學理論

科學理論的研究和發明所追求的是宇宙真理，所採取的思維方式是邏輯推理（科學論證），是第一哲學形而上學之下的以物質為研究對象的第二哲學：物

理哲學、數學。

（二）科學技術

把科學理論運用到有利於人類的生產工具和生活資料，而不是研究和發明危害人類生存的工具和產品的一門技術實用經驗知識。

（三）科學方法

科學方法，又稱科學論證，即形式邏輯推理，分為演繹推理（演繹法）和歸納推理（歸納法）。演繹法所重視的是假說（假設），假說的產生是依靠觀察和開悟獲得的，具有純粹理論性質（玄學性質）；假說一旦提出，就要進行證明：科學論證，亞里斯多德概括為「三段式」。演繹法在數學特別幾何學普遍使用，畢達哥拉斯、牛頓、愛因斯坦是典型。歸納法所重視的是實驗，以個別實物為對象，進行歸類，獲得相對理論知識。歸納法在數學之外的其它科學學科普遍使用，培根、孔德、羅素是典型。演繹法和歸納法都是最基本的科學方法，兩種方法是相輔相成的，不可偏廢，偏廢則是偏見。

（四）科學規律

科學規律，又稱自然規律，是運用科學方法所獲得的關於某個領域的客觀自然結構和運行的具有規律性的知識體系。科學規律是相對真理，是經驗知識的總結，具有實用價值，也具有理論局限性。

四、科學定義

弄清了上面所述的有關科學的基本知識，就可以這樣來定義科學：科學，就是科學家從善心出發，發揮自然智慧，運用形式邏輯和科學實驗，研究物質世界，發現和發明有利於人類的生產和生活的自然規律的知識體系，是第一哲學形而上學之下的以物質為研究對象的第二哲學：物理學。

五、評述一些影響中國學界的常見的科學定義

（一）愛因斯坦：

「對於科學，就我們的目的來說，不妨把它定義為：『尋求我們感覺經驗之間規律關係的有條理的思想。』科學直接產生知識，間接產生行動的手段。」【189】

【189】《愛因斯坦箴言集》頁28。

評述：對「科學」的這種界定，運用了科學的幾個基本概念，定位了科學在「感覺經驗」的範疇內，區分了科學理論與科學技術，指明了科學知識的經驗局限性，是比較經典的正確的界定。

（二）A.布洛克的界定

A.布洛克沒有對「科學」進行定義，認為那是很難定義的，只是對科學的幾個基本概念作出界定和評述。這裡抄錄原文如下：

1.科學哲學：關於科學理論的內在邏輯以及實驗與理論的關係的研究，即關於科學方法的研究。主要問題有兩個：（1）科學理論中的量和構造物（例如牛頓力學中的動量）如何與我們思想之外的自然世界中的事件產生聯繫？（2）如何能夠依據從為數有限的實驗得出的歸納法去斷言一種理論或科學規律是「真實的」？

2.科學方法：確立在定義上不同於其它類型的概括性陳述的科學規律所經由的過程。正統的觀點認為，這種過程是歸納的。但是有幾位科學家哲學家批判了歸納主義，認為它歪曲了科學家的實際研究過程。科學活動的兩個階段需要加以區分：最初的假說形成階段，在反歸納主義者看來，這個階段似乎主要是一項進行由靈魂喚起的猜想的工作，這種猜想不能被機械化；而後是系統地闡述關於假說的證實，這種證實看上去確實是一項單調的和受規則支配的工作。

3.科學規律：根據觀察和實驗用歸納法所確立的關於事實的概括性陳述，通常以數學形式表達，但並非必然如此。一條科學規律，只要是經驗的，就不是必然的，可論證的真理。然而，如果科學規律在方法上是通過有意獲取的證據得出的，它便不同於日常的常識性概括。理想地講，科學規律在形式上是絕對普遍的決定論的，對某類事物的全部成分作出某種斷言，但是科學規律也可能是「概率的」或「統計的」，對某類尚無定論的事物中可用方法以估計的一部分作出某種斷言。所存在的問題是規律與「偶然性」概括之間的區分。偶然的概括是指對於所有它說明的事物恰好是真的陳述。這種區分的標誌在於這一事實，即規律蘊含著反事實的限制條件，而偶然的概括則否，但這一事實並未說明這種區分。只有「所有的A都是B」是一條規律，才蘊含著：假如這一實際上不是A的事物是A，它就是B。這種邏輯的獨特性在一定的程度上支持了這樣一種觀點：科學規律並非只是描述普遍的規律性，而是對規律性中所涉及的各種屬性或特性之間的某種

必然聯繫作出斷言。【190】

　　評述：A.布洛克的文字具有幾個特點：從純科學的視野、運用科學語言去論述科學，去評述一些關於科學的陳述，具有很高的科學理論價值，對於缺失科學理論的中國文人，具有科普價值。

　　（三）法國《百科全書》：

　　「科學首先不同於常識，科學通過分類，以尋求事物之中的條理。此外，科學通過揭示支配事物的規律，以求說明事物。」【191】

　　評述：這種界定，把科學知識與常識對立起來，許多常理是具有科學性的；沒有區分科學理論與科學技術，科學不僅是在理論上說明事物，更重要的是科技應用。所以是片面的定義。

　　（四）前蘇聯《大百科全書》：

　　「科學是人類活動的一個範疇，它的職能是總結關於客觀世界的知識，並使之系統化。『科學』這個概念本身不僅包括獲得新知識的活動，而且還包括這個活動的結果。」【192】

　　評述：這個定義，沒有使用科學的基本概念，適用於任何知識體系的界定，與「科學」無關，等於對「科學」沒有界定，也就等於什麼也沒有說。

　　原蘇聯科學學家拉契科夫從三個角度出發為科學給出了的不同定義：

　　1）從社會意識形態的觀點來看待科學，科學是依賴於實踐系統地和不斷發展地認識現實的客觀的本質聯繫的一種基本形式，這種認識提供了預見事件的可能性，並且是人們合理活動的基礎。2）從特殊的社會體制的觀點來看待科學，科學是一種特殊的社會活動，是一個相對獨立的社會體系，這個體系把科學家和科學組織聯合起來，為認識現實的客觀規律和確定實際應用這些規律的形式和途徑服務。3）從科學的社會作用的觀點來看待科學，科學是社會的一種直接的實踐力量，這種力量由於在生產力和社會關係中體現科學的成果而被建立起來，並且通過使人們的活動於科學所揭示的客觀規律的性質越來越符合的途徑而得到發展。4）綜上所述，科學的一般定義是：科學是關於現實本質聯繫的客觀真知的

【190】《現代思潮辭典》頁516。

【191】法國《百科全書》「科學」條目。

【192】前蘇聯《大百科全書》「科學」條目。

動態體系，這些客觀真知是由於特殊的社會活動而獲得和發展起來的，並且由於其應用而轉化為社會的直接實踐力量。這是一個比較完整精確、值得推薦的定義。【193】

評述：這個多種多樣的定義，十分繁紛複雜，沒有運用科學的基本概念，把一些模糊不清的詞語使用進來，說了很多話，卻一句話也沒有說清楚，使人如在五里霧中。如：「實踐系統」、「現實的客觀本質聯繫」、「特許的社會活動」、「直接的實踐力量」，都不是科學語言，不知道是什麼意思。「科學」就是「科學」，就是「科學」地看，沒有什麼「從社會意識形態」、「從特許的社會制度」、「從科學的社會作用」等等方面去看。拉契科夫大概是想讓「科學」為蘇聯政體服務，才被弄得暈頭轉向的，牽強附會而不知所云。

（五）中國學界的定義

1.《現代漢語詞典》：「科學，反映自然、社會、思維等的客觀規律的分科的知識系統。」【194】

2.《辭海》1979年版：「科學是關於自然界、社會和思維的知識體系，它是適應人們生產鬥爭和階級鬥爭的需要而產生和發展的，它是人們實踐經驗的結晶。」【195】

3.《辭海》1999年版：「科學：運用範疇、定理、定律等思維形式反映現實世界各種現象的本質的規律的知識體系。社會意識形態之一。」【196】

4.《現代科學技術概論》：「可以簡單地說，科學是如實反映客觀事物固有規律的系統知識。」【197】

評述：這四個定義，都是符合原蘇聯的科學定義的，是符合馬列主義的，當然不是「科學」的定義，而是依據馬列主義政治經濟學來定義的。

【193】前蘇聯《大百科全書》「科學」條目。

【194】《現代漢語詞典》「科學」條目。

【195】《辭海》「科學」條目。

【196】《辭海》「科學」條目。

【197】《現代科學技術概論》《科學》雜誌，2007年5月。

5.南懷瑾說到科學，認為是能夠被實證研究的原理都是科學的。【198】

評述：南懷瑾所說的「實證研究」，如果是「科學實驗」，這個判斷是「真」的，但是也不是科學定義，只是判斷了科學裡的部分內容。分明有個「科學實驗」的科學語言，為什麼南懷瑾不使用科學語言的「實驗」而使用一個「不科學」的「實證」一詞呢？這是在玩弄文字遊戲，或者是根本不懂科學。說南懷瑾在玩弄文字遊戲，因為南懷瑾不是哲學家，也不是科學家，是一個辯論家，辯論家是知識博而不精的，是信口雌黃的。說南懷瑾根本不懂科學，是因為南懷瑾是一個儒生或鴻儒，儒生是根本沒有科學思想的，是反科學的。「實證」，是個多義詞，可以是「實驗證明」，可以是非實驗的體驗所得，可以是日常生活中的偶然性巧合，可以是這個人「實證」了而那個人沒有「實證」，可以是夢中或幻覺所見，可以是受到威脅或愚弄而承認，等等。於是，巫術、法術、方術等等都含有「實證」，一切胡言亂語都是「實證」。所以非科學的「實證」一詞具有辯論空間，是南懷瑾等辯論家所喜歡使用的詞語，但是不是科學語言。

六、評述一些影響中國學界的常見的科學分類

科學，成了一個褒義詞，於是，就有人把「科學」當著一頂桂冠戴到自己所信仰的學術思想上，冠以「科學」的名稱，比如：自然科學，社會科學，政治科學，科學社會主義，科學共產主義，科學管理（管理科學），等等，把簡單明瞭的科學內容弄得繁紛混亂，界定不明，其目的就是使科學去為執政者的政治統治服務。那些雜糅的科學內容和不正確的科學分類，最容易受到污染的是缺失科學理論傳統的現今中國學者，引起中國學界的思想混亂。從「五四運動」時期的「科學與玄學的論戰」到今天有關對科學的糊塗認識和爭論，都是由雜糅的科學內容和不正確的科學分類所引發的。所以，這裡有必要作出一些評述來澄清。

（一）哲學與科學

且看亞里斯多德的觀點：「哲學應該有三門，即數學、物理學以及可稱之為神學的第一哲學。」「形而上學應該是一門在物理學和數學之上的先於二者的思辨哲學。」「由此，對於這些存在於作為存在物的事物中的通則與公理的研究的任務就落在了哲學家的身上；而那些致力於專門研究的人，如幾何學家和算術家也對這類事物不予研究。自然哲學固然也是一種智慧，但不是第一級的智慧。

【198】南懷瑾網路文章摘錄。

只有對所有實體及其自然本性進行研究的哲學家才能勝任對邏輯推理的本原的研究。」【199】

　　愛因斯坦說：「哲學的推廣必須以科學成果為基礎，可是哲學的推廣一經建立並廣泛地被人們接受以後，它們常常促進科學思想的進一步發展，因為它們能指示科學從許多可能著手的路線中選擇一條路線。」「如果把哲學理解為在最普遍和最廣泛的形式中對知識的追求，那麼顯然哲學就可以被認為是全部科學研究之母。可是，科學的各個領域對那些研究哲學的學者們也發生強烈的影響，此外還強烈地影響著每一代的哲學思想。」【200】

　　就理論地位而言，哲學高於科學，科學屬於哲學。哲學中有兩大類：第一哲學：形而上學；第二哲學：物理學，即科學。就本末、體用而言，形而上學是本、是體，科學是末、是用。形而上學與科學在哲學這個大範疇之內，是第一與第二的關係，是相輔相成的關係，不是對立或不相容的關係。科學中的科學假說等內容屬於形而上學的悟道，都是思辨方式，形而上學的演繹法屬於科學方法。形而上學和科學所要追求和思辨真理都是「善」，所要批判的共同都是「惡」──迷信說教和迷信活動（天命論、偉大天才論、命運論等等）。

　　把科學從哲學分離出去，使哲學局限為形而上學，使科學局限在歸納法（實驗）裡，並且把形而上學與科學對立起來，培根是第一人。培根遭到笛卡兒的批判。可是在孔德和羅素那裡又復興了培根學說，直到20世紀60年代，邏輯實證主義遭到西方科學界的毀滅性打擊，形而上學與科學的相輔相成關係又獲得了共識。而在前蘇聯和現今中國學界仍然堅持培根、孔德、羅素的那種錯誤認識。為什麼呢？因為培根、孔德、羅素的所謂「科學」排斥了形而上學和倫理學的「善」、哲學思辨方式，可以成為一門為惡性政治服務的獨立學問，獨裁者可以隨意把「科學」的桂冠戴到自己的理論上，弄出什麼社會科學、科學社會主義之類的名詞來。科學的基本概念就這樣被弄亂了。

　　（三）什麼樣的人能夠定義「科學」

　　時東陸說：「為科學下定義的權威只能是科學界，不可能是個人。比如對

【199】《形而上學》第一卷頁32。

【200】《愛因斯坦箴言集》頁28。

於科學領域內最為傑出研究的認可肯定是世界上最為權威的雜誌《自然與科學》。諾貝爾委員會肯定是對個人學者評定貢獻大小的權威之一。同樣的道理，為體育項目下定義的一定是體育協會，為中醫理念定論的也一定是中醫協會。自世界上的科學家們成立了各種協會之後，比如物理學會，化學學會，和醫學學會，科學的定義就在這些協會中自有定論了。世界上任何一個人，包括最偉大的人，如果試圖宣稱某種東西是科學，那麼他必須經過科學界的質疑和驗證。只要科學界通過自己規範的方法檢驗並認可了，就可以被接受。否則，無論任何人怎樣宣稱，都毫無意義。許多人希望中醫被接受為科學，這是一種可愛的願望。但是，很遺憾，不是這些人可以決定的事情。如果哪一天科學接受了中醫，可以把陰陽學說發表在世界學術界的物理，化學，生物，醫學的雜誌上，那麼中醫也可能成為科學。」【201】

評述：這段文字看起來說理很充分，但是區分不清，有說辭自相矛盾的地方。1.區分不清。定義屬於邏輯學範疇，並非是科學範疇；科學的內容具有形而上學和倫理學的成分；所以，定義「科學」，是哲學家的事情，並非是科學家的事情；最好是哲學家兼科學家來定義。如果科學家沒有成為哲學家，還認為科學高於哲學而又排斥倫理學，那就不可能正確定義「科學」。2.說辭自相矛盾。一邊說：「同樣的道理，為體育項目下定義的一定是體育協會，為中醫理念定論的也一定是中醫協會。」另一邊又說：「許多人希望中醫被接受為科學，這是一種可愛的願望。但是，很遺憾，不是這些人可以決定的事情。如果哪一天科學接受了中醫，可以把陰陽學說發表在世界學術界的物理，化學，生物，醫學的雜誌上，那麼中醫也可能成為科學。」這裡雖然換用了幾個名詞：「中醫協會」與「許多人」、「這些人」，其實所指的是一種人，一個概念。所以，能夠正確定義科學的人，應該是哲學家或者科學家兼哲學家的善良個人或者科學團體。

（三）不正確的科學分類

1.有位網友說：「按研究的不同，可分為自然科學、社會科學和思維科學，以及總括和貫穿於三個領域的哲學和數學。按與實踐的不同聯繫，可分為理論科學、技術科學、應用科學等。科學來源於社會實踐，服務於社會實踐。它是一種

在歷史上起推動作用的革命力量。在現代，科學技術是第一生產力，科學的發展和作用受社會條件的制約。現代科學正沿著學科高度分化和高度結合的整體方向蓬勃發展。」【202】

　　評述：這種分類，完全偏離了從亞里斯多德以來到笛卡兒的西方主流學派的思想觀點，所依據的是前蘇聯和現今中國高校教科書的思想觀點，當然不是正確的分類。（1）「自然科學」：科學就是以自然物為研究對象的一門學問，科學中還有什麼「自然科學」那個名字呢？對於一個事物使用兩個名字，並且兩個名字所含意思不同，那就要麼所指的不是同一事物；要麼是「多此一說」，玩弄文字遊戲，別有用心。（2）「社會科學」：研究社會問題的學問是社會學，社會學中還有什麼「社會科學」那個名字呢？又是一種文字遊戲，無非是為了時髦漂亮一些和具有忽悠國民的作用而已，有什麼意義呢？即使社會學中使用了科學方法和數學知識，仍然不是嚴格意義上的科學。（3）「思維科學」：思維方式屬於哲學的三大基本成分之一的認識論範疇，是一門哲學學科，而不是一門獨立科學。即使是科學方法，也無需再造一個「思維科學」概念，又給予一個含糊不清的名字。

　　2.還有位網友「jtouya」把科學分為「西方科學」和「中國科學」，說「科學將有國界」

　　評述：作者的目的在於證明中醫是科學，是「中國科學」，不是「西方科學」，中國人應該有中國科學思想，反對「西方科學」思想。當然，這種觀點是中國傳統思想文化中的民族主義觀點，不是科學觀點。科學理論和科學技術是屬於全人類的，不是屬於某個民族或國家的，科學沒有國界，沒有什麼西方科學與中國科學的區分，只有科學與非科學或者真科學與偽科學的區分。就科學知識體系而言，科學就是「西方科學」，對於中國學界來說是「舶來品」，不承認「西方科學」，就是「不科學」，就是排斥或拋棄科學。

　　有一個叫李約瑟的外國科學家在中國科學界威望很高，他就區分出「中國科學」和「西方科學」，還弄出一個什麼「李約瑟難題」，那純粹是標新立異或者懷有不良動機的胡鬧，沒有任何科學性。

　　離開了科學自身內容和研究領域（研究對象），插進非科學內容和研究領

【202】網路文章摘錄。

域，勢必引起分類混亂，科學就「不科學」了。引起科學分類混亂的原因主要有兩個：第一種是，長期受著缺失科學知識的傳統思想文化的薰陶或習染，無意或有意地拒絕外來科學知識，又不懂裝懂地去談論科學問題；第二種是，政治動機的介入，為了達到某種政治目的，故弄玄虛，玩弄文字遊戲，混淆界限，愚弄國民。對於第一種人可以討論科學問題，對於第二種人是無法去討論科學問題的。正如亞里斯多德所說：「對於那些僅僅因為理論上的困惑而持上述觀點的人除了直接對他的辯論予以否定外，就別無他法了。」【203】

➡ 第二節　科學技術的經濟學內容

科學的基本內容有兩部分：科學理論和科學技術。由於中國學者大多數只懂科學技術，而不懂科學理論，所以依據先易後難的原則，就先論科學技術，後論科學理論。本節論述科學技術。

一、科學技術的界定和目的

科學技術與科學理論相比較，科學技術是看得見、摸得著的，是能夠準確地去把握和操作的；而科學理論就不同，有些能夠直接運用；有些深奧難懂，甚至有些玄妙。因此，有科學技術，不一定有科學理論；有科學理論，就一定會有科學技術。掌握了科學技術的人，只能稱得上是技工，稱不上科學家；而科學家就容易成為技工。由此可知，科學技術屬於實際操作的經驗知識，可以言傳身教，可以熟能生巧，對科學理論知識的要求不高，所謂：「做得好，說不出」，「知其然，不知其所以然」。

人類發明和運用科學技術的目的十分單純明確：在求生存中，為了獲取更多的物質生活資料和保護生命安全。此外別無其它目的。

二、科學技術的經濟學內容

從科學技術的界定和目的，就知道科學技術是為了人的養生服務的，而經濟學就是養生學，科學技術就屬於經濟學範疇，是經濟學的一個內容。

在經濟學範疇裡，科學技術屬於生產力方面，提高生產力。有了科學技

【203】《形而上學》第一卷頁32。

術，人的手腳被加長了，能夠獲取更多的生活資料，能夠增強自我保護能力，能夠達到人本身不能達到的地方（可以潛入水底和飛向高空），擴大了人類的生存環境。總之，科學技術，使人類的物質生活越來越富裕，擁有的物質生活資料和生產資料也越來越富有，經濟學內容也由此越來越豐富，分類也越來越細密。現今的科學技術內容有：實驗技術、製造技術、使用技術，等等。

三、科學技術的起源和發展

科學技術的出現和使用對文化知識的要求不高，它的起源先於語言文字。自然人在求生存中，為了獲取更多的物質生活資料和保護生命安全，就想辦法去製造工具。製造工具本身就是發明創造，就是科學技術。即使最簡單的石器，也是科技發明創造，是掌握科學技術。

隨著語言文字的出現，科學技術就成為了一門經驗知識，可以記載和傳授，使科學技術獲得快速發展。從最簡單的石器到現在的精密儀器、太空船，科學發明創造越來越高級，科學技術越來越發達，人類社會不僅擺脫了物質生活資料的匱乏而貧困，而且有過剩而奢侈。

人類的科學技術在高度發達，而其它生物仍然處在自然本能中，成為人的食物和用物，好像人成為了萬物的主宰。以致有人誤認為：「人是萬物的尺度」，人是宇宙的靈魂，宇宙只有人而沒有神，人能夠改天換地或曰征服自然。

就科學技術的擁有程度而言，科學技術越高級的群體就越富裕，經濟越發達；科學技術越低級的群體，就越貧困，經濟越落後。這種富裕、發達與貧困、落後，在同一族群裡出現在不同的歷史階段和不同的個人狀況，在不同的族群裡出現在相同的歷史階段。科學技術發展的不平衡，出現了族群之間和個人之間的強大和弱小，並且引發族群或個人之間的強大者侵犯弱小者。好像造物主製造了優劣兩種不同的人群或個人。以致有人誤認為：種族有優有劣，同一族群裡的個人也天生有優有劣和「命運」的不同，人類社會的生存法則是動物世界的「叢林法則」。

本節小結：

經濟學和科學都屬於善道範疇，有倫理學成分：有善的經濟學和科學，有惡的經濟學和科學。善的經濟學和科學的主權在國民，是為國民經濟服務的，是為了全體國民享有富裕的物質生活，應該大力促進和發展善的經濟和科學技術。

惡的經濟學和科學的主權在君王，是為君王經濟服務的，只有君王及其官吏享有極富的物質生活和屠殺國民、人類的軍事物質，應盡力制止惡的經濟和科學技術。民主政治促進民用經濟和科學技術的發展，專制政治抑制民用經濟和科學的發展。經濟繁榮促進科學技術發展，科學技術促進經濟繁榮。

➡ 第三節　科學理論的哲學思維方式

本節論述科學理論。

一、科學理論的界定和目的

科學理論是科學家運用「善知識」和哲學思維研究物質世界的理論成果。科學理論有低級和高級之分。低級科學理論，俗稱「科普知識」，是科學技術經驗知識的總結，又反過來指導科學技術，使科學技術獲得飛速發展。高級科學理論是理性思維的哲學原理，是在探索宇宙奧秘，是純粹理論，有一些玄妙，不具有直接實用價值，卻具有對低級科學理論的指導意義。因此，科學理論的目的就有兩個：其一，低級科學理論具有直接實用價值，使人類掌握更高的科學技術，使人類社會物質生活越來越豐富；其二，高級科學理論，能夠增強人的求知欲，啟迪人去追求理性真理，探索和解密創造物質世界的形而上本源，為低級科學理論研究指明方向和提供理論前提。一言以蔽之：科學理論的目的就是為人類全體成員造福，此外別無其它目的。

二、科學理論的哲學內容

科學理論的哲學內容有兩方面：研究物質世界的不同領域的理論而具有相同原理和相同的研究方式──科學方法。

（一）不同領域的理論而具有相同原理

科學理論是研究物質世界的一門自然學問。科學在研究物質世界時依據不同的研究對象而分門別類，主要類別有：數學、物理學、化學、生物學、醫學、生命學、天文學、地理學、地質學，等等。這些科學項目得出了不同的科學理論，具有很強的專業性。但是，不同的專業科學理論卻具有相同的科學基本原理，可以被某種科學原理給予共同的解說。比如，數學的公理和公式，物理學的萬有引力定律和相對論在各種科學理論中都存在。這種相同原理，就是高級科學理論，屬於哲學理論。

（二）科學方法

科學方法是研究物質世界時所使用的一種共同的形式邏輯推理方式。其主要方式是：歸納法和演繹法。歸納法所注重的是科學實驗，演繹法所注重的是科學假設。科學實驗所得出的科學理論是具體的、個別的，也是局限性很大的，是不穩定的。演繹法得出的科學理論是抽象的、普遍的，局限性較小，比較穩定；但是假設「前提」非常重要。歸納法和演繹法都是哲學思維──理性思辨，是相輔相成的，兩者不可偏廢。

現今所流行的所謂「科學方法」，是培根所強調的歸納法，忽視了演繹法，把演繹法得出的科學理論視為不可相信的玄學理論，那就是片面的「科學方法」。片面的「科學方法」，把哲學的形而上學視為玄學，甚至敵視和拋棄哲學，使科學擺脫哲學公理的指導而走進死胡同。而科學研究越向前發展的事實，越證明高級科學理論接近形而上學原理，比如「大爆炸」理論。

在中國學界，曾經發生過「科學與玄學之論戰」。那是一場無知的論戰，論戰雙方連「科學」、「玄學」、「哲學」這三個基本概念也不懂，也沒有劃分和定義清楚，怎麼能論戰出一個結果呢？今日的中國學者仍然不能正確定義和劃分出「科學」、「玄學」、「哲學」，相互爭論不休。主張所謂「科學方法」的學者，反對玄學（形而上學），甚至反對哲學；主張「玄學」的學者則指責「科學」，甚至拋棄「科學」，自詡為清高。可見，中國學界在知識方面的「科學之貧乏」和「哲學之貧困」。

三、科學理論與語言文字

科學技術的發明和掌握，先於語言文字，也不需要什麼文字知識。但是，科學理論則後於語言文字，需要掌握語言文字知識。有了語言文字，科學技術的經驗才能夠得到總結和廣泛傳播。用語言文字對科學技術經驗進行總結，就是科學理論。語言文字越發達，科學技術就越得到傳播，科學理論也就越高級。阿拉伯數字和拼音文字的發明，推進了數學的飛躍發展，也就推進了其它科學項目的飛躍發展。

中國古代只有象形文字，沒有發明或接受阿拉伯數字和拼音文字，不僅嚴重地制約了科學技術的發展，而且嚴重地制約了科學理論的出現。雖然古中國出現過比較高級的科學技術的發明，但是由於缺乏科學理論的總結和指導，使科學技術得不到正確使用和發展，以致到了15世紀，中國在科學方面落後於後起的西

方民族，在19世紀遭到西方人的致命打擊。所以，現在有的中國學者說：「中國古代，只有技術，沒有科學。」這種觀察和反省，無不有歷史依據和道理。可是，至今仍然有不少中國學者，津津樂道和無知清高於中國的象形文字——方塊字，反對文字改革，冒著一股濃濃的腐儒氣息。

➡ 第四節　科學的倫理學性質

科學與倫理學（道德學）有沒有關係呢？這差不多是所有哲學家、倫理學家和科學家都沒有論述過的課題。現在有人提出「科學道德」和「科學功利主義」，注意到了科學的倫理學性質，是一種可喜的文化現象。

科學是研究自然物的學問，倫理學是研究風俗習慣和人性、道德的學問，好像是在形而上學之下無交叉關係的互不干涉的兩條平行直線。其實，科學和倫理學同在形而上學的善道範疇之內，都是形而上學原理的實用理論：人為學問，本應「尊道而德貴」。《道德經》就把有關科學技術的論述放到「『上善』論」裡。可是，到了文明社會中的強權政治社會，君王、帝王都要求知識和知識份子為專制統治服務，倫理學就有善有惡，科學也就有善有惡。說科學有善有惡是說科學技術，純粹的科學理論是有善無惡的。所以，科學就具有倫理學性質：善性科學和惡性科學技術，科學與倫理學就具有互動關係。

一、善性科學

善道賦予了人天生的善心和自然智慧，人就要從善心出發去發揮自然智慧而行善。這是倫理學的基本理論前提，也是科學的基本理論前提。

（一）科學技術的最初因和最初目的都是善的

如本章第二節「三」中所述，人類最初發明生產工具，是為了增強生產和保護能力，從而獲取更多的生活資料和更好地保護生命安全，而不是為了去侵犯他人。這種科學技術的最初因和最初目的都是善的。這種善良的科學技術的最初因和最初目的一直都是科學界的主流。

（二）最初的科技產品和科學技術的使用都是善的

由於科學技術的最初因和最初目的都是善的，所以，所發明和製造的科技產品，都是生產和生活方面的，都是有利於每個人的生活和全體社會經濟繁榮的產品，都是善性產品。所以最初的科技產品和科學技術的使用都是善的，並且這

種善性的科技產品和科學技術的使用一直是人類社會的主流。至於以後出現了不善的戰爭武器和奢侈品、損害人體健康品，那是強權政治社會裡的事情。

（三）純粹的科研活動和純粹的科學理論都是善的

科學技術發展到一定階段，語言文字出現了，也就有了科研活動，產生了科學理論。創造科學理論的科研活動和科學理論本身，雖然有方向的不同和理論的不斷被更新，但是都是純粹的善。我們不能說研究地心的科學家（托勒密）和地心學說是惡的，研究日心的科學家（哥白尼）和日心學說是善的；而只能說地心學說有其局限性、也有日常生活的作用；日心學說比較先進一些，但是也有不能在日常生活中實用的缺點：我們在日常生活中仍然在說「日出日落」，而不說地球轉向太陽是白天，背向太陽是夜晚。所以兩類科學家（托勒密、哥白尼）和兩種學說都是善的。在科學範疇裡，錯誤的和正確的都是善的，高級科學理論和低級科學理論都是善的，純粹的科研活動和科學理論有善而無惡。

（四）創造科學理論的科學家的初衷或動機都是善良的

每個科學家在開始從事科研活動時，是不問政治的，是不關心功名利祿的，憑著善心和好奇心去追求真理，去攻破一兩個課題，去發明一種有利於生產和生活的機器，一心一意地撲在科學研究上面。他們不畏艱難，勇於攀登；他們甚至拋棄個人婚姻生活而忘我勞動，他們為科學事業耗盡畢生的心血乃至生命。他們為了防止自己的科研成果被不善人利用去危害人類，不斷地發表聲明和留下遺言，反對製造殺人武器；或者逃避專制統治者的利用而流亡。他們為了鼓勵科學家為科學作出貢獻，把自己賺得的錢財用來設立科學基金和獎金，而從不去過奢侈的個人生活。科學家是人類中最大的善人。

（五）科學方法是善的

科學方法，是求實求真的方法，是追求善知識的方法；也就是說，邏輯推理和科學論證本身是真善美的。求實，不容許說假話；求真，不容許說空話；追求善知識，不容許有邪惡的想法（念頭）。形式邏輯，無論是使用概念、判斷，還是推理的前提、過程和結論，都必須遵守哲學思維規律，必須「真」而不「假」。什麼「金口玉言」、「最高指示」、「絕對精神」、「先驗論」、「三綱五常」，等等，都經不住科學方法的檢驗，都是荒謬絕倫的。所以，科學方法是善而無惡的。

（六）科學發展的最終階段是「善回向」

科學的最初階段是善性的，依據大道運行的循環規則，在惡性的強人專制

社會運行一個階段後，必然會運行發展到「善回向」階段去。科學在「善回向」階段運行中，逐漸洗滌掉專制社會附著在身上的惡性污垢，最終成為純粹的善性科學。

二、惡性「科學」——科學功利主義的危害性

科學本善而無惡，這裡說「惡性『科學』」，並非說的是科學本身，而是說科學被專制統治者利用後，給科學附著了惡性。惡性科學，是指不善的科學家用科學技術去製造為極少數專制統治者服務的殺人武器和生活奢侈品，以及生產其它危害絕大多數人身體健康的生活必需品和破壞人類生存環境的產品。

（一）不善的科學家

上海交通大學教授時東陸在《再論科學的定義》中說：「對自然真正好奇的人應該很少很少。從古到今，這些人就是那麼零零星星的一些，不可能是成千上萬。如果今天百萬雄師攻學術，有多少人真正是以志向和興趣為基本出發點的呢？如果他們僅僅把學術看成是一種職業，甚至是一種商業，或者企業，那麼所謂的社會文化、企業文化就會捲入科學研究。誰能保證商業裡面沒用虛假和詐騙？」【204】時東陸還提出了「科學道德」這個概念。

上海大學教授戴世強在《關於科學功利主義的思考》中說：「應該認識到，科學功利主義是一把『雙刃劍』。一方面，它為科學的發展和進步提供了一種強大而持久的動力，促進人類社會迅速實現舊貌換新顏。在人類的科學不發達階段，在總體不發達或欠發達的國度裡，情況尤其如此。另一方面，在現代社會中，它對科學自身和社會的可持續發展顯示出越來越多的消極影響，甚至導致環境危機、能源危機等科技異化形態，乃至部分科學工作者的心理失衡。因此，要充分發揮科學功利主義的積極作用，更要採取積極態度規避和消解科學功利主義的負面影響。中國的科學功利主義存在已久，而且已經名聲遠播在外。美國著名科學家亨利‧羅蘭在《為純科學說幾句話》一書中說：『要運用科學，就必須讓科學自身獨立下去，如果我們只注意科學的應用，必然會阻止它的發展，那麼要不了多久，我們就會退化成中國人那樣，他們幾代人沒有在科學上取得什麼進

【204】《科學》雜誌，2007年5月。

展，因為他們只滿足於科學的應用，而根本不去探討為什麼要這樣做的原因。』因此，消解科學功利主義的負面影響是當務之急，要不然，想在中國本土產生諾貝爾獎獲得者只是一種空想。」【205】

兩位學者注意到了科學家的道德品質，批判科學家喪失善心和好奇心，反對科學家為了追求個人的功名利祿而去阿諛逢迎權貴、為專制統治者服務。亨利·羅蘭對中國科學界的批評是事實，是中肯的，是尖銳的，當然不會被中國傳統的儒家思想文化所容忍，不會被中國專制統治者和追求功名利祿的科技工作者所接受。

不善的科學家，就是那些去為專制統治者服務的少數科學技術的使用者，不是科學理論創造者，也不是大多數科學家；那種少數所謂的科學家，其實並不是科學家，而是用科學技術作為進貢禮品、去向專制統治者獵取功名利祿的政客，就像儒生寫「八股文」去走仕途之路那樣，他們是無法在科學理論上有所作為的。例如，為納粹德國、前蘇聯、朝鮮金家王朝、薩達姆政府等等製造先進殺人武器和奢侈品的科技人員。

產生不善的科學家的土壤和溫床是專制的傳統思想文化和專制政體。所以，要「消解科學功利主義的負面影響是當務之急」，一方面，要科技工作者潔身自好，不為功名利祿所誘，不為專制統治者的威脅所懼，一心一意去研究科學問題；另一方面，反抗專制統治者的偽科學文化，為根除專制政體而努力，就像前蘇聯的薩哈羅夫那樣。

（二）不善的科技生產和產品

1.製造殺人武器。

科學技術發現和冶煉了金屬產品，製造了生產工具，擴大了人類生存空間，豐富了人類生產和生活資料，是善性的。可是，在專制社會裡，政治野心家為了過上奢侈生活和滿足文韜武略的虛榮貪欲，需要臣服全體國民，需要對外擴張領土，就要把銳利的生產工具變成銳利的殺人武器，把耕畜變成戰馬戰牛，把交通工具變成戰車戰艦，把樓梯變成攻城雲梯，用藥物知識去製造殺人的化學武器，把馴服家畜的工具變成虐待犯人的酷刑工具，等等。

專制統治者一旦有了先進的殺人武器，就野心勃勃起來，就瘋狂起來。他

【205】戴世強博客，2010年11月13日。

們一邊屠殺臣民，使國民成為奴隸，維穩政權；另一邊窮兵黷武，對外擴張，肆虐人類，妄圖統一全人類。例如，中國歷史上的所謂文韜武略的完成統一戰爭的帝王，第一次世界大戰的發動者，第二次世界大戰的發動者，朝鮮戰爭的發動者，越南戰爭的發動者，都是掌握了先進武器才瘋狂起來的。那些製造殺人武器的所謂科學家就是助紂為虐的不善人。

也許有人會質問：「那些反抗者不也是掌握了先進殺人武器之後又成為進攻者嗎？那些為反抗者製造殺人武器的科學家不也是不善人嗎？」回答：反抗者是被迫使用戰爭方法的，是被迫去掌握和發展先進武器的，他們使用先進武器去威懾兇惡的專制統治者，去先發制人地消滅正在或企圖殺人的專制統治者，他們是正義之士，是善良人；為反抗者製造殺人武器的科學家是為了幫助反抗者去殺死戰爭的發動者，從而消滅戰爭本身，使人類獲得永久和平，他們也是善人。由此而引起的「軍備競賽」的責任不在反抗者，而在屠殺平民的戰爭發動者。

2.生產奢侈品。

科學技術增多了人類的生活必需品，出現了繁榮的市場經濟。在強人專制社會裡，強人卻因此增大了對商品的佔有欲，不僅貪占生活必需品，還要貪占炫耀自己富貴和滿足虛榮心的奢侈品——「貴難得之貨」（老子）。科學技術就被用去生產和開發奢侈品，製造社會貧富兩極分化。例如，中國皇帝、官吏的宮廷、豪宅、陵墓、古玩、高級欣賞品，等等，佔有國民經濟比例的絕大多數，使國民生活在死亡線上掙扎。正是：「朱門酒肉臭，路有凍死骨」，「遍身羅綺者，不是養蠶人」。

而一些科學家為了取悅權貴而得到功名利祿，盡心盡力地去發明和製造奢侈品，幹禍國殃民的事情，是不善人。

現今中國人每每對豪華壯麗的古代宮廷、豪宅和被發掘出來的雄偉陵墓，讚不絕口，讚歎高超的藝術，讚揚悠久燦爛的中華文明，讚美科技在世界是如何先進，民族自豪感因此而情不自禁。而我則是悲憤不已，譴責帝王、官吏的奢侈腐化生活，那些建築揮霍了多少民財民力，枉死了多少無辜生命，民族自卑感因此而情不自禁。

3.製造巫術等迷信產品。

人類在初期對天地的力量產生敬畏和迷惑不解，出現了崇拜天地和神鬼的信仰，製造和使用一些祭祀儀式品，這是一種正常的、必要的信仰必需品。但是，在強人專制社會裡，強人們獨裁祭祀權力，弄出聲勢浩大的祭祀活動——大

規模的喪禮活動和慶祝活動，利用科學技術，製造迷信祭祀品，甚至把下層人殺死當著祭品，用活人作陪葬品。於是，巫術、方術、占卜、點卦等等迷信產品被大量生產出來。指南針用去做風水羅盤，火藥用去製造敬神鞭炮，印刷術用去印刷迷信圖案和書籍，雕塑術用去塑造帝王將相和神鬼的高大塑像，造紙術用去製造賄賂鬼神的錢紙，建築術用去建造雄偉華麗的寺廟，等等，勞民傷財的行為。例如，一座樂山大佛就建造了一百多年，現今的無錫靈山一座高88米的鍍金佛祖塑像花費億萬元。

　　而一些科學家，為了討好宗教官員和神職人員又從中自己也獲得好處，不遺餘力地去發明創造迷信產品，為愚弄和麻醉國民推波助瀾，他們是不善人。

　　4.製造毒害人體健康的產品。

　　強權者把科學技術用於不善之舉，商人們也把科技用於不善之舉，形成官商勾結、權錢交易的市場經濟。為了搜刮民財，就生產毒害個人身體健康的產品。例如：毒牛奶、地溝油、毒膠囊、毒魚蝦、毒蔬菜、毒水果、毒肉、毒水、毒酒、毒藥品、毒衣服、毒帽、毒鞋、毒磚、毒料，等等，衣食住行品，無不有毒。在專制社會裡，科技世界和市場經濟就是有毒世界和有毒市場，科技越先進，毒物也越先進，國民的怪病也就層出不窮。

　　而一些科學家，為了獲取財富，去參與官商勾結、權錢交易活動，把自己所掌握的科技知識運用到製造毒害人體健康的產品生產中，他們是昧良心的不善人。

　　5.開展污染自然環境的生產。

　　強權者，為了既得利益集團過著奢侈腐化生活和滿足自高自大的虛榮心，追求獲取巨大財富和巨大榮譽，恨不得將整個自然界的物質在一天之內都變成自己的財富。他們就利用科技，濫採濫建濫生產。一片大好山河遭蹂躪，優美自然環境被破壞，人類生存必需的自然物如空氣、日光、水源、土壤遭到污染，人類生存所適應的氣候、地形發生劇變，水災、火災、旱災、地震、沙漠化頻頻發生。這就是一些科學家為專制統治者效忠的惡果。由於一些科學家的鼓勵，最高統治者的貪欲無限膨脹起來，瘋狂地進行污染自然環境的生產。

三、科學與倫理學的互動關係

　　倫理學包括政治學，論述人的道德觀念和政治體制。道德觀念和政治體制是有善有惡的，善的道德觀念就產生和維護善的政體，惡的道德觀念就產生和維

護惡的政體；反過來，善的政體需要和維護善的道德觀念，惡的政體需要和維護惡道德觀念。正如蘇格拉底所說：「政體是從習慣裡產生的。」再演繹一下，善的道德觀念和政體產生和維護善的科技，善的科技維護和推動善的道德觀念和政體；惡的道德觀念和政體產生和維護惡的科技，惡的科技維護和鞏固惡的道德觀念和政體，阻礙人類社會的發展、甚至毀滅人類社會，當然也就阻礙科學本身的發展、甚至毀滅科學自身。所以，科學與倫理學是互動的關係。

（一）科學與善的道德觀念的互動關係

1.科學原本產生於善的道德觀念。

科學就是科學家從善心出發，去發揮自然智慧，研究和發明有利於人類的生產工具和生活資料，而不是研究和發明危害人類的工具和產品。科學家的發明創造的動機和目的是善良的，科學家尊重善道，具有美德；科學本身的發明創造的原理是善知識，是反映自然規律的「無有之相生」的大原理，是善道。科學的發明創造的成果，都是有利於人類獲取豐富的物質生活資料，提供生存空間。

2.科學的發展促進善的道德觀念的完善。

科學向前發展，創造和發展市場經濟，使國民經濟繁榮起來，人們的生活豐富起來，擺脫了生活必需品的貧乏和經濟困難，減少和消除人與人為爭奪生活必需品的爭鬥，人與人相互和睦共處。科學理論能夠證明善的道德觀念是正確的。由此，一種全新的真善美的道德觀念體系被建立起來，一種自由、平等、民主、法治的政體也就被創造出來。

3.善的道德觀念產生科學和促進科學發展。

科學是人學，人性本善，則科學出現。人的天生善心和自然智慧得到保持，社會風氣就真善美，科學家就能安寧地去進行科研，也就得到國民的尊重，科學和科學家就會獲得應有的社會地位，科學就會蓬勃發展起來。

（二）科學理論與惡的道德觀念和政體的互動關係

1.科學理論與惡的道德觀念和政體的關係是相互抵抗、彼此消融。

科學理論是本善而無惡的，與惡的道德觀念和政體水火不容。科學理論是真理、善道，惡的道德觀念是歪理、邪念。惡的政體只產生於歪理、邪念，遭到科學理論的否定。惡的政體的統治者只利用科技去製造殺人武器和奢侈品，同時把科技當做「淫技小巧」，把科技工作者看著奴僕，把科學理論視為異端邪說而加以反對和扼殺。所以，在幾千年的中國專制社會裡，沒有科學理論，只有科學技術；沒有科學家，只有科技奴僕。但是，科學理論的發展，使人類社會日新月

異，飛速向前，形成世界潮流。這種世界潮流，對於專制統治者來說就如洪水猛獸，衝擊著，狂噬著，把他們趕進死亡的深淵。

2.科學技術與惡的道德觀念和政體的互動關係。

科學技術能夠被惡的道德觀念和政體利用，從而維護和發展惡的道德觀念和政體。但是，科學技術在為惡的道德觀念和政體服務的同時，不但得不到惡的道德觀念和政體的支持，反而受到制約、甚至毀滅。惡的道德概念和政體，總是急功近利的，總是要求科技去製造殺人武器和奢侈品，不鼓勵科學理論的研究，而科學理論是科學技術發展的原因。在專制政體裡，是很難出現科學理論創新的，很難出現獲得諾貝爾獎的科學家，除非出現容忍科學理論研究的開明君主。所以，科學技術與惡的道德觀念和政體的互動關係是：惡的道德觀念和政體可以利用科學技術，卻又是科學發展的阻力。

3.科學家和科技人員必須「尊道而貴德」。

科學家和科技工作者本來就是善良人，是「尊道而貴德」（老子語）的品質高尚者。他們只有保持天生的善心和自然智慧，才能夠排除功名利祿的干擾，獲得一個寧靜的心理環境，潛心於科研活動；才能夠有所發現、發明和創造。科學家理應拒絕為專制統治者服務，不為功名利祿所引誘，逃離道德淪喪的專制社會，自由地選擇重視和適合於科研活動的地方住居：科學無國界。如果一個科學家，功名利祿薰心，為專制統治者服務，那就喪失了天生的善心和自然智慧，必然不會在科學理論上有所建樹，只能幹一些竊取別人科技秘密的偷雞摸狗的勾當，製造一些危害個人和社會的科技產品，那就是沒有「尊道而貴德」。科學史上，凡是有科學理論建樹和獲得諾貝爾獎的科學家，都是「尊道而貴德」的人，沒有一位功名利祿薰心的人。

本節小結：

倫理學側重於人的精神文明，科學側重於人的物質文明。倫理學原理在指導和制約科學，科學成果又為倫理學提供物質論據，證明倫理學原理和促進倫理學完善。如果善道指導了科學，科學成果就都有利於人的物質生活，促使經濟繁榮，同時科學成果也證明善道是真理，促進個人恢復善心和自然智慧。如果惡理指導了科學，科學成果就危害人的物質生活，並且危害人類生存；同時，兇惡的科學成果誤導人們認為惡理正確，使人陷入到更深廣的迷惑深淵之中。

➡ 第五節　科學的局限性

　　從上述的科學內容看，科學是有局限性的，這裡指出幾個主要方面，不作具體論述。

　　1．科學在理論上不是最高地位，在形而上學之下。2．科學研究的領域是物質世界，不能涉及靈魂世界。3.在思維方式上，科學方法側重於形式邏輯的歸納法（科學實驗），科學假說也只是局限在物質世界裡，沒有上升到悟道方法的層面上。4.在實用價值上，科學是注重實用的，卻僅僅限於物質生活方面，無法解決道德價值、個人態度、社會取向、政治制度等等問題。5.每種科學理論都只能局限在物質世界的某個領域裡，受限於人的觀察能力，不具有絕對真理性質。

　　所以，一方面要重視科學，另一方面不能贊同「科學萬能」。

➡ 第六節　老子的科學觀

　　老子云：「卅輻同一轂，當其無有，車之用也。埏埴為器，當其無有，埴器之用也。鑿戶牖，當其無有，室之用也。故，有之以為利，無之以為用。」（十一章）【206】

　　第十一章的譯文是：三十根輻條共繞著一個轂孔成了車子，車子中合適的空無部分和有形部分，定下了車子的使用價值和經濟價值。燒制陶土成為器具，器具合適的空無部分和有形部分，定下了器具的使用價值和經濟價值。開鑿門窗成為房子，房子合適的空無部分和有形部分，定下了房子的使用價值和經濟價值。所以，人造物的有形部分使人獲得經濟利益，空無部分讓人得到使用便利。

　　本章中所例舉的車子、房子、用具，不是泛談「無」和「有」，而是落實到人的具體生活中。人的生活內容中必需的是：食、衣、住、行、用。而人為的住、行、用三項的科技含量最多最高。所以，本章是在論述科技產品為人的生存所需服務，而不是為別的什麼；同時論述科技的大原理「無有之相生」。為人的生存所需服務的科技當然是善道的，遵守「無有之相生」原理的科技當然也是善道的。所以，科技原理和目的都應該是「尊道而貴德」、「道生之，而德畜之」，「無」側重於「尊道」，「有」側重於「貴德」。

【206】《仰望老子》第一卷第十一章。

　　就科技原理而言，「無有之相生」是最大的基本原理，其它原理都從「無有之相生」中演繹出來。「難易之相成也，長短之相形也，高下之相盈也，意聲之相和也，先後之相隨也」，都屬於「無有之相生也」的「恒也」之道。力學、相對論、大爆炸論以及一切製造原理都是「無有之相生」的相對原理。在「無有之相生」中，「無」是永恆的，無形的，自然的，人不可為之。「有」是變化的，有形的，自然的，人可為之。人模仿自然物，將有形的物質原料在「無」中依據人的意圖再生「有」，就是人造物。「無」是「O」，「有」是以「O」為始中生出的數字，適合的數字形成比例，才能適合人之所用。如：「卅輻同一轂」，現今的「三室兩廳」的房子、澡堂、臉盆，等等。

　　就科技成果人造物的使用價值和經濟價值而言，都從「無有之相生」中體現出來。「無」具有使用價值，「有」具有商品價值。在非商品社會裡，人造物只具有使用價值，不具有商品價值，其使用價值的「無」是從「有」中體現出來的。沒有「有」，「無」不能具有使用的價值；沒有「無」，「有」產生不了任何經濟價值。車子、房子、器具就是例子。再如一個沒有「空無」部分的棍子，也要在具有空間中才能發揮作用。本章中所說的「有之以為利，無之以為用」，既說人造物的使用價值，又說了人造物的經濟價值——商品價值。可見老子所論述的人造物是商品經濟社會裡的兩個價值。

　　在商品經濟社會裡，一個人造物，首先必須具有「無」的使用價值，才能產生「有」的經濟價值。貨幣只具有經濟價值，但貨幣的最終作用是換取具有使用價值的用品。所以，「有」與「利」相搭配，「無」與「用」相搭配。「有之以為利，無之以為用」這句話的用詞十分嚴密、精當，不可更改。「無」所體現出的使用價值的便利、輕巧、耐用，都在「有」的原料、用工、設計精巧等等中體現出來。「有」的經濟價值具有兩方面：一方面是由「無」的使用價值來表現，另一方面是自身的使用原料、用工、設計等等科技含量方面。同樣供人使用的運載貨車，它所使用的鋼材等原料，花工時間、設計方案以及使用的便利、載重量、速度等等，都在確定它的經濟價值。同樣是供人住房的房子，有茅棚、土木結構房子、鋼筋混凝土結構的房子，還有裝璜的材料、空間的大小、方位等等，都具有不同的「無」的使用價值，也具有不同的「有」的經濟價值。總之，人造物的使用價值和經濟價值比例必須適當，才是「尊道而貴德」的，符合「有之以為利，無之以為用」的原理。如果人造物的使用價值高於經濟價值，那就是違道背德的交易得來的。如果人造物的經濟價值過高於使用價值，那就是奢侈

品，也是違道背德的。兩個「如果」都沒有遵守「有以之以為利，無之以為用」的原理。「有之以為利，無之以為用」是人造物最基本的經濟原理和價值觀。經濟學的其它原理和價值觀都是由它演繹出來的。

第十一章所論述的是老子正面的科學觀。那麼，老子對科學有沒有批判觀點呢？答曰：有。老子反對科學技術為滿足權貴者的「可欲」服務，即反對利用科學技術製造沒有為人的生存所需的使用價值的器物。具體地說，反對製造奢侈品和殺人武器，反對多藏人造物而使其失去作用。這在第九章、第十二章、第十三章、第三十一章以及《德經》的一些章節都有論述。最經典的句子是：「金玉盈室，莫之守也」，「五色使人目明」，「不貴難得之貨」，「絕巧棄利」，「夫兵者，不祥之器也」，「民多利器，而邦家茲昏」，「甚愛必大費，多藏必厚亡」，「及吾無身，有何梡？」等等。在老子看來，製造奢侈品、殺人武器和多藏財物都是危害和破壞國民經濟的，都是權貴者的不善造成的，那樣的科學家都是不善的，都是違道背德和違反「有之以為利，無之以為用」原理的，那樣的科學技術「不若其已（不如讓它停止），應該「絕巧棄利」。這不僅是一個科學技術問題，而且是一個經濟學和倫理學的問題。

綜上所述，老子的科學觀是：1.科學屬於「無為」善道範疇，人為的科學具有倫理學內容——科學有善有惡。2.科學的基本原理和價值是「有之以為利，無之以為用。」3.「有」體現經濟價值，「無」體現使用價值，「無」中生出「有」，「有」表現出「無」的功用。4.促進和發展有利於國民經濟的民用科學，反對和制止危害國民經濟的權貴科學。5.科學研究、發明、創造的主權在國民，不在君王；科學家應該修身。科學家不能成為君王的御用文人，為君王製造奢侈品和殺人武器。

第四卷　形而上學原理的實用理論部分之二

個人、自然社會、家庭、政治社會、國家

說明：

　　第四卷所論述的是人類社會歷史運動情況，是形而上學原理在人類社會運動時直接表現出的物象狀態——歷史現象，也是人們常常說的實用價值，不是玄妙清談。

　　對於人類社會歷史有千奇百怪的論述。中國古代史學家除了司馬遷外，從孔子到司馬光，都是以儒家觀點為指導思想，記述和評價歷史事實和歷史人物。在近代、現代，中國史學家以社會進化論為指導思想，記述和評價歷史事實。當代，則以歷史唯物主義為指導思想，記述和評價歷史事件；歷史唯物主義也是一種社會進化論，只不過增加了階級鬥爭和無產階級專政的內容。社會進化論者說什麼「經濟基礎決定上層建築」、「階級鬥爭是歷史前進的槓杆」，把人類社會歷史運動描述為「螺旋上升」運動形式，並且說這就是歷史規律，人類社會歷史運動就被分割為五花八門的不同的進化階段。

　　《協和論》的歷史觀是：人類社會歷史運動是大道造物運動的一部分，受著大道造物運動的制約，也是一種圓周循環運動；推動歷史運動的動力是人性：天性和天資，自由平等的天性使每個個體成為「社會共同體」的一分子而獲得個人社會權利，不平等的天資使每個個體的天性得到不同的使用而產生個人意志，致使社會發生變化而出現不同的歷史現象；說具體一點，個人權利和個人意志才是人類社會歷史運動的真正動力。

　　所以，習慣於運用儒家和社會進化論的觀點解說人類社會歷史的中國文

人，是看不懂第四卷的，或者是不屑一顧。

第二十章　個人的自然權利和社會權利

　　在中國「諸子百家」裡有關「個人的自然權利和社會權利」的思想理論，只有楊子有論述，老子有「貴為身」論。可是楊子的思想理論遭到孟子、荀子以及後儒的批判而不傳，連同楊子的著作也遭到毀滅，只有楊子的一些言論散落在別人的著作中。自從宋儒的「道學」、「理學」成為中國傳統思想文化後，再也沒有片言隻語關於「個人的自然權利和社會權利」的論述，只有關於所謂的空洞的「民」的論述。即使是孫中山的「三民主義」，對民族、民權、民生論述得很詳細，但是沒有論述「個人的自然權利和社會權利」。孫中山還說：「中國不是沒有個人自由，而是個人自由過度了，以致成為一盤散沙。」在中國傳統思想文化裡，處處可以看到為了君主、主人、知己和「主義」、「組織」犧牲個人利益和生命的所謂「聖人言」和俗語、古諺之類。可見，中國的統治者、御用文人和政治精英是何等地輕視「個人的自然權利和社會權利」和蔑視個人生命啊！輕視「個人的自然權利和社會權利」和蔑視個人生命的思想理論形成了惡劣的習慣風俗，以致每個國民拋棄了「個人的自然權利和社會權利」而不以為然，以不珍惜自己的生命和蔑視他人生命習以為常。

　　試問：如果「民」不是由一個個具體的人組成而僅僅是一個空洞無物的名詞，那麼「民」還是一個能夠被定義為概念的實體嗎？那樣虛假的「民」與每個人又有何關係呢？個人為什麼需要家庭、社會組織和國家?那些不能保護個人生命安全和私有財產卻反而去犧牲個人利益和生命的家庭、社會組織和國家還有存在的必要嗎?那些主張拋棄「個人的自然權利和社會權利」和犧牲個人生命、私有財產的思想理論還有存在的必要和值得每個人戀戀不捨嗎？

　　所以，第四卷必須正本清源，把顛倒了的是非再顛倒過來，把「個人」或「自我」及其應該享有的權利論述清楚。

　　在自然社會裡，無所謂個人權利；只有在政治社會裡，才出現個人權利這個問題。因為個人與家庭、社會組織、國家出現了一些關係，要解說和處理這些關係，就必須解說個人權利問題。所以，個人權利是針對家庭、社會組織、國家而言的，協和論就是論述個人權利與家庭與社會組織與國家的關係是一種協和體

的倫理學、政治學、法學和經濟學的思想理論。

從上文論述中知道了一個原理：每個人所具有的食欲和性欲本能與天生的善心和自然智慧，這是產生和推動家庭、社會組織和一切經濟的、政治的現象的出現和發展的人性原因，也是最根本的原因。這種人性原因在政治社會裡被表述為「個人的自然權利和社會權利」，個人的社會權利是從個人的自然權利演繹出來的。

➡ 第一節　個人自然權利

個人自然權利，又叫做人權，就是每個人天生的自然性所產生的在社會生活中所必需的權利。布‧洛克的定義：「天賦的或人的權利指的是這樣一種設想，即人由於他們所具有的人的屬性，而不是由於人的命令、或法律、或習俗而享有的那些權利。」【207】

個人自然權利的基本成分有：人身權、戀愛婚姻自由權、生育權、思想言論自由權、生存權，等等。

一、人身權

人身權，又名生命權、保命權，就是身體安全不遭到人為侵犯的權利；換句話說，每個人都有保護自己身體免於遭到侵犯的權利。人的身體是屬於個人自己的，任何他人和社會組織都不能去侵犯。為了保護每個人的身體安全，制定一些預防和懲罰那些侵犯身體的行為的法律，並沒有破壞人身權。如果為了維護社會組織或執政者的特許利益，而制定侵犯個人身體的紀律和法律，或者無法無天地去侵犯他人的身體，就破壞了人身權。如果把人的生命價值按權力地位和錢財的多少劃分為等級：皇帝的生命價值最高，官吏的生命價值高於每個下層人的生命價值，城裡人的生命價值高於農村人的生命價值，等等，那就違反人性了，是侵犯人身權。

二、戀愛婚姻自由權

性欲是人天生的基本欲望，性愛是天作之合，是每個人享受性交快樂的本

【207】《現代思潮辭典》頁270。

能欲望，是自由的，是男女平等的，是神聖不可侵犯的，是任何人為的力量消滅不了的。性愛自由在政治社會裡被表述為戀愛婚姻自由權，是人的基本自然權利。如果為了保護每個人的戀愛婚姻自由權不受到侵犯，制定一些禁婚條約和婚姻法律，那沒有破壞戀愛婚姻自由權。如果為了父母、家庭、社會組織和國家的利益，從而產生「父母包辦，媒妁之言」、「欽點婚姻」、「組織婚姻」等等，那就侵犯和剝奪了個人的戀愛婚姻自由權，是違反天道人性的，是不道德的。如果為了維護特權階層的少數人膨脹了的性欲，製造出要大多數人「去人欲，存天理」的道德倫理，那就是侵犯和剝奪了大多數個人的戀愛婚姻自由權，是違反天道人性的道德倫理，是不道德的道德倫理。如果允許一個人「三宮六院」和少數人「三房四妾」，而要大多數個人「一夫一妻」或成為單身漢，那就是侵犯和剝奪大多數個人的戀愛婚姻自由權，是違反天道人性的，是不道德的，是犯罪。如果為了維護夫權，允許男人通姦和嫖娼，強迫婦女「三從四德」和為丈夫守節，為寡婦立貞節牌坊，或者強迫婦女賣淫，那就是侵犯和剝奪了婦女個體的戀愛婚姻自由權，是違反天道人性的，是不道德的，是極大的犯罪。

三、生育自然權利

天地造人，造出兩性不同的男女來，並且賦予人能「自生」的本能力量——生殖養育（生育）能力。生育就是人天生的延續生命的本能欲望，是性愛的目的，是人類生生不息的根本原因。所以，人不僅要保命，還要延續生命——生育。

生育，在政治社會裡被表述為生育自然權利。生育自然權利，是人人平等的，是自由的。

在自然社會裡，生育是件自然的事情，是人人平等的，是不受人為干擾的。天道會使自然人的人口保持一定的數量，男女比例數字保持平衡。比如，生活在熱帶的人，繁殖能力強，但是疾病多，壽命短，人口總數不會超越到破壞適應人生存的自然環境；生活在寒帶的人，繁殖能力弱，但是疾病少，壽命長，能夠保持自然環境所需要的人口數。

可是，在政治社會裡，出現了人為的干擾，人口數、男女比例數就出現不合理的不平衡的現象，生育自然權利出現了不平等。這裡列舉幾種主要的人為干擾現象：a.戰爭使總人口減少，特別使失敗一方人口減少嚴重，甚至出現種族滅絕。b.違反天道的男尊女卑的倫理學理論造成的溺死女嬰，使男女比例失調。

c.佛教徒的增多，使人口減少。d.計劃生育，減少人口。e.醫療水準的提高，延長人的生命，增多人口。f.物質過度豐富，增強人的生殖能力，使人口膨脹。g.違反天道人性的政治制度，製造了不平等的權利和貧富分化，使少數人多生育兒女，使多數人少生育兒女，甚至不敢生育兒女；政治和經濟發展不平衡，也使生育不平衡等等。

那麼，怎樣能夠消除生育自然權利不平等、不平衡現象呢？消除生育自然權利不平等、不平衡現象，不能讓人類社會倒退到原始自然社會去，而是要向前發展到非政治的高級文明的自然社會去。到那時，政治消失了，家庭和國家消亡了，殺人武器和奢侈品都不會生產了，世界社會出現了，人的善心和自然智慧獲得了充分發揮，人人愛我，我愛人人，科學高度發達，人類可以計算出自然環境能夠容納的人口總數和男女比例數，人人自覺地按照規劃來生育兒女。

四、思想言論自由權

思想和言論是人的自然智慧的表象或成果。天道賦予人以感官和邏輯思維潛能，實現這些潛能就是思想。天道又賦予人不僅能吃飯而且能表達思想的會說話的嘴巴，說話就是表達思想的言論。所以思想言論自由權是人的自然權利。

由於每個人的感官在觀察事物時受到自己活動範圍和角度不同的影響，對同一事物的認識不同，就會產生不同的思想言論。這就產生了辯論。人與人都有同一顆善心，經過相互友好討論，人的認識就會上升到邏輯推理──理性認識，對於同一事物的認識就會統一起來，形成共同的思想言論。所以，思想言論自由自然權利是有益於「人心向善」和社會和諧的，不會製造社會動亂。每個人的思想言論自由的自然權利是不能自己放棄和被人剝奪的。

思想言論自由權是屬於國民的，執政者不具有思想言論自由權。所以，報紙、電臺等輿論工具是國民表達思想言論所特有的，執政者不能使用。

如果為了保障思想言論自由權而制定一些法律條文，那些法律條文沒有破壞思想言論自由。如果為了維護少數人的利益，藉口安民和穩定社會，制定用統治階級的思想來統一思想言論的法律條文，那些條文就破壞了思想言論自由，甚至剝奪了大多數個人的思想言論自由權。

五、生存權

生存權，是天道賦予每個自然人活下去而具有的自由獲取生活必需品的一

種權利，是一種自然權利。生存權，包括：勞動自由權、遷徙自由權、貿易自由權、健康權、撫養權和贍養權。

1.勞動自由權。每個自然人為了生存，需要覓食勞動，也需要消除疲勞的休息，勞動和休息是自由的，不接受強迫。每個自然人成了社會人後，勞動自由被制度所規定，成為有規律的作息時間，沒有破壞勞動自由權。如果被強迫勞動，那就失去了勞動自由權。

2.遷徙自由權。每個自然人為了生存，需要不斷轉移到有利於生活的地方去，這就是遷徙。遷徙是自由的，不接受強迫。每個自然人成了社會人後，有遷徙登記，那是為了保護人身安全，沒有破壞遷徙自由。如果製造戶籍制度，限制人口流動，那就剝奪了遷徙自由權。

3.貿易自由權。貿易也是一種勞動方式，是每個人為了生存而進行的一種勞動方式，所以貿易也應該是自由的。為了貿易有秩序而禁止有害商品，制定一些貿易規則，沒有破壞貿易自由。如果壓抑商賈，禁止貿易活動，實行保護主義，或者壟斷市場，那就破壞了貿易自由。

4．健康權。健康權，也是保命權，包括：健康安全權，疾病治療權。健康安全權，是每個人具有要求所生活的環境和生活必需品對身體健康必須是安全的權利。天地造人，就給了人適合健康生長的環境和生活必需品。所以每個人就具有要求空氣、水等自然物和衣食住行等人造物對身體健康是安全的權利。如果有人在開發自然資源時，破壞了適合人生存的環境，給個人的健康造成傷害，那就侵害了健康安全權。如果有人製造的衣食住行必需品傷害健康，那也是侵害了健康安全權。疾病治療權，是每個人享有治療疾病的社會福利權利。每個自然人為了解除疾病痛苦和死亡，自由地尋找藥物，找人幫忙治療。社會人也應該有這種治療權利。保證治療權利，是社會福利事業，應該人人平等享受。為了疾病治療適當和不浪費藥物、錢財，制定醫療制度，沒有破壞疾病治療權利。如果醫療制度只有利於一部分人治療和甚至無疾病而休養，而大多數個人的疾病不能得到適當治療，那就剝奪了大多數個人的疾病治療自然權利。

5.撫養權和贍養權。撫養權是指未成年人的生存權，贍養權是指老弱病殘者的生存權。在自然社會裏，撫養和贍養都是由社會共同承擔的，說明撫養和贍養是社會人的共同義務，是社會福利的一種擔當。判斷一個社會是善還是惡，可以從撫養權和贍養權的擔當程度看得出來：善性社會會承擔起全部的撫養和贍養的社會責任，惡性的社會就不會承擔撫養權和贍養權而把撫養權和贍養權推給家庭

成員承擔，十分邪惡的社會讓極少數特權階層享受奢侈的撫養權和贍養權而絕大多數人不能享受撫養權和贍養權。

➡ 第二節　個人社會權利

個人社會權利，是從個人自然權利產生出來的政治社會裡的權利。自然權利是「母」，社會權利是「子」，社會權利不能脫離自然權利的節制。社會權利和社會義務是夫與妻的關係，獲得了社會權利，就負有社會義務；盡到了社會義務，就應該獲得社會權利。

人類社會進入政治社會階段後，個人的自然權利就帶上了政治社會性質，產生了個人的社會權利和社會義務。個人的社會權利和社會義務就不那麼自然、單純了，名目就繁多了。個人的社會權利主要有：主權、立法權、人格權、財產私有權、接受教育自由權、宗教信仰自由權、集會結社自由權、選舉權和被選舉權，等等。

一、主權

所謂「主權」，是成為「主權體」的權利，主權體是決定國家採用什麼樣的政體和領土、領空、領海多大的權利。一個國家的主權體是由一個個公民組成的，某一個人、一家人、幾個政治精英、一個政治團體不是「主權體」。所以，每一個公民都是主權體中的一員，全體公民的共識就是普遍意志，公民中的絕大多數人的「贊同」就是主權體的決議。主權是為人權服務的形式，人權是行使主權的目的。

二、立法權

法律是在國家範疇內的社會契約。立法權是政治社會裡最基本的最大的一種權利。誰具有立法權？當然是主權體，是自願服從和遵守法律的公民們。每個公民都有為了個人的自由不受到侵犯的意願，就取得了共識而形成普遍意志；又為了實現這種普遍意志，就要把她形之於文字，形成了每個公民都自願服從和遵守的法律。所謂「法律」，是公民普遍意志的文字表現形式。法律的制定由公民們委託的代理人──立法機構：議會（或國會或立法院）去完成；法律的執行又由公民們委託的代理人──司法機構：公安、檢察院、法院去執行。他們都是民意的宣傳者和宣告者，而不是民意的代表者和裁判者。國家基本法──憲法的每

一條款，都必須由公民提出議案，在全體公民表決中得到多數贊成，才能成立，否則無效；具體法，必須由所涉及到的個體利益者提出議案，得到多數個體利益者的贊成，才能成立，否則無效。在政治社會裡的所有善惡、是非，只有公民的普遍意志是最大的「善」、最大的「是」，公民的普遍意志是永遠正確的，錯誤在代理人。所以，主權、立法權、普遍意志不能轉讓。如果公民的主權、立法權和普遍意志被剝奪，那麼其它社會權利就會被剝奪，甚至連同自然權利也會被剝奪。一個被別人剝奪了主權、立法權和普遍意志的公民體，每個國民就不能成其為公民了，就成為被強迫賣身的家奴、出賣民族的臣民、出賣國家的亡國奴。我們中國人說到愛國和賣國，只懂得是對外來的入侵者而言，而不懂得也是對內部的竊國大盜而言。賣國去做亡國奴有兩種情況：公民的主權、立法權和普遍意志，一是在內部被竊國大盜剝奪，公民成為亡國奴；一是在外部被入侵者剝奪，公民成為亡國奴。愛國去做公民也就有兩種情況：一是打倒竊國大盜，困難較大；一是驅逐入侵者，困難較小。首要目標都是：奪回公民的主權、立法權和實行普遍意志，保持和恢復公民的主權、立法權和普遍意志。

三、人格權

人格權，是社會人的尊嚴權利。人身權，是從人的肉體方面說的，人格權是從人的靈魂方面說的。在自然人那裡，無所謂人格權，人格權是社會人的屬性。人是理性動物，在進入社會生活後，就懂得應該具有尊嚴，首先是自尊，其次是人與人應該相互尊重。如果一個人不能自尊，就失去了人格；如果一個人不尊重別人，也就得不到別人的尊重，人與人之間就缺失了人格。

人格權包括：姓名權、名譽權、肖像權、隱私權，等等。

1.姓名權。一個人的姓名就是自己的形象代表或代身，是很嚴肅的，具有尊嚴性，應該得到別人的尊重。如果在不知情的情況下，姓名相同，沒有侵犯姓名權。如果在知情的情況下，因為羨慕別人的名聲而取與別人相同的姓名，就有侵犯姓名權的嫌疑。如果隨便盜用別人的姓名去做事情（比如用姓名去做廣告，冒名頂替），就是侵犯姓名權。如果故意塗改或歪著書寫別人的姓名，就是侵犯姓名權。如果沒有證得本人的同意而給他取外號，就是侵犯姓名權。如果有意使用諧音或相似的字去稱呼或改動別人的姓名，就是侵犯姓名權。如果沒有經過一個人的同意，而用他的姓名去命名商品、街道等，就是侵犯了姓名權。等等侵犯姓名權的現象，就是侮辱了別人的人格。

2.名譽權。名譽，又叫做「名聲」，就是俗話所說的「面子」，是一個人在別人心目中的形象。名譽權，是人人都有獲得和保持自己名譽的權利。

俗話說：「鳥過留聲，人過留名。」「樹活一張皮，人活一個面。」在日常生活中，人們的口頭語有：「要顧面子。」「不能不要臉」。「我這面子往哪裡擱？」「我沒有臉面見人呀！」「名利」一詞，就把「名」排在「利」之前。等等，說明一個人的名譽是生活的重要內容，甚至是某些人的人生目標，有的人為了名譽而死亡。所以，名譽權是人人平等的一種社會權利。

名譽的性質是社會性的，那就具有是非、善惡、好壞觀念。由於評判是非、善惡、好壞的標準不一樣，因此對名譽的評價也就不一樣。對於同一個人的名譽評價，有人認為是好名聲，有人卻認為是壞名聲；有人認為是「流芳百世」，有人卻認為是「遺臭萬年」。比如，對於秦始皇、漢武帝、朱洪武的評價，有人說他們是具有雄才大略的建造偉業的永垂青史的英明天子，有人卻說他們是野蠻愚昧、冷酷無情的殺人如麻的遺臭萬年的屠夫、暴君。

所以，人們必須找到一個正確的評價名譽的標準，才能去爭得和保持美名，才能辨別出侵犯名譽權的言行。如果對一個人進行有理有據的評價而得出結論，那就不是侵犯名譽權。如果依照法律給罪犯界定出一些名稱，那並沒有侵犯名譽權。如果沒有任何依據而無意地武斷地給人一個壞名聲，那就是侵犯了名譽權。如果故意捏造事實，用語言去毀壞一個人的名聲，那就是侵犯了名譽權，並且犯了誹謗罪。對名譽權的種種侵犯，就是侮辱人格。

3.肖像權。肖像是指描繪一個人的外貌的畫像、塑像、照片等圖片。肖像權，是每個人對自己的肖像具有使用和維護的權利。對一個人肖像的尊重，就是對他的人格的尊重。如果為了發洩對一個人的怨恨而毀壞他的肖像，就是侵犯了他的肖像權。如果不經過本人的同意，而去使用他的肖像做廣告之類，就是侵犯了他的肖像權。如果不經過本人的同意，用漫畫之類的手法去醜化他人，就是侵犯肖像權。侵犯肖像權，就是侮辱人格。同時必須說明的一點：對一個人肖像的尊重，是發自內心的自願的，如果使用權威強迫人們去崇拜一個偶像，並且以毀壞偶像來定人罪過，那就不是肖像權，而是一種迷信活動，是侵犯別人的思想言論自由權，人們毀壞偶像，不是侵犯肖像權。

4.隱私權。隱私，是不願意告訴別人或不願意公開的個人的自然性事情。比如，身份、身體狀況、私生子、性愛、個人信件，等等。隱私權，是個人所具有的保密自己自然性事情的權利。如果不經過本人同意，去向別人或社會公開一個

人的自然性事情，就是侵犯隱私權。如果不管是個人還是組織去扣押、攔截、拆開個人信件，都是侵犯隱私權。如果偷窺、偷拍別人的身體、性愛行為，就是侵犯隱私權。如果披露一個人是私生子，就是侵犯隱私權。但是，如果揭發一個人的犯罪行為，那並非侵犯隱私權。如果揭露一個人不道德的社會性行為，那並非侵犯隱私權。對一個人的隱私事情很難從他要保密的所有事情裡劃分出來。侵犯隱私權，就是侮辱人格。

四、財產所有權

財產所有權，是政治社會裡的一個概念。所謂財產，由勞動對象的自然資源和勞動成果所組成。財產所有權有幾種形式：財產私有權、財產公有權、財產集體共有權，等等。對於財產所有權的界定很混亂，但是，不管怎麼說，財產私有權是基礎、是根本，其餘的財產所有權都是從財產私有權派生出來的；就是說，財產公有權、財產集體共有權，歸根到底還是財產私有權。

1.財產私有權。

所謂私有財產，由勞動者依法獲取的自然資源和勞動成果組成的財產。勞動是個人行為，集體勞動也是由一個個個體勞動組成的。所以，個體勞動成果——財產理應屬於個人私有，集體勞動成果應該按勞取酬分配給個人私有。財產私有權，就是每個勞動者具有拿回和維護自己應該拿的東西的權利。財產私有權是天經地義的，是神聖不可侵犯的。

2.財產公有權。

所謂公有財產，由自然資源和個體繳納的稅款等財產組成的全體國民共有財產，用於國家管理、軍隊建設和社會福利事業等等方面。財產公有權，是全體公民具有制定使用公有財產的法律和監督公有財產的使用的權利。任何個人、社會組織、國家機關都不能侵佔和挪用公有財產。

3.財產集體共有權。

集體共有財產是財產私有者自願捐獻給民間組織去創辦公共事業或救助貧困者的財產。財產集體共有權，是捐獻者、征得者共同具有管理和使用集體財產的權利。任何個人、社會組織、國家機關都不能侵佔和挪用集體共有財產。

4.財產所有權的劃分和侵犯。

如上所述，財產所有權的劃分和侵犯，本來是一件簡單明瞭的事情，可是被歷來的專制統治者弄成了一個令人困惑的糾纏不清的複雜問題。下面列舉幾種

主要現象來論述。

A.帝王或政治寡頭的強行劃分和侵犯。在帝王專制社會裡，帝王一人獨裁了財產所有權的劃分權利；在極權制社會裡，幾個政治寡頭獨攬財產所有權劃分權利。兩者的劃分大致相同，劃分為：全民所有制（公有制），集體所有制，私有制。

a.全民所有制（公有制）。帝王或政治寡頭，都把自己說成是「天下為公」的「代表」，將天下的自然資源（山河）和臣民的生命財產都劃歸為自己的財產，說這就是「全民所有制（公有制）」，是「一大二公」。有道是：「率海之濱，莫非王土；率土之民，莫非王臣。」於是，帝王或政治寡頭，對大好河山，有權利肆意蹂躪；對臣民生命，有權利任意宰殺；對臣民身體，有權利隨意佔有；對臣民私有財產，有權利隨時沒收；這種劃分，顯然是違反天道人性的，是以劃分的名義，去剝奪全體國民的財產所有權，是對國民財產所有權最大的侵犯。所以國民指責帝王和政治寡頭是竊國大盜，是獨夫民賊。

b.集體所有制。帝王或政治寡頭獨裁了全國的財產所有權，為了便於管理，就把地方的財產所有權劃分給地方官吏掌管，稱之為「集體所有制」。在「集體所有制」裡，地方官吏就是地方「人民代表」，是「父母官」。「父母官」們，一方面，為帝王或政治寡頭們斂財，這就是「忠臣」、「廉潔幹部」；另一方面，為自己斂財，這就是「奸臣」、「貪官污吏」。對於國民來說，有時「忠臣」、「廉潔幹部」是惡官悍吏，比「奸臣」、「貪官污吏」還壞。不管是「忠臣」、「廉潔幹部」，還是「奸臣」、「貪官污吏」，對於國民來說，都是侵犯國民的財產所有權的帝王或政治寡頭的鷹犬，都是罪犯。

c.私有制。在專制社會裡，在帝王或政治寡頭「公有制」和官吏「集體所有制」之下，也允許普通國民有少量的私有財產，但是不允許有財產私有權，不制定「財產私有權」不可侵犯的「民法」，甚至沒有「民法」概念，更不知道「保護私有財產不可侵犯」的道理。

B.民主法治社會的財產所有權的劃分和侵犯。在民主法治社會裡，財產所有權的劃分是依照法律來確定的，就是「（二）」中開頭所說的那樣。對財產所有權的侵犯，也是依照法律來確定的。如果所制定的經濟法、勞動法等等法律，造成了分配不合理、勞動歧視，出現了貧富兩極分化，阻礙經濟發展，那就是對國民財產權利最大的侵犯。如果執政者利用職務權力，多占公共財產，就是貪污，侵犯了財產公有權利。如果執政者利用權力違法向公民多徵收稅費，即使用於公

共事業，也屬於侵犯了財產私有權利。如果社會福利組織的管理者，多占或挪用組織共有的財產，也是一種貪污現象，就是侵犯財產集體共有權利。

　　C.個體對財產所有權的侵犯。個體對財產所有權的侵犯有許多種現象。個體企業主違法壓低、拖欠員工工資和其它損害員工財產的行為，都是侵犯員工的財產私有權利。詐騙、盜竊、搶劫等等違法獲得財產的行為，都是侵犯他人的財產權利。

　　5.遺產繼承權。繼承權是專指私有財產的擁有者對自己的物質遺產具有轉移給他人或社會慈善機構去使用的一種權利。

　　首先，對遺產必須徵收高額稅收。私有財產雖然是個人勞動所得，但是是從社會裡賺的錢，其中含有公共資源，所以，在私有財產的擁有者死亡後，其私有財產理應大部分屬於社會共有。

　　其次，遺產繼承權的確立。如果私有財產的擁有者有合法的書面遺囑，遺產的分配按照遺囑執行。如果私有財產的擁有者沒有合法的書面遺囑，就按照法律所確定的繼承者順序分配。

　　第三，批判權力世襲制。權力屬於公權，不屬於私有財產，不能遺傳或世襲。在專制社會裡，帝王打下天下，就把「天下」——國家山河和臣民都當做自己一人、一家、一姓、一黨的私有財產，並且當做遺產去遺傳給他所指定的人。這是不合乎天道、人性的。為了個人的政治野心去使用暴力打天下，本身就是違背天道、人性的；把「天下」當做遺產讓子孫後代去世襲更是無道的非人行為。

五、信仰自由權

1.「信仰」的緣起。

　　信仰是怎樣產生的？這個問題之上是生命的起源和人的被創造。對這些問題，至今沒有統一的認識，有多種解釋。「上帝」論者說，萬物和人都是上帝創造的，人一開始被創造出來時就具有對上帝敬畏之情，這種最初的敬畏之情就是信仰的緣起。「進化論」者和無神論者說，生命起源於進化，人是進化出來的最高級動物；上帝和神都是不存在的，是人在對大自然不理解時產生的虛幻想像；因此，「信仰」沒有科學依據，是一種迷信活動現象。哲學淵源的創始人都說，萬物和人都是「道」（理念，靈魂，佛性）創造的，「道」就是造物主、造物神；由於人對「道」難以理解，感到「道」是一種神秘的力量，於是就對「道」產生了一種敬畏之情，這種敬畏之情就是「信仰」的緣起。

　　隨著人類的語言和文字的出現，宗教經典和哲學理論被創造出來了，人對上帝或「道」的「敬畏之情」就上升為「信仰」了：或信仰某種宗教，或信仰某種哲學理論。能被哲學理論解說的宗教經典和具有形而上學內容的哲學理論，使人的信仰有依據，獲得信仰的人也就多。沒有宗教經典的神學和不能被哲學理論解釋的宗教經典的宗教，都是弄神弄鬼的迷信活動。沒有形而上學原理的哲學理論，就沒有追根求源，都不是圓滿的哲學體系，缺失穩定的哲學原理和道德準則，都是變化不定的爭論不休的唯物論和無神論，人們無法去信仰。

　　2.定義「信仰」。

　　嚴格地說，信仰是對宗教和哲學而言的個人情感的抒發；不大嚴謹地說，對某種「主義」和「偉人」的團體崇拜也被說成是信仰。

　　對「信仰」的嚴格定義是：「信仰，是個人對超自然的神秘力量——『神』的一種敬畏感情的抒發方式，從而用來抑制自己的『不必要欲望』和不道德的言行，選擇和確立符合人的『必要欲望』的道德倫理學原理來規範自己的言行。」宗教經典和形而上學裡關於被信仰的對象——「神」是無法論證的，但是關於道德倫理學部分是能夠被理解和論證的。「信仰」，是個人出自內心的感情，是自由、平等的事情，是嚴肅、認真的事情，甚至是神秘、神聖的事情。

　　「信仰」的嚴格定義的理論價值：a.排除了「說服（蘇格拉底語）」。蘇格拉底認為，說服是當權者用強制的「洗腦」術或施教者用引誘的詐騙術，使被說服者屈服或迷信。「說服」不是自願的，不是自然智慧的表現，因此，「說服」不是信仰。b.排除了「崇拜」。崇拜是遭受恐嚇或愚弄後，對某個偉大或某個組織的盲目迷信，是不善的。信仰是對教理或原理的覺悟，所以「崇拜」不是信仰。c.排除了強者製造的不平等的等級思想，堅持了在教理或原理之下的人人平等的信仰自由權。d.掙脫了統治者奴役人的思想枷鎖，堅持了在信仰教理或原理之下的信仰自由權。

　　對「信仰」的不大嚴謹的定義有《現代漢語詞典》的說法：「對某人、或某種主張、主義、宗教極度相信和尊敬，拿來作為自己行動的榜樣和指南。」這種定義，把信仰的對象擴大化了，把「信仰「與「崇拜」、「迷信」混為一談了。按照這個定義，「某人、或某種主張、主義」都是信仰的對象，「信仰」就被濫用了。如果奴才信服主人，也是信仰了；如果強迫國人去崇拜皇帝，也是信仰了；如果被某種「主義」洗腦，也是信仰了；如果有人迷信巫術，也是信仰了；如果批判「某種主張、主義」是偽智慧，就會被說成是反對「信仰」；如果

揭露某個被神化的人是魔鬼，也會被說成是反對「信仰」；如果去破除迷信，又會被說成是反對「信仰」等等。同時，對「信仰自由權」也就界定不清楚了。

3.信仰自由權。

既然信仰的緣起是人對造物主的敬畏之情，那麼這種「情」就是與生俱來的自然情感；那個造物主叫做什麼名字以及怎樣去描述造物主，那是人的自由創作，這種自由創作會出現許多宗教經典和哲學理論；所以，人對造物主的信仰是自然的事情，信仰或不信仰那一種宗教和哲學，就是自由的事情。這樣，就出現了一種權利：人人具有信仰自由權。信仰自由權，既有自然屬性，又有人為屬性。對信仰自由權的通俗表述是：「信不信由你。」「信則有，不信則無。」比如，對基督教：信仰者認為，上帝是最高的唯一的存在；《聖經》不是人寫的，而是神寫的，但是人無法去感知，也無法去論證；不信仰者認為，上帝是不存在的，《聖經》是人寫的，同樣，也無法去感知，也無法去論證。所以，「信不信由你。」「信則有，不信則無。」這是自由的，誰也不能強迫誰。

A.人必有信仰。

信仰是人與生俱來的自然屬性，是人必不可少的精神生活；人不能只有物質生活，必須有精神生活，所以人必有信仰。有信仰的人，就有敬畏之情，就有穩定的道德標準，就能抑制自己的「不必要欲望」和不道德的言行，就能為爭取「必要欲望」和有道德的言行而活著，人生就充實，活得幸福。缺乏信仰的人，就是拋棄了自己的一種自然性，沒有敬畏之情；就會不怕鬼神，作惡不怕報應，無法無天，亂說亂做，日夜生活在恐懼之中，一生精神空虛，活得不幸。

B.信仰對象的選擇。

是不是所有有信仰的人都生活得幸福呢？也不全是。這裡有一個選擇信仰對象的問題。選擇對了信仰對象，是幸福的；選擇錯了信仰對象，是不幸的。比如，有人受到邪教者的蠱惑，信了邪教，就不幸了。

對於宗教或神學，柏拉圖和新柏拉圖主義者做了簡明的概括：有三種神學和三種邪說。三種神學是：「第一種，詩人創造的神話；第二種，著眼於社會效用的當局者製造的民間神學；第三種，自然的或富於哲理性的神學。」三種邪說是：「無神論，伊壁鳩魯學說，用禮物作貢品賄賂神的學說。」

那麼怎麼樣才能識別出「自然的或富於哲理性的神學」與邪說呢？我的經驗有七種感覺識別法。

　　第一種感覺。聽了說教之後，感覺到在造物神之下，我與他人是平等、自由、博愛的，這種說教就是「自然的或富於哲理性的」宗教或哲學，值得信仰，信仰了就對己對人對社會都有益。

　　以下六種感覺都是邪說：第二種感覺。教育我懂得人有尊卑等級，讓我甘做奴隸，忍受尊貴者的壓迫和侵犯。或者，我應該做人上人，去成龍成鳳，去侵犯卑下的人，站在卑賤者身上。第三種感覺。教我去與別人爭鬥，拼力氣，耍智謀，力爭勝利。第四種感覺。教我去為教主或某個組織犧牲生命，以殺人為樂，敢於大義滅親，獲得英雄美名。第五種感覺。教我去爭奪物質，盡情享樂，不要去管死後的事，也不要去管別人的痛苦感受。第六感覺。教我不要相信鬼神，只相信物質，我由此產生侵犯別人去搶奪物質卻不怕鬼神報應的感覺，第七種感覺。教我有病不需要去看醫生，只要按說教者的話去弄鬼弄神，病就自然好了。

　　C.信仰自由權不能被剝奪。

　　信仰自由權，既具有自然性，又具有社會性，是不允許被剝奪的，也剝奪不了的。但是有人卻妄想剝奪民眾的「信仰自由權」。誰呢？專制統治者。因為，如果信仰自由了，信仰「自然的或富於哲理性的神學」的人必然是大多數，那就會威脅著專制政權的穩定；「自然的或富於哲理性的神學」與專制統治思想是水火不容的。專制統治者剝奪民眾信仰自由權的法寶是：洗腦法。為了滿足民眾的信仰欲，專制統治者就製造出一種「專制的神學或哲學理論」，即「著眼於社會效用的當局者製造的民間神學」；然後用這種「專制神學或哲學理論」來對民眾進行「洗腦」，灌輸到民眾的頭腦裡去，強迫民眾去信仰。久而久之，「專制的神學或哲學理論」就會形成統治階級思想傳統，成為風俗習慣，腐蝕著一代又一代人，民眾被愚弄了卻還覺察不出來。但是，「專制的神學或哲學理論」完全是人為的，缺失了「自然性」。而人的「自然性」是「洗腦法」「洗」不乾淨的，特別是青年人。一旦政治局勢有變化，人的「自然性」就會恢復出來，批判和拋棄人為的「專制的神學或哲學理論」，找到「自然的或富於哲理性的神學」。所以，民眾的「信仰自由權」是被剝奪不了的。

六、教育自由權利

　　教育自由權利，原本是一種自然權利，但是在內容上更多的是一種社會權利。

　　教育的人有施教者和受教者，施教者被稱之為教師（先生、師傅、師父），受教者被稱之為學生（晚生、徒弟、弟子）。教育的內容是豐富多彩的知識。教育自由權利就有施教者的自由權利和受教者的自由權利。

　　在自然人那裡，施教者是母親，受教者是兒女，傳授的內容是覓食、禦寒和趨吉避凶的生存本領，傳教的方法是現場的直接的言傳身教。

　　在自然社會裡，施教者是母親、父親以及其它的大人們。受教者是未成年人。傳授的內容很多，主要是學會生存本領和與他人團結友愛的知識。施教者教育什麼人和教育什麼內容、採取什麼教法是自由的；受教者從誰學習和學習什麼也是自由的。

　　在文明社會裡，教育顯得十分重要，同時教育也顯得十分困難，受教育的程度出現了高低，教育的自由受到了限制。因為：其一，文字出現了，知識能夠通過文字得到傳播，知識豐富起來，不僅有施教者以口語和身教的有限的直接經驗知識，而且有施教者所不知道的文字記載的間接經驗知識，還有理性知識。其二，施教者必須是識字懂文的人，受教者主要是知書達理。其三，識字懂文是一件不簡單的事情，需要教學場地、教學者和學習工具，支付教育經費和施教者的報酬。其四，施教者的自由就能夠壟斷文字從而壟斷教育，受教者接受教育的自由就有可能被剝奪而成為文盲。

　　但是，接受教育是每一個兒童理應享受的平等的自然權利，也是一種平等的社會權利，是不能夠被剝奪的。如果統治者和施教者壟斷文化和教育，使大多數兒童失去接受教育的機會，那就是剝奪了大多數兒童接受教育的自然權利，是違背天道人性的。國家的建立，就應該保障每一個兒童平等享受接受教育的自然權利和社會權利，政府代理全體公民實行義務教育。國家採取的方法是：安排教育經費，建設學校，雇用施教者，為每一個兒童置辦學習用具。政府沒有權利干涉教育人員的選擇和教育內容、教育方法。否則，施教者就成為國家雇用人員，失去了教什麼樣的人的自由，卻具有選擇被雇用和不被雇用，以及教育什麼內容和採用什麼樣的教育方法的自由權利。受教者在學習基本常識階段，失去了不願意學習和選擇學習什麼知識的自由，卻具有選擇學校和教師的自由；同時在學習的高級階段具有選擇學習什麼樣的專業知識的自由。

七、結社集會自由權

1.結社集會自由權的人性依據。

在人的自然性裡，具有群居性。群居性是產生人類社會的根源，也是產生人的結社集會的社會性的根源。生活在政治社會裡的人們，結成社團，舉行集會，是自然而然的事情，是每個人與生俱來的自由，是人的自然性和社會性的一種群體活動的表現形式。所以，人，也只有人，才天生具有結社集會自由權。

2.定義「結社集會自由權」。

結社集會自由權，是人的自然群居性所產生人的自然而然、自由的群體活動，和國家主人公民們自由行使主權的活動方式。

結社集會自由權，表現了國民關心自身利益、社會問題和國家管理問題的共同願望和意志，顯示了國民的社會性力量和智慧，表明了公民是國家的主人。結社集會自由權，是維護社會公正、穩定和推動社會發展的一種動力，是防止執政者腐敗的良藥。

3.結社集會自由權的表現形式。

結社集會自由權的表現形式分為結社、集會。結社，指人們為了自身利益和公共利益，有權利自由地結合成和組織為各種各樣的社會團體，比如，黨、團組織、宗教組織、學會、商會、農會、工會，等等。集會，指人們為了自身利益和公共利益，有權利自由地舉行各種各樣的擁護或抗議的團體遊行示威活動，以行使主人的權利職責。

4.「結社集會自由權」不能被剝奪。

結社集會自由權是屬於公民的，是公民針對執政者的不合法或者違法而行使國家主人的權利活動。執政者不具有結社集會自由權，執政者不能動用權力去強迫國民結社和集會，也不能動用權力去阻止國民結社和集會。所以，國民的結社集會自由權，是不能被剝奪的，也是剝奪不了的。

誰妄想剝奪公民的結社集會自由權呢？專制統治者。

專制統治者為什麼妄想剝奪公民的結社集會自由權呢？專制統治者要實行一統天下的專制統治，就只能允許自己一家的官僚機構組織，不能允許其它的社會組織出現和存在，十分害怕公民的結社集會自由。如果公民具有結社集會自由權，就打破了一統天下的專制統治。所以專制統治者妄想剝奪公民的結社集會自由權，以維護一統天下的專制統治。

專制統治者如何去剝奪公民的結社集會自由權呢？其一，輿論宣傳。專制統治者運用自己所專有的輿論工具，宣傳「結社集會自由」不是本國的傳統思想和風俗習慣，不適合本國的國情；宣傳穩定「一統天下」的好處，說「結社集會

自由」是破壞穩定；以此愚弄民眾。其二，發佈禁令。制定禁止「結社集會自由」的法律條文和命令，只允許在專制統治者組織下的「結社、集會」，不允許民眾自由地「結社、集會」，使他們剝奪民眾的「結社集會自由權」有法制依據。其三，殘酷鎮壓。專制統治者對民眾的自由「結社、集會」，斥之為破壞「安定團結」，毫不猶豫地進行殘酷鎮壓和徹底清算。

5.「結社集會自由權」是剝奪不了的。其一，專制統治者妄想或實現了剝奪公民的「結社集會自由權」，但是，那種「妄想」是「不必要欲望」，那種「實現」是橫行霸道。兩者都是違反天道人性的，是民心背向的，必然不長久而失敗。其二，專制統治者妄想或實現了剝奪「結社集會自由權」，已經侵犯了民眾的權益，必然怨聲載道，當民眾覺醒了，就會進行激烈的反抗，甚至不惜使用戰爭去推翻暴政；公民的自由集會結社自由權利一旦被專制統治者剝奪，在「不得已」的情況下，行使暴力革命方式奪回國家主權，也是自由集會結社權利的一種表現形式，是合理合法的。所以，公民的自由集會結社自由權利是被剝奪不了的，專制統治者必然失敗。

運用「公民的自由集會結社自由權利」這個原理，就能夠解說一些社會現象和問題。為什麼每個中國皇帝都賴著權力不放？為什麼要羅馬尼亞的齊奧塞斯庫和利比亞的卡紮菲放棄權力就那麼困難而要去犧牲民眾的生命？為什麼慈禧太后為了保住垂簾聽政而不惜死亡百萬「拳民」、市民和教民？為什麼不可一世的秦始皇的秦朝、成吉思汗的元朝、努爾哈赤的清朝、希特勒的德國、史達林的蘇聯都遭到毀滅？

八、選舉權和被選舉權

選舉權和被選舉權是一種政治權利，是關係到國家命運和前途的權利，是表明國家性質的權利。

1.選舉權和被選舉權的人性依據。

在人性的自然性裡，人人是自由、平等的；因此，在人的社會性裡，人人都具有自由、平等的自然權利。選舉權和被選舉權是人人具有的自由、平等的自然權利的一種，所以人人也就具有自由、平等的民主政治的選舉權和被選舉權。

2.「選舉權和被選舉權」的定義。

選舉權和被選舉權，是從人的自然權利所產生出來的人人具有的自由、平等的選舉和被選舉為社會組織和國家領導人的一種民主政治的參政權利。選舉

權,是指自己具有自願選舉別人為領導人的權利。被選舉權是指自己能被公民自願選舉為領導人的權利。選舉權和被選舉權是一個協和體,其主要屬性是:屬於個人的,是人人自由、平等的,是自願的而不是被強迫的。

3.選舉權和被選舉權的判斷價值和實用價值。

選舉權和被選舉權的判斷價值,是指可以從選舉權和被選舉權的使用狀況去判斷一個國家的政治性質:是專制的,還是民主的;是假民主,還是真民主;是極端民主,還是法治民主;是有缺陷的民主,還是比較完善的民主;等等。如果官員的使用,實行的是:任命制、選拔制、舉薦制、用賢制、科舉制,都是專制政治,拋棄了選舉和被選舉的民主政治。如果選民是被迫去選舉上級指定的人選,或者選票選舉程式被人操縱,那就是假民主政治。如果選舉實行抽籤制,官員就職全憑手氣,缺乏民主程序和法治民主,那就是極端民主政治。如果有些公民被剝奪了選舉權和被選舉權,那就是有缺陷的民主政治。

選舉權和被選舉權的實用價值,是指選舉權和被選舉權的使用,標誌著專制政治的結束,公民掌握了國家主權。只有選舉權和被選舉權的使用,才能體現公民的「同意」意志,消滅專制制度;只有選舉權和被選舉權的使用,才能從根本上消除崇拜權力的邪惡思想;只有選舉權和被選舉權的使用,才能根除殘酷的權力鬥爭和官場黑暗;只有選舉權和被選舉權的使用,才能根除官官相衛現象;只有選舉權和被選舉權的使用,才能根除官吏腐敗現象;只有選舉權和被選舉權的使用,才能選舉出真正的人民公僕;只有選舉權和被選舉權的使用,才能把「民怕官」轉化為「官怕民」,官員才能在有限的權力範圍內為國民辦好事情;只有選舉權和被選舉權的使用,公民才能罷免不合格的官員,等等。

4.公民的選舉權和被選舉權不能被剝奪。

社會政治組織和國家,是國民為了維護自身利益和正義、公正原則才「同意」產生的,誰能夠成為領導人,就必須得到所有公民的「同意」,「同意」的方式就是公民投票選舉,所以,選舉權和被選舉權是每個公民所具有的政治權利。選舉權和被選舉權是不能被剝奪的,如果被剝奪了,政治組織和國家就不是國民所「同意」的,而是被一個或少數強人所強加的。由此可見,民主社會是不會剝奪公民的選舉權和被選舉權的,只有專制社會才會剝奪公民的選舉權和被選舉權。

專制統治者為了鞏固自己的獨裁統治,就必須剝奪公民的選舉權和被選舉權,並且為剝奪公民的選舉權和被選舉權製造許多理論。專制統治者說,人天生

有「上智」與「下愚」的區別,「上智」是天生來統治「下愚」的,所謂「唯上智與下愚不移」。親疏、尊卑、等級是天地的倫理秩序,也是天地賦予人間的倫理秩序。「下愚」是愚蠢下賤的人,應該接受「上智」的統治和教化,沒有智力和資格參政議政,也就沒有參政議政的權利。所謂「勞心者治人,勞力者治於人」,「民可使由之,不可使知之」。專制統治者還說,本國的國民知識水準低,本國的國情、特色,不適宜民主政治,只適宜專制統治;如果搞民主政治,就會天下大亂;所以,本國的公民不應該具有民主政治的選舉權和被選舉權,只能在專制統治者控制下的表面上的選舉權和被選舉權。

但是,公民的選舉權和被選舉權是被剝奪不了的。人都是人,專制統治者在他們沒有成為專制統治者之前,也是普通人。參政議政關係到每個人的切身利益,也是公民的普遍願望;政治組織和國家主權是屬於公民的,公民是通過行使選舉權和被選舉權來體現自己是國家的真正主人。如果公民的選舉權和被選舉權一旦被剝奪了,必然引起公民的普遍不滿。一旦公民覺醒了,就要奪回選舉權和被選舉權,甚至會使用暴力去推翻專制統治者。

➡ 第三節　個人社會義務

社會義務與社會權利是夫與妻關係,獲得了社會權利,就負有社會義務;盡到了社會義務,就應該獲得社會權利。如果一個人的自然權利被剝奪了,他就不具有社會義務。

比如:

1.納稅義務。

如果一個人在成長時期和衰老時期,從社會獲得了撫養、教育和贍養、安葬等權利;那麼他在成為公民後,就理應具有向社會作出納稅等貢獻的義務。如果一個人在成長時期和衰老時期,被社會剝奪了撫養、教育和贍養、安葬等權利;那麼他在成年時期,就理應沒有向社會作出納稅等貢獻的義務。(詳見第十八章第五節)

2.愛國義務。

如果一個人出生後,就享有國家無償分配給的應得的一定數量的土地和住房的等等生存、生活必需品的社會權利;那麼他理應具有愛國的義務。如果一個人出生後,生無錐身之地,死無葬身之地,而「率海之濱,莫非王土;率土之

民，莫非王臣」，他不是國家主人中的一個成員，而是亡國奴；那麼他已經沒有國家，也就沒有愛國的義務。愛國是熱愛自己享有與別人平等的社會權利的國家，熱愛自己是國家主人的國家，而不是熱愛被剝奪了社會權利的別人的國家，更不是熱愛一人、一姓、一黨所統治的國家；愛國不是熱愛政府，而是熱愛生我養我的水土和與我一起生活的具有平等社會權利的同胞。「天下興亡，匹夫有責」，這句話含糊不清，沒有界定「天下」的性質。「匹夫」的天下，才能夠說「天下興亡，匹夫有責」；一人、一姓、一黨的天下，「匹夫」就沒有天下，就不能說「天下興亡，匹夫有責」。（詳見第二十五章第六節）

第二十一章　「自我」論：「我」是一個「營魄抱一」的協和體

第十一章「生命論」論述的是自然界每個個體都是「營魄抱一」的協和體，當然也包括了「人」。本章專門論述「個體的人」——「我」是「營魄抱一」的協和體。所以，兩章在內容上有相互包含的關係。

「我從哪裡來」，「我是誰」，「我將回到哪裡去」，「我的人生觀」，等等有關「自我」論的問題都是重要的哲學命題。現在有了第三卷、第四卷的論述，可以回答這些問題了。

總而言之：大道造物，也造了「我」，把道性——魄——靈魂賦予了「我」，「我」是道性——靈魂，這是「無我」。大道用陰陽二氣「營（物質）」「和之至」為「一個我」，「我」是天地陰陽二氣——物質，這是「大我」。父精母血的陰陽二氣在特定的許多條件下「和之至」為「一個我」，「我」是父母陰陽二氣——父母遺傳基因，這是「小我」。不管是「無我」、「大我」、「小我」，都是「我」，都是「營」（肉體）與「魄」（靈魂）「和之至」、「精之至」的「一」——一個活生生的有機體。「我」是一個生命體，是一個最高級的生命體。「我」的體貌由多個不同半徑的曲線協和一致，是萬物中結構最精巧、最美的協和體。「我」的肉體內部結構更是靈巧精緻，每一個部分都按一定的比例組成，不能多也不能少，不能大也不能小，不能錯了位置，「我」的靈魂和肉體融洽得不能分離，是「營魄抱一」的玄而又玄的協和體。所以有人感慨：「我是一個小宇宙。」

　　「我」這個「一」，不是「營」與「魄」合二為一的整體「一」，也不是能「一分為二」的整體「一」，「我」不是無機體。作為活著的「我」，「我」的靈魂和肉體是不能分離的，靈魂和肉體同等重要，也要同樣珍惜。如果說，「我」只是一個靈魂，肉體只是靈魂的影子，失去了肉體，「我」仍然存在，那就拋棄了「我」的「小我」，不承認「我」有父母，只承認「我」的「無我」，那就不是「我」，只是沒有造出「我」的一個沒有附著物質的道性（靈魂）。如果說，「我」只是一個高級肉體，從肉體產生出的附屬物神經，那就拋棄了「大我」、「無我」，不承認我是天地所造，只限於承認「小我」。那麼神經的思維活動又從哪裡得來的呢？那就不是「我」，只是一個沒有靈魂的行屍走肉死屍、石頭、土塊，連植物也不是。

　　解說出「小我」、「大我」、「無我」，具有重大的認識意義。「小我」能感知到人的本能需求，以及父母、兄弟等人的感情，就會獲得生活經驗和情感知識。如果只囿於「小我」的認識，那就會產生唯我——自我中心論，只追求「我」的需求和只顧及親人的利益，「有欲」就膨脹為「可欲」，就會「不知常，妄」，沉溺在「五色」「五味」「五音」中「心發狂」，一切惡念、惡理就產生了。孔、孟仁愛囿於「小我」。所以，人的認識必須從「小我」上升到「大我」。「大我」，能從「小我」的感知中，推知他人也有同等感知。從親情上升到人道，獲得倫理知識。就認識事物而言，能從「小我」對物的實用性上升到物理，認識天地之道，從而獲得物理知識。如果只囿於「大我」，就會丟棄「小我」的自我保護和親情，「損己利人」，墨子的「兼愛」就囿於「大我」。就認識事物而言，囿於「大我」，那就只停在物質的認識層面，認識不到大道、恒道。所以，人的認識必須從「大我」上升到「無我」。「無我」，就拋棄了一切經驗、親情和物象，單憑天生的善心和自然智慧去領悟形而上的大道、恒道，能獲得本體論知識。

　　所以，認識了「小我」、「大我」、「無我」而不偏見，才真正稱得上認識自己了。故曰：「自知，明也。」

　　為了論述清楚，在這裡，先區分天賦、天性、天資三個概念。

　　1）天賦，是天道賦予人的，或說是人從天道中所獲得的，既得了相同的天性，又得了不同的天資。即老子的「與」和「得」。天賦是一個大概念。

　　2）天性，是天道賦予人性中的「善」、「一」、「神（智慧）」等性質：善心和自然智慧。每個人的善心和自然智慧是平等的，是「一」。

3）天資，是天道把道性（德性、靈魂）和質料（「營身」）通過父母遺傳給所生的兒女的「營魄抱一」的生命體中，偶然所帶上父母的「遺傳基因」，即「這個」嬰兒所具有的許多「特殊」條件所形成的具體形態（特徵）。這些特殊形態（特徵）是「這個」嬰兒所必具的、所特有的，換了另一個嬰兒，就又是一套特殊形態（特徵）了。天資是「多」，天資的不一樣主要表現在三個方面：a.體貌殊異；b.性格不同；c.體貌殊異和性格不同又出現了善心和自然智慧的表現方式和現象不一樣。

可見，天賦、天性、天資是有區別的，不能混用。

先用圖表示「我」的一生經歷：

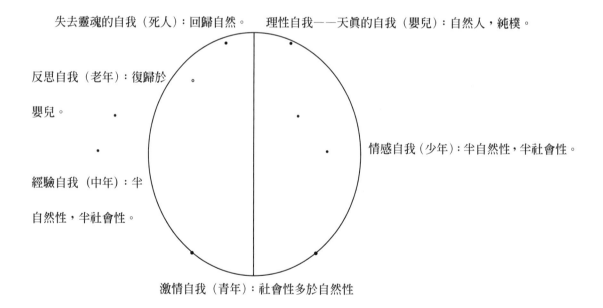

以上圖表，概括了一個人的人生過程：一個人的一生是遵循著大道德化循環運動規則的，是一個從嬰兒到童年到青年到中年到老年的小循環生命運動過程。圖表中關於人性的註明文字，是就多數人（一般人）的情況而言的。

➡ 第一節　「我」從哪裡來，「我」是誰，「我」將回到哪裡去

一、「我」從哪裡來？

答曰：「我從『天道無親，恒與善人』中來，「我」從『負陰而抱陽、中氣以為和』中來。」（老子語）這兩句話包含了「我」的出生具有必然性和偶然性。

「我」從大道造物的必然性中來。大道造物，必然要造生命體，「我」是一個生命體，「我」的出生是必然的。

「我」從父精母血的因緣和合的偶然性中來。生命體具有自生自滅性。自生，說明生命體能夠自身繁殖出生命後代；繁殖，有無性繁殖和有性繁殖，人屬於有性繁殖。「我」的出生必須依靠一對具有繁殖能力的有因緣關係的男女的「陰陽」和合，即我的親生父母的結合。「我」的親生父母的結合所出生的不一定是我，也許是我的兄弟姊妹，說明我的出生需要我的父精母血的合和要在特定的「氣」的自然環境和時辰中。如果換了一個父親或母親就不是「我」；如果換了一個「氣」的自然環境和時辰也不是我。所以，作為個體的「我」的出生又是偶然的。

「我」來得必然，說明「我」也會死得必然，「我」不應該畏懼自然死亡，「我」要「尊道而貴德」地生存下去。「我」來得偶然或僥倖，說明「我」只有這一世而沒有前世和來世，「我」要十分珍惜「我」這個生命體；「我」不應該輕視生命和輕視今世，應該珍惜今世生活，讓今世生活有價值。

二、「我」是誰？

答曰：「我」是「營魄抱一」（老子）的生命體。「營」即營身，是肉體。「魄」即魂魄，是靈魂。「抱」即「負陰而抱陽」，「一」即「中氣以為和」的一個協和體。

就「我」是大道必然所生而言，道性（靈魂）是「我」這個生命體的主宰，「我」就是「道」，就是「靈魂」，就是不朽的「無我」。「我」就具有與別人共同的天性。

就「我」是父母偶然所生而言，「我」就具有父母所遺傳的基因，「我」就是一個特許的肉體生命。「我」的性格、體貌都與別人不同，即使是孿生兄弟

也不一樣。「我」混入到億萬人裡，「我」的父母也能辨認出「我」來。「我」就是一個特許的肉體生命的可朽的「小我」。「我」就具有與別人不同的天資。

就「我」所具有的必然性和偶然性「抱一」而言，「我」是一個「營魄抱一」的生命協和體。「我」生命體裡的靈魂和肉體同等重要，不能分離，不能分出主次。「我」既要保持靈魂天生的純潔（天性），又要珍惜肉體生命（天資），使兩者處在「和之至」（老子語）的狀態中，處在有生有滅的自然狀態裡。

三、「我」將回到哪裡去？

答曰：「我」從哪裡來就回到哪裡去。「我」是父母所生，父母入土了，「我」也到臨終後入土去，「我」的肉體被分解了。「我」是大道所生，「我」過了這有限的一生，「我」的靈魂也應該回到大道那裡「覆命」（老子語）去，讓大道再去創造新生命體。當然，那個新生命體已經換了父母了，換了特定的「氣」環境和時辰了，再不是「我」了。「我」的靈魂不朽，永遠消散到大道世界裡了；但是，「我」的靈魂不能以固定不變的形態去轉世輪迴。

➡ 第二節 「自我」的一生不同的經歷

大道必然生化「我」，也會必然收回我。「我」自然而生到這個人世間，走了一個圓圈，也就會自然而死。在這個人生圓圈裡，「我」經歷了嬰兒、少年、青年、中年、老年到死亡等階段。在每一個階段中，「我」的人生觀都發生變化，直到中年時我悟出了善道，人生觀才穩定下來。

一、天真的自我──嬰兒：自然人，純善

誰也回憶不出嬰兒時的情景，只有從別的嬰兒狀態來描述自己嬰兒時情景。

嬰兒時的「我」，是個自然人，天真純善，具有求生的本能。這種求生本能，是天地賦予人的「必要欲望」（蘇格拉底語）。這種「必要欲望」具有人性的兩種基本欲望：食欲和性欲。食欲和性欲，是人的生命力的源泉，是人的活動能力的原動力，是善欲；不是「不必要欲望」（蘇格拉底語），不是損人利己的自私，不是惡欲。「我」一脫離母體，就「哇」聲啼哭和撅起嘴巴，那是在求食、求生存。老子云：「含德之厚者，比於赤子。……未知牝牡之會而朘怒，精

之至也。」意思是：嬰兒不懂愛情和性交，卻陰莖勃起，具有滿足性欲的潛能，那是繁殖生命之根。

嬰兒的「我」，不懂親疏、尊卑、善惡、是非，只有一個「必要欲望」（善欲）作為標準：有奶便是娘，有食便是愛。嬰兒的「我」，滿足了吃飽奶的「必要欲望」，再沒有去多占奶水而貯藏起來的「不必要欲望」。只要人不打得「我」疼痛，對任何人都報以真誠的笑聲，沒有任何惡意。

嬰兒的「我」對語言文字是「一塊白板」（洛克），你對「我」說話，教「我」識字，「我」只覺得你好玩，就笑。嬰兒的「我」，沒有大人那樣的能力和智謀，容易被人侵犯，需要保護。

嬰兒的「我」，比大人品質優秀多了，只要求「我」所應得的東西，沒有「不必要欲望」，不要別人應得的東西，不侵犯別人的權利。所以老子稱讚說：「含德之厚者，比於赤子。」「復歸於嬰兒。」

這說明，嬰兒沒有、也不可能受到後天社會的感染，天性是純善的，是個自然人。

二、情感的「自我」——少年：半自然性，半社會性

現在回憶起來，以我三歲喪父為期限，留在我記憶裡的有四次父親的影像。第一次，父親抱著我在灶門口烤火。他伸出手掌烤了一會，然後用手掌與手背相互摩擦。我也學著那樣做，直到現在烤火時仍然那樣習慣地做。第二次，父親抱著我坐在南坦湖的湖尾一個蘆棚裡，看著大哥、二哥在水裡用菱角藤做圍壩攔魚。以後我也學會那樣做。第三次，我大哥、大嫂與別人打架，我家的堂屋擠滿了族人，父親病在床上說話，聲音很低。我二哥拿了一條扁擔去打架，我也拿了一根柴棒去打架，被別人抱到父親床邊。父親說：「不能打架，打架是個壞事。」我記住了，一生沒有與人鬥狠打架。第四次，父親死了，躺在板門上，左手掌上捏著麻線穿的幾顆桂圓。我本想去剝那桂圓吃，看到母親哭得很傷心，也就跟著哭。從此，我聽到別人哭，就傷心流淚。

這四個影像說明，小孩子在三歲左右就能記憶事情，模仿大人的動作，以父母的是非為是非，有了親疏、善惡的情感。這種情感在第一卷第一節裡有論述。

這就是說，少年在受著後天社會風俗習慣的感染，在嬰兒的純善天性裡揉雜進了後天的社會性。至於自然性與社會性的比例如何，就要視其所受到的家

教、風俗習慣、小學教育等情況了，一般來說，是半自然性和半社會性。

三、激情的「自我」——青年：社會性多於自然性

由少年成長為青年，思想和身體都發生了很大的變化。

（一）身體方面。長大成人了，身體成熟了，特別是有了性欲。1.喜歡聽人談論男女之情，喜歡看小說中的色情情節。在青年學生時期，看到男生與女生談情說愛，先是不好意思和鄙視，再是羨慕，後是嫉妒。在女生面前，既親切，又羞澀，又好表現自己的長處。脫離了青年學生時期，與女人的接觸就大膽了，有時甚至產生性衝動，由於是個青年學生，就被克制住了。2.體力充沛了，總想尋找發洩體力的機會。幸虧我是個文弱書生，克制了與人毆鬥。

（二）書本知識方面。知識擴大到政治學、歷史、經濟學、倫理學、哲學等社會科學和數學、物理學、化學、天文學、地理學等自然科學。相信教科書和學校領導、學術權威、特別是偉大導師所說的話是真理。全盤接受馬列主義、毛澤東思想是「放之四海而皆準的真理」，把不符合馬列主義、毛澤東思想的所有思想理論都斥之為「封、資、修」的謬論。同時，也就從批判中略知了「封、資、修」的謬論。由於好奇心，去偷讀了一些禁書，偷聽敵臺，使思想觀點複雜起來。

（三）社會活動方面。社會活動範圍廣大，接觸人員眾多而複雜。遊覽了奇山異水，參觀了名勝古跡；吃過了樹皮草根，目睹了餓殍遍野；參與了政治運動，看到了殘酷鬥爭；參加了文化大革命，窺視了高層黑幕；碰到了小賊大惡，拜會了大智大勇；熟悉了惡官酷吏，會晤了學術大偽；遭遇了四次劫難，歷險了生死存亡；……使情感變化激烈。

（四）求學立志方面。我愛讀書，什麼書都讀，即使地上的一張字紙，也要撿起來讀一讀。在小學、中學，不偏課。在師範，偏重文學藝術，讀盡了所能得到的文學作品。在文化大革命，偏重政治經濟學，讀馬克思的《資本論》第一、第二卷和馬列主義的經典著作以及黑格爾、費爾巴哈的幾本原著。我讀書，一是憑興趣，二是想成名成家。在少年時，一個房兄說我將來是個做學問的聖賢。中、小學老師誇獎我能成為這家那家。我就立下了成名成家的志向。在文化大革命中，聽了林副主席的教導：「讀毛主席的書，聽毛主席的話，做毛主席的好學生。」也就理所當然地去做個忠於毛主席的忠臣。在林彪事件之前，我確實是毛主席的忠臣。但是，我從來沒有立下去打倒別人使自己成為「人上人」的志

向。在文化大革命的後期，我拋棄了做忠臣的志向；在遭遇劫難後，也拋棄了成名成家的志向，只想做一個能生存下去的普通人。但是仍然喜愛讀書，後來還喜愛寫書，那純粹是養成的一種習慣，即使無意之中成名成家，與志向無關了。這些也使情感變化激烈。

（五）性格榮譽方面。青年時期的我，是很自負的，好勝性強，虛榮性強。自以為知識淵博，掌握了真理，是青年中的佼佼者，瞧不起同齡人，尋找機會去批駁別人，諷刺別人，表現自己的了不起，滿足好勝心理，獲取虛榮。如果遭到高手的反駁或者善意的開導，在眾人場合下，仍然不服輸，不願意丟面子，要扯著歪理爭論，或者說幾句風涼話收場。可見，愛虛榮、愛面子是情感，不是理智。

（六）理性判斷力差，極其容易受騙上當，甚至糊裡糊塗地成為犧牲品。青年時期的我，憑激情辦事，缺乏理性判斷力；生活閱歷少，缺乏全面分析能力。如果青年人生活在一個崇拜權力、充滿陰謀、設置陷阱、爭權奪利的社會，那是極其容易因為想成為「人上人」而被強人利用，要麼成為強人的幫兇、奴才或強人的接班人，要麼成為強人的鬥爭和陷害對象。我在文化大革命中的遭遇就是那樣。在前文第一章有論述。這說明，由於後天所受到的教育，使青年人遠離了嬰兒時的天性，喪失了嬰兒的是非標準，用後天的社會性取代了先天的善性和自然智慧，誤入歧途。

所以，可以這樣結論：激情的「自我」——青年人的社會性多於自然性。激情奔放的青年時期，是出不來思想家、哲學家的，只能出詩人、藝術家。所謂「英雄出少年」，指的是農耕社會的英雄時代的鬥殺情景，是一種野蠻愚昧的情景。

四、經驗的「自我」——中年人：半社會性，半自然性

中國學界有兩句俗語：「四十而不惑。」（孔子語）「人到中年萬事休。」這兩句話，在鼓勵儒生「入仕做官」的帝王禮制社會裡具有普遍實用價值。一個人到了中年，他在「三十而立」的志向實現得怎麼樣就明白清楚了，他的社會地位、職業都相對穩定了，對自己的命運認可了，所以叫做「不惑」。如果中年人連個秀才也考不上，那當然就「萬事休」矣。但是，這兩句話，在鼓勵學生獨立思考、人人平等的社會裡，就不正確了。人人平等，是人的天性一樣，不能去做欺壓多數人的「人上人」。獨立思考，是各人去發揮各自不同的天資能

力，從不同的職業去為社會作出共同的貢獻，因此不受年齡的限制。

　　從青年人成長為中年人，就生活在帝王禮制社會裡的一般平民知識份子而言，就具有這些特徵：人生道路坎坷，生活閱歷寬廣，生活經驗豐富，觀察能力增強；家庭負擔沉重，生活壓力巨大；功名之心淡泊，性格日趨沉靜，情緒波動平緩，激情轉為沉思；開始反省個人經驗，開始悟道而善回向。當然，已經做了「人上人」的官人和壯志未酬的政治野心家仍然處在爭權奪利之中，不在其中。

　　（一）家庭負擔沉重，生活壓力巨大。

　　一個中年知識份子，到了中年，還沒有獲得功名利祿，或者在爾虞我詐的官場裡被排擠出來而削職為民，家庭生活就十分艱難了。他上有老父老母，下有妻子兒女，要使一家人生活下去，他必須務實，拋棄不切合實際的虛幻理想。這樣，他就掙脫了青年時期的虛榮和幻想，回到現實的生活中來了。

　　（二）人生道路坎坷，生活閱歷寬廣，生活經驗豐富，觀察能力增強。

　　平民知識份子，命運註定是人生道路坎坷，生活閱歷寬廣。他命運多舛，前途不通，什麼事情都要去嘗試，生活的滋味充滿了甜酸苦辣。同時，也就積累了豐富的生活經驗，提高了觀察人情世事的能力。

　　（三）功名之心淡泊，性格日趨沉靜，情緒波動平緩，激情轉為沉思。

　　由於上述的現實生活和個人的經歷，中年人在性格、情緒和對人生的看法都發生了變化，日趨成熟。看透了官場的黑暗和功名利祿的骯髒，待人處事不再好表現自己了不起，對待突如其來的事件沉著冷靜、三思而行，能識破騙子和騙局而不會輕易上當受騙，掙脫了青年時期的浮躁和激情，正確的人生觀基本形成。

　　（四）開始反省個人經驗，開始悟道而善回向。

　　中年平民知識份子，生活在艱難之中，眼看當前的社會黑暗，回憶以前的坎坷經歷，反省自己所作所為，總結生活經驗教訓，審查自己所學知識，重新認識思想傳統，思辨萬物天地形成，探索宇宙形成奧秘，……總之，理智克服了激情，開始了憑自己的經驗來進行理性思辨。這就是形而上學的思維方式，就是悟道的思維活動。這種思維活動一經開始，人性上被後天污染上的社會性污垢開始剝落，就開始回歸自然。他們的人生觀開始確立下來了。

　　綜上所述，對於一個平民知識份子來說，中年時期，不是「萬事休」時期，而是一個人生的偉大的轉折時期，是一個大有作為的時期，是一個為自己和為人類作出巨大貢獻的時期。所以，可以得出這樣一個普遍結論：哲學的理性思

辨出來的全新的善性的理論的創造，都發生在平民知識份子的中年時期，而不發生在自以為是的激情奔放的青年時期，更不會發生在御用文人身上。

五、反思的「自我」——老年人：復歸於嬰兒。

「復歸於嬰兒」，是指雖然身體不能「返老還童」，但是天性卻「返老還童」了。

（一）身體方面：老人的枯槁堅脆與嬰兒的嫩潤柔弱，其共同點是行動都不自如，需要人服侍照料。

老子云：「堅強者死之徒也，柔弱細微生之徒也。」【208】老人是「死之徒」，嬰兒是「生之徒」。「生」是始點，「死」是終點，終點與始點相銜接，就有相同之處：老人和嬰兒都不能自持，生活無法自理。老人，骨骼疏鬆硬脆，步履艱難；血管硬化，皮膚粗糙，自我保護力下降。嬰兒，骨骼柔軟，站立不起，血管過於柔軟，皮膚過於嫩潤，自我保護力不夠。所以，老人與嬰兒雖然身體狀態不同，但是就其死與生的共性方面，存在著「復歸於嬰兒」的因素。

天性「復歸於嬰兒」。

嬰兒什麼人事也不懂，在知識方面是「一塊白板」，是「恒德乃足」的，是樸素純善的。老人經歷一生，嘗盡人間甜酸苦辣，看透天地黑白黃藍，經驗知識豐富，天性污染嚴重。人一老了，或跌倒，或重病，或被人嘲弄，或遭人報復，等等，死亡威脅次次相逼，也就被迫反思人生。回首人生，一切淡漠了，有後悔，有內疚，有自責，有無悔，有無愧，有值得。越是接近死亡，那善心越是在復原。即便是大惡人，在臨死前的一刻也感到人生如夢，一切皆空。在這反思過程中，一次次地，那經驗知識，被一點一點地減損；那天性上的污染物，被一點一點地剝落；那失去的德性，就一點一點地回歸；最後恢復到嬰兒的樸素純善狀態。這就叫做「復歸於嬰兒」。當然，也有極少數大惡者，致死也不反思，沒有「復歸於嬰兒」，例如，朱洪武臨終前還記著有對手沒有被殺絕，周恩來要死亡的前三天還記得批文去殺死一位數學教師陳光第。

【208】《仰望老子》第二卷第五十章。

六、死亡的「自我」：死人，回歸自然。

老人逐漸「復歸於嬰兒」的樸素純善狀態，最後回歸自然——死亡了。死亡，就是人的一生的終點與始點相銜接了，走完了一生。死亡的內在情形是：靈魂脫離了肉體，向大道覆命去了——回歸理念世界，留下一個肉體空殼；肉體空殼停止了所有活動，任憑細菌去腐蝕分解，回歸自然的物質世界。死亡後的情形是：靈魂不可能以原有生命形態去輪迴投胎，而是去組織新的質料，創造另一個具有許多特徵的生命體；肉體也不可能以原有生命形態去輪迴投胎，而是消散開去，由靈魂去組織新的生命體。死亡，就是作為特許的「我」永遠消失了——去世了，再也不可能恢復原有形態的「我」了，「我」無前世，也無來生，只有今生。所以「我」要十分珍惜一去不復返的個體生命。

作為個體的「自我」一生的經歷，就是一個小循環，就是一個協和運動過程。在這個協和運動過程中，那天生的天性是不變的，不朽的；而那天資和肉體是不斷發生變化的，後天的認識能力和知識多少也是不斷發生變化的。

➡ 第三節　正確的人生觀是：安身立命第一，活命哲學就是真理

既然認識了「自我」的來龍去脈、一生經歷等等狀況，那就應該樹立正確的人生觀。正確的人生觀應該是：珍惜和保護生命，保持與生俱來的天性——善心和自然智慧，運用和發揮好天資，堅持與人平等、自由的交往精神。用老子的話說，就是：「貴為身」、「善行無轍跡」、「我自然」。

一、珍惜和保護生命：安身立命第一，活命哲學就是真理

這個命題包含四個論題：1.人為什麼活著？2.生命有幾次？3.人生中最為可貴的是什麼？4.人人生命權利平等、自由。

1.人為什麼活著？

人活著，最基本、最單純的目的和原因就是：人為了保存生命和繁殖生命而活著。其它目的和原因都在其次。人一出生，第一性是自然動物生命體，第二性才是社會動物生命體。自然動物生命體活著，就是為了生存下去和繁殖後代。一出娘胎的嬰兒，啼哭和撅起嘴巴，就是要吃奶而活著。這是第一個本能欲望，是天地賦予的，不是人為的。人體的精巧結構都是為了活命而設計的。人穿衣

服、造房屋，是為了禦寒防暑、避免生命遭到侵害，使人更好地活下去。所以亞里斯多德說：「我們說，一個自由的人，是為自己活著，不是為了侍候別人而活著。」人一旦成熟了，就有了性愛的需求：肉體需求。這種肉體的性愛需求，特別強烈，特別具有快感，引誘著人捨命去追求性交，那就是為了繁殖後代，延續人類生命，是一種具有最大意義的保命活動。這種性愛的本能需求，是天地賦予的，不是人為的。人打扮自己，炫耀自己，都是為了獲得性交優先權。

人類創造社會，個人參與社會活動，第一性的最單純的目的和原因，就是為了保存生命和繁殖生命。當個人成為社會共同體動物時，個體對社會就具有一定的依賴性，那種依賴性仍然是為了保存生命和繁殖生命。任何社會組織和社會活動，離開了這個第一性的最單純的目的和原因，就是違反天道、滅絕人性的，就沒有存在的合理性、合法性。在人類社會歷史中，有一段不可避免的帝王專制時期，製造出許多違反天道、滅絕人性的人生目的和原因，把人生意義弄得複雜紛亂，混淆和掩蔽人生的第一性目的和原因，把人類引向到你死我活的殘酷鬥爭裡。比如：「殺身成仁」、「捨生取義」、「君要臣死，不得不死」、「士為知己者死」、「個人為組織犧牲」、「人為財死，鳥為食亡」，等等荒謬的人生觀。一個頭腦清醒的人，是不會被其蒙蔽的，能夠從那複雜紛亂的荒謬的人生觀中，找到人活著的第一性的最單純的目的和原因——正確的人生觀。

所以，人生安身立命第一，活命哲學就是真理。

2.一個人的生命有幾次？

一個人的生命有幾次？這本來就不是問題，人能感覺到和領悟到的明明白白的簡單事實是：一個人的生命只有一次。俗語說：「人死不能復生。」說的就是這個道理。本章第一節已有詳述。既然一個人的生命只有一次，那就是「一」（唯一）而不是「多」。失去了這個「唯一」，就不會再來「二」，更不會再來「多」。一個人的生命體是「營魄抱一」的協和體。即就是說，個體生命，是由靈魂（魄）組合質料（營）而形成的。這種組合是靈魂偶然植入到父精母血姻緣和合的受精卵裡進行的。個體生命，既具有與別人相同的不朽的天性，又具有與別人千差萬別的可朽的天資，是今世一個唯一的特許的個體。個體生命體就是自己本身的原型，既不是前世有什麼原型的模仿品，也不是來世什麼模仿品的原型。不管是幾世幾劫，也不管在任何地方，都不會出現與這個個體完全相同的個體。即使是克隆人，也不會與原體完全相同。因為，這個個體，是由特定的父母在特定的無數個特許的時間、空間、氣候、光線、溫度等等自然環境和人為環境

的綜合因素中出生的，任何一個別的個體不可能重複完全相同的因素。比如出生時辰，1996年8月15日辰時三刻，就只有一次，沒有第二次。個體生命死亡了，個體也就永遠消失了，再也不會復生了。

這個認識論就導致一個原理：個體生命只有一次活著的機會，生命就十分高貴，那就應該十分珍惜生命，謹慎使用生命權。所以結論是：人生安身立命第一，活命哲學就是真理。

可是，這樣一個簡單明瞭的現象，卻被「輪迴論」弄得複雜神秘起來。輪迴論的創造者動機是善良的，想教化和嚇唬人行善而不作惡，可是其結果恰好相反。輪迴論自身充滿不可克服的理論矛盾，既破壞宗教信仰，又窒息理性智慧，成了一種人感覺不到和領悟不到的神秘的有害的迷信邪說。

3.人生最可貴的是什麼？

這個問題換一種表達方式就是：最高的人生價值是什麼？這也是個很簡單明瞭的問題，人生中最為可貴的當然是生命。我活著就是為了保存我這個肉體生命和延續我的生命——繁衍後代，活命就是全部的人生價值，也是最高的人生價值。

這個簡單明瞭的問題卻被「仁義」論弄得複雜晦暗起來。

生活在禮制下的中國人感到問題複雜，出現了許多不一致答案：有為獵取功名而活著的，有為光宗耀祖而活著的，有為做人上人而活著的，有為愛情而活著的，有為復仇而活著的，有為報恩而活著的，有為了結一樁心事而活著的，有為實現遠大理想而活著的，有為某種主義而活著的，有為某個組織而活著的，有為知己或拐子大哥而活著的，有為發財而活著的，等等。這就把功名、地位、愛情、復仇、報恩、義務、理想、主義、組織、知己、錢財，等等，看得高於和貴於生命了，把生命當著獲取那些身外之物的工具或手段了。這就顛倒了主次、本末的關係。生命比功名、財貨貴重，功名、財貨都是為維持生命服務的，絕不可為了功名去犧牲生命，去殉主，去「殺身成仁」、「捨生取義」；絕不可為了財貨去打家劫舍，去謀財害命。既然功名和錢財不能比生命可貴，那麼地位、愛情、復仇、報恩、義務、理想、主義、組織、知己，等等，就更在其下了。

所以，人生中，生命高於一切，安身立命第一，活命哲學就是真理。

4.人人生命權利平等、自由。

老子說：「天道無親，恒與善人。」天地不仁，以萬物為芻狗；聖人不

仁，以百姓為芻狗。」【209】

這意思是說，天道賦予人的善心和自然智慧是平等、自由的，人的生命權利是平等、自由的；天道對待每個人是平等的愛，不分親疏、等級；聖人對待每個人也是平等的，不分親疏、等級的。「不仁」，是不講有差別的仁愛。這個思想觀點，在西方被表述為：人人天賦權利平等。天賦權利中，最基本的權利是生存權利，即生命權利。我要活著，要保命；他也要活著，要保命；人人如此。不能說，我的生命高貴，你的生命下賤；我活著，你就不能活著。所以，我要愛惜自己的生命，也要珍惜別人的生命。這是一個非常淺顯的道理。

可是在禮制社會裡，這個非常淺顯的道理被帝王和帝王的御用文人們弄得非常複雜，晦澀難懂。以致許多人不明不白地撞地呼天：「老天爺不公呀，我的命就這樣一文不值！」許多人糊裡糊塗地自歎、發問：「為什麼我的命就這樣苦呀？」

在禮制社會裡，生命被劃分為不平等的許多等級。生命最高貴的是天子（帝王），唯有天子能掌握自己的生命使用權，並且掌握全國臣民的生命使用權──生殺大權：「君要臣死，不得不死。」帝王可以草菅人命，可以生靈塗炭，可以對活人剝皮抽筋，可以殺死活人做祭祀的犧牲品，可以強迫活人陪葬，等等。在臣民中，又按照政治地位高低，把人的生命劃分許多等級，最下等的最下賤的生命是失去人身自由的奴隸和犯人，生命一錢不值，不如牛馬，可以任意遭到殺戮。在家庭裡，生命最高貴的是長輩，妻子兒女都是長輩的家產，家長可以把逆子趕出家門，把失節的女人處死。如果是富貴家庭，生命最下賤是家奴，豬狗不如，可以做祭祖的犧牲品，做主人的殉葬品。生命一旦被劃分為許多等級，就可以用錢財去計算出價格，因此就有活人買賣市場。下等人完全失去了生命使用權，任人宰割。

這種把生命劃分為許多等級的思想觀點，本來是違反天道、人性的，是用來愚弄天下人的，天下人理應一起反對。可是，經過帝王和御用文人的強行洗腦和反覆灌輸，竟然被天下人所接受，成了中華文明的傳統思想文化，至今中國人還把那種傳統思想當著真理而深信不疑，反而不相信淺顯易懂的人人天賦權利平等的思想觀點是真理。當發現自己的命運不好的時候，認為命運前世已定，就

【209】《仰望老子》第一卷第五章、第二卷第八十一章。

「畏天命」，不敢去抗爭，只好怨天尤人，心甘情願地把自己的生命權利交給當權者，這就是中國近百年來落後的深層次的根本原因，是中國人的悲哀，是中華民族的悲哀，也是覺醒了的中國知識份子理應向中國大眾開展啟蒙運動的原因和歷史使命。

人人爭權利，第一要爭的是生命權利──生存權。

二、保持天生的善心和自然智慧

從善心產生的是自然本能的欲望，是「必要欲望」（蘇格拉底語）。這種本能的欲望，是利己利人的。利己，是說能保證自己獲取維持生命生存下去的必需生活和生產資料。利人，是說不去侵佔別人的生活和生產資料，使別人也能滿足必需的生活和生產資料。這樣，就不會產生「不必要欲望」（貪欲），就不耍陰謀和聰明，少煩惱，知足常樂，使人身體健康長壽。從善心產生的思想言行，是自然的，是善性的，是正義、節制、柔弱處下、勇敢、智慧等美德，而不是追求功名利祿的偽善品德。

從自然智慧產生的是節制感覺的理智智慧，是邏輯思維能力（理性思辨能力）。只有自然智慧，才能照見真理之光，才能獲得真知；只有運用自然智慧，才能偵察和識別偽智慧。

天生的善心和自然智慧，是每個人衡量善惡、是非的唯一標準，是活命哲學的基本原理，是認識世界的出發點（或前提）和基本思維方式。

所以，對於每個人來說，保持天生的善心和自然智慧，是人生觀裡的最大的修身課題。

三、正確地使用天資

人的天性是「一」，是不變的；天資是「多」，是變化的。天資是表現和運用善心和自然智慧的質料（物質形態）。「我」具有與別人不同的天資，「我」的天性在「我」的天資上表現出來，那表現形式也就與別人不同。同時，那表現形式受到後天風俗習慣和所受到的教育的影響，有可能與善心和自然智慧保持一致，也有可能偏離善心和自然智慧。例如，如果「我」身材矮小，就無法在體力上來表現優勢，就會設法在智力上來表現自己。如果「我」身材高大，就會在體力上來表現自己。如果「我」表現出了自己的智力，出謀劃策，利人利己，那就與天性保持了一致；如果出謀劃策，是傷害別人的陰謀詭計，那就偏離

了善心和自然智慧。如果「我」表現了自己的體力，力氣所用，利人利己，那就與天性保持了一致；如果表現出的力氣是傷害別人的暴力，那就偏離了善心和自然智慧。所以，正確地使用天資，必須以保持天性為前提，以安身立命和保命第一為目的。

四、堅持與人交往時的平等、自由的精神

一個人是為了自己而活著的，不是為了伺候別人而活著的；同理，也不能要別人來伺候自己而活著。這就在與人交往時需要具有平等、自由的精神。兩人面對面時，不能是黑格爾所說的處於一種「主人」與「奴隸」的「緊張」狀態，要麼去做別人奴隸，要麼使別人做自己的奴隸；而是一種平和的狀態，是平等、自由的交往。為了「我」自由地活著，我不能侵犯你，你也不能侵犯我。「我」需要不侵犯他人的善心，也需要保護自己不受到別人侵犯的能力。為了預防強人侵犯他人，人們就需要制定一個都能「同意」和遵守的契約，保證每個人都能平等、自由地安身立命。

以上所述四條，是正確的人生觀的基本內容。要樹立正確的人生觀，還有待於修身。

➡ 第四節　簡介老子的「貴為身」論

老子云：「寵辱若驚，貴大梡（huen）若身。何謂寵辱若驚？寵之為下，得之若驚，失之若驚，是謂寵辱若驚。何謂貴大梡若身？吾所以有大梡者，吾有身也。及吾無身，有何梡？故貴為身於為天下，若可以迊天下矣；愛以身為天下，女可以寄天下。」（十三章）【210】

一看到這個題目，那些號召別人為成就自己偉業英名作犧牲的帝王、領袖，組織，和那些為獵取殺人英雄芳名而血染沙場的將軍們，會嗤之以鼻：貪生怕死，活命哲學。實在的，「『貴為身』論」，就是針對草菅人命的「貴奮死」論提出的，就是主張「保命第一」、「活命哲學就是真理」。「『貴為身』論」要回答的問題是人生觀中最基本、最大、最高的倫理學命題：人為何活著和為何死去？怎樣活著和怎樣死去才值得？人生中最貴重的是生命還是祭神、名、貨、

【210】《仰望老子》第一卷第十三章。

權、組織、主義、愛情？等等。「『貴為身』論」要駁斥的就是禮制傳統思想中「貴奮死」之類的荒謬絕倫的生死觀點：「殺身成仁」、「捨身取義」、「士為知己死」、「或重於泰山，或輕於鴻毛」、「生的偉大，死的光榮」、「砍頭不要緊，只要主義真」，「為黨組織犧牲個人生命」、「人為財死」、「殉葬」、「殉主」、「殉情」，等等。「『貴為身』論」要揭露和控訴的是幾千年禮制中視人命如草芥、生靈塗炭的慘無人道的歷史和現實。「『貴為身』論」是不會被君王和儒生們所理解和接受的，這從反面證明「『貴為身』論」是道，是真理。

（一）何謂「貴為身」？

「貴為身」，又名「愛以身」、「賢貴生」。「貴為身」，以個人今世的肉體生命為最貴重。「愛以身」，以珍惜個人今世的肉體生命為最大的愛。「賢貴生」，以貴重個人今世肉體生命為最高尚的美德。人「出生」後必然要「入死」，這是因為人是天地的被生自然物：「以其生生」。人的身體生理結構中，使人活著生長的因素「十有三」，同時使人走向死亡的因素也「十有三」；只要人去求生，也就等於求死：「動皆之死地之十有三。」這就是人生死的正常自然現象。人「尊道而貴德」地自然而生和自然而死，才是人合乎天道的最平等的最正確的生死觀，才是「貴為身」。「貴為身」，就是「貴」在愛惜個體生命的自然而生和自然而死。這樣，「貴為身」就有三義。其一，一個人要貴重和愛惜自己的肉體生命，讓自己自然生死；其二，人人都具有平等的生命權利，要貴重和愛惜每一個人的生命，甚至要珍惜其它生物的生命，不存在什麼某人的生命貴重於其它人的生命，不存在男性生命貴重於女性生命；其三，繁衍後代，延續生命，是最為貴重的自然現象。

「貴為身」，排斥人為干擾人的自然出現和自然死亡，凡是人為地製造死亡都是離道背德的非正常死亡，是人禍，都稱不上「貴為身」。

（二）為何要「貴為身」？

這個命題，換一個表述方式是：人活著是為了什麼？或者人為什麼要活著？人生價值何在？

「有大梡者，為吾有身也；及吾無身，有何梡？」這句話的意思是：我之所以擁有那祭神的祀梡，是因為我這個肉體生命需要神來保佑；等到我失去了這個肉體生命，還需擁有什麼祀梡呢？簡言之，我活著就是為了保存我這個肉體生命和延續我的生命──繁衍後代，活命就是全部的人生價值，也是最高的人生價值。

為什麼呢？因為個體生命來得不容易，既有必然，又有偶然，一旦失去了生命，就不可挽回：人死不能復生。難道「我這個」肉體生命能隨意地讓人奪走嗎？所以，我一出生就要為活下去而吮吸乳汁；一懂事，就要為活下去去爭得生活必需品。我去學習，去找一份適合的工作，第一意義就是為了活下去。俗話說：「做官是為了嘴，討米也是為了嘴。」正確呀！我去乞求神靈保佑，也是為了活命呀！至於有人說人活著還有別的意義，那不是第一意義，而是第二、第三意義。還有人說，人活著有比活命更重要的意義，那是居心不良，要別人犧牲生命來為他活得光彩。所以，我必須「貴為身」。我如此，別人也如此，所以我不但要「貴」自身，還要「貴」他身。

（三）生命體是本是體，其它一切是末是用

老子把生命與禮制社會傳統中認為最重要的東西作了比較，得出重與輕的結論：生命最貴重，其它東西為輕。

祭祀，是禮制社會最為隆重的大事件，祀器是最為神聖貴重的東西，可以殺人作犧牲祭品，殺人作為殉葬品，不准「下人」去觸摸祭器。老子一反傳統，說：「吾所以有大梡者，為吾有身也；及吾無身，有何梡？」這就證明了祭祀的目的是為了了保佑人的生命，祀器是為人祭神保命的用具，與人的生命相比，人的生命才是最神聖貴重的，祭器為輕。怎麼能「輕則失本」和重輕顛倒呢？老子不僅糾正了禮制祭祀貴於生命的謬誤，而且在憤怒控訴慘無人道的殺人為犧牲的祭祀罪行。

功名、財貨，在禮制社會傳統思想裡，看得比生命貴重。老子則反向：「名與身孰親？身與貨孰多？」並且警告和明告重功名和財貨的人：「甚愛必大費，多藏必厚亡。」老子的觀點很明確：生命比功名、財貨貴重，功名、財貨都是為維持生命服務的，絕不可為了功名去犧牲生命，去殉主，去「殺身成仁」、「捨生取義」；絕不可為了財貨去打家劫舍，去謀財害命。「甚愛」功名，必然「大費（大傷害）」身體健康；「多藏」財貨而不慈善救人，必然多遭凶夭。

祭祀、功名、財貨都比不上生命貴重，還有什麼能比生命貴重呢？所以在人生觀中，生命體是本是體，其它一切是末是用。

（四）「貴為身」者能治天下，「身輕」者不可為「萬乘之王」。

從「貴為身」的倫理學原理可以演繹出政治學上的一條基本原理：愛惜生命的善良人可以代理國民管理國家大事，草菅人命的狠毒之徒絕不可掌有權力。這條原理是老子為百姓選擇國家領導人定下的最基本的標準。

　　選舉國家領導人是攸關人民生命財產和國家安全的頭等政治大事，對被選舉人可以有許多要求，但是最基本的一條是要考察他們是不是愛惜生命。如果被選人是「貴為身於為天下」的善良人，你就可以把天下託付給他管理；是「愛以身為天下」的人，你就可以把天下寄託給他管理。如果是「以身輕於天下」的人，就是輕視生命和暴躁的人，你就絕對不能讓他做「萬乘之王」。

　　這一條最基本的政治標準是老子從血淋淋的禮制歷史中發現的。那些禮制社會中的君王、侯王、大夫、官吏都是「以身輕天下」的「失本」、「失君」的殘暴之徒。他們為了奪得權力和成就功名，不僅冒著自身的生命危險去鬥殺，把全家的生命都作為賭注押上，而且製造內亂，發動戰爭，使生靈塗炭。他們為了維護權力和功名，不惜殺父殺兄，殘殺親人，還把臣民當作畜牲一般宰殺。皇帝一個口諭，就千萬人頭落地；皇帝又一個口諭，就有百千人被殉葬。以帝王為首的禽畜暴徒們，沒有一個善人，是人禍之根，民饑之源。他們「以其求生之厚」，「取食稅之多」，製造血流成河、餓殍遍野：「禮者，忠信之泊，而亂之首也」，「愚之首也」。在老子之前的兩千多年的禮制社會是血淋淋的，在老子之後的兩千多年的禮制社會同樣是血淋淋的。兩千多年前的老子給中國人提出了那條政治標準，兩千多年後的老子子孫們卻認為老子是在宣揚活命哲學，是貪生怕死，是苟且偷生，何其悲哉！現今的老子子孫們，實在應該覺醒了，要遵循老子的教導，絕不能去選擇禮制（獨裁專制），把國家權力拱手讓給那些「以身輕於天下」的暴虐之徒們。

　　（五）怎樣「貴為身」——修身養性

　　「貴為身」，本是人性中的自然規則，人人都天生具有愛惜生命的善道美德，無需去修去養。但是，人的本性在後天受到惡習污染，把功名利祿、權力地位、財貨金錢看得重於生命了，這就需要去修去養，恢復「貴為身」的天性。這在後文「修身」一節中有論述。

　　（六）批判蔑視生命的幾種流行觀點

　　我們經常聽到主人訓斥奴才的一句俗話：「你這條狗命能值幾個錢？」「你天生就是一副賤骨頭！」《水滸傳》裡李逵的一句話也成了俗語：「我這顆頭是為哥哥長的，哥哥需要就拿去。」這是多麼慘無人道、令人痛心的話啊！可是中國人聽得習以為常，說得十分順口，不認為有什麼錯。這些俗話顯然是從儒家的「三綱五常」裡演繹出來的，只不過大儒們說得不那麼粗俗而文雅些：「君要臣死，不得不死；父要子亡，不得不亡。」「餓死事小，失節事大」，「殺身

成仁」，「捨生取義」「人為知己死」……這些話，顯然與老子的「貴為身」觀點相悖。

1・「仁義」論是人的生命等級論，反天道、反人性的謬論

「仁義」論的核心是「三綱五常」的倫理思想，把人囚禁在等級森嚴的禮制裡，這就必然演繹出人的生命也是等級森嚴的。生命最貴重的是天子（君主），然後依次是侯王、皇族、大臣、官吏、主子、百姓、奴僕；在性別中，男性生命比女性生命貴重。天子的生命使用權屬自己，臣民的生命使用權屬天子（君主），百姓的生命使用權屬主人，等等。除天子一人外，任何個人對自己的生命沒有使用權。故曰：「君要臣死，不得不死；父要子亡不得不亡」。「殺身成仁」，「捨生取義」，「餓死事小，失節事大」。於是，「忠君」、「忠主」、「為知己」而死，死得其所，是忠臣，是英烈，是節婦。「殉葬」、「殉主」、「殉夫」都成了「殺身成仁」、「捨生取義」的仁義壯烈死亡。而逆君、叛主、背夫而死就成了犯上作亂的不仁不義的死有餘辜。於是，爭權奪利、發動戰爭等等大大小小的草菅人命、生靈塗炭事件都是仁義的。「仁義」論就這樣把自然屬於每個人的生命權利剝奪了，交給了強人支配。這種「仁義」論是人的生命等級論，很顯然是與「貴為身」論相反的，是反天道的：「天地不仁，以萬物為芻狗；聖人不仁，以百姓為芻狗」，「天道無親，恆與善人」，「聖人恆無心，以百姓心為心」。

2・「英雄主義」是帝王愚弄民眾，草菅人命、反人性的謬論。

布魯諾說：「一個需要英雄的國家，才是可悲的。」【211】

英雄時代是一種愚昧、野蠻、落後的小農經濟時代，「仁義論」是英雄時代（小農經濟時代）的產物，英雄主義是從「仁義」論演繹出來的一種荒謬的生死論。它讚美殺人，讚美非正常死亡，美化忠君戰爭。在儒學裡，有許多稱頌英雄主義的褒義詞句：忠烈、滿門忠烈、英烈、烈士、英雄、英傑、英豪、豪傑、義俠、義士、義勇、勇士、猛士、民族英雄、烈婦、節婦、千秋偉業；萬古流芳、精忠報國、「留取丹心照汗青」、「要留清白在人間」、「血染沙場」……這些古老的褒義詞句，有些原原本本保存下來了，有些演化為現代漢語的褒義詞句：「生的偉大，死的光榮」，「砍頭不要緊，只要主義真」、「為主義壯烈

_____

【211】《西方哲學史》頁234。

犧牲」、「為真理而死」、「見義勇為」、「一不怕苦，二不怕死」、「小英雄」、「紅孩子」、「紅小兵」、「紅衛兵」……。

那些愚昧落後時代的讚美英雄主義的褒義詞句，至今被中國統治者所宣傳，被中國人所認可，英雄們被羨慕和崇拜。這恰恰證明：中國在思想傳統上仍處在愚昧、野蠻、落後的英雄時代。如果人們冷靜下來，獨立思考一下，理智分析一下，就會發現這樣的疑問：什麼人稱得上英雄？誰需要忠君忠主的英雄主義？英雄們為誰而犧牲？英雄們死得其所嗎？英名比生命貴重嗎？

什麼人稱得上英雄？按「仁義」論來解釋，忠君忠主而死的人才稱得上英雄。英雄必須殺人，或者忠君忠主自殺殉忠，或者為君主去殺君主的敵人，殺得越多，越英雄。

誰需要英雄主義？當然是政治野心家、帝王、元帥、將軍、盜頭、匪首。只有英雄主義，政治野心家才能發動打天下的戰爭，帝王才能坐天下，元帥將軍們才能功成名就（「一將功成白骨堆」），盜頭匪首們才能打家劫舍、殺人放火。只有民族英雄主義，帝王才能發擴張領土戰爭，才能完成一統天下的偉業，才能拒抗民主思潮。百姓們不需要忠君忠主的英雄主義，不需要殺人英雄。對於百姓來說，最好不要使用「英雄主義」這個詞，如果萬一要保存「英雄」這個詞，那要重新解釋為正義之士。

英雄們為誰而犧牲了呢？考察中國古代、近代、現代、當代的英雄們，只有辛亥革命時期的烈士是覺悟者，理智地判斷了生命的最高價，自覺自願地為民主自由而犧牲。其餘的英烈都是為君主、領袖而死，都是受「仁義」論的蠱惑和帝王的愚弄而糊裡糊塗地枉送了一條生命。下面就列舉一些中國人所敬仰的英雄為例證。

關雲長。關雲長是「忠義」皆全的英雄，至今被稱為「武聖」，在黑社會裡被供敬著。關雲長千里走單騎、單刀赴會、敗走麥城，是為了什麼呢？就是為了忠於那個君主和義兄劉備，把自己的生命權利交給了劉備使用，當然也有為個人獵取忠義英雄芳名的目的。

劉諶。劉諶是忠孝節義皆全的英烈。蜀國被滅亡了，劉諶殺了妻子兒女全家，提著人頭到忠烈祠中去祭祖，然後自殺。他是為了什麼呢？為了忠孝兩全，剝奪了自己和妻子兒女的生命權利，交給了死去的列祖列宗。

岳飛。岳母刺字「精忠報國」。岳飛為忠君而抗金，為忠君又放棄抗金。明知十二道金牌招他進京是死，為了忠君，為了獵取忠君英名，不逃跑，不反

抗，心甘情願地把生命交給與自己政見不合的宋高宗去處死。「岳母刺字」被傳為佳話，但理智地一想，令人心驚肉跳！那樣愚昧的母親必然教出那樣愚昧的兒子，有何覺悟？有何值得頌揚？

文天祥。文天祥明明知道抗元必亡，為了忠君，為了獵取英名，不知權變，不擔憂南宋人民生靈塗炭，拼死抗戰不投降，枉送了南宋人百萬條生命，成就了文天祥民族英雄的芳名。文天祥有何「丹心」？

于謙。據說廉潔清正，不是貪官污吏，就個人品質而言，是個好人。可是為何在面對生命權利這個大是大非問題卻如此糊塗愚昧？忠君而死，把生命權利交給君主，有何「清白在人間」？恐怕只有愚忠在人間。

林則徐、關天培。林則徐、關天培是抗擊英國人的民族英雄。虎門禁煙固然不錯，但是斷絕貿易往來，關門封國就對了嗎？兩位英雄面對的是兩股勢力：一股是關門封國、不知世界事務、腐敗無能的清政府；一股是主張貿易自由的方興未艾的英國政府。那一股是新興的正確的呢？排除忠君思想和民族主義，就一目了然了。假設兩股勢力都是邪惡的，譬如父親兇惡、外人也兇惡，為何要去幫父親作惡呢？只因為有血緣關係才善惡不明。理智的判斷，不能除去兩股惡勢力，就應退避三舍，不應去助紂為虐。助紂為虐，不僅枉送自己的生命，也枉送了百十萬人的生命。林則徐、關天培有覺悟嗎？

著名詩句有：「砍頭不要緊，只要主義真」【212】。還有類似的豪言壯語：「為真理而死，砍頭只當風吹帽」。「砍頭不要緊」，還有什麼比砍頭更要緊的？「砍頭只當風吹帽」，是何等地蔑視生命！自己的頭被砍了不要緊，當然別人的頭被砍了更不要緊；自己的頭是帽，別人的頭就連帽也不是了，可能是草。把生命看得何等一錢不值啊！把死亡看得何等輕鬆啊！這就是俗話所說的「玩命」、「不要命」。在老子看來，人生中最大的真理是保命，放棄了保命這個最大真理，還有什麼「真理」、「主義真」呢？要你的命的「主義」是真理嗎？。

著名的語錄有：「生的偉大，死的光榮。」每個人都是自然而生，不知道什麼人「生的偉大」，什麼人「生的渺小」。自然而死是最好的歸宿，其它的死亡方式都是悲慘的，哪裡有「死的光榮」或「死的恥辱」？用那種語錄把一些幼小的生命推向死亡，是多麼的殘忍啊！本‧拉登就是那樣教唆和培訓青少年為

【212】《革命烈士詩抄》。

了聖戰去做人肉炸彈的人。故曰：「禮者，亂之首也」「愚之首也」，惡之首也。

「見義勇為」的英雄。現今提倡「見義勇為」，設立「見義勇為」獎金，鼓勵俠義青年去與小偷、流氓、劫匪作鬥爭。從中國的新聞報導和「見義勇為獎金會」裡所見到的「見義勇為」的英雄和英雄事蹟，絕大多數是青年學生、富裕的社區居民。被懲罰的「見義勇為」的對象是小偷、兩三個人一夥的劫匪，詐騙小團夥，絕大多數是失業貧困的農民工、小青年，沒有黑社會頭目，沒有惡官惡警，沒有貪官污吏。極少見「見義勇為」事件是救助危急的。原來「見義勇為」主要是一些知識青年、富裕居民去與失業、貧困青年作鬥爭的，有的還把小偷、劫匪、詐騙者致殘打死。「見義勇為」的英雄們懂得：地痞、黑社會頭目是惹不起的，惡官惡警、貪官污吏是反不得的，竊國大盜更是老虎屁股摸不得，一股英雄氣概只有發洩到小偷、小夥劫匪、小股詐騙團夥身上。小偷、劫匪、詐騙者固然可惡可恨，擾亂了社會治安，使富裕者不得安寧。但是冷靜地想想，除了慣盜慣匪之外，一個被生活逼得走投無路的青年農民工，到了繁華的城市和富足的社區，能不起妒心、盜心嗎？諺語云：「家貧起盜心，富足有仁義。」這句諺語正確的註釋了老子的三句話：「難得之貨使人之行方」，「不貴難得之貨，使民不為盜；不見可欲，使民不亂」。「奇物茲起，法物茲章，而盜賊多有。」「人之饑也，以其取食稅之多也，是以饑；百姓之不治也，以其上有以為也，是以不治」。「民之難治也，以其知也。」本來「見義勇為」是一種抱打不平的傳統狹義行為，比如魯智深行為。可是現今的見義勇為者不去追究產生小偷、劫匪、詐騙犯的原因，不去反大盜匪首，卻在下層人亂鬥，越鬥越亂，都不是魯智深。

英雄們死得其所嗎？英名比生命貴重嗎？考察了上面的一些問題後，中國自黃帝以後至今都是處在英雄時代——愚昧落後的農耕社會傳統思想就是「仁義」論中的英雄主義。帝王、匪首需要英雄和宣傳美化英雄主義。凡禮制社會的英雄都是為忠君忠主而死，都是殺人成英雄。所謂英名都是拿生命去換取忠君忠主的名譽，都是帝王匪首自封或恩賜給同夥殺人犯的美名。而按老子的觀點，人的生命所有權是屬於天地的，自然而生又自然而死；生命的使用權是屬於生命體自身的，保命就是真理。在為保多個生命而「不得已」自願犧牲自己生命的情況下也是為了保命。凡非正常死亡都不值得美化：「勿美之」。而帝王、匪首美化英雄主義，是剝奪部屬和臣民的生命權，把賞賜的美名和財貨看得比生命還貴重，是違背「保命就是真理」的天道、人道的。英雄們自願把生命使用權交

給帝王、匪首，是一種愚昧，是被愚弄了：既蔑視自己的生命，也蔑視別人的生命，是違背「保命就是真理」的天道、人道的。英雄們的死是死於非命，沒有什麼「死得其所」、「重於泰山」、「死的光榮」。他們的英名隨著農耕社會和禮制社會的滅亡而滅亡，成為後人談笑和歎息的歷史資料：「滾滾長江東逝水，浪花淘盡英雄。……古今多少事，都付笑談中。」（楊慎）【213】「布衣中，問英雄。王圖霸業有何用?禾黍高低六代宮，楸梧遠近千官塚。（馬致遠）【214】

3．「個人為組織而犧牲」。

這是頭目們愚弄組織成員的反人性的謬論。

人是群居動物，是社會動物，其群居就成為社會共同體的一員，是為生命得到安全和維持生命的生活得到保障，而不是去為了某人社會組織或組織頭目去死亡。所以，凡合天道、人道的社會組織的目的，是保障成員的生命安全和生活正常。在禮制社會裡，出現了這樣的利益集團組織，號召成員為組織和組織的頭目而死，成員入組織的要宣誓：「為組織而犧牲個人的一切和生命。」這種組織不管其名稱多麼好聽，五花八門；也不管政治的、宗教的、經濟的，它們的組織性質是一樣的：為實現頭目的理想而視成員的生命如草芥，是違背天道人道的，通常被善良人稱為黑社會組織、邪教、盜匪團夥。這種組織，在野時就是黑社會組織，執政時就是盜匪政府或流氓政府。例如，阿富汗的答裡班組織。凡為這種組織和這種組織所宣傳的「主義」而死的人，都是犯罪，死有餘辜，並不是什麼「為真理而死」。由此，人們可以找到一個衡量社會組織的標準：凡是保障成員生命安全的組織都是善的，凡是要成員為組織犧牲生命的組織都是惡的，是黑社會組織，是邪教組織。

4．「生命誠可貴，愛情價更高。若為自由故，二者皆可拋」【215】，是詩人的激情，不全是真理。

這首詩就後兩句而言是真理。自由，是生命存在和成長的自然條件和權利。如果生命的存在和成長的自由被剝奪了，則生命就不保了，就遭到了禁錮和侵犯；為了保命，就首先要爭取自由；打破禁錮去爭取自由，生命有可能不保。

【213】《三國演義》開篇詞句。

【214】《元曲》頁26。

【215】《雪萊詩選》。

這就出現了兩難選擇，就有一個對生命價值的評估問題。如果犧牲一個生命或少數生命能保存多數人生命自由權利，就應該犧牲一個生命或少數生命；如果要犧牲多數生命才能保存少數生命，就不能作選擇。所以，這首詩後兩句堅持了「保命就是真理」。

這首詩的前兩句就不是真理，只是一種激情。生命與愛情作比較，保存生命在先，追求愛情在後。現存的生命是繁衍生命的先決基礎和條件。愛情，是天地造生物時為了讓生命自生而賦給生物的一種性愛激情，是後續生命產生的一種方式，應該後於現存生命。愛情的價值高於生命是顛倒了先後次序，是螳螂價值觀。人是有理智的動物，不能像螳螂那樣低智，去為愛情犧牲生命。詩人雪萊、裴多菲、普希金都是失去理智的激情詩人，是螳螂智慧。所以，蘇格拉底、柏拉圖從哲學的理性高度鄙視荷馬一類的詩人失去了理智思辨能力。

更有甚者，有人為了愚弄青年人為他們賣命，把「若為自由故」改為「若為革命故」。「革命」成了拋棄生命和愛情的原因。心腸何其毒也！「革」是割，是殺；革命，是殺死生命。這個詞本身是兇殘的，有拋棄生命之義，與後句「拋棄」意義重複。所以，絕不是「若為革命故」。

5・「二十年後又是一條好漢」【216】，是迷信，不合天道。

「二十年後又是一條好漢」，是許多勇士們和亡命之徒勇於赴死的口頭禪和理由。意思是死了後又去投胎為男嬰，二十年後又長生成了男子漢。這是輪迴論，在前文「覆命論」中已有批判。人死不能復生，個體生命的靈魂和肉體都消散了，哪有另一次投胎凝聚為同樣一個人的道理？這是迷信，是老子的「覆命」論所要破除的鬼神迷信。

6・「鳥為食亡，人為財死」【217】，是財迷心竅，不合人道。

這是一句諺語，是許多人為錢財而死和謀財害命的理由。「鳥為食亡」，這句是正確的。鳥為了保命而覓食，有時難免在覓食中死去，是一種自然死亡。「人為財死」，就是荒謬的。人也是為保命而求食，不是為了求財而亡命。在出現了錢幣的社會，食物成了商品，用錢交換。人需要足夠的生產投資和購買食品的錢幣來維持生產和生命，但是不需要儲蓄多餘的不投資生產又不購買生活品的

【216】俗語。

【217】《昔時賢文》頁12。

錢財。過多的錢幣就應該投入到生產中去和分散給生活品缺乏的人，不能過多地儲蓄起來不用，更不能奇貨囤積，成為守財奴，或陪葬入墓。人獲取錢財正道是「做自己應該做的事」，而不是妄想著不勞而獲，更不是靠別人的生命奪取謀財。所以，老子批判「取食稅過多」、「金玉盈室」、「多藏」和「損不足以奉有餘」，主張「民自富」、「損有餘而補不足」。老子問：「身與貨孰多？」當然是「貨多」而求之不足，「身一」而失之則無。身是本一，貨是多末，貴身而賤貨。俗云：「生不帶來，死不帶去。」何能為財死？俗又云：「命只一條，死不復生；財是身外之物，有生有失。」何能「人為財死」？

　　7．「禁欲主義」是反人性的，非正義的。

　　人要過節制生活，但不能過禁欲生活。損己利人是不正確的，要於己於人都利。天地造生物，賦予「有欲」。「有欲」是人性中的自然屬性，是不能人為地除掉的，除掉了「有欲」去禁欲是反人性的。禁欲主義主要是禁止色性欲和食肉欲，主張獨身主義和素食主義。就個體生命健康而言，人為地壓抑性欲，則勢必壓抑了身體內的正當生理需求，造成內分泌紊亂，損傷身體健康，造成精神抑鬱症。肉食有利於神經細胞成熟和智力提高，完全素食，不利於智力發展。就人類生存而言，禁止性欲，人人成為閹人，不繁衍生命，人類就只有一代人了，滅絕了。禁欲主義者是沒有人類責任感的人。就社會而言，禁欲者往往兩極發展。其一，性欲更旺盛，不明媒正娶，卻暗自通姦強姦、嫖奸，搞亂人倫和正當的男女關係。其二，徹底禁欲，獨身者增多，在青壯年時不為生育和撫養擔負責任，到老了卻把養老負擔轉嫁其它人的後代，是毫無社會責任的一群。特別是不婚不育的和尚、尼姑，終身不自食其力，靠以佛門名義詐人錢財養身，是社會極大的負擔和累贅。禁欲主義比縱欲主義對個人、社會和人類更有害。所以，老子主張「有欲」，反對禁欲；主張用「無欲」節制縱欲。保命，就不能禁欲。

　　8、「享樂主義」是反人性的，非正義的。

　　享樂主義，是縱欲主義，是追求個體肉體需求的快樂和享受，不顧及他人的感受。損人利己是不對的，要做到利己也利人。不管是伊壁鳩魯的美名曰「善」的快樂主義，還是邊沁的美名「計算」的快樂主義，都是以個體快樂感受為標準的，沒有什麼「善」和「計算」。這種無節制地追求個人肉體需求的快樂，在政治上導致強權政權，在社會關係上導致弱肉強食，最後導致極少數人獲得了縱情縱欲的快樂和絕大多數極端痛苦的兩極分化。例如禮制下的皇帝三宮六院、官吏三房四妾和絕大多數下層人貧困不能結婚成家。所以老子主張「無欲」

節制縱欲，主張「治人事天，莫若嗇」、「損有餘而補不足」。

　　「『貴為身』論」小結：「『貴為身』論」是人生觀中的一個最基本的最簡單的原理，也是「甚易知」、「甚易行」的通俗原理。可是，自從有了皇帝以後，這個簡單易行的原理，被帝王和附庸文人製造的像刺蓬芭茅一樣的偽智慧給掩蔽了，變得複雜玄奧起來。老子從天道、人道的高度，披荊斬棘，剷除了偽智慧，使「貴為身」復原了真相：人活著就是為了保命、活命，人參加一切社會活動都是為了保命、活命，人建立國家政權是為了使全體國民的生命得到安全保障。保命、活命高於一切，活命哲學就是真理，就是善道，就是正義的。相反，一切蔑視生命、剝奪別人生命權利的組織、政權以及人生觀都是荒謬的，是非正義的，是惡性的，是違反人性天道的。老子的「貴為身」論具有重大的理論價值和實用價值。

➡ 第五節　修身之一：修身要修出「五種」美德

　　人為什麼要修身？就是為了保命，保命就是修身的最大的最基本的目的。修身就要修出保持生命健康長壽的道理和正義、柔弱處下、節制、勇敢、智慧、善性的自然境界等美德。

　　老子、孔子、蘇格拉底、釋迦牟尼都主張修身。孔子所主張的修身內容和目的與那三個人有所不同。在仁義論的前提下，修身出符合「三綱五常」的君子品德，目的是「入仕做官」，輔佐君王。其次序是：「修身，齊家，治國，平天下。」這就把生命當著實現政治理想的工具，顛倒了本末。那三個人的觀點與孔子相反，主張在懂得人天生具有善心和自然智慧這個理論前提之後，修身的目的是保持個體生命的健康長壽，組織家庭、社會、國家形式等等，都是為了個體生命健康生存服務的，而不是相反。所以，修身的內容是修出保持生命健康長壽的道理和正義、柔弱處下、節制、勇敢、智慧等善的自然境界等美德。我的修身觀點與老子、蘇格拉底、釋迦牟尼基本一致。

　　修身，首先要悟道，悟出「人天生具有善心和自然智慧」這個大道理，修身就有了基礎，有了標準，有了方向，在認識論上有了修身的理論大前提。這樣，就好確定修身的目的和內容了。

一、修身的目的

修身的目的，就是保持個體生命的健康長壽，自然而生，自然而死。生命是最為可貴的。個體生命的所有權屬於「必然生我」的天地，個體是把握不住的；但是個體的生命使用權屬於個體本身，個體能夠把握住，能夠通過修身把握住和使用好生命權利。

修身使人懂得，人生最重要、最大的事情和幸福是：自然而然地活著，健康長壽地活著，自然而然地死亡，避免遭到外來災難的侵犯。這就是修身的首要的主要的目的，其它的什麼「治國平天下」之類的政治理想，都是身外之物而在其次。

修身本是養性，養性即是修身，本是一回事：「營魄抱一能毋離乎？搏氣致柔能嬰兒乎？」修身偏重於保護身體健康，養性偏重於保持靈魂純潔，修身和養性實在難於分開來說。

保證衣食住行和色性的正常供給，是人天生的肉體需求的欲望，是生存本能，老子稱之為「有欲」，蘇氏稱之為「必要欲望」。食物是滿足身體成長和運動的營養，衣、住、行是保證身體不受自然環境的侵害，色性是保證身體性機能成長和繁衍生命。這五項是修身的基本內容，拿到社會學上就是民生問題。這裡不討論民生問題，只討論個人修身養性問題。

修身養性的第一義，就是如何獲取食、衣、住、行和色性的滿足，也就是說如何堅持「保命就是真理」的問題。

人不能接受饑餓，不能受凍熬熱，不能任憑風吹雨打，不能無力行走，不能忍受性饑餓，必須得到自然的正常的滿足。如何獲得這種滿足呢？在自然社會，人是作為一個自然動物去獲得滿足的。在文明社會則不同了，人是社會共同體的動物，就要到社會去獲取滿足。修身，就是要懂得人生中最大的真理是保命──獲取正常的生存滿足。這個真理包括兩項內容：一項是「幹自己應該幹的事」，另一項是「拿自己應該拿的東西」。

例證。你是一個泥工，靠做泥工維持自身和一家人的生機。1.一時間，你找不到泥工活幹，在排除了你懶惰、技術差、性格與人合不來等諸多不利的個人因素後，你就要從社會去找原因。你就會發現，有人壟斷了土木工程，「兼做了別人的事」，斷了你的工作，斷了你的生路。你就要憑你的智慧和勇敢去反抗，去爭取勞動權利。你的爭取是正義的，是堅持了「保命就是真理」。2.你每日幹泥

工活，卻拿不到應該拿的報酬，排除了自己懶惰、技術差、與人合不來諸多不利因素後，你就要從社會去找原因。你就發現有人侵佔了你的勞動報酬，斷了你的生路。你就要憑自己的智慧和勇敢去反抗，去拿回自己的東西，爭取生存權利。你的爭取是正義的，是堅持了「保命就是真理」。3.你找不到自己應該幹的事，拿不到自己應該拿的東西，你失業了，挨餓了，卻得不到社會福利救助──失業費，這是社會問題，不是個人問題。你就要憑自己的智慧和勇敢去反抗國家制度，改造社會。你的反抗是正義的，堅持了「保命就是真理」。5.你在忍凍受餓而無人援助的情況下，你為了保命，去乞討，去偷了麵包，你的行為遭到歧視和毆打，甚至遭到法律懲罰。這說明社會是非正義的，法律是非正義的，你沒有犯罪，沒有什麼不光彩的，犯罪的是社會和法律本身，不光彩的是社會。6.你到了成婚立家的年齡，又有成婚立家的條件，卻找不到對象，或者找到了又被別人霸佔去了。排除了你自己不道德諸因素後，你就要到社會去找原因。你就會發現，強人霸佔了許多異性，這是社會習慣風俗的惡劣和社會制度的險惡，使你失去愛情。你就要憑你的智慧和勇敢去移風易俗和改造社會制度。你的行為是正義的，是堅持了「保命就是真理」──延續生命也是保命。

修身的第二義，就是節制食、衣、住、行和色的過度滿足，和對生命的極端需求。如果說第一義是針對貧賤善弱者而說的，那麼這第二義是針對富貴惡強者而說的。中國儒家和方術的修身養性都是針對君子士大夫而言的，只不過儒家的修身養性是為了治國平天下，方士的養生是追求長生不老，都不是為了保命──身心健康。

身體本是自然的，有必要的滿足就可以保持身體健康長壽。如果違反自然規則，過度地滿足，就會損害身體健康。食物的供養，應該講究自然營養的平衡，身體才能自然健康。如果人一味地追求美食，追求過度的人工製作程式食品和烹調花色，追求刺激味道，追求筵席擺闊氣的高檔食品和暴飲暴食，這就違背了食物供養的本性，會損傷身體健康。衣物的使用，應該講究冷暖保持的適度，身體才能健康。如果人一味追求穿緊身衣和奇裝異服，甚至穿減肥衣褲，那些化學色素對人體有毒害，就失去了衣物穿著的本來作用，會損傷身體健康。居房的使用，應該講究自然安樂，使用地面上的建築材料，通風好，光線明，排水暢，環境優美，才使人身安全和身體健康。如果人一味追求開採地表和人工加工的建築材料，追求化學製品的裝潢，人口過度密集群居，那就會受到放射物、污染物的侵害，會損害健康。車船的使用，應該是便利於人的行動，節省體力和時間，

有利於身體休息和健康。如果一味追求乘車舒適，使四肢懶得動彈，同時，追求車船的豪華，使車船成了虛榮品，這就失去了車船使用的本性。使車船數量增多，浪費資源，破壞環境，不僅使應是動物的人不正常活動了，有害健康，而且使人類失去和諧的自然環境，受到傷害。色性的滿足，應該是使人繁衍生命。天地造出男性和女性，並使男女都具有一定限度的性欲，其本意是要人自行繁殖後代，延續生命。如果一味追求性欲的過度滿足，並且人為地服藥增強性欲，佔有異性過多，縱情縱欲，這就失去了色性的自然本性，就會傷害身體健康，並且製造單身漢，使社會因男女關係不正常而動亂，傷害社會健康。

還有一個「長生不老」問題。老子云：「而弗能久有兄於人乎？」這意思是說，在天地的被生物中不能長久的有比人更為上等的嗎？人不能長生不老，是有生有死的，只不過有自然長壽和遭外物傷害夭折之分。在《道德經》裡沒有一句話宣揚過長生不老觀點的。「長生不老」的觀點是後來的陰陽家的方術觀點和道教觀點，方士、道士煉「生長不老」仙丹，與老子無關。在老子看來，人可以通過修身養生延長壽命，但絕不可「長生不老」。「長生不老」是一種過度追求生命延長的需求的「可欲」，是「不知足」的離道背德的願望和行為。

修身養性，就是要修出節制美德；節制過度的欲望和需求，就是為了保命；節制是正義的，是堅持了「保命就是真理。」

修身養性的第三義，懂得生命的使用價值：舍一命而保多命。

如果說修身的第一義和第二義是說個體生命必須自然而生和自然而亡，不能人為地使生命非正常死亡，拒絕人為地斷送生命，那麼這第三義說的是個體自身有權利使用生命。生命是最貴重的，不能憑情感衝動去輕易使用的。在「不得已」（老子語）的情況下使用生命，那就要理性思辨到生命的最高值。換一句話說，在使用生命之前，個體必須首先覺悟到自身的天生善心和自然智慧，只有天生的善心和自然智慧才能使生命得到最高值。其次，個體必須面對一種特殊的「不得已」的情況下，才能使用生命。這種「不得已」的情況有四種：1.在判斷不改變眼前的情況，必死無疑，這就需要拼死一搏，還有可能獲得生的希望；2.在判斷不改變眼前的情況，許多善弱者的生命就會遭受死亡，如果犧牲我一人的生命能保存多個生命，那麼我可以犧牲自己的生命；3.在判斷一個具有善心和自然智慧的人在面對死亡時，而這個人的生命能保存下來，可以使許多人的生命免遭塗炭，甚至可以拯救全民和國家，如果犧牲我的生命就能使這個人活下來，我寧願犧牲自己的生命；4.在判斷許多人將遭受一群兇惡之徒殘害和殺戮時，如

果殺死為首的一個或幾個惡徒首領可以使許多人免遭殺害，我寧願冒著犧牲自己生命去戰鬥。在這四種「不得已」的情況下使用生命，是正義的，仍然是堅持了「保命就是真理」。但是，離開了這四種「不得已」的情況和作出非理智判斷而使用生命，就是非正義的，就是枉送生命。故曰：「夫慈，故能勇」、「勇於不敢則栝」、「兵者不祥之器也，不得已而用之，銛襲為上，勿美也。」

二、修身的內容

在明確了修身的目的後，怎樣達到「保持個體生命的健康長壽，自然而生，自然而死」這個目的呢？即怎樣「完身養生」呢？這就要理智地確定修身的內容。

修身的內容具體而豐富，一言難盡；但是修身的最基本內容可以一言而蔽之曰：修出保持生命健康長壽的道理和正義、節制、勇敢、柔弱處下、智慧等美德。

（一）修出保持生命健康長壽的道理

1.明白生命自然而生，自然而死的道理。生命從出生之日，就是一個開始走向死亡的成長過程，是不可能長生不老的。人就是人，不可能成為神仙。一個人明白了這個道理，就會過著普通人的正常生活，追求滿足身心需求的必要的生活品，就會「尊道而貴德」——按照生命的自然性健康成長。如果一個人妄想長生不老，就會想入非非，一反普通人正常的生活，選擇食物和住居，吞食仙丹，誤練氣功，人為地損害身心健康，違反了生命的自然性，不但不能長生不老，而且會減損陽壽。

2.明白生命體是自然體，使其適應自然環境地成長，不可人為地干預過多。對於個體來說，「一方水土養一方人」，最好在那裡出生，就在那裡成長。當然，為生活所迫，不得不遷徙和出遠門謀生，那是理所當然的。對於個體來說，在食衣住行和藥物治病等等方面，以適應於身心健康成長為標準，不要作苛刻選擇，特別不要追求奢侈生活和貴重藥品，那就有害身心健康。對於社會和國家來說，不要過度、過快地追求民富國強，去破壞人類生存環境，集體地人為地損害健康，扼殺生命。

3.明白知足方足（「必要欲望」），不能不知足（「不必要欲望」），保持樂觀，排除煩惱。只滿足於保持身心健康成長的「必欲望」，就是知足方足，就會有愉快的心情，樂觀的生活態度，就是以身心健康為幸福，就會健康長壽。如

果追求「不必要欲望」，以功名利祿和財富積累為快樂，那才沒有快樂，只有煩惱，有害身心健康。

（二）修出正義、節制、勇敢、柔弱處下、智慧等美德

修身的目的是為了保持生命健康成長，我、你、他都是如此。那就出現了共同保持生命健康成長的問題。那就要求每個個體既愛惜自己的生命，又要珍惜別人的生命，同時要求社會共同體珍惜所有人的生命。這就出現了一個個人品質和國家品質的問題。品質有許多類型，最基本的善性的品質有五個：正義、節制、柔弱處下、勇敢、智慧。

1.正義。

人性本善，善理念演繹出來的自然是正義的品質。什麼是正義？這就要定義正義的概念了。概念是後天人為的，就有許多關於正義的概念。我贊同蘇格拉底關於正義的定義。蘇格拉底使用歸謬法來定義正義。他先列舉幾種不正確的定義，進行一一批駁和拋棄，最後定義正義。

A、幾種不正確的關於正義的定義：a.「有話實說，拿了人家東西照還，這不是正義的定義。」因為，「把整個真實情況告訴瘋子也是不正義的」，把槍還給頭腦不清醒的朋友也是不正義的。b.「欠債還債」也不是正義的。「當原主頭腦不清醒的時候，無論如何不該還給他」。「如果把錢歸還原主，對收方或還方是有害的，這算不算是還債了。」c.「正義就是把善給予朋友，把惡給予敵人」。這不是正義。「在人生病的時候，誰最能把善給予朋友，把惡給予敵人？」「是醫生」。「當人們不害病的時候，醫生是毫無用處的」。正義是時時處處都有用的。如果把壞人當著朋友，把好人當著敵人，「豈不是正義了？」「傷害朋友或任何人不是正義者的功能。」d.「凡是對政府有利對百姓就是正義的；誰不遵守，他就有違法之罪，又有不正義之名。……正義就是當時政府的利益。……正義就是強者的利益。」這不是正義的定義。比如，「醫術所尋求的不是醫術自己的利益，而是人體的利益」。同理，「沒有一門科學或技藝是只顧到尋求強者的利益而不顧及它所支配的弱者的利益的」。

B、正確的正義的定義：「我們在建立我們這個國家的時候，曾經規定下一條總的原則。我想這條原則或者這類原則就是正義。您還記得吧，我們規定下來並且時常說到的這條原則就是：每個人必須在國家裡執行一種最適合他天性的職務。」「我們也可以假定個人在自己的靈魂裡具有和城邦裡所發現的同樣的那幾種組成部分，並且有理由希望個人因這些與國家裡的相同的組成部分的『情感』

而得到相同的名稱。」【218】

所以，有正義的個人和正義的國家。

　　a.正義的個人。「正義就是只做自己的事而不兼做別人的事」，「每一個人都不拿別人的東西，也不讓別人佔有自己的東西」，「正義就是有自己的東西，幹自己的事情」。

　　b.正義的國家。「我們說：當生意人、輔助者和護國者這三種人在國家裡各做各的事而不相互干擾時，便有了正義，從而也就使國家成為正義的國家了。」

　　「那麼，如果僅就正義的概念而論，一個正義的個人和一個正義的國家也毫無區別。」

蘇格拉底的那些話，通俗易懂，簡明扼要，而且內容深刻豐富。作為個人的正義，「做自己的事而不兼做別人的事」，就是保護和爭取自己的勞動權利而不去侵犯別人的勞動權利。「每一個人都不拿別人的東西，也不讓別人佔有自己的東西」，就是保護和爭取自己的生存權利而不去侵犯別人的生存權利。要做到這些是很不容易的，其中包含了所需要的智慧、勇敢、節制、柔弱處下等美德。作為國家的正義，「三種人在國家裡各做各的事而不相互干擾」，就是要「三權分立」，執政者不能越權。這就是反對獨裁，主張民主政治，也是很不容易的。如果能做到蘇格拉底所說的那樣，人類社會就回歸到善道上去了，就是實現了「理想國」。

老子《道德經》裡有許多「正」，說的也是這個道德。「知足不辱，天地將自正。「我無為而民自化，我好靜而民自正，我無事而民自富，我欲不欲而民自樸。」（57章）。」「不可得而親，亦不可得而疏；不可得而利，亦不可得而害；不可得而貴，亦不可得而賤。」（五十六章）「天之道，利而不害；人之道，為而弗爭。」（六十八章）【219】

老子把正義公道的美德，從我與人、我與民、親與疏中提升到人道、天道的高度上來論述，實在是高智慧。

正義公道已被後來的洛克、盧梭等人論述得非常透徹，此處不詳述了。

【218】《理想國·正義及其定義》頁11~57。

【219】第二卷第五十六、五十七、六十八章。

2.勇敢：「慈而勇」——懂得生命的使用價值。

蘇格拉底認為，勇敢是五大基本美德之一，勇敢是從正義演繹出來的，脫離了正義的勇敢就是兇惡，稱不上勇敢。勇敢的目的就是保護生命，勇敢的前提就是正義（慈善）。

老子也持同樣的觀點，認為勇敢是從慈善中演繹出來的，脫離了慈善的勇敢，不僅傷害了別人，而且傷害自身。慈善是善心的功用，是從善心演繹出來的。

> 老子云：「我恒有三葆之：一曰茲（慈），二曰檢；三曰不敢為天下先。夫茲故能勇，……今舍其茲且勇，舍其後且先，則必死矣。夫茲，以戰則勝，以守則固。天將建之，女以茲垣之。」（六十九章）「勇於敢者則殺，勇於不敢者則栝。知其兩者，或利或害。天之所惡，孰知其？故，天之道，不戰而善勝，不言而善應，不召而自來，彈而善謀。天網恢恢，疏而不失。」（七十五章）【220】

這兩段短文，既論述了慈與勇的關係，又論述了兩種不同的勇的性質和造成的不同結果，並且把慈與勇提高到天道的「天網」的境界中。慈是勇之本，勇是慈之用。勇敢行動是不能隨心所欲的，必須事先「後其身」，以慈善來判斷事件的性質和戰鬥的方向，才能打中箭靶。這就是「夫慈，故能勇」，「勇於不敢則栝（箭靶）」。如果憑一時的怒火，或聽從別人挑唆，不用慈善去判斷，亂衝亂殺，就失去了勇敢的方向和目標，不僅枉送了自己的生命，還錯傷了善良的人和事。這就是「舍其茲且勇，舍其後且先，則必死矣」，「勇於敢者則殺」。這個「死」和「殺」的惡果，不僅是指「勇於敢者」，而且指整個事件和人。對於這兩種「勇敢」的有利有害，天是知道其中的原因的，人又有誰知道其中的原因呢？人呀，對這兩種「勇敢」，實在要用慈善之心認識清楚。天在偵察你，天網雖然稀疏，卻絕不會漏失任何一個作惡的人不受懲罰。如此一說，是不是人不需要勇敢了呢？不是的，任何人都要有勇敢精神。天給了你生命，保護自己不受侵犯就全靠你自己了。「天將建之，女（汝）以茲垣之。」「垣」就是自己築起心理防線來衛護自己。

【220】第二卷第六十九、七十五章。

　　老子的「慈而勇」是有別於孔子、孟子的「仁者勇」的。「仁者勇」，是「殺身成仁」、「捨生取義」，是把生命權交給了君主和「知己」手裡，為了「忠君」「忠主」「為知己者」而犧牲自己的生命，以犧牲下人的生命來保主人的生命，以犧牲多數臣民的生命來成就一人帝業，以犧牲士兵的生命來成就一將的功名。這是生命有貴賤之分，這種「勇敢」是「舍慈且勇」，是不善不慈的，非正義的。

　　3.節制：樸素，知足。

　　節制，也是蘇格拉底所稱頌的四大美德之一，是從正義演繹出來的。蘇氏說：「而對統治者來說，最主要的自我克制就是控制身體的欲望和飲食快樂。」節制，就是節制自身「不必要欲望」和不理智的過激情緒，主要是針對執政者和強人說的。新柏拉圖主義者古羅馬哲學家西塞羅寫了《有節制的生活》，專門論述了節制。

　　老子論述節制，是從樸素之道演繹出來的。「樸」和「素」是「善」的一個屬性。只有善心，才會樸素；只有樸素，才會有節制，節制是樸素的功用。

　　　　老子云：「治人事天，莫若嗇。夫唯嗇，是以早服。」（五十九章）「檢故能廣。」（六十九章）「見素抱樸，少私寡欲。」（十九章）「罪莫大於可欲，禍莫大於知不足，咎莫憯於欲得。故知足之足，恒足也。（四十六章）」「甚愛必大費，多藏必厚亡。」（四十四章）「金玉盈室，莫之守也；貴富而驕，自遺咎也；功遂身芮，天之道也。」（九章）【221】

　　首先，老子把節制明確地定位在「治人事天」的範圍內，定準了範疇，就好論述了。治人，就是治理個人、家庭、社會、國家的經濟生活。事天，是祭祀天地神鬼的事。這兩件事都是主持辦理者做的，所以「治人事天」是針對執政者和貴富人的，不是針對一般百姓（民）的。對於百姓（民）來說，生活本身艱難，精打細算地過苦日子，談不上有「甚愛」、「多藏」、「金玉盈室」、「貴富而驕」的「可欲」。

　　弄清了「嗇」（節制）的範圍和對象，就好理解「嗇」了。「治人事天，莫若嗇」，是說主事者在治理人的經濟生活和祭祀天神禮儀中，沒有比愛惜生命

和節省民財更重要的了。這是一個節制的基本原理。節制，像其它原理一樣，本是個簡單道理，只要人保持了純樸的善心，在經濟事務中，自然會該收的則收，該用的則用，不該收的不收，不該用的不用。但是，一旦人不能保持純樸的善心，產生了「不必要欲望」，譬如，要虛榮的面子，爭貴富，爭權利，就會講擺場，鋪張浪費，爭君寵，欺民意，乞求神靈多保佑自己，等等；就會在經濟生活中去追求個人的多得多藏，從而就失去自然智慧，產生了智巧、智謀、智術之類的偽智慧，使「治人事天」複雜起來。於是，就「知不足」了，就厚愛、多藏起來，失去了節制的美德。有權者和貴富者知道，只有在以公辦事務上才能多占多貪，於是大搞形象工程，大慶喜事，大辦惡事，擴大祭祀規模，以使自己從中大撈一把。這樣，社會經濟生活就出現貧富分化而複雜起來。老子的「嗇」（節制）就是針對這種社會狀況而說的。老子每說一個基本原理，總要把它提升到天道的高度上，對於節制也是如此。老子指出不節制，就是最大的罪禍，是人為的「自遺咎」，是會受到「天網」懲罰的。只有節制，才是「恒足」，是「天之道」，才「復歸於樸」。

老子反對「知不足」的「可欲」，主張節制；但不反對「少私寡欲」，不主張禁欲，把節制的程度限在「可欲」和「寡欲」的適當層次上。有「可欲」就要節制，「有欲」則不能節制，不能節制到禁欲程度上去。

4.柔弱居下

蘇格拉底把城邦的執政者、輔國者和護衛者比做「養一條好的看家狗和養一個好的護院家奴」。可見，柔弱處下的美德是針對統治者而說的，要求統治者處在柔弱方面，處在國民地位之下，不能處在比國民剛強和地位高的一面，國民是主，統治者是僕，是奴，而不能相反。

老子的柔弱居下美德說的就是蘇氏那個觀點。老子云：「江海之所以能為百浴王者，以其善下之，是以能為百浴王。是以，聖人之欲上民也，必以其言下之；其欲先民也，必以其身後之。故居前而民弗害也，居上而民弗重也，天下樂隼而弗厭也。非以人其無靜與，故天下莫能與靜（《道德經》66章）。」「善用人者宜為下」，「大邦者宜為下」，「強大處下」。「天下莫柔弱於水，而攻堅強者莫之能先也，以其無以易之也。柔之勝剛，弱之勝強，天下莫弗知也，而莫能行也。故聖人之言云曰：受邦之垢，是胃社稷之主；受邦之不祥，是胃天下之王。正言若反。」（《道

德經》八十章）【222】

　　柔弱居下，也是針對執政者說的，這是一種反禮制傳統思想的新思想、新觀點。從黃帝到周的傳統思想都認為，帝王處在至高無上的地位上，從上至下分了許多等級，「民」處在最下地位，國君成了國家的主人，國民成了奴僕。在仁義論中的皇權神授倫理觀點中，認為這就是天道人道。老子的觀點與其相反，認為百姓（民）才是國家主人，國君才是國民的奴僕，處在社會最高貴地位是民，處在最下位的應該是國君。這兩種截然相反的倫理學觀點，哪一種才是合天道而自然的呢？老子就從自然萬物的現象論述到人類社會，證明執政者和強大者應該柔弱居下的原理是正確的。自然物中的水是最柔弱的，而水卻是最有力量的，攻克一切堅強者：「水滴石穿」。水又是向下處流的，是最居下的，所以水能「為百浴王者」：「水納百川」。自然界萬物如此，人類社會現象也應該如此。聖人能成為社會的尊者，成為國家領導人，就應該處在柔弱的下處，與民眾在一起，「以百姓心為心」。這樣百姓才會尊重聖人，樂意推選出聖人，成為百姓的代理人來管理社會和國家事務。這種具有柔弱居下美德的聖人執政了，就成了百姓（民）的奴僕，就「居前而民弗害，居上而民弗重」，人類社會就自然和諧了。老子不僅要求執政者柔弱居下，還要求所有自以為或人為地成為的強大者，都應該柔弱居下，「天下莫能與靜」，就太平無爭了。

　　老子把這種柔弱居下的美德提升到生死存亡上來，提高到善道上來：「堅強者，死之徒也；柔弱微細，生之徒也。」「善用人者宜為下」。老子的結論是：「柔之勝剛，弱之勝強。」可歎可悲的是：「天下莫弗知也，而莫能行也」，致使天下仁義盛行，禮制猖獗，不得安寧。老子之後的孔孟之道又再次主張「克己復禮，天下歸仁」，使中國歷史長期遭受君主專制和強大者居上的荼毒幾千年。現今的中國人實在應該驚醒了，應該「知」而且能「行」「柔弱居下」的倫理原理。「柔弱居下」的倫理原理，必然會導致政治學上的民主法治理論，使中國與世界潮流相匯。

　　5.智慧。

　　智慧是蘇格拉底所定義的一個美德。智慧，是每個人天生所具有的，不是後天學習來的，不是後天通過教育由教師所傳授給予的。人一出生，就具有天生

【222】《仰望老子》第二卷第六十六、八十章。

的生存本能和自我保護的自然智慧。從認識論上來說，人的自然智慧具有感覺智慧和理智智慧。感覺智慧，是低層次的認識智慧，是對有形物（可感物）的認識和由此而產生的情感的認識。感覺智慧的自由運用容易出現差錯，產生錯覺和不穩定的情緒。理智智慧是高層次的認識智慧，是理性思辨智慧，是對無形領域（不可感知領域）的認識，是邏輯推理思維潛能的實現。理智智慧向上，就可以探索形而上的實在；向下，就能把感覺認識成果提升到理性思辨上來。感覺智慧認識所獲得的是經驗知識，理智智慧認識所獲得的是理念知識。經驗知識為理念知識提供基礎，理念知識指導經驗知識。所以，感覺智慧必須受到理智智慧的節制和認可，理智智慧不可被感覺智慧所蒙蔽和節制。人們所獲得的許多不正確的理論知識——偽智慧，是在感覺智慧的認識活動中產生的。偽智慧，所表現出來是「聰明伶俐」、智巧陰謀，稱不上智慧。

個人的智慧表現，就是保持天生的自然智慧，偵察偽智慧，辨別正義與非正義，在心態上沉靜穩重，在行為上機智靈活。國家的智慧表現，就是要堅持正義，堅持「三權分立」的民主法治的普世價值，揭露和批判偽智慧。

➡ 第六節　修身之二：要修出「善行無轍跡」的自然境界

「善行無轍跡」論：善行是善心之用的自然行為，沒有人為刻劃的圖名聲和回報的痕跡。

一看到這個題目，很明顯與儒家的機智忍耐的中庸之道、追求功名利祿、報恩復仇觀點相反，與俠義行為相反，與現今流行的義務行為、功利行為劃清了界限。又是一個一反傳統道德倫理而令人不愉快、不習慣的理論：認為「善行無轍跡」者愚蠢，不知道權變機智。

> 老子云：「善行無轍跡，善言者無瑕謫，善數者不用籌策，善閉者無關鑰而不可啟也，善結者無繩約而不可解也。是以，聖人恒善救人，而無棄人，物無棄財，是胃襲明。故善人，善人之師；不善人，善人之資也。不貴其師，不愛其資，唯知乎大迷，是胃眇要。」（第二十七章）【223】
>
> 「善者善之，不善者亦善之，德善也。信者信之，不信者亦信之，德信

【223】《仰望老子》第一卷第二十七章。

也。」（四十九章）【224】

「不可得而親，亦不可得而疏；不可得而利，亦不可得而害；不可得而貴，亦不可得而賤，故為天下貴。」（五十六章）【225】

「道者，萬物之注也。善人之葆也，不善人之所葆也。美言可以市，尊行可以賀人。人之不善，何棄之有？」（六十二章）【226】

老子的觀點是：善道把善「注」給了人，是「善人之葆」，也是「不善人之所葆」，人人皆具善心和自然智慧。人的善行，是人的善心發出的自然行為。行善，並不講什麼親疏、貴賤、善惡、恩怨，也不知道什麼個人的功名、義務、功利、利害，更不知道什麼「大謀」、「忍術」、機智、權變，只是憑善心做去，不在乎留沒留下名節和人們的評價。總之，不是圖什麼個人利益而勉強去做給人看的，是純自然的行為，沒有絲毫的人的刻意行為。這就是老子的「善行無轍跡」論。老子的「善行無轍跡」論流傳下來了。現在人們常說：「做人要有良心」。「我只憑良心做事，不需要什麼表彰和回報。」「這個人良心未泯滅。」「這個人是大善人，可信。」「天下好人多。」「好人一生平安」。「這人是個善人，做好事，不能害他。」

老子用簡潔語言概括了個人的五種典型善良行為，告訴人們什麼樣的行為是善行，鼓勵人們行善。這五種善良行為是：善良人的行為沒有像刀子在器物上刻劃下的跡象（無意為善而為善，不按預先的目的和計畫去行善，不留下跡象），善良人的話語沒有謊言惡言（無意勸善而勸善，話語從良心發出，不騙人，不傷害人），善良人的經濟收入支出不使用計算工具去精心計較得失（不在乎個人財富多與少，也不計算他人，心中自然有數），善良人的安全防守不用人造門鎖，心中自有天鎖而牢不可破（憑善心待人，心中無愧，不怕半夜鬼敲門，一生平安），善良人與人的結交方式，不需要強制約束而友情不消散（以善心結緣，友誼長久）。

老子所說的這五種善行，是從天道、人性的高度上提出的，要人憑善心和善行來造就一個善良正義的人性的「太上」社會。這五種善行，對於儒生和生活

【224】《仰望老子》第二卷第四十九章。

【225】《仰望老子》第二卷第五十六章。

【226】《仰望老子》第二卷第六十二章。

在禮制下的人來說，是不可理解和接受的，他們會把這五種善行譏笑為愚蠢的行為。但是，世上卻有許多人不理會被人譏笑為傻子、書呆子，一生堅持這五種善行。這五種善行之間具有密不可分的關係，本是一種善行，能做到一種，其餘四種都能做到，所以是容易做到的。例如，有的發明家和商人，遵循自由貿易原理賺到了許多錢，但他並不認為這大筆財富應歸個人和家人獨自享受花光或陪葬入墓，而是把財富分發給對人類有貢獻的人和捐獻給慈善機構去救助生活困難的人。如諾貝爾、比爾蓋茨等。有的善良人雖然貧困，但保持了善心一生不做虧心事，專做善事。

由以上論述，我們就能用老子的「善行無轍跡」論來批判儒家傳統的仁義偽善行為和行俠仗義行為，來辨析權利和義務責任行為。

（一）「善行無轍跡」論劃清了與「中庸之道」的界限

關於儒家「中庸之道」在第二卷有論述。

（二）「善行無轍跡」論劃清了與「忠恕」之道的「以直報怨」的界限

曾子曰：「夫子之道，忠恕而已矣（《論語》・里仁）。」「或曰：『以德報怨何如？』子曰：『何以報德？以直報怨，以德報德（《論語・憲向》）』。」「子曰：『君子而不仁者有之，未有小人而仁者也（《論語・憲向》）』」。【227】

何謂「忠恕」？朱熹云：「盡己之謂忠，推己及人之謂恕。」【228】《正義》云：「己立己達，忠也；立人達人，恕也。二者相同，無偏用之勢也。」【229】《大學》曰：「挈矩之道」。《孟子》曰：「老吾老以及人之老，幼吾幼以及人之幼」。【230】《中庸》曰：「忠恕違道不遠，施諸己而不願，亦勿施於人。」【231】《論語》：「己所不欲，勿施於人」。「我不欲人之加諸我也，我亦欲無加諸人」【232】。等

【227】《四書讀本・〈論語〉新解》頁38。

【228】《四書讀本・〈論語〉新解》頁38。

【229】《四書讀本・〈大學〉新解》頁15。

【230】《四書讀本・〈中庸〉新解》頁10。

【231】《四書讀本・〈論語〉新解》頁38。

【232】《四書讀本・〈論語〉新解》頁38。

等，都是忠恕之道。《蔣伯潛注》；「並謂『君之道』。當以所求乎子者，事父；所求乎臣者，事君；所求乎弟者，事兄；所求乎朋友，先施之。……孔子之道，雖千端萬緒，其實都是一貫的，不過『忠恕』字而已」。【233】

說孔子之道「一以貫之」是「忠恕」二字而已。那麼「仁義」何在？說「一以貫之」是「仁義」，那「仁義」所本的「隱惻之心」何在？「惻隱之心」又本於何處？《四書五經》都回答不了這些問題。《四書五經》對形而上學一竅不通，沒有本體論、大道論（宇宙論），只根據「忠君、孝父、從夫」的「三綱」來就事論事，就人論人。說「這理」，「這理」就是本，就是「重」；又說「那理」，「那理」又是本，又是「重中之重」。理理是「本」，事事是「本」，其實無「本」。所以可以結論：《四書五經》是一大堆雜亂無章的「三綱」做人的經驗知識，只有《孟子》稍有邏輯性。

「忠恕」大概說的是「仁義」之行之用，並且是說在待人處事的所想、所言、所行。其一，「忠恕」是「君子之道」，是君子與君子之間的言行互待，並不包括「小人」，因為「未有小人而仁者也。」「唯仁人，能為愛人，能惡人」，所愛的是君子，所惡的是小人。這樣，《大學》中的「挈矩之道」就不是宋儒張載所說的「以眾人望人則易從」和今儒蔣伯潛所說的「無論對於上下左右前後的人，都應當於此。」的「一般人」的「忠恕」。其二，「忠恕」之道是「君子以人治人」之道。1.君子互愛（「仁者，愛人」），對君主則盡忠，對父親盡孝，對兄長盡悌，對朋友盡義（「先施」）。只有君子之間才有共同的所愛所惡。所惡的「己所不欲」，則不可「施於人（君子）。」2.君子厭惡小人（「能惡人」）。對「小人」，君子要共同去治（「勞心者治人」），強迫「小人」為君子服勞役（「民可使由之」），不能讓「小人」懂得「君子之道」、（「不可使知之」）。「小人」要越禮犯上，則以刑之。「小人」只能「忠」於「君子」，「恕」於「君子」；而「君子」不可忠於「小人」，「恕」於「小人」。

從以上所述的兩層意義來說，「忠恕」是君子之行的「一以貫之」的行為。但這種「忠恕」的行為，在老子那裡，不是平等待人的善行，更不是從天性

【233】《四書讀本·〈論語〉新解》頁38。

善心中自然發出的「無跡」善行，而是講親疏尊卑的有跡惡行，追逐功名利祿的有跡惡行。

何謂「直」？蔣伯潛說：「所謂直道者，《朱注》所謂『愛憎取捨』，一以之公無私是也」。蔣伯潛繼續解說：「意思是：人家有怨於我，我以直道報他；人家有恩德於我，我也以恩德報他。」【234】蔣氏解說正確。孔子「愛恨分明」，直道就是有怨報怨，有仇報仇，有恩報恩，有愛報愛，可謂「大公無私」了，「公道」了。「中庸」、「忠恕」不適用於與我結怨仇的「小人」。孔子的「以直報怨」反駁了老子的「以德報怨」。在此處，孔子不敢直接點老子的名，而用「或」這個代詞，可謂是「畏大人言」的機智反應。可見，後來中國人流傳的「怨仇宜解不宜結」不是孔子觀點，而是老子觀點；而「有仇報仇，有恩報恩」不是老子觀點，而是孔子觀點；「士可殺不可辱」也是孔子觀點，而不是老子觀點。可見，儒生們不會理解和接受、甚至會譏笑老子的觀點：不分是非，不懂恩怨，不辨善惡，無公無私，不忠不孝，無尊無卑，無親無疏，禽獸也。

（三）「善行無轍跡」論劃清了與功名利祿觀點和功利主義的界限

追求功名利祿是儒家倫理學的主要內容，是儒生君子們的人生目標。《論語》云：「君子疾沒世而名不稱焉，吾何以自見於後世哉！」「不仕無義。長幼之節不可廢也，君臣之義如之何廢之？欲潔其身而亂大倫。」「事君，敬其事而後其食」。「君子謀道不謀食。耕也，餒在其中矣！學也，祿在其中矣！君子憂道不憂貧。」「志士仁人，無求生以害仁，有殺身以成仁。」【235】

孔子說話，語無倫次，表達含糊不明，我們只能從其隱晦含義中來猜測他的意思。上面幾段話是談君子學道和行道的目的和行為，可以歸納為這樣幾點：1.「君子謀道不謀食」，不是說君子只求道，不求食物豐富和財富佔有，而是說不要像小人懷惠懷利那樣去直接從農從商獲得財富，而是拐過彎去做官來獲君祿不勞而獲的大財富。直接去謀食，就「餒在其中矣」；間接去謀食，就「祿在其中矣」。學道就是學謀食，食在道中，道即是食：「書中自有黃金屋，書中自有顏如玉。」此「食（財富）是利祿，是君賜，是「取之有道」，餘皆取之無道。

【234】《四書讀本‧〈論語〉新解》頁38。

【235】《四書讀本‧〈論語〉新解》頁38。

孔子還說，在有道天下中，君子貧窮就是恥辱，君子富貴就是光榮；為了富貴，「吾為執鞭者也，禦也。」這就是君子求富貴之道。用現在人的話來說，是一種寄生蟲之道。2.學好了君子謀食之道（寄生蟲之道），就要去入仕做官（附著在帝王禮制機體上），如果「欲潔其身（獨善其身）」，就是「亂大倫」，不是君子的寄生蟲之道。孔子詛咒不去為帝王禮制做幫兇的善良文人是「亂大倫」的人，孟子詛咒墨子是不忠不孝的禽獸：「不仁無義。」3.君子最大的人生目標是忠君獲祿和獲流芳百世的英名，君子最大的失敗或遺憾是沒有入仕做官流名於後世：「君子疾沒世而名不稱焉，吾何以自見於後世哉！」4.忠君英名重於生命，不能為了保命而損害「仁義」──忠君英名，為了忠君英名（「仁義」）可以「殺身」：「無求生而害仁，有殺身而成仁。」

　　以上四點就是孔子等儒生君子們追逐的學道行道的道德準則：謀食謀祿和謀忠君英名，既能自己富貴，封妻蔭子，光宗耀祖，又能隨著君主之偉業流芳百世。這種君子之行，是寄生蟲之行，顯然與老子的「善行無轍跡」論相反。

　　西方也有一種功利主義，不管動機和目的，只承認一切行為的功利效果，顯然與「善行無轍跡」論相反。

　　（四）「善行無轍跡」論劃清了與行俠仗義的界限

　　古文俠，同夾。《六書正偽》：「從二人，大夾，言挾，以權力使輔人也。」意思是：俠，三人同是非，以力相助。同是非，是好惡相同，用體力行暴相助。又可解為：俠，殺也，為朋友殺非朋友。俠，樂殺人也。仗義，重感情，首先重親情，推及重朋友情。義，可以出售，用錢買俠。俠客，殺手也。行俠仗義，表面上看是單個人獨來獨往行為，其實是一種團夥意志表現出的團夥行為。中國最著名的俠客有荊軻，行俠仗義的典型事件是荊軻刺秦王。荊軻刺秦王的動機和目的是報知遇之恩，獲「捨生取義」的美名。荊軻是衛國人，衛國不用他。他遊俠到許多地方，都被驅趕。到了燕國遇太子丹，太子丹重用他。太子丹令他去行刺秦王，荊軻為報知遇之恩，就去「捨生取義」。秦王本與荊軻沒有個人恩怨關係，荊軻是「士為知己死」去殺朋友的敵人。這是「義」，是講「義氣」。很顯然，荊軻的行為不是發自自然善心的善行，不是不求功名的「善行無跡」行為。中國最著名的結義事件是劉、關、張「桃園三結義」。劉、關、張是為一個政治目的：保劉氏天下而結義的。關羽死了，劉備為講「義氣」，為關羽報仇，不惜發百萬人大戰，死了幾十萬人。還有李逵，為了劫法場救宋江一人的性命，操起板斧，排頭砍去，殺死許多無辜的看客。諸葛亮也是個大俠客，忠於劉備和

劉禪，六出祁山，完全出於報「三顧茅廬」的「知遇之恩」。

　　中國的古典小說戲劇多數寫的是行俠仗義的人物和事件，《三國演義》、《水滸傳》、《隋唐英雄傳》、《三俠五義》、《七俠五義》、《射雕英雄傳》等等，行俠仗義，可以概括這樣幾種類型：1.以血緣為關係的親情型，為親人報仇，為族人報仇，為宗族械鬥。2.以君臣、主僕為關係的忠義型。為亡國君主復仇，為死去的主人復仇，為保護君主、主人的血脈而犧牲自己和兒女的生命，如《趙氏孤兒》。3.以知己、朋友為關係的情義型。為知己而死，為朋友去殺朋友的仇人。4.以結黨營私的關係的黨團組織型。結黨營私，爭權力地位乃至爭奪天下，去殺異黨異派的人。5.以學術同道為關係的門派型。多發生在武林界，也發生在學術界。為獨尊一門而殺異派別門，報師仇，報同門人仇，如孔子殺少正卯。6.以營利為目的關係的幫派型。大多是下層黑社會組織。7.出於愛恨分明的路見不平、拔刀相助的單個人行為，憑自己個人的善惡、好惡的情緒來判斷是非強弱，對憎惡的一方施行暴力殺戮行為，美名曰：「除惡揚善，扶弱抑強。」

　　凡行俠仗義者都喜歡說自己是「替天行道」，後人頌揚行俠仗義的都說「俠客是義士」，是「除惡揚善」、「愛恨分明」。那麼，那是行的什麼道呢？是怎樣善惡觀點呢？答曰：那是儒家的「仁義」之道，「忠恕」之道、功名英雄之道，親疏尊卑之道，君子不耕不織的謀食之道。那善惡觀點是以「仁義」為標準的觀點，親則善，疏則惡；同道則善，異道則惡；尊則善，卑則惡；知己則善，不知己則惡；有恩則善，有怨則惡；忠則善，奸則惡；順從則善，叛逆則惡；……一句話，全憑個人所受的「仁義」習染而產生的情緒來評判善與惡。原來儒、俠是一家，只有在朝做官和在野為匪之分別。行俠仗義，大多數是在江湖，所以又稱江湖義氣。在野者，當然心存不平，有憤怒，就要去爭權奪利和求功名。無法爭到忠君之利祿和功名，就另行一種方式：行俠仗義，爭得利益和俠客之美名。如能招安，就爭得在朝的忠臣美名了。所以，大多數盜匪團夥和俠客都能被朝廷和官家所用，或與朝廷、地官勾結，欺壓百姓；官匪一家。最著名的有禦貓展招和在野的「白玉堂」等「五鼠」。

　　分析到這裡就可見俠客並非善良之輩，並非悟道之輩。行俠仗義是不合理的專制社會裡出現的一種怪現象，是國民的另一種禍害。韓非把儒、俠列為五蠹之內是有道理的。行俠仗義與老子的「善行無轍跡」毫無共同之處。中國的傳統俠客沒有一個人具有佐羅那樣的信仰、正義和理想。

　　（五）「善行無轍跡」論劃清了與義務責任論的界限

　　義務和權利，是依據善惡論的原理制定出的法律條文，屬於政治學的法學範疇，不屬於倫理學範疇。一個人的義務和權利，在不同的社會制度下有不同的內容，有善有惡。義務和權利是人的有意作為，是在法律的威嚴和世俗輿論的壓力下被迫行使的。例如，扶養和贍養的義務和權利。在中國帝王禮制下，扶養和教育子女的義務和權利是父母的，贍養父母的義務是兒子的，其它人和社會沒有扶養教育兒童和贍養老人的義務。社會就有指責父母不扶養兒女和兒子不孝順父母的輿論。在福利社會，扶養、教育兒童的義務由社會承擔，贍養老人的義務也由社會承擔責任，父母和兒女只有情感關係。老子的「善行無跡」是發自天生善心的自覺行為，屬倫理學道德範疇，不受法律和世俗輿論的約束，是自由的。所以義務和權利與「善行無轍跡」論不是同一個範疇。所謂道德律令是不存在的。

　　現在，舉幾個事實例證來證明「善行無孿跡」論與中庸之道、行俠仗義、功名利祿、義務責任的不同。

　　例證一。有甲、乙、丙三個人去看望一個住院治病的村長。甲說：「在我沒飯吃的時候，你給了我一百元錢，救了我無米之炊。滴水之恩，當湧泉以報。」甲說著，給了病人一千元錢，就走了。乙說：「村長呀，你是有地位有名望的好人，我怎能不來看望你呢？希望你早日康復。」乙說著，把病人暫不能吃的包裝很漂亮的禮品放在病人床頭櫃裡，就走了。丙說：「我聽說你患了痔瘡住院，我來對你說，我有一個學生在一家大醫院外科做醫生，我陪你到醫院去確診一下，再治療。」丙的心裡還有一句話因忌諱而沒有說出口：「你可能患的是直腸癌。人命關天，我能不來嗎？」丙是空著兩手來看病人的。病人的家屬對甲、乙陪笑迎送，感激不盡；而對丙很冷淡，因為丙曾經警告過村長：「當官莫作惡，作惡多端必自斃。」躺在床上的病人，對丙的到來先是吃驚，再是感動：「只有你才關心我的病情，我聽你的。」丙陪著病人到大醫院檢查，病人患的不是痔瘡而是直腸癌。幸好沒擴散，動了手術就好了。從此，康復了的村長再不驕橫了，盡做善事。

　　案例分析。甲的行為，是為了感恩圖報，按情感義氣辦事，同時有還債的義務感。乙的行為是為了功名利祿，看望村長是為了討個好名聲，也為了村長康復後給自己一些利益；如果不看望村長，怕名聲不好，村長康復後不給自己好處。甲、乙的行為都稱不上「善行」，更稱不上「善行無孿跡」。丙原本不喜歡村長，但在人命關天時，身不由己地去關心病人的生命安全，是出自善心，不棄人，是善行，稱得上「善行無孿跡」。

例證二。有一個七十八歲的老婆子病得生活不能自理了。她有兩個兒子和一個弟弟。兩個兒子和兒媳都不給她治病，也不服侍老人。大兒媳說：「我每月按數給了母親糧油，盡孝了。」二兒子把十瓶過了期的氨基酸給母親喝，說：「我買了藥給母親，盡孝了。」弟弟每日從十多里遠的學校來回兩趟料理嫂子，給嫂子治病，餵嫂子吃，抱嫂子拉屎尿。大兒媳說：「老人死了是福，我叔父給我母親治病，是增加母親的痛苦。」二兒子說：「我母親要外人管什麼？叔父是為了自己討名聲，壞了我們做兒女的名聲。」房長聽了大兒媳和二兒子的話，就抱打不平，訓斥他們說：「你們不孝，還冤枉你好心的叔父，真是兩個惡人，畜牲！」房長要整大兒媳和二兒子的家規，罰酒席。族長來了，瞭解了情況，說：「我說句公道話。你們給了糧油和藥，是盡了孝了。沒時間照料老人，你叔父來照料，是件好事，不應該說叔父的不是。你叔父是好心辦件不好的事，要照料老人，應該得到你們同意，不得到你們的同意，就壞了你們的名聲，還鬧得家人不和。」大兒媳、二兒子和房長都覺得族長說話有理。老婆子的弟弟聽了，就沒來照顧嫂子了。可是第三天，他不放心，又去看嫂子。他看到嫂子床上床下都是屎尿，就忍不住淚水直流，又默默地照料起嫂子來。

案例分析。大兒媳和二兒子給糧油給藥，是在盡贍養義務，但義務盡得不夠。兩人都指責叔父，是兩人害怕壞了自己的名聲，其實是在爭功名。房長說直話，是在抱打不平，行俠仗義；同時也是在盡房長管理的義務責任。族長的話是在行中庸之道，是在表現族長的公道和尊嚴，當然也是在盡管理及義務責任。以上四個人的行為，都稱不上善行，更稱不上「善行無轍跡」。弟弟本無贍養嫂子的義務，講叔嫂之情，只看望看望就行了。弟弟卻來照料嫂子，是在行善。只有行善，才不受世俗輿論指責和族長說的中庸之道的束縛。

➡ 第七節　批判幾種「自我」論

關於「我是誰」，前人有許多論述，其中有不少謬論，這裡列舉幾種著名的典型的荒謬觀點。

1.社會關係的我。

1）亞里斯多德與孔子的觀點對比。

持這種觀點的，在西方最早的是亞里斯多德。他有一句被後人經常引用的名言：「從本質上講，人是一種政治社會裡的動物」，「城邦共同體的一分子，

又是理性動物」【236】。在中國，最早的是孔子，他也有幾句被後來儒生經常引用的經典話：「仁者，人也。」「仁者，愛人也。」「己所不欲，勿施於人。」「君子和而不同，小人同而不和。」【237】這兩人共同的觀點是：把人性定位在政治社會裡。所不同的是，亞里斯多德所定位的社會是古希臘雅典城邦民主制，孔子所定位的社會是古中國的君王專制。因此，1.在亞里斯多德那裡，人是公民，是平等參與社會活動的政治動物，而不能像動物那樣受他人「訓練」，每個人仍然保持著自然權利潛能、智慧，具有「自我性」，而個人的自然權利潛能、智慧，即「自我」，只能在平等參與社會活動中才能得以實現。在這種社會情況中，人又是理性動物，是有靈魂的。這就是「人是政治社會動物」的本義。至於亞里斯多德歧視奴隸和女人，那又是一說，此處不議。2.在孔子那裡。人是「仁」，「仁」是「愛人」，人分為君子和小人，「愛人」是愛君子，忠君主。人生不能平等參與政治社會活動，「有君子治小人，無有小人治人」，「勞心者治人，勞力者治於人。」人都被定格在不同等級「三綱五常」裡，各人都要安分守己地在自己的等級地位上，不得「僭越」等級。君主、君子都以「己欲」為尺度來衡量他人的所需所施。在這種狀態中，權利、潛能、智慧的實現，個性、自由、平等、民主被「三綱五常」這塊又大又厚的人為的理性堅冰封凍住，每個人都失去了「自我」以及天賦的自然權利。

　　2）德國思想家歪曲亞里斯多德的觀點的人性論

　　　　黑格爾說：「我們在精神中找到了我們真正的身份。」「當精神生活被如此強調和加強時，個體就相應地變成無關緊要的東西……個體必須忘掉他自己。」【238】這裡的「精神」是黑格爾發明的產生宇宙的「對立統一」的「絕對精神」，落實到政治社裡來，是君主的絕對意志。

　　　　馬克思對這種「精神」解釋說：「從本質上講，我們都是社會性的存在，我們只能在一個特定類型的社會中，才能獲得自己的身份。」【239】

　　　　馬丁・海德格爾繼續解釋說：「從本質上講，我們都是共同體特別是無此

【236】《大問題・第六章自我・自我作為一個問題》。

【237】《大問題・第六章自我・自我作為一個問題》。

【238】《大問題・第六章自我・自我作為一個問題》。

【239】《大問題・第六章自我・自我作為一個問題》。

人的一分子，正是在這個共同體中，我們學會了怎樣成為一個個體，怎樣成為一『本真』的。」【240】

他們都學著亞里斯多德的口令「從本質上講」，但是他們所講的都不是亞里斯多德那個「社會關係的我」，而是另一種「社會關係的我。」黑格爾講是君主絕對意志「社會關係的我」，馬克思講的是階級鬥爭和無產階級專政「社會關係的我」，海德格爾講的是回到農村家長制的「社會關係的我」，那些「社會關係的我」是「無此人」的，沒有「自我」。他們所講的那種「社會關係的我」，實際上與孔子所講的帝王專制「社會關係的我」是同一商品，是君臣關係的我，是官民關係的我，是階級關係的我，是專政政黨與黨員關係的我，我隨時要為忠君去死，要為政黨的革命事業去犧牲生命，要為實現元首、領袖的意志去喪身，……一句話，我是專制政權那個龐大機器身上的一顆螺絲釘，馴服工具。我沒有個人生命權，沒有個人靈魂，我「無此人」，爹娘真是白生白養了我，「天大地大沒有黨的恩情大，爹親娘親沒有毛主席親」，這歌聲不僅是中國儒生，也是德國思想家的心聲，他們都不是爹娘生養的自然人，沒有任何自然權利。

2.「感覺論的自我」。

休謨說：「沒有什麼自我。任何時候，我總不能抓住一個沒有知覺的自我，而且除知覺外，我也不能觀察到任何事物。」【241】休謨所批判的是笛卡兒的「思想的自我」和洛克的「意識的自我」。

德國人黑塞的結論更驚人：「自我，不是每一個人都有一個自我，而每個人都有眾多的自我。在不同的情況下，我們可能有不同的自我。」「人是一個蔥頭，存在是一層一層的皮，當剝到最後一層時那就一無所有了，沒有核，沒有心，沒有靈魂，所謂的自我根本不存在。」【242】

這種論調，只承認肉體能感覺到的自我，不承認有靈魂的自我。這種論調，淺膚到不堪一擊。就說那能感覺的肉體的自我，是實實在在地能感覺到的。「這個自我」，雖然在成長中發生變化，但與「那個自我」是有終生不變的不同特徵的。億萬個個人就有億萬個不同的自我，連孿生兄弟也有終生不變的不同地

【240】《大問題・第六章自我・自我作為一個問題》。

【241】《大問題・第六章自我・自我作為一個問題》。

【242】《大問題・第六章自我・自我作為一個問題》。

方。蔥頭之喻是比附荒唐。至於那「思想的自我」、「意識的自我」、「靈魂的自我」，不是休謨、黑塞之輩所能理解和思議的。其實，休謨、黑塞的「感覺的自我」是德國人的「社會關係的自我」的孿生兄弟。

3.「唯我論的自我」。即極端的個人中心論，又稱自我中心主義，它是德國思想家的又一個病態發明。

　　尼采說：「看別人受苦使人快樂，給別人製造痛苦，使人更加快樂——這是一句嚴酷的話，但也是一個古老的、強有力的、人性的、而又太人性的主題……沒有殘酷應沒有慶賀——人類最古老、最悠久的歷史如此教誨我們——而且就連懲罰中也帶著那麼多的喜慶！」【243】

　　薩特說：「一個人的獲得導致另一個的損失，一個人的自我認同是獨於或相反於另一個人得而到規定的。」「他人，就外在於這種對自我的創造，或者創造自我的工具或尚得加工的材料，或者是創造自我的障礙。」「在男女關係中，這種相互干涉和對抗達到了頂峰，性乃至愛都只不過是男女雙方為實現各自的自我而進行競爭的武器。」【244】

這是多嚇人的「自我」啊！令所有弱者心驚肉跳，讓所有善良人義憤填膺。這使人想起墨索里尼和希特勒的「用他們的鮮血來思考」。在我們的面前展現出這樣的一些畫面：一群地痞流氓揮刀在亂砍一個文弱書生，一個丈夫在大笑著、用煙頭去燙妻子的乳頭，一個酷吏在飲酒、欣賞著被用刑的人扭曲的面孔和痛苦呻吟聲……這種「唯我論」，實踐起來，必然會出現尼采式的超人權力社會。這種「唯我論」正如薩特自己所說，是馬克思主義的一種，所以，這種「唯我論」的「自我」是黑格爾、馬克思、海德格爾的「社會關係的我」的另一種極端表述，沒有什麼新意。

4.科學主義的自我。這種主義，用神經學認知科學和電腦科學來爭論「我是誰」——心身問題。出現了行為主義，同一性理論，功能主義。行為主義，否認靈魂的存在，從人的身體行為去研究人的神經活動，如佛洛德的「精神分析學」。同一性理論，也是一種神經學，認為精神事件（如疼痛）和大腦過程是同一種東西。功能主義，認為大腦之所以特殊，是因為它是如此奇妙的一台機器或

【243】《大問題‧第六章自我‧自我作為一個問題》。

【244】《大問題‧第六章自我‧自我作為一個問題》。

硬體。這些主義採用自然科學理論來分析「我」的心與身，是二分法，是解剖法，割裂心與身，只停留在感覺經驗認識的層面上，沒有上升到理性認識的層面上，是找不到「真我」、「本我」的，「科學並不萬能。」

還有許多回答「我是誰」的理論。「自我」，本來是一個十分明確的道理：就肉體而言，手拍胸脯，拍到的那個肉體就是「自我」；就精神而言，「我思故我在」，在思考的那個人就是「自我」。一個如此簡單明瞭的道理，被學識淵博的大師們睜著眼睛說瞎話，弄得繁紛繚亂、神秘兮兮、令人暈頭轉向的問題了。為什麼把「我是誰」的問題弄得如此錯綜複雜而模糊不清呢？這大概有兩個原因：一是現代科學發展物欲橫流，社會關係複雜化，政制多元化，人們生活節奏快速化，使人們急功近利，遠離道性（佛性，至善理念），見事說事，就事論事，全不顧那個產生宇宙萬物的本體。二是理論家本人利慾薰心，智商低下，急於去求那個利、那個名，並不深究，想到一點，就去投合現政權的所需和一群人的心欲心態，寫出論文來，引起一時的轟動效應，讓自己的書暢銷營利，讓自己成名。這正如給某人畫人頭像，藝術高的畫家則幾筆勾勒出來，線條清晰簡明，頭像逼真維妙；而蹩腳的畫家則畫得不像，就別出心裁，亂寫亂抹，寫上某人的名字，不給他本人看，而給好奇心強、涉事不深的青年學生看，使之產生神秘莫測的感覺，引起轟動效應。

對於那些蹩腳的哲學家關於「自我」的胡說八道，美國哲學家羅伯特·所羅門用一小段入木三分的話予以揭露：「無論從前面的何種意義上來說，對自我之拒斥，都不僅僅是個哲學花招，它很快就成了一種生活方式。這些哲學花招，不僅在為害哲學，而且在為害人類文明生活。」【245】

第二十一章小結：如果一個人能夠如此正確地認識「自我」，也就會正確地安排自己的一生生活，正確地對待別人和社會。他無論在思想上還是言行上，都不會超越或缺失天生的善心和自然智慧。他將是一個壓不倒、誘不了、喜不壞、悲不哀的人。他將是一個沒有煩惱的快樂的最幸福的人。

【245】《大問題·第六章自我·自我作為一個問題》。

第二十二章　自然性的性愛與社會性的婚姻是一種協和體

➡ 第一節　人的自然性和社會性是母與子的「道法自然」的協和體

從「天道與人道是母與子的『道法自然』的協和體」，能夠演繹出來的人性就具有雙重性：自然人的自然性與社會人的社會性，演繹出來的人性論最基本的原理是：人的自然性和社會性是母與子的「道法自然」的協和體。

一、自然人的自然性

天地創造了萬物和人，人就與萬物一樣都是自然物，即人首先是自然人。天道具有五個自然性質，自然人不具有天道的長久性、不自生性，卻具有天道的善性、自由平等性、節制性（均衡性）等自然性。由於人是自生自滅的具有高級智慧的生命體，天道也就賦予人兩個特許的自然性：保命和延續生命的本能性，理智的喜愛群居性。「保命和延續生命」這個自然性是人與其它生命體所同樣具有的最基本的生存本能性，理智的喜愛群居性是人比其它動物高級的生存本能性。老子把「保命和延續生命的本能性」稱為「有欲」，蘇格拉底稱為「必要欲望」。人的自然性，是屬於天道的，是不能人為的，是跨越時間和空間的；只要是活人，不分性別和人種，都具有人的自然性；只要人類社會存在，人的自然性就存在。

定義人的自然性：人的自然性，是天道賦予人的生存本能和本領，是人性中的第一性，其中最基本的性質是「保命和延續生命」的本能性。

二、社會人的社會性

在人的自然性裡含有群居性，因為群居能夠更好地合理地實現「有欲」。這種群居性就使人去結合為群體，每個人成了群體中的一員，群體就是社會，每個人就具有了「社會性」。這種「社會性」是為了更好地維護人的生命生存和延續生命，保障每個人的「有欲」不受到侵犯，也防止每個人去擴張「有欲」為「可欲」，制止強人去侵犯別人的「有欲」。這種從人的「自然性」產生的「社會性」，就符合人的本性。所以人的自然性與人的社會性是一個協和體。從這個

協和體裡產生的道德，就是善道德。

定義人的社會性。

表述一：人的社會性，是天道賦予人的善心和自然智慧裡的群居性，目的在於保障個體生命更好地自然生存和延續生命（繁殖生命）。

表述二：人的社會性是人的自然性裡比萬物高級的一種特許智慧所表現出來的群居性。這種群居性更有利於每個人自然地生存和延續生命。

小結：人性有兩個層次——自然性和社會性，自然性是最基本的，是第一性；社會性是從自然性派生出來的第二性。

本節結論：人的自然性只有一種，就是人天生的保命和延續生命的「必要欲望」（「有欲」）。人的社會性有兩種，第一種是與每個人的自然性結合為協和體的社會性，即符合天道的人道；第二種是允許一個人或極少數人去剝奪絕大多數人的自然性的社會性，即違反天道的人道。正確的是：第一種社會性與自然性的相互融會貫通，即：人的自然性和社會性是母與子的「道法自然」的協和體。

➡ 第二節　自然性的性愛與社會性的婚姻是一種協和體

協和，表示自然性的性愛與社會性的婚姻是相互協調的；協和論，是論述性愛與婚姻是一種協和體的人性論理論。

上文的論述中有一條原理：人生第一是安身立命，即保命和延續生命。保命，說的是自身；延續生命，說的是繁殖後代。本節論述「延續生命」。

「延續生命（繁殖後代）」包含兩個基本內容：男女的自然性性愛和社會性婚姻。男女的自然性之性愛是社會性婚姻的原因，一切婚姻形式都是男女的自然性之性愛的社會表象。

人天生有兩大欲望：食欲，性欲。食欲是自身保命的欲望，容易滿足，追求有限。性欲不僅是延續生命的欲望，而且是滿足肉體需求快樂和性佔有虛榮的欲望，難以滿足，追求無限。

為了滿足肉體需求快樂和性佔有的虛榮的欲望，男人就要向女人展示力量和智謀，女人就要向男人表現性感和漂亮。人的一切追求和言行就以滿足這種欲望為目的開始了，人類文明社會的發展運動就從滿足這種欲望為起點開始了，人類文明的一切倫理道德也就從以滿足這種欲望為基本原理開始建造起來了，人類

社會的一切契約和規章制度也就以滿足這種欲望為基礎開始建立起來了。可以說，人類文明社會發展史就是一部愛情追求和婚姻制度變化的發展史。愛情追求和婚姻制度變化，才是人類文明社會運動發展的真正推動力或根本原因。

有幾句俗語作出了高度概括：「不愛江山愛美人」、「色膽包天」、「愛情的力量是無限的」、「書中自有顏如玉」、「女為悅己容」、「淫為萬惡之首」、「十場人命九場奸」，等等。佛洛德的「精神分析」就是以性愛為根本的，既是科學論證，又符合倫理學前提原理。

我的這一段文字，一反所有關於人類文明社會起源和發展的傳統基本理論：經濟決定論、競爭論、鬥爭論、戰爭論、契約論，等等。這些「論」，都是在同一層面上的因果關係裡，因果顛倒，顛倒了本質和現象，顛倒了目的和行為，顛倒了動機和效果。因此，這一段文字當然會遭到傳統的譏笑和否定。

那麼請問：一個人除了能滿足自己和家人的保命的生活必需品以外，為什麼還不滿足而要去競爭積累無限的權力財富？男人為什麼有了愛人還要去嫖娼或包二奶、甚至「三房四妾」或「三宮六院」？為什麼去「入仕獲祿」、去「做人上人」？女人為什麼要無止境地去打扮自己和不停地追求時髦漂亮、甚至不惜減少陽壽而去減肥美容？為什麼要把房子裝飾豪華和建造金碧輝煌的宮殿？為什麼要去發動侵略戰爭？為什麼要無止境地去追求奢侈品？為什麼在滿足了人類生存的必需品後還要無休止地破壞自然環境去發展經濟？為什麼要說「性本善」或「性本惡」從而去建造道德倫理？為什麼要製造壓迫女人的道德倫理？為什麼去建造君主制度或民主制度？什麼才是人類文明社會運動發展的真正推動力？等等一系列問題，都要從最根本的原因去尋找答案，不能把社會現象和人的行為當著原因。

一、界定性愛

人是自生自滅的動物，自生，是說人有繁殖後代的能力；自滅，是說老人要死亡，讓新生命出現。於是人類就生生息息，新陳代謝，有古有今。

天地造人，就造出性別不同的兩種人：男人與女人，並且賦予男人和女人以性欲和性功能。性欲，就是男人和女人都具有渴望與異性交配的欲望，取得性交快樂。在性欲裡，性交快樂是必需的和強烈的，是肉體的需求和享受，是性交的原因。如果性交是痛苦的，那就沒有性交的欲望了，也就喪失了繁殖後代的能力，人類就絕種了。性功能，是天地給男人和女人造成的不同生殖器的性交

能力，生殖器對異性具有巨大的吸引力，是性欲的發洩器官。在人的生存本能（「有欲」或「必要欲望」）中，性欲是僅僅次於食欲的第二大欲望：食欲是保命，性欲是延續生命。在原始自然人那裡，性交是自然的、自由的、男女平等的，不會出現單身漢和寡婦，也不會成為你死我活的鬥爭。

這樣，性愛的基本內容就有：性欲，性交快樂，性功能，自由性交。

定義性愛：性愛是天地所創造的不同性別的男人和女人，為繁殖後代和滿足肉體的性交快樂而產生的一種異性自然相愛的欲望。性愛是自然的、自由的、男女平等的，不是人為製造的。

二、婚姻

到了論述婚姻，問題就由簡單進入複雜了，複雜在婚姻的不斷變化上。

性欲是婚姻的自然原因，而婚姻的出現伴隨著一系列社會現象的出現，婚姻是一種複雜的社會現象。人的社會性有兩種，婚姻的社會性也就有兩種：第一種是以男女自由相愛為目的社會性婚姻，第二種是男女不能自由相愛的社會性婚姻。兩種社會性婚姻，都有人為成分，都使性功能的使用受到社會性的制約，性愛自由受到限制。這樣，婚姻問題就很複雜了，既呈現出一個縱向發展的過程，又呈現出橫向許多婚姻現象的交織狀態。婚姻問題是很難論述清楚的，也無法定義，本節只就婚姻的縱向發展過程來論述。

即使只論述婚姻的縱向發展過程，也有一個難處：缺少遠古婚姻──婚姻起源的事實資料。在這方面，中國古今文人除了有些神話描述和民間口頭傳說外，沒有任何貢獻，古今文獻幾乎沒有任何事實記載。本人只好自己去考察，只好引用西方人考察的還停留在遠古狀態的少數民族的資料。而西方人的考察資料，由於各人考察的角度和觀點不同，獲得的事實也有差別，多種多樣。

如果求同存異，婚姻的縱向發展過程可以概括為 如下圖表：

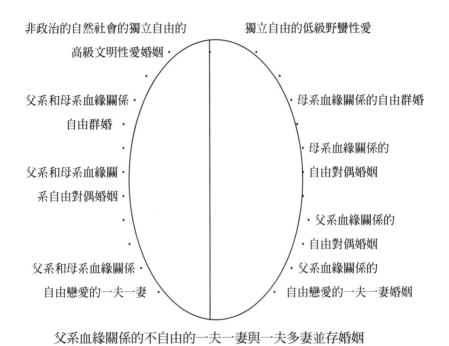

人類在最初時，人是食草動物。原始自然人生活在森林裡，由於果實豐

從上圖可見，人類婚姻的起源和發展過程與人類社會發展運動過程一樣，也是一個圓周循環運動過程，始點與終點重合起來，始點是低級野蠻的，終點是高級文明的。

（一）獨立自由的低級野蠻性愛

人類在最初時，人是食草動物。原始自然人生活在森林裡，由於果實豐富，只需要製造簡單的工具，就能滿足食物的需求，人就各自獨立自由地覓食、休息、性交。男人遇到女人，只要雙方都有性欲需求，就交配。交配完了，就分開。女人懷孕後，不需要男人了，就憑著天性和習慣生兒育女。兒女成人後，就離開母親。這時的自然人之間的接觸純粹是偶然的，父親與女兒、母親與兒子都互不相認，也發生兩性關係。他們（她們）沒有美醜觀念，只有肉體需求。他們（她們）也沒有性嫉妒觀念，只有性滿足。她們（他們）不會為了性交而相互爭鬥，因為女人隨時都能滿足男人的性需求，不像其它動物的雌性那樣只有發情期

才需要雄性；還因為人天生具有善心和自然智慧，人與人（同類）之間具有同情心和忍讓精神，互不侵犯，其它動物不具有這兩種性質。這個時期的性愛是稱不上婚姻的。

可見，天地在造物中，創造了與萬物所不同的人這種高級動物。在生理結構上，人天生直立行走，沒有尾巴，女人沒有發情期，只有月經期；在天性上，具有善心和自然智慧，從而具有自由、平等、相互友愛的品質，懂得同類不相互侵犯，懂得運用自然智慧去學習、去創造。人所具有的這些特徵，自古至今沒有大的變化。在原始自然人那裡，人與人沒有多大區別，是平等的；只是後來在社會人那裡才表現出體力和智力的不平等，這是社會現象，不是天生的。所以，我們在談論遠古人時，不能用現代人的品質去套用，也不能用動物世界的現象去模擬。

我的這種論述，是沒有多少人贊同的，因為中國人談論人的性愛，都沒有超越社會人的婚姻，產生了古老的根深蒂固的偏見，接受了「社會進化論」。比如：「天上一顆星，地下一個人」，皇帝大臣是星宿下凡；人是從猿猴進化來的；人的天性就是惡，是爭鬥，是雄性的嫉妒；等等比附荒唐的奇談怪論。

（二）母系血緣關係的自由群婚

不知過了多少萬年，獨立自由生活的個體人，發現了火的作用，或者發明了「鑽木取火」；同時，憑著天生的善心和自然智慧，發現了個體的自保和生存的能力比不上群體的力量。於是，子女就開始集合在母親身邊，圍在火塘邊，形成了一個母系血緣關係的群體。人不僅食草，還食肉了。在這個群體裡，人們開始在母親的安排下有組織地集體勞動，勞動的內容主要是採摘能吃的植物和狩獵。勞動成果是共有財產，合理分配。在這個群體內部，性愛仍然是自由的，不認識父親，只要男人和女人有肉體的性欲需求，都可以性交。我把這種群居稱之為「母系血緣關係的自由群婚」。

群居（群婚），表明人類進入了最初的自然社會狀態，具有重大的社會起源意義：標誌著人與人的集體生活具有自願性、協作性，標誌著社會勞動和社會公正起源了，還標誌著語言的產生，這些都標誌著人開始懂得約定俗成，有了朦朧的契約觀念。

其一，人與人的集體生活具有自願性、協作性。首先發生在母親與兒女的關係上。原來是兒女長大後，就離開母親去獨立生活；現在是兒女長大後，仍然留在母親身邊一起生活。母親與兒女雙方自願才能形成的，如果有一方不自願，

就不可能形成群居。群居一形成，人與人就產生了相互協作精神。兒女得到母親的保護時間越長，成熟期也就延長，生命期也就延長。母親老了，又會得到兒女的贍養和關照。這時的保護和關照，純粹是自然性的表現，還不是社會義務，卻是社會義務產生的根源。

其二，人類勞動和公正的起源。從個體獨立、自由的生活，進入到母系血緣關係的自然社會裡生活，使人們在一起討論問題，商量做事情，智力得到開發，生活用具和生產工具得到發明，勞動內容和生存方式發生了變化，共同勞動，共同生活，公正分配，出現了最初的勞動分工：女人採摘，男人狩獵。人類進步了。

其三，語言的起源。語言的產生首先發生在母親與兒女的關係裡。母親憑著天生的善心和自然智慧生兒育女，不僅能像其它動物的母親那樣，用簡單的音符和手勢去教導，還能夠發展為複雜的音符去教導兒女。複雜的音符就是語言。天地造物，唯獨賦予人以邏輯思維潛能，給人創造了發達的大腦和發音器官。嬰兒能夠向母親發出各種各樣的需求和詢問的聲音，母親就要給予相應的聲音去回答，於是運用多種多樣的聲音交流開始形成了。在現代生活中，第一個教會嬰兒說話的是母親。在族群裡，母親就依據一定的聲音所表達的意思，給予規定，語言就應運而生了。後來，語言的交流擴大到族群裡的日常生活和生產裡去，一種地方語言就產生了。

（三）母系血緣關係的自由對偶婚姻

又不知過了多少萬年，在母系血緣關係群體裡，人們憑著天生的善心和自然智慧，發明了輩分名稱：母親、祖母、父親、兄弟、姊妹，等等。極遠的母親，就稱之為先祖或女神，比如中國傳說中的那位造人補天的女媧。在這種群體裡，出現了兩次禁婚。第一次是禁止群體內部不同輩分不能性愛，第二次是禁止群體內部所有的男女之間都不能發生性愛。第一次禁婚，就脫離了群婚，把性愛限制在輩分相同的男女之間，具有相對的對偶性。性愛在同輩裡是自由的，是多夫多妻。第二次禁婚，進一步限制性愛，只能與外部母系的男女發生性愛，對偶性更強了，而性愛仍然是自由的多夫多妻。今日，我國有個少數民族還盛行「搶婚」習俗，說明只能與別的族群通婚。兩次禁婚後，稱呼以母系為主線，很複雜，表現了人類的自然智慧是高級的。對於這種婚姻形式，以前的學者所給的名稱很混亂，也不大準確，所以我稱之為「母系血緣關係的自由對偶婚姻」。

從群婚發展到第一次禁婚，不知經歷過多少漫長的歲月；從第一次禁婚發

展到第二次禁婚，又不知經歷過多少漫長的歲月。儘管歲月漫長，只有人類才具有那種善心和自然智慧，別的動物是不可能做到的。

兩次禁婚具有重大的現實意義和歷史意義。

其一，人類的認識從經驗上升到科學、理性。人類在長期的經驗認識積累裡，發現了血緣親近的性愛，對後代健康有害，不利於延續生命。這是科學的理性的認識，現代科學證明是正確的。現代的遺傳學、基因型研究，仍然屬於那個範圍。

其二，從人的自愛產生出人的自尊，是人格、人權的起源。

其三，從自由產生了約束，是契約的起源。

其四，從任意的性愛產生了節制，是法治制度的起源。

其五，從自然智慧產生了人為智慧（偽智慧）。比如，有人要違反禁婚去性愛，就要想方設法逃避批評和懲罰，想出為其行為辯護的理由。

（四）父系血緣關係的自由對偶婚姻

母系血緣關係的自然社會，是慈善的、溫和的。隨著違反禁婚的現象的增多，溫和的感化和批評不夠使用了，必須輔之以懲罰。敢於違反者必定是有力和有智的強人，敢於懲罰者也必定是有力和有智的強人。強人者，在鬥爭中有力之男人也。一旦出現了鬥爭，男人就是剛強者，女人就是柔弱者。在族群內部鬥爭中，勝利者是維護「禁婚」的男強人，失敗者是違反「禁婚」的男強人。不管誰勝誰敗，男權必然要取代女權，父權必然取代母權，母系血緣關係的自然社會必然轉化為父系血緣關係的自然社會。這個「取代」過程也是漫長的，是自然過渡，沒有流血鬥爭。在父系血緣關係的自然社會，通婚對象發生了變化，禁止在父系族群內通婚，只能與另一個父系族群通婚，仍然是自由對偶婚姻，是多夫多妻。在生活、勞動中，仍然保持母系血緣關係的自然社會的生存方式。所不同的是，男強人好強爭勝，容易與別的族群發生小規模衝突。

母系血緣關係的自然社會轉化為父系血緣關係的自然社會，具有重大的現實意義和歷史意義。

其一，人心複雜了，禁令增加了。

其二，經濟發展了，發生了農業和畜牧業的分工。

其三，人口增多了。

其四，生存空間擴大了。

（五）父系血緣關係的男女自由戀愛的一夫一妻婚姻

　　父系血緣關係的自然社會的出現，標誌著族群內部的組織權和指揮權在男強人的手裡。開始時，勝利者的男強人是維護「禁婚」契約的；到了後來，有組織權和指揮權的男強人，膨脹了「不必要性欲」，多占女性，並且禁止自己所佔有的女人與別的男人發生性關係。其它的男強人也跟著效法，自由對偶婚姻被破壞了。這種行為遭到絕大多數的男人和女人的反對，迫使男強人作出讓步，制定絕大多數人「同意」婚姻契約，對領導人實行族群內部成年人的選舉和罷免制度。於是男女自由戀愛的「一夫一妻」制婚姻出現了。「搶婚」習俗就是表現男人強壯有力，掌握了婚姻主動權。

　　父系血緣關係的男女自由戀愛的一夫一妻婚姻具有重大的意義。

　　其一，男女自由戀愛的一夫一妻婚姻在父權社會裡是最好的婚姻制度，是性愛的自然性與婚姻的社會性的完美協和。男女尋找對象是個體自己的自由的事情，其它人不能干預；但是只能與一個對象結合，不能有兩個，不能去破壞別人的一夫一妻關係。夫妻必須白頭到老，只能在雙方中有一方死亡，另一方才能續弦，不能存在離婚自由。只有這樣，男人與女人才能把婚姻當著「終身大事」去對待，不可馬馬虎虎，一旦婚姻成功，雙方就不但相親相愛，而且具有共同承擔苦難的責任和義務。如果結婚後不如意，只能怪你自己當初不慎重，怨不得別人，你就只能自作自受，維持夫妻關係，不能離婚。如果允許離婚，那就把婚姻當著兒戲了，沒有約束力和責任感了，一方就會隨意拋棄另一方。中國流傳下來的許多有關男女婚姻的美好俗語，讚揚的就是這種婚姻制度，比如，「終身大事」、「天作之合」、「白頭偕老」、「紅顏知己」、「患難夫妻」、「結髮夫妻」，等等。

　　其二，男女自由戀愛的一夫一妻婚姻，體現了圓滿的人性：是自然野蠻與社會文明的有機協和，是人性的自然性與社會性的完美協和。

　　其三，男女自由戀愛的一夫一妻婚姻，體現了自由與約束的完美協和。

　　其四，男女自由戀愛的一夫一妻婚姻，產生了個體人的美德和社會善性的正義的公共美德：公德。

　　其五，男女自由戀愛的一夫一妻婚姻，產生了天賦自然權利。

　　其六，男女自由戀愛的一夫一妻婚姻，能使夫妻好合、家庭和睦、家鄉和好、社會和諧、人類和平。

　　其七，男女自由戀愛的一夫一妻婚姻，能產生民主法治社會。

　　其八，男女自由戀愛的一夫一妻婚姻，能避免君主專制社會的災難，使人

類社會直接過渡和發展到政治消亡的世界社會。

（六）父系血緣關係的不自由的「一夫一妻」和「一夫多妻」並存婚姻

在家庭裡，隨著父權的不斷強化，夫權也不斷強大起來，妻子權利逐漸弱化，妻子對丈夫的依附性越來越大。女人只能出嫁到男人家裡，丈夫是主人，妻子是僕人。有組織權和指揮權的男強人對女人的佔有欲逐漸膨脹起來，強行霸佔多個女人為妻妾。那些掌握了族群權力的男人，為了達到自己的目的，就籠絡一些有智有力的男強人，尋找理由：一方面，製造出「天尊地卑」、「男尊女卑」的倫理學原理，在男女自由戀愛的幌子下，允許男人一夫多妻；但是另一方面，又不敢剝奪其它男人的婚姻權利，不得不保存父系血緣關係的一夫一妻制度。於是，男女自由戀愛的一夫一妻婚姻遭到破壞，父系血緣關係的不自由的「一夫一妻」和「一夫多妻」並存婚姻產生了。

父系血緣關係的不自由的「一夫一妻」和「一夫多妻」並存婚姻，具有重大的歷史意義和認識意義。

其一，這種婚姻制度表明，人類的壓迫和奴役首先從家庭裡男人壓迫和奴役女人開始，奴隸制度在後。從此女人是男人的洩欲器具和女奴。

其二，這種婚姻制度，是家庭暴力產生的根源，父權高於一切，妻子、兒女是家奴。

其三，這種婚姻制度，再也沒有男女戀愛的自由了，產生了婚姻由「父母之命，媒妁之言」的習俗，從而產生「門當戶對」、「嫌貧愛富」的婚姻，逼婚、逃婚、私奔不斷出現，不停地為寺廟輸送和尚、尼姑。

其五，這種婚姻制度，是君主專制產生的根源。

其六，這種婚姻制度，是一切惡理惡習產生的根源。它喪失了人天生的善心和自然智慧，從此，人類的一切美德消失了，道德墮落了。

其七，這種婚姻制度，是一切惡行（暴力）產生的根源。它拋棄了人的「保命和延續生命」的根本原理，蔑視他人生命，強迫弱者把生命權交給強者。從此，夫妻不和美了，家庭不和睦了，社會不安寧了，人類不和平了。皇帝無法無天，惡官悍吏、貪官污吏肆無忌憚，地痞流氓橫行霸道，殘殺、戰爭頻頻發生，英雄、俠客層出不窮，嫖娼賣淫生生不息，通姦強姦時時發生，單身漢和寡婦遍地都有。

總之，這種婚姻制度是萬惡之源，即所謂的「淫為萬惡之首」。「淫為萬惡之首」，傳統的意思是男人指責女人不貞節；其實，淫者是男人，而不是女

人。「淫為萬惡之首」實際上是父權、夫權、君權的「淫」。

（七）父系和母系血緣關係的男女平等、自由戀愛的「一夫一妻」婚姻

父系血緣關係的不自由的「一夫一妻」和「一夫多妻」並存婚姻，是一種失道失德的惡性婚姻制度，發展到極遠處，就物極必反，要向善性婚姻制度返回運動。

在父系血緣關係的不自由的「一夫一妻」和「一夫多妻」並存婚姻盛行時期，民間對這種惡性婚姻制度的不滿和指責就有許多俗語：「滿口仁義道德，滿肚男盜女娼」、「十場人命九場奸」、「一朵鮮花，插在牛屎粑」、「紅顏薄命」、「醜妻、破襖是個寶，賊不偷，老鼠不咬」、「爬灰是好漢，偷人是破爛」……。

不僅有不滿和指責，還有個體的抗爭。首先，少男少女追求自由戀愛和婚姻自主，進行抗爭。其次，單身漢和妻、女遭強人侮辱的貧窮男人，進行抗爭。再次，保持了「天生善心和自然智慧」的文人，用筆墨進行控訴，提倡男女平等和自由戀愛的「一夫一妻」婚姻。

對民間的不滿和指責以及個體的抗爭，皇帝和權貴們是不允許說理的，只是殘酷鎮壓，大興言論獄、文字獄，用不平等的刑法和家規民約給予懲罰，甚至摧殘肉體和生命。

但是，天道、人性是不可抗拒的。不滿和指責慢慢形成了巨大的社會輿論，個體抗爭發展到社會運動。正如一首詩歌所說：「生命誠可貴，愛情價更高。若為自由故，二者皆可拋。」「自由」，首先是男女戀愛的自由，然後是男女自然權利的平等、自由。解放婦女的女權運動掀起了，自由、平等、博愛的口號響徹雲霄，推翻專制制度的革命運動爆發了，民主法治制度建立了，公民「善」產生了，返回到男女自由戀愛的「一夫一妻」婚姻上來了。當然，存在萬年的父系血緣關係的不自由的「一夫一妻」和「一夫多妻」並存婚姻，已經形成頑固的惡習，一下子還不能完全消除，但是終究會被徹底根除。

父系和母系的男女平等、自由戀愛的「一夫一妻」婚姻具有重大的歷史意義和現實意義。

其一，返回到男女自由戀愛的「一夫一妻」婚姻，是人類社會歷史運動發展的一次重大轉折，是「善回向」運動，向著「獨立自由的高級文明性愛」的終點發展。

其二，返回到男女自由戀愛的「一夫一妻」婚姻，是人性的回歸，恢復了

人性裡被拋棄的自然性，使人的自然性與社會性在高一級的文明社會裡協和起來。

其三，在人的自然權利方面，不分親疏、等級，男女平等了。社會組織，既不是父系血緣關係的，也不是母系血緣關係的，打破了血緣關係，公民為了保護自己的各種自然權利而自由地組織成各種社會團體。公民的社會組織，抑制了男人的暴力行為，使男人的雄性激情回歸於理性，減少了壓迫和奴役婦女的暴力。但是，在婚姻方面，卻仍然遵守「近親不結婚」的科學公理，所以，我稱之為：父系和母系的男女平等、自由戀愛的「一夫一妻」

其四，自由戀愛婚姻，標誌著父權、夫權、君權被瓦解，任何男強人都不能多占女人，「三宮六院」、「三房四妾」的「一夫多妻」制度遭到摧毀，實行了真正的「一夫一妻」制度。

其五，由於男女婚姻是自由戀愛產生的，夫婦雙方能夠獲得性滿足，夫妻關係和美，很少出現逼婚、逃婚、私奔，很少出現通姦、強姦，減少了賣淫嫖娼，減少了單身漢和寡婦，減少了和尚、尼姑，「十場人命九場奸」的案件越來越少了。

其六，破壞了父權家長制，增強了家庭成員之間的自然感情，開發了家庭成員的自然智慧，使家庭變小了，成了真正和睦的家庭，使家庭不再成為君主專制的基礎單位。

其七，婦女能自由參加社會活動了，就擴大了男女的社會活動空間，產生了許多社會組織，使社會生氣勃勃起來。

其八，喪失了人的天性的惡理惡德漸漸消失，從人的天性裡漸漸再生出美德來。人的言行受到理智和美德的節制，惡言惡行減少了。

其九，為父權、夫權、君權服務的巫術等迷信思想和活動，漸漸消亡；而為人的自然權利服務的科學等理智思想和活動，漸漸興盛起來。

其十，為父權、夫權、君權服務的嚴酷刑法和家規民約被廢除，民主憲法和民法被建立起來。

其十一，小農經濟漸漸走向衰亡，古老的自然村落漸漸解體，自由貿易市場經濟漸漸繁榮起來，不分姓氏、種族的人們群居在繁華的城市裡。

其十一，關於離婚。公民社會還存在著雙方自願的離婚現象，因為父母包辦婚姻的現象還存在。但是不應該有單方離婚的自由，因為還存在著夫權和貧富兩極分化的現象，男強人和富人極其容易拋棄妻子。對於製造單方要求離婚的一

方要嚴厲處罰，保護弱者。

總之，男女自由戀愛的「一夫一妻」婚姻的出現，標誌著人類社會發展運動返回到善性軌道上來了。

當然，自由戀愛的婚姻還不是最完善的性愛，還只是政治社會裡的人為的社會性較強的婚姻制度，還沒有完全掙脫舊傳統的束縛，還要受到各種各樣的道德輿論的壓力和法律制裁的恐嚇，人們還不能不知不覺地自然地按自然法去行動。這就有待更高級的性愛自然社會的出現。

（八）父系和母系血緣關係的自由對偶婚姻與父系和母系血緣關係的自由群婚

在公民福利和民主法治的政治社會裡，人們在懂得「近親不能結婚」和「互不侵犯」的公理時，隨著遷徙自由而無定居和兒女為社會公養，可能追求性愛的絕對自由。雙方在「自願」之下，自由結合又自由分手，婚姻極不穩定，臨時性增強，摧毀「白頭偕老」的「一夫一妻」婚姻。於是就會出現「自由對偶婚姻」。「自由對偶婚姻」又會發展到「自由群婚」。

（九）非政治的自然社會的獨立自由的高級文明性愛婚姻

父系和母系血緣關係的自由對偶婚姻與父系和母系血緣關係的自由群婚，仍然是政治社會裡的婚姻，是不完美的婚姻，甚至不是「婚姻」。例如，現今民主國家出現的一些「獨身主義」、「性自由」和「性開放」、「同性戀」，等等，都不是理性思維，拋棄了性愛的社會性，只追求性愛的自然性，製造了性愛和婚姻的混亂。所以性愛和婚姻還在發展之中，發展到終點的「非政治的自然社會的獨立自由的高級文明性愛婚姻」。

對於「非政治的自然社會的獨立自由的高級文明性愛婚姻」是什麼狀態呢？我們是猜測不準確的。我這裡只能與「獨立自由的低級野蠻性愛」的狀態進行對比論述。

獨立自由的低級野蠻性愛，是人類純粹的自然行為，只有自然性，沒有社會性，不是婚姻，卻是婚姻的原因，是根源，是起點。婚姻本身具有自然性和社會性，如果社會是政治社會，那麼自然性與社會性就不可能協和得完善；只有在自然社會裡，自然性與社會性才能協和得完善。婚姻經過了幾個發展階段，返回到公民政治社會的男女自由戀愛的「一夫一妻」婚姻，就政治社會裡的婚姻而言，是最好的也是最後的階段或形式，卻不是自然社會裡的婚姻，不是最完善的婚姻，也不是婚姻發展的終點。所以，婚姻還要繼續向前循環運動發展，直到

「非政治的自然社會的獨立自由的高級文明性愛婚姻」。

獨立自由的高級文明性愛婚姻，是走出了政治社會階段返回到自然社會的性愛婚姻，這是人類社會最高級的社會，也是人類社會的最後階段，是終點。終點與始點銜接，一個圓周循環運動完成了。終點與始點雖然銜接在一起，好像是一個點，其實是有區別的：質相同，而量不同。所以，獨立自由的高級文明性愛婚姻就具有如下特徵。

其一，獨立自由的高級文明性愛婚姻與獨立自由的低級野蠻性愛相同的性質有：

1.個體獨立自由的自願的性愛結合，不受別人的干擾，別人也沒有權利去干擾。

2.個體獨立自由的自願的性愛結合，不受國界、區域、民族、種族的干擾，因為沒有政治社會了，世界是我的，我是世界的。

3.個體獨立自由的自願的性愛結合，不受家庭的干擾，因為沒有家庭了，兒女和父母都是自然社會所共有的，父母與兒女相互不認識。

其二，獨立自由的高級文明性愛婚姻與獨立自由的低級野蠻性愛不同的含量有：

1.前者處在高級文明的世界自然社會裡，有性愛，有婚姻，婚姻的自然性與社會性完美協和；後者沒有社會生活，是純粹的自然個體行為，有性愛，沒有婚姻。

2.前者高度文明，禁婚契約是約定俗成的，成了良好的風俗習慣，人們自覺地共同遵守；後者低級野蠻，性愛無拘無束。

3.前者自覺地實行一夫一妻；後者無夫無妻，或者多夫多妻。

4.前者能通過科學檢驗，血緣近親不會成為夫妻；後者有可能母與子、父與女發生性愛關係。

5.前者生活在世界自然社會裡，世界自然社會是一個完善的福利社會。人人都能充分發揮自己的不同天資，找到自己所喜愛的工作，自覺幹好自己的工作；人人都能拿到自己的生活必需品，找到自己所愛的愛人。後者是純粹的自然人，沒有社會生活，時刻為填飽肚子而奔命。

其三，獨立自由的高級文明性愛婚姻，在自覺遵守簡明的禁婚條約下，男女自由地性愛結婚。這種婚姻不應該是白頭偕老的終身婚姻，只要雙方出現性交不和諧，雙方就可以隨時自願解除婚姻關係。但是不允許重婚。

其四，在獨立自由的高級文明性愛婚姻社會裡，沒有賣淫和嫖娼現象，因為不存在權利和貧富差別。

預言：非政治的獨立自由的高級文明性愛婚姻的社會，是人類社會最美好的社會階段，將會是人類社會各階段中時間最長的社會階段，是千萬年、億年，將伴隨著人類社會末日的到來。

第二十三章　社會組織與家庭、宗族、民族

社會組織與家庭、宗族、民族都是政治社會裡的組織，四者之間的關係是政治社會裡的一種不協調的現象。社會組織是由社會成員個體組成的利益團體。家庭是由家庭成員個體組成的，是最小的最基本的有血緣關係的社會單位。宗族是由家庭組成的。民族是由宗族組成的。

➡ 第一節　社會組織

一、界定社會組織

社會組織，是由個人組成的利益群體。社會組織有自然社會組織、政治社會組織。自然社會組織是個人自願組成的，為個體謀求利益和保護個體利益。政治社會組織，有個人自願組成的，也有欺騙和強迫個人組成的。

二、低級自然社會組織：個人的地位

最初的低級自然社會組織，起源於人性的自然群居性。自然人，開始是個體自由自在地生活在森林裡，後來逐漸認識到單憑個體的能力難以獲取滿足生活的必需品和抵抗危險，而集體的力量則強大得多。於是，就以母親血緣關係為紐帶自願結合成母系自然社會組織。母系自然社會組織發展為父系自然社會組織，到了以父系血緣關係為紐帶的家庭的出現，低級自然社會組織就被解體了。

在低級自然社會組織裡，有一些簡單約束個人的契約條款，但是個人是有充分自由的，個人之間是平等的。老弱病殘都有獲得生活必需品的自然權利，也有參與各種社會活動的自然權利。

三、專制政治社會組織：個人地位

家庭的出現就解體了低級自然社會組織。家庭經過小型家庭到大型家庭。大型家庭的出現，標誌著男人強權政治的出現，即專制政治的出現。專制政治的社會組織形式有：大型家庭、家族、宗族、民族，等等。非血緣關係的社會組織很難組成，甚至不可能出現。即使是宗教，也只能信仰官方所製造和賜封來愚弄民眾的神；如果出現了違背官方統治思想的宗教，就會遭到鎮壓。

在最初的專制政治社會組織裡，個人都被強迫在血緣關係的社會組織裡生活，個人的自然權利被剝奪了。

專制政治社會發展到寡頭政治社會時，政治社會組織打破了血緣關係，由個人被欺騙和強迫去組成了黨、團組織。在黨、團組織裡，個人服從組織，為組織利益而犧牲個人利益，個人的自然權利同樣被剝奪了。亞里斯多德說：「人是政治動物。」海德格爾說，在政治社會裡，個人「無此人」。

四、民主政治裡的社會組織：個人地位

個人的自然權利是與生俱來的，如果被剝奪了，就是不自由了，所以個人爭取「自由」的鬥爭就顯得十分突出。個人爭取「自由」的鬥爭，必然會推翻專制政治社會，出現民主法治社會。民主社會組織有各種各樣的形式，有政治的，有經濟的，有宗教的，有文藝的，等等。

在民主政治裡的社會組織，個人都是自願加入的。成立組織的目的，是為了謀求和維護個人權利和個人利益的合法公正，個人在大多數人「同意」的眾多契約和法律裡自由地生活。

五、高級自然社會組織：個人地位

在民主法治社會裡的社會組織，個人受到眾多的契約和法律的束縛，沒有充分的自由，個人就必然想掙脫眾多束縛，追求簡單的契約社會。於是人類社會運動就循環回歸到自然社會裡去了。這種回歸的自然社會是高級自然社會，其社會組織，就是高級的自然社會組織。

高級自然社會組織，是非政治的社會組織，是世界社會組織，國家消亡了，家庭也消亡了，民族大融合了，個人獲得了充分自由。高級自然社會組織，又是小型自然社會組織，個人仍然自願地過著社會組織生活，自願受到簡單明瞭的社會契約條款的約束。

高級自然社會組織與低級自然社會組織相互比較：質同而量不同。

（一）質同：1.自願組成。2.社會契約條款簡單明瞭。3.人人具有完全的自然權利。4.人人自由，平等，互助互愛，相互尊重。5.人人都以勞動為樂，自覺地為社會作出貢獻。6.人人都能獲得生活必需品，不多拿，也不少拿。

（二）量不同：1.低級自然社會生活必需品匱乏，而高級自然社會生活必需品豐富。2.低級自然社會文化生活單調，而高級自然社會文化生活豐富多彩。3.低級自然社會生活領域狹窄，而高級自然社會生活面擴大到全世界。4.低級自然社會以母系血緣關係組成，而高級自然社會以人性組成。5.低級自然社會氏族與氏族之間相互不瞭解，甚至發生鬥爭，而高級自然社會全世界一家人，組織與組織之間沒有鬥爭。6.低級自然社會實行群婚或多夫多妻制，而高級自然社會實行徹底的一夫一妻制。

➡ 第二節　家庭

一、界定家庭

家庭，依據第二十二章第二節關於性愛和婚姻的論述，在母系社會裡沒有家庭，家庭是父系社會的產物，是以父親的血緣關係為紐帶而組成的社會單位。家庭的出現就表明男人權力的出現，標誌著自然的協和的母系社會開始向人為的強權政治社會發展。

二、家庭和私有制的起源——和睦的小型家庭及其倫理學理論：個體的地位

家庭的起源是什麼呢？是性佔有，即，家庭起源於男性強人的對女性的性佔有。有了家庭，才有對財產的私人佔有，私有制起源於家庭。對人的佔有是第一位的，對財產的佔有是第二位的。

在父系社會的自由婚姻裡，實行的是多夫多妻制度，只有社會組織，沒有家庭組織。後來，少數男強人霸佔一個漂亮的女人，不准她與別的男人發生性關係，並且帶著她從父系社會組織裡脫離出來去一起生活，於是就出現了以父系血緣關係為紐帶的一夫一妻的家庭。丈夫為了使家庭人員生活得好，同時也為了在妻子面前表現男性的榮譽，男性強人就開始多占財產，於是私有制就出現了。

三、最初的小家庭

最初的家庭是一夫一妻和兒女組成的小型家庭，是和睦的家庭。小型家庭仍然保持著每個成員的自然性，即獨立性。兒女成人了，就自由戀愛結婚，分離出去生活。

最初的小型家庭，與父系社會保持自願的關係，自願交納一些財產給社會，社會運用公共財產去擴大生存空間，去搞福利事業，老人能夠得到社會的贍養。

有一種傳統觀念，認為家庭起源於私有制，那是顛倒了因果關係，沒有家庭，何需私有財產？

四、家庭發展的第一階段——暴力的大家庭及其倫理學理論：個體的地位

家庭發展的第一階段，是從小型家庭向大型家庭發展。大型家庭的出現，是從少數男強人霸佔幾個乃至眾多漂亮女人開始的，即，開始於一夫多妻制。可見，仍然是性佔有為動力。妻妾多了，兒女也就多了，要霸佔許多妻妾和維持眾多兒女在一起生活，單憑自願就行不通了，必須實行家長制暴力統治。家長制的存在，一方面需要暴力統治，另一方面需要理論愚弄家庭成員，使家庭成員臣服。大型家庭大到四世同堂、五世同堂乃至八世同堂、十世同堂。

（一）大型家庭是一夫多妻。強男人（官吏和富人）三房四妾，最強男人（皇帝）三宮六院，社會上以賣淫嫖娼方式補充一夫多妻。

（二）大型家庭是暴力血緣組織，是不平等的起源。家庭權力集中在家長一人手裡，家長對家庭成員可以施行賜予和懲罰。家庭統治實行森嚴的倫理等級制度，男尊女卑是第一個不平等，然後是血緣倫理秩序。

（三）大型家庭沒有個體的自由。家庭成員絕對服從家長統治，對家庭的事情只能向家長進諫，不能參與決定，由家長一人決定。家庭成員處在家奴地位上，特別是女人，完全失去自由。有道是：「女不主外」。女兒只能待在閨房裡，成為「閨女」。媳婦不能到堂屋，成為「堂客」。兒女的婚姻由父母決定：「父母之命，媒妁之言」。

（四）大型家庭的倫理道德是惡性的「家規」。第一，主張家長專制——父權；第二，主張男尊女卑——夫權。由父權產生「孝」道：「父要子亡，不得不亡。」兒子不能逆父叛父，要行父之道。由夫權產生婦女的「貞」道：「三從四

德。」丈夫可以虐待妻子，「休妻」，買賣妻妾，甚至處死妻妾。由「孝」道、「貞」道而演繹出一系列惡性的倫理學理論。

（五）大型家庭是罪惡家庭。大型家庭，表面上溫情脈脈，內部卻殺氣騰騰。其一，男性之間，充滿爭奪世襲權和遺產權的鬥爭；其二，妻妾之間，充滿爭奪寵愛和相互嫉妒的鬥爭；其三，充滿雄性激情的爭奪功名鬥爭；其四，充滿亂倫；其五，充滿妻妾殺死對手男嬰和溺死自己女嬰的鬥爭，等等。還有最親近的家庭與家庭之間，充滿斷絕對方香火的殘酷的滅種鬥爭。種種罪惡，充滿其間。在大型家庭社會裡，個人的生命安全得不到保障，如果脫離家庭，那更是危險，所以個人又不得不生活在家庭裡。

（六）大型家庭是產生家族、宗族、民族和專制國家的根源，也是組成它們的最小單位。所以專制統治者特別喜愛大型家庭，皇帝就對大型家庭賜封；儒家文人喜歡歌頌這種家庭，自由的有情感的文人就揭露和批判這種家庭。

大型家庭的「家規」倫理道德是專制國家惡性倫理道德的依據，所謂「孝為本」，「取忠臣於孝門之子」。

（七）大型家庭解體了自然社會組織，也阻礙非血緣關係的社會組織的產生和組成，阻礙福利社會的產生和建設，頑固地維護著專制社會，是專制國家的基本單位。

（八）大型家庭頑固地維護著小農經濟，阻礙市場經濟的產生和發展。所謂「父母在，不遠遊」，「農為本」，「重農抑商」。

總之，大型家庭是罪惡家庭，是離道叛德的，是去人欲、滅人性的，是用暴力維持著的惡性組織，是必然會滅亡的。

五、家庭發展的第二階段——家庭回歸到「和睦的小型家庭」

大型家庭是不道德、罪惡的暴力家庭，必然要滅亡。從大道理講，隨著造物大道使萬物循環回歸的運動，大型家庭也要回歸到和睦的小型家庭去。從具體上說，推進大型家庭回歸到小型家庭的動力仍然是自然性的性愛。自然性的性愛驅動著男女青年去追求自由戀愛，去掙脫父母包辦婚姻和大型家庭的束縛，去過著夫妻恩愛的自由平等的小型家庭生活。這就促使大型家庭回歸到小型家庭去。回歸出現的小型家庭與最初的小型家庭質同而量不同。

（一）兩種小型家庭生活性質相同

1.實行徹底的一夫一妻制。在性愛上，男女平等，沒有特權；男女追求戀愛

自由，情投意合，結合為夫妻。對離婚作了嚴格限制，一般都能白頭到老。要離婚，也是一夫一妻，不能重婚。如此，一夫多妻不見了，賣淫嫖娼不見了。大型家庭失去了根基。

2.兩種小型家庭，都是小型的。實行徹底的一夫一妻制。家庭成員少，由夫妻、兒女組成，人口在四、五個人左右。老父老母由社會福利贍養，不屬於家庭成員。父母與兒女之間只保持著親情關係，沒有義務關係，義務是對社會而言的。大型家庭被解體了

3.婚姻自由。兒女成人了，婚姻大事自主，父母的意見只作參考。成人的兒女離開家庭去獨立生活。

4.兩種小型家庭，都符合天道人性，是和睦的家庭。家庭成員都具有人性裡的自然性的自然權利。個體成員具有自由性、獨立性；男女平等，老少平等，家事民主決議。大人與小孩之間，只具有監護與被監護的關係，沒有控制與被控制的關係。家長專制不見了，家庭暴力不見了，殘酷的家規不見了。

5.兩種小型家庭，成員之間的血緣關係體現為親情的「愛」。這種親情的「愛」是對等的，是相互的。「孝」道、「貞」道、「弟」道，都被拋棄了，「三綱五常」都不見了。

6.小型家庭是社會組織的最小單位。小型家庭的成員具有自由、平等的觀念，能廣泛地參加社會活動，組成社會組織，建設福利社會。

（二）兩種小型家庭生活數量不同

1.生活必需品不同。最初的小型家庭生活必需品匱乏，表現為貧困。回歸的小型家庭，生活必需品充裕，表現為富有。

2.文明享受不同。最初的小型家庭，只有簡單的說笑、歌舞、跑跳，精神享受單調。回歸的小型家庭，音樂、舞蹈、體育、文藝、雜藝，以及教育和媒體的作用，等等，受之於各種感官的娛樂活動眾多，精神享受豐富。

3.創業和就業形式不同。

4.智力開發的樣式不同。

總之，不同是多種多樣的，難以述說詳盡。

六、家庭發展的第三階段──家庭的消亡

家庭像萬物一樣，有其生長，就必然有其消亡。小型家庭的出現是人類社會的「善回向」運動的一大進步。小型家庭使男女青年的婚姻生活掙脫了父母的

束縛，把老人交給社會福利去贍養。自然性的性愛繼續驅動男女青年追求更加廣泛的自由、獨立生活，最後也把兒女交給社會福利去撫養了，只剩下單純的夫妻生活了，家庭消亡了。這是自然的必然，也是人類社會運動發展的必然，誰也阻擋不住。

➡ 第三節　種族、家族、宗族、民族

家族、宗族、民族是在家庭出現後而出現的社會組織，起源於家庭，都是以血緣為紐帶的政治社會裡的組織。所謂「同一個『上』字」、「血濃於水」說的就是這種社會現象。

一、種族

種族，又名人種，指具有同一個祖宗血緣的人們的共同名稱。它僅僅是一個名稱而已；種族自身並不是一種組織形式，它的組織形式表現為家族、宗族和民族。一些強大的民族的男強人，為了實現自己稱霸的野心，經常用「種族」這個詞，宣揚自己的種族是最優秀的人種，鼓動本族人去與別的宗族、民族作鬥爭，甚至屠殺別的種族，即「種族主義」。種族是一種自然現象，如果當著政治概念去宣揚，那就是惡理了。

二、家族

家族是種族裡由家庭組成的組織單位。家族的特徵是：同住在一個自然村裡，同一個祖宗堂、祖墳山，有族長、家族公眾會，有家族公眾田地，有族規，有家譜，等等。其組織性質同家庭是一樣的。

三、宗族

宗族是由家族組成的種族組織。宗族是按照血緣關係的親疏而組成的一種等級制對立組織。在同一個「姓」字裡，其倫理次序是：家庭，小房頭，大房頭，家族，遠房，等等，以區別於其它「姓」的宗族。宗族的標誌是：祠堂，族譜。宗族的基本社會活動是祭祀祖宗，最大社會活動是為同「姓」政治野心家打天下和保天下。

不同「姓」的宗族是利益相互衝突的對立組織，經常為爭奪風水地、田地、水源、山林、湖泊發生宗派械鬥。

宗族組織是專制社會的基礎，所謂的「家天下」。每一個帝王的統治都是建立在宗族組織基礎上的。帝王對異「姓」的叛逆者的最大懲罰是「滅九族」，挖祖墳而斷風水。

宗族組織對於民主政治的建設來說，完全是一種阻礙人類社會發展的反動組織，沒有任何的進步意義。

宗族組織會隨著家庭的消亡而消亡。

四、民族

民族，是宗族的擴大化的一個名稱，其基本性質與宗族相同。

民族所認同的是一個遠古傳說中的同一個祖宗。由這「同一個祖宗」的血緣關係的許多宗族組成。但是，隨著人們的住居的不斷遷徙，種族的雜居和雜交，血緣關係和民族風俗習慣都遭到破壞，「民族」也就不成其為民族了，「民族」已經名存實亡。所以，對「民族」這個詞的界定是非常困難的，其實根本就無法界定。

五、民族主義

「民族主義」這個詞語是列寧和史達林發明的，是一種鬥爭策略理論。列寧為了奪取俄羅斯帝國的最高權力，分散俄羅斯帝國的軍事力量，號召俄羅斯帝國統治下的各個民族開展民族獨立運動鬥爭，創造了「民族獨立」、「民族自治」等等內容的民族主義。蘇聯成立後，列寧、史達林對內採取兩手民族政策，一方面用武力征服各個民族使之被統治在蘇聯的領土之內，在政治實行統一思想和政體；另一方面實行「民族自治」和「民族優惠」政策，搞個人民族身份識別制，籠絡各個民族精英分子去效忠偉大領袖和中央政府。列寧對外宣揚「民族獨立運動」，煽動民族主義分子從民主聯邦國家裡獨立出來，加入到社會主義陣營裡來。列寧、史達林創造的「民族主義」理論最後葬送了自己締造的蘇聯：蘇聯在1990年被它統治下的各個民族主義者瓦解了。

「民族主義」在中國成為一種政治謀略和一個政治口號，有人為了奪取最高權力，反對孫中山的中國人只有一個民族：「中華民族」，宣揚各個民族獨立，主張滿洲、蒙古、新疆加入蘇聯陣營，甚至把中國也稱之為「中華蘇維埃」。這種「民族主義」論令人暈頭轉向，不知道是「民族主義」還是「亡族主義」。奪取了最高權力之後，為了鞏固政權，對內、對外完全照搬蘇聯的「民族

主義」政體和民族政策，對個人，不僅實行戶籍制度，而且實行民族身份識別制度，在「個人履歷表」上要填寫「戶口」「民族」，增強每個人的「戶籍」、「民族」身份隔離意識。如此下去，中國的將來不會是什麼「民族大融合」，而是民族大分裂。

　　現代所有的專制統治者特別喜愛「民族主義」這個詞語，經常用來宣揚「民族獨立」，結果，凡是「民族獨立」的國家都是以血緣關係為紐帶實行落後野蠻的專制統治。為了抗拒「公民意識」和「公民社會」，把「民族主義」作為救命稻草，弄出許多引誘人上當受騙的褒義詞：民族英雄，民族氣節，「龍的傳人」、「血濃於水」等等；也弄出許多懲罰善人的貶義詞：民族敗類、假洋鬼子、賣國賊、二毛子、洋奴、漢奸，等等。他們的政治目的是：其一，鼓動人們去為民族戰爭作犧牲，來實現他們的領土擴張的政治野心；其二，鼓動本國的人們去排外，去擁護他們的閉門鎖國政策，拒絕外來的先進思想文化，以便他們關起門來愚弄國人，維護他們的專制統治。所以，凡是在政治上鼓吹民族主義的人，都是專制統治者和他們的御用文人，都是搞政治陰謀的人，都是居心不良的人。

　　民族主義，其實是以血緣關係為紐帶實行統治的，是極其野蠻的狹隘的落後意識，是抗拒「公民意識」的思想武器，是個人參與社會組織的障礙，是人類社會「善回向」運動的絆腳石。民族主義，是沒有善性的理論依據的：「天道無親，恒與善人」，「親疏」只是「情」，不是「理」。民族主義，也是沒有現代人的生活事實根據的：在遠古時代，人們以血緣關係生活在一塊狹窄的領土裡，後來隨著不斷的逃難、遷徙，民族不斷融合，到了現代人，誰也不可能確定自己準確的民族血緣關係，每個人差不多都是混血兒。民族主義是專制統治者憑空捏造出來的，是違反天道人性的，是妨礙人們自由遷徙和民族大融合的，是阻礙社會進步的惡理，應該徹底拋棄。

第二十四章　國家的起源

國家論，在倫理學裡的理論地位十分重要，甚至被專制統治者強調到最高的第一的理論位置。在人文學和社會學裡，沒有一個思想理論家不論述國家的，更不用說政治陰謀家了。關於國家論，內容被弄得非常龐雜混亂。在這裡，要對國家論進行正本清源。國家論只不過是倫理學裡的一部分，其基本內容是：什麼是國家，國家的起源，個人與國家的關係，契約論，私與公的關係，國家在發展過程中出現的類型，國家的消亡，以及對龐雜混亂的國家論的批判和梳理。

➡ 第一節　國家的起源

從上一章的論述中可知，社會組織從小型家庭發展到大型家庭之間有一個過渡階段時期。在這個過渡時期裡，父權和夫權日益增強，家庭內部矛盾日益加劇，宗族之間發生械鬥，民族之間也時有戰爭出現，個人的許多自然權利在喪失，生命安全也受到威脅。在這個「過渡階段時候」，各種矛盾都明朗化了，但是還沒有到達十分專制的大型家庭階段，個人在家庭裡還沒有完全喪失自然權利。人人「天生的善心和自然智慧」都能夠體會到：為了預防「專制」的出現，需要一個最大最高的權力機構，來協調個人與個人、個人與社會之間的關係，來保障每個人的基本生存權利。於是生活在某一固定地域的人們，在共同的需求下，經過協議，個人自願讓出自衛權利和自由懲罰對方權利，產生了大家都「同意」的「基本契約」（後來稱之為的「憲法」），按照「基本契約」建立起保障每個人自然權利的最大最高的權力機構，稱之為「國家」。

由上述可知，國家，在時間上，起源於小型家庭與大型家庭交替的過渡階段時期；在性質上，起源於「基本契約」。

➡ 第二節　界定國家——個人與國家是建立在契約關係上的協和體

國家，是人類社會發展過程中出現的一種政治社會現象，是用來協調生活在一定地域裡的人們的個人與個人、個人與社會組織之間關係的一種最大、最高機構的社會政治組織。國家是運用法律和權力來協和與平衡各方利益關係，從而

保障每個人自然權利的最大、最高的社會政治組織。建立國家的目的，是為了保障和維護每個國民的應有的自然權利和個人利益。因此，國家是建立在公民「同意」的契約基礎上的，是個人與個人建立在契約關係上的協和體。

至於後來出現的「家天下」或專制社會，根本稱不上「國家」，至多也只能稱得上是蛻變了的「國家」。這在後文有論述。

第二十五章　國家的類型：國家的發展過程

由上章第一節所述可知，國家，在時間上，起源於小型家庭與大型家庭交替的過渡階段時期；在性質上，起源於「基本契約」。那麼國家的類型就應該從父系社會取代母系社會之後開始，母系社會稱不上國家。在第二十三章第二節論述家庭裡，最初的家庭是父系社會的小型家庭，保留著母系社會的自然性，不需要國家，所以父系社會的小型家庭階段也稱不上國家。就是說，小型家庭階段的社會是自然社會，是非政治社會——無政府社會。到了男人權力越來越大時期，家庭、家族聯邦開始出現，小型國家出現了，政治社會開始了。後來，政治國家規模越來越大，於是出現了一系列政治國家類型。

對於政治國家類型，老子和蘇格拉底的分類是一致的，這裡就依據他兩人的分類法作出簡明的分類來論述。政治國家類型有：一、母系、父系自然社會（老子：「太上」社會，蘇格拉底：健康城邦），二、家族聯盟小型國家（老子：「親譽之」政治制度，蘇格拉底：榮譽政制），三、貴族共治中型國家（蘇格拉底稱之為「貴族政制」），四、貴族聯邦大型國家，五、貴族聯邦到帝王專制之間的過渡階段的貴族諸侯並立小型國家，六、帝王專制大一統帝國（老子：「畏之」政治制度，蘇格拉底：僭主政制），七、寡頭、民主混雜小型國家，八、民主法治大型聯邦國家，九、公民福利中型國家（老子稱之為「聖人之治」，蘇格拉底：哲學王國），十、公民福利小型國家（老子：「母之」政治制度）。十一、政治國家消亡之後，人類社會又回歸到無政府的自然社會（老子：「小邦寡民」自然社會，蘇格拉底沒有論述）【246】。

【246】引自《道德經》第一卷第十七章和《理想國》上篇五「國家的形式和影響、國家的更迭」。

圖示如下：

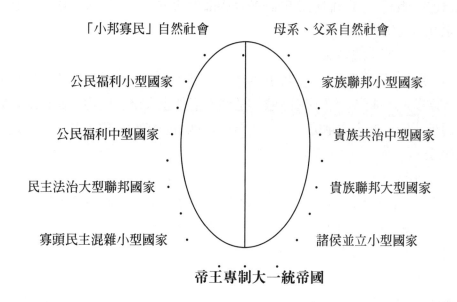

「小邦寡民」自然社會　　　　　　母系、父系自然社會

公民福利小型國家 ·　　　　　　　 · 家族聯邦小型國家

公民福利中型國家 ·　　　　　　　 · 貴族共治中型國家

民主法治大型聯邦國家 ·　　　　　　 · 貴族聯邦大型國家

寡頭民主混雜小型國家 ·　　　　　 · 諸侯並立小型國家

帝王專制大一統帝國

➡ 第一節　家族聯邦小型國家

關於母親與父親的自然社會，在第二十三章有論述，在此不再贅述。

在小型家庭向大型家庭發展中，在家庭裡，父權越來越大；在夫妻裡，夫權也越來越大；家長開始侵犯家庭成員的自然權利，丈夫開始侵犯妻子的自然權利，一夫一妻開始名存實亡，一夫多妻出現了。但是，幾十萬年的母系社會的自由、平等傳統觀念和風俗習慣，是一下子消失不了的，多數人對自然權利遭到侵犯不滿意，進行反抗，要求產生一個高於家庭和家族的社會組織，制定契約條款，來制止這種侵犯，保護每個社會成員的自然權利，同時抵抗外來的侵略。於是一種家族聯盟社會產生了，後來稱之為國家。比如，中國傳說的黃帝、炎帝、蚩尤等等宗族國家；古希臘的雅典城邦、斯巴達等等。老子稱之為「太上」社會，蘇格拉底稱之為「健康城邦」。

一、家族聯盟的小型國家具有這樣一些特徵：

（一）同一個血緣祖宗

國家的成員都是同一個遠房的宗族祖宗。血緣關係，開始於母系自然社

會，後來人口不斷增殖，出現了許多分支的家族，但是人們都知道自己的祖宗，都祭祀自己的祖宗。同一個祖宗的許多宗族都生活在一起，國家的產生就是在同一個祖宗裡首先出現的。

（二）同一個小塊區域

同宗族的成員生活在同一個小塊地方，具有同一個領域，同一個活動中心──小城邦。這種同一個小塊區域，是容不下外族人來居住的，並且還要向外擴張。這種「同一個小塊地方」，與外族的住地有一定的界標，形成有一定範圍的國家領土。

（三）小型規模

這是相當對於後來的中型、大型國家而言的。最初的國家只不過是後來國家的雛形，規模小，人口少，正如老子所說的「小邦寡民」。在現代社會裡，還保存著許多這種古老的小型規模國家，稱之為「國中之國」的「袖珍國家」。

（四）機構簡單，法律條文簡明

全體國民與國家領導人之間，沒有重重迭迭的官僚機構，是直接關係，相互非常熟悉，領導人是國民們非常熟悉的普通人，每個公民也隨時可能被選舉為領導人。領導人執政時間非常短暫，經常更換。所以老子說：「太上，下知有之。」（在「太上」社會，下面民眾知道有自己所熟悉的沒有特權的領導人。）所制定的法律條文非常簡明直白，人人「同意」，人人都懂。在法律面前，人人平等。有專門的司法機構。

（五）人人具有平等的自然權利

由於這種國家是從自然社會脫胎出來的，保持著自然社會的自然性，人人具有平等的自然權利。自然權利在第十二章第三節有論述。

雅典民主和古希臘文明之光輝

雅典民主政治是人類社會出現最早的健康城邦，古希臘文明是人類社會的西方閃爍出的最早的哲學光輝。

說雅典民主政治是最早的健康城邦，是說她在西元前5世紀就出現了「梭倫改革」，實行了公民直接民主政體，自由民生活在法律和平等之中，使雅典城邦強大起來。在古代，雅典民主政體是唯一的，是前無古人後無來者的。直到16世紀英國人去復興雅典民主時才出現君主立憲制。

說古希臘文明是人類社會的西方閃爍出的最早的哲學光輝，是說古希臘文

明在西方世界哲學和科學探索中都取得了輝煌的成果，影響著和指導著人類社會沿著正確的軌道前進。其中，蘇格拉底、柏拉圖哲學體系，如日中天，光芒萬丈，照耀著西方世界的天空。兩千多年後，蘇格拉底、柏拉圖體系的哲學基本原理直接啟迪著和教導著西歐思想理論的三個奠基人洛克、盧梭、孟德斯鳩。可以說，此後的西方世界的哲學理論，都淵源於蘇格拉底、柏拉圖體系；甚至可以說都是對蘇格拉底、柏拉圖哲學體系原理在不同時期的解說。當代美國哲學家羅納德・格羅斯在《蘇格拉底之道》裡說：「我感到，我必須追隨、竭盡全力地追隨蘇格拉底的腳步。蘇格拉底的時代點燃了一把象徵著自由、卓越和美麗的火炬，它將在後來的世代裡繼續燃燒下去。」【247】

老子體系的光輝遭到遮蔽

　　同在西元前5世紀，古中國出現了老子的《道德經》，那是如同蘇格拉底、柏拉圖體系一樣輝煌的哲學理論體系，其中「民四自」理論就是民主法治理論。後來的「諸子百家」思想都源於《道德經》。可是為什麼後來老子體系的光輝遭到遮蔽呢？原來是：西元前520年，中國歷史上發生了一起決定中國人千百年生存命運和思想文化命運的重大政治事件：「單氏取周」。

　　東周太子晉、周景王、賓起、老子等人，「修義經」、「鑄無射」、撰《周書》（即《道德經》）、「宣佈哲人（即老子）之令德」，準備進行民主法治的政治改革。但是遭到保守派單穆公、魯國士大夫的反對，說：「有狂悖之言，有眩惑之明，有過慝之度……三年之中而有離民之器二焉，國其危哉！」改革派與保守派的思想鬥爭最終發展為兵戎相見。西元前520年6月，周景王在遊獵中被害死。6月11日在周景王葬禮中，單穆公發動軍事政變：殺死了儒子王大夫賓起（即老子的學生文子），立了在政變中有功的孔子為儒子王大夫；又殺死周景王八個兒子，並暗殺了周景王立的逃亡到楚國的改革家繼承人王子朝，留下一個聽話的小兒子丐繼了王位，稱為周敬王。老子跟隨王子期被迫逃亡。儒家史學稱這次政變為「王朝交魯」，韓非子稱為「人臣之　君者」的「單氏取周」。

　　孔子得勢後，在思想文化方面做了兩件大事：其一，刪詩斷史，著《春秋》——追抄和燒毀周王室收藏的絕大部分傳統圖書，連太子晉說的「厲始革典」建立共和的「民之憲言」和誇讚「古之遺愛」的子產刑鼎文都沒給留下。

【247】《蘇格拉底之道》頁3。

據《漢‧緯書》記載，孔子在「單氏取周」後「修春秋」，將中國古文獻3240篇燒掉2689篇，剩下的不足4/100。「刪書斷自唐、虞，則唐虞以前孔子得而燒之。《詩》3000篇存311篇，則2689篇孔子亦得而燒之矣。」用「春秋」筆法，依據自己的愛憎著《春秋》，虛構歷史。其二，獨尊儒術，毀滅老子理論——1.用魯國儒家的《十二經》取代老子理論；2.用「禮樂詩書易春秋《六經》」取代周禮「樂射禦書數《六藝》」。但是，孔子無法毀滅被「鑄無射」和各諸侯國抄寫去了的《道德經》。

從此，中國再也沒有出現過類似古希臘的「梭倫改革」的制度變化，一直是帝王專制政體。並且，在帝王的個人意志強迫下，使「儒家」、「法家」思想理論成為傳統思想文化，遮蔽著「老子體系」的光輝。到了「辛亥革命」和「五四運動」，中國的有識之士雖然高喊「打倒孔家店」，但是仍然不認識「老子體系」，去「拿來」西方的文化垃圾。時至21世紀，中國學界仍然不認識「老子體系」，仍然在黑暗中摸索。關於老子的思想理論詳見我的《仰望老子》（原書名《東方哲學淵源——老子體系和〈道德經〉白話文解讀》）。

➡ 第二節 貴族共治中型國家

國家的出現，標誌著政治權力的出現。政治權力是非常容易被少數人所專有的。就國家內部而言，家族聯盟的小型國家，極其容易出現某個家族興盛起來，某個家族衰弱下去。那興盛起來的家族就侵佔衰弱的家族土地和財產，成為貴族。就對外而言，國家的出現，極其容易導致領土爭執，甚至發生爭奪領土的戰爭。在領土戰爭中，經常發生幾姓聯盟為一方。戰爭就一定有勝利者和失敗者。勝利者就會奴役失敗者，把失敗者的領土和國民部分或全部收歸為己有。勝利者的領土得到擴張，人口也增多了。在戰勝國中，戰爭英雄出現了，英雄就會成為貴族。貴族們就會利用自己家族的興盛和得到的榮譽，形成特權階層，聯手篡奪國家權力。於是貴族共治的中型國家出現了。比如中國古代的堯、舜、禹三代，古羅馬的元老制。老子稱之為「親譽之」社會，蘇格拉底稱之為「榮譽政制」。

貴族共治的中型國家有如下特徵：

（一）幾姓貴族共同統治國家

貴族聯盟篡奪了國家權力，就共同分享權力。最高執政者由貴族推舉出一

個人為王，其餘官吏就由國王從貴族裡提拔或推薦出來，形成了貴族共同治理的政治局勢。到後來，國家最高執政者的權力移交，就由前任執政者禪讓給自己信任的人。這樣，公民的選舉權和被選舉權就被剝奪了。

（二）爭取英雄榮譽的國家

貴族共治國家，仍然是父系血緣關係國家，是男強人國家，是尚武國家，是英雄主義國家。家族的男人的最大生活理想，是為家族爭取榮譽，從而爭得貴族地位或維護已有的貴族地位。這種榮譽主要是靠在戰爭中立下功勞而獲得的。這種榮譽的稱號是「英雄」、「戰鬥英雄」。所以，貴族們都崇尚武力和好戰。練武和好鬥的風氣從此興起，野蠻殺戮受到歌頌。所以布魯諾說：「需要英雄的國家是可悲的國家。」因此，「英雄主義」可以用來區分一個國家是野蠻的還是文明的，是先進的還是落後的。婦女的自然權利被剝奪了。

（三）中型國家

這是就領土和人口而言的。幾個小型國家結合為聯盟，侵佔或兼併了其它小型國家，擴張了領土，增多了人口。國家領土比較小型國家領土擴大了，但是比起以後的大一統國家還是不大的，所以只能稱得上是中型國家。

（四）等級制國家機構

貴族統治的國家出現了等級制度。其主要等級有：國王，貴族，平民，奴隸（戰俘）。比起小型國家，機構複雜了；但是比起後來的大一統國家，機構還是簡單一些，沒有臃腫的層層官僚機構。

（五）仁義論

貴族們為了給維護自己的國家找到理由，就創造了倫理學和政治學的理論，在中國就是「仁義」論。「仁義」論，在倫理學上主張「天命論」，認為那一個姓氏和那一個人成為執政者，都是天命的，其實踐是占卜和祭祀活動。「仁義」論，在政治學上，主張親疏、等級制度，實行有差別的血緣「仁愛」和親近情義。所以，老子、莊子都明確地指出，「仁義」論出現在堯、舜、禹三代時期。

➡ 第三節　貴族聯邦大型國家

貴族聯邦中型國家在不斷戰爭中，某個國家不斷勝利，其它國家被消滅了，就出現了貴族聯邦大型國家。這種貴族聯邦大型國家是一個過渡時期，從貴

族共治的中型國家過渡，到後來帝王獨裁的中央集權的大一統專制國家。所以，貴族聯邦大型國家的特徵比較複雜，既保留有貴族共治的中型國家特徵，又出現了帝王獨裁國家的特徵。比如，中國的夏、商、周三代，以商朝的疆域為大，周朝最典型；西方的波斯王國、馬其頓王國、古羅馬王國。這裡以考察中國的周朝為主。

一、周朝

（一）一姓的統治加強，共治被削弱

奪取國家最高權力機關是以最大的一姓貴族為主力軍，聯合其它貴族。國家的最高統治者就是一姓貴族，其它參加聯盟的貴族得到一些分封，被稱為諸侯，成為百姓。最高統治者的禪讓和推舉制度被改為嫡系長子世襲制度。

（二）加強了等級和官僚機構層次

等級層次有：國王，貴族，巫師，大臣，百姓，武士，文士，平民，奴隸（農、工、商），等等。官僚機構層次增多，在最高權力機關裡，分設許多機構；還有聯繫諸侯的官員。這種制度被稱為「禮」制或「封建制度」。《左傳》云：「故王臣公，公臣大夫，大夫臣士，士臣皂，皂臣輿，輿臣隸，隸臣僚，僚臣僕，僕臣台，馬有圉，牛有牧。」【248】國王通過諸侯實行統治，諸侯保持有國家的性質，有自己的封地、臣民、軍隊、官僚機構。

這種分封國家制度，在形式上，橫向看是一種聯邦制度——國王之下的諸侯國自治，縱向看是一種君主立憲制——國王與貴族大臣「共和」；但是在性質上，是以血緣關係為紐帶的宗法制度，而不是今日的民主法治的聯邦制度。

（三）個人英雄榮譽內容增多了。

個人英雄榮譽的獲得，不能僅僅在本姓貴族裡獲取，還要在忠君上得到認可。由此，出現了忠臣與奸臣、君子與小人的分別。

（四）大型國家

國家領土廣闊，人口眾多。所謂：「普天之下，莫非王土；率土之民，莫非王臣。」【249】

【248】《中國哲學史稿》上冊第一章頁21。

【249】《中國哲學史稿》上冊第一章頁7。

（五）經濟體制結構

在這種以大陸領土為主的大型國家裡，經濟體制結構，是一種以農業為命脈的農耕社會。即使是畜牧業為主的民族實現了大一統統治，也會改變為以農業為主。中國的周朝是很典型的農耕社會，有較為完備的農業經濟體制結構。土地所有權都屬於國王：「普天之下，莫非王土。」國王把土地的使用權實行分封制，分封給諸侯，諸侯又向下分封，如此分配到每個農戶。對土地的耕作實行「井田制」，八家為「井」，「井」有「公田」和「私田」；稅收實行「徹法」和「助法」。手工業受到一定限制，科學技術是末業，商業受到嚴格控制和打擊。所謂：「以農為本，壓抑商賈。」戰爭在經濟上的目的是：諸侯之間的戰爭是爭奪更大的土地使用權，諸侯與國王的戰爭是爭奪土地所有權。

（六）統治理論——「周禮」

為了維護國王和「禮」制延續下去，統治者和御用文士就要制定出一整套有利於統治者的理論，來愚弄臣民。在中國，夏、殷商兩代，神權政權合一，神權高於政權：「先鬼而後禮。」信仰的主要是祖宗神，權力是由於祖宗神授予的，也有天命的作用。武乙王敢於「射天」，紂王說：「我生不有命在天！」沒有完整的理論體系。到了周朝，周公一方面繼承前兩代的「皇權神授」和占卜等理論，另一方面，改造前兩代治國理論和創造新理論，制定了治國理論最為典型和完備的「周禮」。「周禮」的內容有兩大部分：「周易」和「禮樂」論。

1.周易。

「周禮」的首要理論是「周易」，「周易」是「禮樂」論的理論前提或理論依據。「周易」是政治易。基本觀點是「天命」論，實踐活動是祭祀和使用占卜方式去驗證（占驗）。說什麼：「有命自天，命此文王……篤生武王，保佑命爾，燮伐大商。」「天命靡常，唯德是輔。」【250】意思是：紂王無德，上天就生下有德天子周王，就去討伐紂王，來統治天下。這是天命，不是人為力量所能做到的，臣民們就要尊天命，忠於周王，不要使用人力去爭奪王位。於是就用巫師來占驗，證明天命的存在。於是就祭祀天地和祖先神，保佑周朝代代世襲，萬壽無疆。同時，天命又決定了每個人的命運，命運不是個人力量所能改變的，人人應該安命運，守本分，不要犯上作亂。命運學，包括占卜、算命、看相、點

【250】《中國哲學史稿》上冊第一章頁24。

卦、預測、風水、觀星，等等，弄神弄鬼的烏七八糟的「陰陽五行」的封建迷信活動，由此盛行起來。「周易」經過孔子和一些無聊文人的解說而流傳下來了，至今不衰。所以「周易」，在政治上是愚弄民眾的思想工具，在思想上是麻醉民眾的封建迷信毒品。「周易」裡，沒有邏輯推理和科學論證，不成理論體系，沒有絲毫的哲學成分。

「周易」之所以能夠在政治上和思想上發生巨大作用，有廣泛的傳銷市場，是因為人們對神秘的「天命」不理解，對禍福不定的「命運」不理解。其實，沒有什麼製造不平等的「天命」，只有「天地不仁」的平等待人的「天道」。人的「命運」不平等，禍福不定，是由封建統治者製造出來的；在公民社會裡，人們是能夠把握自己的命運的。隨著君主制度的滅亡，「周易」就自然消亡了。

在西方，與「周易」相當作用的思想理論工具，是宣傳人天生不平等的「多神論」和邪惡宗教，但是都沒有「周易」那樣完備。

2.「禮樂」論。

「禮」和「樂」，在周朝以前就有了。「禮」，本來是指禮儀；「樂」，本來是指音樂、舞蹈之類的娛樂。殷商講宗法的「大宗」「小宗」，但是沒有確立嫡長子世襲制度；「禮」和「樂」只是一種宗教祭祀儀式，沒有系統的倫理學、政治學理論。

到了周公，將「禮儀」分為親疏、等級而用制度固定下來，就成為「禮治」；將「娛樂」分為親疏、等級而用制度固定下來，就成為「樂和」。什麼等級行什麼樣的「禮」和「樂」都有嚴格的規定，不能逾越。這樣，「周禮」的「禮」和「樂」就體系化了，成為「禮治」、「樂和」的系統理論——「禮樂」論。

所以，「禮樂」論宣揚的是宗法親疏、等級制度的統治思想理論，是「周禮」的實用理論。

（1）「禮樂」論的倫理學觀點。「禮樂」論，概括起來就是兩個詞：親親，尊尊。親親，就是嚴格的血緣關係的宗族等級次序，以輩分高的壓迫輩分低的，排斥血緣關係疏遠的人。今日民間流傳說：「大一輩，尊一分。」「親的清不開，疏的收不攏。」「打虎要靠親兄弟。」這些民諺和今日的排外主義都淵源於這種「親親」的倫理學觀點。「尊尊」，就是嚴格的貴賤等級次序，以富貴壓迫貧賤，以主人壓迫奴僕。社會地位越高越尊，財富越多越尊，最尊貴的是國

王。從國王，一級一級地下降，下降到「氓」就沒有「尊」了。

（2）「禮樂」論的政治學觀點。由「禮樂」論的倫理學演繹出「禮樂」論的政治學，就是嚴酷的政治等級次序。依據「親親」，確立了嫡長世襲制度，王位由國王傳給嫡親長子繼承。依據「尊尊」，國王是最高統治者，然後是一級一級的官位元次序，等級森嚴，不能僭越。俗語說：「官大一級壓死人。」

（3）「禮樂」論的實踐活動。

在日常生活裡，衣食住行，上下左右，都有繁禮縟節的嚴格的等級規矩。衣服的顏色、資料、樣式都有「禮」的等級規矩，吃飯時的食物、餐具、桌凳、座位方向都有「禮」的等級規矩，住房的大小、高低、寬窄、裝修都有「禮」的等級規矩，坐、立、走的姿勢、道路種類、左右方向、車輛行人都有「禮」的等級規矩，與人見面的禮節方式都有「禮」的等級規矩，說話的聲音高低、大小、應答詞語都有「禮」的等級規矩，唱什麼歌、演什麼戲都有「禮」的等級規矩，喜禮和葬禮都有嚴格的男女之別和等級限制規矩，男女之間的接觸的「禮」的等級規矩更是多如牛毛。在「禮」的約束裡，稍不小心就會「越禮」，就要受到嚴厲處罰，使人難以動彈。

在政治生活中，「禮樂」的等級規矩更是嚴酷，懲罰殘酷。在先秦的各類文獻裡都有明文記載，這裡不一一列舉了。

孔子要「克己復禮」的就是這種「禮」，孔子為之惋惜的「禮崩樂壞」的就是這種「禮樂」制度。這種「禮樂」論被孔子發展為「仁義」論，漢儒定格為「三綱五常」。

二、簡述波斯王國，馬其頓王國，羅馬王國

有人把波斯王國、馬其頓王國、羅馬王國說成為波斯帝國、馬其頓帝國、羅馬帝國，僅僅一字之差，就混淆了「王國」與「帝國」。「王國」與「帝國」，性質、政體、思想理論都不同，只是在疆域的廣大上有點相似。西方古代的波斯王國、馬其頓王國、羅馬王國屬於「王國」而不屬於「帝國」。關於「帝國」在下文有論述。

雖然波斯王國、馬其頓王國、羅馬王國的疆域廣大，橫跨亞、非、歐，也出現過暴君，但是它們沒有實行帝王專制統治，是貴族聯邦大型國家。

這三個「王國」的共同點是：

貴族以法律共治，不以國王個人意志第一

波斯王國（前578年或522年——前330年），以阿契美尼10個部落貴族共治為主，被征服的民族在督軍監察下實行自治，全國實行法治，政治和宗教都自由；還出現了「大流士改革」。

馬其頓王國（前356年——前300年），實行貴族公民選舉制度。

羅馬王國（前16年——西元405年或1331年），中國古代稱為「大秦」，實行元老院制度，公民大會具有立法權和選舉權。

三個王國的國王實際上都是軍事統帥，政務由貴族共治。

宗教和言論自由

波斯王國雖然把瑣羅亞斯德教為國教（後傳播到中國稱為「拜火教」），同時把基督教傳播全國，又尊重各地民族的信仰自由，還幫助猶太人回到耶路撒冷建造神廟。

馬其頓王國的國王亞歷山大，是亞里斯多德的學生，知識淵博，提倡學術辯論自由。

羅馬王國的國王還接受基督教的洗禮。在羅馬王國裡，公民具有思想言論自由的權利。

促進各民族文化交流融合

波斯王國留下有著名的「希斯吞銘文」石柱，上有三種文字，其中有表音的字母文字。馬其頓王國把古希臘文明傳播到全國各地。羅馬王國把古希臘文明與基督教文明融合起來。

提倡貿易自由，鼓勵發展工商業。

這些歷史事實都證明這三個國家是王國而不是「帝國」。當然這三個王國，都主張領土擴張，以戰爭為能事，都認為奴隸沒有公民權利。

這三個王國比起中國的周朝就開明和進步多了。

➡ 第四節　過渡階段的諸侯並立的中型、小型國家

從貴族聯邦大型國家到帝王專制的大一統國家的過渡階段，在中國歷史上稱為春秋戰國時期，期間只有短短的三百多年。這一階段本不是國家定型時期，用不著去論述；但是在歷史上，無論是倫理學、政治學的理論建樹，還是倫理道德、政治戰爭的實踐經驗，中國歷史上所有的重要人物都集中在這一階段，都有明確的文字記載，具有重大的歷史價值和歷史意義，所謂中國古代文明或中華文

明，主要指的是這一歷史階段。因此對於這一歷史階段不能不論述。

一、周朝四分五裂

儘管周王朝實行等級森嚴的「禮樂」制度，但是仍然逃脫不了由興到衰、從治到亂的專制社會的惡性循環的歷史命運。到了東周周平王東遷元年（西元前771年）到周安王三年（西元前403年），是春秋時代。周安王三年（西元前403年）韓、趙、魏三家分晉，到秦始皇元年（西元前221年），是戰國時代。春秋戰國時期，是列國兼併的戰爭混亂時期，是「禮崩樂壞」時期，最後導致周朝在周赧王五十九年（西元前314年）滅亡，在西元前221年秦始皇統一中國，即貴族共治的大型國家被帝王專制的大一統國家所取代。

春秋戰國時期具有如下主要特徵。

（一）戰爭混亂：諸侯爭做霸主，乃至爭奪王位

家天下的嫡長世襲制度，必然會出現昏庸無能、殘暴腐敗的國王，導致王朝滅亡。西周的周厲王、周幽王，都是如此人物，導致西周滅亡，東周的春秋戰國時期的出現。東周國王權力下移：「政逮諸侯」。理所當然，諸侯就要爭做霸主，乃至爭奪王位，戰爭就紛起。先是「春秋五霸」，再是「戰國七雄」。三百多年，戰爭連綿不斷，最後天下大一統於秦朝。

（二）政體多樣：有的保守政體，有的創造政體

在諸侯爭霸中，每個諸侯都想自己強盛起來，都要研究政體。有的認為「周禮」政體好，就保守周朝政體。有的認為「周禮」政體不好，就進行改革。於是，政出多門，政體多樣：「政在家門，民無所依。」（《左傳》）最重大的改革有：「廢井田，開阡陌」；廢「禮」治，行法治；廢分封，行郡縣。最後是行法治、行郡縣的秦國勝利。

（三）謀臣縱橫，人才輩出

在諸侯爭霸中，每個諸侯都非常重視政治人才，禮賢下士，招降納叛。「士」們也就奮發起來，爭名奪利，周遊列國，縱橫捭闔，入相掛帥，正所謂：「政逮大夫」，「陪臣執國命」。那就是「客卿制」。這樣，就打破了分封的領主制度，出現了地主制度；打破了貴族壟斷政權，出現了庶民「士」人參政。各諸侯國都有著名的庶民出身的政治家、軍事家和英雄人物，其中最著名的有：管仲、晏嬰、樂毅、李牧、百里奚、孫武、孫臏、商鞅、蘇秦、張儀、呂不韋、李斯，等等。

（四）禮崩樂壞，百家爭鳴

「禮樂」論，從周公起到「春秋五霸」，四百多年，成為統治的傳統思想理論和風俗習慣，禁錮人的思想言論自由。諸侯們要爭做霸主，乃至爭奪王位，就不能不衝破「禮樂」論的思想牢籠，尋找新的思想理論。於是就出現了思想理論界的保守與革新的爭論和鬥爭。保守者要保守「禮樂」論，革新者要破壞和拋棄「禮樂」論。由於保守者失去了國王的強大政治勢力的保護和支援，而革新者得到了諸侯強大勢力的保護和支持，經過三百多年的反覆的新舊思想的鬥爭，「禮樂」論被破壞和拋棄了，「法治」和郡縣制思想理論被建立起來。

春秋戰國時期的新舊思想理論的爭論和鬥爭，後來被稱為「百家爭鳴」，參與爭論的各種各樣的保守者和革新者統統被稱為「諸子百家」，被破壞和拋棄的舊的統治思想理論「周禮」稱為「禮崩樂壞」（儒家），被建立起來的新的統治思想理論被稱為「黃老之術」：道家、楊朱家、法家、墨家、名家、陰陽家、縱橫家、兵家、農家，等等。對於這些「諸子百家」的主要學說的論述，在我的《中國思想簡史》裡。

二、波斯王國、馬其頓王國、羅馬王國都被分解為許多諸侯小國

（一）波斯王國

波斯王國在與希臘戰爭中的馬拉松一役中慘敗，後波希戰爭持續半個世紀，國力衰敗下來。大流士二世時就出現埃及獨立，接著一些諸侯王相繼獨立。在馬其頓國王亞歷山大一世的入侵中，波斯王國滅亡。

（二）馬其頓王國

馬其頓王國的壽命短暫，亞歷山大一世死亡後，就分裂為四個王國。

（三）羅馬王國

羅馬王國壽命最長，後分裂為東、西羅馬。西元405年，野蠻的哥特人阿拉裡克入侵西羅馬，西羅馬滅亡，分裂為十個蠻族王國：英國、德國、法國、西班牙等西歐十國。東羅馬直到1131年被野蠻的奧斯曼帝國（土耳其人）消滅。

從西元405年至12世紀蒙古大軍到來之前，歐洲、西北亞、北非都是諸侯王國林立。期間發生過百年的「十字軍東征」的宗教戰爭（基督教與伊斯蘭教），史稱「黑暗的中世紀」。

➡ 第五節　帝王專制大一統帝國

　　本書關於「帝國主義」的界定見第十八章第四節，不是列寧所曲解的「帝國主義」。本節以中華帝國和俄羅斯帝國為例來論述。

一、簡述人類歷史上的幾個典型帝國

　　西元前3世紀人類社會歷史開始出現第一個帝王專制帝國——中華大秦帝國（前221年－前200年），此後中華帝國在不斷改朝換代中延長到清朝末年（1912年）才滅亡。西元12世紀至20世紀是帝王專制帝國發展、強盛時期：奧斯曼帝國（1131年－1683年），中華大元帝國（1271年－1368年），俄羅斯帝國（1480年－1915年），奧匈帝國（1867年－1918年），德意志帝國（1871年－1918年），蘇聯帝國（1917年－1990年），日本帝國（1877年－1945年），納粹德國（1930年－1945年）。

　　在人類歷史上，帝王專制大一統帝國期間兩千多年，中華帝國的壽命最長。兩千多年的歷史好像漫長，但是在人類社會運動所經歷過的百萬年中，只是一個短暫的歷史階級。

　　請看帝國主義者的醜惡嘴臉：

　　　　俄羅斯帝國的葉卡特琳娜二世說：「如果俄羅斯要獲得民眾和周圍鄰國的尊重，俄羅斯必須成為一個令人生畏的國家。」「如果我能活二百歲，整個歐洲都會拜倒在俄羅斯人的腳下。」【251】蘇聯帝國的列寧說：「無產階級專政的權力是一種不受任何約束的權力，不受法律條文的約束，絕對不受任何規章制度的束縛，它完全是以暴力為基礎的。」【252】史達林也說：「如果別人怕你，那就是說他尊重你；如果你想要別人尊重你，那你就是讓他怕你。」「我們要解放全人類。」「真理掌握在勝利者手裡。」【253】前蘇聯帝國的特務頭子、現在的俄羅斯最高領導人普京說：「俄羅斯的領土不多一寸。」【254】

【251】中學教材《世界歷史》頁169。

【252】《列寧選集》第十卷頁495。

【253】1950年史達林接見劉少奇講話。

【254】普京2012年就職講話。

可見，帝國一開始，就是野蠻屠殺和瘋狂擴張；可見帝國主義者都是神經錯亂的瘋子、野蠻人；可見，擴張領土和掠奪人口是帝國的唯一目的；「恐怖主義」就是帝國的思想武器和唯一手段。

二、中華帝國

秦朝通過殘酷的大規模的殺人戰爭，兼併土地，擴張領土，消滅了「六國」；又南征北戰，擴大了疆域，實現了大一統帝國。

秦朝的建立，標誌著中國諸侯爭霸的過度時期結束，君王制度成為歷史，帝王專制的大一統的中華帝國統治開始了。中華帝國，從秦朝以後，經歷著不斷改朝換代，到了清朝末年的辛亥革命而結束2232年的壽命。

秦朝的大一統不是復辟周朝的大一統，不是歷史倒退，也不是歷史循環了一周，而是歷史在向前循環運動到離道離德的極其遙遠處，將會「物極必反」，歷史開始轉折為「善回向」運動。但是，歷史在極其遙遠的地方將會運動一段時間，不是立即「返回」。

三、俄羅斯帝國

俄羅斯人形成民族比較晚。1380年，羅斯人與馬麥的蒙古軍隊會戰獲勝，莫斯科大公季米特良為頓河王，擺脫了蒙古人的統治而獨立。然後，羅斯統治者不斷兼併周圍氏族部落，發展為俄羅斯國家。1565年實行沙皇特轄制。「沙皇」一詞是從「凱撒」諧音而來，意思是「凱撒」的繼承人，稱「羅馬帝國」為「第一帝國」，自稱「俄羅斯第二帝國」。從此，凡是「沙皇」和改頭換面的「沙皇」，都是嗜血成性的瘋子，不斷地瘋狂擴張領土。除了向西方擴張外，還向東方不斷擴張。1643年入侵中國黑龍江，1689年簽訂俄中《尼布楚條約》，1858年簽訂俄中《璦琿條約》，1860年簽訂俄中《北京條約》，1950年簽訂《中蘇友好條約》，2001年簽訂《俄中睦鄰友好條約》。除了《尼布楚條約》是平等條約外，都是俄羅斯帝國的侵略條約。對中國而言，只有俄羅斯帝國統治者才具有帝國主義的侵略野心，連小小的珍寶島也不放過；日本統治者具有殖民主義野心；其它外國都沒有侵略中國的帝國野心。

四、比較帝王專制的大一統帝國與貴族大一統的君主制度的區別和特徵

（一）就其所依據的理論前提的性質而言

貴族政體所依據的是神權：「天命」和「祖宗神」，虔誠地祭祀天神和祖

宗神：「畏天命」，「天視我民視」。

帝國政體所依據的是帝王個人意志，「天神」和「祖宗神」只是帝王個人意志的表現形式。帝王可以封神和造神。秦始皇是第一個封泰山神的皇帝，所以民間就到處有「東嶽廟」。御用文人說秦始皇功蓋「三皇五帝」，「始稱皇帝」。此後君王都稱為「皇帝」，不斷地隨心所欲地封神和造神。宋徽宗把唐朝封的「文宣王」孔子封為「至聖」，奪了老子的地位；把關羽封為「武聖」，奪了姜子牙的地位。從此學堂就朝拜孔子，民間就朝拜關公。皇帝不僅能夠「戮天」，而且能夠更改祖制：「法後王。」儒生經常用「天命」、「天數」和「先王遺詔」去恐嚇皇帝，但是沒有效果，只有到了末代皇帝才起一些作用。皇帝的每一句話就是「金口玉言」或「最高指示」，是一切思想理論的依據。即就是說帝王政體不需要任何「天道」、「人道」之類的思想理論依據，那些以前的思想理論只不過是帝王引用來附和自己個人意志的說辭或遮羞布。所謂的儒家、法家思想理論和西方的君主論、黑格爾、尼采的「主人哲學」、「奴隸哲學」理論，都只不過是對帝王的個人意志的解釋，沒有什麼新意。皇帝的個人意志，就是「天命」和「民意」，什麼「普遍意志」、「普世價值」統統見鬼去吧！所以，每個開國或中興皇帝都是「千古一帝」，他們的「金口玉言」都是真理。

相比起來，貴族政體的思想理論還有一點「天道」、「人道」影跡，經常出現「有道」與「無道」的辯論。而帝王政體的思想理論完全消失了「天道」、「人道」的蹤影，熄滅了臣民的「有道」與「無道」的辯論，大興「文字獄」；即使有辯論，也只是對「金口玉言」有不同理解的辯論；不容許臣民個人去獨立思考，完全剝奪了每個人思想言論自由的自然權利。

（二）就其倫理道德的性質而言

貴族政體重視倫理道德：1.對國家，宣傳「天命靡常，唯德是輔」，實行「以德治國」的「禮治」。2.對貴族「民」，按照「親疏」「尊卑」的原理劃分為許多等級，比如「元士，上士，中士，下士」。3.對同一血緣的家族、宗族倫理輩分十分嚴格，注重「孝悌」，實行嫡長子繼承權。4.對貴族「民」個人，要求具有「嗇」（節制）、勇敢、榮譽等美德。「亂倫」和「越禮」（犯上）是貴族政體最大的兩項罪行。

專制政體不需要倫理道德，或者說倫理道德只是皇帝的一種擺設或手段。1.帝王的地位高於一切人之上，帝王的言行是最高的道德典範。2.皇帝的祖父母、父母都要向皇帝行君臣之禮，皇帝可以給祖父母、父母賜死，弒父殺兄、娶

母奸嫂是經常發生的事情。廢除了嫡長子繼承權，依據皇帝的愛好世襲皇權。血緣關係的家族、宗族人員只是皇帝或奪取或維穩皇權的一支隊伍。3.皇帝按照權力的大小給官員劃分等級，官員的地位很不穩定，禍福都被皇帝捏住。4.皇帝與臣子的關係是相互玩弄權術的關係，並無誠信之類的道德可言。5.在貴族政體裡，紂王想立妲己為王后就被滅亡，褒姒無法成為王后。而在帝王專制政體裡，漢武帝就十分輕易地廢掉皇后阿嬌，並未遭到非議。

（三）就其國家的性質而言

貴族政體有善有惡，善的有貴族共和政體和君主立憲政體，惡的有君主無道的暴政。帝王專制政體，有惡無善，即使是開明皇帝，也不能容許大臣去分權，只容許納諫，重用有治政能力的臣子：「任人唯賢」與「任人唯親」。暴君、昏君更是窮凶極惡。

（四）就其法學理論而言

貴族政體有維護貴族利益的法律，通過貴族「民」共同討論出來：「刑不上大夫，禮不下庶人。」對貴族主要是用「禮」去約束，對庶人（庶民）才使用法律，但是法律輕微。「無道」暴君，把奴隸不當人看待，使用嚴刑酷律，作犧牲，作陪葬品。「周禮」廢除了用人作犧牲和作陪葬品。帝王專制政體沒有法律，只有恐怖。所謂「法律」，就是皇帝的「金口玉言」；漢文帝廢除了酷刑和活人殉葬制度，朱洪武又可以把它們恢復起來。所謂「司法」，就是酷吏；各種各樣的酷刑都被酷吏創造出來。開明帝王緩和一些，暴君、昏君就慘無人道。

孔子、孟子的「仁義」論與荀子、韓非子的「刑法」論相比較，「仁義」論所主張的是貴族政體的「仁政」，「刑法」論所主張的是帝王專制政體的暴政。可是，漢儒、宋儒卻修改孔孟之道，去掉了為貴族「民」的「民本思想」，表面上攻擊韓非子，卻把荀子列為儒家人物，把「仁義」論與「刑法」論綜合起來，為帝王專制政體服務。所以，帝王在表面的宣傳上使用「仁義」論的「仁政」，在實質的實用上使用「刑法」論的暴政，所謂「外儒內法」是也。於是，儒家和法家都成為帝王使用的思想武器。

（五）就其經濟學理論而言

貴族政體在經濟上王室與貴族「民」共用天下財富，實行封建制度：把土地和臣民分封給諸侯王。當然，天下還是國王的：「率海之濱莫非王土，率土之民莫非王臣。」周公與孔子主張的「天下為公」，是國王與貴族的「公有制」，其中有貴族的私有財產。

帝王專制政體在經濟上帝王獨享天下財富：「家天下」，實行「公有制」，皇帝一人就是「公」。官員只能獲得皇帝賜予的俸祿，俸祿又會隨時被皇帝剝奪。漢儒、宋儒的「天下為公」，是皇帝一人的「公有制」，官員的私有財產是皇帝賜予而又能夠被剝奪的，不能為私人長期佔有。

（六）就其國民的個人權利而言

貴族政體的貴族「民」具有一些個人的自然權利和社會權利，而庶民和奴隸就完全被剝奪了所有的權利。

帝王專制政體的所有臣民都被剝奪了所有權利。皇帝實行「一言堂」，大臣有進諫的言論自由，如果不符合皇帝的心意，就不被採納，甚至進諫的大臣遭到殺戮：「死諫」。地方長官依據皇帝的「金口禦言」，也實行「一言堂」。於是，「文字獄」、「言論獄」盛行天下，欽差大臣和特務橫行天下。臣民的身體也是皇帝的私有財產。有道是：「為了聖上，臣願肝膽塗地。」或曰：「臣鞠躬盡瘁，死而後已。」如此，有何個人權利可言呢？如此，幾千年的傳統思想馴化和惡劣習慣風俗的薰染，就難怪中國人至今不知道個人權利為何物了。

（七）就其每個個體「民」對國家的態度而言

貴族政體的貴族「民」，知道王國是自己的國家。他們在國王是暴君而蹂躪王國時，就群起而攻之；在王國遭到侵略時，就為了家族榮譽去作戰。當然，庶民和奴隸就不知道他們有自己的國家了，只是被動地被貴族們驅使著，卻隨時會反戈一擊。

帝王專制政體的臣民，不知道自己有國家，也的確沒有自己的國家。在皇帝蹂躪國家和國家遭到侵略時，大臣們就分為「奸臣」、「漢奸」和「忠臣」、「民族英雄」。「奸臣」、「漢奸」是大多數人，他們遷就皇帝的性格，從中獲得好處；他們隨時準備易主而食。「忠臣」、「民族英雄」是少數人，他們並不是為了救國救民，而是為了「報知遇之恩」或者個人「千古流芳」，成為鐵杆保皇派。不管是「奸臣」、「漢奸」或「忠臣」、「民族英雄」，都沒有「救民」的動機和思想，與個體「民」沒有任何好處，反而製造千萬個體「民」的災難。如此，朝代更迭，惡性循環，生民塗炭。

那麼，「臣民」中的個體「民」對國家持什麼態度呢？每一個個體「民」的權利都被皇帝剝奪得一乾二淨，沒有參政的權利，也沒有自己的國家。他們不知道什麼是政治、什麼是國家，改朝換代和外族入侵與他們無關，誰坐龍庭都一樣，他們照樣背負苛捐雜稅，缺吃少穿。「奸臣」是「奸」皇帝，「忠臣」

是「忠」皇帝，都是在為害他們。「智慧的化身」諸葛亮為報劉備的「知遇之恩」而「六出祁山」，死傷蜀國個體「民」百萬人。「民族英雄」史可法 保朱家天下而死守揚州城，招來「揚州十日」，屠殺的是個體「民」。清軍死守桂林城，招來太平軍「桂林屠城」，被殺的是個體「民」。「奸臣」董卓屠殺的是個體「民」。只有「奸臣」、「賣國賊」的秦檜和汪精衛卻還避免了個體「民」遭到屠殺。「東林黨」說：「風聲雨聲讀書聲聲聲入耳，家事國事天下事事事關心。」還說：「天下興亡，匹夫有責。」第一句說的是「東林黨」要與「奸臣」誤國作鬥爭，要去實現「修身齊家治國平天下」凌雲壯志。而個體「民」生命不保，哪有如此凌雲壯志？第二句說的是在戰亂之中每個國民都要去保家衛國，而每個個體「民」在戰亂中家破人亡，從來就沒有自己的「天下」，「天下興亡」與「匹夫」有何關係？「匹夫」又有何種「責任」？要人去送死了就需要「匹夫」了嗎？孰善孰惡、孰是孰非，「匹夫」他們不知道，也無從知道。

結論：在帝王專制政體裡，個體「民」沒有任何權利，沒有國家，沒有自己的國家可以熱愛，不管是家賊竊國還是外賊佔領，誰坐龍庭都一樣，與「匹夫」們無關：「天下興亡，匹夫無責」。慈禧太后有言在先：「甯贈友邦，不予家奴。」「家奴」們或「匹夫」們再不能被皇帝、大臣愚弄了。如果要「天下興亡，匹夫有責」，那麼前提條件是：「匹夫興亡，天下有責」。「匹夫」們應該覺醒了，去跟著那些「匹夫興亡，天下有責」的人再鬧一陣子，或許會奪回喪失了的所有權利。

（八）就其政體結構形式而言

帝王專制的政體結構形式是：皇帝一人至高無上，統領：軍權、政權、立法權、司法權、財政權、監察權、教育權（宣傳權）、宗教權、後宮權，賜封（任命）和撤銷（罷免）：軍官、官員、法官、理財官、欽差大臣（特務頭子）、主考官（宣傳官）、宗教主持、皇后。有道是：「大權獨攬，小權分散」。

（九）就其運動形式而言

儘管皇帝一人至高無上、「金口玉言」，但是人類歷史的運動形式和趨向，並非皇帝一人說話算數，並非由皇帝決定，皇帝並非能夠「萬萬歲」，某個王朝並非「萬世無疆」；人類歷史只是按照大道賦予的循環運動形式向前而去。王朝不斷更迭，惡性循環運動一個時期，到達離道離德的極遠處，就會轉折回向善性軌道運行，「以至大順」。這真是：「人算不如天算」，「機關算盡，反算

了卿卿性命」，「到頭來，為他人作嫁衣裳」。【255】

➡ 第六節　寡頭、民主混雜的中型、小型國家

儘管帝王專制大一統帝國勢力強大而又窮凶極惡，但是它的覆滅而成為歷史陳跡是人類社會運動歷史的必然，取代它的將是帝國分崩離析後的寡頭、民主混雜的中型、小型國家。

一、民主國家的興起和帝國的瓦解

在人類社會歷史上，我們見到許多帝王專制大一統帝國，有的橫跨歐亞非大陸，氣勢洶洶，不可一世。但是畢竟只是「不可一世」，卻不能「不可萬世」，到後來都土崩瓦解。活得最長久的算是中華帝國，也只有2132年（西元前221年到1911年），與人類出現到現在的一百多萬年相比較，只是一瞬間。這真是：「滾滾長江東逝水，浪花淘盡英雄。……古今多少事，都付笑談中。」可見，「善道」是不可阻擋的，大自然的運行規則是不可阻擋的。

人類社會運動到13—16世紀，義大利率先出現了「文藝復興運動」，接著英國洛克發表《政府論兩篇》，復興了蘇格拉底的「善理念」和「理想國」的構想，摧毀了「父權」、「君權」思想理論體系，掀起了英國民主革命，把查理一世送上了斷頭臺，創建了英國君主立憲制的英聯邦。接著，18世紀初法國出現了啟蒙運動，掀起了法國大革命，推翻路易十四所創建的絕對君主制度，創建了法蘭西共和國。同在18世紀中葉，美國獨立戰爭勝利，創建了比英國、法國較為完善的民主法治國家。奧斯曼帝國在17世紀遭到英、法聯軍的重創，各民族相繼獨立，衰弱下來，經過第一次世界大戰後，1922年滅亡。奧匈帝國和德意志帝國都在第一次世界大戰中滅亡。中華帝國的清朝，在貿易戰爭中屢戰屢敗，割地賠款，疆域縮小，衰弱下來，1911年出現了辛亥革命，創建了中華民國。新興的俄羅斯帝國正在不斷擴張時，1915年國內爆發了「二月民主革命」，1917年尼古拉二世退位而滅亡。18、19世紀，西歐民主制度中型、小型國家林立。19世紀初，亞洲相繼出現了日本、泰國的君主立憲制和菲律賓等民主政體。20世紀韓國、新加坡、馬來西亞、印尼、東帝汶、印度、巴基斯坦、斯里蘭卡，等等亞洲國家都

【255】《紅樓夢》第三回詩句。

實行民主政體。南美洲、澳洲大多數國家實行民主政體。

從16世紀到20世紀的短短四百年裡，民主政體國家從大一統帝國疆域裡誕生出來，古老帝國土崩瓦解，政治體制在翻天覆地地發生變化，各種各樣的中型、小型寡頭國家也從大一統帝國疆域裡冒出來。

這個時期的思想理論也十分複雜，五花八門：有維護帝國的傳統思想理論（如儒家、法家、恐怖主義），有維護帝國的說辭新鮮的思想理論（如社會進化主義、納粹主義、法西斯主義、軍國主義），有維護貴族王國的思想理論（黑格爾主義），有「四不像」的大雜燴思想理論（如康德主義），等等。但是，民主法治國家不斷地誕生，自由平等和民主法治思想很快就形成世界潮流，蕩滌著帝國的殘渣餘孽。正如孫中山所言：「世界潮流，浩浩蕩蕩，順之者昌，逆之者亡。」

二、帝國的殘渣餘孽與新生民主國家的較量

從16世紀到21世紀如同諸侯並立的中型、小型國家時期那樣，是一個過渡時期。過渡時期是爭奪最激烈和最複雜時期，古老的帝國雖然遭到覆滅，但是它們的傳統帝國政體和傳統思想文化還保持著巨大的慣性力和影響力，還要頑固保守，變換花樣，以新型面目出現，苟延殘喘，成為帝國的殘渣餘孽；民主國家要維護本國公民權利，還要支持新型帝國裡的民眾奪回公民權利。雙方在各個方面採取各種戰略戰術進行較量。正如毛澤東所說：「當今世界，大動盪，大分化，大改組。」

（一）帝國的殘渣餘孽的負隅頑抗

在這裡，為了論述的方便，就把古老帝國的殘渣餘孽稱為新帝國主義者。

新帝國主義者負隅頑抗，或以新的說辭蒙蔽國內民眾去建立新型帝國，或改頭換面為寡頭極權專制政體，或把建立不久的民主法治政體復辟為專制政體，或返回到王國政體，或實行表面上的民主而實質裡的專制，等等。他們的爭取和愚弄對象是本國受到帝國傳統政體和傳統思想文化習染嚴重的國民，支援和維護他們建立新型帝國。他們在鬥爭中失敗大而勝利小：在第一次世界大戰後，就出現了納粹德國、蘇聯帝國、義大利法西斯政體、日本軍國主義帝國，等等；在第二次世界大戰後，納粹德國、日本帝國、義大利法西斯覆滅，而蘇聯帝國強大起來，在蘇聯帝國的扶植和支持下，出現了一大批寡頭極權國家和獨立的王國；在冷戰後期，蘇聯帝國解體，一大批寡頭極權國家實現了民主法治，新型的俄羅斯

還保存著蘇聯帝國的許多痕跡，有復辟的危險。亞、非、拉地區的寡頭極權政體都處在岌岌可危之中，新帝國主義者常常採取的抵抗手法是：

1.製造有利於自己的興論和封鎖不利於自己的興論。A.用最現代化的最時髦的褒義名詞和漂亮的政治口號來偽裝自己。例如：伊拉克社會主義復興黨（其實是寡頭黨）、德國國家社會主義工人黨（其實是納粹主義黨）、多黨合作制（其實是帝王與大臣合作）、蘇維埃社會主義聯盟（其實是社會帝國主義）、義大利國家法西斯黨，大東亞共榮圈（其實是日本軍國主義者共榮圈），消滅剝削壓迫和解放水深火熱中的人民群眾（其實是重新剝奪公民個體的一切權利），支持民族獨立（其實是扶植寡頭極權政府），解放全人類（其實是妄想再次擴張帝國領土和人口）；B.用最壞、最時髦、最惡毒的貶義名詞和口號誹謗民主政治和民主人士。例如：帝國主義、殖民主義、官僚資本主義、列強、侵略者、三座大山、階級敵人、剝削階級、資產階級、地主階級、民族敗類、賣國賊、洋奴、漢奸。C.大興「文字獄」、「言論獄」，剝奪國內人民的思想言論自由和封鎖來自民主國家的聲音，培養御用文人，用「領袖思想」對國民進行洗腦。D.宣揚主權高於人權的無道思想，用「不干涉內政」的血緣家族、民族的無道的傳統「親疏」觀念，把外來的正義聲音誹謗為帝國主義者的侵略，抵制外來譴責，以便自己放開手腳對國民實行暴政。

2．實行「一元化」專制領導，把軍權、政權、立法權、司法權、經濟權集中於「領袖」一人或高官幾人身上。

3．政府機構實行等級制，官員實行身份制，層層加壓於國民，層層專制統治，官員要麼是惡官酷吏，要麼是貪官污吏。

4.控制國民經濟命脈和生產貿易，實行骯髒的分配制度，造成貧富兩極分化，極少數人掠奪了絕大多數財富，絕大多數人處於為了生存而日夜奔波之中，完全沒有生產貿易自由平等和為國民創辦平等福利的思想動機。

5.製造戶籍管理制度，剝奪國民的遷徙自由和勞動自由權利，把國民囚禁在一個地方，實行軍事管制。

6.為了專政國民，挖空心思地聯合社會上各種各樣的黑惡勢力，甚至不惜「官匪一家」，完全沒有倫理道德觀念，使社會暗無天日，使人跌破道德底線。

7.對外，搞國際聯盟。例如，德、意、日聯盟，「華沙條約國」。新帝國主義者根本沒有信譽可言，只相信和注重自己的個人意志——即所謂的政治意識形態，稍不如意，就翻臉不認人，兵戎相見：「老子皇帝註定要控制兒子皇帝」，

「老大哥註定要欺負小弟弟」。「華沙條約國」靠不住，蘇聯軍隊能夠去侵略匈牙利、捷克斯洛伐克。

8.不斷地製造假想敵人，挑起國際事端，加劇國際緊張局勢，激發國民的民族主義情緒，轉移民眾對政府的不滿情緒和注意視線。

9.研發先進武器，向內外炫耀武力；對內鎮壓，對外發動戰爭。垂死掙扎的動物是最富於瘋狂性和殘忍性的，新帝國主義者在這個時期就是處在垂死掙扎階段，特別瘋狂和殘忍。A.對國內人民的反抗，即使是和平示威，也敢於冒天下之大不韙，給予殘酷的武裝鎮壓。例如，羅馬尼亞的齊奧塞斯庫，匈牙利事件。B.它感到統治者地位來自外部威脅時，就不惜發動戰爭；它自以為武裝到牙齒的時候，就毫不猶豫地發動侵略戰爭。第一次、第二次世界大戰和蘇聯帝國對社會主義陣營內的小國的侵略戰爭，伊拉克薩達姆侵略科威特，等等，就是事實證明。

10.把權力看得比生命還重要。新帝國主義者，在野時都是政治野心家，時刻覬覦最高權力，為此，不惜愚弄貧窮人跟著自己去玩命，搞恐怖活動。他們一旦取得了最高權力，就實行終身制，死不退位，有的還恢復世襲制。如果要他們退位，他們就要人民流血。例如，羅馬尼亞的齊奧塞斯庫、朝鮮金家王朝、阿富汗的塔利班集團、伊拉克的薩達姆、利比亞的卡紮菲，等等，枚不勝舉。

新帝國主義者是老奸巨猾、十惡不赦的一夥竊國大盜。

（二）民主國家和民主人士則針鋒相對

1.不斷完善民主法治政體，歸還公民的一切權利，抵禦帝國主義者的威脅。民主法治政體在剛剛建立的時候，是一種弱小的新生事物，還帶著帝王專制遺留下來的惡劣習慣風俗的深深傷痕，又受著強大的帝國主義勢力的威脅，為了生存和壯大起來，她必須採取一些強硬手段。在國內，一邊摸索和試行民主法治政治，取得實踐經驗，完善民主政體；一邊對帝國主義的殘渣餘孽使用武力加以掃除，比如美國的南北戰爭。在國外，一邊對帝國主義勢力的威脅，也使用武力抵禦，炮轟帝國主義的大門，擴大貿易領域，並且實行租借殖民，比如英聯邦的形成；一邊利用帝國主義者之間的矛盾，結成各種國際聯盟，消滅最強悍的帝國主義者。民主法治國家這些訴諸武力的作法，也就成為後來的新帝國主義者的攻擊藉口，反而被新帝國主義者張冠李戴為「帝國主義者」的殘酷行為和侵略行為。當然，新帝國主義者都是黑白顛倒的傢伙，把販賣黑奴和對印第安人的屠殺那些本是帝國主義者的行徑，也加到民主法治國家的頭上來；不分青紅皂白地把參加

第一次世界大戰和第二次世界大戰的英國、法國、美國與德意志帝國、納粹德國、日本軍國主義、俄羅斯帝國、蘇聯帝國混為一談，都說成是帝國主義者瓜分世界的行徑。

2.實行生產和貿易自由，提高國民生活水準，增強國力。

3.普及國民義務教育，提高國民素質，使國民都明白公民的普遍意志等民主法治思想理論。

4.開放思想言論和宗教自由，國家機構不能掌握輿論工具和管理宗教，開發了國民智慧。

5.創建民主法治國家聯盟組織和各種各樣的國際組織，遏制新帝國主義者的擴張貪欲，保衛世界和平。

6.向全人類宣傳民主法治和自由平等博愛理念，使新帝國主義國家內的人民覺醒起來，加速新帝國主義者的滅亡。

7.為新帝國主義國家的民主和異議人士提供政治避難，支持新帝國主義國內的民主運動。

8.針對窮凶極惡的新帝國主義者，發展先進武器，增強威懾力量。

9.揭露和譴責新帝國主義者專政和屠殺國內人民的罪行，對於死不改悔的獨裁者和恐怖主義者，實施國際懲罰手段，捍衛人權價值理念

所以，我把這個時期的政治體制國家，稱為「寡頭、民主混雜的中型、小型國家」。

➡ 第七節　民主法治大型聯邦國家

帝國的殘渣餘孽與新生民主國家的較量，雖然會反覆曲折，但是，隨著時間的推移，新帝國主義者的聯盟內部會發生分化而消失，勢力會逐漸衰弱，地盤會越來越小，最後就徹底覆滅，成為歷史陳跡；而新生民主國家的聯盟，會越來越堅固，越來越強大，出現了民主法治大型國家。

且看這個運動過程。

在英國、法國出現民主法治政體不久，就遭到奧斯曼帝國的入侵，被英法聯軍打敗。接著，歐洲的帝國力量聯合起來，去攻打法國，造就了拿破崙。拿破崙節節勝利，把民主價值推向整個歐洲。後來，拿破崙在軍事上失敗了，路易帝國專制復辟了，但是民主價值得到宣傳，《拿破崙法典》在起作用，隔著海峽的

英國還存在，並且英聯邦在擴大。美國的民主法治政體的出現，增強了民主政體的力量。

　　拿破崙的失敗，使帝國陣營擴大，勢力增強。但是，帝國主義者是最不講信譽的，只講獨裁者個人意志和帝國領土擴張。德意志帝國在俾斯麥首相的「鐵血」經營下強盛起來，野心勃勃。俄羅斯帝國、奧匈帝國、奧斯曼帝國都是如此。於是出現了「同盟國」和「協約國」兩大陣營，爭奪歐洲統治權的戰爭爆發了——第一次世界大戰。民主法治國家勢力弱小，英國和美國則採取遠交近攻的策略，加入俄羅斯帝國聯盟。第一次世界大戰使德意志帝國、俄羅斯帝國、奧匈帝國、奧斯曼帝國一齊覆滅，英國和美國得到發展，並且歐洲民主法治國家增多。中國的軍閥政權被削弱，北伐戰爭取得勝利，中華民國獲得穩定。

　　第一次世界大戰之後，德國在希特勒的領導下，出現了強盛的納粹德國，又野心勃勃起來；日本軍國主義趁機而起，義大利法西斯也強大起來，德意日結成聯盟，發動第二次世界大戰，妄圖瓜分世界。蘇聯帝國開始時保持中立，從中漁利，與德國簽訂互不侵犯條約，瓜分波蘭；又與日本簽訂條約，妄想瓜分滿洲。英國、法國與一些民主國家聯盟，抗擊德意日。美國政府受到美國憲法制約，開始時不能參戰，只能對英國、法國給予道義和物質支援。後來，瘋狂的德國侵犯蘇聯帝國，瘋狂的日本轟炸美國珍珠港，使蘇聯和美國參戰，不可一世的德意日很快覆滅。第二次世界大戰後，歐洲、亞洲民主法治國家如雨後春筍出土了，形成了強大的世界民主陣營。同時，蘇聯帝國也強大起來。在成立的「聯合國」裡，民主陣營力量顯然大於蘇聯帝國陣營。世界從此進入兩大陣營敵對的冷戰時期。

　　在冷戰時期，唯一強大的蘇聯帝國內部不斷發生變化，政府高層爾虞我詐，相互殘殺；帝國陣營內部也你爭我奪，「老大哥」不斷欺負和侵犯「小弟弟」；並且還窮兵黷武。蘇聯帝國種種專制暴虐行徑，使國內民不聊生，使帝國陣營貌合神離。在民主法治國家的強大輿論攻勢下，帝國陣營內國家民眾逐漸覺醒，開展各種各樣的抗議活動。很顯然，在冷戰中，蘇聯帝國已經外強中乾，成了強弩之末，滅亡是必然的。

　　在冷戰後期，蘇聯帝國高層領導中出了一個保持了「天生善心和自然智慧」的人，他叫戈巴契夫。戈爾巴喬修改蘇聯帝國的對外政策，首先對「小弟弟」們的國內政治不予干涉，讓其自生自滅。於是，東歐各國，民主運動興起，首當其衝遭到滅頂之災的是最殘暴的羅馬尼亞，27年不退位的齊奧塞斯庫，齊奧

塞斯庫殘酷地鎮壓國內民眾的和平示威，引發七天內戰，被送上首都廣場的絞刑架。接著，東歐寡頭政權一個個倒臺，民主法治政權建立。其中，最值得一提的是東德的德里昂總書記，自動放棄專制統治，讓東德和平過渡到民主法治政體。戈巴契夫放棄反美外交政策，與美國政府交好；放棄冷戰政策，簽訂削減和禁止核武器生產，緩和了國際緊張局勢。但是，蘇聯帝國的殘渣餘孽們是不甘心情願地失去權力的，他們發動了軍事政變，囚禁戈巴契夫，攻打首都莫斯科。被戈巴契夫提拔起來的莫斯科第一書記葉利欽，面對槍林彈雨，在危難之中挺身而出，號召莫斯科和全國民眾反抗軍事政變。莫斯科市民蜂擁而至，勸說政變官兵調轉槍口，活捉政變頭目。蘇聯帝國覆滅，蘇聯被解體。

　　至此，現代世紀最強悍的帝國主義者滅亡了，冷戰時代結束，民主法治陣營擴大，歐洲基本實現了民主政體。「歐盟」的出現，標誌著民主法治大型聯邦國家時代到來，標誌著新帝國主義者的殘渣餘孽的時日不多了。

　　當今世界，邪惡的新帝國專制者，在一個個倒楣：薩達姆、塔利班、卡紮菲等等。新帝國專制者的出路只有一條：垮臺；方式只有兩個：或者自動退位，落得個晚年安寧；或者負隅頑抗，製造內戰，就像齊奧塞斯庫、薩達姆那樣上絞刑架。

　　人類社會運動到民主法治社會，是轉折到「善回向」的善道軌跡來運動。

　　民主法治大型聯邦國家一個接著一個地形成，帝國徹底覆滅了，全世界一體化了，地球村出現了，世界和平安寧了。

　　民主法治大型聯邦國家還不是完善的民主法治國家，還具有大國的特徵：有廣闊的疆域，有國界，有龐大的國家機構，有自由平等競爭的貿易，有商品和貨幣，有貧富不均，特別是有帝國的殘渣餘孽以及惡劣的傳統思想和習慣風俗的影響，有反帝國復辟的平亂戰爭。

　　這樣，民主法治大型聯邦國家必須不斷改革：1.在統一的憲法下實行地方自治；2.弱化中央政府的權力；3.逐漸削減常備軍隊數量；4.消除核武器和核設施以及環境污染是中央政府的一項艱鉅任務；5.清除帝國的傳統思想和習慣風俗是全體國民一項移風易俗的艱鉅任務；6.逐漸模糊國界線；7.逐漸平衡各地經濟水準；8.逐漸均平居民生活水準；等等。

　　民主法治大型聯邦國家經過一個階段的發展，就完成了自己的歷史使命，過渡到中型、小型公民福利國家。

➡ 第八節　中型、小型公民福利國家

中型、小型公民福利國家是人類社會最後一種政治社會。

一、概述中型、小型公民福利國家

說她們是中型、小型公民福利國，是因為她們還帶有國家的某些痕跡，還有被選舉出來的立法、司法和政府代理人，還有商品、貨幣，國界線還沒有消失，還有一些外交活動。

說她們是政治社會，是因為她們已經消失了原來國家的主要特徵：沒有常備軍隊和員警，沒有軍工生產，沒有政黨，沒有競選活動（國家很小，相互非常瞭解），沒有自由競爭貿易活動，越過國界線而不需要護照之類的證件，等等，她們都是一個個的社區，不像國家。例如今日聖馬利諾之類的小國，就不像國家。

現今的聖馬利諾被稱為袖珍國家，是義大利的國中之國，總人口約三萬，總面積約六十一平方公里，相當於中國一個中等鄉鎮那麼大，是著名的現實的典型的中型、小型公民福利國家。

在聖馬利諾裡：（1）有著善良的風俗，人人平等互愛，沒有貪官污吏和地痞流氓；（2）國家領導人，由公民公選，任期六個月，只是順著民意辦理和處理一些公務和外交上的事，對於政權大事由公民或代表公民的機構來處理；（3）國家沒有預防和鎮壓國民的常備軍和員警；（4）國家工作人員沒有特許的生活待遇；（5）國民都能自由地尋找自己的工作，可謂是「復結繩而用之」。（6）國民都享受義務教育、義務治療、生養贍養等福利生活；（7）進出境不用簽證；等等。

可見，聖馬利諾社會優於美國民主法治社會，是老子所說的「小邦寡民」的初級階段。當然，聖馬利諾還是處在各種政治制度混雜的世界中，如果全世界都是聖馬利諾，那就是老子所理想的沒有政治的「小邦寡民」的世界社會。

我們還可以從考察中國現今社會的一些市民生活社區獲得啟示和證明。

在深圳，我考察過一些社區，可以分為三種類型：貧窮社區，中等生活水準的社區，富裕生活社區。

在貧窮社區裡，人們日夜為生存而奔波，法律的懲罰總是針對他們而來，厄運總是落到他們頭上，機遇總是與他們無緣。他們不僅團結起來向法律作鬥

爭，還挑戰法律。他們之間也經常為生活必需品的獲得而發生鬥爭。他們總是不得安寧。國家沒有給予他們任何社會福利和權利。

　　在中等生活水準的社區裡，人們不為生活必需品而操勞，卻為發財致富而忙碌。他們有機遇而不多，法律經常干擾他們，但是他們並不去挑戰法律，很少團結起來向法律作鬥爭，他們總想平安無事。他們之間見面和和氣氣，相互友愛，相互幫忙。

　　在富裕生活社區裡，人們都養尊處優，互不來往，門對門的人也互不相識。他們相互戒備，特別戒備陌生人。社區的保安設施特別齊備，戒備森嚴。他們進出都是小轎車，行動詭秘。好像他們都居住在「安樂窩」和「貓耳洞」相結合的建築裡。

　　三種社區相比較：「中等生活水準的社區」最容易和平發展為「公民福利社會」，或建設成為「小型公民福利國家」；「貧窮社區」與「富裕社區」都是專制社會的產物，最容易爆發戰爭。戰爭的勝負取決於「中等生活水準社區」的居民的介入的傾向性和深度。

二、比較「中型、小型公民福利國家」與「家族聯盟的小型國家」

（一）不同之處

1.人口組成。

　　家族聯盟的小型國家的人口同一個血緣祖宗，就像小農經濟的自然村那樣。而中型、小型公民福利國家的人口來自各地各個不同民族，就像現代的城市社區那樣。

2.生產水準。

　　家族聯盟的小型國家，生產力落後，生產工具簡單，技術含量極低，勞動量大，又累又髒，勞動效果差，收成不好，靠天吃飯。中型、小型公民福利國家，生產力先進，生產工具複雜，技術含量極高，勞動量小，既輕鬆愉快，又乾淨衛生，勞動效果好，能夠提前預防天災。

3.生活水準。

　　家族聯盟的小型國家，由於生產水準低下，生活必需品匱乏，經常受餓受凍。中型、小型公民福利國家，由於生產水準極高，生活必需品非常豐富，每個人都能得到自己所需要的生活物品。

4.性愛和婚姻生活（見第二十二章）

5.個人素質和品質。

家族聯盟的小型國家，個人素質低下，語言文字不發達，理論水準不高，藝術欣賞力不強，科技不發達，勞動技能差；個人品質，愚昧野蠻，爭強好勝，有為自己和家族爭光的榮譽感，有積累個人財富和積累個人多占異性的欲望。

中型、小型公民福利國家，個人素質高，能夠使用幾種語言，通曉人類的基本原理，能參加各種各樣的愉悅身心健康的藝術娛樂活動，熟悉許多科學技術知識和技能，勞動也成為一種娛樂活動。個人品質高尚，文明和善，做善事不求名譽，生活必需品豐富，用不著去積累個人財富，沒有戰爭，用不著去表現爭強好勝，只有在與天災鬥爭中表現個人的勇敢和愛心。

6.國與國的關係。

家族聯盟的小型國家，國與國之間缺乏瞭解，時常發生流血戰爭，戰俘成為食物或奴隸。強國經常擴張領土。人們遷徙是群體的，單個人不敢離開群體。

中型、小型公民福利國家，與其說是國家，不如說是世界社會裡的一個單元。人們通過電腦等工具，相互非常瞭解，非常友好，相互之間只有關愛，沒有對立鬥爭的現象。個人可以遷徙到任何一個國家去生活。

（二）相同之處

1.小塊區域。

2.小型規模。

3.機構簡單，法律條文簡明。

4.人人具有平等的自然權利。（見第二十章）

➡ 第九節　「小邦寡民」的理想社會

「小邦寡民」這個概念是老子發明的，是界定人類社會運動到最後就是一種「我自然」社會——人類最高理想的非政治社會。這裡就把老子對「小邦寡民」社會的論述解說出來。

「中型、小型公民福利國家」是人類所理想的社會，不是烏托邦，已經成為現實。儘管它還處在運行中，還不完善，它卻在全世界逐漸強盛和普及起來。那麼，「中型、小型公民福利國家」是不是人類最理想的社會呢？人類社會運行到達的終點是什麼社會呢？西方從蘇格拉底到洛克、盧梭、孟德斯鳩到現今的民主政治家論述過「國家越小越能夠完善民主法治」，但是都沒有設想和論述過

「小邦寡民」的非政治社會，唯有在中國的老子有論述，作出了回答，可見老子智慧之高。

> 帛書甲本第六十七章云：「小邦寡民。使十百人之器毋用，使民重死而遠徙。有車舟無所乘之，有甲兵無所陳之，使民復結繩而用之。甘其食，美其服，樂其俗，安其居。鄰邦相望，雞狗之聲相聞。民至老死，不相往來。」【256】

譯文：小城邦、少人口的社區社會是無為而治的「民四自」的自然社會。這種自然社會，使今天以十以百計算的少數權貴者的奢侈器物沒有實用價值，使人民重視生命死亡而能在全世界自由遷徙生存；今天現有的戰船戰車沒有乘坐的作用，今天現有的兵器盔甲沒有陳設的地方，使人民恢復了「結繩而用」的自由勞動和自由生活的狀態。人民吃著他們所喜愛的食物，穿著他們所喜愛的衣服，快樂在他們善的習俗中，安全地住居在他們喜愛的環境優美的地方。鄰邦之間互相探望，雞狗的自然聲音共相聽聞而享受。人民從出生至老死，再也不知道今天這種政治鬥爭的外交活動和禮制社會的禮上往來了。

老子所描述的這個自然社會：親疏、尊卑、貧富、權力不見了，聖人、貴族、寡頭、僭主、英雄、俠客、地痞、流氓都不見了，繁禮縟節、鬥爭戰爭不見了，國家消亡了，人人都是聖人，勞動、生活充分自由，生活資料十分豐富，互相間十分友善。這就是「玄同」、「大順」的世界社會。這種自然社會，難道不是最美好的最理想的人類社會嗎？有哪一個平民不嚮往呢？這種自然社會難道是倒退到了原始的動物社會嗎？當然，這樣的自然社會是貴族、寡頭、僭主們所不嚮往的社會，是功名利祿熏心的儒生們和爭強好鬥的辯證法論者所無法理解和接受的社會，所以他們在注解老子中，連文字也弄不通，連斷句也不準確，大肆歪曲。

對這種自然社會，有個道家人物陶淵明寫了一篇《桃花源記》作了記述性的描繪：

> 晉太元中，武陵人捕魚為業。緣溪行，忘路之遠近。忽逢桃花林，夾岸數百步，中無雜樹，芳草鮮美，落英繽紛。漁人甚異之。復前行，欲穿其林。林盡水源，便得一山。山有小口，彷彿若有光。便舍船從口入。初極

【256】《仰望老子》第二卷第六十七章。

狹,才通人。復行數十步,豁然開朗。土地平曠,屋舍儼然,有良田、美池。桑竹之屬。阡陌交通,雞犬相聞。其中往來耕作,男女衣著,悉如外人;黃髮垂髫,並怡然自樂。見漁人,乃大驚,問所從來,具答之。便要(邀)還家,設酒殺雞作食。村中聞有此人,咸來問訊。自云先世避秦時亂,率妻子邑人,來此絕境,不復出焉,遂與外人間隔。問今是何世,乃不知有漢,無論魏晉。此人一一為具言所聞,皆歎驚。餘人各復延(請)至其家,皆出酒食。停數日,辭去。此中人語云:「不足為外人道也。」既出,得其船,便扶向路,處處志之。及郡下,詣太守,說如此。太守即遣人隨其往,尋向所志遂迷,不復得路。

南陽劉子驥,高尚士也。聞之欣然規往,未果,尋病終,後遂無問津者。【257】

　　這個「桃花源」,完全是按照老子的「小邦寡民」的自然社會特徵來設計的。1.桃花源社會是從「畏之」的帝王專制社會(僭主政制)返回運行而來的,由遵守「聖人之治」後創建的:「先世避秦時亂,率妻子邑人,來此絕境。」2.桃花源社會完全消失了國家痕跡,居民不知道國家的模樣:百十人之器、車舟、甲兵都不見了:「不見有漢,無論魏晉。」3.人人都恢復了天生的善心和自然智慧:善心待人,和睦相處,尊重外邦來客,熱情接待。懂得只能向自然索取必需生活資料,環境沒有遭到破壞,風景優美。深知從國家社會來的人有不善和偽智慧,消去了漁人歸去路上的標誌,避免遭到帝王社會的侵害。而相比之下,從帝王專制來的漁人,不念園中人的善待,為求功名利祿,背叛園中人的囑咐,去向太守告密,領太守的隊伍去搜捕園中人。4.園中人,人人平等自由,無所謂權利和義務,不知道親疏、尊卑、貧富,也不知道繁禮縟節,人人都是聖人。5.園中人,勞動自由,生活美滿:「土地平曠,屋舍儼然,有良田、美池、桑竹之屬;阡陌交通,雞犬相聞;其中往來耕作,男女衣著,悉如外人;黃髮垂髫,並怡然自樂。」

【257】《古文觀止‧桃花源記》。

　　如果把《道德經》「小邦寡民」一章與《桃花源記》放在一處，就能發現陶淵明對老子政治思想理解得是多麼準確、透徹啊！可惜至今沒有發現陶淵明的注老解老文章。像《桃花源記》這樣的「小邦寡民」社會，就是人類最高理想的最美好的「我自然」社會，並不是儒生們和辯證論者所攻擊的倒退到動物世界裡去的原始社會。

　　儒生們和辯證論者嘲笑「小邦寡民」和「世外桃園」是幻想，是不可能實現的烏托邦。而老子卻認為不僅是人類美好的理想，而且是可以實現的理想，是人類社會運行的歸宿。與老子持有同樣觀點的西方人聖西門還作個福利社會實驗，雖然失敗了，但是不能說是不可能的，只是時候未到。今日不是有許多聖馬利諾那樣「中型、小型公民福利國家」出現在大國家之中嗎？如果聖馬利諾的周圍沒有政治大國而都是聖馬利諾，那麼「小邦寡民」的「世外桃園」不是實現了嗎？

　　還有一點需要特別說明：「母之」社會（母系社會）。

　　人類社會的開始於「太上」社會，即現今史學家所說的母系社會，那麼人類社會運動發展的終點也必然是母系社會：「母之」社會。所以，老子反覆地稱讚女性品質：始，母，玄牝，雌，柔弱，反覆讚譽「萬物之母」，反問「能為雌乎？」老子的這種哲學推理和政治預見被現今最新的科學研究成果所證實。請看下面一則新聞報導。

澳學者預言男性將最終滅絕。
人類500萬年後重回「母系社會」

　　據《中國日報》2009年5月22日報導澳大利亞基因研究專家格雷夫斯20日稱，人類將迎來女性社會，因為男性基因正在逐漸衰減，男性群體將最終滅絕。不過格雷夫斯表示，目前人們還不必擔憂，因為這一變化將發生在500萬年以後。

　　據報導，格雷夫斯當天在給愛爾蘭皇家外科醫學院學生做講座時發表了這一見解。在這次名為「Y染色體的衰退和消亡以及男性未來」的講座中，格雷夫斯主要探討了Y染色體的消失現象及其對人類的影響。

　　格雷夫斯說，男性基因組中必須有一個Y染色體，Y染色體上有一種sry基因，能夠促進睪丸發育以及促進決定男性特徵的荷爾蒙的分泌。「3億年前每個y染色體上大約有1400個基因，而現在只剩下45個。按照這種衰減速度，500萬年後y染色體上就不再有任何基因了。Y染色體正在消亡，重要的問題是接下來將發生什麼？」

　　不過，格雷夫斯表示，男性並不會完全消失，他們很可能會像某種齧齒類動物那樣，即使失去組成y染色體的重要基因，他們仍然可以繼續繁衍。格雷夫斯說：「人類不可能像蜥蜴那樣變成單性繁殖的動物，因為幾個重要的基因必須來自男性。但好消息是，某些齧齒類動物沒有Y染色體和sry基因，例如東歐的鼴鼠和日本的田鼠。它們雖然沒有Y染色體和sry基因，但是依然能夠大量繁殖。這說明一定存在其它代替基因，我們想知道那是什麼基因。」【258】

　　　現在來比較一下老子的始點「太上」社會和終點「小邦寡民」社會。

　　　在一個圓周運動中，始點和終點是重合的，卻又不是簡單的重合。所謂重合，是說始點和終點是同質的，所謂不是簡單的重合，是說始點和終點是不同量的。

　　　1・「太上」社會和「小邦寡民」社會是同質的。

　　　「太上」社會和「小邦寡民」社會都是沒有文明國家痕跡的自然社會：「下知有之」，「成事述功，而百姓謂我自然」。「太上」社會是人類社會的起源——始點，在文明國家之前，不知道文明國家是什麼，當然就沒有文明國家的性質和現象。「小邦寡民」社會是人類社會的歸宿——終點，在文明國家之後，清除了文明國家性質和現象，當然也就與「太上」社會性質相同了。

　　　兩種社會的同質具有重大的社會理論價值和社會實踐價值。就社會理論而言，始點和終點同質，終點就必然要回歸始點。人類社會既然有起源，就必然有歸宿，歸宿到同質的「太上」社會的始點去。國家既有起源，也就必然有消亡，消亡到與「太上」社會同質的終點社會去。大一統的國家既然是用武力使「小邦寡民」歸為一統，也就必然要被正義的力量恢復到「小邦寡民」中去。就社會實踐而言，「太上」社會是人天生的善心和自然智慧具有群居性而建立起來的，後來被少數強人的「可欲」和男權強力破壞，使國家出現。強人能使人的善心和自

【258】《中國日報》2009年5月22日報導。

然智慧受蒙垢，但無法消除天生的善心和自然智慧本身，一代代出生的嬰兒照樣具有天生的善心和自然智慧。「人心向善」，就使被強人統治的絕大多數進行反抗，求善，終究善良會戰勝邪惡，柔弱會勝剛強，使國家消亡，使人類社會歸宿到同質的「太上」社會上。這種同質論推動著和鼓舞著先覺醒的善人、聖賢人率領多數人去促進人類社會「善回向」。

2．「太上」社會和「小邦寡民」社會是不同量的。

「太上」社會是始點，沒有包含人類社會運行的歷史過程；「小邦寡民」社會是終點，包含了人類社會運行的歷史全過程，這就具有不同量：人的天生善心和自然智慧發揮的作用就有廣狹、大小、深淺的不同。1.「太上」社會的每一個民族群體被局限在一個地域極小的範圍裡活動，與外邦不發生關係。一旦偶然發生關係，也互不瞭解，把對方視為一般動物，或當作獵捕的食物，或與之爭奪生存空間。善心沒有施於外邦。而「小邦寡頭民」社會是從全人類社會中走過來的，是在清除了全人類的惡習和惡制度後的歸宿，全人類互相瞭解，人同一心，互相友善，善心得到廣泛施行。2.「太上」社會的生產力低下，只有簡單分工，人的自然智慧受到局限，得不到充分發揮。而「小邦寡民」社會，生產力極高，分工繁雜，每個人都能找到適合自己天資的工作，自然智慧得到充分發揮。3.「太上」社會雖然分配合理，但食物匱乏，衣、住、行都很艱難，更談不上有文化生活。而「小邦寡民」社會，也是分配合理，沒有貧富，生活必需品十分豐富，而且有豐富的文化娛樂生活，人人都能「甘其食，美其服，樂其俗，安其居。」4.「太上」社會缺少勞動、生活經驗，又沒有文字 明記憶去總結經驗教訓，不能充分發揮理智作用，缺少理性認識。而「小邦寡民」社會，經過了人類歷史全過程，有豐富的生活、勞動經驗，又有文字工具 明記憶去總結經驗教訓，理智得到充分發揮，理性認識很高，能自覺地與人性天道合一。

「太上」社會與「小邦寡民」社會的不同量的原理具有重大的社會理論價值和社會實踐價值。就社會理論價值而言，區分了兩個社會。當老子、盧梭等人在讚美兩個社會同質時，不會使人去混淆兩個社會為一種社會。這就回諷了伏爾泰的嘲笑，也回駁了老子、盧梭是主張倒退原始社會的動物世界裡去的愚昧而荒謬的觀點。就社會實踐價值而言，當人們厭惡文明國家社會時，懂得要使文明國家社會消亡，不是要倒退到原始社會，不是要遁隱山林，或躲避到海灘、孤島去，或關在木箱裡做第歐根尼，不是去過動物一樣的生活。根本出路在於積極推動人類社會從文明國家轉折到「善回向」的善道上去，促進文明國家社會的早日

消亡和「小邦寡民」社會的早日到來。

　　小結：「聖人之治」（「中型、小型公民福利國家」）和「小邦寡民」社會都是生活在文明國家裡的人的理想社會，卻又是兩個不同階段的理想社會。實現第一階段的「聖人之治」（「中型、小型公民福利國家」）的理想社會是艱難、曲折漫長的歷史過程，但覺悟的人們在努力實現它、完善它。實現「小邦寡民」的最高理想社會，更是艱難曲折、漫長的歷史過程。老子、陶淵明、聖西門等人設想出來了，卻很少有人理解和接受，反而遭到所謂儒家大師們的譏笑。這正如老子所云：「吾言甚易知也，甚易行也，而人莫之能知也，而莫之能行也。言有君，事有宗。夫唯無知，是以不我知。知我者希，則我貴矣。是以聖人被褐而懷玉。」（七十二章）「夫唯道，善始且善成。」（四十章）

　　如此說來，有理想總比沒有理想好，信其有總比信其無好。有理想和信其有，會激勵人去獨立思想，去改變思維方式，去改造不滿意的現狀，去堅定正確的方向，不會受寡頭們、僭主們以及御用文人的愚弄；沒有理想和信其無，就不敢獨立思考，就停留在舊思維方式上，保守在不滿意的現狀上，失去正確的方向，聽天由命，任寡頭們、僭主們以及御用文人們胡弄和擺佈。我堅信，老子之言會被人能知能行，知老子的「下士」會多起來，「中士」能解除猶豫不決，「上士」會被感化。「聖人之治」（「中型、小型公民福利國家」）會在全人類實現而完善，「小邦寡民」社會不是烏托邦，也會實現。

➡ 第十節　協和論的人類歷史觀：人類社會的起源、發展和歸宿是一個協和過程

　　世界之所以不安寧，社會之所以不和平，有各種各樣的原因，而最根本的原因是強人的貪欲。強人的貪欲侵犯了別人的「必要欲望」，扼殺了人人自由平等的自然性，使人不自由不平等起來。強人的貪欲膨脹到貪得無厭的程度的時候，帝王出現了，帝王專制的帝國主義出現了，世界就不安寧了，社會就暗無天日了。

　　那麼人類社會是不是沿離道背德的方向直線發展而不可逆轉而進化呢？或者如黑格爾所說的從始點起是螺旋式上升發展呢？老子的回答是「不」。老子認為，直線進化發展就沒有終點，是不合大道運行規則的，是無知愚昧的認識論。螺旋上升也是沒有終點的，不符合大道運行規則，也是無知愚昧的認識論。人類

社會運動發展由大道運行規則所制約，是圓周循環運動，從始點到終點是一個圓周形。所以，人類社會運動發展到「其下」的「帝王大一統帝國」的極限頂點後，就要沿著另一個半圓返回運動。這返回運行是「善回向」（釋迦語），社會的性質返回到了善道。

對於人類社會運行的圓周形式，莊子從「民心」變化的軌跡作了一個描述：「民心一」→「民心親」→「民心競」→「民心變」→「民心反（返）」→「民心一」。【259】

在這返回運動中，要出現兩個理想政制：「母之」政制（聖人之治、民主政制）和「我自然」（「小邦寡民」）的「無為而治」的理想國。「聖人之治」與「無為而治」是兩種制度：「聖人之治」仍然是有為政治制度；「無為而治」走出了政治社會，是自然無為社會；不可混為一談。在古中國，民主政制（聖人之治）沒有史實依據，還是一種理想的政治制度，這正表明老子自然智慧之光。在古希臘，民主政制雖然不成熟，卻是史實，使後來的文藝復興運動有史可鑒，造就了成熟的民主政制。所以，民主政制——聖人之治在老子政治學中也是一種理想，但不是完善的理想社會。完善的理想社會，是「無為而治」的「小邦寡民」社會，又是世界社會。「小邦寡民」社會在性質上與「太上」社會一致，但在內容上豐富得多，再不是生活物質匱乏的社會，而是富有的善道社會。

如此看來，人類社會運動形式就是一種循環運動的圓周形態。在這個循環運動的圓周形態裡，人類社會經歷過許多階段，其中，帝王專制大一統帝國階段是離開天道、人性極其遙遠的階段，是極其黑暗混亂的階段，是人類受苦受難的階段，也是人類喪失了理智和道德的階段，是中國儒生們所歌頌和迷戀的「千古一帝」、「千秋偉業」的階段。但是「帝王專制大一統帝國」階段，就時間而言，與「自然社會」、「家庭小型國家」、「中型、小型公民福利國家」、「小邦寡民」社會的百萬年相比較，是極其短暫的。

結論：人類社會的起源、發展和歸宿是一個協和過程。圖示見本章開頭。

【259】《莊子・天運》頁166。

第二十六章　協和論的美學觀

協和本身就是美，美本身就是完美協和，協和論就是探索和和美美的完美的美學，美學即是探索「和之至」得完美的協和論。協和論，既主張美本身和自然美、樸實美，又主張符合美本身的人為美，反對違反美本身的有損於自然美和傷害人體健康、社會健康的人造美。

➡ 第一節　界定審美標準

老子云：「天下皆知美為美，惡已；皆知善，斯不善矣。」【260】美和善，是人的觀念，道和自然界本身沒有美和善的觀念。「美」與「不美」、「善」與「不善」，都是人在認識世界時產生的概念。對於「美」與「不美」、「善」與「不善」，人們從不同的角度、地位、門派觀點來看，就有不同的審美觀或不同的審美標準。那麼有沒有共識呢？有。因為人天生的善心和自然智慧是平等的、相同的，天下人的共識是人的善心和自然智慧的基本體現，所以天下人的共識是審美標準。天下人都認為美的東西是沒有或很少有爭議的，少數人或個人認為美的就有很大爭議。例如，大家都認為西施和楊貴妃是美的，那麼西施和楊貴妃就是美的。如果一些人認為豐腴身體是美的，另一些人認為瘦高是美的，那麼這兩種美就有很大爭議。如果大家都認為那個人的外形是醜陋的，那麼那個人的外形就是醜陋的。大家都認為老子和蘇格拉底具有善良的美德，那麼老、蘇就具有善良的美德。如果一些人認為孔子和康德具有善良的美德，而另一些人認為孔子和康德瞧不起女人，不具有善良的美德，那麼孔子、康德的美德就具有爭議。如果大家都認為希特勒和史達林是不善的，那麼希特勒和史達林就是不善的；他們的門徒認為他們是善良的，那麼那些門徒也不是善良之輩。所以，天下人的共識是審美審善標準。

與協和論審美標準相反的觀點，就是不相信「天下人共識」，看不起天下人的善心和自然智慧，認為君主、聖人、美學專家認為美的就是美的。君主、聖人、美學專家的觀點又各不相同，於是就產生了許多審美標準。例如，對於美

【260】《仰望老子》第一卷第二章。

女，唐朝時以體態豐腴為美，現代人以體態瘦高為美。

例如：王安石說：「夫美者，惡之對；善者，不善之反，此物理之常。」吳澄說：「美惡之名，相同而有。」王夫之說：「天下之變萬，而要歸於兩端，生於一致，故方有美而才有惡。」【261】王安石、吳澄、王夫之都把「天下」解為「天地萬物」，認為天地萬物都是美與惡、善與不善對立統一的——「歸於兩端，生於一致」，「相同而有」，「物理之常」。原來大儒們早就是辯證法論者，並且是先驗論者，早於康德、黑格爾，這證明了李約瑟的敘述符合事實：中國的新儒早就發明了唯物辯證法，通過基督傳教士傳到西方，經馬克思等人的科學改造，給了個洋名字唯物辯證論又傳到了中國，所以中國的新儒生都成了馬克思主義者。

但在協和論裡，美與不美、善與不善是人的觀念，不是天地萬物固有的物理觀念；同時，美和善是好的，產生不了壞的惡和不善，不能互為因果。

➡ 第二節　美本身和美現象

初和恒道是美原因和美本身的根源，太和大道就是美原因，是產生一切美的美本身。中和天道和人和人道產生萬物美現象的美原因，是太和大道在造物運動中所產生的第二級美原因，是產生萬物美現象的美原因。美本身和美原因是形而上的，不可感知的；美現象是形而下的，可感知的。美本身所產生的或所呈現的萬物現象是美的。

《莊子·山木第二十》：「其美者自美，吾不知其美也；其惡者自惡，吾不知其惡也。」《莊子·知北遊第二十二》：「其所美者為神奇，其所惡者為臭腐。臭腐化為神奇，神奇復化為臭腐。故曰通天下一氣耳，聖人故貴一。」【262】蘇格拉底也論述了美本身和美現象：「這種人認識美本身，能夠分別美本身和包括美本身在內的許多具體的東西，又不把美本身與含有美的許多個別東西，彼此混淆。」「一種人是聲色的愛好者，喜歡美的聲調、美的色彩、美的形狀以及一切由此而組成的藝術作品。但是他們的思想不能認識並喜愛美本身。」「他不相信有永遠不變的美本身或美

【261】《仰望老子》第五卷頁23，頁27。

【262】《莊子·山木第二十》頁3。《莊子·知北遊第二十二》頁55。

理念，而只相信許多美的東西，他絕不相信任何人的話，不相信美本身是『一』。」【263】

可見，美本身只有一個，美原因有三個，美現象有無數個。下文就列舉由美本身（美原因）所呈現出的幾種最典型的美現象或現象美。

➡ 第三節　自然美：樸實美或樸素美

自然美，是指美本身在自然現象上呈現出的美，沒有任何的人為痕跡的美。自然美表現出自然物的本性的樸素美。自然界本身無感覺出美與不美，是人的感覺所產生出的一個美感受。人在面對宇宙的浩瀚神秘，星星座落有致，朝霞五彩繽紛，等等自然現象時，不禁感歎宇宙的無窮美妙、和諧。人在面對海洋，顏色由淺而深，波光熠熠，就望洋興歎：美好呀！祥和呀！當巨濤湧起，波浪拍岸時，人又驚歎：雄偉呀！壯闊呀！人們來到桂林，尖峰突兀而起，懸崖陡壁，灰白色石山頂上蓋著一片碧綠，凸出的岩尖上垂著一株青翠，就油然發出聲來：神工斧鑿！泰山日出給人的感受是奇麗，峨眉山金頂的風景給人的感受是壯麗。春天給人的感受是燦爛，夏天給人的感受是繁榮，秋天給人的感受是成果，冬天給人的感受是收藏。獅子給人的感受是威猛，狐狸給人的感受是聰明，羚羊給人的感受是靈活，兔子給人的感受是活潑，鯊魚給人的感受是有勇有謀，烏賊給人的感受是奇特怪異，……一句話：自然的就是美的，自然的就是和諧的。所以，天下人的共識是：自然樸實美才是美。

➡ 第四節　圓形之美：運動軌跡之美和自然物外形的圓弧美

圓形是最完善最基本的現象美的形態，是自然物運動、動作、外形的最完善最基本的美現象。下面就從自然物的運動方式、外形、形狀變化來論述圓形之美。

【263】《理想國》頁466。

一、圓周運動軌跡是最圓滿最完美的運動形式。

在前文「大道論」中已論述：大道德化運動是循環運動——圓周運動，自然物的運動是「尊道而貴德」的圓周運動形式。人能觀察和感覺到的自然物的運動形式都是圓周運動。例如，一年四季的循環、大氣循環、水循環、血液循環、一個人從生到死的圓滿結束，等等。人用科學技術能測量到的運動形式也是圓周運動。例如，月亮和地球的運行軌跡是橢圓形。人所看到的直線運動、弧線運動、曲線運動，都只是圓周運動的一部分。沒有一個自然物是作方形或三角形運動的。人們一直認為光的射線是直的，可是愛恩思斯的相對論發現了光線也是弧線運行。曲折運動也是圓周運動的一種形式。所以，天下人的共識是：圓周運動是最圓滿、最完美的。俗語中「圓滿結束」、「大團圓」就是對圓周運動的讚美。

由自然物的圓周運動而延伸出的動物的動作美就是圓周動作。動物的行動由出發到歸宿的過程就是一個圓周行動過程。連續作圓周動作，是動物的一種歡快表演，人把這種表演稱為舞蹈。人類的舞蹈和體操表演，以圓周旋轉為難度動作，也是最完美的動作。投擲運動的拋物線是圓周動作的一部分。射箭運動者是直線，其實是拋物線運動的一小部分。射擊手要考慮靶子的距離遠近確定拋物線的角度，也許他沒有意識到這一點，但他的感覺經驗使他那樣做了。在瞄準靶心時，要依據距離遠近向靶心上方抬高多少，才能射中靶心。如果只瞄準靶心，箭的落點必在靶心之下。如果瞄準靶心之下，則箭必落在離靶心更下，甚至落在的靶子之下。這都叫「不足」。如果瞄準靶心太高，則箭落在靶心之上，這叫「有餘」。箭的運行軌跡不是直線，而是弧線——拋物線。故曰：「*天之道，猶張弓者也，高者抑之，下者舉之，有餘者損之，不足者補之。*」（七十九章）【264】所以，天下人的共識是：圓形旋轉動作最美。

二、自然物外形的圓弧美。

人們讚美一種形態或體形所用的基本詞彙是：對稱美，均衡美，協調美（和諧美）。只有圓形的容量最大和便於運動，最能體現對稱、均衡、協調的美。人能觀察到的天體都是球形。沒有固定形狀的液體，在光滑的平面上自然收縮為液珠，如荷葉上的水珠，珍珠美就在於是球形。植物的形狀是由不同直徑的圓弧形結構而成的，草莖、樹幹、竹竿是圓柱形，葉子是橢圓形或圓錐形，果

【264】《仰望老子》第二卷第七十九章。

實是圓形、柱形、錐形。動物的體態也是由直徑不同的圓弧形結構而成。自然物中沒有完全的三角形、方形、多邊形，即是山峰也是一個圓錐形。故曰「大方無隅」。

➡ 第五節 人體美：自然健康美和人為美

天地造物，萬物都美，而人體是最美的。人體之美，表現在集中了各種不同直徑的圓弧所組成的對稱、均衡、協調的一個完善的肉體的曲線美上。

一、人體的自然健康美

人體是父精母血等多種自然因素匯合在一起的「和之至」的自然物。一個身體健康的人，外形輪廓表現出對稱、均衡、協調的完整的曲線美，不管從哪個角度去看都是美的。頭部呈橢圓形，身體四肢呈圓柱形，該凸出的和該凹進的都生成得十分精巧，溝線、弧線的深淺和長短恰到好處。各部分之間的對稱比例精確到不能改動。就面部而言，雖然有鵝蛋臉、蘋果臉、棗子骨臉，但是五官都是按一定的比例長在不同的弧線條上，對稱、均衡，絕對沒有「國字臉」（方臉）和三角形臉。例如兩耳，被稱為耳輪，由不同直徑的圓弧線構成；兩耳除了方向不同外，是對稱的，並且與整個臉面形成一定的比例大小。所謂「方面大耳」和「兩耳垂肩」的描寫是不切合實際的虛構，如果真的是那樣，那人就成了怪物。這是就人體外形的相同方面來說的。就人體外形的不同方面來說，例如有個子高和個子矮，體型胖和體型瘦，但都不損失各自的對稱、均衡、協調的曲線美。個子高的呈現出魁梧美，個子矮的呈現出玲瓏美，體型胖的呈現出豐腴美，體型瘦的呈現出苗條美。又例如，由於地緣關係，有人種的不同，按膚色分，有黑種人、棕色人、白種人、黃種人、紅種人、但膚色不影響人體的自然健康美。黑皮膚黑得油光滋潤美，白皮膚有白裡透紅美，黃皮膚有淡黃嫩亮美，黑頭髮有黑如烏雲美，黃頭髮有金髮捲曲美，等等。故曰：「或杯或橢」，「道法自然」。所以，天下人的共識是：人體千姿百態的自然健康美才是美。

二、人為美和人為醜

人天生具有善心和自然智慧的天性，就會有人天生具有愛美和塑造美的天性。人不但愛欣賞身外的美，也愛把自己打扮得美些讓別人去欣賞，或者依據自己的愛美觀點去為別人塑造美。如果依據某個人的體型的自然健康美去進行適當

的打扮，就會使某個人的體型更美。這就是人為美。如果依據個別權威者或時髦流行的美觀點去改造某個人的體型，那就會損傷某個人的自然健康美，反而像東施效顰那樣顯出醜來，這就是人為醜。

1.體貌打扮。

一個人的體貌帶有父母的遺傳因素，是天生的，不是後天可以人為改變的。如果身體健康，就隨其自然美，無需打扮，只要保養健康就行了。如果一個人天生有病或後天生病，就需要治療，恢復健康。這裡的保持健康和治療就是打扮。如果一個人天生高大，就是魁梧美；天生矮小就是小巧玲瓏美；天生肥胖，就是豐腴美；天生瘦條，就是苗條美；只要飲食適當，保持天生體型就行了，飲食適當就是打扮。關於父母遺傳具有很大科學學問，同樣是各具特徵美貌的父親和母親，會生出體型不太美的兒女；同樣各自不太美的父親和母親，會生出優美的兒女。這有一個父母體型互補得適當和互補不適當的問題。例如，父親寬額，母親尖下巴，生出的兒女就會寬額尖下巴，就互補不適當。父親高個，母親矮小，生出的兒女不高不矮，互補適當。不管父母的體型互補得適當還是不適當，一個人被生出來了，體型就被造定了，後天的人為不能去改變體型，也就是人為美。但是，有人要憑自己的嗜好和時髦的影響，違背人的天性去改變人的體貌，損害人的身體自然健康美，這是人為醜。

在中國，古代史上就不乏這種人為醜。楚王愛細腰，喜愛趙飛燕能在掌上跳舞的小巧玲瓏，就成了細腰美或玉觀音美。一時間，王公貴族就提倡細腰美和小巧玲瓏美。女人們都去效法，想法子把個子變矮變小，嚴重地損害健康，摧殘婦女。如唐玄宗，不喜歡梅貴妃的苗條美，卻喜愛楊貴妃的豐腴美。官方就提倡肥胖美，說：「一肥蓋百醜」。又稱為肉材美。一時間，女人們就盡力使自己肥胖起來，大量進食厚油膩食物。男人們也感到肥胖是一種富態美，所謂「肥頭大腦」、「福肚子」，也盡力去使自己變肥胖，吃油膩物和補身藥物，嚴重地損害健康，摧殘身體。宋朝皇帝卻喜愛女人皮膚白裡透紅和體態扭妮多姿美，加上宋儒們歧視婦女，說什麼「男主外，女主內」，不准婦女外出活動。於是，少女被關到閨閣中，成了白膚色，塗上胭脂，成了白裡透紅；又被強逼裹足，成了三寸金蓮；一種病態的白裡透紅、走路扭妮的美出現了。這種「儒術獨尊」下的女人美直到辛亥革命時才被否定。

現今的中國，有更為嚴重的改變人的體貌的人為醜的美學觀。在毛澤東時代，大家餓肚子，公職人員每月四兩食油票，半斤肉票，還經常買不上。農民食

油更少，一年到頭只能見到兩次豬油腥子。大家都是骷髏，十分羨慕肥胖美，十分妄想兒女是個胖寶寶。改革開放以來，解決了溫飽問題，城市居民進油膩食物過多，都變肥胖了，胖寶寶多了起來，於是就羨慕起瘦身美或骷髏美來。西方國家富裕，肥仔極多，知道肥胖是病，就想法子瘦身。加上西方人本來個子高，就時興起高個子、瘦身材的骷髏美來。就年齡上來說，青年男女最愛身材美。有些別有用心的人，就抓住人們的這種心態，想法子來賺錢，人為地製造出一套尺寸標準，舉辦選美競賽，以高瘦身材為美，即以「三根骨頭四根筋」的骷髏身材為美，引誘生活經驗不多、理性不強的少女們去絕食或減食瘦身，嚴重地損害身體健康，有的甚至餓死。這證明舉辦選美競賽的製作者是人類的罪人，犯有使人體致殘致死的教唆罪，可惜所有國家和聯合國沒有懲罰那類教唆犯的法律條文。西方這種違道背德的美學觀，卻被中國的美學家「拿來」了，中國一時興起高個瘦身美。說什麼「男人在一米六下是半殘廢人」，「女人在一米五以下是半殘廢人」。中國人當然沒有白種人、黑種人那樣的高個子，中國女人也沒有白人婦女那樣的高胸脯、大屁股，城市人卻有白種人那樣的肥胖，農民是用不著擔憂自己肥胖起來的。於是，在城市裡就掀起了一股時髦的增高減肥熱來。一些別有用心的人就趁機賺錢，製作出增高鞋、減肥衣和許多增高減肥藥來。還出現拔高腳骨、削平顴骨的外科美容醫師，真是無奇不有！於是在城裡一批骷髏美女出現了，同時一批各種現代怪病的少女也出現了。在農村自然與之無關。結果，骷髏美女和得怪病的少女們都在摧殘健康，減少陽壽。

綜上所述，對於人的體貌打扮，分為兩種情況。一種是保持天生體貌特徵，促進健康成長，有病就治，飲食正常，就是人為美。另一種是改變天生體貌特徵，飲食不正常，服食增高減肥或減高增肥的藥物，改容換骨，都是損害健康成長，追逐一時的時髦美，卻減少個人的陽壽，等於慢性自殺，這不是人為美，而是人為醜。少男少女們，絕不可受少數權貴者和別有用心的美學家的美學觀點的引誘，去損殘自己的健康，乃至減少自己的陽壽。有什麼比生命更可貴的呢？有什麼美比健康自然更美的呢？健康美是終生美，時髦美或流行美是一時美。如果圖一時美去損害終生美，就後悔莫及了。所以，天下人的共識是：保持體貌自然健康美是人為美，損害體貌健康的美是人為醜。故曰：「唯與之阿，相去幾何？美與惡相去若何？」「物或行或隨，或炅或（石坐），或杯或檇」，「道法

自然」。【265】

2.外貌打扮。

人喜愛注意體形外表突出部分的打扮，例如，膚色、面部、五官、毛髮、指甲，等部分。

對膚色、面部這些突出部分的適當打扮，是一種愛美的正常現象。但是，去改變這些部分就有害了，不但不美，反而醜。

膚色的打扮。自然界的顏色，按由淺（白色）到深（黑色）的次序，有白、黃、紅、青、藍、黑為主色。就在同一顏色中，也有深淺之分。每一顏色有每一顏色的美，才呈現出五顏六色、色彩繽紛的美。人是自然物，膚色也如自然界色彩相同，每種膚色都美，才表現出多種膚色的協調美。每種人或每個人要打扮自己的膚色，必須依據自己天性的本色，不使自己失去本色，才顯得自然美。如果不依據自己的本色來打扮，在本色上亂塗亂畫，就失去本色美，就是大花臉的臉譜，並且醜得嚇人。例如：你是黃種人，黃皮膚就是一種自然健康美。如果膚色不正常，可以化裝打扮，恢復出天生的正常黃皮膚的自然健康美。如果皮膚粗糙，乾燥，就可以塗潤膚膏，恢復皮膚的油光滋潤。如果皮膚有斑點黑塊，可以治療消去黑斑。這些都是正常的有利健康自然美的打扮。如果你去換膚，破壞了表皮，傷及真皮，那就使肌肉失去了保護層，得到一時的嫩亮美，失去了終生的皮膚美，還有可能患皮膚病，人為地製造醜陋來。如果你羨慕白種人的美，用化學劑強行給皮膚增白，不但得不到白色美，會失去黃皮膚的美。如果你羨慕多色多彩美，把眼皮塗成藍色，把嘴唇塗成豬肝色，把指甲塗成紫色，把手臂、身軀紋成多色，那就把膚色妖魔化了，顯出嚇人的醜來。京劇臉譜是典型的嚇人的妖魔化的醜，不是美。「輕描淡寫」是正確的，「濃抹厚塗」是錯誤的。

毛髮的打扮。頭髮眉毛在顯眼處，所以人們重視毛髮的打扮。理髮、美髮業由此產生和興盛。理髮就是美髮，是一種美術造型製作。理出什麼樣的髮型，描畫什麼樣的眉毛，剪什麼樣的鬍鬚，都要依據本人的毛髮、體型、年齡、膚色等因素來確定。一個好的髮型師，就是一個美術家。中國古代，男女都不理髮，男人不露頭髮，用布巾或帽冠裹住。女人露髮，梳理打髻。男人修鬍鬚，女人畫眉毛，只是輕剪淡描。不理髮有弊病，長頭髮給人帶來動作不方便等麻煩。自從

【265】《仰望老子》第一卷第二十、二十九章。

佛教傳入，理髮業時興起來，和尚、尼姑剃光頭，俗人也學著剃光頭。道士為了顯示與和尚有別，就把頭髮打髻。清軍入關，有個口號：「留髮不留頭，留頭不留髮。」強迫漢族男人剃頭蓄長辮子——剃去頭腦的前部分頭髮，把後部分頭髮梳成長辮子。清朝時的中國人被洋人譏笑為「豬尾巴民族」。理髮業由此興盛起來。辛亥革命又有個口號：「剪去辮子。」中國人又剪去長辮蓄西妝頭。理髮業發達起來。日本進攻中國，中國人羨慕日本人了不起，就學著留八字鬍鬚。到了共和時，中國人又羨慕俄國人了不起，蓄俄國包頭髮，留列寧的山羊鬍和史達林的齊唇鬍。有的幹部還羨慕列寧禿頂，說禿頂是有福，是貴人，故意剃光頭髮的中間部分。到了反蘇批修後，中國人又拋棄了俄國包和山羊鬍，蓄西妝頭，刮去鬍鬚。到了改革開放，中國人又羨慕西方人，造出各種西方髮型來，並且時興染髮，把頭髮染成金黃髮色；還時興燙髮，把頭髮捲曲起來。女青年不僅在眉毛上下功夫，把天生眉毛拔光，重新畫成洋人女郎眉毛；而且在睫毛上下功夫，把天生睫毛拔光，粘上人工洋人女郎長睫毛，妄想成為洋女郎。於是，剃頭業發展為理髮業，理髮業發展為美髮業，到處是美髮美容店。看來，一個不疼不癢的毛髮，卻令人大費精力和財力，花費了人生大半時間，甚至遭受換毛髮和噴灑化學液體過多的毒害，損傷健康。這合算嗎？這合乎毛髮打扮的本來意義嗎？這是美化人體美還是醜化人體美呢？

　　面部、五官的打扮。人的面部五官是天生的一張精巧和諧的圖畫，每人都有一張與別人不同的面孔，表現出各種不同的美來。天生的面部、五官只要是健康的，是用不著打扮的，如果有病，治療一下就行了。治療就是打扮。可是，人的面部、五官一年四季都顯露在外面（除了伊斯蘭教的婦女外），體現著一個人的主要外貌美來。所以，美術家、作家把面部五官作為主要的描寫對象。例如，「寬廣明亮的前額」、「國字臉」、「鵝蛋臉」、「誘人的酒窩」、「濃眉大眼」、「眼睛是心靈的窗戶」、「鼻若懸膽」、「高高鼻樑」、「櫻桃小口」、「碎白玉般細牙」，等等。於是，人們就在面部五官上下功夫打扮起來。單眼皮割成雙眼皮，用手術把尖額頭和塌鼻樑加寬為寬額頭和增高為高鼻樑，把高顴骨削平為低顴骨，把排列在進出的門牙拔掉，換上人工細牙……真是令人不寒而慄。如此摧殘青年男女身體的美容方法，真虧那些美容師和美容醫師狠下心想得出來。一個人的額頭、眼皮、眼睛、鼻樑、顴骨、牙齒、嘴巴都是與整個面部輪廓按天生比例和諧在一起的，怎能用人工手術去改變呢？例如，單眼皮割成雙眼皮，眼皮面積就會縮小，眼睛內部就有一部分失去了眼皮的天生保護，必然容易

患眼病。鼻樑的高低是與整個呼吸系統成比例的，改變了就損害呼吸系統。打架打掉別人的牙齒是傷了骨的輕傷，打人者要被判刑和罰款，那些美容師和美容醫生拔去了別人幾個沒有病的門牙和削去了別人的顴骨，是製造了重傷，應該判重刑和罰大款。外科醫生無意沒有把手術箝從病人腹中拿出，是無意犯罪；美容師有意把玻璃管植入別人沒有病的鼻樑是故意犯罪。所以，凡是為了賺錢去傷害青年男女面部和五官的美容師、美容醫生都是罪犯，應該繩之以法。國家沒有這條法律條文，就是「天下無道」。

所以，天下人的共識是：化妝打扮是為了保持人的本色美，原型美，適度的化妝打扮能增加和延長本色美、原型美；過度的化妝打扮就損害本色美，原型美，是適得其反的。故曰：「為者敗之，執者失之。」「夫唯無以生為者，是賢貴生。」【266】

➡ 第六節　人造物的美與醜

人的善心表現為理智，自然智慧表現為創造精神。善心（理智）啟動著和制約著自然智慧的創造精神。這就是說，人能夠和只能創造滿足生命所需求的美的實物，同時，人又能夠和可能創造過度滿足生命需求而反而損害生命的醜陋實物。

關於人造物的美醜，老子對食、衣、住、行和娛樂都作了全面的綱領性論述：「使百十人之器毋用，使民重死而遠徙，有車舟無所乘之，有甲兵無所陳之，使民復結繩而用之。甘其食，美其服，樂其俗，安其居。」【267】「五色使人目明，馳騁田獵使人心發狂，難得之貨使人行方，五味使人之口唰，五音使人之耳聾，是以，聖人之治也，為腹不為目，故去彼取此。」【268】

一、「甘其食」：美食觀

「甘其食」的「甘」，不僅是指甜味，而且是指有利於人體健康的一切食

【266】《仰望老子》第二卷第七十七章。

【267】《仰望老子》第二卷第六十七章。

【268】《仰望老子》第一卷第十二章。

物的味道，包括了甜、酸、苦、辣、澀。人的天生舌頭裡的味蕾，是適應於一切自然食物的味道的，不可偏重於一種味道。人不可能去創造味蕾。故曰：「味無味」。（六十三章）

人為了有利於身體健康成長和貯藏食物，對食物進行加工，去掉刺激味道，激發人的食欲，適應味蕾的承受限度，有利於消化。為此，而創造出許多種飲食器皿，創造出許多種調味品和調色劑，創造出多種儲存食物的方法和機械。養成適應多種恬淡味道、食物豐富和定時進食的良好習慣。這是人的創造精神，是善心──理智的表現。這才是真正的「甘其食」，是自然的美食觀。

可是，人類在政治文明社會裡，飲食觀點受到君王倫理學和政治學觀點的污染，偏重於一種或幾種味道，偏重於一種或幾種食物，偏重於飲食的色素，甚至偏重於炫耀擺闊、大吃大喝、養成有害於身體健康的飲食惡習。為了滿足這種飲食惡習，就製造出許多偏於一味和幾味的刺激性調味和調色素，製造出許多飲食奢侈器皿，製造出加上程式複雜的過多的機械，甚至對食物進行不必需的奢侈包裝。例如，有人嗜好酒味，一飲方醉，酗酒，發酒瘋；有人嗜好辣味，有人嗜好甜味，有人嗜好酸味，有人嗜好鹹味，有人嗜好苦味，有人嗜好肥膩，各種味道偏好都出現了。有人一味追求食物精細味道，五穀雜糧、蔬菜水果，去殼去皮去纖維，肉食去皮去骨。有人一味追求飲食色澤好看，添加化學色劑，為了麵粉白得好看，用明膠漂白。有人為炫耀等級富貴，美食分出檔次，一餐飯吃到萬元、十萬元、百萬元、億元。一個月餅包裝出百萬元。這樣，損傷了牙齒、味蕾和整個消化系統，甚至食物中毒。飲食的營養成分大減，營養不豐富全面，使身體得不到所需的成分供給，鬧出許多病來：「病從口入。」飲食失去了營養身體健康成長的原本作用。故曰：「五味使人之口喇」，「厭食，而財貨有餘。」這種飲食觀，當然不是美食觀，而是醜食觀。

所以，「美食」的「美」，並不是個別或少數美食家所品味出的「美」，而是天下人共識的五味俱全、營養豐富、有利於人體健康成長的「美」。「甘其食」的「其」，是「民」，是天下人，不是個別人或少數人。

二、「美其服」：衣服穿戴美

「美其服」的譯文是：「天下人的衣著穿戴舒適美好」。其，指代民，天下人。服，包括衣服、轉帽、襪子、手套等。美，舒適，漂亮。衣服的「美」應有三種內容：一是禦寒、擋風、隔水、遮光；二是遮羞；三是合身舒適，大方美

觀。這三種內容，有實用價值、欣賞價值、經濟價值。實用價值是基本價值，失去了實用價值，欣賞價值和經濟價值就沒有附著處了，就表現不出衣服的「美」了。將「美其服」的「美」進一步具體分析解說，就有六層意思。第一，保護身體健康成長。衣服能禦寒、擋風、遮光、隔水、遮羞，是最基本的作用，是衣服的本初意義。所以是第一美。第二，合身得體，即所謂「量體裁衣」。這就分為高矮胖瘦、男女衣服。這既能增強衣服的基本作用，又能增添體態美，還能表現工藝美。第三，穿得舒服。這就要求有內衣和外套之分，內衣要求布料細軟，做得寬鬆，不擦傷皮膚。舒服是衣服美的內容之一。第四，行動方便。穿上衣服當然比不上不穿衣服那樣行動方便，既然要穿衣服，就盡可能減少衣服束縛身體活動，這就有休閒服和勞動服之分。衣服的「美」就在各行各業和各種場景中表現出「美」來。第五，衣服既要體現保護身體作用，還要注意色澤、亮度，厚薄。這就要依據氣候、環境的不同製作衣服，有春、夏、秋、冬不同色澤、亮度、厚薄的衣服，使衣服在不同的氣候、環境中表現出「美」來，第六，不同的民族服裝。這是由於民族所處的地理條件形成的，具有保護身體的作用，表現民族服裝的「美」。

服裝美，在專制社會和現代一些別有用心的美服家那裡遭到歪曲。

在專制社會裡，按照尊卑、貧富的等級，把衣服也分為等級。有官服和民服，有各級不同的官服；有富人服和窮人服。中國的皇帝，不論季節氣候變化，都要穿龍袍龍帽龍鞋；一品官也不論年齡、身材差別，穿統一的一品衣裝；等等。雖然顯示出尊貴，都是在摧殘人的身體健康。如果平民錯穿了官服，低品的官錯穿了高品的官服，皇帝以外的人製作了龍袍，就要遭殺頭之罪，衣服失去了原本的作用，被扭曲為倫理政治裝飾品。衣服還「美」嗎？在專制社會裡，就穿戴打扮而言，婦女身體受到的摧殘最為嚴重：強迫裹足穿小鞋，稱為「三寸金蓮」；小小的耳垂要受到重金屬的垂掉；運動神經眾多又敏感的脖子，掛壓上重金屬；思考問題的頭腦要被龍頭額壓住和桼住。試問：這還有穿戴美嗎？俗云：「懶婆娘的裹腳布，又臭又長。」這顯然不是美，而是醜。但是，這「又臭又長的裹腳布」是婦女愚昧無知還是專制社會愚昧無知呢？

社會到了今日，服裝開放了，天下人共識了服裝的美。但是，又從妖精洞裡鑽出一些別有用心的美服家來，扭曲服裝美，特別是少女服裝引誘和摧殘少女健康。第一，拋棄保護身體健康和穿得舒服的功能，製作各種緊身內衣，粗厚外衣，緊束皮帶，加重高帽，高跟鞋，損傷皮膚、足腳、胯穴。第二，拋棄遮羞的

功能，製作各種顯露溝線、臍孔的性感衣服。第三，拋棄方便行動的功能，製作各種拖地、飄帶的奇裝異服。第四，拋棄依據環境的不同選擇色澤、亮度、厚薄來保護身體的功能，製作色彩繽紛的衣服，使人眼花瞭亂。第五，拋棄民族傳統衣服的原理，製作千篇一律的西服。

衣服失去了保護身體健康的功能，失去了實用價值，還有什麼「美」可言？「美其服」的「美」，不是個別或少數權威者、美服家所認定的「美」，而是天下人共識的保護身體健康的美。

三、「安其居」：住房美（建築裝修美）

「安其居」。安，安全，身體不受侵害。其，天下人。居，居住，住房。譯文是：天下人居住得安全舒適。住居的美，美在住得安全舒適，身體健康不受侵害。「安」是房屋的基本美，只有在「安」的基礎上才允許建築裝飾的外表美。例如，氣勢雄偉，具有防禦功能，有助於「安」，才有雄偉美。

房屋的美表現在七個方面上。第一，房屋與地形環境相協和的美。選擇居住的自然環境很重要。中國人由此產生了陽宅地形風水學，講究地脈風水走向，地質結構和土壤狀態，草木盛枯，地貌形狀，陽光照射程度，陰陽二氣清濁狀態，等等。如果房屋和房屋形狀所選出與地理環境協和，渾然為一體，就具自然美，也就令人身心愉快，人畜興旺，健康少病，子孫繁盛；人所得的天資就健全，也發揮得好，加上後天接受善的教育，容易出自然智慧發揮得好的聖賢人，如哲學家、科學家、文學家之類（皇帝、官吏、英雄都是樂殺人的魔鬼，不在此列）。這些地理風水知識，不是迷信，而是科學。這些科學的地理風水知識，後來被歪曲成了君王所需要的巫術，就成了迷信了。例如，做房屋動土、下腳、架門、完顛（封頂）都要看生辰八字的年月時辰，並由此推及到到陰宅（墳基）等等，這才是反科學的迷信。中國的地理風水年月先生恰恰靠的是地理風水學的神秘的迷信部分來騙人錢財的，真正懂得科學部分的地理風水學的人極為少數。靠迷信來選擇住居的環境和設計的房屋外形必然是不與環境相協和的，是醜的。第二，房屋建築的向旨和三大要素的美。房屋的向旨，是指大門、窗戶的方向。三大要素是指向陽、通風、排水。中國的地理風水學認為，房屋的向陽以朝南或朝東南為最佳。只在受到地脈走向所限時才不得已向北、向西。向南或向東南最能表現三要素的最佳實現。向陽，就是採光好，門房亮堂。通風，就是空氣好，並且避開兇猛的西北風的侵襲。排水，一般水向東流，排掉污水和積水，使房屋保

持乾爽，沒有污水溝繁殖蛀蟲。就向陽而言，陽光不可直射，光線不可太強。陽光有餘，就顯得熾熱，有利於蒼蠅、蚊子和細菌繁殖，容易患實熱病和炎症。陽光不可不足，光線暗弱，有利於老鼠、蛇蠍和喜暗的細菌繁殖，容易患虛寒和脾胃肝氣不足症。就排水而言，建在坡地的房屋要注意保持土壤的濕度，防止乾燥起灰，防止泥石流。建在平地的房屋要排盡污水，不可漬水，使房潮濕。特別是不要蓄留暗溝，暗溝容易蓄積污水，滋生有害生物和釋放有毒氣體。中國的地理風水學的迷信部分說：「肥水不落他人家」，主張留天井，水向室內流，由暗溝排出。這是不科學的，有害於人體健康。就通風而言，要通風好，保持空氣流動新鮮。如果空氣流動差，濁氣停滯，對人體的為害是多方面的。要注意預防狂風襲擊。窗戶大小要適中。中國的古式房屋，窗戶狹小，有利於防盜，但不利於通風，弊大於利。第三，房屋的基本三部分的協和美。三個基本部分是指正屋（主體建築）、門樓、院落。如果只有正屋而無門樓台閣和院落場地，戶外活動無場所，正屋無遮蔽和大門前無美觀，即使是室內鋪金塗銀，也只是一個貴重的盒子，不利於人體健康，也給人一種孤零零的或閉塞的感覺，無美可言。房屋的三個基本部分比例要適當。如果正屋不大，門樓可小巧玲瓏，院落不可太寬大；如果正屋高大，門樓就要雄偉，院落就要寬敞。第四，正堂設計。廳堂，要高大、寬敞、明亮，給人開朗的感覺，不可狹窄、矮小、陰暗，給人閉塞的感覺，所謂「高屋大廳」是也。住房要分主房、小房、書房（電腦室）、樂器室等。房不要很大，存放物不可太雜，在於功能分散使用。整體房屋外形，以與周圍地形環境相協和為美。圓頂形與宇宙相協和，有利於人體健康。門樓和門窗，不可方方正正，要有圓弧形。第五，建築材料。有條件的以土木材料為宜，有利於人體健康；次之，以鋼筋混凝土。基礎要打牢，要有防震功能；不能只考慮下壓力，還要考慮平移力和搖晃力，預防災難發生。第六，房屋裝修美。從有利於人體健康而言，房屋裝修以簡樸為好為美，以金碧輝煌為壞為醜。牆壁以塗抹一層不脫粉的石灰為好，地面以鋪實木地板或地毯為美，盡可能減少現代化裝修品的使用，使現代化裝修商品的需求減少，迫使有害裝修品的產生萎縮以致消失。金碧輝煌只是滿足權貴的奢欲虛榮感，實則摧殘人體健康。燈具裝飾，以白熾燈為主，減少人造有色燈的使用。廳頂裝修不可太重，不使用笨重的吊燈，避免危險事故發生。長壽的人，不在金碧輝煌的宮殿裡，而在山林原野裡。室內外、園地，可以依據主人的愛好興趣，擺上一些爽心悅目的盆景之類的欣賞品，少擺人造的塑膠製品。第七，家俱美。人類模仿自然物製造出一些便於使用的生活傢俱。傢俱美

的第一義就是有利於人體健康和省力省時。例如，床和床上用品。人一生中三分之一的時間是睡覺，床的使用關係到人的健康長壽。床的功能是供人睡得舒服，睡得熟，清除疲勞，養足精神。所以，最好最美的是木板床，其次是棕繩床，其下是席夢思軟床。床上用品最好最美的是棉麻等植物纖維的紡織品，最壞最醜的是花花綠綠的化學纖維和金屬製品。木板床使人的頸椎骨、脊骨、四肢不變形；植物纖維品簡樸實用，不侵害人體，不分散人的注意力，便於入睡。席夢思柔軟，使人容易患頸椎骨、肩周炎、脊髓炎、腰間錐盤突出、肌肉萎縮等疾病；化學品和金屬品容易侵害人體，欣賞價值高的奢侈品容易分散人的入睡時的注意力。中國皇帝的龍床雕刻和修飾最昂貴和華美，皇帝就經常失眠短壽。試問是有利於健康的木板床還是有害於健康的席夢思美呢？為什麼要以華貴好看而有害健康的床為美呢？以此類推，其它傢俱都應以利於身心健康的奢侈品為醜。故曰：「使十百人之器毋用。」

四、車舟之美——行具的美

　　老子主張製造有利於人類生產、生活的車舟之美的行具，並提出了製造的基本原理：「有之以為利，無之以為用。」「利」和「用」不可偏舉。車舟之美具體表現在四個方面。第一，擴大了人類生產、生活的範圍。舟（船）的出現，使人能到深水去拋捕大型魚類，同時發現水那邊還有陸地。車的使用，使人能到遠處耕作和遷徙便利。第二，克服了人類交通的障礙。俗話說：「隔山容易隔水難。」舟的出現克服了「隔水難」。特別是後來發明了飛機，水山之難都不存在了。第三，減輕人力和畜力的運輸負擔，增加了運輸量，促進和擴大了工商業、貿易業的快速發展。第四，以車代步，有利於行走不便的人出行。

　　但是，車舟的功能被專制社會扭曲了，變為戰爭和炫耀貴富的用品。君主們為了打天下和治天下，就強迫和引誘工匠去製造戰車戰船。君王和士大夫為了炫耀貴富，強迫和引誘工匠製造華貴的車輛和遊玩龍舟。到了後來，又發明坦克車、軍艦之類的戰爭工具和高檔轎車。車舟成了殺人和役使人的工具，那有美可言呢？戰車戰船之類的東西應該被消滅，恢復車舟的原有功能。皇帝大臣們為了炫耀富貴，製造出具有等級差別的車子和龍舟、遊艇，什麼皇帝龍轎、「八抬大轎」等等。在現代，什麼「奔馳」、「寶馬」之類的高級轎車，使轎車成災，成為污染空氣的罪魁禍首，害人害己，純粹是一種身份標誌，有何種「美」可言？故曰：「有車舟無所乘之，有甲兵無所陳之。」

五、「樂其俗」之美

「樂其俗」的「俗」，是指良好的風俗習慣。樂，是娛樂。譯文是：天下人共用良好風俗習慣的娛樂。

老子云：「意音之相和也（2章）。」【269】這裡的「意」是天意，是民意，是百姓之心；「音」是自然之音，是民心之聲。「百姓之心」與「百姓之音」相和諧，才是真正的「樂其俗」。天下人不僅需要「甘其食，美其服，安其居」，還需要「樂其俗」。「意音之相和」的娛樂才是天下人共用的世俗娛樂。這種有益於天下人身心愉悅的世俗娛樂是多種多樣的，有音樂、舞蹈、體育、美術、戲劇等一切藝術活動。在《道德經》裡，沒有一句反對百姓世俗的句子，全是「以百姓之心為心」的世俗的話語。

但是，「樂其俗」的本意被君王們拋棄了，變成了只傳君王之「意」之「音」的惡俗尋樂。在儒家的「樂」裡，「樂」被劃分為許多等級，以「樂和之」是以君王之樂來征服天下人，哪裡有「和」之意義？當魯國季大夫行「佾舞」時，孔子氣得發火：「是可忍，孰不可忍也！」【270】有的暴君以看殺人為樂，以自己殺人為樂，以暴虐婦女為樂，以吃小孩子的心肝為樂，等等。對於這種並非天下人的「樂其俗」的樂，應該堅決廢棄。故曰：「五色令人目明，馳騁田獵令人心發狂，貴難得之貨令人行方，五味使人之口哨，五音使人之耳聾。」

➡ 第七節　人的心靈、言行的美與醜

人的心靈的美與醜，決定著人的語言和行為的美與醜。心靈美，則語言和行為也就美；心靈醜，則語言和行為也就醜。

一、心靈的美與醜

人天生具有善心和自然智慧。心靈的「心」指的是善心，「靈」指的是「自然智慧」。善心和自然智慧是天生美的，所以心靈天生是美的，無所謂醜。如果一個人保持了天生心靈不受後天專制思想的蒙垢，就保持了心靈美。故曰：

【269】《仰望老子》第一卷第二章。

【270】《四書讀本‧〈論語〉新解》頁21。

「天之道，恒與善人」，「心善淵」。所謂心靈不美或醜，那就是心靈在後天受到了專制思想的蒙垢，心靈上的蒙垢是不美的或醜的。通過修身養性，去掉了心靈上蒙垢，就恢復了心靈美。所以，老子主張「絕聖棄知」、「絕仁棄義」、「絕巧棄利」來清除心靈上蒙垢，恢復心靈美。同樣，釋迦牟尼要人「離妄想」、「破除我法二執」，蘇格拉底要人「認識你自己」，都是要求去掉心靈上蒙垢，恢復心靈美。

心靈美，老子稱為「德善」，俗稱「美德」或內在美，是一種天生美，自然美，樸素美，不受人體的外形的影響。莊子多處述說人的這種心靈美勝過體形美。《德充符第五》裡，第一個人叫王駘，只有一隻腳，所招引來的學生與孔子一樣多，孔子自歎不如，讚歎王駘：「遊心乎德之和」，「視喪其足，猶遺土也。」第二個人叫申徒嘉，也是一隻腳，與子產同學，美德優於子產，令子產羞愧：「吾與夫子游十九年矣，而未嘗知吾兀者也。」第三個人叫無趾，被人砍斷了腳趾，其美德令孔子敬佩。第四個人叫哀駘它，外貌極醜陋，瞭解他的男人捨不得離開他，熟悉他的女人爭著要做他的妻妾。」「德不形者，物不能離也。」第五個人叫跂支離無脤，拐腳、駝背、沒有嘴唇，有美德。衛靈公喜歡他，反而看到體形健全的人覺得脖子又細又小而不健全。所以莊子感歎說：「德有長而形有所忘。人不忘其所忘而忘其所不忘，此謂誠忘。」【271】莊子的意思是：對人要瞭解，才能透過外形辨別出心靈的美與醜。看見心靈美就忘記了他的外形醜與美，不應該只記住外形而忘記品德。

二、語言的美與醜

老子云：「信言不美，美言不信；知者不博，博者不知；多者不善，善者不多。」（63章）。」「善言者無瑕適。」（二十七章）「美言可以市，尊行可以加人。」（六十二章）「信不足，案有不信。猶呵，其貴言也。」（十七章）「夫禮者，忠信之泊也，而亂之首也。前識者，道之華也，而愚之首也。」（三十五章）【272】

【271】《莊子・山木》頁8。

【272】《仰望老子》第一卷第十七、二十七、三十五章，第二卷第六十二、六十三章。

　　這裡的「言」，是話語、文章、知識、理論。「言」有兩種：一是善言，信言；二是美言。善言和信言，是發自天生心靈美之言，是忠實之言，可信之言，樸實無華之言，真知識，自然智慧，真理，才稱得上語言美。美言，是發自心靈醜之言，是華麗之言，是花言巧語，是不可信的謊言，信不足的漂亮話，假知識，偽智慧，謬論，才稱得上語言醜。在語言表達方式上，善人、聖人「貴其言」，抓住要點，話語不多，樸實無華。而不善人，話語「多」而「博」，滔滔不絕，玩弄詞藻。在語言效果上，善言信言「無瑕謫」，沒有惡意，「可以賀人」，使人受到啟發和覺悟。美言，製造言論混亂（「亂之首」），愚弄眾人（「愚之首」），從中「可以市」，「奪眾貨之賈（王弼語）」，話語被當作商品出賣，獵取名利。

　　老子的這些話，可謂把語言美和語言醜界定和區分得很清楚了，論述了語言美和語言醜產生的原因，表達的方式，造成的效果。

　　如果對老子關於語言美與醜的觀點作進一步解說，那就要回答如下問題：誰需要說真話？誰需要說假話？如何分辯真話和假話呢？

　　誰需要說真話？答曰：天下人需要說真話。為什麼呢？話語是心靈的表達。天下人的心靈具有天生的善心和自然智慧。只有善心，才有善言，只有自然智慧之光才能照見真理。天下人需要有共同的語言來表達共同的心願，來追求共同的平等利益。他們不需要互相隱瞞觀點，不需要說話遮遮掩掩，而需要說真話，需要說憑良心的話，說話直白樸實，通俗易懂，以方便互相交流和理解，取得一致見解，達成「同意」的契約，產生共同行動。

　　誰需要說假話呢？答曰：君主和寡頭以及少數具有特權利益的統治者。為什麼呢？他們的心靈有了「可欲」的蒙垢而產生了惡念和人為智慧（「惡念」怎樣產生的，見前文「論惡」），只有惡念，才有惡言，只有偽智慧，才能產生謬論。他們的惡念是要使一人、一家或一小夥人佔有天下的所有利益，使天下人臣服。他們的偽智慧就是要獨裁天下人的意見為一人或一小夥人的「聖旨」或「政令」。他們知道天下人的善心和自然智慧與他們的惡念和偽智慧水火不相容，他們就要用美言把他們的惡念和偽智慧裝飾成天道、人道，使天下人拋棄天生善心和自然智慧來相信他們的惡念和偽智慧是真理，破壞天下人的知心交流，使天下人不能取得一致意見，產生共同行動。要實現他們的惡念，就需要說話遮遮掩掩，玩弄術語，辭藻華麗，說得使天下人越感到神秘難懂，越覺得他們智慧高，是天才，就越能使天下人「理解的要執行，不理解的也要執行」，天下人只需要

忠君就行了。天下人就被愚弄了。如果天下人中有保持了天生善心和自然智慧的人，識破了他們的語言醜，要揭露他們，他們就用「文字獄」之類的暴力文化來懲罰覺悟的高人。

如何辨別真話和假話呢？下層民眾從老子的記述中可以歸納出這樣幾個簡單方法。其一，在聽話和看文章時，要拋棄一切習俗和權威思想，單存一個良心，看所說的話是不是良心話，是不是說到你的心坎上去了。要相信自己，切莫認為領導、官方、教授所講的就是對的，世界上沒有英明君主、偉大領袖和天才。其二，在聽話、看文章時，你的情緒被激發起來，如果激發出的情緒要你為說話者效忠，去怨恨別人，損害別人，甚至去殺人，這話就不是善言。如果激發的情緒要你憑良心去辦事，去和睦別人，這話是善言。其三，聽話、看文章時，你感覺到這話是有利於下層人的，是在為下層人爭權利，就是善言。如果這話是要你認可和安心於尊卑、貧富差別，產生聽天由命的思想，這話就不是善言。其四，聽話、看文章時，這話與你自身和周圍的現實不相符合，就是假話。這話與你自身和周圍的事實相符合，這話就是真話。其五，聽話、看文章如果不是有語言障礙，這話說得十分漂亮，辭藻華麗，長篇大論，你憑良心也不能理解，那麼這話是假話。如果這話說得樸實、言簡意賅，你能理解，那麼這話是真話。

三、行為的美與醜

行為的美產生於心靈美，行為的醜產生於心靈醜。行為美是善行，行為醜是惡行。老子云：「善行者無轍跡。」關於行為美和行為醜詳見前文第二十章第七節「善行無轍跡」論。

本章小結：

美是人的觀念，天地萬物無所謂美與醜。美是天下人的觀念，不屬於貴富者和美學家專有，天下人的共識才是審美標準。人不能只停留在事物的外表美，要追索到一切美的美原因或美本身。如果人為美「尊道而貴德」那也是美，如果人為美違道而背德那就不是美。人的天生心靈是美的，後天的心靈蒙垢才是不美的。有善心才有善言善行，有惡念就會有惡言惡行。

第二十七章　協和論的教育觀：「善心為本，因材施教」的陽光事業

我是一個悟道人，有幸享受了十六年學校教育，又在中小學教育階段工作了三十多年，可以很自信地認為自己對教育最具有發言權。協和論的教育基本觀點是：「善心為本，因材施教」；善性教育是陽光下的開放式引導事業，惡性教育是洞穴裡的封閉式洗腦勾當。

➡ 第一節　教育之源起、發展和歸宿是一個協和過程

一、教育之起源

在自然人那裡，嬰兒一出生，就接受母親的保護和教育。母親的教育是順著嬰兒的天性給予引導而言傳身教，教給謀生的本領和自我保護的能力。到了自然社會，人類發明了語言，成年人都成為教育兒童的施教者，教育內容是教育兒童學會說話和言傳身教給生存和自我保護能力。到了人類發明文字時，教育內容增加了讀書識字，兒童不僅學習成年人的直接經驗，還能夠學習前人和別地方人的間接經驗。教育方法仍然是順著兒童天性的言傳身教的啟發方法為主要。教育是人類一件自然而又普遍、公開的事情，每個兒童都有享受教育的自然權利。

二、教育的發展

到了政治社會，教育出現了重大變化。官家的學校出現了，官家子弟有權利被集中在一起讀書（學習文化知識），貧窮人家和奴隸兒童就沒有權利上學校讀書。貴族壟斷教育開始了。貴族學校的教育有了特許的教育規定：教育目的是培養所需要的治人的「人上人」的人才，教育內容是統治者所規定的治人方面的內容，不學習生活和勞動技能；施教者被稱為「師」，是貴族們選拔出來的，教育方法是「灌輸法」。後來，貴族社會裡出現了沒落貴族開設的私立學校，所受教者是能夠交得起學費的富家子弟。例如中國的春秋戰國時期的少正卯、孔子等等創辦的私立學校。到了帝王專制社會，教育就成為為帝王統治培養奴才的御用工具，教育目的十分明確，教育內容更是窄隘，教育方法更是死板。私立學校遭到官方嚴格監管、甚至被取締，教育走進死胡同。另一方面，貧窮人家和奴隸的

子弟，不能上學，依靠父母和成年人言傳身教，教給生活和勞動技能，還要教給做下人和奴隸的品質。在帝王專制時期，教育成了特權階層專有的學校教育，平民和奴隸的言傳身教的教育就稱不上教育了，絕大多數人兒童的教育自然權利被剝奪了。教育成為見不得天日的黑暗中的洗腦勾當。

三、教育的回歸

教育發展到帝王專制時期，走到違道背德的盡頭，就要返回。隨著民主法治政體的出現，教育改革出現了，義務教育和普及教育出現了，私立學校得到復興的機會，把自由平等地享受教育自然權利歸還給每個兒童。不過，這個時期的教育還主要是學校教育，兒童們享受教育的機遇還不完全自由平等，教育還處在不斷改革和優化之中。

四、教育的歸宿

教育回歸是教育走上「善回向」運動，隨著教育的不斷改革和優化，教育最終從學校教育走向社會教育，歸宿於自然狀態，與教育的起源始點銜接在一起。

➡ 第二節　界定教育

「教育」，作為一個概念，已經被定義為各種各樣的互不相同的許多概念，使教育目的、內容一片混亂，好像「教育」一詞無法定義為概念。

其實，教育是每個人、主要是兒童享有的一種自由平等的權利；教育自由平等權利，原本是一種自然權利，但是在內容上更多的是一種社會權利。

定義教育：教育是施教者以「善心為本，因材施教」，使每個兒童發揮各人不同的天資，去學會運用天生的理性思維的一種方式，從而使受教者具有保持天性和自我保護的生存本領。

這個定義具有這樣幾層意思：其一，人人具有天生的理性思維潛能（天生善心和自然智慧），要實現理性思維潛能就在於學會運用它，學會運用理性思維潛能的主要方式是教育；其二，既然人人具有天生理性思維潛能，那麼人人就具有享受接受教育的自由平等的權利；其三，既然教育是讓人學會運用天生的理性思維潛能，那麼施教者首先就要「善心為本，因材施教」，順著每個人相同的天性和不同的天資施教，啟發或開發理性思維潛能，而不能給出任何人為的教育目

的和要求，去洗腦受教者；其四，既然教育是啟發受教者的理性思維潛能，施教者就要把受教者引進知識殿堂，傳授自己的和別人的運用理性思維的善性經驗知識，批判惡性的非理性的知識；其五，既然教育是每個兒童發揮各人不同的天資，那麼教育就應該順著各人不同的天資去引導受教者，指導兒童們選擇各人不同興趣的學習方向和專業，而不能作出硬性規定，去學習同一教材內容，進行統一考試制度，窒息兒童的天生理性思維潛能和天資潛能；其六，既然教育是為了增強保持兒童天性抵抗污染的能力，那麼施教者本身就要保持天生善心，是善人；其七，既然教育是為了培養兒童自我保護的生存本領，那麼施教者首先要保護兒童的生命安全，不能摧殘兒童身心，不能教育兒童去為自己或為某個統治者和政治組織、理想主義去犧牲生命；其八，既然教育是為了教育兒童學會自我保護的生存本領，那麼每個兒童的生命權利都是自由平等的，施教者就要傳授權利自由平等和正義、節制、智慧、勇敢等等美德，而不能教育兒童去做「治國平天下」的治人的「人上人」；其九，既然受教者學會了運用理性思維，具有了自我保護的生存本領，那麼每個人也就具有了發揮不同天資的創造力，就會創造高度發達的物質財富和精神財富，促進人類和平，推動人類社會向高級社會快速發展。

對這個定義的幾層意思，如果用現代的教育知識來概括，就有：教育主權、教育目的、教育內容、教育方法、教師、學生，等等方面。下文就按照這些方面來分別論述，以便通俗易懂一些。

➡ 第三節　教育主權

人人享有接受自由平等的教育權利，教育就是全民教育，是全體國民的事情，而不是統治者所專有的事業，即教育主權在民，而不在執政者。

每個公民為了保護自己和自己孩子享有的自由平等的教育權利不受到侵犯和被人剝奪，就要創建教育法律給予保障。在創建教育法律的過程中，首先選舉具有教育經驗的人成立教育立法機構，然後教育工作者依法創辦學校，司法機關設立教育監察機構，政府設立教育經費預算和發放機構，扶植基礎義務教育，幫助貧窮子弟能夠享受高等教育，使貧窮子弟都能享受自由平等的教育權利。這樣，教育權力就被分散了，誰也無法壟斷教育。這就是全民教育制度。

教育主權事關國家或一個政權的存亡，也能表現出一個國家的性質。所以，中國歷來的皇帝都獨攬教育主權，親自「殿試」科舉考試的最後結束一環。執政者的目的在於使教育成為為他們培養所需要的有用人才的政治工具。同理，社會公民也應該重視教育，使教育擔負創建公民福利社會的歷史使命，承擔和完成這個歷史使命的主要是善良的教師和他們的學生，社會公民爭取教育主權是十分重要而艱巨的任務。

➡ 第四節　教育目的

教育目的只有一個，就是使每個兒童學習善性經驗知識而得到啟發，實現運用理性思維潛能，增強自我保護的生存能力。此外別無其它目的。

➡ 第五節　教育內容

教育內容，簡明地說，就是教給兒童善性經驗知識。所謂善性知識，就是形而上學的善原理。所謂經驗知識，就是形而上學善原理的實用理論知識。

人人天生具有善心和自然智慧，能夠去理性思辨，去悟道，去理解形而上學原理。只是兒童還不會運用自己天生的理性思維潛能，那就需要學習，需要成年人傳授自己運用理性思維的經驗知識。所以，善心和智慧在每個人的心中，是無法去傳授的，所傳授的是如何運用善心和自然智慧的經驗知識。

人類知識是具有層次的，如「第一卷‧認識論」的「知識論」所論述。經驗知識屬於「意見和信念」，是不穩定的知識，能夠隨時被新的經驗知識取代。凡是載入書本和教師們所講授的知識，不管是文科的還是理科的知識，都是不穩定的經驗知識，不是絕對真理，「絕對真理」在每個人心中。所以，學習經驗知識，只是從中得到啟發，獲得參考資料知識，便於自己運用天生的善心和自然智慧去悟道和創造。學習經驗知識，不能把別人的經驗知識當做絕對真理，不能以為自己讀書很多，就掌握了真理；更不能以自己教授所講授的知識或自己的學術門派的知識為標準，去批判其它的理論知識；如果那樣，就是死讀書，讀死書，不僅成為書呆子，而且會成為頑固不化的保守派，就會窒息自己的天生善心和自然智慧，喪失了創造力，被經驗知識誤終身。

但是，兒童學習成年人的和前人的經驗知識是非常必要的和重要的，因為經驗知識能夠讓兒童在知識殿堂漫步，能夠啟發自己的善心和自然智慧，學會運用理性思維，提前選擇適合自己天資的和感興趣的探索「真理」的方向。如果不學習已有的經驗知識，就會思想成熟期遲緩或滯後，落後於別人，就會受人欺負。俗語云：「養子不讀書，等於養隻豬。」

本節所論述的是善性的經驗知識：真智慧，還有惡性的經驗知識：偽智慧，放到「第九節」去論述。

➡ 第六節　教育方法：「善心為本，因材施教」

佛經裡有一句話：「慈悲為本，方便為門。」意思是：「本」只有一個，是「慈悲」；「門」有無數個，是「方便」。「方便」，就是依據不同的受教者採取不同的「方便」辦法施教，以便於受教者接受。受教者有多少個，「方便之門」就有多少個。教育法裡也有兩句話：「因材施教」和「吃透教材和學生兩頭」。但是，這兩句話都只說了「門」，沒有說到「本」。「無本」則「沒門」：沒有房屋哪裡有門？「無本之法」就是「法無所依」，就是「非法」。所以，正確的教育方法應該是「有本有法」：「本」只一個，法無定法；把佛語「慈悲為本，方便為門」引用到教育中來演變一下，就是：「善心為本，因材施教。」

一、「善心為本」

「善心為本」，說的是：每個人都有天生善心，也只有一顆善心；這顆善心是安身立命之本，是辨別善惡的標標準，是發出言行的根本，是與人為善的本性，保持這顆善心是人生的根本大事。這說的是普通人。作為一個教師，不僅自己要有安身立命之本，還要教書育人，傳授給學生安身立命之本，「善心為本」就是教師應該具有的第一個品質或第一個條件。只有教師自己保持了天生善心，有一顆沒有受到污染的或者洗滌了污垢的純潔的靈魂，才能識別善人和不善人，才能識別真智慧和偽智慧，才能產生一顆博愛之心去平等地對待每一個學生，才能保護學生的生命安全和身體健康，才能教給學生保持天生善心不受到污染的經驗知識，才能把善知識傳授給學生。一句話，教師「善心為本」了，就會產生各種各樣的「因材施教」的辦法，每一個辦法都是用心良苦或動機善良的正確的教

育方法。

二、「因材施教」

所謂「因材施教」，「因」是「憑著」、「順著」的意思；「材」是「人材」、人的素質、人的天資；「施」是施行；「教」是教育方法。合起來一句話：順著受教者的天資不同而施行不同的教育方法。現今教育界所說的灌輸法（死記硬背）、啟發式、直觀法、實驗法、現場指導、交心談心法、補課法、課外活動、言傳身教、教學相長，等等，都是教育方法。只要發自「善心為本」，各法各門，法法有用，門門能進，取長補短，不可偏廢。

三、「善心為本」與「因材施教」的互動關係

「善心為本」是「一」、是「體」，「因材施教」是「多」、是「用」；「善心為本」必然會體現在「因材施教」上，「因材施教」也必然會表現出「善心為本」來。

1.教師你「善心為本」了，就會把每個學生都當做自己的兒女去愛護，以保護學生的生命安全和身體健康為首要職責。你心裡時刻懸著的是學生是否有危險，會經常觀察學校的建築設施和周圍環境，發現有危險，就會提醒學生，報告有關單位去解除危險。你就會在自己教學任務之外傳授給學生回避危險的方法。你會拾起地上的一小塊碎玻璃，擔心割破學生的腳板。你會在冬天半夜起來去給學生蓋被子。你甚至會在懷疑食物有毒時去先嘗一嘗食物，再讓學生去吃。你會冒著被開除工作的危險去與污染學校環境的單位作鬥爭。你不會去體罰學生發洩自己的情緒，你為了阻止學生的嚴重缺點的擴大，即使施行打罵的方法，也是輕微的、適當的。

教師你如果缺失「善心為本」，勢必以自己的業績為本，就會急功近利，把學生當做成就自己功名的材料和工具，隨時會體罰學生，體罰時不知輕重而傷害學生健康，或者當眾羞辱學生而使學生喪失自尊心，甚至開除學生學籍，犧牲學生的前途和生命。

2.教師你「善心為本」了，就會平等地對待學生。在你的心目中沒有什麼「優生」和「差生」的區別。你清楚地知道，每個學生天性（天生善心和自然智慧）平等，天資有別。在學校學習書本知識期間，所謂「優生」和「差生」的區別只是在於：各人的天資不同，在適應於與不適應於學習書本知識的程度有差

別；或者在學習期間有的一直沒有缺課而有的曠課，知識連貫性顯示出強弱來；或者家教有注重書本知識和不注重書本知識的差別；或者家庭背景影響有差別；或者有入和沒有入幼稚園的差別；等等諸多因素的不同。學校統一教材的書本學習和統一考試的檢測方法，不能證明學生的天分（天生善心和自然智慧）有上、下之分別。如果社會有適應於所有兒童不同天資的教育體系，每個兒童們就會選擇適合於自己天資和興趣的學習場所，不同的天資就會充分發揮出來，各各呈現出自己智慧的創造力，就沒有什麼「優生」和「差生」了：你在這方面「優」而在那方面「差」，我在那方面「優」而在這方面「差」。例如，一個獲得諾貝爾獎的物理學家與一個獲得網球冠軍的運動員，我們不能斷定哪個的天分高些還是低些或哪個是「優生」還是「差生」；愛因斯坦在學生時代就不是「優生」；中國「科舉考試」裡出的狀元，除了秦檜一人能夠獨立思考外，都是書呆子。你認識到，是傳統的和現在的教育體制製造了「優生」和「差生」。教師你有了如此認識，就會對你所教導的學生進行家訪，全面地掌握每個學生的情況，採用不同的教育方法：「因材施教」，給予不同的啟發性教導。你就會特別同情「差生」。在你的眼前，只有「差生」祈求的目光，求助的眼神，無奈的神情，天真的表情；即使是驕橫的富貴子弟，在你眼裡也是個可憐巴巴的無知嬌寵的孩子，難免將來不是令你同情而又悲痛的罪犯或兇惡之徒；你不會計較差生對你的冒犯，你會諒解他們的調皮搗蛋，你不會惱火他們的考分低下而抹殺了你辛苦的教學業績，你只是一顆善心去「救救孩子」。你雖然對現成的教育制度無可奈何，但是你的學生沒有「差生」，在你的教導下各各都有學習收穫。學生遇上你是前世有幸。

　　教師你如果缺失「善心為本」，只有功名利祿思想，你班上的學生就呈現出特別明顯的「優生」和「差生」來。你就會偏愛「優生」，打擊「差生」。你會把「差生」編排到不好的座位裡，不認真批改「差生」的作業本。為了你的教育業績，你甚至會千方百計地排斥「差生」，逼迫「差生」退學。你的教育方法也就非常簡單，不能「因材施教」。學生遇上了你是不幸的。

　　3.教師你「善心為本」了，就會憑著善心在知識的海洋裡識別出善知識和惡知識，對於惡知識具有批判能力。你就會使用啟發式教育方法，把善知識傳授給學生，對教材裡的惡知識就會想方設法地給學生點明，不僅減少學生受到惡知識污染，還能夠使學生具有批判能力和獨立思考能力，保持了學生天生的善心和自然智慧。

　　教師你如果缺失「善心為本」，就不可能辨別善惡，就會對與你臭味相投的惡知識大肆宣揚。你就會使用「灌輸法」對學生進行洗腦，助紂為虐，污染學生純潔的心靈，窒息學生天生的善心和自然智慧。你的學生就喪失了獨立思考能力。

　　4.教師你「善心為本」了，不僅愛護學生，還會在教學中把學生當做學友，與學生教學相長。對於學生指出你教學裡出現的錯誤，你會感到高興，給予肯定和鼓勵。你甚至會故意出現知識性錯誤，開發學生的判斷力和批判勇氣，讓學生懂得，任何權威的知識都是有限的，都沒有掌握「絕對真理」，從而啟發學生的理性思維潛能。

　　教師你如果缺失「善心為本」，就會在學生面前高人一等，只准你講，學生聽，不准學生反駁。如果學生質疑你的教學錯誤，你就認為傷害了「師道尊嚴」，對學生大肆諷刺和挖苦，熄滅學生的獨立思考智慧。你要讓學生懂得「畏聖人言」的道理。你的學生就會成為書蟲，成為崇拜權威的奴隸。

　　5.教師你「善心為本」了，就會針對不同的知識採用不同的教學方法。對於掌握一些基礎知識和識字知識，你就會採用「死記硬背」法，嚴格要求學生，人人過關。而對於語言文字和基本原理的運用能力的提高，你又反對「死記硬背」，採用啟發式。總之，你「方便為門」、「因材施教」、不拘一格，總有適當的教育方法。你對那些閉門造車的教育家提倡的教育方法，比如什麼「素質教育」之類，總會具有批判精神。

　　教師你如果缺失「善心為本」，就會教法死板，死搬硬套權威給出的教育方法。

　　6.教師你「善心為本」了，就會在教書育人上做到言傳身教而「善行無轍跡」，以善心和善行去潛移默化學生。（「善行無轍跡」論詳見第二十章）

　　教師你如果缺失「善心為本」，就會處處張揚自己的功名，自我炫耀做了那些好事情。在「學雷鋒，做好事」運動中，把「功勞簿」掛在牆壁上，批評「功勞簿」上記載得少的學生。於是，學生爭相立功，找不到好事做，就把自己的錢上交，說是撿的，獲得「拾金不昧」的美名；就去偷偷地把路面挖壞，再去修補，獲得「修橋補路」的美名；把小孩子推下水裡，再去救人，獲得「救人英雄」的美名；等等，功名利祿薰心。

　　7.教師你「善心為本」了，學生就敬愛老師，把老師當做自己的良師益友。師生關係自然融洽。我39年的教育經驗就是「善心為本」。我的學生畢業離開我

的時候，都是哭著走開的。在我遭到劫難的時候，沒有一個學生趁機打擊我，特別是所謂的「差生」，都偷偷地去看望我，幫助維護我的家庭生活。我的學生也有做官的，他們至今見著我這個地位卑微的退休中學老師，官氣蕩然無存，更像個學生樣子。

教師你如果缺失了「善心為本」，在校時學生害怕你，在你當紅時學生敬畏你；畢業了，就會罵你；一旦遇上機會就會報復你。師生關係就會成為對立、矛盾、鬥爭的統一體，「文化大革命」中集中體現了那種惡劣的師生關係。當然，「文化大革命」中遭到學生批鬥的教師也有善良教師，那不能證明「善心為本」不正確，只能證明少數教師個人的善心感化對於執政者發動的浩浩蕩蕩的政治運動無可奈何。但是，如果全體教師都能「善心為本」，所感化出來的那種力量將是任何強大的惡劣勢力所無法摧毀的。

四、選擇教師的重要性

這裡所說的選擇教師的前提是教育主權在民，教育權力獨立於政府之外，學校才有自主選擇教師的權利。在專制統治政體裡，教育主權在統治者手裡，學校無權選擇教師。

（一）培養中小學教師的師範學校應該要求嚴格

教育主權體應該要求國家出資創辦培養教師的師範學校，免費培養教師。對入師範學校學習的人，首先要全面瞭解其個人的經歷，重在善品質的瞭解，排除不良分子。入學後，對學生的善品質的培養要十分重視，以「正義、節制、勇敢、智慧」四個美德和「善行無轍跡」的境界為學生修身的基本要求。對品質敗壞的學生要毫不顧惜地辭退。至於專業知識和教育方法的學習則在其次。這樣，才會培養出「善心為本，因材施教」的中小學教師隊伍。

（二）學校選擇教師應該條件苛刻

在中小學學校教育裡，選擇教師是最重要的，所謂名牌學校和名牌專業都是教師創造出來的。選擇教師的條件要苛刻，主要選擇師範學校畢業的學生任教，非師範學校的畢業生主要考察其善品質。校長要親自掌握被選擇教師的個人經歷。學校要制定對教師善品質實行檢察的嚴厲校規，預防教師的不善之舉，隨時辭退嚴重違規的教師。對犯罪教師不能姑息。

（三）教師的待遇應該優厚

教師工作是陽光下的善舉，是在完成歷史使命，是十分艱巨的，是十分辛苦的。教師的待遇理應優厚，理應得到保障。社會尊重教師是理所當然的。一個中小學教師的工資不應該低於大學教授，至少要能夠使一個五口之家的衣食住行寬裕，使教師無後顧之憂，不為經濟生活發愁而顧左右。要使教師人品、職業、生活和地位為社會所有人所羨慕。

（四）評價教師業績的標準

教師是最大的慈善家。評價教師業績的標準是學生失學率和轉變差生率的高低，而不是升學率的高低和「高徒」的多少。如果在一個教師的班級裡，學生失學率低和差生轉化率高，就是業績大；如果在一個教師的班級裡，學生失學率高和差生轉化率低，就是業績小，再高的升學率也枉然。中國的傳統教育裡流行著幾句名言：「嚴師出高徒」，「名師出高徒」，「非君子不教」，「為國家培養棟樑人才」。那些名言是最沒有人性的話語，是最缺德的話語。《悲慘世界》裡有兩個典型人物：沙威和卡汝福。沙威把一個老實勤勞的青年冉阿讓轉變為罪犯，卡汝福把一個被逼到要殺人的青年罪犯冉阿讓轉變為大慈善家馬德蘭。很顯然，沙威是一個喪失人性的最缺德的教師，卡汝福是一個「善心為本，因材施教」的善良教師。曾經有人誇獎我，說我的某某學生做了幾大的官。我則不以為然，卻說，我的某某學生是別人要開除的，現在能夠憑著自己的勞動安身立命了；我的某某學生最了不起，別的獸醫治不好的豬病，他能夠治好。

（五）學生有擇師而學的自由

一個善良、正義的國家，是依據兒童的多少去創辦相應的多少學校，完全能夠滿足所有兒童入學學習，使學生有自由選擇學校和教師的餘地。一個善良、正義的國家，是不會創辦什麼重點學校（貴族學校）與普通學校的，學校設施和教師分配是比較合理而均衡的，使學生能夠就近入學讀書，用不著去選擇學校和教師。只有在專制政體國家裡，教育才不能普及，學校才分出等級。所以，從兒童入學的情況來看，可以分辨出一個國家的好與壞的性質。

學生有擇師而學的自由，還有一種意義。即使在能夠自由平等地入學的情況下，學校沒有優劣，難免教師有優劣。學生有擇師而學的自由，就是學生有選舉和罷免教師的權利，把教師置於學生的監督之下，迫使教師要嚴以律己。

➡ 第七節　蘇格拉底的教育思想

蘇格拉底對教育有生動的描述性的文字，詳見《理想國·洞穴喻》（郭斌譯）

評述《洞穴喻》：

蘇格拉底的這篇文章，在中國文人看來，是繁瑣的論證，因為中國文人從來只需要簡明扼要的實用的教條語錄，或短小精悍的雜文，從來就懶於邏輯推理或甚至不懂邏輯推理。看到長篇大論就心煩頭痛，斥責為「太長了，煩死人」。

現今中國學界，多數人連蘇格拉底的名字也不知道，更不用說讀過蘇格拉底的文章，理解蘇格拉底的基本思想理論。今日被吹噓起來的國學大師、儒學大師、易經大師，有哪一個能讀懂和有能耐批判得了這篇《洞穴喻》的呢？有哪一個能寫出一篇具有邏輯推理的文章的呢？他們都是沒有見過陽光而習慣於黑暗生活的《洞穴喻》裡的僭主的「囚徒」。如果今日中國學界有多數人能讀懂或能夠批判《洞穴喻》，那麼中國學界就會煥然一新，理性思維就會得到重視。

實在的，蘇格拉底這篇論證繁瑣的文章概括起來就是那麼幾條簡單的教育原理。如果讓國學大師來寫，只需要幾十個字或幾百個字就說出了兩、三個教條語錄，能不能理解他不管，自然有信徒去解說。

《洞穴喻》分析。

共計三個部分：（一）教育主權在僭主手裡，就實行洞穴式的黑暗的洗腦教育，培養見不著陽光的心地黑暗的愚昧的囚徒；（二）教育主權在公民社會的公民手裡，教育就是陽光下的工作，培養光明磊落的見得著善知識的正義、節制、勇敢、智慧的公民人才；（三）公民人才理應擔負起國家執政的政治重擔。這三條教育原理就是這篇文章的三大部分或段落。

（一）教育主權在僭主手裡，就實行洞穴式的黑暗的洗腦教育，培養見不著陽光的心地黑暗的愚昧的囚徒

從開頭至「格：他們一定會的」是第一部分，論述僭主制度的教育狀況。

教育主權在握的僭主，把受教者投進黑暗的地穴裡，囚禁受教者的頭腦，禁止思想言論自由，禁止遷徙自由，封鎖外界資訊，製作和操作幻影，強迫洗腦，使受教者認為影像就是真實事物，把惡當做善，把善當做惡，拒絕善人的啟蒙教育，甚至殺死善人。僭主就培養出為自己服務和使用的囚徒。

　　就教育學而言，第一部分的論述，包括了僭主制度的：教育主權，教育目的，教育內容，教育方法，選拔教師，以及與之相關的禁止思想言論自由的「文字獄」等等方面，是僭主制度教育學的全面知識。

　　（二）教育主權在公民社會的公民手裡，教育就是陽光下的工作，培養光明磊落的見得著善知識的正義、節制、勇敢、智慧的公民人才

　　從「蘇：親愛的格勞孔，現在我們必須把這個比喻整個兒地應用到前面講過的事情上去」至「格：我忘了。你的話很對」是第二部分，論述教育主權在民的全民教育情況。

　　教育由公民主體選舉出來的國家機構創辦，教師和學生都在陽光之下進行教學和學習活動。教育目的是培養具有善心和善知識的公民人才。教育內容是引導學生把靈魂轉向上面的善理念，獲得最高的善知識。善知識主要有：數學、幾何學、天文學、善品質（美德），等等方面的善知識。特別指出要掌握這些知識的哲學原理，從而站在知識的最高層面上去運用善知識。教育方法不是強迫洗腦，而是在遊戲娛樂之中，讓學生饒有興趣地接受教育。強調選舉具有善品質和善知識的善人當教師，教師不能高高在上，要勇敢地到「洞穴」裡去（「入地獄」），與卑微的愚昧的「囚徒」們生活在一起，完成教師自己「由亮處到暗處」的「迷盲」；教師在「洞穴」裡，啟發「囚徒」們，把他們引導到「洞穴」外面陽光下來，讓他們完成「暗處到亮處」的「迷盲」。

　　就教育學而言，第二部分的論述，包括了全民教育或公民教育的全部教育思想：教育主權，教育內容，教育方法。公民教育是對僭主教育的全面否認。

　　（三）公民人才理應擔負起國家執政的政治重擔

　　從「蘇：那麼，格勞孔，你得看到，我們對我們之中出現的哲學家也不會是不公正的；我們強迫他們關心和護衛其它公民的主張也是公正的」至結尾是第三部分，論述學生成才後，要為公民社會服務，承擔護衛民主國家的重大責任。

　　具有善品質和善知識的公民人才——哲學家，是公民社會培養出來的，不能只處在高高在上的知識樂園裡享受「獨善其身」的個人幸福或去做隱士，要去為創造人人幸福的公民福利社會作出貢獻。如果悟道人在僭主社會裡去做隱士是情有可原的，但是在公民社會裡就不能那樣，因為公民社會為培養你們付出代價，你們就具有為公民社會服務的義務。

　　第三部分的結尾文字，還從年齡上論述了學生在不同的年齡段學習什麼內容，指出公民人才擔任護國者的適當的成熟年限：五十歲以上。並且特別指出學

習和擔任護國者是男女平等的。至今西方民主國家都尊重蘇格拉底確定的這個年齡段。

➡ 第八節　老子的教育思想

在中國教育史上，老子是第一個有完整的教育理論體系的人，老子的教育理論是中國教育學的淵源。儒家企圖把老子排出中國教育史，說老子反對讀書學習，主張「使民無知無欲」，目的是要把孔子捧爲中國教育的創始人，把孔子教育思想說成是中國教育學的淵源。不錯，孔子在教育實踐方面，特別是創辦私立學校方面作出了巨大貢獻。但是，孔子並非第一個創立私立學校者，早於孔子的有許多私人講學：姜子牙在深山學道，鄭子產割席，鬼穀子講道，老子的老師商容，稷下道學校；與孔子同時的有魯國的少正卯；稍晚於孔子的有墨子，等等。至於在教育理論方面，孔子的教育思想是不健全的。他的教學目的是爲了培養「克己復禮」和爲輔佐專制君主服務的君子。他的教學核心內容是「三綱五常」，具體教材是《詩》、《禮》、《書》、《樂》、《易》、《春秋》等「六經」。這種教學目的和教學內容與老子的截然相反。詳見我的《仰望老子》。

老子的教育理論是善性的，完整的，對現今中國教育改革具有現實的基本的使用價值。

➡ 第九節　批判幾種教育思想

一、《現代漢語詞典》的定義

教育：1.名詞——按一定要求培養人的工作，主要指學校培養人的工作：初等教育，教育方針。2.動詞——按一定要求培養人：教師的責任是教育下一代成為德智體全面發展的有用人才。3.動詞——用道理說服人使照著（規則、指示或要求等）做：說服教育。【273】

評述：這個定義，是我們中國教育界十分熟悉的定義，我們一直是按照這個定義去做教育工作的，還在按照這個定義繼續地做著。這個定義高度地概括了

【273】《現代漢語詞典》「教育」條目。

現今中國教育工作的教育目的、教育方針、教育內容、教育方法等等。

（一）這個定義所指明的教育目的是：「按一定的要求培養人」，「培養德智體全面發展的人才」

「一定的要求」，當然是掌管教育權力或決定教育命運的人的「要求」。施教者必須按照「要求」去傳教，受教者必須按照「要求」去受教。而掌管教育權力或決定教育命運的人當然是掌握了國家最高權力的統治者，教育只能按統治者的「一定的要求培養人」。「教師的責任是教育下一代成為德智體全面發展的有用人才」，教師就是統治者的鷹犬。「培養德智體全面發展的有用人才」就是為統治者服務的奴才或「馴服工具」。而統治者在經常發生改變，所以「一定的要求」也在經常發生改變，所需要的「人才」也就不同，教育就隨著統治者政權的更迭而變化無常。於是，就有無產階級與資產階級爭奪不同人才的教育。總之，一言而蔽之曰：教育是統治者為培養他們所需要的人才的工具。

（二）這個定義所依據的思想理論是列寧主義的教育理論

中國現代的教育學教材說得很清楚，非常龐大複雜，夠研究生攻讀五年。但是概括起來就是那麼可憐而又十分厲害的一點點：培養「馴服工具」。其中，最著名的有史達林的「塑造靈魂」論。

（三）這個定義所給出的教育方針是「德智體全面發展」

何謂「德智體全面發展」？「德」，就是「政治是統帥」，是「紅」。「智」，是做「馴服工具」的本領。「體」，是為政治作出犧牲的強壯的血肉之軀。所以，學生要「又紅又專」，批判「白專」。所謂「素質」論都是在這個教育方針框架之內，不可能有什麼個人素質可言。

（四）這個定義的教育內容是政治學、語文、歷史學、地理學、數、理、外，在那些教育內容中，政治學貫穿始終和覆蓋其它科目，語文、歷史、地理、外語的基本思想內容都是政治思想觀點。政治學是必考科。其它文科考試題目的標準答案不能批評政治，否則給「0」分。

（五）這個定義所給出的教育方法是「灌輸式」（填鴨式）

按照「一定的要求」去施教，教育方法也就被給出了「一定的要求」，學生也就被強迫達到「一定的要求」，那樣，教師的教學方法被註定了是「灌輸法」（填鴨式）。「灌輸法」，就是把「一定的要求」所規定的教育內容，強迫灌輸給學生，把學生天生的善心和自然智慧蒙垢起來，把別家的思想觀點當著「封資修」思想批判掉。這種「灌輸法」，就是把教師當著設計師的施工員

或工匠，把學生當著原材料，按照設計師給定的圖紙，去塑造「一定的要求」的人才。這樣被塑造出來的所謂「有用人才」，當然是設計師們的如意玩偶。那種「如意玩偶」就不會有個體的靈魂。史達林說：「教師是塑造人類靈魂的工程師。」這句話是大惡人的信口雌黃：其一，靈魂是天賦的，人是不可爲的，如果人能夠塑造靈魂，那麼人也就能夠塑造生命，史達林根本不懂靈魂是什麼，或者在曲解靈魂爲「思想意識」；其二，在史達林那種大惡人的圈子裡，教師不是工程師，史達林才是唯一的工程師，教師只能是做具體事情的工匠，如果教師違背史達林的個人意志，就成了「右派」什麼的；其三，被塑造出來的學生是喪失了天賦靈魂的，只能是史達林的「馴服工具」或「玩偶」，例如保爾・柯察金之類的不能獨立思考的會說話的工具。在那種教育方法裡，所謂「啟發式」等等都是行不通的，是空談。

（六）這個定義所給出的思維方式是「辯證法」

人人天生具有善心和自然智慧，每個人不僅具有本能的生存智慧，而且具有主動的理性創造智慧。「辯證法」，本來就不是人天賦裡的思維方法，而是橫蠻無理的強人臆造的思維方法（詳見第一卷認識論第五章）。強人爲了維護他們的專制統治，就強迫他們所統治下的人接受和只能運用他們所規定的「一定的要求」的「唯物辯證法」的思維方式，禁止使用別的思維方式。他們就把「唯物辯證法」在學校裡「灌輸」給學生。從小學開始，教材裡就規定「辯證法」是唯一正確的思維方式。什麼唯物無神論、鬥爭哲學、矛盾論、一分爲二，等等之類的胡說八道，窒息幼小心靈裡的天生善心和自然智慧，使學生成爲木偶人、好鬥分子，成爲龐大的專制國家機器上的一顆螺絲釘，讓統治者去隨意擰扭，去爲專制統治作犧牲。培養出的這樣的「有用人才」，對每個人自己是「無用人才」，對人類科學技術等方面的貢獻是「無用人才」。所以有中國人感歎地發問：「偌大個中國怎麼得不到諾貝爾獎金？」根本原因就在這裡。因此，在「辯證法」裡，中國教育界所謂的「開發學生智力」都是一句口號或者一句空話。

二、儒家的教育思想

在儒家的「六經」或「四書五經」裡，盡是一大堆空洞的教條，既找不到一個明確的概念，也找不到邏輯推理和論證，當然也找不到「教育」的定義和論證。在鴻儒們的有關教育的論文中只有韓愈的《師說》有關於「師」的一句話，具有定義的性質。

　　韓愈說：「師者，傳道授業解惑也。」「師者」，當然是「六經注我」達到了「我注六經」程度的鴻儒們。傳道，是傳孔孟之道。授業，是授「修身齊家治國平天下」之業。解惑，是解對孔孟之道有疑惑，先用「六經注我」，然後達到「我注六經」。那樣，學生就成為了一個真正的儒生，「忠君」的奴才，欺壓百姓的帝王鷹犬，維護帝王專制的頑固不化的保皇派分子，熄滅了天生善心和自然智慧的偽君子。

　　（一）「師者」

　　很顯然，那樣的「師者」，是「獨尊儒術」的一孔之見的門派之徒，排斥其它學術門派，韓愈的誓死「排佛」就是一個典型，也是後來儒生們的一個榜樣。那樣的「師者」是按照帝王的「一定的要求」用儒家的「三綱五常」去塑造學生的「靈魂」的。那樣的師者自己早已喪失了「天生的善心和自然智慧」了，又怎麼能去保持和開發學生的「善心和自然智慧」呢？又怎麼能培養出具有創造性精神的學生呢？那樣的「師者」自己已經是帝王的「馴服工具」，又怎麼能培養出具有批判精神的學生呢？那樣的「師者」自己是腐儒，又怎麼能培養出思維活躍的學生呢？

　　（二）「傳道」

　　很顯然，能傳的「道」，不是形而上學的「道」。「道」不可傳，「道」在每個人的心中。能傳的是經驗知識（悟道的經驗）。可見，韓愈所說的「傳道」之「道」是經驗知識，也就證明了孔孟之道是屬於經驗知識範疇的，而不是天道、天性之類的「道」。儒家對「道」從來就沒有作過明確的界定，只是隨口胡說，只能說明鴻儒們並不懂得「道」。如果教師去「傳道」，必然會用儒家的經驗知識去熄滅學生天生的心中之「道」，也就喪失了「道」。

　　（三）授業

　　很顯然，能「授」之「業」，是按照「一定的要求」之「業」，即「忠君」之「業」，沒有學生自由選擇職業（專業）的餘地。儒家的「授業」，在孔子時還有「六藝」，學了「六藝」還有多處出路。到了漢儒，就只傳授「六經」了，只有通過「策論」、「推薦」的「入仕獲祿」一條路子了。到了宋儒就只傳授「四書五經」，只有通過「科舉考試」「入仕做官」一條路子。那些就是儒家一直鼓吹的「修身齊家治國平天下」的「業」。能夠「入仕做官」的儒生當然是極少數人，絕大多數儒生都「落第」，除了「之乎者也」，什麼營生本領也沒有，或成為魯迅筆下的孔乙己，或拋棄儒家所「授」之「業」，去重新學習謀

生知識。所以，儒家所「授」之「業」是「死業」，是讓學生的人生道路越走越窄，最後走進死胡同。現今中國的考試制度是「一張試卷決終身」，是繼承了儒家「科舉考試」的「授業」之路，也是一條死路。

（四）解惑

很顯然，「解惑」的權利在教師一方，教師就必須是「不惑之人」，教師的解答是唯一的標準答案，後來的標準答案又在主考官那裡，如果皇帝來了，標準答案又在皇帝那裡。教師能夠成為「不惑之人」嗎？顯然不能，任何人都不可能成為「不惑之人」。如果解惑的權利只在教師一方，那麼就會窒息學生的自然智慧，學生就只能死讀書，讀死書，成為書呆子。「解惑」當然是專業教師的一種責任，但是教師和任何人的解答都不能成為唯一的標準答案。教師的主要職責是指導學生如何保持天生的善心和自然智慧，把學生引進知識的殿堂，依據學生的天資差別，幫助學生選擇專業方向，鼓勵和肯定學生自己解惑的天生能力，啟發學生的創造力。

小結：儒家的教育思想，教育目的是培養「忠君」的「有用人才」：奴才和奴隸；教育內容是單一的「四書五經」；教育方法是「灌輸法」：死記硬背；選擇「有用人才」的方法是「科舉考試」；思維方式是單一型的「線段思維」：「中庸之道」。可見，《現代漢語詞典》所定義的教育思想與儒家教育思想是一脈相承的。

三、布洛克的定義

根據使用者的出發點可以理解為多種定義的詞。如（1）教育是文化遺產的傳遞；（2）它是青年開始有意義的和行動的方法；（3）它是個人成長的修養。許多教育思想方面的爭論產生於對以上三種態度的不同看法。在系列的一端，主要的行為者是教師，具有最合適的權威；在另一端是學生，他們尚未發現的才能也許會由於一位教師的遠見和關懷而得到更快的發展。在系列的中端，教育被看著是承上啟下的過程，看作是教師對課程資源的管理和安排，看作是兒童獲得為開發和創造遊戲場地和學校這小小世界所必需的情感和技能的過程。

在幼兒和初級階段，在英語國家裡當前顯著地強調感覺及「豐富的體驗」，雖然研究的結論對於開放性、開拓性方法的不熟練運用正在引起嚴重的懷疑。第二階段，由於對傳統的選拔制度的不滿，產生了追求瑞典的嘗試，利用大型的、非選擇性的中學作為走向社會平等的途徑。不論哪一種，這種不滿也對強制性中

等教育的整個目的產生了懷疑。從這一極端的反應中產生了反對正式全學制觀念的主張，或者，稍不那麼革命的話，鼓吹永恆教育的主張。工人成人教育計畫，丹麥民間中學及開發大學都是這種試驗性的表現。

對中等教育有效性的懷疑同時也反應在課程更高的思想上。改革的動力首先來自科學技術。但是青年文化的變化和教師自己意識到要大大增加目前可以傳授給兒童的知識也促進了改革。這已經導致要求教育應更加注重發展手、眼、腦的技能和對語言和其它能力的掌握，而大大減少對可以考試出來的「事實」的掌握。在美國也曾強調專業技能的需要，尤其在中等教育的更高階段，1970年紐約許多最關鍵性的教育課題，現在都圍繞著任何保持和提高每個人妥善處理生活及天賦創造力的能力這些問題而提出。在階梯的末層，心理學家們正在密切注視著幼兒提出簡單假設，進行考察及進行聯繫的先天才能。在組織方面社會心理學家在轉而注意學校形式中更加微妙的人際關係的方面，例如和小組一起活動，分析教室裡、實驗室裡或操場上實際發生的事情。【274】

評述：

這段定義文字比較長，涉及到教育的目的、內容、方法及發展變化。教育的目的是如何保持和開發兒童的天賦智力，教育的內容是「發展手、眼、腦的技能和對語言和其它能力的掌握」，教育方法是多種多樣和減少考試，教育的最重要階段是中小學，教育的場所由學校逐漸擴大到全社會，等等方面。對比之下，英語國家的教育是自由平等的，是教育工作者的事情；專制國家的教育是不自由平等的，是統治者的事情。這個定義與《現代漢語詞典》的定義和儒家教育思想觀點相反。但是，這個定義沒有提及到善知識的問題，這是一個很大的缺失。

【274】《現代思潮辭典》「教育」條目。

第五卷　協和論的幾種重要實用理論

說明：

　　協和論還有一些重要實用理論的思想觀點無法插進系統論述之中，在這裡補充論述一下。比如：理與情、「男女平等」與「男尊女卑」、協和與革命、和平與戰爭、愛國與賣國、人權與主權、「文學藝術」論、協和論與矛盾論，等等。

第二十八章　「情與理」論：人與人的關係是無親而有情

　　人與人的關係是「通情」與「達理」之間的相互協和的關係

　　協和，表示人與人的關係是相互協調的，和諧的，通情達理的；協和論，是論述人與人的關係是相互友善、情與理協調一致的理論。

一、界定「情」與「理」

（一）「情」與「理」的根源

　　前文在論述「自我」中得出關於自然人的一條基本原理：「我」是天地所生，又是父母所生。父母所生，使「我」與別人的天資不同，「我」與父母具有特許的血緣親情，「我」是「通情」的。天地所生，使「我」與別人的天性相同，人人都有父母，人同此心，心同此理，親情上升為普遍同情心，這就是「理」，「我」是「達理」的。這就是說，「情」與「理」是人與生俱來的，「情」來源於天資，「理」來源於天性，都是人性的成分；人人都是通情達理的。

（二）「情」與「理」的關係

「情」來源於天資，由於父母的遺傳基因不同，出生的許多特許環境不同，人的天資也就不同，由此而產生的「情」也就有多種多樣，人與人所具有的「情」也就有別。一般來說，「情」有：生父生母之情，養父養母之情，兄弟姊妹之情，親戚之間之情，男女相愛之情，師生之情，同鄉、同學、同事、朋友之情、鄉土之情、祖國之情，等等。但是，人有時只有生父生母之情，而沒有養父養母之情；或者沒有生父生母之情，而只有養父養母之情；有兄弟姊妹之情，或者沒有兄弟姊妹之情；有男女相愛之情，或者沒有男女相愛之情；等等。可見，「情」不僅有先天的自然性成分，還有後天的社會性成分，「情」是變化不定的。

「理」來源於天性，天性是天地賦予的，人人天性都具有天生的善心和自然智慧。可見，「理」只有先天的自然性成分，而沒有後天的社會性成分，「理」是唯一的，穩定的。至於「理」在解說社會現象時，出現了各種領域的「理」，那只不過是各種各樣的說法名稱，仍然是「萬物同一理」。

那麼，「情」與「理」是什麼關係呢？就先天的自然性而言，母親哺育子女只是暫短的動物本能，稱不上母子之情，更沒有父子之情。但是，人人有相同的伴隨終身的普遍的同情心。這「同情心」又是「理」。所以「情」與「理」是渾然一體的，是一個協和體。就後天的社會性而言，「情」就多樣化了，人與人所具有的「情」就有不同了，如上面文字所云。而「理」只有一個，只是在解說不同的情況時有不同的說法。「情」有變，而「理」不變。以「不變」制約「有變」，才能「尊道而貴德」，這是天理（天道）。所以，「情」與「理」本來就是一個東西，是相通相容的，是一個協和體，是人性的不同說法；「理」制約「情」，而不是「情」折服「理」。反過來說，「情」與「理」不是一分為二的，不是相互對立、鬥爭的。「我」的「情」與「理」這個協和體是天生的，並且「我」能夠認識到這一點。為了把「情」與「理」這個協和體說給別人聽，才不得不把情與理分開來說。所以，人性本善而無惡，人智本明而無暗；人既通情，又達理。

（三）定義「情」與「理」

所謂「情」，是人天生的普遍同情心所產生的後天人與人之間長期生活中的變化，一種特許親近關係的心理狀態。

所謂「理」，是人天生的普遍同情心，在解說後天人與人關係時的一種符

合天道的、穩定的認識成果。

二、解說「情」與「理」的關係的發展階段

本節就按照上第二十二章的性愛和婚姻的發展階段的順序來論述。

（一）低級野蠻自然人的「情」與「理」是渾然一體的

依據盧梭和摩爾根的考證和考察，低級野蠻自然人生活在果實豐富的森林裡，各自獨立自由地生活，互不干擾，只有發生暫時的性愛關係，只有暫短的母子關係，根本不懂得「情」與「理」為何物。但是，自然人具有天生的善心和自然智慧，使男女在性愛時相互同意，而不強迫；使他們（她們）懂得同類不相互侵犯而相互同情，自己多餘的食物送給老弱病殘者，對死人流眼淚，並且去掩埋屍體。這些說明，自然人的「情」，是不分親疏的同類相憐的普遍同情心；自然人的理，是「天道無親，恒與善人」的普遍原理。這種普遍同情心與普遍原理是同一種東西的不同名稱，這種「情」與「理」是難以分開的，是渾然一體的。即符合本節論點：通情與達理是一個協和體。

（二）母系血緣關係的情與理

在母系血緣關係族群裡，有情與理的區別了。兒女們對母親情深意重，而對父親不相認。但是，對於禁婚條約這個道理，不分親疏，要求一致認同，共同遵守，並且形成了良好習俗。在這裡，雖然分出了「情」與「理」，但是通情與達理仍然是一個協和體。

（三）父系血緣關係的情與理

人類社會發展到父系血緣關係的階段，人與人的關係是以男強人的權力為中心而發生的社會關係，是十分複雜的人為關係。在成年人那裡，人的社會性淹沒了人的自然性，只承認人的社會性才是人性。這樣，情與理完全是人為的了，不僅「情」是多樣化的，變化不定的，而且「理」也是多樣化的，變化不定的，情與理的關係也就十分複雜化了，言說不清楚了。這裡只能列舉出在君主制社會裡的情與理的幾種主要關係來論述。

1.以理奪情。

在君主制社會裡，最基本的「理」是：父權的孝道，夫權的婦道；最高的「理」是君權的忠君之道。

在一個家庭裡，本來是以父系血緣關係的親情為紐帶的組織單位，人與人的關係理應是溫情脈脈的，有說有商量的，有自由又有約束的。可是，父系血緣

關係的家庭，卻是暴力家長制家庭，一切要服從「孝順」這個「理」。「孝」，本來是一種情，卻成為一個不可侵犯、不可動搖的絕對真理了。不僅要「孝」，還要「順」。父親成了家庭暴君，其它家庭成員成了家奴。父權是神聖不可侵犯的，兒女在言語上不能頂嘴，在行為上不能違背父訓。否則，就是不孝順的逆子，就要受到懲罰，輕則受到訓斥，重則遭到毒打，甚至被殺害。親情不見了。這就是「以理奪情」。

在夫妻關係上，本來應該是「天合之作」，情投意合，恩恩愛愛。可是，在夫權關係裡，女人只能出嫁到男人家裡去，男人有世襲權和繼承權，女人沒有。丈夫是主人，妻子是僕人。妻子對丈夫只能「三從四德」，不能違背丈夫，特別是要為丈夫守節。丈夫可以去通姦、嫖娼，妻子不能說三道四。丈夫可以隨心所欲地去休妻、賣妻，甚至可以毆打妻子、殺害妻子。男女之情不見了。這就是「以理奪情」。

在君主與國民的關係上，本應該是君主「以百姓之心為心」，代理人民行使權力，為人民辦理事務，君主與人民有相互尊重、愛戴之情。可是，在君權關係裡，君主是主人，人民是奴僕和奴隸，甚至是君主的私有財產，君主可以任意使用和殺戮。君主還可以奪臣民的「孝」情而高於父母，奪臣民的「愛」情而霸佔妻子。人民只能絕對地「忠君」，不能違背君令，不能謗君，更不能在行為上反對君主。否則，就是大逆不道，是犯上作亂，是奸臣，不僅自己遭到殺害，而且還要誅連到九族滅亡。君主對於人民，是毫無人性的，是殘酷無情的。這就是「以理奪情」。

2.以情奪理。

在父系血緣關係制度裡，「情」是按照父系血緣關係分出親疏的：從親近到疏遠，遠到不相識的人，就沒有「情」了。這種「情」，依次有：家庭成員之間的情，家族成員之間的情，宗族之內的情，種族之內的情，民族之內的情，師徒、同鄉、同學、同事、朋友之間的情。這種分類還不夠詳細，比如在家庭成員之間的「情」裡，又分出父子之情，兄弟姊妹之情，夫婦之情；其中夫婦之情在最邊緣，因為媳婦是外姓人。

從這種「情」產生出來的「理」，也是分出親疏的：從親近到疏遠，遠到不相識的人，就沒有「理」了。本來，「理」是高於「情」的，「理」是不問親疏、內外有別的。可是在父系血緣關係裡，是按照血緣親疏的「情」的次序去處世為人的，「情」高於「理」，甚至不要「理」了。這就是「以情奪理」。

請看一些事實。

例一。孟子說：「老吾老，以及人之老；幼吾幼，以及人之幼。」孔子說，父親偷羊，兒子應該為父親保密，如果去告發父親，就是不孝。孟子說了「情」的次序，這次序也是一個「理」，「理」從「情」生，「情」高於「理」。孔子說的也是「情」高於「理」。這是明顯的「以情奪理」。或者說孔子、孟子把「情」與「理」混為一談了，沒有劃分出來。

例二。俗語：「兄弟是手足，手足不能斷；妻子是衣服，衣服能換新。」這是「情」，也是「理」，骨肉至親高於夫妻之愛，人與人平等的「理」不見了。

例三。俗語：「同一個『上』字，格外親。」這個「上」字是指豎行寫姓名中的最上一個字，是姓氏。同一個姓氏，就是有血緣關係，就是宗族親。俗語：「親的親不開，疏的疏不攏。」這些都是「情」，也都是「理」，但是平等之「理」不見了。

例四。辛亥革命的綱領第一個分句：「驅逐韃虜」。還有政治家的口頭語：「非我族類，其心必異。」這是民族歧視和民族仇恨之情，也是一個「理」。但是「平等待我之民族」的「理」不見了，因為「我之民族」不能平等對待別的民族，要排「滿」排外，見到少數民族，就說是野蠻民族；見到洋人，就罵他是洋鬼子。

3.情與理混而為一。

在父系血緣關係裡，是以男權為中心的，人的自然性被拋棄了，人性就是男權統治的社會性，一切道德倫理都從男權產生。男權這個根源不是自然存在，男權這個理論前提不是自然原理，因此，從男權產生的「情」是虛情假意，以男權為理論前提演繹出來的「理」是謬論。

你說「孝」，是兒女對父親的愛戴之情；可是它卻是孝道之理，要求兒女做父親的奴才。你說「節」，是妻子對丈夫的愛情，可是它卻是婦道之理，要求妻子對丈夫「三從四德」。你說「忠」，是人民對君主的感恩戴德之情，可是它卻是忠君之理，要求人民臣服君主，做君主的奴隸。再說孟子的那句話和孔子的那一段話，如果只是在「情」的層面上，無疑是正確的；可是它卻是親疏之理，要求兒女隱瞞父親偷羊的犯罪事實。

所以，在父系血緣關係裡，「情」與「理」都缺失了人性裡的自然性，只是男強人憑主觀意志所為，其「情」不真，其「理」不正。不是事實，就無法論

證，就只好橫蠻胡纏。因此，虛偽之「情」和荒謬之「理」就混而為一，劃分不清，說不明白。

4.情與理矛盾對立。

首先，人欲與天理。

我們說，人欲的基本內容是食欲和性欲，這是人的本能欲望，也是本能之情。人欲是天道（天理）賦予給人的，是人保命和延續生命的「必要欲望」。如果人為地壓抑人欲，人的身體健康就受到傷害，甚至傷害生命；人的繁殖能力受到破壞，危及生命的繁衍。所以，人欲與天理是協調一致的，是一個協和體。可是在宋儒那裡，人欲與天理是矛盾、對立的。

宋儒有兩句名言：「去人欲，存天理。」「餓死事小，失節事大。（寧餓死，不失節）。」這兩句話說的是：拋棄人欲，才能保存天理；寧可餓死而失去生命，也不能失去女人的貞節。「人欲」與「天理」，「生命」與「貞節」，是矛盾對立的，是不相容的。在這兩對矛盾中，如果兩兩不相容，宋儒就認為：保存天理和貞節，拋棄人欲和生命。換一句話說，「人欲」和「生命」是人的自然本能之「情」，「天理」和「貞節」是人的社會道德之「理」，「情」與「理」是不相容的，應該拋棄「情」，而保存「理」。按照宋儒的觀點來評判：凡是人的自然本能之「情」，就是禽獸之情，比如性交，就是骯髒的事情；甚至男女接觸也是「小人」的可恥行為：「男女授受不清。」「淫為萬惡之首。」「女人是污穢之物。」凡是符合「三綱五常」的言行，就是聖潔之「理」，就是美德。問題是：儒生君子能做得到嗎？且看，朱熹一邊自己在納妾，一邊去處罰一個鴻儒嫖娼；程顥去嫖娼，還美言為「放得下」。可見，「情」與「理」如此水火不容，要了「情」，就失去「理」；要了「理」，卻又去了「情」。這實在難煞人呀！所以，儒生們就「滿口仁義道德，滿肚男盜女娼」。「仁義道德」是美德，要掛在嘴上；「男盜女娼」是醜事，要埋在肚裡。所以就有人指責儒生君子們是「偽道學家」、「偽理學家」、「偽君子」、「偽善家」。

其次，情、義、理、法。

情與理是天生的，這在上文已論述。義與法是人為的。「情義」和「法理」這兩個詞是宋儒生造的混帳話，是無法定義為概念的詞。從這兩個詞派生出許多混帳話來：無情無義、有情有義、大義滅親、忠孝不能兩全、取忠臣於孝門之子，等等，自相矛盾，不可界定。正因為如此，儒家的「情」、「義」、「法、「理」之間是相互矛盾、對立的。

孔子說：「仁者，人也；親親為大。義者，宜也；尊賢為大。親親之殺，
尊賢之等，禮所生也。」【275】「仁者，愛人也。」「刑不上大夫，禮不
下庶人。」孟子一邊罵主張「兼愛」的墨子是「無父無母之禽獸」，一邊
又說：「仁之實，事親是也。」「親親，仁也。」「小人不仁。」

　　如果我們崇拜孔孟之道，不去分析，就會相信這些話是真理。如果我們去
細細分析推理，這些話就矛盾百出，不能自圓其說，既沒有邏輯推理，也沒有有
理有據的論證，是一堆堆思想混亂、乾巴巴的生硬教條。一邊說：「親親為大」
（愛親人是最大的感情），一邊又說：「親親之殺」（殺，差別，愛親人要有差
別）。是說「情」嗎？不是：「禮所生也」。是說「理」嗎？不是：「親親為
大」。既是「情」又是「理」嗎？是又不是。「情」與「理」合二為一嗎？是又
不是。是說「法」和「理」嗎？是又不是：「刑不上大夫，禮不下庶人。」人世
間哪裡有這種橫蠻胡纏的說教！

　　由於理論的混亂，給人造成思想的混亂，在行為上沒有一個穩定的標準原
理為依據，法無所據，也就胡作非為：一時大義滅親，鐵面無私，一時兒子要為
父親隱瞞罪行，可以徇私枉法；一時「孝弟也者，仁之本與！」一時「忠孝不能
兩全，忠為大」；一時「親親為大」，一時「遠親不如近鄰」；一時君臣知遇之
恩，一時「伴君如伴虎」；……各有其情，各有其義，各有其理，各有其法；非
情，非義，非理，非法，法將不法。所以今人有句歌詞叫做「是又不是」，因為
說不清楚。

　　（四）公民社會的情與理

　　父系血緣關係的情與理是那麼複雜混亂，根本原因是拋棄了人的自然性，
失道失德了。人類社會發展到公民社會，就恢復了人的自然性，情與理有自然性
依據了，也就簡明了，情與理又成為一個協和體了。公民們既通情，又達理。

　　公民社會的「情」有自然感情和社會感情。自然性感情有血緣之情、夫婦
之情，社會性感情有師徒之情、同學之情、同事之情、朋友之情，等等。這些感
情，是有時間和條件的，難以分別出主次、輕重；這些感情，不是義務，難以相
伴終身，公民的義務是社會義務，不對個人。比如父母與兒女的關係，父母僅僅
是兒女的第一監護人，並不負有撫養兒女的義務，撫養小孩子是社會福利事業的

事情。兒女到了18歲就是公民，脫離父母而獨立生活，並不負有贍養父母的義務，贍養老人是社會福利事業的事情。但是父母與兒女總是有感情，只是這種感情不能損害各自的權利。

公民社會的基本原理有：自由、平等、博愛、法治。即，在民主法治下，人人都有言論和行動的自由，人人都有平等的自然權利和量力而行的社會義務，人人愛我、我愛人人。從這些基本原理裡，再演繹出實用於各種社會情況的原理。

公民社會的法律有：基本大法——憲法，從憲法演繹出實用於社會各種情況的具體法律。憲法是全體公民一致「同意」的，具體法是與之有利害關係的公民「同意」的。這些法律，都是合情合理的，隨著社會情況的變化可以修改。

在情、理、法三者中，「理」是「一」，是根本，是從天道演繹出來的人道，是天性，是理智，是理性，是穩定的，是不變的。「情」是「多」，是天資，既有自然性，又有社會性，是激情，是變化的。「法」是從「理」產生的，即人間法是從自然法產生的，人間法只有社會性，法律是「多」，是變化的。「理」節制「情」，又節制「法」；「法」約束「情」，又根據「情」的變化而變化。所以，在公民社會裡，情、理、法是相互協調的一個過程，這個過程是不斷完善的，直到成為一個協和體。

（五）高級文明的非政治自然社會的「情」與「理」

公民社會的情、理、法是一個在逐步協調為一致的過程，直到高級文明的非政治自然社會，情、理、法就成為一個完善的自然協和體了。

高級文明的非政治自然社會的「情」。這時的「情」，十分簡單而普遍，是一種人類自然而然的同情心之情，又可以說是一種普遍博愛之情：人人愛我，我愛人人。夫妻之情也是同情心之情的一種性愛之情。家庭成員之情、師徒之情、同學之情、同事之情、朋友之情，等等社會感情都不見了。這時的「情」其實就是「理」。

高級文明的非政治自然社會的「理」，仍然是自由、平等、博愛。

高級文明的非政治自然社會的「法」，也單純了，不是國家法律意義的「法」，而是道德意義上的契約，是天下同一理的簡明扼要的契約條文。法律機構不存在了，沒有仲裁、懲罰，只有輿論譴責和勸解；人人高度自覺，自我約束和相互約束。這時的「法」其實也是「理」。

所以可以說，在高級文明的非政治自然社會裡，情、理、法沒有明顯的區

別，是自然的，是渾然一體的，是一個完善的協和體。

第二十九章　「男女平等」與「男尊女卑」

男人與女人是所有能說話的人的話題，也是人類永久的話題；而男女平等與男尊女卑就只是一些人的觀點，也只是人類社會某些歷史階段的觀點。

一、「兩性平等」是「大道」創造的玄妙奇蹟

「大道」造物，無奇不有，生命是一大奇蹟，生命裡的雌雄兩性和兩性數量均衡是玄妙的奇蹟，「異性相吸引」、「性交快樂」就是「玄之有玄，眾眇之門」（玄牝之門）」的奇蹟，人是最大最高的奇蹟。

凡是生命體，都有雌雄兩性，為的是讓生命體去自我繁殖本生命種類。有人說存在「無性繁殖」或「單性繁殖」，比如，折下楊柳的一截枝條插入土裡就成活了。其實那兩性就在楊柳枝條裡，並非是單性繁殖，還是兩性繁殖。這就是說，有的生命體自身裡包含著雌雄兩性，比如一棵樹裡就有公花和母花；有的雌雄兩性分別在同類的兩種生命體裡：雌性體和雄性體，即公與母，比如具有性交能力的動物。

在動物世界裡，人們看到了公與母的兩性動物。兩性動物的生活目的十分簡明：自我生存下去和繁殖下一代。繁殖下一代的唯一方式是性交。性交是在雌雄雙方都為了滿足性欲快樂而自願進行的，雙方並未意識到性交是實現大道賦予的繁殖下一代這個自然目的的方式。所以，動物的性交活動是雌雄雙方自由平等的自然行為，沒有什麼雄尊雌卑的道理。

二、「男女平等」是「大道」創造的最偉大的奇蹟

就自然界那個大範圍而言，人是動物的一種，也就具有動物的自然性和自然行為。自然人的生活目的也是十分簡明的：自我生存和繁殖後代。繁殖後代唯一方式是性交。性交是在男女雙方都為了滿足性欲快樂而自願進行的，男女雙方並未意識到性交是實現「大道」賦予的繁殖下一代這個自然目的的方式。

就人類而言，「大道」創造出的人是最高級的動物，賦予人的靈魂最全面，具有理智的創造能力。造物主「大道」知道：人的理智的創造能力會破壞自然生態環境，所以就使人類的繁殖率低；同時，具有理智的人對快樂的需求特別

高，「大道」就又賦予人的男女雙方的性欲比任何動物雌雄的性欲大，女人只有月經期幾天不能性交，在所有性成熟時期都能夠進行性交活動，不像動物的雌性那樣只有發情期能夠性交；並且所創造出的男女數量均衡，使男女雙方都能夠滿足性欲。性滿足是男女最大快樂的娛樂活動，其它的娛樂活動都在其次。

所以，自然人的性交活動是男女雙方所「同意」的自由平等的自然行為，沒有什麼男尊女卑的道理；也只有性交活動使社會人的自然性赤裸裸地暴露出來，什麼聖人、偉人、正人君子都不見了，什麼仁義道德、親疏尊卑都無蹤無影了，真所謂：「滿口仁義道德，滿腹男盜女娼。」「仁義道德」是假的，「男盜女娼」是真的。

三、「男女平等」的性質、內容及其巨大力量

就存在而言，「男女平等」是自然界的一種真實的存在，是生命體「兩性平等」的一種存在。就理論而言，「男女平等」是符合事實的真理，是從生命體的「兩性平等」的自然原理裡演繹出來的理論。凡是自然的就是善的，所以「男女平等」是善道，是善理論。

「男女平等」主要內容有：1.男女都是「營魄抱一」的生命體，同類生命體是平等的；2.男女都具有平等的「天生善心和自然智慧」；3.人類社會是由男女組成的，二者缺一不可，所以男女都具有平等的自然性，也就具有平等的社會性；4.都具有平等的自然權利和社會權利；5.男女都具有具有平等的性交自由權利；6.男女的肉體結構具有性別差異，性別差異不是不平等的物質原因，而恰恰是平等性交自由的物質前提條件，是人類生生息息的原因。

「男女平等」的自然性產生一種不可阻擋的巨大力量，推動人類社會發展。渴望和追求性交快樂的自由平等是每個男人和女人的自然的「必要欲望」，只要有人類存在，這種「必要欲望」是永遠正確的、消滅不了的。這種「必要欲望」，驅使每個男人和女人去相互取悅，去相互表現自己的善心和智慧，因而產生了去創造物質財富和精神的偉大動力，推動人類社會前進。正如一首詩所言：「生命誠可貴，愛情價更高。若為自由故，二者皆可拋。」追求自由平等的愛情成為文學創作的永恆主題，產生許多可歌可泣的偉大悲劇。

四、「男尊女卑」是違背「道性」的人為惡理

自然人具有兩種最基本的「必要欲望」：食欲和性欲。食欲是容易滿足

的，很難膨脹為「不必要欲望」，因為，人只有一個胃，所需要的營養是有定量定數的。可是性欲就不同，沒有定量定數，可以隨時因為異性的不同象形的刺激而引發性衝動，加上人的虛榮心，佔有異性越多越自豪。於是，渴望和追求性交快樂、自由平等的每個男人和女人的自然的「必要欲望」，一旦膨脹起來，就蛻變為貪得無厭的「不必要欲望」——貪欲，就破壞了「自由平等」的自然原則。

在男女雙方中，是哪一方的「必要欲望」最容易膨脹起來呢？當然是體力強壯的一方，即男方，男方的強者——男強人。男強人首先膨脹起來的是性欲，是對女人的佔有和征服。對女人的佔有和征服的欲望，從家庭裡擴展到族群裡，以至擴張到征服全國、全世界，恨不得全世界的美女都歸他一個人享有。人類社會歷史上所發生的「打天下」、爭權奪利和實行專制統治等等現象，都是貪得無厭的性欲在作怪，即從膨脹起來的性欲裡產生的權力欲。

現在來敘述這個演變過程。

從第二十二章第二節中，我們知道性欲的膨脹產生於父系家庭的男權，到了後來，發展為父系血緣關係的不自由的「一夫一妻」和「一夫多妻」並存婚姻。

在父系家庭裡，隨著父權的不斷強化，夫權也不斷強大起來，妻子權利逐漸弱化，妻子對丈夫的依附性越來越大。女人只能出嫁到男人家裡，丈夫是主人，妻子是僕人。有組織權和指揮權的男強人對女人的佔有欲逐漸膨脹起來，強行霸佔多個女人為妻妾。

在男女自由戀愛的幌子下，允許男人一夫多妻；但是另一方面，又不敢剝奪其它男人的婚姻權利，不得不保存父系血緣關係的一夫一妻制度。於是，男女自由戀愛的一夫一妻婚姻遭到破壞，父系血緣關係的不自由的「一夫一妻」和「一夫多妻」並存婚姻產生了。

以這種父系家庭為基本組織單位的民族國家產生出來了，形成了君權。君主首先享有權力是性佔有，具有在全國隨時選美的無上權力。君主的選美對象是不能受到限制的，是不分親疏、尊卑的，包括自己的母親、姐妹、表姐妹、嫂子、弟媳、兒媳、山野女人、外族女人，等等都在選美之列。君主發動戰爭的目的主要是為了獲得美女，表面上是為了民族生存。所有的君主都是荒淫無度的，明君來得隱晦一些，暴君來得明顯一些。歷史上的事例枚不勝舉。

君主如此，君子也就跟著如此，三房四妾，妻妾成群。社會上的男強人也就如此，誘姦、強姦、奸殺事件層出不窮。社會習慣風俗也就如此：賣淫嫖娼風

氣盛行。

　　所謂：「不愛江山愛美人」、「女為悅己容」、「人不風流只因貧」、「十場人命九場奸」、「風流才子」、「紅顏知己」、「色膽包天」、「荒淫無度」、「淫為萬惡之首」，等等。

　　在那樣的專制社會了，不僅妻妾是丈夫的奴僕，並且擴展到所有女人都是男人的奴僕，「男尊女卑」就在事實中出現了，性愛的「自由平等」蕩然無存，天道、人性也蕩然無存。

　　君主和君子們就把他們的荒淫無度的行為和人為地製造出來的「男尊女卑」事實，說成是合天理、順人性的，把「男尊女卑」進行理論化。他們說「天尊地卑」、「男尊女卑」。對於「天尊地卑」，他們說不出一個所以然，只是說天在上、地在下，上者為尊，下者為卑；他們無知到在宇宙裡沒有上下之分。對於「男尊女卑」，他們說得振振有詞，卻荒謬絕倫。他們說，「唯女人與小人難養」，卻不知道他們都是吃女人的奶長大的。他們說，男女性交的時候，男人在上，女人在下，上則為天，下則為地；他們卻不說自己在性交時，有時也在女人之下。他們說女人是淫穢之物，陰道骯髒，月經腥汙；卻不知道自己都是從陰道裡出來的，是從月經裡產生的；也不說他們自己十分喜愛陰道和以佔有陰道越多越有本領。他們說女人是誤國的禍水，卻不說女人的國家被男人竊去了，女人已經沒有自己的國家，誤男人國家的是男人自己荒淫無度。他們說女色殺害人命，卻不說男人在不斷地殘害女人的生命，女人的生命就不是生命，男人的生命才是生命。他們說「淫為萬惡之首」，他們所說的「淫」是淫蕩女人是「萬惡之首」，而不說荒淫無度的男人是「萬惡之首」。他們說「餓死事小，失節事大」，說的是女人的貞節比死亡還重大，叫女人去死為丈夫守節；卻不說男人誘姦、強姦女人，叫女人如何能夠守節，反而說男人「三房四妾」是富貴，丈夫「扒灰是好漢」。他們說「存天理，去人欲」，說的是女人的心中只能有天理存在，要熄滅性欲；男人是不能做到的，說這句話的程子就嫖娼，朱子就納妾。

　　他們中有個德國人叫做康德的，就說女人是男人的洩欲器具和生殖工具，根本不是人，連動物也不是；康德這話，不僅是在侮辱他的母親、祖母和姐妹，而且是在侮辱全世界女人的人格；把人類的一半人說成不是人的康德自己還是人嗎？僅憑這一點，就可以斷定，心地漆黑無明、惡毒的康德能說出人話嗎？能發現善道嗎？能創造有益於人類的思想理論嗎？康德是德國哲學始祖，步康德後塵的德國的費希特、黑格爾、叔本華、尼采、海德格爾之流，都是歧視婦女的。

他們還從「男尊女卑」裡歸納推理出「天尊地卑」的形而上學原理，使「男尊女卑」神秘化，令人去相信他們說的是真理。

從以上論述中，具有天良和良知的人就能夠得出這樣的結論：「男尊女卑」和「天尊地卑」是荒謬絕倫的思想理論，是喪失天良和良知的謬論；說那種話的人，根本不是什麼聖人、君子，而是大惡人、偽君子，是禽獸不如的妖魔鬼怪。有道是「滿口仁義道德，滿腹男盜女娼」，說就是那群妖魔鬼怪。

五、「男尊女卑」必然要消失在「男女平等」之中

上文論述了「男女平等」是「大道」創造的最偉大的奇蹟和「男尊女卑」是違背「道性」的人為惡理。凡是有天良的人都是主張「男女平等」的，並且特別尊重女性。例如，古中國的老子，整篇《道德經》讚揚和歌頌「母」、「雌」、「玄牝」；古希臘的蘇格拉底和西方的洛克、盧梭、孟德斯鳩都是主張「男女平等」的。「女權主義者」在世界越來越多，許多國家把反對「家庭暴力」寫進了法律條文。在「男尊女卑」思想統治了幾千年的中國，婦女裹足、父母包辦婚姻、賣淫嫖娼、三房四妾、包二奶、誘姦、強姦，等等現象，已經遭到鄙視、譴責和拋棄。追求「男女平等」已經形成世界潮流。違背「天道」、「人性」的人為惡理，必然要消失在「大道」創造的最偉大的奇蹟「男女平等」之中。

第三十章 協和與革命

一、「革命」的詞義演變

漢語「革命」一詞最早是「湯武革命」：「天地革而四時成，湯武革命，順乎天而應乎人」《周易・革卦・象傳》【276】。說的是：西元前商王湯討伐夏桀和周武王討伐商紂，更換朝代，施行變革，以應大命，順民意。革即變革，命即天命。中國古代就都把皇帝受天命稱帝、君主改年號稱為革命。「革命」這一詞義，三千年以來沒有變化。現在很多人認為中國歷史上只有造反和變亂，沒有現代意義上的革命。

【276】《周易・革卦・象傳》。

在中國近代，「革命」是從日本語來的。日本語裡「革命」這個詞，包含「變革」的意思，「明治維新」就被稱為「革命」。「革命」一詞很快流行起來。1899年，梁啟超在《清議報》上撰文提倡「詩界革命」，「革命」的外延在擴展。1902年康有為寫了一篇《答南北美洲諸華僑論中國只可行立選不可行革命書》；1903年，章太炎寫了《駁康有為論革命書》，鄒容寫了著名的《革命軍》。革命黨與保皇黨勢不兩立，也與改良派水火不容，「革命」的詞義就吸收了西方的「革命」內容：「共和革命」。孫中山在《革命運動概要》說：「革命之名字，創於孔子。中國歷史，湯武之後，革命之事實，已數見不鮮矣。」【277】在《改造中國之第一步只有革命》裡又說：「像湯武革命，人人都說他們是『順乎天而應乎人』，當然是成功了。不過，我們中國的革命，多半是英雄崛起，成功之後，便做皇帝，施行政治，代代相傳都是專制，成功的幸福是皇帝一人獨享，人民總是痛苦。我們今日的革命，是建設民國，成功之後，是請諸君來做民國的主人翁，做公司股東。所以，這次革命是推翻專制，去替諸君謀幸福。」【278】

　　1949年後，現代漢語裡「革命」的詞義成為「無產階級革命」的專有名詞，具有壓迫性：凡是符合馬列主義、毛澤東思想的政治暴力行為都是革命行動，與之相反的都是反革命行為。

二、協和論的「革命論」

1.「革命」的範疇

「革命」是人類社會運動的一種形式，屬於人道範疇；自然界無所謂「革命」，不屬於天道範疇。

2.「革命」的定義

「革命」，是使人類社會運動中不協和的運動形式回歸到協和運動中來的一種人為強制形式，是全體公民的正義之舉。

這個定義說明：其一，「革命」是危難時期不得已而採取的激烈的討伐運動形式，「變革」、「改革」、「改良」等運動形式不是「革命」，所謂的「詩界革命」、「文化革命」等等都是改良運動，是「革命」一詞的濫用，稱不上

【277】《孫中山選集‧革命運動概要》頁235。

【278】《孫中山選集‧改造中國之第一步只有革命》頁450。

「革命」；其二，「革命」是公民的正義之舉，「湯武革命」等等改朝換代的王朝戰爭都稱不上是「革命」，只稱得上是造反和變亂，因為政體性質沒有改變；其三，專制統治者內部爭權奪利，各個政治派別也打著「革命」旗號，愚弄民眾去打倒政治對手，那是「假革命」。例如，「十月革命」，是顛覆民主政體而復辟俄羅斯帝國同性質的政體，是「假革命」；蘇聯帝國內部的一系列的所謂政治革命運動，都是顛倒黑白的「假革命」。「假革命」曲解了「革命」核心思想內容，玷污了「革命」本身。

3.革命與協和的關係

「革命」運動既是協和運動的一種特許的激烈的形式，又是以協和為目的的運動形式。「革命」本身不是目的，而是手段；協和既是手段又是目的。

比如，人的身體是一個協和運動的有機體，滋生了惡性腫瘤，就產生了不協和運動，危及生命，一般的藥物治療都無法消除腫瘤，只有動手術切除腫瘤一種手段了。一般的治療手段是改良行為，「手術切除」才是「革命」行為，也是一種協和治療行為，為的是使身體恢復到協和運動。

人類社會運動也是如此，從自然人到自然社會、到政治社會，都是協和運動，中途出現了專制社會這個惡性腫瘤，危及到每個國民的生存。個體的反抗，集體的和平示威，部分的改良運動，對於專制統治者都無濟於事。具有公民意識的民主人士，就冒著坐牢殺頭的危險，不斷地宣傳和組織，最後使大多數平民覺醒為公民，就對專制統治者發起武裝討伐運動，推翻專制統治，懲罰專制統治者，創建民主法治社會，使人類社會運動回復到協和運動的軌道上來。公民的「武裝討伐運動」就是革命運動，是協和運動中一種特許的激烈的運動形式，目的是恢復協和運動。

所以，協和不排斥革命，革命屬於協和的一種形式；革命是手段，協和是目的。

第三十一章　和平與戰爭

一、界定「和平與戰爭」的範疇

和平與戰爭，屬於人類社會運動中的形式，自然界無所謂和平與戰爭。「戰爭是萬物之父」，弄錯了範疇，是荒謬的。

二、界定和平

（一）定義和平。

善道賦予人的善心，使人性本善、人心向善，每個普通人都渴望：個人平安，夫婦和合，家庭和睦，鄉鄰和好，社會和諧，國家共和，人類和平；都希望逃避戰亂、戰禍。

人類從自然人到自然社會、到政治社會的上百萬年漫長歷史都是和平運動發展，只有到了專制社會才不安寧而戰亂頻頻。即使是專制統治，國民雖然對它不滿意，所採取的反抗方法也是和平示威抗議，希望它能夠自身進行和平演變到協和運動的軌道上來，只有在萬不得已的情況下，才發起革命暴動。

所以，和平是善道，是人與人相互依賴生存的一個基本原則，也是人類社會協和運動的基本形式。

（二）和平的內容和方式

和平涉及個人生活和社會活動的方方面面，只要是人與人發生關係，就出現和平相處的問題，孤立的人無所謂和平。

1.個人平安。

個人平安，是指每個成年人在與別人打交道的時候，不出現危險。所謂「出入平安」，說的都是每個人在社會活動中的個人平安問題。你個人要想平安無事，首先必須自己是個好人：有善心的人，才能與人為善，別人也就會以善相待，所謂「好人一生平安」。如果你是一個不善人，與人打交道，就產生惡念，挖空心思去侵犯別人，別人就會以惡相報，你就處在不安之中，所謂「善有善報，惡有惡報，不是不報，時候未到」。所以，一個人從小就要保持「天生的善心和自然智慧」，學會與人為善的方法和預防不善人的侵害。兒童、少年沒有維護個人平安的能力，全在監護人。

個人平安是人類社會和平的基礎。

2.夫婦和合。

　　獨立生活的成年人與之長期生活在一起的愛人要和平，即夫妻和合。和合，「和」是和平，夫妻相處平安無事（沒有危及夫妻生活的大事件）；「合」是合作，夫妻共同維持家庭生活。

　　夫妻和合，首先就有個自由選擇合意對象的問題。我有一個同事，他女兒多。他知道在當今社會，女人是弱者，就給女兒選擇愛人規定三個條件和三個硬性不准選擇的對象。三個條件是：心地善良、身體健康、有養家糊口的能力、什麼貧富貴賤、外貌美醜都不在其列。三個硬性不准選擇的對象是：不是民選的官員、暴發戶、地痞流氓。他那規定顯然與時代不合，與一般人的選擇條件相反。現在，女孩子和家長恰恰要選擇的是官員、暴發戶、地痞流氓，因為，官員能夠提高女方的地位和使全家人都得到照顧，暴發戶能夠帶來富裕的生活，地痞流氓是地方強人而能夠使愛人不受到別人欺負。至於什麼善良之類的條件都可以不屑一顧。我的同事卻說出他的理由：心地善良，就會與人為善，與愛人更會為善，即使發生夫妻不和，也不會狠下心去製造家庭暴力，不會拋棄妻子兒女，即使離婚，也會和平分開；身體健康，並不是要三大五粗，而是沒有治療不好的傳染病；有養家糊口的能力，就是能夠讓妻子兒女保命生存下去，發財致富是需要機遇的，機遇來了，自然會創造財富；官員、暴發戶、地痞流氓那三種人，心地陰暗惡毒，貪欲巨大，甚至貪得無厭，喪失理智，情緒不穩，第一個受害的是妻子兒女，靠不住。選擇對象是自由的，又是終身大事，實在需要慎重，需要瞭解，馬虎不得，不能靠碰運氣。

　　3・家庭和睦。

　　家庭和睦，首先要提倡小家庭，拋棄四世同堂的大家庭。大家庭容易產生嚴厲家規而無視國法，家長權力過大，輩分倫理森嚴，家庭成員受到奴役，不自由平等，家內爭權奪利，亂倫嚴重，很難形成和睦家庭；對外則以血緣親疏思想分別對待，拒絕公民意識，成為建設公民社會的障礙。大家庭是專制社會的基礎，是罪惡社會。以夫妻和小孩子組成的小家庭就沒有大家庭那麼多麻煩，自由靈活，夫妻倆有說有笑有商量，容易形成辦事決議，一家人和和美美；對外只講相互利害關係，追求自由平等的契約關係，拋棄血緣的親疏關係，容易接受公民思想，是建設公民社會的最小單位。

　　4・社會和諧。

　　「社會」這個詞的內容經常發生變化，不穩定，通常指大於家庭的團體組織。但是從不同方面去界定，就出現內容不同的劃分，例如，有母系社會和父系

社會，有自然社會和政治社會，有原始社會、奴隸社會、封建社會、資本主義社會、社會主義社會、共產主義社會，有專制社會和民主法治社會，有國家社會、國際社會、人類社會，等等。本節論述的是大於家庭的社會團體組織。

社會團體組織，也有各種各樣，有宗族社會組織、宗教社會組織、福利社會組織、政治社會組織，等等。只有宗族社會組織是以血緣親疏關係為紐帶、以家庭為單位組成的，其餘是以個人身份組成的。

A.宗族社會組織。宗族社會組織不可能是和諧社會，因為，其內部實行族長制度，有房頭勢力大小和親疏不同，必然產生以大壓小、以親欺疏的不平等事情；對外實行宗族械鬥。宗族社會組織是專制社會的組織單位。

B.宗教社會組織。宗教社會組織是以個人身份、以自由信仰為紐帶組成的社會組織。個人信教是一件好事情，但是又是一件危險的事情。因為，宗教組織的領導人不是教民民主選舉出來的，是層層任命的，很有可能混進不善人；並且，教義神秘難懂，全憑教士去解說，很可能摻雜入說教人個人的邪惡意念。凡是教義簡明易懂、宣傳在神之下的「天上城」和「地下城」裡，人人自由平等互愛內容的就是善性的宗教；凡是教義神秘晦暗、宣傳在神之下的「天上城」和「地下城」裡，「男尊女卑」之類的尊卑等級森嚴內容的就是惡性宗教。善性宗教社會組織是和諧的，惡性宗教社會組織是不和諧的。

C.福利社會組織。福利社會組織是指民間慈善機構之類的組織，不是政府主辦的民政機關。民間慈善機構之類的組織，如紅十字會等等，是專門救濟貧困、急難的，是善性社會組織，是真正的和諧社會。一個國家裡福利社會組織越多越證明這個國家是善品質的正義的國家。

D.工會、農會、商會等社會組織。這類社會組織是各種各樣的利益人為了維護自身權益而建立起來的，以契約為紐帶聯繫在一起。這類社會組織，以追求每個人的言行自由平等、機遇均等和利益平衡為目的，以遵守契約條款去言行，以訴諸法律解決糾紛，是和諧社會。這類社會組織，能夠增強每個人的法治意識，是民主法治社會的基礎單位，是專制統治社會的破壞者。

E.社會環保組織。社會環保組織是人類社會歷史以來出現的最為先進的覺悟的善性組織，是由對人類生存環境認識清晰和具有憂患意識的個體人組織起來的，目的是清除環境污染，淨化人類生存環境，利益每個人的身體健康，延長人類壽命。她的鬥爭對象是所有污染自然環境的生產企業、銷售有害商品企業等。她的鬥爭武器是環保法律。在物欲橫流的人類社會階段，環保工作十分艱難，環

保人士處境困難。社會環保組織對促進人類社會「善回向」運動起巨大作用。

　　F.政治社會組織。政治社會組織是為國家政治服務的社會組織，有兩種類型：政治專制組織和政治民主組織。a.政治專制組織。組織者的目的是為了實現自己的政治野心（政治抱負），組織成員的每個人都想去做「治人」的統治者，所謂實現「修身，齊家，治國，平天下」的「人上人」的雄心壯志。組織內部有嚴格的等級制：個人服從組織，下級服從上級，地方服從中央，中央服從領袖，所謂「民主集中制」。領導人由上級任命，不存在自由選舉。個人進去了就不能出來，出來了就是「叛徒」之類，給予監禁和處死的懲罰。以犧牲個人的利益和生命為代價，去實現領袖的政治目標：「打天下」和「坐天下」。在中國歷史上，這類政治政治幾乎是唯一的。專制政治組織，很顯然是不和諧的。b.民主政治組織。組織者是一些民主人士共同商議組建的，領導人由全體成員共同選舉產生。參加者出於個人的「自願」，可以自願進去，也可以自由出來，沒有「叛徒」之類的說辭。每個成員都遵守自己所「同意」的組織紀律條款，違反紀律應該受到處罰，而沒有監禁和處死的懲罰。每一項組織決議必須經過全體成員的大多數「贊成」，沒有什麼「民主集中制」。組織的目標是實現人人獲得自由平等的政治權利，建設民主法治社會。民主政治組織當然是和諧社會。

　　5．國家共和。

　　國家共和，是指國家實行了共和制。共和制的主要特徵是：全體公民是國家的主權體，國家機構的官員是公民選舉出來執法的代理人，等等「民主法治」內容。「共和」一詞，「共」是全體公民共同所有，「和」是行使和平形式處理問題。共和制國家當然是和平社會。

　　6．人類和平。

　　人類和平，是指全人類都處在沒有戰爭的日子裡，更進一步是每個人都生活在沒有國家、沒有政治的自由自在的日子裡。人類和平是每個人的最高理想或追求的最高生活目標，也是人類生存的一個最高的最基本的原則。

　　實現人類和平，是每個人的歷史使命，每個人要修身養性，恢復「天生的善心和自然智慧」，洗滌心靈上傳統的專制思想文化和惡劣的習慣風俗的污垢，在現代特別要清洗「民族主義」污垢，使自己成為一個合格的公民，去爭取自身的自然權利和社會權利。實現人類和平是民主法治國家的歷史使命，民主法治國家的人民，不能只顧自己生活自由的利益，應該援助生活在專制國家裡的人民獲取公民權利的鬥爭。

　　實現人類和平是有一個過程的。首先要在一些地區實現民主法治政體，然後逐漸擴大民主法治政體的範圍，增強民主法治政體的力量，形成民主法治大型聯邦國家，使民主法治政體成為世界的主導力量，對還殘存的邪惡的專制政體實行圍剿，直至在全人類消滅邪惡的專制政體；最後民主法治的大型聯邦國家自行解體，實現非政治的自然社會：「小國寡民」社會。

　　7.「和平」方式。

　　「和平」方式是指為了實現「和平」而採取的和平鬥爭方法。和平鬥爭是針對專制統治的，專制統治是使社會、國家、人類不和平的根源，要實現和平，就要消滅專制統治。

　　消滅專制統治的方式有三：和平方式、革命運動、革命戰爭。和平方式是緩和的不流血的方式，是促進專制統治者通過「和平演變」方式退出政治舞臺。使用和平鬥爭達到和平演變的結果是一條最好的途徑，國民沒有作出生命犧牲，國家經濟沒有遭到破壞。

　　A.專制政體國內公民和平鬥爭方式。公民和平鬥爭常見形式有：公開申請專制政府批准或不干涉公民成立社會組織，爭取思想言論自由，迫使專制政權建立有利於國民生存的法律，利用法律進行維權鬥爭、和平請願、和平集會、和平遊行示威、和平抗議，等等，迫使專制統治者答應公民的需求，一部分地一部分地實行改良，逐漸由專制統治政體轉化為民主法治政體。

　　B.民主法治國家的和平方式：和平談判。民主法治國家成為世界主導力量後的鬥爭方法主要是和平方式：創建國際組織和國際法，迫使專制政體屈從，放棄戰爭，回到談判桌上來，並且促進其國內「和平演變」。例如，譴責其侵犯本國公民的人權和設置「文字獄」，宣傳民主法治的思想理論，對其進行經濟制裁，禁止其製造大規模殺人武器，支援其國內公民爭取權利鬥爭，容許其國內民主人士政治避難，等等；鬥爭策略要有長久的戰略計畫和短時的戰術目標，一個個地消滅專制政體，圍剿最強大、最頑固的專制政體。

　　和平方式是行之有效的鬥爭方法，其一能夠完全實現和平目的，例如發生在東歐國家裡的大多數國家的政體變化；其二能夠為革命運動和革命戰爭創造有利條件，例如羅馬尼亞推翻專制統治的幾天革命戰爭。

　　為了實現這個崇高的美好的人類理想，公民們和民主法治國家針對全世界任何一個專制政體所採取的任何使之滅亡的方法都是符合天道、人性的，無可非議的。

三、界定戰爭

第十二章開頭說：「戰爭是在沒有上訴機構的情況下發生的。對外戰爭是國家與國家的事情，不是個人與個人的事情；在戰爭中，個人是士兵而不是公民，個人成為敵人是偶然的、臨時的，戰俘不是敵人而是公民。內戰是政治團體與政治團體的事情，不是個人與個人的事情，個人不是敵人，戰俘不是敵人而是公民。為維護專制統治使用武裝鎮壓平民集會和遊行示威而引發戰爭者，是戰犯，是人民公敵，暴政也是公敵，每個公民都有對之討伐的權利。每個公民具有自願參戰和反戰的權利。每個公民具有持槍而向剝奪他的個人權利的專制暴政進行戰爭的權利，令政治野心家感到恐懼而熄滅竊國的貪欲。」

這段論述文字包括四個方面的內容：

其一，「戰爭是在沒有上訴機構的情況下發生的。」

所謂「上訴機構」，是大多數利益涉及者所「同意」的法律裁決的地方，而不是單方所制定的法律和設置的法律機構。如果有雙方或多方發生利益的爭論，就要訴諸法律仲裁機構，作出雙方都基本「同意」的裁決方案，爭論就被平息了。如果沒有高於雙方的法律機構，爭論就無法獲得法律裁決，雙方就處於自然人狀態，自行採取自衛和懲罰的方式，在和平談判不能解決爭論時，戰爭就爆發了。比如，在周王朝，當中央政府能夠控制諸侯王時，諸侯王之間的利益爭論可以訴諸中央政府裁決；當中央政府衰弱而無法控制諸侯王時，諸侯王之間的爭論沒有仲裁機構，諸侯戰爭就爆發了。同理，在國與國之間發生利益衝突時，沒有強有力的國際聯盟組織去作出公正衝仲裁，戰爭就爆發了。但是，單方所制定的法律和設置的法律機構沒有這種仲裁功能，各方仍然處在沒有「上訴機構」的自然狀態之中，戰爭隨時都會爆發。比如，在專制國家裡，每個人都沒有上訴的地方，專制統治者隨時可以使用武力鎮壓人民的反抗，人民也具有隨時使用武力去反抗的權利，時刻存在戰爭爆發的危險。

其二，「對外戰爭是國家與國家的事情，不是個人與個人的事情；在戰爭中，個人是士兵而不是公民，個人成為敵人是偶然的、臨時的，戰俘不是敵人而是公民。內戰是政治團體與政治團體的事情，不是個人與個人的事情，個人不是敵人，戰俘不是敵人而是公民。」

這句話的意思是：在戰爭中，不管是士兵還是平民都是身不由己的，只有在現代的民主國家發動的戰爭才顧及平民的生命財產。戰場上的士兵是敵人而不

是公民，生命隨時不保；放下武器的士兵就恢復了公民身份，就不是敵人；所以，一個公民成為士兵是臨時的、偶然的，虐待和屠殺戰俘是侵犯公民人身權，是犯罪行為，應該受到法律制裁。

其三，「為維護專制統治使用武裝鎮壓平民集會和遊行示威而引發戰爭者，是戰犯，是人民公敵，暴政也是公敵，每個公民都有對之討伐的權利。」

對公民和平遊行示威進行武裝鎮壓，只有專制統治者才幹得出來。武裝鎮壓就是發動戰爭，發動者就是施行暴政，就是戰犯，戰犯和暴政都是人民公敵，人人誅之；公民有權利進行武裝自衛，進行革命戰爭；國際民主法治國家援助專制國家內的公民革命戰爭天經地義，國際法庭審判戰犯理所當然。

其四，「每個公民具有自願參戰和反戰的權利。每個公民具有持槍而向剝奪他的個人權利的專制暴政進行戰爭的權利，令政治野心家感到恐懼而熄滅竊國的貪欲。」

因為作出戰爭決定的是國家機構，不是公民的大多數所「同意」的，決定有可能是錯誤的，戰爭是關係到國計民生的重大事情，所以戰爭不是個人的事情，是國家與國家、政治集團與政治集團的事情，個人可以參戰，也可以不參戰，甚至可以反戰。特別是專制國家，作出戰爭決定的是一個或者幾個專制統治者，戰爭更是不合法，公民應該拒絕參戰和反戰。每個公民所需要的是保護生命財產安全，而侵犯公民生命財產安全者只有強大的國家機構最有可能，所以每個公民應該具有持槍向剝奪他的個人權利的專制暴政進行戰爭的權利，令政治野心家感到恐懼而熄滅竊國的貪欲。最害怕公民持有武器的是專制統治者，因為那樣他們的特權享受就不得安寧，專制統治就不穩定，他們就藉口社會治安去強行收繳和管理民間能夠殺傷人的武器彈藥，甚至刀具，只能他們製造和擁有各種各樣的大規模殺傷人武器，以便隨時屠殺手無寸鐵的人民。當然，每個公民持有武器，會製造個人之間殺傷的案件，但是個人不持有武器，個人之間同樣會製造更加殘忍的殺傷案件，那是法律和法律機構的事情。所以，公民持有武器對個人之間危害性並沒有增加，而是對專制統治的發生和形成具有防範作用。

（一）界定戰爭

從上文論述中，就可以界定戰爭。很顯然，戰爭理論是屬於「人道」範疇，不是善性的「人道」理論，是從惡性的「人道」演繹出來的惡理，是惡道；戰爭是專制統治的基本形式，是惡行。

（二）戰爭是惡行，戰爭理論是惡理

在第十四第一節論述了「人道」有兩種：「天之道，利而不害，人之道為而弗爭。」這是符合天道的善性人道；「天之道，損有餘而補不足，人之道則不然，損不足而奉有餘。」這是違反天道的惡性人道：惡理。善性人道符合「人性本善」，每個人都樂意去行動，所產生的人的行為當然是「為而弗爭」的和平相處。惡性人道的行為是極少數強人要「損不足以奉有餘」，損害絕大多數人貧窮人的利益，去滿足富貴人的貪欲，製造貧富兩極分化，當然會遭到絕大多數人的反抗，極少數人強人就使用暴力去鎮壓，戰爭就出現了。

戰爭一旦發生，對人類社會只有破壞，而無建設。戰爭的後果是：殺人如麻，血流漂杵，家破人亡，十室九空；房屋燒毀，田地荒蕪，哀鴻遍野，民不聊生，……戰爭盡是惡，還有什麼善可言呢？戰爭無所謂正義與非正義，即使是革命戰爭也是公民在反抗暴力鬥爭中採取的「不得已」的破壞行為，沒有什麼值得美化和歌頌的。對於任何戰爭，凡是善良人，只有悲痛和悲歌，對待雙方陣亡者只有沉痛的哀悼，去獻花圈；只有戰爭狂人，才去慶祝戰爭勝利，讚美英雄戰功和帝王千秋偉業，去賞賜大紅花。所以，戰爭是惡行，戰爭理論是惡理。

（三）戰爭是專制統治的基本形式，專制統治是戰爭的根源

赫拉克利特是第一個從哲學理論上讚美戰爭和為戰爭辯護的人。他說：「戰爭是萬物之父，也是萬物之王。」他的戰爭理論是從他的「對立、緊張」的宇宙論演繹出來的。可見，赫拉克利特是一個喪失了天良和良知的神經病者。

後來的所有喪失了天良和良知的神經病者（專制統治者和政治野心家）都崇拜赫拉克利特，把「戰爭是萬物之父」信奉為真理，把戰爭當做「人治」的基本形式。老牌的、新牌的帝國主義分子都崇尚和使用「鐵血手腕」。列寧就高呼「讓暴風雨來得更猛烈吧」【279】，熱愛戰爭到了何種瘋狂程度啊！殺人魔王史達林、希特勒都是熱愛戰爭的瘋子。

在中國，就有儒家的「打天下，坐天下」和「治國、平天下」的教條。中國歷代帝國為了「打天下」或「平天下」，不惜生靈塗炭，坑殺降卒，屠城；為了「坐天下」穩定，不惜草菅人命，鎮壓人民和平抗爭；等等。在專制社會裡，會玩弄佈陣殺人者被吹捧為神機妙算的軍師、軍事家，殺人殺得興起、砍人頭如

【279】中國中學語文教材第五冊《海燕》。

剁瓜的兇猛者被吹捧為勇武大將軍或元帥，等等。例如，陰謀家諸葛亮成為智慧的化身，殺人狂關羽成為「武聖」，至今「關帝廟」、「武侯祠」香火旺盛。可見，五千多年來的中國歷史，是一部戰爭史，是一部野蠻落後的英雄史詩；可見，中國至今仍然處在野蠻落後的英雄時代。

（四）革命戰爭

戰爭是惡行，本不是善良人應該採用的解決爭端的方式。但是，在面對橫蠻無理、只知道武裝鎮壓的強大的政治野心家和專制統治者的時候，所有的和平鬥爭方式都行之無效，善良人如果不採用同樣的方法去對付他們，就會坐以待斃、生靈塗炭，所以善良人在萬不得已、無可奈何的情況下，也只有選擇用戰爭去消滅戰爭的方式。人們就把善良人反抗專制統治者的戰爭稱之為「革命戰爭」。選擇「革命戰爭」是民主政治家的理性思維，選擇「坐以待斃」是書呆子的非理性思維。用老子的話說：「君子不得已而用之」【280】，「稱兵相若，則哀者勝矣」【281】。

革命戰爭：有對內的革命戰爭，也有對外的革命戰爭。

1.對內的革命戰爭。對內的革命戰爭，是國內公民與專制統治者之間的戰爭，戰爭根源是專制統治者，而不是公民們。公民們總是希望通過和平方式使專制統治者改良政治制度，逐漸實行民主法治政治。但是，大多數專制統治者都不會放棄專制統治的權力，讓人民去分享，正如慈禧太后所說：「甯贈友邦，不予家奴。」專制統治者寧可玩命，也不會退出歷史舞臺。這樣的歷史事實數不清。時至今日的齊奧塞斯庫、蘇聯帝國的老帥老將們、米洛舍維奇、薩達姆、卡紮菲，等等都是典型案例。

2.對外的革命戰爭。對外的革命戰爭，就是戰場在國外的革命戰爭。公民福利國家內部是不會出現戰爭的，因為議會隨時為了每個公民的福利事業去犧牲政府，政府處在不斷更迭之中，不存在統治者放棄還是不放棄權力的問題。但是公民福利國家與專制統治國家會發生戰爭。戰爭的原因和形式有多種多樣，主要有：自衛革命戰爭；援助革命戰爭。

其一，自衛革命戰爭。

【280】《仰望老子》第一卷第三十一章。

【281】《仰望老子》第二卷第七十一章。

　　例一：當法國大革命成功後，歐洲帝國害怕法國大革命的人自平等、民主、法治的普世價值影響力擴大到本國，使專制統治不穩定，為了維穩，就聯合起來，對法國發動戰爭。拿破崙領導法國公民自衛反擊，捍衛了法國大革命的成果。1799年之前的拿破崙戰爭是自衛，是革命戰爭。但是，拿破崙在取得勝利後，用戰爭方式去強行推廣民主法治價值，乘勝追擊，趁機擴張，佔領別國領土，就不是革命戰爭，出的不是「哀兵」，而是侵略戰爭。特別是妄圖佔領實行了君主立憲制的英國領土，受到英國的反對，在七次反法聯盟中，英國參加了六次。1799年後的拿破崙戰爭是侵略戰爭，是拿破崙失敗的主要原因。

　　例二：第二次世界大戰，德意日三大帝國為了瓜分世界而結盟，許多民主法治國家遭到侵略，英國、美國遭到侵害，民主法治國家就聯合所有遭到侵略的國家（蘇聯帝國）起來進行自衛反擊戰，挫敗了德意日三大帝國，使民主法治價值得到弘揚，民主陣營得到擴大，成立了「聯合國」。從此，世界第一次出現了力量比例顛倒：歷史上遭受強大惡勢力欺壓的弱小的善勢力，轉變為強大的善勢力去壓倒弱小的惡勢力，善勢力成為攻勢，惡勢力成為守勢。

　　其二，援助革命戰爭。第二次世界大戰後，蘇聯帝國強盛起來，並且建立了社會帝國主義陣營，支持在英聯邦裡的「民族獨立」，「民族獨立」的國家大多數都是復辟了以血緣關係為紐帶的封建王朝的現代專制國家，與帝國陣營結盟，對抗民主陣營。世界進入了兩大陣營對峙的冷戰時代。

　　在冷戰時期，民主法治國家陣營有兩大優勢：一是成為了「聯合國」的主導力量；二是民主法治和公民福利的價值是公民普遍意志的表現：普世價值（普適價值）是符合天道、人性的，是人心所向，極其容易被所有平民接受。與兩大優勢相適應的鬥爭策略也有兩種：和平援助攻勢和革命戰爭攻勢。在戰略上，對強大的專制國家如蘇聯帝國，實行長期的和平方式的圍剿和經濟制裁，遏制其影響擴大和勢力擴張，覺醒其國內人民的公民意識，使其出現「和平演變」或者國內革命。在戰術上，對勢力弱小的專制政體國家，在和平方式的進攻下，一旦發現其有侵略行為和國內出現革命現象，就及時採用革命戰爭方式，給予毀滅性的打擊，消滅專制政體。例如朝鮮戰爭、科索沃戰爭、阿富汗戰爭、海灣戰爭、伊拉克戰爭、利比亞戰爭，等等，蘇聯帝國的滅亡使冷戰結束。歷史事實證明這些革命戰爭策略是成功的。

　　區分：和平遊行示威、革命暴動、革命戰爭與暴亂

　　和平遊行示威，是公民使用緩和的集會、遊行方式，向國家機構的作法表

達不滿意的情緒和抗議，以表示公民當家作主的威力和民意所向。和平遊行示威所表達的公民需求，有政治的，有經濟的。舉行和平遊行示威的公民，有全國性的，有利益集團的，有個人的。在民主法治國家裡，和平遊行示威是受到憲法保護的，任何國家機構和政治組織、個人都沒有權利去阻止，更不能去鎮壓，阻止和鎮壓公民和平遊行示威是犯罪行為。可是，在專制政體國家裡，雖然在憲法裡寫有公民有結社、集會、遊行的權利，而實際上是不能容許公民自由舉行和平遊行示威的，只能由政府組織國民去按照政府的意圖遊行示威。如果公民自行遊行示威，就被當做暴亂給予鎮壓。這就把和平遊行示威與暴亂混為一談了。

革命暴動，是公民的和平遊行示威遭到專制政體的國家機構的武裝鎮壓，激起公民的憤怒而採取激烈的反抗方式。公民的革命暴動會出現與武警、軍隊發生身體衝擊、打砸搶行為，但是公民沒有拿起武器去抵抗。所以革命暴動並不是革命戰爭，因為公民們是在氣急的情況下採用的激烈行為，還沒有做好武裝起義的思想和物質準備。

革命戰爭，是公民的武裝起義行為。公民的革命暴動遭到統治者的殘酷鎮壓，而革命的組織者早就預料到那種情況會發生，早已做好了武裝起義的思想和物質準備，使革命暴動發展為革命戰爭。革命戰爭的主體是公民，不是農民，不是專制政體內的官員和官兵，所以革命戰爭不同於變亂和叛變，更不是宮廷政變、士兵嘩變和暴亂。

暴亂，是不具有公民意識的愚昧野蠻的人群製造的武力屠殺案件，是一種無法無天的變亂和叛亂活動，其主要形式有：官兵嘩變、宮廷政變、農民暴動、暴民變亂，等等。例如，慈禧太后囚禁光緒的宮廷政變、太平天國運動、義和團運動，等等。對於暴亂，政府進行鎮壓是理所當然，不然，社會會處於戰亂之中。

第三十二章　撒母耳‧亞當斯關於革命戰爭的論述

獨立演說詞
撒母耳‧亞當斯
（1776年8月1日）

　　今天，在我們這片大陸，300萬同胞為著同一個目標聯合起來，這使全世界感到震驚。我們的軍隊人數眾多，訓練有素；我們的指揮官具有第一流軍事才能，他們生氣勃勃，熱情超群。我們以非凡的信心，準備好了彈藥和糧草。外國紛紛等待與我們聯盟，以慶賀我們的勝利。我想說，上帝幾乎是令人驚訝地站在我們一邊，我們的成功挫敗了敵人，使喪失意志的人恢復了信心。因此，我們可以真誠地說，拯救我們的並不是我們自己。

　　看來上帝一直在引導我們，也許是要我們恭順地接受偉大而十全十美的天意。我們已經擺脫了政治厄運，讓我們不要回頭張望，以免遭到滅頂之災，成為世界的羞辱和笑柄。難道我們不希望在防衛上更一致，備戰更周密？難道我們不想讓敵人眾叛親離，讓自己勇氣倍增？」我們的力量與抵抗足以使我們贏得自由，並將確保我們獲得光榮的獨立。在自由而莊嚴的各州，它將成為我們的後盾。我們不能設想，由於我們的抵抗，一個分崩離析的垂亡之國就會對美利堅變得較為友好，或變得稍為尊重一點人權；我們因而就可以期望他們出於對權力的追求，抑或出於恐懼而不是德行，重新恢復我們的權利，並補償我們所受到的傷害。步調一致和英勇無畏將為我們帶來光榮的和平，它將使今後為自由奮鬥成為理所當然。如果有力量逮住惡狼，卻又不拔除它的尖牙，不斬斷它的利爪，反而任其逍遙，那麼這個人一定是瘋子。

　　我們別無選擇，要麼獨立，要麼蒙受最卑劣最殘忍的奴役。在我們的平原上，敵人已經重兵壓境。荒蕪和死亡就是他們的血腥行徑。我們同胞血肉模糊的屍體在向我們吶喊，這喊聲彷彿來自上蒼。

　　我們的聯盟已經組成，我們的憲法已經起草、制定並獲得通過。他們現在就是自身自由的衛士了。我們就像羅馬執政官告訴羅馬人那樣對你們說，「沒有你們的同意，我們的任何提議均不能成為法律。保持你們的本色吧，美利堅人！你們書寫了法律條文，你們的幸福也就有了保證」。

　　你們的士兵已經開赴戰場，足以擊退所有敵人，包括他們的精銳部隊和雇傭軍。士兵們的心在自由精神的鼓舞下激烈跳動。他們為正義的事業而群情激奮。他們一旦舉起刀劍，就能從上帝那裡得到幫助。你們的敵人卑鄙無恥，嘲弄人權，把宗教化作笑柄。他們為了高額賞金，不惜把矛頭指向自己的首領和祖國。

　　繼續從事你們偉大的事業吧！你們要為以往的勝利而感謝上帝，並堅信將來會贏得最終勝利。對我來說，除了與你們共用光榮，分擔危險，我別無他求。如果我有一個心靈的願望，那就是：我願將我的骨灰同沃倫和蒙哥馬利們撒在一起，讓美利堅各州獲得永久的自由和獨立！

　　撒母耳‧亞當斯與約翰‧漢考克兩個人同為美國民主革命之父，撒母耳‧亞當斯是美國民主革命之靈魂。

　　撒母耳‧亞當斯，1722年9月27日—1803年10月2日，美國麻塞諸塞州人。哈佛大學畢業後，當造酒工人，創建「自由之子」政治組織。撒母耳‧亞當斯不斷從理論上揭露英國國王的納稅政策，第一個提出：「無代表，不納稅」、「北美是我祖國」、「北美獨立」、「革命獨立」；第一個組織「一分鐘」民兵向英國軍隊打響第一槍；組織和召開「兩次次大陸會議」。撒母耳‧亞當斯親自指導傑弗森起草《獨立宣言》、《權利宣言》。他總是處在幕後策劃中，當一個普通代表，不爭權力和功名。美國獨立後，撒母耳‧亞當斯沒有參加總統競選，1794至1797任麻塞諸塞州州長。撒母耳‧亞當斯為美國獨立事業奉獻終身，自己的經濟生活卻一生窮困潦倒，依靠約翰‧漢考克接濟。在去出席第一次次大陸會議的前一刻，竟然蓬頭垢面，衣冠襤褸；理髮師免費給他美容，裁縫師免費給他縫製衣服，鄉鄰們給他募捐一小袋錢幣。可見他經濟拮据和受人尊重，可見人心向善。撒母耳‧亞當斯成為「善」的象徵。1803年9月10日病逝於波士頓，71歲。其堂弟、學生、戰友約翰‧亞當斯是美國第二任總統。在美國有七個國父中，只有撒母耳‧亞當斯和被撒母耳‧亞當斯啟蒙出來的富人約翰‧漢考克兩人是美國革命之父；相比之下，撒母耳‧亞當斯又是約翰‧亞當斯、約翰‧漢考克、喬治‧華盛頓、佛蘭克林、傑弗森、亨利‧李等等偉人的導師，是美國人的靈魂。

第三十三章　關於「不干涉內政」：人權與主權

在《聯合國憲章》裡找不到「不干涉內政」這樣的單句，更沒有什麼「和平共處五項原則」。

現在摘錄《聯合國憲章》：「第一章第二條『七、本憲章不得認為授權聯合國干涉在本質上屬於任何國家國內管轄之事件，且並不要求會員國將該項事件依本憲章提請解決；但此項原則不妨礙第七章內執行辦法之適用』」。

專制政體的統治者斷章取義出「不干涉國內管轄事件」，依據列寧、史達林的外交思想去曲解為「不干涉內政」。

「互不干涉內政」和「和平共處」是列寧最早提出的，由史達林去實踐。列寧提出這兩條外交原則，只是出於一種鬥爭策略考慮。列寧看到了第一次世界大戰後奪得最高權力的蘇聯在世界處於弱勢，有可能被反對馬列主義的強大的外部勢力顛覆，就用這兩條外交原則去抵制民主法治思想的傳入和詆毀民主國家的譴責。但是在實際操作上，列寧、史達林要輸出無產階級革命，成立第三共產國際，派代表到世界各國去組建共產國際支部，顛覆別國政府；同時支持和援助各國民族主義分子從民主國家裡獨立出來，削弱民主國家勢力。那就不僅不是「不干涉內政」，而且是顛覆別國政府。例如，派馬林去顛覆中華民國政府，軍事入侵匈牙利、捷克斯洛伐克和阿富汗，等等。第二次世界大戰後的冷戰時期，史達林仍然繼承列寧的外交策略，害怕民主法治思想的傳播會顛覆自己的專制統治。

所以，專制政體的統治者都依據列寧、史達林的外交觀點把「不干涉國內管轄事件」與「不干涉內政」等同起來，說成是一個意思。說「主權高於人權」，因為專制者是主權體。說「不干涉內政」，就是不能對別國的內部政務說三道四，國內的統治者想怎麼幹就怎麼幹，鎮壓和平遊行示威是我國的內部事務，剝奪公民的所有權利是我國的內部事務，屠殺國內平民是我國的內部事務，與外人何干？你們外人要譴責，就是不遵守「不干涉內政」的外交原則。這就堵塞了「公道之口」和「善人之行」。他們一方面要求善強人不干涉他們屠殺自己的國民的內政，另一方面卻肆無忌憚地干涉弱小國家的內政，對本國國民的家務不僅干涉，還要以組織名義安排個人婚姻，霸佔人家妻子，強姦良家女人，等等。這就是他們的內外有別、敵友分別對待的「一分為二」工作方法和「兩面政策」。

「不干涉內政」這種解說符合中國幾千年來的傳統思想和習慣風俗，中國人好理解，能接受。且聽中國人在日常生活中所聽慣了的、說順口了的話語：「老子打我的老婆，管你屁事！」「我虐待我的老娘，關你什麼事？」「我溺死我自己的女孩子，你管得著嗎？」「我家務事，容不得外人來插手。」「這是我們兩夥人的恩怨，你不要多管閒！」「你管多了閒事，會不討好的！」等等振振有詞，成了脫口而出的日常用語，耳濡目染，也就成了常理、真理了。所以，當局者說不準「干涉內政」，中國文人就跟著隨聲附和，並且群情激憤，掀起轟轟烈烈的排外的愛國主義運動。還有人撰文寫書《中國人對美國說「不」》，而對自己同胞遭受國內惡人殺戮，視而不見，充耳不聞，熟視無睹，習以為常，或者膽小如鼠，不敢吭聲，逃之夭夭，唯恐惹禍上身。如此國民，是智慧、勇敢呢？還是愚昧、怯懦呢？

殊不知，那些說順口了、聽習慣了的話語，是天理難容、滅絕人性的話語，是兇狠惡毒人的聲音，是地痞流氓的腔調。

你的鄰居有女人呼喊「救命」，你卻無動於衷，是害怕惹禍上身還是「不干涉內政」呢？如果有個人趕過去勸解和制止丈夫暴打妻子，你肯定會聽到那樣的聲音：「我打我老婆，管你屁事！」這就是「不干涉內政」的意思。你是譴責那個勸解人還是那個丈夫呢？有一群地痞流氓當街侮辱一個少女，圍觀者很多，誰也不去勸解，因為不關乎每個人自己的事，你就在其中。可是，有個人衝上去制止。你會聽到那樣的聲音：「這是老子們與這個少女之間的事，你不要多管閒事。」這就是「不干涉內政」的意思。你是譴責那個勇敢的制止者還是那一群地痞流氓呢？當著那一群地痞流氓的面前，你肯定會隨聲附和地痞流氓的聲音，指責制止者「多管閒事」；事後你又會譴責地痞流氓的惡行，稱讚制止者的勇敢正義行為。這就是中國人經常說的「有公道之心，而無公道之口」。這說明你還不是地痞流氓一夥的，也不想入夥地痞流氓，只說明你怯懦。如果你是真正地指責制止者，而贊同地痞流氓的行為和「不干涉內政」的觀點，那就只能說明你與地痞流氓是一夥的，或者想入夥。我曾經充當過幾回勸解人和制止者，曾經被人諷刺過：「你算老幾，還想充當出頭人嗎？」「這種事情你管得了嗎？也不量量自己有幾斤幾兩！」也遭到過惡人的報復。可是，每當我看到那求救的可憐的目光和痛苦的表情，我就情不自禁地不顧安危地衝過去「干涉內政」，只想到「人命關天呀！」

由此可知，強惡者害怕強善者干涉他們行惡，需要「不干涉內政」的說辭，總想關起門來橫行霸道。而善弱者在身體受到侵犯和生命處於危險的時候，極其急需有外人來「干涉內政」。那個妻子和少女就急需那位勸解人和制止者的援助，她們多麼渴望有人身不受到侵犯的權利啊！同理，專制統治者需要「不干涉內政」的說辭，總想關起國門來肆無忌憚地隨意宰殺國民。而被剝奪了所有權利、生命財產處於不安全之中的國民，急需外國善良人前來「管管閒」，前來「干涉內政」，不至於他們的冤屈無人知曉；他們多麼渴望具有最基本的人身安全權利啊！

對於「不干涉國內管轄事件」，民主者的解釋與專制者正好相反。民主者說，「管轄」不是「管理」「治理」。「管轄」的使用範圍是領土、領空、領海的完整。「管轄事件」，是指管轄國家領土不受到外國侵佔、不擴張本國領土和領土不被分裂以及採用什麼政體等事件。但是，對於一個國家統治者剝奪公民權利和屠殺平民，任何人、任何國家都理應依據《聯合國憲章》的權利主義、人道主義、人權精神給予統治者以譴責和干涉，給予遭受人權災難的國家的人民以援助。所以，「不干涉國內管轄事件」不是「不干涉內政」的意思。基本原理是：「人權高於主權」。

這種解說，在中國人這裡缺乏傳統思想和習慣風俗的基礎，所以遭到多數中國人跟著當局去反對。但是，由於科技資訊技術的高度發展，國內外資訊交流無法被專制統治者關閉，中國人會對自己的傳統思想和習慣風俗進行反省、反思，逐漸具有公民意識，懂得公民權利的重要性，就會識破「不干涉內政」是專制統治者的鬥爭策略，即陰謀詭計，就不會跟著當局隨聲附和，就會拋棄「不干涉內政」之類的當局的說辭，從而確立自己的話語權和說辭。

第三十四章　愛國與賣國

每個人都有自己的生養地方——故鄉，不一定有自己的國家；故鄉不一定是祖國，愛故鄉不是愛國家。有國家者應該熱愛自己的國家；沒有國家者是自由的自然人，無自己的國家可熱愛。每個成年人都有選擇國籍的自由，沒有學會理性思維的未成年人無自己的國家。討伐和顛覆剝奪了自己政治權利而強迫自己為奴的統治政府的行為是愛國，不是賣國；承認和服從剝奪了自己政治權利又強迫自

己為亡國奴的統治政府的行為不是愛國，而既是賣身、又是賣國。主權體把自己所統治的國家的領土割讓給野蠻侵略者，和把國民送給野蠻侵略者作奴隸是賣國而不是愛國，為了保存統治者的統治權把國民投進戰火裡是賣國而不是愛國，為了保全國民的生命財產安全而被迫與侵略者媾和、讓步是愛國而不是賣國，為了自己同胞避免遭受本國竊國大盜的蹂躪，而借助外國善良力量去推翻竊國大盜的統治是愛國而不是賣國，等等。總而言之，愛國和賣國都是主權體中成員的事情，不是主權體之外的人的事情；衡量愛國和賣國的唯一標準是：能否以保護每個國民的生命財產安全和政治權利的獲得為目的，此外別無標準。

一、故鄉與國家：故鄉情與愛國情

故鄉是一個自然概念，是每個人無法選擇的生養自己的自然地方；國家是一個政治概念，是人為的一個政治實體，每個成年人能夠自由選擇自己的國籍。

一個人對自己的出生和成長的地方應該有故鄉情（鄉土情），熱愛生養自己的故鄉的水土和關懷過自己的故鄉人，這是自然之情，卻不是祖國之情，更不是愛國之情。

一個人的生養之地並不是自己的祖國，不能成為自己的國家。如果一個人選擇生養地是自己國家，那麼生養地就是他的國家。如果他後來又遷徙到別的國家去生活，他的國籍應該改變，生養地就又不是他的國家。如果一個人的生養地的統治者強迫他是這個國家的成員，他並不「同意」，他仍然沒有自己的國家。如果他承認自己的生養地是自己的國家，但是他的所有權利都被剝奪了，成不了主權體的一員，他在實際上並沒有國家，而是一個亡國奴；而他感覺不到這一點，還把這個生養地當做自己的國家，只能說明他愚昧而不覺悟，不能區分生養地與國家的不同。

二、個人與國家

如第二十四章所述，國家是一個政治概念，是人為的一種最高政治實體。國家有許多種類，就其性質而言，可分為兩種：專制政體，民主政體；就其構成的單位而言，可分為三種：以家庭為最小單位的多層次單位構成的國家，以劃分為許多層次等級的政治團體組織構成的國家，以每個個體公民為最小單位的單層次國家。

（一）個人與專制政體的國家

1.以家庭為最小單位的多層次單位構成的國家。其層次單位有：家庭，家族，種族，民族，是以血緣關係為紐帶的民族國家，實行的是君主政體或帝王專制政體。在這種國家裡，個人不能直接與國家發生關係，不是國家的直接組成單位，個人只能是家庭成員。

2.以劃分為許多層次等級的政治團體組織構成的國家。其層次單位有：小型的地方基層政治組織單位，統治眾多小型單位的中型政治組織，統治眾多中型政治組織的大型政治組織，統治眾多大型政治組織的全國中央政治組織，是以每個政治集團的利益為紐帶的國家，實行的是寡頭專制政體。有組織原則為證：「個人服從組織，下級服從上級，全體服從中央」。

以劃分為許多層次等級的政治團體組織構成的國家，其實是以家庭為最小單位的多層次單位構成的國家的一種變體國家，國家性質和基本形式沒有改變，改變的是名稱：用時髦的褒義詞去取代過時的舊詞語，所謂「新瓶裝舊酒」。國家的性質都是專制政體，國家的基本形式是寶塔形，寶塔尖是一個人或幾個人。

在以家庭為最小單位的多層次單位構成的國家，和以劃分為許多層次等級的政治團體組織構成的國家這兩種國家裡，國民個人不是國家的直接組成單位，個人只能是家庭成員或某個基層組織成員，只能與家庭或基層組織發生政治關係，不能直接與國家發生關係。個人必須受到戶籍和民族身份的限制，卻不具有公民身份。個人履歷表上註明戶籍、戶口、民族等必須填寫清楚的欄目。正如海德格爾所說的個體「無此人」。政治口號是：「一人參軍，全家光榮。」即就是說，在這兩種國家裡沒有個人的地位，國家不會給予個人任何權利；個人也就沒有自己的國家。

（二）個人與民主政體的國家

民主政體的國家，是以每個個體公民為最小單位的單層次國家，由一個個成年人自願組成的全體公民是主權體，每個個體公民是主權體中的一員，是國家的最小單位，每個公民直接參與國家政治活動。民主政體的國家不是由一個個社會組織組成的，政社會組織只是表達每個公民個人意志的組織形式，不是要公民個人服從的政治組織，公民所服從的是自己所「同意」的國家法律。獲得了民主政體國籍的每個成年人，就是主權體中的一個公民，也就獲得了公民的所有權利，有了自己的國家。

（三）未成年人沒有自己的國家

　　未成年人有自己的生養地：故鄉，卻沒有自己的國家。因為，未成年人沒有學會理性思維，不具有理智選擇能力。但是，未成年人的故鄉所在的國家，對未成年人負有養育其成人的自然義務，這是自然法的規則，不是人為法規則。父母和其它監護人都沒有決定未成年人國籍的政治權利。如果父母決定未成年的兒女的國籍，那就是賣兒賣女，是犯罪行為。因此，未成年人沒有愛國義務。如果有人強迫和哄騙未成年人去愛國，去為國家冒生命危險或作出犧牲，那種人是人類最大的罪犯，比拐賣兒童的罪行大數百倍。例如，「基地」恐怖分子、卡紮菲和《小兵張嘎》的編導者，等等。

三、國家與政府：「一人之天下」與「天下人之天下」

　　國家與政府是包含與被包含關係的兩個政治概念：國家包含政府，政府從屬於國家。國家俱有三種基本權力機構：立法機構、司法機構、行政機構、政府是行政機構。

　　如果國家的三種基本權力機構不能分開，集中於一個人手裡，那就是「一人之天下」，是帝王專制政體。有道是：「朕即國家。」

　　如果國家的三種基本權力不能分開，集中於幾個人的手裡，那就是「一黨之天下」，是寡頭專制政體。有道是：「黨國。」

　　如果國家的三種基本權力能夠分開而相互制衡，那就是民主政體。有道是：「每個公民都是國家。」

四、愛國與賣國

（一）專制政體裡的愛國和賣國的思想理論

　　在帝王專制政體裡，其思想理論宣傳的都是「朕即國家」，熱愛帝王一人就是愛國，「忠君」就是愛國。在寡頭專制政體裡，其思想理論宣傳的是「黨國」，熱愛當下的政府就是愛國。於是就有「犯上作亂罪」。凡是批評帝王、執政黨就是「犯上作亂」和「顛覆國家政權」，「犯上作亂」者和「顛覆國家政權」者，就是罪犯，就是「賣國者」。

　　在專制政體裡，每個人一出生就是專制統治者的私有財產，不管是成年人還是兒童，都必須忠於專制統治者，熱愛專制統治者，誓死保衛專制統治者，不准越境，甚至不准越出出生地，否則就是賣國。帝王和執政黨高於父母：卡紮菲

是全國人的「父親」，官員就是「父母官」。凡是為了誓死保衛專制統治者的領土完整和政權穩定而犧牲全體國民生命財產者，就是偉大的愛國主義運動和民族英雄；凡是為了保護國民生命財產安全而與外國人媾和者，都是賣國主義和民族敗類、漢奸、賣國賊；凡是批評執政者和宣傳民主法治、公民福利思想理論者，都是出賣祖宗、毀滅我傳統思想文化者，就是洋奴；凡是遭受當局迫害而逃亡者，都是叛國者。所以，在專制政體裡，國民都是臣民，沒有任何公民權利可言，甚至連逃亡的權利也不存在，只能被關閉在專制政體裡「為魚肉」而任專制統治者宰割。

（二）民主政體的愛國和賣國思想理論

在民主政體裡，其思想理論宣傳的是監督和批評當下執政者就是愛國，為保護每個公民的權利去向侵犯者和侵略者作鬥爭就是履行每個公民的愛國義務，干涉外國專制政體侵犯人權而避免專制政體勢力擴張到危害本國公民利益，既是愛國，又是履行人道主義；剝奪公民權利者就是竊國和賣國，不抵抗外國侵略者就是賣國，眼睜睜地看著別國專制統治者屠殺平民和侵略小國，卻「不管閒」，害怕被人指責為「干涉內政」，以至釀成戰火蔓延，甚至造成世界大戰，既是賣國，又是不人道。

（三）中國人對兩種愛國和賣國思想理論的選擇

很顯然，專制政體裡的愛國和賣國的思想理論與民主政體的愛國和賣國思想理論，是兩種截然相反的思想理論。中國人又是怎樣作出選擇的呢？

1.幾千年來的選擇。

中國的帝王、御用文人以及儒家士大夫們選擇的是專制政體裡的愛國和賣國的思想理論，幾千年都是如此，至今沒有變化。

當他們的國家遭到覆滅之災時，他們才想起沒有任何權利的「匹夫」，鼓動沒有自己國家的「匹夫」為保護專制政體去送死，說什麼「天下興亡，匹夫有責」；他們鄙視和仇恨不去送死的「匹夫」，感歎什麼「商女不知亡國恨」。他們中分化為兩部分，極少數人帶領受到愚弄和被強迫著的「匹夫」去送死，成就他們的美名：民族英雄；絕大多數人在看到民族危亡時，作好隨時投降賣國的準備，甚至提前把家屬轉移到安全的別國去。

可是，對於專制政體的生滅，中國民眾都是麻木不仁的，只要入侵者不殺死平民，不侮辱婦女，就都成為看客：看著袁崇煥與清兵打鬧，看著關天培與英國人對著放炮，看著珍寶島炮聲隆隆像放鞭炮那樣，蠻好玩的。真是「商女不知

亡國恨」，真是「一盤散沙」。因為「無產者沒有祖國」（馬克思語）【282】，誰來統治都一樣。「匹夫」們的國家被竊國大盜霸佔去了，成了亡國奴；「匹夫」們沒有祖國，當然無國可愛。有道是：「國無民，民則無國。」「好男不當兵，好女不嫁官。」「官匪一家」、「兵匪之亂」。要「匹夫」去愛國，要麼拿錢來：「重賞之下必有勇夫」；要麼拿刀來：徵兵拉夫，不去當兵殺敵，先殺你自己這種「賣國賊」。

結果是：幾百萬明朝軍隊被幾十萬清兵打敗，幾百萬清兵被幾千個英國兵打敗，愛國將領袁崇煥成了賣國賊被處死，誤國儒生剛毅、徐桐成了愛國士大夫仍然被處死。所以，改朝換代，惡性循環；到最後就「辛亥革命」。

請看現代化的「商女不知亡國恨」的歌星、影星們。他們（她們）在紅色中國靠唱愛國紅歌和表演愛國紅色戲劇發家致富，然後就去綠色美國拿綠卡、入美籍，仍然跑回紅色中國唱愛國紅歌和表演愛國紅色戲劇賺錢，去美國消費。那真是絕妙的滑稽劇，使人難以分清是愛國還是賣國。當然，「商女」們是沒有那種智慧去發明那種把「愛國」和「賣國」融合為一體的高超藝術的，他們是從具有高超智術的「人上人」的高級幹部那裡模仿來的。還有一種愛國方式，那就是一小批老的少的「憤青」的大叫大喊，「愛國」口號，喊得震天響，把別人當做「賣國賊」的髒話罵得震天響，他們好像是愛國英雄。但是，一調查，他們也是在表演滑稽劇，是想在「重賞之下必有勇夫」的習慣中得到「重賞」，之後卻不去做愛國「勇夫」，而是拿了「重賞」去被他們罵得狗血淋頭的美國拿綠卡、入美籍。在他們沒有得到「重賞」之前，他們仍然是喊得震天響和罵得震天響的「愛國的民族英雄」。可見「憤青」們也是在表演滑稽劇，並無真正的愛國心。

在一個國家裡，占絕大多數人口的「匹夫」不懂愛國和不愛國，高級幹部和商女們都會表演絕妙的愛國和賣國滑稽劇，「憤青」們並未真正「愛國」，幾乎沒有人去愛國。那麼有誰去愛國呢？有。其一，在「家天下」裡，真正愛國者，只有皇帝一家人；在寡頭政體裡，真正愛國的只有害怕被人民審判為死刑犯的罪大極惡的一兩個寡頭；其二，不是「匹夫」們不愛國，而是他們無國可愛。那些批評「匹夫」們是「憐其不幸，恨其不爭」的魯迅們，是不懂得其中的原理的；那些指責「匹夫」們「一盤散沙」和愚昧無知的政治精英們，是不知道個中

【282】《共產黨宣言》頁6。

的情由的。如果不相信這個原理，你去侵犯「匹夫」們的財產和侮辱他們的女人試一試，他們不與你拼個你死我活才怪哩；若有人把「匹夫」們逼得沒有生路可走，你就會去一呼百應，不鬧他個天翻地覆才怪哩。「匹夫」們是同樣具有天生善心和自然智慧的自然人，問題是壓迫和欺騙他們的人太多了，他們不輕易相信別人。中華民族的劣根性，不是「阿Q精神」，而是儒家傳統的「士大夫精神」。

2.現當代的中國極少數人的選擇。

自從「辛亥革命」後，中國出現了極少數人選擇民主政體的愛國和賣國思想理論。那些具有公民意識的極少數人是先覺者。他們認識到專制政體不是自己的國家，只有自己與每個公民一樣都成為國家主權體中的一員，才有自己的國家。愛國不是愛竊國大盜的政府，而是愛屬於自己的國家；向竊國大盜奪回自己的國家才是愛國，服從竊國大盜的政府才是賣國。他們就首先把向竊國大盜手裡奪回自己的國家看著是首要的愛國行動：歷史使命。要完成這個歷史使命，必須去覺醒「匹夫」們。而「匹夫」們是不會輕易相信他們的說辭的，因為「匹夫」們的祖輩傳教下來和自己所看到的、聽到的政治家們，都是一些「滿口仁義道德，滿腹男盜女娼」的偽君子，不相信國家會屬於自己那樣的好事情。「匹夫」們只有看到了民主法治的真實事情，才會相信民主人士的說辭是真實的。「匹夫」們看著秋瑾在菜市口被殺頭，還去吃人血饅頭；看著學生遭到屠殺，不過低聲歎息了幾聲。「匹夫」們在覺醒。如果「匹夫」們體會的國家一旦屬於自己的，就會誓死捍衛自己的國家，爆發出巨大的無人可敵的愛國力量。美國的民主革命之父撒母耳·亞當斯就具有建設美國公民社會的完善的思想理論，被美國的「匹夫」們接受了。中國的「辛亥革命」就缺乏建設中國公民社會的完善的思想理論，就無法喚醒中國的「匹夫」們。撒母耳·亞當斯的思想理論本來是全人類通用的，但是無可奈何中國儒家維護專制政體思想理論形成的傳統習慣的頑固性。所以，中國的撒母耳·亞當斯們不能「全盤西化」，必須挖掘古中國的公民思想理論，那就是完善的「老子體系」理論。儒家傳統思想理論見著老子思想理論，就先心虛了一大截，幾招就土崩瓦解。「匹夫」們沒有自己的國家，談何愛國呢？所以，中國現今的事實是中國民主精英們必須覺清醒地認識到中國的思想理論事實，要像撒母耳·亞當斯那樣創建出適合本國民眾思想基礎的完善的公民思想理論，才能建設屬於每個公民的國家，讓每個公民有國可愛。

第三十五章　「文學藝術」論

在中國，文人們把文學藝術抬到很高的思想文化地位上去，一說到五千多年悠久燦爛的中華文明，就把屈原、司馬相如、李白杜甫、宋詞元劇、明清小說搬弄出來，什麼四大名著，甚至把「清明上河圖」、唐伯虎以及漢字書法名家也弄到思想文化的檯面，等等，以此引以為自豪。梁啟超也說：「大聖鴻哲萬言諄諄誨之而不足者，華工坊賈一、二者敗壞之而有餘。」「今欲改良群治，必自小說界革命始；欲新民，必自新小說始。」【283】如此，掩蓋了哲學的貧困和科學的落後。這真是中國文人的一種習慣上的孤芳自賞。當然，這也是中國文人缺失理性思維的一種表現，連知識層次也劃分不清。

不錯，文學藝術是一種思想文化的表象，是人的情感的宣洩，也是反映社會生活的晴雨錶。從詩歌、小說、繪畫等等藝術作品中，人們能看到時代的民族的生活狀況、政治情形、風俗習慣、國民情緒等等。文學藝術反映社會生活最迅速，激化人的情緒也最迅速。但是，文學藝術成果本身畢竟是一種情感（靈感）表現出來的美現象；在知識層次中，「文學藝術」是最下層的，文學藝術創作是人對實物世界的一種模仿和想像，「文學作品」世界是「影像世界」，還沒有上升到理性認識層次，不是思想理論，文藝評論的成果才是思想理論。

➡ 第一節　文學藝術在思想文化裡的地位

一、就權利而言

文學藝術活動是從思想言論自由自然權利裡演繹出來的一種自由創作的社會權利。思想言論自由是一種自然權利，在第二十章「個人權利」裡有論述。在自然人那裡只有非常簡單的圖騰之類的創作，稱不上文學藝術；社會出現了文字和藝術創作工具之後，人們才有寫作、繪畫之類的具有社會性的文學藝術創作活動。這種具有社會性的文學藝術創作活動是個人具有的一種自由的社會權利。作者的靈感來了，產生了創作欲，需要寫什麼和使用什麼樣的藝術手法去寫，完全是作者個人權利，別人、社會組織和國家機關都不能去剝奪作者的自由創作權

【283】《論小說與群治的關係》的開頭和結尾的句子。

利。當然，就像其它個人權利一樣，自由必須受到法律的約束，自由創作權利同樣是在法律裡實現的。所以，文學藝術活動是一種個人社會權利，是從屬於思想言論自由權利的，不是最高權利。

作家必須在法律裡維護和充分行使自己的自由創作權利，只有這樣，作家的創作活動才稱得上是文學藝術活動。作家一旦失去或放棄自由創作權利，他的寫作活動就稱不上是文學藝術活動，例如寫「遵命文學」時主題和材料都由別人確定，不是作家自由創作，就不是文學藝術活動，作家不僅失去了自由創作權利，而且失去了人格權利，作家成為了御用文人，也就稱不上文學藝術家。

二、就寫作對象而言

作家的寫作對象是能夠感覺到的實物世界，實物世界是理念世界的影像世界，包括自然物和人造物，都是在不斷變化著的世界；特別是人造物，是實物世界的模仿品，更是變化迅速。作家看到某種實物，就觸景生情，來了靈感，在描繪實物時就加進了自己的情感和想像，不管描繪得多麼逼真，作品仍然沒有實物那麼真實，作品屬於實物世界的影像世界。所以，文學藝術活動是情感和想像活動——靈感活動，不屬於理性思維活動，其作品不是思想理論。

三、就思維方式和藝術手法而言

思維方式是哲學概念，是理智活動，基本方式是形式邏輯。文學藝術活動沒有邏輯推理和論證過程，不是理智活動，用不上思維方式這個哲學概念。文藝理論裡有「形象思維」的說法，似乎說得過去。

文學藝術的表達方式是藝術手法，基本藝術手法是模仿和想像。模仿就是寫實，稱之為現實主義；想像就是寫虛，稱之為浪漫主義。寫實，就是模仿實物進行創作；寫虛就是憑想像去創作。寫實中也有想像，想像也是從實物裡展開的，因此現實主義和浪漫主義是不可能截然分開的，只不過是那種藝術手法為主而已。例如，《三國演義》是歷史小說，是寫實；但是可以虛構情節，誇張人物，又是寫虛；《西遊記》是神話小說，是寫虛；但是唐僧是真實人物，那些被描寫的景物是真實對象，又是寫實。

不管是寫實還是寫虛，都是藝術活動，不是理智活動；是藝術手法，不是思維方式。所以文學藝術作品是情緒宣洩成果，不是思想理論成果。

四、就知識層次而言

在本書「第一卷認識論」裡論述了「知識層次」：絕對真理，相對真理，意見和觀念，藝術知識。每一種知識都是對不同世界的認識成果，藝術知識是對影像世界的一種感受知識，是最低層次的知識。在「情、理」中，藝術知識屬於「情」，不是「理」，連「意見和觀念」也不是，更不是「真理」。

例如，藝術是表現「美」的，給人以「美」享受和娛樂，一幅畫如此，一篇文學作品（喜劇和悲劇）亦如此，栩栩如生，惟妙惟肖，等等，都給人一種藝術「美」的享受。但是藝術「美」是現象美，外表美，不是「美本身」。探索「美本身」，文學藝術是不能夠做到的，那是哲學思維才能做到的。「美本身」是從「善本身」裡產生的，「善即美」，「善即知」，「善即真」；缺少「善」，就無所謂「美」和「真」，所謂「真善美」是也。關於「美本身」和「美現象」本書第二十五章有詳述。所以，蘇格拉底說偉大的詩人荷馬只懂得現象美，不懂得「美本身」，希望荷馬能夠知道「美本身」，不要去歌頌戰爭英雄。

五、就社會效果而言

文學藝術作品的社會效果是引起讀者「共鳴」。作家觸景生情或者寓情於景，把自己的喜怒哀樂抒發在所描繪的景物和人物以及所記敘的事件裡，讀者讀後產生與作者相同的喜怒哀樂，就是「回聲」，即「共鳴」。

「共鳴」是情感層面上的，而情感是多種多樣和變化不定的。所謂多種多樣，一是指情感的性質：既有自然的真情實感，又有社會習染的虛情假意；二是指情感的形式種類：喜怒哀樂。所謂變化不定，是指虛情假意和情感形式：一是虛情假意變化不定，虛情假意是作家放棄了自由創作權利而受制於權威的命令產生的委屈求情之「情」，是依據所受制的命令不同而情感不同；二是情感形式變化不定，不同的作家有不同的喜怒哀樂，同一個作家在不同的時候和對於不同的對象有不同的喜怒哀樂，即使是真情實感其形式也是多種多樣的。但是，情感的多種多樣和變化不定不是指自然的真情實感，自然的真情實感產生於「善本身」和「美本身」，是穩定的。

在「情、理、法」中，「理、法」是深層次的，「情」是表層次的，「情」伴隨在每個人的日常生活裡，每個人時時處處事事都在表現「情」。所以，作家時時處處事事都可以產生創作靈感，作品也時時處處事事與讀者產生共

鳴。產生「共鳴」的範圍大小和人數的多少，就檢驗了作品的社會效果的大小。自然的真情實感的作品必然會使天下人或者絕大多數人產生共鳴，其社會效果最大。

由於「情」是表層次的，所以文學藝術作品的社會影響迅速，是社會的晴雨錶，影響的範圍也大。知識層次低下的人難懂「理」，不易讀懂哲學作品；卻易動「情」，能夠讀懂文學藝術作品。一部自然的真情實感的文學藝術作品，極其容易引發天下人的真情實感，甚至能夠起到思想啟蒙作用，引導天下人去認同哲學的倫理學的善原理。西方文藝復興運動的達芬奇的畫、易蔔生的童話和啟蒙運動的伏爾泰、雨果的小說都有啟蒙作用。同樣，一部虛情假意的作品，也能夠影響一代人甚至長久時期，《三國演義》的忠義情感，至今影響著中國人的忠義之情不消失。

儘管文學藝術作品有那麼大、那麼迅速的「通情」的社會效果，但是其社會作用還不能達到維護或推翻一個政權，不能維護或變革一種政體，畢竟不是「達理」的思想理論。維護或變革政體有待於哲學、倫理學的思想理論作用，文藝復興和啟蒙運動引起的社會變革的是培根、笛卡兒、洛克、盧梭、孟德斯鳩的哲學、倫理學的思想理論。

➡ 第二節　界定文學藝術

文學藝術是作家為了抒發自己隨時產生的情感，而採用寓情於景的方式，對自然景物和社會生活進行模仿和想像的一種個人自由創作活動。

➡ 第三節　「立主腦」與作家的寫作動機（創作欲、靈感）

一、「立主腦」，就是確立主題思想

關於主題思想，是中國文藝界的文學評論的一個重大文藝理論問題，但不是作家自由創作的重大問題。

第一類作家是自由創作的人。作家在自由創作時，只需要朦朧模糊的情感，不需要什麼鮮明的主題思想。作家憑著自己的靈感和激情，在創作欲的驅動下，去粗略構思作品框架（寫作提綱或謀篇佈局），又時時在寫作中衝破寫

作提綱，更改結構，不拘一格，逍遙自在，沉浸在激情之中，與作品中的景物和人物渾然一體，大笑、怒罵、痛哭、狂歡，等等情緒，變幻莫測，波瀾起伏，那「善」和「美」從作品裡自然溢出。直到一瀉千里之後，方才痛快淋漓。在初稿完成之後，作家才能冷靜下來。如果作家具有哲學思維境界，就會審視靈感和激情，作出一些調整和修改。只有這樣的作品才稱得上是文學藝術作品。

至於所謂主題思想之類的事情，作家在自由創作之中是無暇顧及的，那是文藝評論家的事情。例如，作者笑笑生、曹雪芹自己無法確定《金瓶梅》、《紅樓夢》的主題思想，所有的文學藝術評論家誰也無法說清楚《金瓶梅》、《紅樓夢》的主題思想。後來的所謂的「紅學家」們去研究《紅樓夢》，企圖挖掘其主題思想，結果是眾說紛紜，吵吵鬧鬧，名為研究《紅樓夢》，實為爭名奪利，是研究不出文學藝術方面的什麼名堂的。

第二類作家是功利主義作家。如果作家，首先去提煉什麼主題思想，追求立場堅定，思想鮮明，愛恨分明，要寫出一鳴驚人的不朽作品，又要顧及到作品的銷量，那就時時處處受制於思想雜念，定然寫不出好作品。

第三類作家是御用作家。如果作家，或者受命寫作，或者接受某個寫作任務，或者按照某種文藝理論標準寫作，或者遵照某個權威人士的囑託寫作，或者在某個大作家的指導下寫作，或者模仿名作名著去寫作，主題思想先被別人擬定好了，甚至藝術風格也被規定好了，那就是所謂的「主題先行」論寫作，那就是御用文人或者想去做御用文人的人在寫作「進諫奏摺文」，而不是什麼文學藝術創作。中國所有寫作「遵命文學」的作品都不是文學藝術作品，所有拿固定工資的作家都不是文學藝術家，因為他們放棄了自由創作權利和人格權利，他們喪失了作家自己的靈感和激情。

二、寫作動機

所謂寫作動機，就是為什麼去寫作，或曰為什麼人去寫作的問題，即寫作目的是什麼。

第一類堅持自由創作的作家，他們並沒有什麼明確的寫作目的，不會為了什麼特定的人群去寫作，他們只是一洩為快，談不上有什麼寫作動機。如果硬要給他們套上寫作動機，那麼靈感和激情就是寫作動機。至於他們的作品產生了巨大效果，那並不是他們在創作時所追求的東西，是出乎他們意料之外的事情。

第二類功利主義作家，他們的寫作動機非常明確，就是成名成家，獲取眼

前的稿酬利益和轟動一時的名聲。

第三類當局御用作家，他們的寫作動機也十分明確，為執政者歌功頌德，把自己當做「毛」去依附在執政者的「皮」上面，躋身於執政者隊伍裡，成為「吃皇糧」的一員。

➡ 第四節 作者與讀者

作者的作品，如果只是為了自我發洩情緒為快，孤芳自賞，自己看了後害怕「文字獄」就毀掉；或者還來不及給別人看就被「文字獄」所毀滅；那就沒有發生與讀者的關係。例如，20世紀中葉，中國許多獨立自由創作的作家的一些作品就遭到如此厄運。

作家的作品一旦給別人看了，就產生作者與讀者的關係；如果被別人傳閱，讀者就更多；如果出版成書，作者與讀者的關係就更加密切。

那麼作者與讀者的關係有哪些呢？作家在寫作之前、之時是不是需要考慮讀者群呢？

一、作者與讀者的關係有哪些呢？

作者與讀者的關係是通過作品引起讀者的「共鳴」產生的。作品中的景物和人物、事件等等，能夠激發讀者產生與作者同樣的感情，能夠使讀者獲得娛樂和消遣，能夠影響讀者的人生觀，使青少年學生去學習和模仿作品中的人物的言行，甚至使讀者把虛構的人物和事件當著真實事情。

二、作家在寫作之前、之時是不是需要考慮讀者群呢？

一般來說，作家在寫作之前、之時就需要考慮讀者群。有的是寫給被啟蒙對象看的，就直抒胸襟，夾雜作者議論，凡是讀書人都能看懂。有的寫給士大夫階層看的，就寫得高雅幽深，即所謂的「陽春白雪」。有的寫給底層的大眾看的，就寫得通俗易懂，即所謂的「下里巴人」。有的寫給編輯和「文學藝術獎」評委看的，就要投機那些人的嗜好和心理。有的是寫給當局者看的，就要看時事政局的需求。但是，還有一種作家在寫作之前、之時就不去考慮讀者群，只是自己一洩為快。

（三）四類作家和四類讀者

第一類是良知作家與良知讀者。

良知作家是指保持了天生善心和自然智慧並且能夠運用理性思維的作家。其善心產生的情感與天道、人性保持一致，而與社會惡劣習慣風俗相互抵牾，具有憤世嫉俗的激情；其自然智慧與理性思維保持一致，而與「親疏尊卑」、「矛盾鬥爭」的「辯證法」思維相互抵抗，具有節制激情的理智。他們具有責任感和使命感，具有不可侵犯的人格尊嚴權利和自由創作權利。他們從天生善心奔騰出來的洶湧澎湃的激情清澈如水，一切真相都被反映出來；從自然智慧突發出來縷縷上升的靈感細微如絲，一切隱藏都被洞察出來。他們的作品裡，喜怒哀樂自然而然，鞭辟入裡，理想現實，希望在即。既能感動人，又能驚醒人。他們不會、也無法去創作污染讀者靈魂和危害社會的作品，絕不去為專制政體歌功頌德寫一個字，絕不為個人功名寫一篇文章，一切構思宏偉的結構嚴謹的不朽的偉大悲劇都屬於他們所有。例如，賽凡提斯的小說，莎士比亞的劇本，達芬奇的繪畫，易蔔生的童話，伏爾泰和雨果的小說，索爾仁尼琴的小說，等等。

首先被良知作家的作品所感動和驚醒的是良知讀者。良知讀者是指保持了天生善心和自然智慧的讀者。他們與良知作家是「心有靈犀一點通」，一看到良知作家的作品，就立刻被吸引住了。作品裡所抒發的感情和蘊藏著的思想觀點，就是他們自己的感情和思想觀點，彷彿作品是在代替自己說心裡話。他們與作者相見恨晚，通過與作者的聯繫而團結在一起；他們在作品的感染和鼓舞下，卷袖奮起，鬥志高昂，破壞舊世界，建設新世界。例如，前蘇聯的遭受迫害的作家索爾仁尼琴卻由於長篇歷史小說《古拉格群島》而成為「俄羅斯人的良心」、「俄羅斯民族的靈魂」。

第二類是情緒作家與情緒讀者。

這裡的情緒作家，是指自然主義作家。他們堅持自由創作，玩世不恭，敢於猥褻權威的尊嚴，勇於破壞專制主義的倫理道德，反映和讚揚人性的本能需求，歌頌愛情，描繪色情。他們管不了那麼多，只知道一洩為快。他們的作品被專制社會貶斥為「淫穢作品」或「黃色作品」，列為禁書。例如《金瓶梅》。

這裡的情緒讀者，是指尋求色情娛樂的成年人讀者，排除未成年人讀者。他們讀文學藝術作品，是為了追求愛情婚姻自由和滿足性刺激，純粹是為了一睹為快，並不去深思熟慮。例如，他們讀《金瓶梅》專門挑選性交文字看，而不深入到《金瓶梅》的揭露和批判宋儒理學和心學的倫理道德裡去。他們都受到情緒

作品的影響和鼓動。有的情緒讀者，大膽去追求愛情婚姻自由，用亂倫、私奔、殉情等方式去破壞專制道德人倫，成為性開放者和女權主義者。有的情緒讀者，增強性欲，一味地去尋求性刺激和性滿足，利用權力和財富，去三房四妾、包二奶、玩明星、嫖妓女、誘姦、強姦、雞姦、人畜相姦、同性戀，等等方式，敗壞善性的社會道德。因此，對於情緒作品應該有所區分和禁忌，特別要禁止未成年人去閱讀。

第三類是功利作家與趣味讀者。

功利作家是為功名利祿寫作的作家。功利作家的寫作目的十分明確，為了賺錢和揚名寫作。功利作家和出版社連為一體，與讀者的關係是商業交易關係。他們分析文化市場，分析讀者需求，由出版社約稿或雇用作家寫作。作家自己也分析文化市場和讀者需求寫作。他們的寫作標準是依據讀者的趣味和嗜好，寫作「暢銷書」，美其名曰：「通俗作品」，「讀者的愛好就是評價標準」。他們還利用商業廣告大肆炒作功利作家和功利作品，利用各種各樣的評獎活動刺激讀者，利用權威人士的評議抬高功利作家和功利作品，把文化市場鬧得轟轟烈烈，從中牟取暴利。

中國文化市場從80年代香港作家金庸的武打小說傳入後，功利小說如雨後春筍。中國的功利小說主要有三大類：武俠小說、色情小說、傳奇故事。這三大類小說發展到90年代後，武俠小說成了武邪小說，色情小說成了專門描寫男女性交的性交小說，傳奇故事成了神鬼小說。

這三大類小說是不能與傳統的通俗小說《三言二拍》和《啼笑因緣》相比較的。《三言二拍》和《啼笑因緣》具有文學欣賞價值，給讀者帶來娛樂趣味和人性道德警示。而這三大類小說毫無文學藝術性，是在刺激讀者的低級趣味和敗壞人性道德。與三大類小說相互應的是影視劇，編導者為了賺錢，一股腦地推銷出三大類影視劇，毒害觀眾；甚至不擇手段，在「央視少兒欄目」讓無知無識、道德敗壞的香港成龍主辦妖魔鬼怪的血腥殺戮的動畫片，摧殘幼小心靈。

這三大類功利作品的讀者和觀眾主要是中小學生和幼稚園的兒童。他們都是未成年人，都是正在學習運用理性思維階段，缺乏理性判斷能力，只追求娛樂好玩。誰知道卻碰見大頭鬼在作弄他們，殘害他們，把他們引進了妖精洞穴裡，還要他們掏出錢去購買毒品。那些腰纏億貫的功利作家和編輯們、編導們，賺的是不懂事的孩子們的錢，是黑心錢。

我們說，作家為了生存，不能不賺錢養家糊口，功利主義並非完全是錯誤的，但是損人利己、甚至害人利己，就不僅是錯誤的，而且是在謀財害命，是在犯罪。所以，我們應該提倡寫《三言二拍》和《啼笑因緣》那樣的功利、通俗的小說和影視劇，提高讀者趣味和教會孩子們運用理性思維；堅決杜絕武邪、性交、神鬼小說和影視劇，去降低讀者趣味和污染孩子們的心靈。

第四類是御用作家與御用讀者。

御用作家是專門為專制政府歌功頌德的作家。他們自動放棄人格權利和自由創作權利，心甘情願地去成為依附階級（成為「毛」），去做專制統治者的奴才（附在專制政府的那張「皮」上）。他們完全喪失了天生善心和自然智慧，是專制統治者寫作機器上的一顆螺絲釘，是專制統治者的御用殺人筆手。他們的寫作目的十分明確，躋身於官吏隊伍去「吃皇糧」，獲得帝王御賜的功名利祿。他們的立場十分堅定，牢牢地站在統治者一邊。他們的寫作態度十分明朗，阿諛逢迎上級，無情鞭撻民眾。他們的寫作任務十分清楚，接受上級的命題，完成上級規定的寫作工程，即寫作「遵命文學」。他們被斬首了，缺失了頭腦，沒有大腦、小腦神經，只有脊椎神經和能夠動作的手腳。他們不是在創作文學藝術作品，而是在用文字和圖騰圖解主人給出的主題思想。所以，凡是「吃皇糧」的御用作家都是寫不出文學藝術作品的。

可是，在專制社會裡，御用作家的作品卻充塞官方的書店，真正的文學藝術作品都成了「禁書」。學生和社會讀者只能讀他們的書，也只能買到他們的御用作品。讀者就時時處處被御用作品所洗腦，天生善心和自然智慧就逐漸被御用作品的毒汁沖洗，蒙上了污垢，也就成了御用讀者，去追求做一個御用文人。

把御用作家與功利作家相互比較，就可以得出這樣幾條結論：其一，御用作家完全放棄了自由創作權利和喪失了人格尊嚴，功利作家卻堅持了自由創作和保持了人格尊嚴；其二，御用作家與讀者的關係是洗腦者與被洗腦者的政治關係，功利作家與讀者的關係是買主與消費者的經濟關係。政治關係就難以解除，經濟關係就容易取消；其三，御用作家得到了專制統治者的保護，製作文化毒品就肆無忌憚；功利作家是個人自由創作，還要顧及法律和輿論，就躲躲閃閃，甚至偷偷摸摸，大多數依靠個體書攤出賣；其四，御用作家製作的是愚弄和麻醉國民心靈的毒品，毒性非常強大，難以消除；功利作家創作的是供給讀者趣味娛樂的玩具，只有投其所好的低級趣味部分降低了讀者趣味，具有負面作用，毒性弱

小，容易化解。所以，御用作家對讀者和社會的危害遠遠大於功利作家，御用作品對讀者和社會的毒害遠遠大於功利作品。

　　梁啟超說：「大聖鴻哲萬言諄誨之而不足者，華工坊賈一、二者敗壞之而有餘。」「今欲改良群治，必自小說界革命始；欲新民，必自新小說始。」【284】

第三十六章　協和論與矛盾論：形式邏輯與辯證邏輯

　　本章首先試圖運用比較法，綜合論述協和論與矛盾論兩大理論體系的基本思維方式和基本原理不同，從而證明：協和論與矛盾論是兩種完全相反的、水火不容的、相互批判的、不能「兼容並包」的思想理論；然後論述那些企圖用某一家思想理論去統一百家思想理論——「三教合一」的想法是一種幻想，是去做一件荒唐的工作；最後總結思想文化與政治制度的關係。

➡ 第一節　協和論與矛盾論的不同起源、傳承和消失

　　本章所說的「矛盾論」，不是指某一篇《矛盾論》作品，而是指所有關於「矛盾、鬥爭的對立統一」的思想理論。

　　如《協和論》第一章所云，協和論是我瞬間悟道後的獨立思考的思想理論成果，也就是說是我偶發奇想的個人獨創的自言自語，這就可以算是協和論的起源吧。沒想到，我的偶發奇想與兩千多年前古中國的老子、古印度的釋迦牟尼和古希臘的蘇格拉底的偶發奇想相巧合。所以，不能說「協和論」是一種傳承思想理論，它並不需要、也並沒有淵源，只是在寫出來的時候，聯繫上了與之相同的以前的思想理論。如果以後有人悟出了與老子、蘇格拉底相同的「道」，在寫作時以他們的「道」為淵源，那就稱得上是一種傳承，例如洛克、盧梭、孟德斯鳩都是如此。所以，可以得出這樣的一個結論：凡是個人悟道所得的思想理論成果，都是個人的偶發奇想的結果，這種成果必然在同一思想領域裡與別的悟道人

───────────────

【284】《論小說與群治的關係》的開頭和結尾的句子。

的偶發奇想無意相吻合，這種偶發奇想是自古至今經常發生的，就不只是第一次，就會有第二次乃至多次，因為它有天性依據，叫做「人人具有天生善心和自然智慧」而「心有靈犀一點通」；因此，它既具有偶然性、個體性、特許性，也具有必然性、共同性、普遍性。

但是，矛盾論的偶發奇想只有第一次，卻沒有第二次，因為矛盾論是一種感覺上的錯覺或者幻覺的偶發奇想，缺失天性依據，不可能有完全相同的第二次偶發奇想。

第一次發現矛盾論的赫拉克利特是在探索萬物本體，對自然界發生了感官錯覺；他的天性並不壞，是天資運用發生錯誤，得出了荒謬的矛盾論。這種感官發生的錯覺不可能在另外一個人身上完全相同地出現，如果出現了第二次或者多次相同的思想理論，那第二次或者多次就是以那第一次為起源的一種傳承或者抄襲、剽竊。因為一種感官錯覺只具有偶然性、個體性、特許性，不具有必然性、共同性、普遍性；這種感官錯覺沒有天性依據，人的「天生善心和自然智慧」是不會贊同赫拉克利特的矛盾論的，所以巴門尼德、蘇格拉底以及兩千多年後的洛克、盧梭、孟德斯鳩等人都批判和糾正了赫拉克利特的矛盾論，堅持了「善即知」、「知即德」的正確理論。可是赫拉克利特兩千多年之後與盧梭、孟德斯鳩同一世紀前後的康德、黑格爾卻無視蘇格拉底、洛克、盧梭、孟德斯鳩，而去傳承赫拉克利特的矛盾論。他們根本沒有事先去悟道或者去獨立觀察事物，也就不是憑個人感官發生錯覺的偶發奇想了，而是依據自己個人的政治的或者功利的目的，去尋找一種能夠實現自己個人政治目的和功利目的的實現理論，他們找到了赫拉克利特的矛盾論，就去進行剽竊、修改，製造出為達到自己目的服務的矛盾論，那只是一種愚昧無知或者別有用心，並不是個人獨立悟道時的偶發奇想。他們製造的矛盾論是一種畸形思想理論，不能與赫拉克利特的矛盾論相提並論。赫拉克利特的矛盾論，只是說辭難以自圓其說，但是自身內容還是自然現象，是能夠理解的，說辭是明白清楚的。而他們的矛盾論，完全是一種抄襲，再附會上自己的政治實用主義，說辭就晦澀難懂，由於體系完整而神秘兮兮，普通人根本無法理解和運用，而卻是專制統治者所需要的用來愚弄國民的矛盾論思想理論，以致使矛盾論危害大半個人類社會兩百多年還沒有消失。這種後果是特赫拉克利所沒有想到的和不願意看到的。當然，矛盾論的危害性正在逐漸減退，不管堅持矛盾論的人如何強大、如何瘋狂，矛盾論的消亡在即是歷史的必然。

所以，可以得出這樣的結論：凡是個人僅僅憑著感官觀察所得出的錯誤的

思想理論成果，是個人缺乏理性思維的偶發奇想的結果，這種成果只有第一次偶發奇想，這種成果一旦被別有用心的人所利用和發展，就會形成一種傳統思想文化而危害人類社會，這就叫做喪失了「人人具有的天生善心和自然智慧」而有意為惡。

因此，協和論與矛盾論是人類思想文化中涇渭分明、相互衝突的兩條主流，是無法「兼容並包」在一起的兩種思想文化。

➡ 第二節 比較協和論與矛盾論的幾個基本觀點

協和論和矛盾論都是完整的哲學體系理論，本節就按照知識層次的順序進行比較論述。

一、矛盾論與協和論的本體論基本觀點完全相反

協和論的本體論詳見《協和論·第二卷》，這裡不重複了。

矛盾論的本體論比較複雜，有多種名稱。

（一）赫拉克利特的「火」

赫拉克利特認為「火」是宇宙的本體。赫拉克利特說：「這個世界對一切存在都是同一的，它不是任何神所創造的，也不是任何人所創造的；它過去、現在和未來永遠是一團永恆的活火，在一定的分寸上燃燒，在一定的分寸上熄滅。」「一切事物都換成火，火也換成事物，正像貨物換成黃金，黃金換成貨物一樣。」「太陽不越出它的限度，否則那些正義之神的使女就會把它找出來。」「人不能兩次踏進同一條河流，也不能在同一狀況下意見變滅的東西，因為變化得劇烈和迅速，所以它分散又團聚，接近又分離。」「相互排斥的東西結合在一起，不同的音調造成最美的和諧；一切都是鬥爭所產生的。」【285】

赫拉克利特的「火」這個本體就具有這樣一些性質：物質的，自動的，永動的，運動是有規律的，是自身包含相互鬥爭的對立面的統一體。這個關於「火」的本體論，具備了後來被稱之為「唯物辯證法」的所有基本特徵。所以列寧說：「赫拉克利特是唯物辯證法的老祖宗。」

【285】《西方哲學史》頁10~11。

　　赫拉克利特的「火」是針對泰勒斯的「水」而來的，真是「水火不容」。無獨有偶，古中國的老子也是主張「水善」的。泰勒斯的「水是萬物之源」，「水」有變化而流動的「水」，也有固態不變化、不流動的「水」。老子的「水」是「上善治水。水善，利物而有靜」，「水之勝剛，弱之勝強，天下莫弗知也」。

　　看來，水能滅火，「火」無法成為萬物的本體。「人不能兩次踏進同一條河流」的說法是只知其一、不知其二：只知其「動」，不知其「靜」，是偏見。「不同的音調造成最美的和諧」，是的，但是「不同的音調」不是相互對立、鬥爭的音調，「造成最美的和諧」不是對立統一的和諧。「鬥爭是產生萬物的根源」就是荒謬的。赫拉克利特是「天下莫弗知也」的人群中的一個。

　　所以，赫拉克利特的「火」稱不上萬物的本體，「火」本身是一種「物」；赫拉克利特的「火」沒有回答：產生「火」的最初因是什麼？使之「燃燒」的第一推動力是什麼？

　　知道了赫拉克利特的「火」，就知道了後來的康德、費希特、黑格爾只不過是在抄襲、剽竊和發揮赫拉克利特的「火」的理論，沒有什麼新玩意；所不同的是變換了或生造了德語的詞語或概念，增加了所謂的辯證邏輯的論證過程，因為赫拉克利特的「火」只有殘篇，留下了很大的空間讓後來的別有用心的人去填補和發揮。

　　（二）黑格爾的「絕對精神」

　　黑格爾的本體「絕對精神」就是把赫拉克利特的「火」的「物質的」顛倒為「精神的」，其餘性質完全相同：自動的，永動的，運動是有規律的，是自身包含相互鬥爭的對立面的統一體。赫拉克利特的「火」缺失了論證過程，黑格爾對「絕對精神」進行了辯證邏輯論證，這是黑格爾對赫拉克利特「辯證法」的發展。

　　所以可以說，黑格爾的「絕對精神」的本體論是完全剽竊了赫拉克利特的「火」的本體論，其根本目的是為「普魯士王國是理想國」那個政治學理論觀點尋找形而上學原理依據，並不是黑格爾本人的「偶發奇想」的理論成果，後人就把黑格爾的所謂「辯證邏輯的理性主義」稱之為「冷冰冰的理性」，因為它熄滅了赫拉克利特的「火」的奔放熱情。

　　（三）費爾巴哈的「唯物辯證法」的「物質第一」論

　　「物質第一」論是把黑格爾顛倒了的赫拉克利特的本體「火」再顛倒過

來，完全恢復赫拉克利特的本體論，沒有什麼發明創造，只不過變換了一個名詞；「火」改名為「物質」。而對於本體「物質」的存在論述則說不清楚。恩格斯說：「一切都存在，同對又不存在，因為一切都在流動，都在不斷地變化，不斷地產生和消失」【286】。有誰能夠理解？難道恩格斯活在世上幾十年的肉體不是存在了幾十年嗎？難道馬克思、恩格斯所說的「共產主義幽靈」不是一種存在嗎？他們所要創建的「無產階級專政」不也是一種存在嗎？難道能夠「不斷地變化，不斷地產生和消失」的那些東西不是存在嗎？難道「不斷地變化，不斷地產生和消失」那些運動形式不是在存在著的物體身上發生的嗎？恩格斯到底是唯物主義者還是虛無主義者呢？

所以可以說，「物質第一」的本體論是完全剽竊了赫拉克利特的「火」和黑格爾的辯證邏輯，其根本目的是為了普魯士王國那個政治學觀點尋找本體論理論依據，並不是費爾巴哈的「偶發奇想」和獨立思考的理論成果。

可見，從赫拉克利特的「火」到黑格爾的「絕對精神」到費爾巴哈的「物質第一」，真是越來越邪門了，真是「一代不如一代」！

二、矛盾論與協和論的宇宙論基本觀點完全相反

協和論的宇宙論詳見《協和論・第二卷》。

矛盾論的宇宙論非常複雜。

赫拉克利特的宇宙論

赫拉克利特從他的「火」的本體論演繹出「火」的宇宙論。其實，赫拉克利特並沒有區分本體論和宇宙論，而是把兩者混為一談：本體論的「火」和宇宙論的「火」都是物質運動或運動著的物質。

赫拉克利特的「火」世界有四條基本原理：

1.萬物處於流動狀態之中，但是

2.變化是依據不變的規律發生的，並且

3.這種規律包含了對立面的相互作用，

4.但是這種對立面相互作用的方式，作為一個整體創造出了和諧。」【287】

赫拉克利特的「火」世界的四條基本原理，顯然不是理性思維，而是憑著

【286】《西方哲學史》頁10~11。

【287】《西方哲學史》頁10~11。

直覺和想像在說話，是相互矛盾的。「1」條遭到巴門尼德的反駁：「沒有任何東西是在變化的狀態之中的！」【288】同時遭到芝諾悖論的理論困難。「2」條原理晦澀不清：「規律」是變化的依據，那麼就是「變化」的最初因或本體了，「燃燒的火」就不是本體了，「燃燒的分寸」才是本體。沒有「燃燒」何來「燃燒的分寸」？「不變的規律」與「流動狀態」自相矛盾。規律應該是造物運動的次序或物體運動的順序。「3」條原理說的是「不變的規律」自身內部又是在變化的，這不是自相矛盾而不可思議嗎？「4」條原理是天方夜譚，「對立面的相互作用」應該是整體被分裂或分離，「對立面的相互作用方式」怎麼能創造出「整體和諧」呢？這就難怪古希臘人說赫拉克利特是個「晦澀家」，說話像神諭。

所以，赫拉克利特的世界是一種幻想中的影像：感覺裡的自然表象，並不是真實世界。

（二）黑格爾的宇宙論

黑格爾的宇宙論是從本體論「絕對精神」演繹出來的。「絕對精神」自身內部的「對立面」「一分為二」後產生出來的許多種類的「精神」。每一種「精神」內部具有「絕對精神」所給定的矛盾的相互鬥爭的「對立面」，「對立面」又進行「一分為二」的鬥爭產生高一級的新的「精神」，形成「螺旋上升」進化運動形態，如此永遠運動下去。許多種類的「精神」所呈現出來的「精神現象」就是物質形態，形成物質世界。黑格爾的那種宇宙精神運動就是精神分裂症運動。

那種宇宙精神分裂症運動就像人癲癇病發作那樣具有規律性，遵循著「三大規律進行。「三大規律」是：對立統一規律，否定之否定規律，量變質變規律。（關於「三大規律」的批判論述詳見《第四章》）

黑格爾的這種世界描述，一方面，反思了赫拉克利特的「火」世界（「正題」），揚棄了赫拉克利特的「火」世界的物質成分（反題），吸收了赫拉克利特的「火」世界的「對立面的相互作用」部分觀點（合題）；另一方面，又反思了蘇格拉底的「理念世界」（正題），揚棄了蘇格拉底的善理念世界的相互協和部分（反題），吸收了蘇格拉底的「理念世界」和「理念世界的投影」：「影像

【288】《西方哲學史》頁10~11。

世界」（合題）。這就是黑格爾的所謂「辯證邏輯思維方式」。可見黑格爾的「正題──反題──合題」的「唯心辯證邏輯」是一種東摘西抄的拼湊邏輯，那種「辯證邏輯」所思維出來的「精神世界」是一種幻覺世界，不是真實世界。

（二）費爾巴哈的宇宙論

費爾巴哈的宇宙論顛倒了黑格爾的宇宙論，揚棄了黑格爾的「精神第一」（正題），回復了赫拉克利特的「火」的（反題），形成了「物質第一，精神第二」的物質世界（合題）。這就是「唯物辯證法」的世界觀。世界是物質的，最初的物質是什麼沒有說出來。每一種物質內部具有相互矛盾、鬥爭的兩個「對立面」，不斷地「一分為二」產生高一級的新物質，如此「螺旋運動」上升進化，形成永遠運動的物質世界。物質運動遵循著「三大規律」。

費爾巴哈的宇宙論是對黑格爾宇宙論的照抄不誤。

如此顛三倒四的「唯心辯證法」和「唯物辯證法」，就是所謂的黑格爾的「終極真理」和費爾巴哈的「放之四海而皆準的真理」，是我們中國人所迷信的黑格爾主義和唯物主義。

三、矛盾論與協和論的倫理學（政治學）基本觀點完全相反

協和論的倫理學觀點詳見《協和論》第三卷。

（一）赫拉克利特的倫理學（政治學）觀點

赫拉克利特的倫理學理論是從其宇宙論演繹出來的。赫拉克利特說「戰爭是萬物之父，也是萬物之王。它使一些人成為神，使一些人成為人，使一些人成為奴隸，使一些人成為自由人。」這句話所說的倫理學觀點是赫拉克利特「關於不同交替力量之間的緊張」那個命題的闡述。

既然物質世界是「對立面」相互矛盾鬥爭的結果，人類是物質世界的一種，那麼人類社會也就是相互矛盾鬥爭的結果。如此，兩個人一旦面對面就產生緊張，都想成為對方的主人和使對方成為自己的奴隸。那種「不同交替力量之間的緊張」，當然會相互矛盾、鬥爭，發生戰爭。戰爭的結果是：「它使一些人成為神，使一些人成為人，使一些人成為奴隸，使一些人成為自由人。」【289】

如果真的如此，人與人哪有和睦相愛可言？社會哪有和諧可言？國家哪有安寧可言？人類社會哪有和平可言？

【289】《西方哲學史》頁10~11。

　　赫拉克利特的這種倫理學觀點是典型的「性本惡」的人性論，是建設和維護專制政體的政治學理論，是以後西方思想文化一切「性惡論」和「君主論」（專制論）的倫理學理論的淵源。

　　（二）黑格爾的倫理學（政治學）觀點

　　黑格爾的倫理學觀點是從他的宇宙論演繹出來的。黑格爾的倫理學基本觀點是：「主人哲學」和「奴隸哲學」。這種倫理學基本觀點與赫拉克利特的倫理學觀點如出一轍，完全相同。黑格爾的倫理學理論導致的國家實用理論是：「普魯士王國是理想國」。所以黑格爾的倫理學是維護專制政體的理論。

　　這種矛盾論的倫理學思想理論當然與協和論水火不容。

四、協和論與矛盾論是兩種截然相反的認識方式和認識成果

　　（一）協和論的認識方式和認識成果

　　協和論者在認識自我和世界之前之時，完全沒有個人的功利目的，是憑著個人天生善心和自然智慧的單純的認識活動，是純粹的個人獨立思考，即「不為功名所誘，不為知識所累」。這種認識方式與別的什麼大師、導師毫無關係。這種認識方式產生的認識成果，是在悟道的時候發生的瞬間的「一閃念」：偶發奇想，與任何別的思想理論毫無關係。這種認識方式和認識成果，產生於人的天性，是人人都有可能發生的，差別在於個人是不是保持了天生善心和自然智慧，或者自我洗滌善心和自然智慧上的惡理、惡習的蒙垢程度。所以，不同時間和不同地方的人們，有可能產生相同的認識方式和認識成果。如果把這種認識方式和認識成果說出來或者寫出來，才會與別人和別的思想理論發生相互融洽或相互批判的關係。所不同的只是使用的語種和詞句不一樣。例如，老子的「道」、釋迦牟尼的「佛」、蘇格拉底的「理念」和我的「協和」。而到了倫理學原理，概念都無意中獲得了統一，都使用「善」：老子的「善」（「恒與善人」）、釋迦牟尼的「善知識」（慈悲為本）、蘇格拉底的「善理念」（「善是最大的原理」）。因此，協和論的認識方式是天下人都具有的，其認識成果是天下人的「共識」，叫做「普遍意志」或「普遍價值」。

　　哲學上的這種悟道方式同樣發生在科學上。為了把問題說得更清楚明白，這裡就舉出科學上的兩個認識上的例子。

　　例子一，浮力原理。阿基米德接受了測量金制皇冠的金子純度任務後，就時刻處在理性思維之中。在百思不得其解之中，就去洗澡。他坐進澡盆，盆裡的

水溢出來。他瞬間悟道了，偶發奇想，得出了浮力原理，測量出皇冠金子的純度。

　　例子二，引力原理。牛頓處在思考「力」的理性思維之中，在百思不得其解之中，他無意中看到樹上一個蘋果掉到地上，就瞬間悟道了，偶發奇想，發現了引力原理。

　　為什麼阿基米德和牛頓能夠偶發奇想呢？因為他們在進行學術研究時，處在單純的理性思維之中，沒有功利目的在干擾，自然智慧就無形之中被發揮出來。如果別的科學家處在阿基米德的環境條件和心理狀態之中，也會發現浮力原理；如果別的科學家處在牛頓的環境條件和心理狀態之中，也會發現引力原理。

　　（二）矛盾論的認識方式和認識成果

　　從本節對矛盾論的發生、傳承這條理路脈絡的論述過程裡，我們就發現：1.矛盾論的認識方式是只停留在物象層面上的感官錯覺認識，其認識成果是幻覺印象知識，是謬論。這種認識方式的第一次也純粹是赫拉克利特個人所特有的錯覺上的偶發奇想，不會完全相同地發生在第二個人的身上；其認識成果不是天下人的「共識」，不是「普遍意志」或「普遍價值」。所以，它只有第一次，不可能有第二次。2.赫拉克利特以後的矛盾論理論家們，首先都是政治陰謀家、功利主義者，然後都是剽竊家、抄襲家、情緒紊亂的瘋子。他們在認識方式上，並沒有哲學層面上的獨立思考能力，只有剽竊、抄襲、曲解、篡改和玩弄權術的本領。他們的認識成果，並沒有發明和創造什麼先進思想理論，反而把赫拉克利特理論顛三倒四得一片混亂，晦澀難懂。而我們中國文人卻被蒙在鼓裡，懵懵懂懂地把那些剽竊家、抄襲家、瘋子、陰謀家當著哲學家、思想家、偉大導師去崇拜，把他們的胡思亂想當著正確的認識方式，把他們的思想理論當著「終極真理」和「放之四海而皆準的真理」。至今在中國仍然有大多數人把「辯證法」當著思想法寶，把矛盾論當著真理，開口「辯證法」、「對立統一」，閉口「一分為二」、「矛盾鬥爭」、「矛盾轉化」。這真是「憐其不幸，恨其不爭」。正如老子所說：「人之迷，其日固久矣。」

　　這種矛盾論的認識方式和認識成果當然與協和論水火不容。

➡ 第三節　比較幾種古代文明，批判幾種錯誤的文化論

　　第二節所說的是人類思想文化中的一種思想文化現象或一種文化淵源和流

派，人類思想文化是多元的。如果追索到源頭，梁啟超就概括為「四大文明古國」：古中國文明，古印度文明，古巴比倫文明，古希臘文明。這種概括當然是挂一漏萬，其實還有許多古文明現象。人類思想文化是無法去劃分為各自獨立不變的種類的，它們在人類思想文化發展歷史中是不斷相互碰撞和相互融匯的，在碰撞和融匯中不斷洗選，有時這種思想文化成為主流，有時那種思想文化成為主流。人類思想文化碰撞和融匯的原因是：人的天性裡「必要欲望」所產生的「普遍意志」與人的天資的誤用的「不必要欲望」所產生的「個人意志」的不協和。

所以，我們無法準確界定和判斷那種文明會統一所有文明而成為萬世不變的思想文化主流。但是，有一點可以肯定：淵源於每個人「天生的善心和自然智慧」的天下人的共識——「普遍意志」是永遠不變的，是不可戰勝的，是推動人類社會歷史運動的深層次原因。關於「普遍意志」，下節有論述。本節就來比較簡述幾種古代文明現象。

「古代文明」。「古代」一詞，《現代漢語詞典》說：「過去距離現代較遠的時代（區別與近代、現代）。在我國歷史分期上多指19世紀中葉以前。」這裡就以中國學界一致公認的「鴉片戰爭」（1848年）為限，1848年之前的思想文化現象為古代文明。這是時間界定，卻又不適合地域界定，因為英國革命發生在1642年，洛克的《政府論兩篇》面世於1690年。如果以地域去界定，則又不適合時間界定。「古代」一詞就無法從時間上和地域上作出界定。「文明」一詞，《現代漢語詞典》有三種解釋，都使人捉摸不定，不可取。「文明」一詞，應該是指每個人都脫離了自然人生活狀態後進入到社會人生活狀態。但是「社會人生活狀態」又是程度不同的，「文明」一詞也無法界定明確。所以，「古代文明」成不了概念。這裡的比較論述就只好依據現有的考古發現按時間順序交錯進行。

說明：這裡所論述的「古代文明」現象，是指具有文字的文明現象，不是包括沒有文字的遠古時期的人造物現象。例如，西元前9000年近東和北非出現的畜牧業和氏族公社，西元前7000年的中國河姆渡遺址，西元前6500年希臘和愛琴海出現的農業，都不在其列。

一、文化現象

1.太陽曆。西元前（沒有考古出具體時間）埃及人最早創造太陽曆。把觀察尼羅河氾濫的日子與天狼星和太陽同時出現在地平線的日子一致，定為一年的開始。把天狼星在清晨升起的間隔時間365天作為一年。一年分為三季，一季四個

月，每月30天，年終加5天。

2.太陰曆。西元前5000年，兩河流域的蘇美爾人編制太陰曆。兩次新月出現期間作為一個月，歷時29天半。全年12個月，354天，相差11天5小時48分，設閏月調整。

3.楔形文字（釘頭文字）。西元前3000年，蘇美爾人創造，後來傳給巴比倫人、亞述人、波斯人、赫地人。

4.星期。西元前3000年，蘇美爾人創造。每月28天四等分，7天為周，把日月火水木金土作為順序。

5.阿拉伯數字。西元前3000年，兩河流域居民所創造。開始只有「1、2、3、4」，後來創造「5」。傳人印度，完成到「10」，並且發明了「0。成了「印度計算法」。九世紀阿拉伯人穆沙編入《代數學》。後來傳人歐洲，成為「阿拉伯數字」。原來的古羅馬人的計算數字是「V、X」之類。

6.金字塔。西元前2700年，古埃及第三王朝法老喬賽爾建造第一座金字塔。此後逐漸增加到七十多座。

7.哈拉帕文化。西元前2300年，在印度河（現在的巴基斯坦境內）的古·哈拉帕和摩亨喬一達格兩城市，有象形文字、度量衡單位。

8.夏曆。西元前2100年，中國夏朝使用的曆法。夏曆是陰曆。

9.拉丁字母。西元前2000年，腓尼基人受到古埃及象形文字的影響，創造輔音字母「A、B」。「A」表示埃及字「牛頭」，「B」表示埃及字「家」。後來補充到22個字母。傳入古希臘後，補上母音。又傳人拉丁地區，改造為26個字母的「字母表」，成了「拉丁字母」。

10.愛琴文化：線形文字。西元前2000年，在愛琴海克斯特島伯羅奔尼薩斯半島出現的古文化。有線形文字A、B兩種。

11.伏羲「八卦」。傳說西元前3000年伏羲作了「八卦」，用來確定天地方位。後來演化為占卜巫術和政治權術。

可惜，「八卦」沒有發展為地心說或日心說的地球學說，中國人始終認為天拱地平。

12.古埃及草紙。西元前1500年，古埃及人用植物製成紙張。

13.甲骨文和鐘鼎文。西元前1300年，古中國人發明了象形文字（表意文字），刻在甲骨上就叫做「甲骨文」，刻在鐘鼎上就叫做「鐘鼎文」。後來演化為大篆、小篆、隸書、正楷、行書、草書，等等字形。

可惜，表意文字的漢字至今沒有拼音化為表音文字，阻礙了中國人的智力發展，延緩了中國人的思想成熟。

14.印第安人文化。美洲古印第安人文化：1.印加文化，西元前1500——1000年，有表意文字和曆法；2.阿蘭特克文化，西元前1000年，有表意文字和曆法。

15.《周髀算經》和《九章算術》。1.《周髀算經》，西元前1000年，傳說是周公編著的，其中有「畢氏定理」。2.《九章算術》；西元1000年（東漢和帝時），發展了《周髀算經》，其中有「一次方程」和正負數加減。

可惜《九章算術》的計算方式受到表意文字的限制，沒有「阿拉伯數字」，不能進行豎式演算，古中國數學無法向前發展。

16.「四大發明」。「四大發明」，是指古中國文化的指南針、造紙術、印刷術、火藥。造紙術為西元1000年東漢蔡倫發明。印刷術，先是刻本，沒有確定的發明時間；後是活字，民間文人沈括記載說是宋朝人畢升發明。指南針、火藥的發明沒有確定的時間，戰國時期發現磁石能夠定方向。被中國今人引以為驕傲的「四大發明」，只有兩項有記載，並且不能入正史。

西元前400年，古中國的魯班是中國科技的祖師爺，只被當做技術工匠看待，只有在他為楚王製造攻城雲梯時才載入史冊，他的科技知識沒有書籍流傳下來，只在民間口頭傳授一些。

可見中國的君主和帝王是多麼不重視自然科學啊！正如儒家所說的科學技術只不過是「淫技小巧」而已。

在理論方面，並沒有總結「四大發明」的科學論文，更沒有科學論證，只停留在技巧層面上。

在使用方面，把《易經》當著神明的實用理論，指南針用去做羅盤，定位陽宅（住房）和陰宅（墳墓）的風水，以及算命點卦；火藥用去做鞭爆，祭祀已故祖宗和天地、神鬼保佑帝位穩定和帝王萬世無疆，以及臣民個人逢凶化吉、成龍成鳳、發富發貴。用最好的紙張和最好的印刷技術去印製《易經》、《太極圖》、《八陣圖》、《河洛圖》、《推背圖》及《四書五經》，等等。世界第一個用火藥做成火箭上天而死亡失敗的中國人被謾罵為是瘋子，成為譏笑的對象，然而擅長佈陣殺人術的諸葛亮和劉伯溫，被神化為能「知五百年前和五百年後」的神機妙算的智慧化身。當今的儒學大師、易學大師的理論工程是，把神秘兮兮的胡說八道的《易經》、《太極圖》、《八陣圖》、《河洛圖》、《推背圖》及《四書五經》說成是最高智慧去忽悠青年學生。

這些就是古中國「四大發明」的學術實踐成果和研究成果。

17.畢達哥拉斯的數學。畢達哥拉斯在西元前540年創造了畢達哥拉斯數學體系和哲學體系。畢達哥拉斯數學體系奠定了人類數學、天文學、物理學和形式邏輯學的基礎，假設並證明了大地是圓形的和天體運行是圓形的。

18.地心說與日心說。

「地心說」。西元前384年，亞里斯多德依據畢達哥拉斯的數學假設再次假設大地是球體：地球，天體圍繞作橢圓形勻速運行。西元前100多年，托勒密依據畢達哥拉斯和亞里斯多德的假設，寫出《天文學大成》，論證大地是球體，居宇宙中心，靜止不動，其它天體都圍繞地球作橢圓形運動，確立了「地心說」，又稱「托勒密體系」。「地心說」把數學（代數、幾何）、天文學、物理學和日常生活常理統一起來，並實踐了形式邏輯的嚴密推理，為後來的「日心說」提供了知識基礎，為人類自然科學作出了巨大貢獻。

「日心說」，最早是西元前200多年的古希臘天文學家阿利斯塔克提出了一個「日心模型」。西元15世紀哥白尼重提「日心說」，並進行論證，建立了「日心說體系」，但是論據不充分。西元16世紀，開普勒把數學與形而上學理論有機地結合起來，對「日心說」進行嚴密的邏輯論證，證明「日心說」是正確的，擴大了「地心說」的研究領域。

「日心說」所推翻的只是天文學研究領域的隔牆，擴大了研究範圍。後來的天文學理論證明「太陽並非是宇宙中心」，「日心說」仍然有其局限性。所以，「地心說」、「日心說」、「銀河學」、「宇宙學」，是一個傳承的發展過程，其知識體系是一脈相承的；並非是教會和社會革命家所宣傳的那樣是相互對立的，更不是政治革命家和無知而別有用心的康德之流，所謂思想家所歡呼的什麼「哥白尼革命」和「哥白尼式革命」。自然科學無所謂「革命」與「不革命」，社會科學才有「革命」一說。

19.元素論與原子論。

元素論。西元前400年，古希臘哲學家恩培多克勒和阿那克薩格拉提出「四元素」論和「多元素」論。

原子論。西元前400年，古希臘哲學家德謨克利特提出「原子」論。

西元前200年出現了阿基米德的浮力定理。

西元前400年，古中國的墨子和西元前300年的惠子都提出了物體由不可分割的微粒構成。

所不同的是，古希臘哲學家進行了科學論證，而墨子、惠子則沒有。

20.儒略曆。西元前48年古羅馬執政者儒略・凱撒時代發明，使用至今，稱為「西曆」。

二、宗教

1．猶太教。西元前2000年，猶太人宗教，奉雅赫維（耶和華）為「獨一正神」。12世紀傳入中國，稱為「一賜樂業教」，俗稱「跳筋教」。

2.基督教。西元前1000年出現《聖經》和耶和華神廟。西元1年耶穌出生，1世紀在古羅馬形成基督教。後來分為天主教、正教、新教、加爾文教等派別。傳入中國後，東漢至唐朝稱為「景教」，元朝稱為「也裡可溫教」。《聖經》有《舊約全書》和《新約全書》。

3.婆羅門教和印度教。西元前700年的古印度宗教，以崇拜婆羅賀摩（創造之神焚天）而得名。以《吠陀》（梵文「知識」的音譯）為最古的經典。西元8世紀進行改革，吸收佛教和基督教的一些教理，成為印度教。

4.佛教。西元前500年，古印度北部（今尼泊爾）人釋迦牟尼創造。東漢中葉傳入中國，在中國分為許多派別。明朝末年淨土宗興起，經清朝至今，淨土宗成為中國佛教最大派別，甚至統一佛教。

5.道教。一種中國本土的多神論宗教。由東漢末張道陵創建的民間「五斗米教」和張角創建的「太平道」演變而來。到于吉，合二而一，成為道教。道教開始時以《太平清領書》為經典，以傳統的「易」的巫術和鄒衍的方術為神仙法術，以眾多神話人物為迷信偶像，純屬是一種迷信宗教，稱得上是邪教，所以孫策怒殺于吉。道教到了南北朝時，玄學家道士寇謙之、葛洪、陶宏景，「清整道教，除去三張偽法」，以老子《道德經》為真經，加上《莊子》、《列子》為「三玄」，以煉丹、畫符為主要神仙法術，以「三清」為崇拜偶像。從此，道教有了較為完整的理論，在傳播老子學說和物理、化學發明上起了作用，並且入王朝干政，與儒家爭君寵，又和儒家聯手與佛教爭正統。但是，道教拋棄了老子學說的哲學基本原理，單取養生長壽觀點，變質為遁隱山林去修煉成仙的長生不老之術。在道術上，迷信成分多，也沒有統一的組織和教規，五花八門，畫符念咒，降魔捉妖，算命看相，風水預測，種種胡作非為，邪門歪道，無所不有。道教的門徒成了帝王統治的幫兇，危害個人和社會，成了邪教。從道教的教義，演繹不出善性的倫理學和政治學理論來，不能給信仰者帶來「永享天上的幸福」。

隨著社會的「善回向」運動，道教如果不自身改革，就會必然衰敗，成為歷史陳跡，道教理論就只有古文化的研究價值，道觀只具有文物研究和旅遊觀賞價值。

6.中國歷史上一些具有宗教性質的民間社會組織。由於中國本土沒有產生過一神論宗教，就出現了多神論社會組織。例如，黃巾軍、紅巾軍、白蓮教、拜上帝會、天地會、紅燈會（義和團）、青龍幫、洪門，等等，五花八門，烏七八糟。這些社會組織，各自崇拜一個神仙或一位祖先神，多數崇拜關公（三國時的關雲長），有入會儀式，有祭壇。這類社會組織稱不上宗教，隨生隨滅；是貧窮的無業青年謀生的方式，是社會底層民眾發洩仇恨的方式，是落難英雄（政治野心家）實現政治抱負的方式，等等，大多數是與官方相互勾結而危害民眾的黑社會組織或土匪組織。

7.伊斯蘭教。西元700年為阿拉伯半島麥加人穆罕默德創造，奉「安拉」為「真主」，是一神宗教。經典是《古蘭經》（「古蘭」意為誦讀）。教徒所遵守的「五功」是：誦讀、禮拜、齋戒、納天課、朝拜麥加。穆罕默德以伊斯蘭教號召教徒，在麥加建立了「政教合一」王國。後13世紀，土耳其人以伊斯蘭教號召教徒建立了「政教合一」的奧斯曼帝國。伊斯蘭教傳入中國西部的維吾爾族、回族、哈薩克族等少數民族，稱為「回教」、「回回教」、「清真教」。

三、法律和制度

（一）西元前3500至西元前1000年的情況

1.西元前3500年，埃及地區出現許多小型貴族王國，西元前3000年統一為大型貴族聯邦王國。

2.西元前3000年，腓尼基王國在地中海建立，北到西班牙，西到非洲，在西元前7世紀被波斯王國所滅。

3.烏魯卡基娜改革。西元前2378至西元前2371年，蘇美爾地區拉格什城邦出現了人類歷史最早的烏魯卡基娜社會改革。主要內容是：撤銷監督和稅吏，釋放債務奴隸，保護孤兒和寡婦，禁止貴族搶奪窮人的果園、魚池，禁止神廟侵吞財產和克扣勞動者口糧，廢除貴族向恩西（城邦）交納的捐稅，把恩西侵佔神廟的財產還給神廟，削弱王權。八年後，被溫馬和烏魯克兩個城邦聯軍所滅。

4.西元前2200年，古中國出現實行非世襲制的貴族王國：堯舜時代。

5.西元前2100年，古中國的大禹把王位傳給兒子夏啟，古中國世襲制王朝開始。

6.《漢謨拉比法典》。《漢莫拉比法典》，也稱為《石柱法典》。西元前1792——西元前1750年，古巴比倫第一王朝第六代國王漢莫拉比制定法典，用阿卡德語的楔形文字刻在高二點二米黑色玄武岩石柱上。《法典》文字上部是太陽神和正義之神授予漢莫拉比以王權。《法典》共282條，主要內容是：重水利，開運河，疏河渠，加堤壩，調地稅，禁止奴隸主掠奪小私有者，限制高利貸和債務奴隸，發展商業，普及阿卡語和阿卡德文字教育，任命地方官吏審理國家要務，建立中央集權制，使巴比倫城成為西亞經濟、文化中心。

7.殷商王朝。西元前1600至西元前1100年，黃河流域下游的殷商部落在部落首領湯王領導下，起兵推翻夏朝，建立殷商王朝。創造甲骨文，發明青銅器，設置監獄、刑法，殺奴隸祭祀神鬼，用活人殉葬。

8.埃赫娜吞改革。西元前1375至西元前1358年，古埃及新王朝第十八王朝國王第四世埃赫娜吞，以宗教改革為主體的一次社會改革。針對阿蒙神廟改為「阿吞」（太陽神）為唯一的神，禁止阿蒙神廟活動，遷出地底比斯到阿赫塔吞。改革沒收阿蒙神廟財產，鼓勵文學家、藝術家創作。他死後，改革失敗。

9.古印度種姓制度。西元前2000至西元前1000年時古印度社會等級制度，一直延續到1946年印度和巴基斯坦建國。種姓制度分為四個等級：婆羅門（僧侶掌握神權），帝利（武士和世俗貴族掌握軍權和政權），吠舍（農民、手工業者和商人），首陀羅（貧民、雇工、奴隸）。種姓（瓦爾那）基本特徵：職業世襲，內婚制，地位世代不變，法律不平等，在社會中有嚴格區分。

10.西周王朝。西元前1100至771年，殷商屬國周在涇水、渭水強盛起來，滅商立周。周朝實行王位為長子世襲制和地方政權分封諸侯制度。周公一方面制定「禮樂」和「仁義」的統治思想理論，愚弄國民；另一方面保持殷商刑法，堅持殺奴隸祭祀神鬼，用活人殉葬。經濟上實行「井田」制，壓抑商賈。所謂「成康之治」是在「禮治」和「嚴刑」中實行的社會和諧現象。

西元前841年鎬京「國人暴動」，周厲王逃跑，政權由周公和召公共同掌握，稱為「共和」。「共和」元年是我國歷史上有確切紀年的開始。「共和」14年歸政於周宣王。「共和」期間並沒有什麼改革，只是代理國王理政。

西元前771年，少數民族犬戎攻破鎬京，西元前770年周平王遷京到洛邑（洛陽），史稱東周。東周並無任何改革。

（二）西元前1000年至西元1年的情況

1.春秋戰國時期。西元前770年——西元前221年，東周王權衰弱，諸侯爭霸

爭雄，出現春秋五霸和戰國七雄。周朝四分五裂，「禮崩樂壞」。於西元前221年，周朝滅亡，秦朝大一統於天下。

春秋戰國時期，出現了「諸子百家」，各種思想理論表現出來。而諸侯爭霸是想取代周朝天下，並非想實現「天下人之天下」，那就在思想理論上只選擇有利於自己軍事和經濟等國力強大起來的思想理論，「法術」因此興盛起來，其餘各家就自生自滅。所謂「法家」，並非是現代意義上的「民主法治」，而是教導諸侯王如何制定和使用對臣民平等的酷刑，令臣民不敢反抗而老老實實地效忠諸侯王一個人。例如商鞅變法使秦國強大起來，自己反而遭到自己制定的法律酷刑「車裂而死」。

2.管仲改革與商鞅變法和秦朝。

A.管仲改革。西元前600年，齊國相國管仲改革的主要內容有：a.制度——劃分行政區，實行「國」、「野」分治，不許各類等級的人雜居和遷徙居住（相當於中國社會主義所有制時代的戶籍制），以穩定社會秩序。b.軍事——設立「三軍」，把鄉里組織改變為軍事編制（相當於毛澤東時代的農村政體結構的公社、大隊、小隊），訓練「士鄉」（相當於毛澤東時代的民兵），招募常備軍；准許犯人用金屬或兵器贖罪，以擴充軍備。c.農業——實行「均地分力」、「相地而衰征」（相當於鄧小平時代的「聯產承包制」）；d.工業——設置鹽官、鐵官，獎勵鹽鐵生產（相當於社會主義的公有制：國有制、集體制），打擊和取消自由貿易。e.各行各業之間的關係——「士、農、工、商」的「四民分業」，「地者政之本也」，第一次提出「重農抑商」、「重本抑末」（相當於社會主義所有制的「以農為本，發展重工業」，「農業是基礎的基礎，重中之重」）。f.法術——管仲重視法律，那不是「民法」，而是刑法。刑法由國君制定和施行，具體施行者是酷吏。在「國」、「野」分治之中，人被「畫地為牢」，不可亂說亂動，否則就受到酷刑。「文字獄」由此而始。

西元前386年魏國李悝依據管仲「法術」思想理論而著作《法經》，盡是刑法，沒有民法。《法經》從維護國君利益出發，將刑法分門別類，沒有一丁點兒的民權、民生思想。同樣，集「法術」之大成者韓非子的法家思想理論，與《法經》如出一轍。

管仲的社會改革，從根本上廢除了周朝的分封諸侯制度的王道，確立了帝王專制的中央集權制的霸道，是把君主制轉變為帝王專制的基本改革理論，是以後中國所有帝王專制統治的理論淵源，直到中國的社會主義所有制。從管仲以後

的中國社會的所有所謂變法，如：李悝的《法經》、桑弘羊的《鹽鐵論》、「屯田制」、「租庸制」、「青苗法」、「一條鞭法」、「公有制」、「軍墾制」、「聯產承包」，等等，都在管仲改革理論框架之內，沒有根本的改革變化。在管仲改革中，人們看不到絲毫的民主法治的公民意識和民法的蹤影。管仲改革就是中國專制社會延綿兩千多年的根源。所以，管仲是教導帝王玩弄「法術」而爭霸天下的「法家」始祖，所以中國「法家」思想理論是沒有現代價值的。

B.商鞅變法。商鞅變法是管仲改革的繼續，其主要內容有：a.「廢井田，開阡陌」，承認土地私有，允許買賣；b。獎勵軍功，廢貴族世襲特權，按軍功授爵；c.建立郡縣制；d.禁止棄農從商，壓抑商賈；e.統一度量衡，分佈標準器；f.嚴刑酷律不分貴族、庶民，一律平等施行。

秦朝。西元前221年，秦始皇滅六國而一統天下，稱為秦朝。秦朝廢除分封制度，實行郡縣制度。採取「法術」治國：「王子犯法，與庶民同罪」，對臣民施行平等的嚴刑酷律，立法權和司法權都在皇帝一個人手裡，具體施行刑法者是皇帝選拔的酷吏。

3.西漢。西元前206至西元25年，陳勝吳廣起義，後來劉邦奪取天下建立漢朝，史稱西漢。漢承秦制，但是漢廢秦酷刑，實行「黃老之術」的「無為之治」的「休養生息」政策，穩定天下。到了漢孝文帝和竇太后，廢除二十多條酷刑和「殺奴隸祭祀神鬼、用活人殉葬」制度。但是這並不是周朝的「禮治」，也不是孔子和孟子的「仁政」，而是「黃老之術」的「無為之治」。到了漢武帝，拋棄「黃老之術」的「無為之治」，「獨尊儒術」，又恢復了「嚴刑酷律」的「法術」，重用酷吏。歷史事實真是在無情地諷刺儒家。

4.古印度孔雀王朝與考底利耶、阿育王。西元前322年，考底利耶協助旃陀羅笈多推翻馬其頓在印度的政權，又向南推翻難陀王朝，建立孔雀王朝，輔助賓頭沙羅國王。考底利耶著作有《政事論》，主張國王應該有絕對權力，強調國王使用暴力恐怖統治。阿育王是孔雀王朝的第三代國王，在其父賓頭沙羅王死後，殺兄弟九十九人，奪取王位，實行擴張戰爭，統一南亞次大陸，建立強大的君主專制國家。後來放棄窮兵黷武，皈依佛教，組織了西元前253年的佛教第三次集結。阿育王並非釋迦牟尼的真正信徒，而是利用佛教來穩定他的統治，使古印度出現了一次太平盛世。

5.波斯王國與大流士改革。西元前550年，居魯士推翻米底統治建立波斯王國。西元前538年攻佔新巴比倫，釋放「巴比倫之囚」（猶太國王等），允許猶

太人建立國家。523年征服埃及。後來，國王大流士一世三次發動侵略希臘（波希戰爭），遭到失敗。西元前330年被馬其頓國王亞歷山大所滅。

大流士一世改革：設七人議事會，制定法典，劃分全國為23個郡，實行軍、政分權制，測量土地，規定稅額，統一度量衡，修道路，開運河，促進工業和貿易業發展，以鎖羅亞斯德教為國教。

6.梭倫改革。西元前594年，梭倫當雅典第一執政，進行改革。主要內容有：頒佈「解負令」，取消農民債務，廢除債務奴隸制，按財產多少把公民分為四等級，各級的政治權利依其財力大小而定，恢復公民議會，創立四百人議事會，設立陪審法庭，鼓勵工商業和對外貿易，限制土地集中。

梭倫改革把貴族王國變革為民主法治國家。梭倫改革是人類社會第一次放出民主法治的光芒，使雅典民主文明像北斗星那樣，一直指引著和照耀著人類社會前進的方向。

7.伯利克裡實踐梭倫改革。梭倫改革後，出現了客蒙為首領的貴族派，放棄民主法治。伯利克裡於西元前461年奪回執政權力，放逐客蒙，實踐梭倫改革，並且使民主法治更加完善一些。伯利克裡使公民大會、陪審法庭和五百人會議成為雅典國家最高權力機關和執行機構，全體公民獲得了應有的權利；公職人員實行工薪制；發展工商業，獎勵文化，關懷學者和藝術家；對外確立了在希臘世界的霸權地位，向外輸出民主法治價值。西元前429年，伯利克裡在伯羅奔尼薩斯戰爭中被瘟疫奪去生命。伯利克裡之死，是人類文明的重大損失，也是之後30年（西元前399年）的蘇格拉底遭到不幸死刑的政治原因之一。

8.古羅馬塞爾維烏斯改革。西元前578年——534年，古羅馬王國第六代國王塞爾維烏斯實現社會改革，主要內容有：首先，羅馬居民不分貴族、平民一律按財產多少分為五個等級，只有無產者（普羅列塔里亞）不入級，各級組成數量不等的武裝隊伍，即百人隊；其次，設立森都庫里亞大會（百人隊大會），作為最高權力機關，每個百人隊有一票表決權；第一百人隊超過其它各等級百人隊的總和，在森都庫里亞大會占絕對優勢。這一改革完成了民族制到國家的過渡，是羅馬國家的標誌。

9.十二鐘錶法。十二鐘錶法，也叫做十二表法。是古羅馬國家法的紀念碑，也是古羅馬法律文獻。西元前500年，古羅馬法律還是習慣法，解釋權在法官手裡，法官利用這個權力謀私利。西元前462年，平民保民官特蘭提留提議編纂成文法典，平民經過鬥爭，直到449年通過成立十人委員會（十人團），制定和公

佈了成文法，因為這個成文法刻在12塊牌子（銅表）上而得名。十二表法按習慣法制定，對私有者、家長制、繼承、債務和刑法、訴訟程式等方面作了規定，限制了法官隨心所欲地解釋法律的權力。鐘錶法是後來羅馬法典和以後歐洲法學的淵源。

10.羅馬「三頭政治」。古羅馬共和國末期，出現了先後各由三個有勢力人物結成的兩次政治同盟。「前三頭同盟」：西元前60年，凱撒、龐培、克拉蘇秘密結盟，西元前48年凱撒獨裁，西元前44年凱撒被元老院刺死，「前三頭政治」滅亡。「後三頭同盟」：西元前43年，屋大維、安東尼、雷比達結盟，西元前31年，屋大維獨裁，西元前27年屋大維被元老院授予「奧古斯都」（神聖之魂）之稱號，實行元首制，做了皇帝。

（三）西元1年至1911年（辛亥革命）的情況

1.中國官員的世襲制度、推舉制度、選拔制度和科考制度。

傳說中國遠古有過「禪讓」，但是無可考證。從夏朝到西周，中國官員實行的是世襲制。春秋戰國時期，諸侯王實行世襲制，而官員世襲制被打破，許多諸侯王實行官員推舉制度。秦朝以後，皇室家族繼續實行世襲制，官員全部實行推舉制度，所謂「任人唯賢，不任人唯親」，什麼「思賢如渴」，等等。晉朝實行「九品正宗」制度，恢復官員世襲制。隋文帝廢除「九品正宗」制度，始創科舉制：讀書人通過科考，擇優錄取為官。科舉制在唐朝得到發展和完善，成為歷代選拔官員的主要方法。當然還有世襲制、推舉制度和賣官製作為輔助方法。這些選拔官員的方法到了「辛亥革命」被廢除，實行民主選舉制度。但是到了社會主義制度時候廢除了公民民主選舉制度，改為所謂的「民主集中制」，其實是又恢復了世襲制度、推舉制度、選拔制度和科考制度。

世襲制度、推舉制度、選拔制度和科考制度以及後來的「民主集中制」，都是帝王和大官僚黑箱操作，選拔為維護專制政權服務的人才，不是什麼「為民」或「為人民服務」的人才。在世襲制度、推舉制度、選拔制度和科考制度那裡，當然只有治民、治國的人治的刑法，產生不了公民選舉法和成文民法。

2.《查士丁尼法典》。西元6世紀中葉，東羅馬（拜占庭）國王查士丁尼主持編纂的《民法大全》，共有四部：《查士丁尼法典》（集歷代羅馬皇帝法令）、《法理匯要》（包括歷代法學家對法理的解釋）、《法學總匯》（簡述法學原理）、《法令新編》（彙集查士丁尼即位後的法令）。這部《民法大全》是依據《鐘錶法》的基本原理制定的，具有歷史價值和現實價值。在1453年伊斯蘭

教的奧斯曼帝國滅亡東羅馬後被拋棄，直到1804年為《拿破崙法典》所傳承。

3.《人權宣言》與《拿破崙法典》。

《人權宣言》。西元1789年8月26日法國議會通過《人權宣言》。2011年8月28日頒佈。《人權宣言》所依據的是盧梭、孟德斯鳩的思想理論，共有17條，主要內容有：宣佈自由、平等的民主原則，人生來是自由的，在權利上是平等的，言論、集會、出版、人身等自由和反抗壓迫，是天賦的、不可剝奪的權利；國家主權屬於全體公民；私有財產是神聖不可侵犯的權利。

《拿破崙法典》。西元1804年，拿破崙下令制定民主法治法律，稱為《拿破崙法典》，即《法國民法典》。《拿破崙法典》是《人權宣言》精神的具體法律化。這部法典有三卷三十六篇2281條，包括1894年——1810年通過的五部法典：民法典、民事訴訟法典、商法典、刑法典和刑法訴訟法典，內容全面而完整。

4.《獨立宣言》與《解放黑奴宣言》

《獨立宣言》。1775年在費城舉行的第二屆大陸會議通過美洲《獨立宣言》。《獨立宣言》是撒母耳·亞當斯關於革命戰爭的《獨立演說詞》的演化。《獨立宣言》的主要內容有：闡述了天賦人權、公民主權、公民革命權利，宣告北美獨立，成立美利堅合眾國。

《解放黑奴宣言》。1862年9月24日清晨頒佈的，規定：自1863年1月1日起，南方各州的黑人奴隸成為自由人。1865年，憲法中加上了第十三項「補充條款，正式規定廢除黑奴制。

5.《中華民國臨時約法》。1911年孫中山為臨時總統時制定。

6.《聯合國憲章》。1946年聯合國制定。

四、哲學，自然科學，倫理學和政治學的主要論著和基本理論

（一）西元前至西歐文藝復興運動時期

1.哲學。

A.西元前570年，古中國出現了老子的《道德經》的哲學體系，西元前500年古印度出現了釋迦牟尼佛教的哲學體系，西元前600年古希臘出現了哲學繁榮現象和西元前460年出現了蘇格拉底、柏拉圖哲學體系。在同一個世紀，人類社會出現的這三個哲學體系，基本原理相互一致，成了世界哲學淵源，那是人類文明的一個偉大而輝煌的時代。

　　B．西元前323年古希臘出現了亞里斯多德體系，西元前300年古希臘再次出現哲學繁榮現象，有伊壁鳩魯主義、犬儒學派、斯多亞學派，對前期的古希臘學派是一個傳承時代。同樣在西元前300年，古中國出現了「諸子百家」現象，在哲學方面，有墨子、莊子、惠子、公孫龍等，主要是對老子體系的解說。那也是人類文明的一個偉大而輝煌的時代。

　　在西元3世紀（魏晉南北朝）出現過傳承莊子思想的玄學家。從玄學家以後，中國再也沒有出現哲學家，哲學在中國失傳了1700多年。而在歐洲，古希臘哲學基本原理不斷得到傳承，直到出現哲學繁榮的文藝復興時期。

　　C.西元前100年，古羅馬出現了西塞羅主義，主要是解說柏拉圖主義，與此前的普羅提諾被稱為「新柏拉圖主義」。

　　D.西元4世紀，羅馬神學家和哲學家　古斯丁，第一次把基督教教理與柏拉圖主義基本原理融合起來解說，創造了神學哲學。

　　E.西元13世紀，羅馬神學家和哲學家阿奎那‧湯瑪斯，再次把基督教教理與亞里斯多德主義融合起來，創造了湯瑪斯主義，發展了神學哲學。

　　2.自然科學。在本節「一」中「文化現象」有論述。

　　3.倫理學和政治學。

　　A.古希臘的哲學家也都是倫理學家和政治學家。他們都以自己的哲學原理為前提，演繹出各自的倫理學和政治學的思想觀點，可以分為兩大派別：善性和惡性。以赫拉克利特的性惡論為一派，一直傳承到21世紀，見本章第二節。其餘的都是性善論，也一直傳承到21世紀，本書全篇就是論述善性哲學與倫理學和政治學的。

　　B.古中國的哲學家都是倫理學家和政治學家，例如老子、楊子、墨子、莊子都是堅持性善論的。所不同的是實用方式，例如，老子主張聖人、善人，不僅要獨善其身，還要兼善天下，積極去變革社會；而莊子主張聖人、善人在面對惡勢力的時候，要趨利避害，採取「不合作主義」，獨善其身，等待水到渠成的時機。

　　但是，還有許多倫理學家和政治學家並不是哲學家，他們的倫理學和政治學思想理論缺失哲學原理的前提理論，只是憑著個人學習來的傳統思想和所受到的傳統習慣風俗的影響，去觀察社會現象而製作出來的，都是堅持性惡論的，都是維護「家天下」的，例如，管子、孔子、商鞅、李俚、孟子、荀子、韓非子、李斯以及兵家、陰陽家，等等。他們所不同的是實用方法，例如，孔子、孟子

主張「王道」、「仁政」，管子、商鞅、李俚、荀子、韓非子、李斯主張「霸道」、「刑法」。

在中國，從古到今，都是專制社會，都是儒家、法家成為主流思想，雖然也有「黃老之術」被採取，也是變質了的老子思想理論，儒家、法家仍然被採用，特別是法家的「法術」成為每一個帝王的治人、治國的「法寶」。所以中國沒有出現過民主法治制度。

（二）文藝復興運動至1911年中國的「辛亥革命」

16世紀，西歐出現了「文藝復興運動」，之所以稱之為「復興」，是因為傳承著古希臘善性哲學、倫理學和政治學的基本原理，用來實用當時的社會變革。

「文藝復興運動」是性善論派別與「性惡論」派別相互批判的思想理論運動，鬥爭的結局是性善論勝利，引起了政治制度的徹底變革，並且使性善論的民主法治思想成為浩浩蕩蕩的世界潮流。

在中國，1911年也出現過「辛亥革命」運動，由於「三民主義」沒有找到中國真正的性善論的哲學原理依據老子思想，「辛亥革命」失敗，中國文明前途出現反覆、曲折。

➡ 第四節　關於學術自由、「百家爭鳴」、「兼容並包」、「普遍意志」、「獨尊儒術」、「三教合一」

中國學界，當前出現了一些引人注目的有關學術辯論的詞：「學術自由」、「普遍意志」、「兼容並包」、「百家爭鳴」、「獨尊儒術」、「三教合一」等等，本節就來論述這些詞的意義和實用價值。

一、「學術自由」

「學術自由」是從「思想言論自由權利」裡演繹出來的一種公民權利，是學者理應具有的公民權利。所以，「學術自由」是知識份子在學術研究和學術討論範圍內具有的自由平等辯論的公民思想言論自由權利，她不受國家政權機關干涉，即國家政權機關沒有權利干涉「學術自由」，只能為「學術自由」創造寬鬆環境。

「學術自由」是針對「學術自由權利」被統治者剝奪的情況而言的，即是

針對「文字獄」和「洗腦」而言的。所以，「學術自由」必須具有一個前提條件：國家政權機關不能干涉學術研究和討論，知識份子具有獨立公民的社會權利。中國學術史證明：凡是政府無法干涉學術討論時期，知識份子就具有獨立人格，就學術自由了，學術就呈現出繁榮；凡是政府干涉學術討論時期，知識份子就成為依附階級，學術自由就沒有了，學術研究就衰微。例如，在中國春秋戰國時期和南北朝時期，王朝中央政府權力衰弱，管不著知識份子；諸侯爭霸，爭相籠絡人才；知識份子能夠在不受到干擾的情況下做學問，有結社自由，有自由活動空間，所以學術繁榮；在中國的秦皇漢武、唐宗宋祖、成吉思汗、朱洪武、康乾盛世時期，王朝中央政府權力強大，就直接嚴管思想文化，大興文字獄，知識份子成為只能依附在統治者那張「皮」上的「毛」，完全喪失了獨立人格，沒有結社、活動的自由，學術自由不見了，「萬馬齊喑」，當然不會有什麼學術成果出現，即使有了，也會被統治者視作異端邪說給毀滅了，無法面世。所以，學術自由，純粹是學術界的事情，與政府無涉。

在學術辯論中，學者具有絕對的思想言論自由權利，即使是異端邪說也有存在的權利。各方的學術成果雖然水火不容，但是必須經過學術自由辯論，才能澄清是非，清除謬論，取得天下人的「共識」，而不能通過統治者的取捨或政令去決定「真理」與「謬論」。

既然學術自由是絕對的思想言論自由權利，那麼是不是學者就能無法無天了呢？答案：是，又不是。說「是」，只要是在「學術研究和學術討論範圍內」，學者理應無法無天，衝破任何思想牢籠。說「不是」，如果超出了「學術研究和學術討論範圍內」而進入到社會政治活動範圍中，那就不是學術研究了，也就不屬於「學術自由」範疇了，學者的社會政治活動行為就理應在法律約束之下活動。用中國的一句俗語說：「君子動口不動手。」「動口」是「話語權」，是絕對自由的；「動手」就超出了「話語權」而是行為權利，一個人的行為就有可能侵犯別人的權利，就不能有絕對自由。例如，本·拉登具有宣傳恐怖主義的自由，但是沒有搞恐怖活動的自由。因此，法律不應該有「只說不做」的「教唆犯」，所謂「教唆犯」，就是以言論定罪。當然，參與犯罪謀劃和發佈殺人命令者，不僅是「說」，而且是「行」了，是罪魁禍首，不是什麼「教唆犯」。

如此說來。「學術自由」就應該遵守如下三條最基本原則：第一條，「學術自由」不能借助於政府干涉，如果借助於政府干涉，就是「洗腦」，而不是「學術自由」；第二條，「學術自由」只能局限在「學術研究和學術討論範圍

內」，不能付諸於社會政治活動範圍中，一旦付諸於政治活動範圍中，就要受到法律的約束；第三條，「學術自由」是成年公民的事情，不是未成年人的事情，因為未成年人還沒有學會運用理性思維，缺少應有的判斷力，所以法律應該有禁止向未成年人宣傳暴力恐怖、色情淫穢和參與有害兒童身體健康的科研活動之類的內容；如果強行向未成年人灌輸法律所禁止的內容，那就是洗腦，不是什麼「學術自由」。

二、「百家爭鳴」和「兼容並包」

「百家爭鳴」，「家」就是學術派別，具有「師道尊嚴」和開創、傳承、自我封閉等性質；「爭鳴」是爭論之聲音洪大而激烈；「百家爭鳴」，就是各種各樣的學術派別各說各詞，爭論不休，莫衷一是，難以取得「共識」。「百家爭鳴」是專制社會短暫的學術自由的一種「社會學」現象，而不是公民社會長期學術自由的「社會學」現象，也不是學術自由的自然科學現象，所以「百家爭鳴」並非是「社會學」學術成果最好的現象。（注：這裡使用「社會學」是為了說明「百家爭鳴」並不是自然科學現象，其實沒有什麼「社會學」。）

「兼容並包」是蔡元培先生提出一種學術觀點，是提倡學術研究態度寬容和北京大學的科研教育宗旨。「兼」，是雙方或多方，「容」容納或包容，「並」也是雙方或多方，「包」也是容納或包容。詞義有些相互交錯雜糅。實際上，「兼容並包」與「百家爭鳴」的基本意思一致，所不同的是，「百家爭鳴」所強調是自由爭論，沒有要求相互包容；「兼容並包」所強調的是相互包容，不要相互批判或攻擊。所以本節只要論述了「百家爭鳴」，「兼容並包」也就在論述之中了。

（一）「百家爭鳴」是專制社會「社會學」思想文化現象

「百家爭鳴」往往出現在專制社會動盪或社會變革時期，即在思想理論上天下人沒有取得「共識」的時候。學者們都在尋找改革社會政體或保守社會政體的最佳思想理論，就出現了各種各樣的哲學、倫理學和政治學的思想理論，相互批判、辯論，形成「百家爭鳴」現象。

「百家爭鳴」的學術成果也是各種各樣的，思想文化精華和糟粕紛紛浮出，氾濫成災，使青年學者無所適從。那一家的思想理論能夠被當時在戰爭勝利而成了統治者的政治家所接受和使用而成為思想主流，完全是一種歷史偶然現象。

　　例子一。中國的秦始皇勝利了，就採用管、申、商、荀、韓的「法術」，以後凡是承襲秦制者，都使用「法術」，直至「文化大革命」，「法家」因此成為中國思想文化主流。

　　例子二。西漢竇太后崇尚「黃老之術」，出現了「文景之治」。唐朝承襲「黃老之術」，出現了「貞觀之治」和「開元之治」。「黃老之術」在宋朝之前成為思想文化主流，以後雖然衰微下來，但是不絕於世，流傳至今。

　　例子三。漢武帝「獨尊儒術，廢黜百家」，儒術由此而興，流傳下來。宋朝承襲漢武帝，使儒術復興。明朝、清朝完全實踐儒術的宋儒部分，直至今日，使儒術成為中國六百多年來的思想文化主流。

　　例子四。「辛亥革命」的中華民國採用「三民主義」，使西方民主法治思想在中國三十多年成為主流思想文化，至今仍然有人念念不忘。

　　例子五。中華人民共和國採用馬列主義，使唯物辯證法或辯證唯物主義在中國六十多年成為思想文化主流，今日猶是。

　　例子七。在西方，古希臘時期，蘇格拉底思想理論失敗，誰知在兩千多年後的西方文藝復興運動中獲得新生。英國革命把查理一世送上斷頭臺，繼承蘇格拉底思想理論的洛克主義成為西歐思想文化主流。接著出現了啟蒙運動、美國獨立運動，自由、平等、博愛思想理論成為歐美思想文化主流，乃至成為世界民主潮流。「自由、平等、博愛」和「人權」思想理論被寫進《聯合國憲章》，成了公民「普遍意志」或「普世價值」（普適價值）。如果英國革命被查理一世鎮壓下去，西方民主法治政體將會延長，「自由、平等、博愛」和「人權」思想理論也就不可能成為世界思想文化主流。

　　（二）「百家爭鳴」不是自然科學的思想文化現象

　　自然科學的思想文化是分門別類的，其研究項目具有特定的領域和專業性。科學家只專注於自己的研究項目，並不參與自己所不熟悉的其它科學領域問題的爭論。即使在某個科學領域裡發生爭論，只是一家之內的爭論，而爭論很快被科學實驗結果所終止。所以，自然科學無法形成「百家」，也不可能無休止地「爭鳴」下去。

　　（三）「百家爭鳴」不是公民社會的思想文化想像

　　在公民社會裡，學術自由是長期的、充分的、開放的，不可能出現「百家爭鳴」現象。因為：1.一個學生有選擇導師和改變研究項目的自由，學者更是可以隨時轉變自己的學術觀點，無法形成穩定的學術之「家」，「師道尊嚴」和學

術傳承不重要、也不明朗。所以，難以出現「百家」。2.公民社會裡已經有了天下人的最基本的「共識」：公民的「普遍意志」以及「自由、平等、博愛」和「人權」，已經成為最基本的共同認識或普遍原則。對於這些普遍原則沒有爭論的餘地和爭論的必要。學者所爭論的內容，只是關於界定「普遍意志」的內容和實現「普遍意志」的形式（政體和法律），因此不可能出現「爭鳴」。

三、「普遍意志」與「普世價值」或「普適價值」

（一）界定「普遍意志」與「普世價值」或「普適價值」

1.字義。

「普遍意志」的「意志」，在漢語的意思是：「決定達到某種目的而產生的心理狀態，往往由語言和行動表達出來，例如，意志堅強。」（《現代漢語詞典》）由此可知，「普遍意志」就是：每個公民決定達到某種目的而形成的全體或大多數公民的共同的心理狀態，由全體或大多數公民的共同語言和行動表達出來。「普遍意志」的那個「某種目的」是使每個公民的「必要欲望」得以實現而都能獲得幸福。

「普遍意志」的拉丁文是「Gcnralwill」，漢語譯文是「公意」、「公意志」、「共同意志」、「公共意志」、「普遍意志」、「公共善」，現在中國大陸流行的是「普遍意志」，所以本文從俗而使用「普遍意志」。

2.「普世價值」或「普適價值」

「價值」，漢語的意思是：「a.體現在商品裡的社會必要勞動。b.積極作用。」（《現代漢語詞典》）

> 拉丁文「utility」效用（或value價值）：「滿足人類需要的能力。這種能力可在商品或勞務中找到，這種商品和勞務對於消費者的價值取決於它們能夠滿足消費者需求的程度。雖然這種程度不能被客觀地測量，但是它反映在消費者願意支付的價格之中。在經濟理論中，價值理論與價格理論往往被等同起來。」【290】（《現代思潮辭典》）

可見「價值」一詞是經濟學術語，在「普世價值」或「普適價值」中就用之於倫理學和政治學了。即就是說在人類社會裡有一種普遍效用的道德或普遍適用的價值。經濟學裡的「價值」是「不能被客觀地測量，但是它反映在消費者願

【290】《現代思潮辭典》頁607。

意支付的價格之中」，同樣，倫理學和政治學的「價值」也是不能被客觀地測量，但是它反映在公民願意付出的努力之中的語言和行動。

3.「普遍意志」與「普世價值」或「普適價值」的關係

如果「普遍意志」是公民的一種「決定達到某種目的的心理狀態」，那麼「普世價值」或「普適價值」就是實現「某種目的」而「願意付出的努力之中的語言和行動」了。由此可見，「普遍意志」是「本」是「體」，「普世價值」是「末」是「用」；「普遍意志」是本質，「普世價值」是形式；「普遍意志」產生了「普世價值」，有「普遍意志」就有「普世價值」，沒有「普遍意志」就沒有「普世價值」。

（二）「普遍意志」與「個人意志」的關係

「個人意志」，是個體決定達到某種目的的心理狀態；換一句話說，就是個體想實現自己欲望的心理狀態。每個人的欲望具有雙重性：自然性的「必要欲望」和社會性的「不必要欲望」。自然性的「必要欲望」是追求保命的食欲和延續生命的性欲，是生存的本能欲望。社會性的「不必要欲望」是追求奢侈的物質生活享受和不能節制的性快樂享受的欲望。開初，每個人自願群居而組成社會，都是為了實現「必要欲望」。後來社會出現強人政治，極少數人產生了「不必要欲望」，大多數人的「必要欲望」受到侵犯、甚至被剝奪。大多數人就產生了希望建立一種政體來保護自己的「必要欲望」不受到侵犯和節制強人的「不必要欲望」的想法（心理狀態），並且把這種想法努力付諸於語言和行動，這就產生了「普遍意志」。

「普遍意志」產生於「個人意志」中的自然性的「必要欲望」，而不產生於「個人意志」的社會性的「不必要欲望」，並且要去節制極少數強人的「不必要欲望」。「普遍意志」之所以「普遍」，就是集中體現了每個人的自然性欲望，能夠被每個人所理解和接受。所以，「普遍意志」與「個人意志」的自然性不是對立統一的關係，而是融為一體的協和關係；但是，「普遍意志」與「個人意志」的「不必要欲望」的社會性是對立而無法統一的關係或相互排斥而不能協和一致的關係。

就實力而言，「普遍意志」弱小於「個人意志」。雖然「人性本善」、「人心向善」，但是實現「善」還得依靠個人的語言和行動，即個人在政體裡的作為。個人一旦成為執政者，具有權力，「個人意志」就強大起來，就極有可能產生「不必要欲望」，拋棄「普遍意志」，行使「個人意志」。所以「普遍意

志」必須找到一種正義的政體，才能實現。

（三）「普遍意志」的性質

從「（二）」的論述可見，「普遍意志」的本源是「個人意志」的自然性的「必要欲望」，是自然的善性，「普遍意志」的本性就是善性，所以有人名之為「公共善」。「普遍意志」就是要在社會裡實現「公共善」，雖然她的本源具有自然性，但是她自身卻是社會意志，只有社會性。就「情與理」而言，「普遍意志」的本源是每個人的自然之「情」，而自然之「情」被「普遍化」了，就是「理」，所以「普遍意志」是「理」而不是「情」，但是寓「情」於「理」之中，是「情理」融合為一的一種協和體。

很顯然，「普遍意志」不是「個人意志」的集合體或混合體，即不是什麼「眾意」。

「眾意」的「眾」，是許多人、群體的意思，例如：眾人、群眾、勞苦大眾、工人群眾、農民群眾、黨員群眾，等等，是一個集合體。「眾意」，就是「眾人意志」、「群眾意志」，是一群人意志，一個族群意志，一個團體的意志，一個集體意志，一個政治派別意志，等等。「眾意」，沒有「個人意志」的自然性本源，只有習慣風俗和社會思想本源。如果社會習慣風俗或社會思想善良，她就具有善性，也就具有「普遍意志」的性質；如果社會習慣風俗或社會思想惡劣，她就不具有善性，也就不具有「普遍意志」的性質。

所以，「眾意」有許多種類，是相對的，有善有惡，有正確的也有錯誤的，是變化不定的；而「普遍意志」只有一種，是唯一無對的，是「公共善」，是永遠正確的，是不可摧毀的。

（四）「普遍意志」的「普世價值」的內容

「普遍意志」是僅僅是一種抽象的「意志」，如果要使她被人們感知到，就要產生出一種具體形式，那就是「普世價值」。「普世價值」是有具體內容的。「普世價值」的基本內容有：人權、自由、平等、博愛、民主、法治，等等。

人權是人身安全而不受到侵犯的權利。人權、自由、平等、博愛等，既是自然權利，又是社會權利，詳述見第十九章第一節。民主、法治，既是保障每個公民權利的政體形式，又本身包含有政治權利，詳述見第十七章。

普世價值的這些基本內容從普遍意志產生出來，是全人類普遍適用的，是超越時空和民族、人種的。如果一種政體拋棄了普世價值，就是專制政體；如果

一種政體是建築在普世價值之上，就是稱之為民主法治政體。「這一點」應該是天下人的「共識」，不應該爭論，所爭論的只是民主法治的具體政體形式的多樣性。如果在「這一點」上發生爭論，那就是專制政體的統治者和御用文人在故意混淆是非，引起思想理論混亂，以便於使用專制思想理論對國民進行洗腦，例如現今世界許多專制國家的統治者對普世價值的無理攻擊和否定。就思想文化方面而言，現代戰爭是一種堅持還是攻擊「普世價值」的戰爭。

（五）「普遍意志」在倫理學和政治學裡的地位

既然普遍意志是全體或絕大多數公民的意志，那麼普遍意志就是建設正義（善品質）國家的唯一正確的倫理學、政治學思想理論，全體公民就是國家的主權體；同時，普遍意志也是衡量一個國家性質的唯一標準和產生社會改良，或實行社會革命的思想理論依據。一切倫理學、政治學、經濟學等等思想理論，都應該產生於或符合普遍意志。所以說，普遍意志是永遠正確的，不可摧毀的。

四、「獨尊儒術」

「獨尊儒術，廢黜百家」，史書上說是漢武帝提出的，其實不是，是儒家史學家班固在評價漢武帝對思想文化的態度和作法時總結出來的一句話。史實是，漢武帝注重儒家思想，但是並沒有廢黜百家，還是使用「黃老之術」和法家的「法術」。「獨尊儒術，廢黜百家」，是漢儒在藉故說事，妄想依附帝王權力來借用權勢好讓儒家自己名正言順地去「獨尊儒術，廢黜百家」。

從漢儒的學術態度可知，儒家從漢儒開始，就是一種自我封閉而又專橫跋扈的學術派別。從漢儒開始，中國儒生就形成了幾種惡劣品質：喪失獨立人格而依附權貴，阿諛逢迎，欺上瞞下，魚肉國民，排斥其它學派思想和迫害其它學派人員，儒家內部「窩裡鬥」（忠奸鬥爭），「文人相輕」，頑固保守，兩面派，偽善，奸詐陰險，等等。那些惡劣品質愈演愈烈，到了明清，就形成惡劣的習慣風俗，至今如故。所以，中國民族劣根性不是阿Q精神，而是儒家士大夫精神。

儘管從孔子開始，儒生們，耍弄各種各樣的權術花招，四面八方去尋找靠山，巴結權貴，投靠帝王，軟硬兼施，又嚇又哄，又哭又鬧，下跪磕頭，直諫謾罵，等等，都無濟於事，在宋徽宗之前，沒有一位諸侯王和帝王去「獨尊儒術，廢黜百家」。相反，在三國、魏晉、南北朝、隋唐、五代十國、北宋前期和元朝，儒術被邊緣化。只是到了宋徽宗，才開始在實踐上「獨尊儒術，廢黜百家」，但是又被元朝放棄，儒家地位是「七丐、八娼、九儒」，今日的所謂「臭

老九」就是這個來歷。到了朱洪武，才真正實行「獨尊儒術，廢黜百家」，那個「獨尊儒術」的「儒術」只是宋儒理學，不是真正的「孔孟之道」。經過明清兩個朝代的534年（1368—1911），儒術一統天下，成為所謂的中國傳統思想和習慣風俗。此後，民國和共和雖然沒有「獨尊儒術」，而儒術的傳統思想和習慣風俗不可能一下子被清除。

那534年是儒生們自以為是和妄作瘋狂的時期，是今日的儒生們引以為自豪的時期。今日的儒生們將那534年擴大為五千多年，吹噓儒學是中華文明的主流思想，說什麼批判儒學就是否定中華文明。這就說明，要麼儒生是弱智者，對中華文明歷史一無所知；要麼儒生是思想文化獨裁者，故意曲解中華文明歷史，妄想獨尊中華文明，還妄圖用儒術去統一百家和統一世界思想。那是儒生們的一廂情願或一種妄想，當然是不可能的事情，因為儒術與公民的普遍意志格格不入，並且水火不容。

五、論「三教合一」與「和事佬」

（一）「三教合一」

「三教合一」的「三教」，是指中國的道教、佛教、儒教；「合一」是合三教而為一教。

主張「三教合一」的人，首先連概念也沒有弄清楚，那就必然會製造思想混亂。「教」，作為名詞，意思是「教育」或「宗教」的意思，而「三教合一」的「教」不是教育，也不是宗教，而是三種不同學術派別的思想理論。如果說「三教合一」的「三教」就是指三種宗教，道教、佛教稱得上是宗教，而儒家就不是宗教，宗教就難以與世俗「合一」。如果說「三教合一」的「三教」指的是中國三種不同的主要學術派別，那麼道教、佛教就不是世俗的學術派別，無法與世俗的儒家「合一」。如果說「三教合一」的「三教」是指三種不同的學術派別的道家、佛家、儒家，而不是道教、佛教、儒教，道家會同意這種界定，而道教、佛教、儒教不會同意，因為道教被排斥，佛教、儒教被混淆。

如此連所要討論的問題和最基本的概念也無法界定清楚，或者根本就缺失理性思維而不作界定，居然還去說什麼「三教合一」、去做「三教合一」那種高難度的思想理論工作，能不胡說八道嗎？連概念也不去弄清楚，無視邏輯推理和論證過程，就去寫文章，還自以為是在傳承「聖人言」，是中國儒生（傳統文人）的通病，是一種幼稚病，是一種弱智的表現，是一種無知的狂妄。

（二）「和事佬」

主張「三教合一」的有兩種人，第一種是別有用心的儒生，第二種是動機單純善良的青年學者。

第二種人是不想看到國內學術爭論不休的「窩裡鬥」，想找到一種思想去統一「三教」，讓國人有一種善性的統一思想去抵抗馬列主義，從而獲得思想解放。由於他們缺乏理性思維和公民意識，沒有看透「三教」的各自的思想理論本質，就去做「三教合一」的理論工作，其結果反而抵制了公民的普遍意志。

第一種人是儒生們，特別是當今的所謂儒學大師們，妄想在「三教合一」的幌子下，用儒術去「統合」道家、佛家等其它學術派別的思想理論，其目的是拋棄其它百家，而去「獨尊儒術」，維穩專制政權，自己從中去獲得功名利祿。所以他們是別有用心的人。那第一種人就是孔子所批評的「鄉愿」，中國民間所說的「和事佬」。

儒生中的「和事佬」所使用的唯一的思想武器是儒家的「忠恕之道」和「中庸之道」，往往出現在「百家爭鳴」而儒家處於劣勢或被邊緣化時期，目的是復興儒學從而進一步去「獨尊儒術」。在「獨尊儒術」時期是沒有「和事佬」去主張「三教合一」的，只有儒家幫助帝王興起殺氣騰騰的「文字獄」。

當前，中國學界處在倫理學和政治學原理「百家爭鳴」的鬧得不可開交的思想混亂階段。公說公有理，婆說婆有理，先是辯論，接著是對罵，最後是對打，其中儒家被罵得狗血淋頭。於是就出現了儒生的「和事老」來「和大怨」。

「和事老」說：學術自由、百家爭鳴、百花齊放是學術界的大好形勢。我們應該唯物辯證地一分為二地看問題，百家的說法各有道理和錯誤，各有精華和糟粕，是能夠統一起來的。「三教合一」，就是弘揚我中華文明，抵制洋文化的侵略，用我中華文明去統一世界思想文化。又說：當然，百家中不能平分秋色，兩千多年的中華文明歷史證明，中華民族選擇了儒家，儒家是傳統思想文化，應該是主體文化，如果批判和否定儒家，就是否定我中華文明。不過，我們不能「獨尊儒術」，也要吸收百家的長處，「兼容並包」百家。

看來，「和事老」是多麼「溫良恭儉讓」啊！是多麼具有「寬容」精神啊！真是「宰相肚裡能撐船」呀！正如晚年墮落為儒生的胡適所云：「容忍大於自由。」

「和事佬」的「和」的理論依據是儒家的經典《論語》和《中庸》裡的「和」的思想理論。

　　《論語》云：「有子曰：『禮之用，和為貴。先王之道斯為美，小大由
　　之。有所不行，知和而和，不以禮節之，亦不可行也。』」「子曰：『君
　　子和而不同，小人同而不和。』」

這兩句話是什麼意思呢？

孔子和他的門徒說話，從來是即興發言，不作論證，不講究概念明確和劃
分清晰，一句話就有多種意思，後人就有多種解釋。對於這種講話方式，儒生們
就吹噓為「微言大義」，指點迷津，在於你去如何理解。而在嵇康、李贄看來，
是心地陰暗，說話遮遮掩掩，含糊不清，神秘晦澀。這兩句話就是如此多義，誰
也猜測不准真正意思，解說不清楚本義，儒生們只能糊裡糊塗地去「摸著石頭過
河」。

　　先看儒生們如何解說：1.《禮記祭義》云：「禮者，履此者也。」2.《易
　　繫辭傳》云：「履以和行。」3.虞翻注：「『禮之用，和為貴』，語蓋禮
　　之體在敬，而其用則在和。禮主於讓，故以『和為貴』。」4.《中庸》
　　云：「和而不流。」5.朱熹注：和者，無乖戾之心；同者有阿比之意。」
　　6.《左傳》云：「『君所謂可而有否焉？臣獻其否而成其可。君所謂否而
　　有其可焉？臣獻其可而去其否』，為『和』；以『君所謂可曰可，君所謂
　　否曰否』，為『同』。」7.《集解》云：「君子心和；然其所見各異，，
　　故曰不同。小人所嗜好者則同，然各爭利，故曰不和。」8.蔣伯潛解說：
　　「先王之道，禮為最美，故事無大小，人無大小，皆由禮而行。然知禮之
　　在和；而一味和氣，不以禮節制之，亦不可行。必知禮之用以和為貴，而
　　又節之以禮，則能如中庸所說：『和而不流』矣。」【291】

還有眾多儒生的解說，莫衷一是。這裡就不一一摘錄了。

我有一個同事崇拜儒學，他對「君子和而不同，小人同而不和」有三種解
說。解說一：君子與君子之間和睦，絕不與小人同流合污；小人與小人同流合
污，而不與君子和睦相處。解說二：君子懂得處理人事關係時「和為貴」，所以
能與自己觀點不同的人合作；小人只講究與自己觀點相同的人共事，而不懂得
「和為貴」的道理。解說三：君子坦蕩蕩，能與意見不同的人和合，而不固執己
見；小人常戚戚，要求別人與自己看法相同，不懂得採納百家意見。

_____

【291】幾種工具書裡的注釋。

　　我仍然沒有弄清楚這兩句話的真實意思是什麼，不清楚「和」與「同」這兩個概念。朱熹是儒家最大權威，按他的說法，並沒有說明「乖戾之心」是什麼「心」，「阿比之意」是什麼「意」，人們如何去辨別「心」和「意」？這與《左傳》的解說有何共同之處？又與《中庸》的「和而不流」一致嗎？「和而不流」是不是和稀泥時不讓稀泥流失的意思？「8」中的「然知禮之在和；而一味和氣，不以禮節制之，亦不可行。必知禮之用以和為貴，而又節之以禮」，怎麼「則能如《中庸》所說：『和而不流』矣」？「君子」與「小人」都是人，去爭取「阿比之意」（平等權利）有什麼過錯呢？

　　儒生們對儒學裡的常用詞「和」也說不清楚，界定不明確，其內部也眾說紛紜，「窩裡鬥」個沒完沒了，儒學又怎麼能夠被當著中華文明的主體思想文化去統一道教、佛教等學術派別的思想理論呢？怎麼能當著中華文明主體思想文化登上世界思想文化舞臺去與別人的思想理論相互競爭呢？那不是自不量力去使我中華文明當台出醜嗎？

　　可見儒生們都是蘇格拉底所指的「洞穴」中終身沒有見到陽光的「囚徒」。

　　當然，儒家在與百家自由平等的學術辯論中是無法得勢的，只有依附於專制政體才能得勢於一時，短短的五百多年（明朝至今）就是如此。所以，「和事佬」需要有政治背景，大多數是御用文人，最後並不是「和事佬」說了算數，而是君主公開來拍板。

　　（三）「和事佬」能夠做到「三教合一」嗎？

　　《道德經》第八十一章云：

> 「和大怨，必有餘怨。焉可以為善？是以聖人右介，而不以責於人。故，有德司介，無德司徹。夫天道無親，恒與善人。」【292】

譯文

　　以主持人身份按自己的公道觀點（中庸之道）去和解人所造成的巨大怨恨，必然不會恢復原來的和善關係而留下怨恨的痕跡和種子。怎麼可以把這種「和大怨」的行為當作善行呢？因此，聖人在待人接物時處在卑下的右邊，同時不以主持人的身份責難別人。所以，有美德的人處理事情時總是處在卑下的右

【292】《仰望老子》第二卷第八十一章。

邊而不主宰事情，沒有德性的人處理事情總是主宰事情而連連發出責難別人的聲音。那個天道待人是不講親疏尊卑的，總是處在恒道的道法自然的境界中把善性給予人。

從老子的觀點來看，「和事佬」都是有權勢背景的有地位和有威望的人，也就可以在「和事」時以地位和權勢呵斥造事的雙方，說雙方各有正確和錯誤，各打五十大板，要雙方相互忍讓，平息糾紛，以表現其公平、公正。其實，「和事佬」並不公平、公正，他的心裡早就有「親疏尊卑」的觀念，袒護「親」的和「尊」的。如此，他必然不能獲得善道和用善道去堅持真理、批判錯誤，也就必然不能使雙方明白善道和服從真理，一方只是迫於權勢壓力而忍讓下去，但是心裡留下了更大的「餘怨」。所以，「大怨」是不可能去「和」的，「和大怨」並不是善行。

就思想理論而已，百家中，如果最大的基本原理相一致，取得了共識，只是在表達方式和實用理論方面有不同，那就沒有「大怨」，只有「小怨」，才能夠「和」或「合一」。如果最大的基本原理不同，沒有取得共識，就存在「大怨」，那就無法去「和」。對於「大怨」，如果強行去「和」，就是強迫百家去服從一家，所使用的方法就是「文字獄」，就必然有「餘怨」。

所以，「和事佬」是沒有能力做到「三教合一」的，做「三教合一」的思想理論工作不是善行。

（四）批駁「用中華文明去統一世界思想文化」的論調

在當今中國的學術辯論中，「用中華文明去統一世界思想文化」的說法的頻率很高，彷彿我中華文明是全人類最早、最好、最高的、最先進的思想理論，而世界其它民族都是異族、蠻族，其它文明都是落後的思想理論。

首先，分析「中華文明」這個詞語。

「中華文明」的「中華」，是不容易界定的，作為地域名詞，如「中華大地」，其邊界則經常發生變化，以哪一個朝代的疆域為准呢？作為民族名詞，如「中華民族」，它是一個多民族的名詞，擁有的民族數量也經常出現多少不一，以哪個朝代擁有的民族數量為准呢？「文明」一詞，在本節上文「古代文明」中有解說。

所以，「中華文明」是無法界定的。把一個無法界定為概念的名詞當著一個判斷的主詞，那就是一個假判斷；用一個假判斷當著推理的理論前提，必然會出現荒謬的結論。

其次，比較一下「中華文明」與世界其它文明的情況。

從本章第三節中的世界文明歷史事實中可以看到真實情況。「中華文明」不但不是世界文明最早的、最好的、最高的、最先進的思想理論，而且從秦朝至清朝是世界文明中最壞的、最低級的、最落後的文明之一：只有缺失論證的惡性的倫理學和政治學思想而沒有哲學和善性的倫理學、政治學理論，只有信神信鬼的迷信而沒有宗教，只有殘酷的刑法而沒有民法，只有帝王專制而沒有分權的「元老院」，只有科技而沒有科學，只有「文字獄」而沒有思想言論自由，等等。我們至今仍然處在西元前60年古羅馬的「三頭政治」的「前三頭同盟」時代，或處在西元前221年秦朝時代，落後於西元前500年的梭倫改革的古希臘文明兩千五百多。

第三，「中華文明」的屬性。

「中華文明」像其它所有文明現象一樣都屬於全人類的，是相互交融和批判的，不屬於某一家、某一國家或某一學術門派的。這在上文「學術自由」中有論述。

第四，調查一下提出和鼓吹「用中華文明去統一世界思想文化」的文人。

提出和鼓吹「用中華文明去統一世界思想文化」的文人，都是頑固不化的無知狂妄的儒學大師和易學大師，而凡是具有理性思維的中國文人都是批判那種論調的。

儒學大師們的理由是什麼呢？

1.「儒學存在了幾千年，當然有其存在價值，是不可滅亡的。」

持這種思想觀點的人們當然是儒生和妄想用儒學維護專制的統治者，所以在平面媒體和官方網路媒體成為主流，在民辦網路媒體也屢見不鮮。但是，如果細心辨別，就會發現持這種思想觀點的儒生被分為兩類：第一類是維護專制統治的儒生，他們企圖從中獲得功名利祿；第二類是企圖用儒學去批判馬列主義的儒生，他們排斥外來思想文化，具有民族氣節，同時反對暴君和暴政。

第一類儒生，當然是傳承歷史上的漢儒、宋儒「入仕」的儒生品質，傳揚「三綱五常」，拋棄孔子、孟子的「民本思想」和反對霸道的王道。他們不管是王道還是霸道，只要是當權者就擁護，就去投靠，就去「入仕」獲取功名利祿。他們是頑固保守的腐儒，是功名利祿的「祿蠹」，是專制統治者的奴才，又是陰險毒辣的「窩裡鬥」的狡詐之徒，是「滿口仁義道德，滿腹男盜女娼」的偽君子。這類人在官辦的媒體裡大有市場，以專家的頭銜自吹自擂。但是，他們在現

代社會的民間知識份子的網路媒體裡沒有市場，一開口，就被罵得狗血淋頭，只好龜縮到大學教授講壇和「百家講壇」裡去。所以，這類儒生是依附階級，是「毛」，其危害性只是為虎作倀，隨著專制政體的消失而消失。

　　第二類儒生，是民間文人，傳承原儒「孔孟之道」的「親疏尊卑」和「民本思想」。他們堅持王道，反對霸道；堅持「仁政」，反對暴政；堅持血緣關係的「親疏有別」和民族主義而排外，反對不分親疏和與洋人相互融合的「普世價值」；要做民族英雄，反對投降賣國；堅持尊卑有別，要有大丈夫氣概，反對婦人氣量；要做君子，反對小人；崇拜聖人，輕視平民；希望有「英明天子」來統一天下，反對自由、平等、博愛、民權、人權等思想理論。他們中還有人企圖修改或重新解說「孔孟之道」，使之與「民主」、「人權」的思想理論融合起來。他們並不懂得「孔孟之道」雖然比較漢儒、宋儒來得緩和，有一些人性，但是畢竟是維護君主政體，其中的「民本思想」和王道與民主、民權水火不容，在現代毫無實用價值，理應成為歷史陳跡，放到歷史研究的博物館裡去。如果萬一有什麼需要保留的，也只能在「普遍意志」下去拿來一些詞彙使用。

　　兩類儒生的共同點是：「獨尊儒術」。

　　兩類儒生「獨尊儒術」的共同的事實論據是：「儒學存在了幾千年，當然有其存在價值，是不可滅亡的。」

　　是的，任何存在過的或者還存在著的東西都是有其存在的原因、理由和條件的，但是任何事物的存在都是有其發生、發展和消亡的歷史過程的。不過，符合天道、人性的東西其存在就會天長地久（存在的時間長久），不符合天道、人性的人為思想和事物就短暫。如本書第二十四章所論述，君主制和帝王專制社會是人類歷史發展到離道背德極遠處，就要物極必反，返回到善道上來。儒家思想理論只適用於君主制和帝王專制，在君主制和帝王專制社會存在了兩千多年，是有它存在的原因、理由和條件。但是，隨著君主制和帝王專制社會的消失也會隨著消失，再也沒有存在的原因、理由和條件了。如果不懂得歷史發展的必然性，去硬性堅持儒學，就是阻擋歷史發展，當然會碰得頭破血流。所以「儒學存在了幾千年」，不能成為儒學繼續存在下去的理由，因為在現代社會沒有「其存在價值」，它的滅亡是必然的。

　　2.「五千多年的中華文明證明『國學』是人類社會獨有的思想文化現象，是不可動搖的，理應統治世界思想文化」。

　　這種說法與「儒學存在了幾千年，當然有其存在價值，是不可滅亡的」的

說法，差別只是把內容擴大了一些，基本觀點是一樣的。

其實，這裡的「國學」仍然指的是儒學。這裡所說的「世界思想文化」是指民主潮流。如果「國學」指的是老莊學說，就不會說「理應統治世界思想文化」了，因為老莊學說本來就是與現代的世界思想文化相互融合的，談不上誰統治誰。

說這種話的人仍然是儒生們，只有他們才時刻妄想「獨尊儒術」，並且愚昧和狂妄到想在全世界去「獨尊儒術」。有理智的中國文人是不會說這種缺乏理性思維的幼稚無知的混帳話的。

儒生們的事實論據是：「五千多年的中華文明證明『國學』是人類社會獨有的思想文化現象」。

這個事實論據本身就不是事實，在表達上也不準確。詳見上文「比較幾種古代文明」。

3.「民主法治的『普世價值』是帝國主義的文化侵略和陰謀，不適宜於中國國情，中國有自己特色的思想文化。」

這種論調完全是專制統治者的御用文人的腔調，不值得批駁。

思想文化和習慣風俗是具有歷史特徵和地方色彩，但是那些特徵和色彩在人類文明發展過程中是不斷變化和改變的。如果固守某種思想文化和習慣風俗而不讓其發生變化，就是某一地方的專制統治者妄想長期維護其專制統治，抵抗人類先進文明的傳入。專制統治者所指責的「帝國主義文化」，恰恰是人類文明的先進文化，是要清除專制文化的，所以專制統治者害怕「普世價值」。專制統治者所指責的所謂「侵略和陰謀」，其實是持有先進思想文化的善人在傳播天下人的「共識」的真理，是光明正大的行善行為，並無什麼侵略和陰謀；搞「侵略和陰謀」的人，恰恰是有見不得天日的惡念的專制統治者，這是專制統治者慣用的「倒打一耙」的伎倆和權術，目的是混淆視聽，愚弄國民，維持自己的專制統治。如果一個文人，也跟著那樣說，那就是御用文人，是幫兇。

如此看來，「用中華文明去統一世界思想文化」的現代新儒生，連最起碼的文明歷史也不知道，連「中華文明」這個詞本身的意思也不懂，連人類文明的性質也一無所知，就去妄談什麼「用中華文明去統一世界思想文化」，豈不是讓世人嘲笑我「中華文明」嗎？所以，「用中華文明去統一世界思想文化」的論調，是現代新儒生的一種喪失理智的瘋狂情緒的發洩，是無知的民族主義者的一種民族情緒的發洩，只在情感層面上，沒有上升到理性思維的層面上，稱不上思

想理論。

（五）有沒有一種統一「百家」的思想理論呢？

那麼，有沒有一種思想理論可以去統一「百家」呢？當然「有」。那種思想理論不是某一家（某一個學術派別）的思想理論，而是天下人的「共識」，即公民的「普遍意志」。公民的「普遍意志」，不屬於某一家或某個學術派別的，而是「天道無親，恒與善人」的善道，或者說是天下人或每個人所共有的善道。

在天下人所共有的善道面前，百家應該服從，自覺清除不符合善道的糟粕，保存符合善道的精華。如果有某一家與善道的基本原理相違背，還要堅持惡道，那就是與善道結下「大怨」，即與天下人結下「大怨」。對於那種「大怨」不能去「和」，只能批判和清除。例如，儒家的「三綱五常」是不符合「普遍意志」的，不是「善道」，儒家應該自覺放棄，統一到「普遍意志」的理論框架之中來。儒家的「中庸之道」、「忠恕之道」、教育思想，只有在「普遍意志」的理論框架之中，才具有合理性。如果儒生要堅持「三綱五常」之中的所有思想理論，那麼儒家就會遭到天下人的批判和唾棄。

只要「獨尊普遍意志」，任何不同的說辭都是可以容忍的，在這種意義上，「容忍」才具有理論價值；也只有在這種意義上，「百家爭鳴」才具有學術自由的價值。這就是老子關於善道和「和之至」的學術自由的思想觀點，也是「協和論」的關於學術自由的思想觀點。

本節小結：

1.天下人共識的「普遍意志」是評判和統一百家的唯一思想理論標準，百家思想理論的「大怨」是不可能「和」的；2.所謂的國學大師和易學大師，都是用心不良的御用文人和功名利祿之徒，最愛拿「中華文明」裡的垃圾文化說事，把沉重的文化包袱推到中國青年知識份子肩上；3.現代的中國青年知識份子應該有智慧和勇氣，拒絕沉重的思想文化包袱，拋棄心房裡和書屋裡的文化垃圾，輕裝上陣，憑個人天生的善心和自然智慧，去創造與「普遍意志」相融合的新思想理論，匯流到浩浩蕩蕩的世界潮流裡去。

➡ 第五節　思想文化與政治制度的關係

當前，有人主張「思想文化決定政治制度」，稱之為「文化決定論」；又有人主張「政治制度決定思想文化」，稱之為「制度決定論」。兩種「決定論」，各持一端，爭論不休。

兩種「決定論」提出了倫理學和政治學的一個理論命題：思想文化與政治制度孰先孰後和相互影響怎樣。

在思想文化與政治制度的關係中，主張「決定論」是錯誤的，應該主張相互影響和先後、輕重、緩急之區分。在不同的歷史時期，要解決的思想文化與政治制度問題，呈現出先後的階段性，在不同的階段就應該有輕重緩急之區分。一般來說，在社會變革的前期，思想文化的宣傳是「先」是「重」是「急」；而在社會變革之中，政治制度的改革是「先」是「重」是「急」。例如，文藝復興運動與英國革命運動，啟蒙運動與法國大革命運動。思想文化與政治制度的這種相互影響和先後、輕重、緩急之區分，不能說成是「決定論」。

思想文化與政治制度孰先孰後和相互影響怎樣呢？

這個問題包含三個問題：在社會歷史源頭上和社會歷史發展中孰先孰後和相互影響，在社會變革時期孰先孰後和相互影響，在社會穩定時期孰先孰後和相互影響。

一、在社會歷史源頭上和社會歷史發展中，思想文化與政治制度孰先孰後和相互影響

從前文第二十二章和第二十三章論述社會和國家的起源和發展中可知，思想文化在先，社會組織形式和國家政治制度在後。

個體自然人，首先產生了群居活動比個體單獨行動有利於保證生命安全和滿足生存需求的經驗思想，才自願群居在一起，出現了社會組織形式。

在母權社會裡，人類經過幾十萬年的經驗積累，認識到近親生育有害於後代身體健康，就出現了近親性愛的禁令，婚姻制度由此產生。婚姻制度又把禁令固定下來，成為一種傳統思想文化和習慣風俗。

在父權社會裡，男權日益擴大，少數男強人產生了貪欲，開始侵犯他人權利，絕大多數人從天生的「必要欲望」中產生了保護每個人權利不受到侵犯和節制男強人的貪欲的普遍意志，契約和執行契約的國家機構的民主法治制度由此產

生。古希臘的雅典民主政體就是證明，卻又是古代最後的民主法治政體。

最初的古代民主法治社會政體，使社會契約成為傳統思想文化和習慣風俗，一直推動著人類社會的發展，影響著後來人的思維方式，節制著男強人的貪欲。所以，在古希臘有善性的哲學、倫理學、政治學思想理論，以蘇格拉底、柏拉圖體系最為典型，直到文藝復興和啟蒙運動，都是淵源於古代的民主法治思想文化。在中國，有春秋戰國時期的老子思想、墨子思想、楊子思想、莊子思想以及孔子、孟子、荀子的民本思想，中國君主和帝王始終不敢放棄「為民」的口號。

後來，在極少數男強人的「不必要欲望」的「個人意志」與絕大多數人的「必要欲望」的「普遍意志」的不斷較量中，男強人的「個人意志」取得了暫時性的勝利，出現了君主制和帝王專制。君主制和帝王專制就修改和曲解古代民主法治思想文化為親疏尊卑的等級制思想文化，使「家天下」、僭主政體、寡頭政體合理合法，並且使之成為傳統思想和習慣風俗，肆虐人類社會幾千年。

再後來，絕大多數人的「必要欲望」產生的「普遍意志」戰勝了男強人的「不必要欲望」（貪欲）的「個人意志」，現代民主法治政體形成。現代民主政體復興了古代民主法治政體和思想文化，並且使之更加完善。

最後，人類社會在公民的「普遍意志」的需求的推動下，不斷作「善回向」運動，回歸於「小國寡民」的美好的自然社會裡。

所以蘇格拉底說：「你不要以為政治制度是從木頭裡或石頭裡產生出來的。不是的，政治制度是從城邦公民的習慣裡產生出來的。習慣的傾向決定其它一切的方向。」

所以，歷史的必然是「普遍意志」最終會戰勝男強人的「個人意志」。

二、在社會變革時期中孰先孰後和相互影響

人類社會歷史運動的深層次原因，是天下人的「必要欲望」的「普遍意志」與極少數男強人的「不必要欲望」的「個人意志」的較量史，特別在君主制和帝王專制的變革時期表現得尤其明顯，社會制度的變化是其表現形式。

在君主制和帝王專制的歷史階段，每一次制度改革都是「普遍意志」與君主或帝王「個人意志」較量的結果。

君主或帝王的「不必要欲望」的「個人意志」發揮到極端時，暴君或暴政就出現了。暴君和暴政就會遭到天下人的抵制、甚至強烈的反抗。推翻暴君或暴

政的發動者，首先就是製造和宣傳輿論，取得多數人的支持；然後才是抵制或暴力行動。而暴君和他的御用文人，則製造和運用維護暴政的思想理論去鎮壓國民的反抗，於是就引發戰爭。戰爭的結果是一個暴君或暴政王朝的滅亡。代之而起的君主或帝王就不能不對國民作出讓步，節制一下自己的貪欲的「個人意志」，改革一些制度，以滿足國民的一些最低需求的「必要欲望」或用最漂亮的許諾愚弄國民。那些開國君主和帝王就被國民稱之為「英明天子」、「明君」。這種王朝循環更迭的現象，仍然是男強人的「不必要欲望」的「個人意志」占主導地位，天下人只具有為了生存跟著發動者反抗的自發的潛意識，並不具有爭取自我權利的公民意志，天下人的「普遍意志」還沒有形成。但是那種自發的潛意識屬於每個人天性裡的自然性，是「普遍意志」產生的本源。

如果在面對專制統治者的思想文化愚弄和專制制度剝削壓迫的時候，出現具有公民「普遍意志」的先知先覺者，發動全體國民起來反抗，那麼就出現了「普遍意志」與帝王「個人意志」的直接對抗，就會引發社會制度的根本變革：由帝王獨裁專制轉變為公民民主法治。在這種制度變革中，首先出現的仍然是思想文化的啟蒙運動，是思想文化方面的較量；然後才是制度變革。這種公民的「普遍意志」與帝王的「個人意志」較量與王朝更迭時的思想文化較量相比較，表現得特別慘烈和徹底。公民們是要徹底清除帝王的「個人意志」的專制思想文化和專制制度的，容不得它們存在。帝王們感覺到了徹底覆滅的危險，就拼死抵抗「普遍意志」，對「普遍意志」進行各種各樣的醜化，對宣傳「普遍意志」者進行殘酷鎮壓；或者把自己也打扮成「普遍意志」的代表者，使用有關「普遍意志」的一些時髦詞彙，曲解「普遍意志」，混淆視聽；或者撿起民族傳統思想文化的糟粕，用「民族主義」去抵制「普遍意志」的傳播；種種花招使盡，目的就是一個：頑固保守專制統治。但是，公民的「普遍意志」一旦出現，其實力就會越來越壯大。只有這個時期，「普遍意志」的實力才強大到不可戰勝的程度，任何帝王的「個人意志」都顯得微乎其微。在「普遍意志」面前，帝王專制制度註定要成為歷史的陳跡，即使期間出現帝王專制復辟，也是轉眼即逝的短暫現象，真是「無可奈何花落去」！

三、在社會穩定時期中孰先孰後和相互影響。

一種政治制度一旦確立，統治者（主權體）為了穩定現行的政治制度，首先就把思想輿論和教育權力獨攬到自己手裡，修改原有的傳統思想文化和復興或

創造新的思想文化，成為統治思想。也就是說，在社會穩定時期，對統治者的思想文化的建立，政治制度起著主導作用。不管是君主制、帝王專制，還是民主政體，都是如此。

　　如果一種政治制度統治的時間長久，統治者的思想文化就會成為傳統思想文化，並且形成一種習慣風俗。要改變傳統思想文化和移風易俗，那是非常艱巨的思想理論歷史任務。最便捷的方法就是一有機會就推翻那個政治制度，讓新型的政治制度去清除傳統思想文化，創建新型思想文化。

　　所以，在社會穩定時期，政治制度與思想文化相比較，政治制度起著主導的積極的作用，思想文化處在被動地位。但這不能說政治制度在先，思想文化在後；只能說在社會穩定時期，思想文化受著政治制度的重大影響，容易形成統治者所需要的思想文化，或者說思想文化在政治制度的影響下容易發生變化。

　　例如：

　　1.中國歷史上最典型的君主制周朝。周文王為了推翻紂王而建立姬氏「家天下」，就把不變的「天命論」改變為可變的「天命論」：「天命靡常，唯德是輔。」紂王無德，文王有德，取而代之，符合天命。周朝政權一旦確立，周公就分封諸侯，制定「禮制」，穩定天下。天下穩定，就制定「禮樂」和「仁義」的思想文化，使得周朝統治合理合法，鞏固和維護周朝統治「萬世無疆」。「禮樂」、「仁義」成為周朝統治者的思想文化，經過八百多年的洗腦宣傳，周朝臣民就都接受和熟悉了「禮樂」、「仁義」，形成了傳統思想和習慣風俗。到了老子，「禮樂」、「仁義」遭到批判，但是很難被清除。雖然諸侯爭霸，使「禮崩樂壞」，但是諸侯們無法徹底拋棄「禮樂」、「仁義」。到了孔子，就很自然地「吾從周」，繼承和宣傳「禮樂」、「仁義」的思想文化，「周禮」得到復興，成為一家學說：儒家。此後，「禮樂」、「仁義」在儒家的繼承和宣傳下，影響中國兩千多年，明清五百多年「獨尊儒術」。

　　2.中國歷史上最典型的帝王專制秦朝。秦穆公為了消滅諸侯、推翻周朝而建立嬴氏「家天下」，就重用「法術」，宣傳「法後王」的「法治」思想文化，否定「天命論」，使秦國強盛起來，統一天下為「秦」。秦朝一建立，就實行「郡縣制」，就統一思想文化，鞏固和維護帝王中央集權政體。韓非子和李斯的法家思想文化經過對臣民的洗腦，成為傳統思想文化和習慣風俗。後來，凡是「家天下」的帝王都使用法家的「法術」，有的兼用儒家的「仁義」為外表形式。

　　儒家為了得寵於帝王去「獨尊儒術」，從漢儒到宋儒，不斷地修改原儒，

使儒、法兩家在帝王那裡「表裡相互」而「合二為一」了。朱洪武的獨裁思想是儒、法「合二而一」的典範：一方面「獨尊儒術」，「滿口仁義道德」；另一方面剝活人皮，恢復活人殉葬制度。乾隆皇帝則是儒、佛、法「三教合一」：獨尊儒術、誦經念佛、大興文字獄，儒家歌頌乾隆是「英明天子」，淨土宗大法師淨空稱頌乾隆是前世修煉最好的「活佛」，法家讚揚乾隆的嚴刑酷律的法治精神。

而在中國臣民那裡，儒家使他們忍死：甘願「殺身成仁」而忠君，淨土宗使他們忍苦：甘願受苦而忠君去西方極樂世界，法家使他們忍刑：甘願受刑而忠君去保留忠臣名節。

3.外來的黑格爾和費爾巴哈思想成為了中國的統治思想文化，形成了中國人的習慣風俗：開口「唯物辯證法」，閉口「一分為二」。可見，政治制度對思想文化的影響之巨大。

4.文藝復興運動和啟蒙運動的思想文化成為世界民主潮流。

文藝復興運動把英國查理一世送上斷頭臺，啟蒙運動推翻了路易專制王朝，民主政體的兩種形式得以建立：君主立憲制和公民民主法治制度。美國獨立使公民政體更加完善而強大。民主政體一旦確立，就以公民的「普遍意志」為理論前提，傳承古代民主法治思想文化，創造出現代的善性哲學體系和較為完善的倫理學、政治學、經濟學思想理論體系。這些思想理論體系具有「普適價值」（普世價值），很快驚醒了全世界的先知先覺者，去推行民主政體。「普世價值」的基本內容是「自由、平等、博愛」、「人權」，這就容易覺醒世界不分民族、人種的每個公民，形成了浩浩蕩蕩的世界民主潮流，使民主政體在本國實現。從英國民主革命到今日的利比亞民主革命，僅僅兩百多年，民主政體就成為世界的主要政體，善性力量成為世界強大勢力；專制政體在世界裡由強盛而衰弱下來，惡性力量成為世界的弱勢群體；歷史終於「善回向」到正道上來。

四、思想文化和政治制度的變化具有必然性和偶然性

在前文第二十四章論述了國家類型和發展過程，論證了政體變革是人類社會運動歷史的必然，同時在變革期間具有偶然性，即具有機遇性和爆發性。王朝的更迭具有這種機遇性和爆發性，專制政體變革為民主政體更具有機遇性和爆發性。在思想文化首先宣傳了一段時間後，一種貌似強大的兇惡的腐朽政權，可以因為一件偶發的小事情引發大事件，會被極少數政治精英組織在十幾天、幾天、甚至一個夜晚之間推翻，發生政體的徹底變革。這種歷史案例屢見不鮮，特別是

在通信發達的現代社會，這種政體變革的機遇性和爆發性表現得更是明顯。這就是說，思想文化的宣傳是長期的、艱難的，而政體的變革則是短暫的、容易的。

在明白了思想文化與政治制度相互影響的先後、輕重、緩急的道理後，政治精英們就要把握住政體變革的機遇性和爆發性。一旦政體變革的機遇到來，政治制度變化是「先」、「重」、「急」，政治精英就要抓住時機，掀起爆發事件，在極短暫的時間裡推翻舊政權，減少國民的流血和經濟損失。如果政體變革的機遇到來，而政治精英們還意識不到，還認為大多數民眾沒有覺悟起來而停留在思想文化宣傳階段上，或者還迂腐地固守「和平主義」的理性原則和等待歷史的必然，或者寄希望於政權內的某個開明權貴，那就是抓不住機遇，那就是錯失時機，就會延長政體變革的時間，給國民造成長期的更大的痛苦和損失，甚至招來殺身之禍。這種不懂得政體變革的偶然性而忽視和錯失時機的歷史案例，也屢見不鮮。

善人當然渴望和平，希望政體變革通過和平過渡的方式實現。但是，對於窮凶極惡的專制統治者，和平過渡是渺茫的，必須輔之於偶然性的突發的革命行動，縮短專制政體的壽命，避免持久戰爭。

結 束 語

《協和論》寫到這裡結束了，誰知不知不覺、洋洋灑灑就寫了四十餘萬字，真是令人煩惱頭疼的長篇大論。其實，《協和論》所要說的基本原理也就只有那麼十幾條，見第三章第二節、第十二章、第二十章，約三千字。

為什麼寫得那麼長呢？要回答這個問題，首先就使人想起洛克的《政府論兩篇》、盧梭的《社會契約論》和孟德斯鳩的《論法的精神》。三本書合起來大約有六十萬字，說的是相同的幾個基本原理：人人天生具有理性思維，具有自由、平等和人身不被侵犯的權利；國家主權不屬於某個男性「天子」或幾個男性「天才」，權力不存在遺傳性（權力不是遺產），而是屬於全體公民的；公民的普遍意志「同意」產生了社會契約，約束貪欲和侵犯；公民們「同意」產生一個公民選舉出來的司法機構——國家民主法治政體，保護每個人的權利；立法機關、司法機關和行政機關必須「三權分立」，相互制衡；等等。僅僅是這一些，他們三人為什麼要反覆論證而寫得那麼長呢？主要原因是當時的英國和法國的傳統思想文化和習慣風俗需要他們反覆去批判和說明而造成的。當時的英國和法國的傳統思想文化和習慣風俗都是專制的，御用文人把專制思想文化說得是如何上承上帝旨意和下順國民心意，國民們都被洗腦了，也都認為那些說法是「真理」，使專制思想文化成為傳統思想文化和惡劣的習慣風俗。要批判和清除專制傳統思想文化和移風易俗，實在是一項十分艱難而耐煩的思想理論啟蒙工作，啟蒙者必須反覆地耐心地把問題論述清楚，需要嚴密的邏輯推理和繁瑣的論證過程。

　　可見，凡是陽光下的原理都是簡單明瞭的，說辭也簡明扼要，即心胸光明磊落的思想和說辭；凡是黑暗裡的理論都是複雜含混的，說辭也晦澀囉嗦，即心地陰暗懸掛的謀劃和說辭。如果要用簡單明瞭的原理去清除複雜含混的陰謀，那就要逐一地進行清除，當然要說很多話語。

　　同理，我寫作《協和論》時的中國的傳統思想和習慣風俗與那時的英國、法國大同小異，並且情況更糟。最令人感到說理困難的是：中國文人傳統的思維方式是錯誤的，比不上那時的英國人和法國人；那時的英國人和法國人還懂得和運用邏輯推理和科學證明等理性思維，而中國文人則對於理性思維是排斥的。自從五百年前朱洪武實踐「獨尊儒術」的宋儒「理學」和法家「法術」以來，宋儒「理學」和法家「法術」就成為中國的傳統思想文化，形成惡劣的民間習慣風俗，致使中國人缺失邏輯推理和科學論證的理性思維方式，使批判和清除專制傳統思想文化和移風易俗更加困難。正如萊布尼茲所說：「看來中國人缺乏心智的偉大之光，對證明的藝術一無所知，……」

　　缺失理性思維的中國帝王是怎麼樣的思維方式呢？就是鞏固專制統治和窮奢極惡生活的實用主義思維方式：要鞏固專制統治和過著穩定的窮奢極惡生活，就要選取有利於統治的思想理論，比如宋儒「理學」和法家「法術」或外來的辯證法，對其他思想理論實行「文字獄」；什麼地方容易出現危及專制統治的，就是工作的「重點」或「重中之重」；工作的基本方法是「蹲點」和「以點帶面」，建樹「點」的形象工程，製造經濟不平衡的貧富兩極分化現象，便於特權階層獲取巨大財富。所以，帝王的思維方式是不理智的，是情緒化的喜怒無常，是見不得天日的變幻莫測的陰謀詭計。

　　缺失理性思維的中國文人是怎麼樣的思維方式呢？就是追求功名利祿的實用主義思維方式：要實現功名利祿，就要依附帝王專制和權貴勢力，就只能思考帝王和權貴們之所需的問題，也就只能以讀帝王和權貴所規定的「聖賢」書，只能以「帝王金口玉言」和「聖人言」為「真理」，去寫投帝王和權貴們之所好的應酬和應試文章。那樣久而久之，中國文人就忘記了自己是一個獨立的人而成了專制政體那張「皮」上的一根「毛」，忘記了自己天生就具有「善心和自然智慧」而喪失了獨立思考的理性思維。那樣的文人，就會為帝國的強大而自豪，為

求得了帝王的重用而高傲，為獲得了功名利祿而光榮；那樣的文人，就容易無知而狂妄，自以為「中華文明」是五千多年以來世界最燦爛的最先進的思想文化，拒絕外來的先進思想文化，拒絕與世界民主潮流相融匯（當然中國文人不敢拒絕執政者選擇的外來思想文化的糟粕，只敢拒絕執政者所排斥的外來思想文化精華）；那樣的文人就是專制統治者的思想文化奴才。那樣的文人真是俗語所云：「井底青蛙，夜郎自大。」

那麼，中國有沒有萊布尼茲所說的之外的文人呢？當然是有的，不過屈指可數。古中國只有老子、楊子、墨子、莊子、阮籍、嵇康、陶淵明、李贄等人；近代只有孫中山等極少數先知先覺者；現代、當代更加稀少。所以，萊布尼茲的說法不完全正確，但是大致正確。

因此，《協和論》的基本原理要被中國民眾接受就很困難，要被中國文人讀懂就更加困難；《協和論》就不能不進行嚴密的邏輯推理和繁瑣的論證過程，盡可能把問題說清楚，把話語說明白，所以就拉長了文字。

《協和論》的閱讀對象，首先是萊布尼茲說法之外的那些稀少的文人，然後是廣大市民接受基本原理，並不希望被萊布尼茲所說的大多數中國文人所容忍。所以，《協和論》先是極少數人的理性哲學，再是絕大多數人的公民哲學，但絕不是萊布尼茲所說的「缺乏心智的偉大之光，對證明的藝術一無所知」的中國傳統文人的主人哲學或奴才哲學。

對於《協和論》之批判，如果能挑剔出其中的邏輯推理和論證過程的毛病或錯誤，那真是我所希望的，我將會與之辯論問題；如果是引用「國學」的「經典」或馬列主義的「經典」的這一句或那一段來批判《協和論》，那麼我就只有冷笑而已，不會與之辯論，因為「畏聖人言」者，就是畏「皇帝金口玉言」者，是專制思想文化的奴才，思想文化奴才都是不可理喻的。

這裡把老子《道德經》第一章和第三章可以作為《協和論》的結束語。

第一章　本體「恒道」總論
道，可道也，非恒道也。名，可名也，非恒名也。無名，萬物之始也，有

名，萬物之母也。故，恒無欲也，以觀其眇；恒有欲也，以觀其所噭。兩
者同出，異名同胃。玄之有玄，眾眇之門。【293】

第三章天下人共知的三條基本倫理學的原理和四個美德是實現「聖人之
治」的道德基礎
不上賢，使民不爭。不貴難得之貨，使民不為盜。不見可欲，使民不亂。
是以，聖人之治也，虛其心，實其腹，弱其志，強其骨。恒，使民無知無
欲也；使夫知不敢，弗為而已，則無不治矣。【294】

　　《道德經》的「第一章」和「第三章」的注釋、譯文、評述詳見我的《仰
望老子》。《道德經》「第一章」的本體恒道論就是《協和論》第三章第一節的
「協和論的基本原理」。「第三章」的「三個原理」就是《協和論》第十二章第
一節的倫理學、法學和經濟學的基本原理和第十九章第一節、第二節的「個人基
本權利」：「不上賢」就是反對親疏尊卑的等級思想，主張自由、平等的思想；
「不貴難得之貨」，就是反對政府包辦國民經濟而製造貧富兩極分化，主張經濟
生產和貿易自由；「不見可欲」，就是反對貪欲（「不必要欲望」），主張保護
每個人的「無」的境界上的自然本能欲望（「必要欲望」）；「聖人之治」，就
是公民選舉出來的具有「四個美德」和政治技藝的善人治理的社會。

　　這樣，《協和論》就具有了傳統性，即傳承了中國古老的《道德經》的基
本思想理論。同時證明：《道德經》不僅是我「中華文明」的精華，屬於中華民
族，而且是世界文明的精華，屬於全人類。《道德經》第一章和第三章就可以當
做《協和論》的結束語，我的《仰望老子》與《協和論》就是談古論今的姊妹
篇。

【293】《仰望老子》第一卷第一章。
【294】《仰望老子》第一卷第三章。

引用書目

➡ 外文著作

A[英]A‧布洛克等編《現代思潮辭典》[M]，孫越生編審，北京：社會科學文獻出版社，1988年。

A[美]愛因斯坦《愛因斯坦箴言集》李彥祥編，東北朝鮮民族出版社，1993年。

A[美]愛麗絲‧利‧布朗《黑格爾》彭俊平譯，北京：中華書局出版，2002年。

B[古希臘]柏拉圖《理想國（節選本）》[M]，郭斌譯，北京：商務印書館，2003年。

B[古希臘]《柏拉圖全集》[M]，王曉朝譯，北京：人民出版社，2002年。

D[英]笛卡兒《第一哲學沉思集》[M]，宮維明譯，北京：北京出版社，2008年。

F[美]弗蘭克納《倫理學》[M]，關鍵譯，北京：三聯書店，1987年。

H[德]黑格爾《小邏輯（節選本）》[M]，《精神現象學》[M]，賀麟譯，北京：商務印書館，2003年。

H[德]海德格爾《形而上學導論》[M]，苗力田譯，北京：商務印書館，1996年。

I[英]洛克《政府論兩篇》[M]，《人類理智》[M]，趙伯英譯，西安：陝西人民出版社，2004年。

I[法]盧梭《社會契約論》[M]，《人類不平等的起源》[M]，楊用政譯，西安：陝西人民出版社，2000年。

I[美]羅伯特‧所羅門《大問題》[M]，張蔔天譯，南寧：廣西師範大學出版社，2008年。

I[美]羅奈爾得‧格羅斯《蘇格拉底之道》[M]，徐弢譯，北京：北京大學出版
　　社，2005年。

I[德]萊布尼茲《萊布尼茲自然哲學著作選》[M]，祖慶倖譯，北京：商務印書
　　館，1985年。

I[英]李約瑟、王鈴《第二卷：論中國科學思想史和科技發展的思想背景》
　　[M]，北京：社會科學出版社，1956年。

K[美]科恩《論民主》[M]，朱秀賢譯，北京：商務印書館，1998年。

K[德]康德《純粹理性批判》[M]，《道德形而上學原理》[M]，苗力田譯，上
　　海：上海人民出版社，1986年。

M[法]孟德斯鳩《法學的精神》[M]，孫立堅等譯，西安：陝西人民出版社，
　　2001年。

M[德]莫尼卡《關於鸚鵡螺和智人——進化論的由來》[M]，鄭建萍譯，北京：
　　百家出版社，1976年。

N[德]恩斯特《尼采、海德格爾與德里達》[M]，李朝暉譯，北京：社會科學文
　　獻出版社，2001年。

N[德]尼采《論道德的譜系》[M]，周紅澤.北京：三聯書店，1992年。

N列寧《列寧選集》，北京：人民出版社，1995年。

S[荷蘭]斯賓諾莎《神，人及其幸福簡論》《倫理學》[M]，賀麟譯，北京：商
　　務印書館，1983年。

S蘇聯大百科全書編委會集體編輯《蘇聯大百科全書選譯》，北京：人民出版
　　社、三聯書店等出版。1950年代。

S[尼泊爾]釋迦摩尼《大方廣佛華嚴經》，佛教寺庵出版，沒有出版社和時
　　間。

X[挪威]希爾貝克、耶娜《西方哲學史》[M]，童世駿、鬱振華、劉進翻譯，上
　　海：上海譯文出版社，2004年。

X[古羅馬]西塞羅《有節制的生活》[M]，徐奕春譯，西安：陝西師範大學出版社，2003年。

X[奧地利]薛定諤《生命是什麼》[M]，羅來顧、羅遼複譯，長沙：湖南科學技術出版社，2003年。

X[英]休謨《人性論（節選本）》[M]，關文運譯，北京：商務印書館，2003年。

Y[古希臘]亞里斯多德《形而上學》[M]，苗力田譯，北京：中國人民大學出版社，2003年。

➡ 傳統文獻

[西周]周文王《周易集解纂疏》李道平撰，北京：中華書局出版，1994年。

[東周]老子《道德經》柯美淮撰，北京：中央廣播電視大學出版社，2012年。

[春秋戰國]孔子、孟子〈四書〉讀本》沈知方主稿蔣伯潛注釋，杭州：浙江人民出版社，1993年。

[春秋]墨子《墨子校注》吳毓江撰孫啟治校注，北京：中華書局出版，1993年。

[戰國]莊子《莊子》張玲主編，珠海：珠海出版社，2004年。

[戰國]韓非子《韓非子集解》王先慎撰鐘哲點校，北京：中華書局出版，1998年。

[西漢]司馬遷《史記》張耀天主編，長春：吉林攝影出版社，2003年。

[西漢]許慎《說文解字》，長沙：嶽麓書社出版，2006年。

[東晉]陶淵明《古文觀止·桃花源記》，武漢：崇文書局出版，2007年。

[清朝]《康熙字典》，北京：中華書局出版，1958年。

➡ 近人著作

王國維《人間詞話‧哲學辨惑》，杭州：浙江古籍出版社，1993年。

中學教材《世界歷史》，北京：人民教育出版社，1994年。

中國社會科學院語言研究所詞典編輯室《現代漢語詞典》，北京：商務印書
　　館，2001年。

中國社會科學哲學編輯室主編《哲學探索集》，北京：中國社會科學出版社，
　　1985年。

李連科《中國哲學百年論爭》，北京：商務印書館，2004年。

胡適《中國哲學史大綱》，北京：東方出版社，2004年。

柯美淮《仰望老子》，北京：中央廣播電視大學出版社，2012年。

孫中山《孫中山選集》北京：人民出版社，1956年。

孫叔平《中國哲學史稿》，上海：上海人民出版社，1981年。

夏曾佑《中國古代史》，石家莊：河北教育出版社，2001年。

黃念祖《心聲錄》，嵩山少林寺承印，2003年。

梁啟超《中國近三百年學術史》，石家莊：河北人民出版社，2004年。

鄔昆如主編的《哲學概論》，北京：人民大學出版社，2005年。

惠能《壇經》，佛教寺庵出版，沒有出版社和時間。

傅秋濤《李卓吾傳》，長沙：湖南人民出版社，2007年。

鄭開《道家形而上學研究》，北京：宗教文化出版社，2003年。

蔡元培《中國倫理學史》，北京：商務印書館，2004年。

羅慧生《西方科學哲學史綱》，天津：天津人民出版社，1988年。

國家圖書館出版品預行編目資料

協和論／柯美淮 著-- 初版
臺北市：蘭臺出版 2014.10
ISBN 978-986-6231-87-2 (平裝)
1.哲學 2.文集
 120.7　　　　　　　　103013780

哲學系列 1

協和論

作　　者：柯美淮

編　　輯：張加君

美　　編：康美珠

封面設計：謝杰融

出 版 者：蘭臺出版社

發　　行：博客思出版社

地　　址：台北市中正區重慶南路1段121號8樓之14

電　　話：(02)2331-1675或(02)2331-1691

傳　　真：(02)2382-6225、E—MAIL：books5w@gmail.com

網路書店：http://bookstv.com.tw/、http://store.pchome.com.tw/yesbooks/

博客來網路書店、博客思網路書店、華文網路書店、三民書局

總 經 銷：成信文化事業股份有限公司

劃撥戶名：蘭臺出版社　　帳號：18995335

網路書店：博客來網路書店 http://www.books.com.tw

香港代理：香港聯合零售有限公司

地　　址：香港新界大蒲汀麗路36號中華商務印刷大樓

C&C Building, 36,Ting, Lai, Road, Tai,Po, New,Territories

電　　話：(852)2150-2100　　傳真：(852)2356-0735

總 經 銷：廈門外圖集團有限公司

地　　址：廈門市湖裡區悦華路8號4樓

電　　話：86-592-2230177　　傳真：86-592-5365089

出版日期：2014年10月 初版

定　　價：新臺幣580元整（平裝）

ISBN：978-986-6231-87-2

版權所有　翻印必究